BUSINESS ADMINISTRATION CLASSICS 工商管理

ENTREPRENEURSHIP

创 业 学

（亚洲版）

霍华德·H·弗雷德里克（Howard H. Frederick）
唐纳德·F·库洛特克（Donald F. Kuratko） 著
理查德·M·霍杰茨（Richard M. Hodgetts）

蒋春燕 译

中国人民大学出版社
·北京·

图书在版编目（CIP）数据

创业学：亚洲版/弗雷德里克，库洛特克，霍杰茨著；蒋春燕译 .—北京：中国人民大学出版社，2011
（工商管理经典译丛 . 简明系列）
ISBN 978-7-300-13506-9

Ⅰ.①创… Ⅱ.①弗… ②库… ③霍… ④蒋… Ⅲ.①企业管理 Ⅳ.①F270

中国版本图书馆 CIP 数据核字（2011）第 040983 号

工商管理经典译丛·简明系列
创业学（亚洲版）
霍华德·H·弗雷德里克
唐纳德·F·库洛特克   著
理查德·M·霍杰茨
蒋春燕   译
Chuangyexue

出版发行	中国人民大学出版社			
社　　址	北京中关村大街 31 号		邮政编码	100080
电　　话	010 - 62511242（总编室）		010 - 62511398（质管部）	
	010 - 82501766（邮购部）		010 - 62514148（门市部）	
	010 - 62515195（发行公司）		010 - 62515275（盗版举报）	
网　　址	http://www.crup.com.cn			
	http://www.ttrnet.com（人大教研网）			
经　　销	新华书店			
印　　刷	北京鑫霸印务有限公司			
规　　格	185 mm×260 mm 16 开本		版　次	2011 年 6 月第 1 版
印　　张	29.75 插页 1		印　次	2011 年 6 月第 1 次印刷
字　　数	690 000		定　价	55.00 元

版权所有　　侵权必究　　印装差错　　负责调换

《工商管理经典译丛·简明系列》
出 版 说 明

中国人民大学出版社长期致力于经济管理类优秀教材的引进和出版工作。20世纪90年代中期，中国人民大学出版社开业界之先河，组织策划了两套精品丛书——《经济科学译丛》和《工商管理经典译丛》，在国内产生了极大的社会影响。其中，《工商管理经典译丛》是国内第一套与国际管理教育全面接轨的引进版工商管理类丛书，收录的都是国际权威作者的经典版本，一经推出，便受到国内管理学界和企业界的普遍欢迎和一致好评，并被许多高等院校选为教材。

在《工商管理经典译丛》的后续跟进和完善过程中，我们注意到，由于国外经济管理类教材具有自己的独特体系和教学模式，通常篇幅较大，内容较多，形式也较多样，有益于读者全面的学习，但对于课时有限的教学来说并不完全适合。于是，我们又精心遴选了一些篇幅相对较小、内容简明实用的教材。这些教材在编写形式上，通常以案例开始，引出本章学习要点，章后配有思考练习题，便于教学；同时，与国外许多经典教材一样，这些书大都配有丰富的教学辅助资料，教师在使用时非常方便。而且，这套丛书体系简明，实用性强，也可用作企业培训教材。此外，对这套丛书中的部分教材，我们还会同时出版其英文影印版或英文改编版，便于读者对照阅读，并可满足国内双语教学的实际需要。

本套丛书的选择，得到了国内许多院校教师、专家、从业人员的帮助，很多书的选定得益于他们的推荐和认定，在此深表谢意。我们希望搭建起这样一个平台，更好地服务于各领域的读者，把最新的管理图书引入国内，将各种管理思想展现给读者，以推动我国管理教育教学、科研及实践的更快发展。

中国人民大学出版社

序　言

创业精神是人类已知的最强大的力量之一。在过去10年中,创业革命激发了人类的想象力,并且渗透到经济和社会生活的各个方面。现在社会上已经出现了为社会服务的企业家、为政府服务的企业家、为体育事业服务的企业家、为音乐事业服务的企业家,甚至还出现了专门为军队服务的企业家。人们运用自己的创造力、风险承受力、创新精神和热情,促进了社会生活各个方面的发展。

著名诗人威廉·巴特勒·叶芝将这个过程视为螺旋式的或旋涡式的。就像灯塔的楼梯,这个过程是从底部开始变高变窄、螺旋上升的,我们称之为"从思想到市场"的过程。虽然人们总是感觉在原地打转,但实际上,通过教育是可以更上一层楼的。这就是企业家的成长道路,我们希望这本教材可以帮助大家进一步提高。

如何将创意转化为可行的生意一直都是个难题。成功的创业行为不仅需要运气和金钱,还需要创造力、风险承受能力和计划能力。企业家既是天生的又是后天培养的。要想成为企业家,需要学习和了解创业过程的基本知识。像创业过程本身一样,我们使用一种既独特又具有创造性的方法来撰写本书,力图使读者对创业的基本规则有所认识。

本书将对以下人士有益:刚刚开始创业的人、企业的创始人、成长型企业的老板、政策制定者、为社会和政府服务的企业家,以及想要在本企业内推行创业文化的私有或国有企业的企业家。

本书将指导学生成为自己心灵的主人,特别强调如何产生成功的商业创意,并且鼓励学生像成功的创业者那样思考问题,培养全球视野。

本书综合介绍了有关创业的知识,这些知识不管是对社会企业家还是政府企业家都是有用的。书中包含了很多创业的案例,多取自澳大利亚、新西兰、新加坡、印度尼西亚和中国。丰富的实战案例为读者了解亚太地区的创业环境打下了坚实的基础。

本书是在北美最流行的一本创业学教材的基础上修订而成的,所有的章节都从亚太地区创业者的观点出发进行了修改。

- 创业的基础知识:通过本书的学习,读者会对创业活动的原则、理论和实践有一定的认识,也会对所需要的关键技术、技巧、态度和伦理有所了解。这门课程希望培养出敢于创业、敢于创新的人,也希望培养出敢于承担风险的人。老师喜欢融会贯通,但是我们建议重点阅读第1～第8章以及第17章和第20章来学习这部分内容。

- 新企业的建立：读者将会学到创业知识，也会培养创业意识。创业过程包括很多关键因素，例如，产生和评价创意、分析市场、做出战略选择、制定成长性计划、比较经营模式、为新企业提供财力支持，以及在希望参与国际化的、增长快速的、推行创新的企业中控制变化。学习这部分内容我们建议重点阅读第9～第16章以及第18～第19章。

为什么要写这本书

虽然本书的每位作者都发表过大量的学术论文，但是我们写这本书的初衷并不是为了在学术上获得更大的成就。之所以撰写这本书，是希望能从正在发展的各种类型的创业理论的知识海洋中，获取最主要的知识并将其系统化。我们的目标是，将大量的，有些甚至是非常复杂的知识简化、浓缩、组织并转化成一种可以应用于各种类型的商业项目的形式。我们从很多渠道获得观点，并且将这些观点重新整合成一个整体。就像美国历史学会所说的那样，教材与其他的学术著作不同，因为"归因的形式不同，对先前学术著作的依赖程度也不同"。通过对亚太地区创业知识的积累和整理，在本书中我们引用和借鉴了大量的同领域研究者的观点，力图在我们已经获取的知识和读者之间开辟一条便捷的通道。

篇章结构

本书的章节是按照创建新企业、测评新企业、促进新企业成长和管理新企业这样的顺序展开的。每一篇都用几个章节的篇幅具体阐述创业过程中的这样几个相关环节。

第Ⅰ篇（第1～第3章）主要介绍了创业活动的兴起。在这一篇中，通过回顾席卷全球的创业革命，作者试图使读者理解，创业活动是不断发展的，并且对整个世界的经济至关重要。作者介绍了企业家精神以及国家文化对创业的影响，并且回顾了亚太国家和地区的创业活动。在这一篇的最后，作者提出了内部创业的概念，这是一种新策略，可以使大型组织在其内部实现创业活动。

第Ⅱ篇（第4～第6章）主要从个体的角度阐述创业者自身对于创业行为的限制。这一篇提出了个体的创造力和创新精神的概念，也关注了企业家所应具备的伦理和社会意识，这种意识可以帮助企业家以一种更具社会责任感的态度参与商业活动。

第Ⅲ篇（第7～第10章）关注的是创业计划。这一篇讨论了如何评估政策、评估竞争对手和当地政府的行为，以及以上方面对于新创企业的影响。随后讨论了企业的营销行为对新创企业的准备、计划、运营的影响，同时介绍了创业者所需要的理财工具。最后，作者介绍了如何制定一份清晰而全面的商业计划。

第Ⅳ篇（第11～第14章）关注的是新企业的创建阶段。首先介绍了评价新的商业机会的方法。随后介绍了组织的法定结构（独资经营、合资经营和股东制经营）以及核心的法律问题，例如知识产权保护（专利权、版权和商标）和破产法等——以上内容都立足于亚太地区的实际情况。最后，这一篇还对企业家能获得的各种财政支持做出了全面的分析。

第Ⅴ篇（第15～第17章）关注的是新创企业的成长和发展，每个企业的发展看起来各有不同，但实际上是有共同点的。这一篇主要阐述了战略计划的重要性、引领新创企业继续发展的挑战，以及创业者所面临的全球范围内的机会。

第Ⅵ篇（第18～第19章）主要介绍了当代的一些创业问题。这一篇讨论了家族企业发展所面临的最终挑战。首先介绍了获取一个新企业（或卖掉现存的企业）的估值过程。其次探讨了管理持续性的问题。

本书特点

本书以简洁现实的态度，涵盖了创业方面的多个问题，从计划、经济到全球化和女性问题。本书认为，创业者最好的学习方式是从经验中学习，所以书中并没有仅仅陈列教条。

每章的"本章要点"使读者可以提前了解章节的主要内容。

书中有两个专栏，分别是"创业广角"和"创业实践"，现实地阐述了文中的观点。概念性的知识也是与现实生活中企业家会遇到的问题以及解决方法相联系的。

每章的小结概括了该章的主要内容。

每章的思考题可以检查读者对关键概念的掌握情况。

每章之后都有短小的案例分析，可以用来测验或讨论。同时，书中也回顾了哈佛商学院的一些案例，这些案例可以帮助读者将不同章节所学到的概念整合起来，这一部分内容将放在人大经管图书在线网站上，读者可以登录www.rdjg.com.cn下载阅读。

读者还可以免费订阅在线研究中心InfoTrac College Edition的文章。这个中心提供6 000多种学术和普通期刊的近2 000万篇文章。这些文章涵盖了多个学科、多个领域，是各类型研究人员的理想读物。

参考文献

1. Donald F. Kuratko and Richard M. Hodgetts, *Entrepreneurship: Theo-*

ry, *Process*, *Practice*, 6th edn (Mason, Ohio: Thomson South-Western, 2004).

2. American Historical Association, "Statement on standards of professional conduct", Approved by Professional Division, 9 December 2004 and adopted by Council, 6 January 2005 [www.historians.org/PUBS/free/professionalstandards.cfm? pv=y] accessed 10 September 2005.

目　录

第Ⅰ篇　21世纪的创业 ……………………………………………………………… (1)

第1章　创业革命 ……………………………………………………………… (3)
　　创业者：挑战未知 ……………………………………………………… (4)
　　创业与企业：亚太地区的视角 ………………………………………… (4)
　　创业经济 ………………………………………………………………… (5)
　　企业家精神和国家文化 ………………………………………………… (8)
　　创业学研究领域的趋势 ………………………………………………… (9)
　　创业学教育领域的趋势 ………………………………………………… (10)

第2章　创业精神：一个不断演进的概念 …………………………………… (17)
　　"承担"含义的演变 …………………………………………………… (18)
　　对创业精神的早期定义 ………………………………………………… (18)
　　关于创业精神的十大误区 ……………………………………………… (19)
　　创业学方法 ……………………………………………………………… (21)
　　过程论方法 ……………………………………………………………… (24)
　　关键概念 ………………………………………………………………… (28)

第3章　内部创业：开发企业创业精神 ……………………………………… (31)
　　引言 ……………………………………………………………………… (32)
　　内部创业的实质 ………………………………………………………… (33)
　　不只是企业 ……………………………………………………………… (36)
　　现有的内部创业谬论 …………………………………………………… (37)
　　重新构建大型机构的思考方式 ………………………………………… (38)
　　企业内部创业战略的具体因素 ………………………………………… (41)
　　成功和不成功的企业项目模型 ………………………………………… (44)
　　内部创业的交互过程 …………………………………………………… (46)

第Ⅱ篇　创业视角 ……………………………………………………………… (51)

第4章　理解个人创业优势 …………………………………………………… (53)
　　企业家的优势 …………………………………………………………… (54)
　　企业家的阴暗面 ………………………………………………………… (59)
　　创业动机 ………………………………………………………………… (65)
　　企业家研究资料 ………………………………………………………… (68)

第 5 章　了解创新及培养创造力 (74)
　　创新与企业家 (75)
　　创造力的作用 (77)
　　创新过程 (88)
　　国家创新体系 (94)

第 6 章　伦理、环境和社会企业家 (101)
　　定义企业家伦理 (103)
　　跨文化商业领域的伦理观 (106)
　　社会企业家精神 (106)
　　生态企业家 (110)
　　企业家精神和弱势群体 (113)

第Ⅲ篇　制定创业计划 (121)

第 7 章　环境评估：法规、产业、社区 (123)
　　新创企业的环境考察 (124)
　　了解亚太地区的法规环境 (126)
　　了解产业环境 (134)
　　了解社区视角 (140)

第 8 章　新创企业的创业营销 (149)
　　引言 (150)
　　营销调研 (152)
　　营销调研的制约条件 (156)
　　培养营销观念 (157)
　　新创企业的营销阶段 (162)
　　网络营销 (165)
　　定价策略 (168)

第 9 章　创业企业的财务预备 (175)
　　财务信息对于企业家的重要性 (176)
　　准备财务报表 (177)
　　资本预算 (185)
　　盈亏平衡分析 (189)
　　比率分析 (193)
　　决策支持系统 (196)

第 10 章　制定有效的商业计划 (200)
　　什么是商业计划 (201)
　　商业计划的益处 (201)
　　计划中需要避免的错误 (202)

制定一份构想完美的商业计划 ………………………………………………… (204)
　　　商业计划的组成部分 ……………………………………………………………… (207)
　　　商业计划的陈述 …………………………………………………………………… (221)
　　　有关商业计划的不同观点 ………………………………………………………… (222)

第Ⅳ篇　启动创业投资 ……………………………………………………………… (227)

第11章　机遇评估、可行性分析和商业化 ……………………………………… (229)
　　　引言 ………………………………………………………………………………… (230)
　　　如何评估机遇 ……………………………………………………………………… (230)
　　　选择新构想和新机遇时的陷阱 …………………………………………………… (233)
　　　评估新创企业的机遇 ……………………………………………………………… (234)
　　　为什么新创企业会失败 …………………………………………………………… (237)
　　　新创企业机遇的可行性分析 ……………………………………………………… (239)
　　　新创企业机遇的商业化 …………………………………………………………… (246)

第12章　新兴企业法律结构 ……………………………………………………… (252)
　　　创业容易度 ………………………………………………………………………… (253)
　　　评价法律结构 ……………………………………………………………………… (253)
　　　管理机构 …………………………………………………………………………… (256)
　　　股份有限公司 ……………………………………………………………………… (256)
　　　非股份制企业 ……………………………………………………………………… (260)
　　　其他企业形式 ……………………………………………………………………… (263)
　　　在外国创立企业 …………………………………………………………………… (267)
　　　特许经营方式 ……………………………………………………………………… (268)
　　　最后的思考 ………………………………………………………………………… (270)

第13章　新兴企业的法律问题 …………………………………………………… (274)
　　　知识财产的国际保护 ……………………………………………………………… (275)
　　　专利 ………………………………………………………………………………… (278)
　　　版权 ………………………………………………………………………………… (280)
　　　商标 ………………………………………………………………………………… (282)
　　　商业机密 …………………………………………………………………………… (287)
　　　破产 ………………………………………………………………………………… (287)
　　　知识产权 …………………………………………………………………………… (292)

第14章　企业家的资金来源 ……………………………………………………… (298)
　　　引言 ………………………………………………………………………………… (299)
　　　为你的公司自助筹款 ……………………………………………………………… (300)
　　　借助非正式投资来创办新企业 …………………………………………………… (302)
　　　债务融资还是股权融资 …………………………………………………………… (305)

股权融资 ·· (308)
　　　风险资本市场 ·· (312)
　　　天使融资 ·· (320)
　　　总结信息 ·· (323)

第Ⅴ篇　创业企业的成长和发展 ·· (329)

第15章　新兴企业的战略性创业 ··· (331)
　　　新兴企业中规划的性质 ··· (332)
　　　战略规划 ·· (332)
　　　运营规划的性质 ·· (345)

第16章　企业成长管理 ·· (352)
　　　引言 ·· (353)
　　　企业发展阶段 ··· (353)
　　　21世纪的创业公司 ··· (355)
　　　建立适应型企业 ·· (358)
　　　从创业者向管理者的过渡 ·· (361)
　　　理解成长阶段 ··· (365)
　　　在21世纪实现创业型领导 ·· (372)

第17章　全球创业机遇 ·· (377)
　　　亚太创业经济 ··· (378)
　　　多边机构 ·· (383)
　　　亚太地区创业概况 ·· (385)
　　　全球化 ·· (389)
　　　进入国际市场的五个步骤 ·· (399)

第Ⅵ篇　创业面临的挑战 ·· (411)

第18章　公司的买入和卖出 ··· (413)
　　　企业价值评估的重要性 ··· (414)
　　　买入或卖出公司 ·· (414)
　　　潜在问题 ·· (420)
　　　分析企业 ·· (421)
　　　建立公司价值 ··· (426)
　　　要考虑的其他因素 ·· (432)
　　　其他收获价值的创新方法 ·· (433)

第19章　家族企业：继承和延续 ··· (440)
　　　亚太地区的家族企业 ··· (441)
　　　家族企业面临的挑战 ··· (442)

管理权继承问题 ………………………………………………………（444）
影响继承的主要因素 …………………………………………………（446）
制定继承战略 …………………………………………………………（450）
收获战略：出售 ………………………………………………………（455）

第 I 篇
21 世纪的创业

- ■ 创业革命
- ■ 创业精神：一个不断演进的概念
- ■ 内部创业：开发企业创业精神

第1章

创业革命

> 只有那些能在充满尘土、血腥和汗水的竞技场上角逐的人才能创造财富。他们是自我打拼的生产者,他们阅历万千,具有献身精神,为了有价值的事业挑战自己的极限。毫无例外,他们失败的次数远比成功的次数多,但在未成功之前,他们在失败中成长。当这些财富的创造者失败的时候,至少他们仍然保持个性和尊严,他们很快意识到失败只是暂时的。他们不和那些不知成败,不管工作业绩如何只求微薄的薪水,为别人打工的无名氏为伍。他们是勇于行动的生产者,无论在任何时刻、任何地方,他们永远不会和索取者为伍。他们就是企业家!
>
> ——约瑟夫·R·曼库索(Joseph R. Mancuso),企业家管理中心

本章要点

1. 解释创业企业对于经济增长的重要性
2. 介绍创业者的特征
3. 理解当今发生的创业革命
4. 阐述创业环境
5. 介绍创业学研究领域的最新趋势
6. 介绍创业学教育领域的趋势

创业者：挑战未知

创业者是这样一群人，他们在别人看到混乱和迷惑的地方发现机遇。他们是市场变化的催化剂。他们被比作挑战自我、打破纪录的奥林匹克运动员，是耐得住漫漫长途的长跑健将，是平衡不同的技能和声音使之成为和谐整体的乐队指挥，或者是最优秀的不断挑战速度和胆量极限的飞行员。不管什么样的比喻，有一点是共同的，即创业者是当今市场的英雄。他们以前所未有的速度开办新企业和创造新的工作岗位。世界经济因为创业者的努力而呈现出勃勃生机。**自主创业**（free enterprise）成为经济发展的模式。创业者的激情和推动使世界的商业进步。他们挑战未知，不断创造未来。他们的积蓄、投资和创新引领着发展。他们通过促进**经济增长**（economic growth）和**创造工作**（job creation）减少贫困。引用某人说过的话来总结创业者的特征就是：

> 创业者（人人可能成为的角色）是任何一个想要经历如同幽深黑暗的峡谷一般的不确定性和模糊性的人；也是那些想要登上令人激动的成功巅峰的人。但我要说明的是，只有经历了前者，才可能成为后者。

创业与企业：亚太地区的视角

创业不仅仅是指创造一个企业，这虽然是非常重要的一个方面，但并不是全部。寻找机会、冒险以及把想法变成现实的坚忍意志等特点构成了企业家。企业家是天生的，也是后天培养的，企业家锋芒可以在个人身上培养。组织内部和外部有企业家，营利和非营利企业中有企业家，商业和非商业活动中也有企业家，只要是提出创新想法的地方就有企业家。星际旅行的宇航员是宇宙的"创业者"："飞船的使命是：勇敢地走到之前没有人去过的地方。"今天，我们仍然把"创业"一词看做"一种对生活的态度，一种开创、发展、引领、主动的态度"。创业——对于企业家本人——是识别、形成、实现生活愿景的过程，是一个创新的想法，或者只是更好的做事的方式。创业不仅适用于商业投资领域，也适用于政治、社会决策。英语中有这样两个互补的词："有事业心"（enterprising）和"有企业家精神"（entrepreneurial），"有事业心"指"通过想象、主动性和事先准备来从事新项目"，"有企业家精神"指"乐意承担风险，创造价值"。任何人都可以是"有事业心"的，不管是建筑师还是动物学家，但企业家精神更多地是指商业方面。这两个词，不论是在企业内部还是外部，都意味着一个人是自己余生的所有者，是自己命运的支配者。

我们的视角是**亚太**（asia-pacific）视角，这个词既有政治意义，也有经济意义，用来描述太平洋沿岸和该地区不同岛国的经济。这个地区多样化程度很高——有经济蓬勃发展的中国香港、中国台湾和新加坡，有技术先进的日本和韩国，有自然资源丰富的澳大利亚，有人力资源丰富的中国大陆和印度尼西亚，还有农业生产发达的新西兰和菲律宾。特别地，本书的研究包括了亚太的以下国家和地区：中国、日本、澳大利亚、新西兰、亚洲新兴工业化国家（如新加坡、韩国）、东南亚国家联盟（如文莱、印度尼西亚、马来西亚、菲律宾），以及岛国波利尼西亚和美拉尼西亚。但是，当我们说"关于创业的亚太视角"时，是指关于这个地区自由经济的视角。

创业经济

企业家精神是商业才华和成就的象征。企业家引领了当代商业的繁荣。他们对机会的感觉、对创新的驱动力和成就事业的能力成为衡量自主创业的标准。在自由而开放的经济中，这个标准适用于全世界。

在21世纪，企业家精神被演绎得更加生动。尽管有时候，当今的年青一代会被视为"X代人"，因为他们觉得在传统领域找不到机会，但在全世界范围内，年轻的企业家已经被冠以"**E代人**"（generation E）的美称，其中E是指企业家精神。这不仅仅发生在欧洲和北美，贫困人口，无论是在泰国还是在澳大利亚，都可以并且已经通过创业实现致富。和他们在全世界的同伴一样，这些年轻人已经成为自工业革命以来最具创业精神的一代。

利用其自身的领导力、管理能力、创新能力、研发效力、创造工作的能力、生产力和形成新的行业的能力，企业家将继续为经济的增长贡献重要的力量。

要理解企业家精神的本质，理解创业企业运作的两个视角很重要：第一个视角是统计性的，提供有说服力的数据以强调小企业在经济中的重要性；第二个视角是观察企业家精神研究和教育领域的趋势，以此来反映企业家精神在学术发展中的重要性。

新兴企业的经济优势

过去的10年见证了全世界创业活动的出现。越来越多的新兴小企业，而不是大企业，成为创造工作的引擎。

亚太地区有世界最高和最低的**创业**（start-up）比率。我们可以将日本毫无生气的2.2%的创业率与泰国白热化的20.7%的创业率进行比较。新西兰在"发达"国家中数年来一直维持最高的早期创业率。一直以来，中国和澳大利亚在创业能力上都十分突出。创业率增长较快的国家，失业率往往下降得较快。在过去的15年中，快速成长的新兴企业对经济增长做出了很大的贡献。研究表明，创业行为对创造工作和经济增长做出了积极贡献。大约一半的新工作来自快速发展的新兴企业。新的创业动力，无论是开办一家新的企业，还是改进已存在的企业，都促进了生产。它们增加竞争压力，迫使其他企业提高效率或者引进创新。企业内部提高的效率和创新，无论是组织、过程、产品、服务还是市场，各个方面都可以提高整个经济的竞争力。这个过程通过创造更多的选择和更低的价格给顾客提供利益。表1—1介绍了各个国家和地区的创业情况。

表 1—1　　　　　　　　　　　　　　创业衡量指标

国家或地区	2005年创业率（%）	2004年失业率（%）	2005年GDP增长率（%）
泰国	20.7	1.9	7.3
新西兰	17.5	3.9	2.1
中国内地	13.7	4.4	0.9
美国	12.4	5.5	4.7
澳大利亚	10.5	5.5	0.7
新加坡	7.2	4.0	3.1
中国香港	3.0	6.8	4.6
日本	2.2	4.7	4.0

资料来源：Start-up rates 2005. Percentage of adults 18–64 currently involved in early-stage entrepreneurship. Maria Minniti with William D. Bygrave and Erkko Autio, *Global Entrepreneurship Monitor*：*2005 Executive Report* (Babson College and London Business School, 2006).

在全世界有上亿人尝试创业。早期标杆项目全球创业观察在2005年估计，全世界大约每11个成年人中就有1个要么正在创办新的企业，要么已经拥有了自己创建的企业。在任何一个国家，不管人均GDP水平如何，年轻人都倾向于更多地参与到创业活动中来。低收入国家的创业活动的水平反而是最高的。在所有国家中，男性创业的可能性大概是女性的两倍。遗憾的是，许多创业活动"目光短浅"。只有3%的创业企业是具有高潜力的（它们的竞争对手很少，企业家倾向于把创新成果引向市场，并使用最先进的技术）。大多数企业家宁愿发掘已有的机会，在已有的市场优化供求关系，而不是开发创新的机会，在国内外创造新的市场。

高增长与生活方式

在过去的几年里，亚太地区新成立的企业数目一直都很大。有证据表明，企业家创业带来经济高增长、财富和工作。全球大约8%～9%的成年人参与创业。但是，在人口极具多样性的国家里（例如中国和澳大利亚），只有大约1%～2%的成年人（10%～20%的企业家）参与到高增长——定义为"企业成立5年内预期创造19个或更多职位"——的创业中。这些是我们听到最多的内容。

他们也许是经济的支撑，但大多数企业家只是想达到中等目标。他们满足于自己的生活方式和家庭，但是并不积极对经济增长做出贡献。许多人也许从来没有获得任何新的成就或者创造任何新的财富。能够识别一个有潜力的机会并不必然保证创业成功，更不用说发展成为创造价值的行业。他们对"3B"（豪华游轮、海滩豪宅、宝马豪车）更感兴趣。表1—2介绍了亚太地区高增长的创业企业的比例。

表 1—2　　　　　　　　亚太地区高增长的创业企业（2005年）

国家或地区	占所有新创企业的比例（%）
新加坡	20.50
中国内地	12.00
美国	11.40
中国香港	11.30
澳大利亚	9.30
泰国	9.20
新西兰	8.10
日本	7.60

资料来源：*Global Entrepreneurship Monitor* (2006).

☐ 创业企业对经济的贡献

创业企业对经济做出了两个必不可少的贡献。首先，它们是市场经济繁荣过程中必不可少的组成部分。创业企业在创新中起了关键作用，带来了技术的变革和生产率的提高。简而言之，因为它们改变了市场结构，所以它们带来了变化和竞争。我们地区的经济是变动的实体，一直处于"成为什么"的过程中。它关乎未来的发展前景，而不是历史的遗产。

其次，创业是百万人进入经济和社会主流的基本渠道。小企业使得百万人，包括妇女、少数族裔、当地居民和移民，得以发现他们自身和家庭的前景。另一个好处就是创业在有效地提供健康、教育、福利服务方面起到积极作用。企业鼓励利益相关者参与到这些服务的提供和管理中来，强化创新和顾客导向。这种方法可以作为公共资源的补充，扩大提供给消费者的服务范围。

创业实践

企业家被认为是活在未来的，当未来不确定时，企业家具有预见力。这使得企业家能够永远领先于别人——他们被称为变革的舵手。下面是技术进步在未来几年里将持续在经济、商业、群体方面改变社会的十大创新。

2012年家庭舒适、便捷领域的十大创新

- 个性化的健康检查和护理，包括血液、心脏和肾脏检测，通过互联网将结果传送给医生。
- 家庭环境质量保证，通过先进的风扇和过滤器，过滤掉空气中的过敏源，包括花粉和霉菌、宠物的毛发和其他成分。
- 通过电视、电缆和卫星实现电视、电信和电脑一体化。
- 汽车和家庭安全系统中的语音识别和启动，接入电脑，将语音形式转化为数字形式。
- 个性化的微型燃料电池，提高能量效用和储存密度。
- 从提取的纤维中产生的环境友好的、可持续的物质，包括基因工程植物和农作物。
- 家用废物处理器，包括新一代的垃圾收集器和废水预处理器。
- 通过以嵌入芯片形式保留健康和医疗记录的生物芯片，实现个人识别和保障；当你进出房间时，感应器自动启动开关调节房间的温度、湿度和亮度。

出现的职业和工作机会

- 组织工程师，培养皮肤、软骨、肠、肝脏、心脏和肾脏组织。
- 基因编程员，记录个性化的处方，改变个人基因；农民，种植转基因蔬菜，饲养转基因动物。
- 生态侦察员，关注特洛伊基因效应；为领取奖赏而情愿充当猎人，消灭不受控制的转基因种类。
- 数据挖掘者，从大量数据中提取少量有用的信息。

- 热线修理工，对你的家用电器实施远程诊断。
- 替身演员，以每场收费的方式进行表演。
- 小众播音员，与广告商合作，制作专门针对客户的广告。
- Turing检测员（源自英国数学家艾伦·图林（Alan Turing）），帮你知道你是在和人通话还是在和机器通话。
- 知识工程师，人工智能中间商，将你的经验转化成软件。

十大投资机会

- 混合动力车；
- 基因疗法；
- 光学电脑；
- 高速火车；
- 陶制发动机；
- 纳米技术；
- 智能中介；
- 超导物质；
- 超音速飞机；
- 电脑感应识别。

资料来源："Top ten innovations in home comfort and convenience in 2012" [www.battelle.org/news/02/07-09-02Healthy.stm] 9 July 2002; "What Will Be the 10 Hottest Jobs?", *Time Magazine* [www.time.com/time/reports/v21/work/mag_ten_hottest_jobs.html]; "Forecasts for the Next 25 Years", *The Futurist*: *Special Report* (1999): 4-8.

企业家精神和国家文化

在我们开始关注亚太地区的企业家精神前，先了解三个原则：
- 一定比例的成年人可以被归类为企业家。
- 我们可以量化这个比例。
- 一个国家、文化甚至种族在创业活动上的得分可能低于或高于另一个国家、文化和种族。

文化和社会习俗可能鼓励或阻碍企业的发展。有关**国家文化**（national culture）和种族对企业家精神和经济发展的影响的文献，长期关注会促进或抑制企业家精神的特点。其中有许多著作综合了社会学、经济学、政治学、管理学和新闻学的视角，集中论述企业家精神独一无二的"完美类型"。比如，拉姆和帕尔提尔（Lam & Paltiel）认为，儒家思想与台湾、日本的经济发展和企业家精神相关。其他文献描述的文化特征，解释了为什么新加坡人可能缺乏企业家精神。一个有趣的研究集中论述了为什么新西兰的毛利人比欧洲的新西兰人更富有企业家精神。

一个主流学派解释了文化和个性特征之间的关系。比如，考林（Cowling）发现，性别和教育变量在解释国家间的企业家精神的强度上存在差异。弗雷德里克（Frederick）认为，新西兰企业家是生活方式追求者，没有渴望成功的动力，也不受自尊驱动。

比较有名的是霍夫斯泰德（Hofstede）的论点：文化维度诸如**权力距离**（power distance）、**不确定性规避**（uncertainty avoidance）、**个人主义/集体主义**（individualism/collectivism）和男性主义/女性主义影响国家财富和经济增长。莫里斯和戴维斯（Morris & Davis）认为，对集体主义强调得越多，企业家精神就越少。琼潘纳斯（Trompenaars）研究不同的文化怎样作用于不同的管理方式，组织对不同的文化如何产生不同的含义。许多学者强调的一个观点是，就目前关注的企业家精神来看，这些特点构成了显著的文化维度。一脉相承，李和彼得森（Lee & Peterson），与伦普金和迪斯（Lumpkin & Dees）总结的一样，认为社会产生自动的、承担风险的、创新的、竞争激烈的、重视行动的企业家和企业的倾向性取决于文化特征。有独特文化取向的国家产生很强的"企业家倾向"，因而创业活动更明显。他们指出：

> （创业）文化对权力距离的容忍度偏低，更愿意接受不确定性，更强调个人主义、男性主义、成就导向和普遍性。相反，强调关注等级结构、官僚层级、工作保障、共同决策和授权思考的社会很可能乐意接受权力距离，有很强的不确定性规避倾向，更强调集体主义、女性主义、归属感和排他性。

李和彼得森将这些总结成六个文化维度：

- **不确定性规避**——一种文化或种族愿意接受不确定性和一定程度风险的程度。
- **权力距离**——一种文化或种族容忍等极或不平等关系的程度。
- **物质主义**（materialism）——强调物质主义与财富而不是和谐与人际关系的程度。
- **个人主义**——强调个人成就而不是集体主义或团队成就的程度。
- **成就**——权力和地位如何取得，或者通过竞争和努力奋斗，或者通过与生俱来的权利、年龄或性别。
- **行为规范**——一种文化或种族采用普遍适用的规则的程度，是不是有些人因为地位而享有特权或优势。

特别地，"理想类型"的企业家是：普遍接受不确定性和风险；不能容忍不平等的关系；强调物质主义和财富；强调个人成就；认为权力和地位是通过竞争和努力工作获得的；认为存在一套对所有人都公平的法律、规则。

但是当我们观察周围的世界时，会发现企业家文化并不符合这种理想类型。

创业学研究领域的趋势

当我们继续研究创业时，注意到创业学在过去几年里研究和教育领域的发展很重要。最近几年关于企业家和创业企业的研究可以归纳出以下特征：

- 创业学作为一个研究领域边界模糊，它是跨学科的，但是在这个领域有一个扩大的文化和知识基础。不管怎样，既然它是一个"新兴"领域，那么它的显著特点就是"知识碎片的整合"。
- 企业家可能使用和其他人不同的认知过程来识别和评估机会。关于认知的研究关注的是在能够用方法论解释前，人们怎样实现心理跨越，形成切实可行的直觉。企业家善于集中——有时是分散——资源创办企业，他们在发现关键资源的核心能力上区别于大众。

- 企业家是人际网络的精英，意味着他们可以接触网络并处理信息。在混乱的市场上，企业家会变得非常机警，通过信息投资了解别人不了解的知识。
- 风险融资，包括传统风险资本、天使资本募集和非正式融资，在20世纪90年代出现空前盛况，在21世纪的开始达到顶峰，现在又回到了1998年的水平。
- **内部创业**（intrapreneurship）（也就是说，在大型组织内部的创业）和对创业文化的需求在过去的几年里受到广泛关注。
- 企业家的进入战略表现出一些共同的特征、问题和规则。
- 企业家生涯的风险和规则——尤其是它高要求和压力大的性质——成为研究的热点领域，它与将成为和已经成为企业家的一类人密切相关。
- 女性、少数族裔、移民和当地企业家如雨后春笋般涌现。他们似乎面对着与其他企业家不同的障碍和困难。
- 人口趋势催生了一大群**中年企业家**（senior-preneurs）（也叫做灰色的、年老的、第三年龄段的或者年长的企业家）。
- 创业学正在成为越来越受热捧的大学课程。开设"创业学"或者相似课程的大学数量从20年前的24所增加到现在的超过2 000所。
- 商学院研究创业的兴趣越来越明显，主要由学生和校友推动。教授"创业学"课程的教师严重缺乏，课程很多由兼职教师讲解，讲的大多是"实战故事"，很少有理论和背景剖析。
- 根据过去几年里全世界对创业的兴趣迅速膨胀判断，创业在自由经济下普遍存在。
- 在创造工作、创新和经济繁荣方面，与大型企业相比，创业企业、新企业和家族企业做出了主要的贡献。

创业学教育领域的趋势

创业学教育（entrepreneurship education）是当今世界发展最快的学科之一。课程和项目的扩大和发展对提高创业水平和新兴投资做出了巨大的贡献。美国人的研究表明，学生——不管是艺术、建筑、运动还是保健领域——只要上过创业或者自主创业方面的一门课程，就更有可能自主创业，进入新行业，创办企业。有证据表明，许多商业竞争计划中最好的点子来自非商业专业。作出最大贡献的很多是非商科学生，一些最具创新性的活动并没有发生在商学院。

独资企业（proprietorship）和**自主创业**（self-employment）的发展趋势很明显。虽然我们没有亚太地区国家的可比数据，但是有美国在不同工作分类中自主创业的精确数据。表1—3显示了在21世纪许多最受欢迎的职业中自主创业的比例。

表演班毕业生的自主创业比例明显偏高。大概有一半的艺术家和摄影师，1/3的作家、音乐家、歌手，1/4的演员和导演自主创业。从管理分析师到建筑师，当今许多行业越来越呈现出自主创业的趋势。

表 1—3　　　　　　　　　　各职业中自主创业占比

艺术家	50%	运动员、教练、裁判	27%
摄影师	50%	演员、制片人、导演	25%
建筑经理	50%	建筑师	20%
财产、房产、社区管理者	46%	舞蹈家和编舞者	20%
作家	33%	电视、录像和动画拍摄者	20%
音乐家、歌手及相关工作者	33%	自助服务技师	16%
设计师	33%	经济学家	11%
木匠	30%	会计	10%
管理分析师	30%	旅行社	10%
兽医	28%	电工	10%

创业学研究领域在过去的 40 年里加速发展。这个现象在很多国家存在。比如，德国在新形式的创业学教育方面尤其活跃，1997—2004 年创造了超过 30 个创业学教育方面的职位。这些发展并不局限于发达国家：拉丁美洲的大学寻求培养大学生和研究生的创业能力的有效途径。在各个大学展开创业学教育的趋势愈加明显。本书就是亚太地区具有浓厚兴趣的例证。

库拉特科（Kuratko）认为创业学是商学院的未来，创业学专业的相关教员正转变为领导人角色。在商学院教育领域有一个很有趣的辩证法：控制和创新，即服从与创造，它们是互相矛盾的两种方法，可以归类为不同的思维体系。服从导向的管理学科（比如金融与会计）与强调创造和创新的创业学之间存在理念上的巨大分歧。事实上，澳大利亚的创业学教授凯文·欣德尔（Kevin Hindle）认为创业学教育摆错了位置！它和典型的大学商学院的教育不协调，无论是在教授课程的方式上，还是在评估方式上。新的领域必须拓展到管理学或者工程学领域之外，或许甚至是大学之外。享有盛名的创业学教育家戴维·伯奇（David Birch）认为，"商学院教给你的恰恰是创业学的反面……基本说来，商学院是教你如何为别人工作"。欣德尔甚至质疑创业学专业是不是应该在商学院教授。他说创业学属于"在任何地方都可以教授的课程，只要那里具备了关于创业的天才想法和对待创业的正确态度"。

创业学教育"真的是时候了"吗？我们可以看看一门学科通常的里程碑，然后做一个判断。根据库拉特科的研究，创业学教育是发展最快的学科之一。韦斯珀和加特纳（Vesper & Gartner）关于创业学教育学科的大事在急剧增加。根据预测，教授创业学或者相似学科的学校数目从 40 年前仅 20 个左右增长到今天仅美国一国就超过 1 600 个。赫里斯（Hisrich）预计在创业学领域有 564 个大学教授职位，其中 72% 在美国。图 1—1 描述了一个生命周期。

企业和创业学领域的学术文献浩如烟海、博大精深，至少有 45 种专门研究此领域的学术期刊。现在已有了正式的讨论如何教授创业学的学会。1970 年只有一本相关教材，而现在有几十本之多。它的发展如此迅速，以至于超出了商学院的范围。许多学校现在开设了"e"学科：工程创业学、护理创业学、音乐创业学、营养创业学，甚至数据创业学。

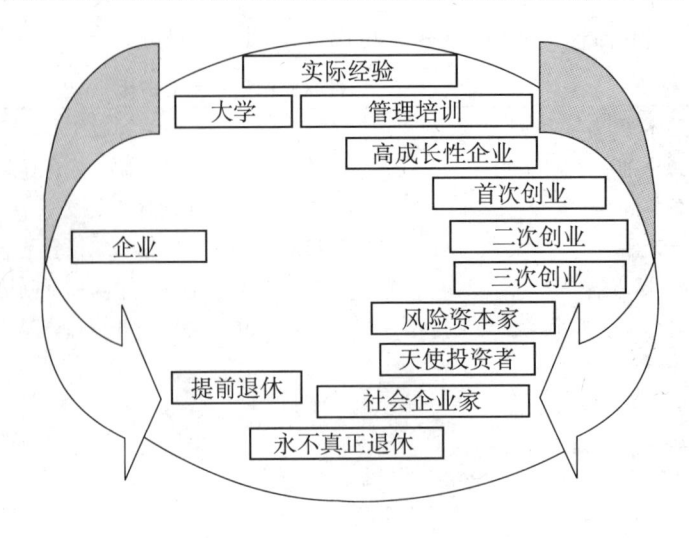

图 1—1　生命周期：你处于哪一阶段？

小结

本章简略地回顾了发生在世界范围内自由经济中的创业革命及创业经济的一些重要数据。企业家是那些在别人看到混乱的地方发现机会的行动者。企业家发起的新投资通过创造工作和财富恢复并刺激经济增长。所有的企业家都是有事业心的人，但企业家不仅仅是指商业方面。我们将他们——无论是从商的还是动物学家——归为一类的依据，是他们成为"他们余生唯一所有者"的欲望。我们的视角在亚太地区，包括中国、日本、澳大利亚、新西兰、新加坡、韩国、文莱、印度尼西亚、马来西亚、菲律宾、泰国，还有波利尼西亚岛国和美拉尼西亚岛国。其中包括一些在全世界最富有企业家精神和最缺乏企业家精神的国家和地区。我们还看到高比率的创业率和低失业率、高工作创造率相关。上亿的年轻（或中年）的企业家组成了我们所说的 E 代人。他们也许是自工业革命以来最具有企业家精神的一代。他们推动了 21 世纪的生活方式和技术发展趋势的形成，他们也从中受益匪浅。不同国家和文化在创业活动上有所区别。道德和文化影响人们成为创业者的动机和机会。有些文化鼓励创业导向，而有的则可能不利于创业。我们列出了文献中研究得出的一些趋势，也描述了创业学教育方面一些重要的发展。

思考题

1. 简单描述创业学的含义。
2. 描述新兴企业在经济中的优势。
3. 识别 21 世纪的一些创新产品和投资机会。
4. 创业与企业的区别是什么？
5. 该如何描述亚太地区？
6. 亚太地区哪些国家的创业率最高，哪些国家最低？
7. 创业（这里指首次创业率）和失业率之间有什么关系？

8. 创业者对经济做出的本质贡献是什么？

9. 我们用来描述国家文化和企业家精神的六个文化维度是什么？

10. 创业学研究的最新趋势是什么？

11. 创业学教育的最新趋势是什么？

12. 哪些职业有最高比率的失业率？

自我测试：你是一个高成就者吗

成功创业最重要的特征之一就是成为高成就者的欲望。以下 10 个问题是用来识别你的成就动机的。选择最符合你的答案的字母，将它写下来。评分信息在测试的最后（见表 1—4）。

1. 你的一个大学老师在上课的时候要求你对以下三种评分方式进行选择，你会选择哪一种？
   A. 学习课程材料，考试，得到应得的学分
   B. 掷骰子，掷到奇数就得 A，掷到偶数就得 B
   C. 所有课程只是报到一下，最后交一篇论文，得 C

2. 你觉得你的风险承受能力如何？
   A. 高　　B. 中　　C. 低

3. 你的老板让你接手一个新工程，但你手头有很多事要做。你如何告诉你的老板？
   A. 我的任务已经很重了，再也不能接受新的任务了
   B. 当然，我很愿意接手，把它交给我吧
   C. 让我先看一下目前的工作日程，明天再回复你是否能够接受新任务

4. 你最想成为下面哪种人？
   A. 史蒂夫·乔布斯，苹果公司的创始人
   B. 热播电视剧《学徒》里的唐纳德·特朗普（Donald Trump）
   C. 鲁珀特·默多克（Rupert Murdoch），新闻公司的首席执行官

5. 你最喜欢玩下面哪一种游戏？
   A. 地产大亨　B. 宾果　C. 轮盘赌

6. 你想要更多地参加锻炼，下面哪种方法对你最有吸引力？
   A. 参加一个社区的运动队
   B. 自己锻炼
   C. 参加一个当地的健身俱乐部

7. 你最喜欢和下面哪一群人玩扑克？
   A. 朋友
   B. 下大赌注的人
   C. 能挑战你的人

8. 你最想成为下面哪种人？
   A. 侦破案子的侦探
   B. 发表就职宣言的政客
   C. 乘坐游艇的百万富翁

9. 在晚上，你最想做的事是什么？
   A. 拜访朋友
   B. 玩自己的业余爱好
   C. 看电视

10. 下面哪种职业对你的吸引力最大？
    A. 电脑销售员
    B. 企业会计
    C. 刑事律师

评分

圈出正确的数字，将你的答案转化成以下得分（比如，如果第 1 题的答案是 C，就在第一行圈上数字 2）。然后把三栏的数字加总得到总分。

说明

1. 高成就者对他们自己的行为负责任。他们不喜欢只靠运气。第三个选项 C 假设把为考试做准备的课程时间节约下来用以学习其他课程，否则该答案就只能是 0 分。

2. 高成就者在重要情境下是中等风险偏好者。

3. 高成就者喜欢在承诺采取一项行动前研究一下形势。

4. 乔布斯是一个有很高成就的人,但是相对于目标成就,他对设计和工程更感兴趣。特朗普是一个极端高成就导向的销售者/总裁。默多克更多地是被内部力量所驱动,而不是成就需求。

5. 地产大亨这一游戏使高成就者能使用他们的技能。宾果和轮盘赌则是靠运气。

6. 高成就者宁愿自己解决问题。次优选择是加入一个健身俱乐部,这样个人自主性较弱,但有机会从知道怎么有效锻炼的人那里得到反馈和指导。

7. 高成就者喜欢挑战但不是高风险。如果你扑克牌玩得很好,并且选了B,那么你可以提高本题的得分,从2到10。

8. 因为高成就者喜欢实现目标,所以侦探对他们的吸引力最大。政客对权力更感兴趣,而百万富翁仅仅喜欢享受生活。

9. 高成就者喜欢做那些有助于提升自我的具有建设意义的事情,所以业余爱好是他们的首选。

10. 电脑销售员和刑事律师比企业会计有更高的成就需求。

表1—4　　　　　　　　　　给答案打分

问题序号	你的选择		
	A	B	C
1	10	0	2
2	2	10	2
3	6	2	10
4	7	10	5
5	10	0	0
6	2	10	6
7	4	2	10
8	10	7	4
9	4	10	4
10	10	5	10
总分			

案例分析 1—1

保罗·凯夫

我们的工作是使顾客成为自己心目中的英雄。

凭借着创新的想法和决心,保罗·凯夫(Paul Cave),BridgeClimb公司的创始人兼首席执行官,在过去的几年里创办了一家资产达5 000万美元的企业,成功获得了一个澳大利亚世界知名标志物的专卖权。他大力投资于广告,却不用花一分钱,通过百万个"英雄"顾客的口碑赞誉将他的企业传播给世界范围内大约1亿个潜在顾客。而这一切只是开始。保罗·凯夫在20世纪90年代后期做了至少52场演说,试图筹集1 200万美元开办一家企业,让数百万人能爬上悉尼港湾大桥(Sydney Harbour Bridge)。他游说的一家很有实力的商业银行认为这是一个很有创意的想法,但就是不肯出钱。最后,另一个企业家,布雷特·布伦迪(Brett Blundy)进行了投资。凯夫说他"在我告诉他的60秒内就决定投资并且成为我第一个主要的合伙人"。在没有先例可循的情况下,人们就得用大脑好好分析。很显然,布伦迪像凯夫一样,在无人涉猎的未知领域探寻答案。

凯夫说，在BridgeClimb向游客开放大桥的三年里，每年都有30万名游客（其中2/3是国际游客），收获了5 000万美元的营业额。他说了一个底线——连沃伦·巴菲特都会嫉妒。企业自创办以来，已经向280位员工发放了100多万美元的特别奖金红利。凯夫对BridgeClimb的成功并不感到惊讶。自10年前——他和YPO（年轻总裁组织）论坛成员一起爬一座桥的时候——有了这个想法以后，他就一直在思考，花了很多时间反复琢磨这个设想。

"作为一个企业家，你不会发现有什么比它（那些障碍）更令人沮丧的了。政府的第一封信列出了64条理由解释为什么不可以。"凯夫说。在收到这么多否定的答复后，他下定决心将事情做下去。现在盲人和聋人攀爬大桥也成为可能，下一个要迎接的挑战就是让坐轮椅的人也能够爬上大桥，他对成功很有把握。

幸运的是，保罗·凯夫的分析经济学背景没有抹杀他的市场想象力——他不仅能察觉到从1932年起就摆在澳大利亚人眼前的明显商机，而且能透过简单的攀爬运动看到更高层次的垄断价值——为企业创造巨额财富。BridgeClimb公司预计在超过20年的时间里将付给新南威尔士道路和交通局大约13 000万美元——因其得到的澳大利亚最具国际知名度的建筑标志的特许旅游权。当人们想到这笔资产"释放"的真正价值时，这样的成本根本微不足道。

港湾大桥作为一个建筑，其本身的价值可能只有10亿美元，但是它作为一个文明世界的品牌和商标时，其价值就大多了，也许有上百亿美元。这个品牌通过口碑还在维持并且不断扩大，人们以特殊的方式对它进行宣传。世界上第一个攀爬商业化的大桥的经历对有实力的先行者来说是一种挑战。而在这座世界闻名的大桥——位于澳大利亚最大、游客最多的城市的中心——上的经历则体现了另一种非凡。

但事情远远没有结束，凯夫说："澳大利亚旅游局已经花费2 000万～3 000万美元向全世界展示BridgeClimb，吸引人们到这里来。2000年奥运会时，1 100个记者爬了这座桥，他们吸引的公众在世界范围内达到25亿。这些广告和公众的关注对我们来说是不需要花成本的。"

凯夫吸引超过100万名攀爬者作为有说服力的企业信息宣传的方式进一步说明了他利用顾客口碑进行无成本宣传的市场直觉。价值传递系统——企业文化、既定流程、员工训练、攀爬准备、顾客满意度测量等——都经过设计，正如凯夫所说，为了取悦顾客，"每个顾客，每次，毫无例外"。攀爬，现在每周7天、每天24小时开放，几乎每10分钟就有一次，无论酷暑、严寒、下雨还是有雾。顾客给予好评（好极了）的比例在任何情况下都超过99%。

凯夫坚持认为，价格不是问题，提供卓越的价值才是关键。平均价格是每人145美元，此外有30美元花在商品上。他承认人们把"攀登生命"的经历的价值看做自我发现的过程。一旦发现，无论如何，他的内心就会像小狗追逐骨头那样追逐攀爬的价值。比如，在大桥上有400次（已知的）求婚，但只有一次被拒绝。企业设计出了一个方案，当求婚成功的时候，可以通过一根细绳把准备好的戒指安全放下来以示庆贺！完美的整体价值！

考虑到成就方案时的困难，保罗·凯夫提供给崭露头角的初创者的建议看起来是简单的。

要清楚机会是什么，永远不要偏离它，并不断激励自己追求目标。他承认BridgeClimb公司拥有悉尼港湾大桥特许旅游权是"梦想成真"，他的国际团队在计划开发世界上其他具有国际知名度的大桥。

不要尝试所有的东西，做成一件事并成名的凯夫说："我们在做一件简单的事情。我们只是推进者，把人们带到大桥的顶端。

我们的工作是使顾客成为自己心目中的英雄。"

"如果有人觉得那个（指'每个顾客，每次，毫无例外'的价值观）不合理，请不要来这里。"凯夫说。

资料来源：John C. Lyons and Edward de Bono, *Marketing Without Money* (Niddrie, Victoria, Aus：Pennon Publishing, POB 136, 2003), 37 - 40 [www.lyonsanddebono.com/docs/excerpt.pdf].

问题：

1. 凯夫看到的让他零成本营销产品的机会是什么？

2. 凯夫给广告中射线状的六角形赋予寓意，它使人们更加坚定信心。对此给出你自己的解释。凯夫说的"使顾客成为英雄"是什么意思？

3. 凯夫在创业过程中表现出的企业家特征是什么？

第 2 章

创业精神：一个不断演进的概念

> 考虑到创业学对人类的重要性，学习它是理所当然的事情。它是经济增长、社会繁荣、个人发展的源泉。如此重要的一门课程值得深入研究、仔细反省、不断分析。当一门课程——任何一门——有像创业学这样的重要性时，我想它能够成为杰出教育的基础。
>
> ——凯文·欣德尔教授
> 澳大利亚创业学研究生院，墨尔本

本章要点

1. 回顾企业家和创业精神的历史发展
2. 探究和揭示创业精神之谜
3. 定义和探究创业学的主要学说
4. 解释创业学学习的过程和途径
5. 给出创业学的综合概念

"承担"含义的演变

单词 entrepreneur 来自法文 entreprendre，意思是"企业家"。我们在英文中使用法文是因为**"承担者"**（undertaker）很遗憾地被用于另一个行业——殡葬业！但是，严格来讲，企业家是组织、管理企业并且承担企业风险的人。它的含义很广泛，因此在当今，企业家被认为是创新者或开创者，他能识别并抓住机会；将这些机会转化成可操作、可市场化的概念；通过时间、努力、金钱或者技能来增加价值；承担实施这些想法而产生的来自竞争市场的风险，并且通过努力获得回报。

企业家是敏锐地捕捉商业世界变化的分析师。他们是独立的思考者，敢于从芸芸众生中脱颖而出。研究表明，所有的企业家都有一些共同的特征，包括整合资源的能力、管理技能、要求自治的愿望和风险承受能力。其他的特征包括雄心勃勃、喜好竞争、目标导向的行为、自信、乐观、直觉力、基于实际的行动、从错误中学习的能力和善用人际关系的能力。

尽管对企业家没有专门的定义，而且没有任何一个定义能够诠释当今的企业家，但对这个课题的研究视角却越来越集中。我们可以从对**创业精神**（entrepreneurship，又称企业家精神）定义历史的简单回顾中看出这一点。

对创业精神的早期定义

把企业家定义为一类人始于 18 世纪的法国，当时经济学家理查德·坎蒂隆（Richard Cantillon）把企业家和经济中的风险承担活动联系起来。同时期在英国，工业革命爆发，企业家在风险承担和资源的转变上起到了十分重要的作用。

经济学家一直认为这个词是他们自己的。事实上，直到 20 世纪 50 年代，创业精神的主要定义和参考文献均来自经济学家。比如，刚才提到过的坎蒂隆（1725），让·巴蒂斯特·萨伊（Jean Baptiste Say）（1803），卓有名望的法国经济学家，约瑟夫·熊彼特（Joseph Schumpeter）（1934）——20 世纪的经济学天才，他们都写到过创业精神及其对经济发展的影响。几十年来，许多学者不断试图描述或定义创业精神到底是什么。以下是一些实例：

> 创业精神……存在于在常规的生意中不经常做的那些事当中；它本质上是一种存在于领导力这一更广泛的含义之下的现象。

> 创业精神，至少在所有非权威社会中，构成社会整体的桥梁，尤其是社会的非经济层面，利润导向的机构凭此利用其经济禀赋并获得经济回报。

> 关于……创业精神，人们之间达成的共识是，我们谈论的是一种行为，它包括：(1) 主动；(2) 组织或再组织社会经济机制来将资源和环境转化成实际收益；(3) 接受失败的风险。

知名学者一直没有停止争论，他们争论的焦点在于：企业家是创造了均衡还是非均衡？他是否必须有一定的风险承受力，拥有资本或异于常人？他是一个领导者还是只要具有多方面素质即可？在回顾了创业精神的演变过程和它不同的定义之后，龙施塔特（Ronstadt）总结如下：

> 创业精神是一个不断创造财富的动态过程。财富是由那些在公平感、时间或承诺为产品和服务提供价值等方面承担主要风险的人创造的。产品和服务本身可能是，也可能不是新的或独一无二的，但是价值必须被企业家——通过保证必要的技能和资源并进行分配——灌输进去。

20世纪，创业精神与自由创业、**资本主义**（capitalism）紧密相连。同时，人们普遍认为企业家是变革的掌舵者；为创新企业提供创造性的、新颖的想法；做大企业并且获得利润。

不管他们从事什么具体的活动，21世纪的企业家被认为是自由企业家的英雄。他们当中许多人通过变革和创造把企业做大——从成立到拥有资产达百万美元的大企业——有些人甚至用了不到10年的时间。这些人开发了新的产品和服务，承担了投资带来的风险。现在，许多人把创业精神视为冲在企业前线的"先锋精神"。

认识到21世纪创业精神演化的重要性，我们得出一个综合的概念，包括了解释这一现象的一些关键因素。

> 创业精神是关于远见、变革和创新的动态过程。它需要使用精力和激情来创造和实施新的想法和创新性的解决方案。它的本质成分包括自愿承担可以计算的风险——时间、公平感或者职业生涯方面；拥有能够组成一个有效的创业团队的能力；掌握整合必要资源的创造性技能以及形成一个固定的商业计划的基本技能；最后，在别人看来是未知、矛盾和混乱的时候具有发现机会的远见。

关于创业精神的十大误区

多年来，对于创业精神形成了很多误区。该领域的许多研究者注意到，对创业精神的研究仍在发展，因此传言仍将盛行，除非它们能被当代的研究证明真伪。下面是著名的10大误区以及消除这些误区的解释。

误区1：企业家是行动者，而不是思考者

尽管企业家倾向于行动，但他们也是思考者。事实上，他们很注意方法，周密地计划他们的行动。当今，对制定出清晰的、完整的商业计划（见第10章）的重视，表明"思考的"企业家和"行动的"企业家同等重要。

误区2：企业家是天生的，而不是后天培养的

关于"企业家的特质不能通过教授习得，他们生来就有内在特质"的说法一直很盛行。企业家的特质包括雄心勃勃、主动和激励、自愿承担风险、具有分析能力和掌握人际关系技能。如今，人们认识到创业学作为一门学科能够帮助我们消除误解。像所有的学科一样，创业学有模型、过程和案例研究，其主题可以研究，知识能够习得。

误区 3：企业家是发明家

关于"企业家是发明家"的想法是误解和视野狭窄的结果。许多发明家也是企业家，多数企业家也参与各种各样的创新活动。比如，雷·克罗克（Ray Kroc）没有发明快餐连锁，但他的创新理念使得麦当劳成为世界上最大的快餐连锁企业。当代对创业精神的理解不仅仅指发明，它需要对各种形式的创新行为有全面的理解。

误区 4：企业家学业无成，与社会格格不入

很多人认为企业家是学术上的失败者，并且与社会格格不入。这始于一个事实：大约15％的企业家辍学或者辞去了管理职务。一位新西兰的大亨说道："对企业家来说，教育是无关的训练。"这句话通常被过度地引用来试图定义传统的企业家。从历史来看，实际上，教育界和社会组织不承认企业家。他们认为企业家不适应大企业林立的世界。比如，商业教育的主要目的在于研究企业活动。如今，企业家被认为是英雄——社会、经济和学术领域的英雄。他们不再是格格不入者，而被视为专家。研究表明，教育和创业精神是高度相关的。

误区 5：企业家必须具有一定的"特征"

许多教材和论文列出了成功企业家的特征，但这些特征既没有被证实，也不完全，它们基于的是成就导向的企业家的案例学习和研究发现。如今，我们意识到很难给出标准的企业家的特征。环境、投资项目本身和企业家之间的相互作用，产生了许多不同种类的特征。当代全美国的各个大学所做的研究，将让我们更准确地了解成功企业家的各种特征。正如将在第4章讲到的那样，一个不因人而异的普遍的"企业家特征"更容易理解。

误区 6：所有的企业家都需要资金

诚然，企业项目需要资金才能进行下去，也确实有许多企业因为缺乏足够的资金而失败。但是拥有资金并不意味着就不会失败。没有合适的融资而导致的失败往往预示着其他方面的问题：管理无能，资本知识缺乏，低效投资，计划不充分，或者类似的问题。许多成功的企业家在开始一个企业项目的时候就解决了资金不足的问题，对他们来说，资金是资源，但永远不是目的本身。

误区 7：所有的企业家都需要运气

"在合适的时间出现在合适的地点"总是有优势的。"机会总是留给有准备的人"表达了同样的意思。有准备的企业家能在机会出现的时候抓住它，他们看起来是"幸运的"。但事实上，他们只是更得心应手地处理问题并把它们转变为成功。那些看起来的运气，其实是准备、决心、欲望、知识和创造力。

误区 8：无知对企业家来说是好事

太多的计划和评估导致持续不断的问题——"过度分析导致瘫痪"，这个命题在当今的竞争市场上并不成立，现代企业需要的是细致的规划和准备。认识到企业的优势和劣势，设定清晰的时间表，制定出解决问题的应急方案，通过认真实施战略来减少问题，这些都是成功创业的关键因素。因此，细致的规划——而不是无知——是一个取得成就的企业家的标志。

误区 9：企业家渴望成功但经受高失败率

诚然，许多企业家在成功之前经历过失败。他们的座右铭是："如果一开始你没有成功，那么尝试，尝试，再尝试。"事实上，失败能够使那些愿意学习的人吸取很多教训并且帮助他们在未来获得成功。**走廊法则**（corridor principle）清晰地显示出，每投资一个企业项目，新的意想不到的机会就会出现。3M公司发明了用于记事贴的胶水,与最初打算生产的胶水相比,这种胶水黏度不够。但是企业并没有把胶水扔掉,而是致力于发现它的新用途,并且在这一过程中开发出了一种价值数百万美元的产品。然而,这几年的创业失败率的数据很容易误导人。自1977年起,基希霍夫(Kirchoff)对814 000家企业进行跟踪调查,他发现超过50%的企业还在它们的创始人或者新主人的领导下运营着。另外,28%的企业自愿关闭,只有18%的企业实际上"失败了",因巨额负债而倒闭。

误区10:企业家是高风险偏好者(赌徒)

正如将在第4章讲到的,风险是创业过程中的主要因素。但是,公众关于大多数企业家面对的风险的认知受到了扭曲。尽管表面上看起来是企业家在一个前途未卜的机会上"压赌注",但实际上,企业家通常只承担适度的或者说"可计量的"风险。许多成功的企业家努力工作,通过计划和准备来减少风险,以更好地控制企业未来的前景。

创业学方法

为了理解创业精神的本质,考虑理论的发展对更好地认识到创业精神的重要性很重要。在过去的几年里,关于创业精神的研究发展得很快。在该领域发展的同时,研究方法也从关于企业家的实证研究发展到更注重前因后果的过程导向的研究,但没有产生全面的理论基础。

创业学理论(theory of entrepreneurship)被定义为是可证明的、逻辑上前后一致的关系的规范化,或者解释创业精神的根本准则。这些准则能预测创新活动(比如,通过描述很可能出现新的盈利机会和产生新企业的情况),或者提供标准指导(即在特定的情况下采取特定的行为)。在21世纪,可以越来越明显地看到,我们需要有综合理论或者分类来更好地理解这个新兴领域。

在研究当代创业学的过程中,一个概念反复出现:创业学是**综合学科**(interdisciplinary)。正因为如此,它包括能增进我们对这个领域的理解的各种方法。因此,必须认识到理论的多样性正是对创业精神理解的一种表现。理顺这些理论的一种方法就是"学说法",将创业学分成若干具体的活动。这些活动不管基于宏观视角还是微观视角,都涉及创业学概念的本质。

创业学学说

一个学说是被一些学者认为是权威的理念、文献或理论的框架。在这一部分,我们将强调创新思想的宏观(意味着宽领域)视角和微观(意味着窄领域)视角。我们将进一步把这两大视角分成六个不同的学说,每个创业学视角下有三个学说(见图2—1)。这种归类并没有包含全部的学说,将来可能还会有统一的或者补充的理论。

宏观视角

创业学的宏观视角(macro view of entrepreneurship)表明了一系列与当代企业家项目投资成功或失败相关的因素。这些因素包括有时超出企业家个人控制的外部

```
宏观视角  ┤ 环境学说
         │ 金融/资本学说
         └ 取代学说

微观视角  ┤ 企业家特征学说（人类学说）
         │ 投资机会学说
         └ 战略形成学说
```

图 2—1　创业学学说的分类

过程，它们表现出很明显的**外部控制**（external locus of control）的观点。其中有三个学说代表了宏观视角的三个分支。第一个学说包含的内容最多，也最具说服力。

- **环境学说**（environmental school of thought）：这一学说研究的是影响潜在企业家生活方式的外部因素。这些因素在产生创业欲望的过程中可能起积极或者消极作用。机构、价值观还有更多其他的因素集中在一起，形成了极大地影响企业家发展的社会政治框架。比如，如果一个中层经理获得了提出新想法、签合同或者创造新方法的自由和支持，那么工作环境就会促进他追求企业家生涯。另一个经常影响潜在企业家形成的环境因素是他们的社交圈。朋友和亲戚会左右他们成为企业家的愿望。

- **金融/资本学说**（financial/capital school of thought）：这一学说研究的是资本的寻求过程。寻求点子和发展资本是创业精神强调的核心。有的文献专门论述这一过程，有的文献将它作为创业过程的一部分。在任何一种情况下，风险投资的过程对创业发展来说都是极其重要的。这一学说是从金融管理的角度来分析整个创业项目。从表 2—1 中可以看出，涉及金融的决策发生在投资过程中的每一个重要节点上。

表 2—1　　　　　　　　　　　　强调财务分析

投资阶段	财务上的考虑	决策
创立或者收购期	种子资本 风险资本来源	进入或者放弃
运营期	现金管理 投资 金融分析和评估	维持、扩大或者缩小规模
衰退或转手期	盈利问题 企业并购 转手问题	出售、退休或者终止运营

- **取代学说**（displacement school of thought）：这一学说研究的是群体现象。它认为组织会影响或消除一些特定的吸引人们创业的因素。正如龙施塔特所说，个人不会创业，除非他们不被允许参与或被挤出其他活动。以下三种主要的取代类型阐述了这一学说：
  - √ 政治取代：这是由涵盖以下范围的因素造成的，从排斥自由创业（国际环境）的整个政治制度，到限制、改变特定行业的政府规章和政策。
  - √ 文化取代：主要涉及不适合职场的社会群体。民族、宗教、种族以及性别在少数人的经历中扮演了重要角色，并且这种经历会渐渐使各种普通的公司职员向企业家演变。
  - √ 经济取代：这与衰退和萧条时期的经济变化相关。失业、资本萎缩或者

仅仅是"时机不佳"成为个人创业的根源,正如它影响企业的发展和萎缩一样。

这些取代情形阐述了可能影响创业精神产生的外部因素。文化认识、了解政治和公共政策以及经济灌输都会有助于或促进人们在取代学说下对创业精神的理解。经济学和政治学的教育基础越广,人们对创业精神的理解就越深。

微观视角

创业学的微观视角(micro view of entrepreneurship)检验了专属于创业学的因素和部分**内在控制**(internal locus of control)的因素。在此视角下,潜在的企业家有能力和控制力来指导或调整每个主要影响因素的后果。尽管一些研究人员已经将这一方法进一步解释为各种定义和部分(如表2—2所示),但我们的方法主要论述企业家特征理论(有时称作"人类学说")、投资机会理论和战略形成理论。微观视角与宏观视角不同,后者强调那些从外往里看的事件,前者强调从里往外看的特殊事件。以下学说中的第一个最能被广泛地接受。

表2—2　　　　　　　　　　　微观视角方法定义和标准

企业家模型	定义	衡量方法	问题
"伟人"	"卓有成就者"	个人准则 个人历史 经历	你有什么准则? 你的成就是什么?
心理特征	创立者 对财富的控制	控制点 不确定性容忍 成就需求	你的价值观是什么?
古典论	创业者承受风险和不确定性 "创造性破坏"	做出决策 识别机会 创造力	机会是什么? 你的愿景是什么? 你如何反应?
管理	通过识别商业机会创造价值,对风险承受的管理……通过沟通和管理技能进行动员……	专能 技术知识 商业计划	你的计划是什么? 你的能力是什么? 你的资格有哪些?
领导力	"社会建筑师" 提倡并保护价值观	态度,风格 人员管理	你如何管理人?
内部创业	集中资源促进创新的人	做出决策	你怎么变化和适应?

资料来源:Adapted from J. Barton Cunningham and Joe Lischeron, "Defining Entrepreneurship", *Journal of Small Business Management* (January 1991):56.

- **企业家特征学说**(entrepreneurial trait school of thought):许多研究人员和学者对识别成功企业家的共同特征感兴趣。这种方法基于对成功人士的研究,他们表现出相似的特征,如果复制,将增加模仿者的成功概率。比如,成就、创新、决心和技术知识是成功企业家表现出的四个因素。家庭成长和教育背景也受到了关注。一些研究者不同意强调企业家的教育背景,他们认为它抑制了企业家的创造力和挑战性。不过,其他学者反驳说,新的课程和教育开发逐渐增加,因为它们被证明对发展创业精神有帮助。家庭成长观点集中于有创业精神的家庭氛围的熏陶和支持。这种推理支持的信念是:在生命早期形成的并且被鼓励的特征将引导最终创业的成功。

- **投资机会学说**(venture opportunity school of thought):这一学说致力

于研究企业发展的机会。寻求想法的来源、概念的形成和投资机会的实施是这一学说最关注的。创造力和市场认识被认为是必要的。此外，根据这一学说，在合适的时间为合适的利基市场想出合适的点子是创业成功的关键。

这一学说的另一个发展是先前描述的走廊法则。产生的新途径和机会将企业家引向不同方向。当机会出现时，识别机会的能力和采取必要的行动步骤是关键因素。格言"运气是指机会只留给有准备的人"解释了走廊法则。这一学说的支持者认为，多方面知识的储备能提高企业家识别投资机会的能力。

- **战略形成学说**（strategic formulation school of thought）：乔治·斯坦纳（George Steiner）说过，"战略规划和整个管理框架分不开"。创业学理论的战略形成方法强调成功创业的规划过程。

龙施塔特将战略形成看作多个独一无二的因素的平衡过程。独一无二的市场、独一无二的人、独一无二的产品，或者独一无二的资源被识别、使用或者用于构建有效的投资。战略调整的多学科视角在下面列出的特征因素及它们相应的战略下变得非常明显：

✓ 独一无二的市场：山脉战略和**山间峡谷战略**（mountain gap strategies），指的是在识别主要市场细分的同时，还要识别更大的市场之间的细分市场。

✓ 独一无二的人：**大厨战略**（great chef strategies），指的是投资项目所依赖的一个或几个个人的技能和特殊才能。

✓ 独一无二的产品：**更好构件战略**（better widget strategies），指的是在新市场或已有市场上的创新。

✓ 独一无二的资源：**水井战略**（water well strategies），指的是有能力在长时间里收集或者积累特殊资源（土地、劳动力、资本、原材料）。

毫无疑问，战略形成学说包含了广泛的管理能力，需要多学科的方法。

创业学学说的总结

尽管创业学领域的知识和研究还处于形成阶段，但是我们仍然有可能将它们集中起来，以描述当代该领域的学说。从这一点我们可以形成对学说的评论，并且将它们看做创业学理论的基础。但是，正如管理学领域使用一篮子理论来作为理解该领域及其作用的基础，创业学领域在它的形成和发展阶段也要使用多个理论。

过程论方法

检验创业学活动的另一条途径是借助过程。尽管一些方法和模型试图构建创业学过程和它的各种因素，我们还是应该看一下三种传统的过程论方法。第一种方法是整合方法，正如莫里斯和他的同事所描述的。他们的模型整合了影响创业活动的理论和实践概念。第二种方法是龙施塔特开发的基于企业家特征的评估过程。第三种方法是由加特纳开发的多维度的方法，它将个人、环境、组织和过程的概念整合到一起。所有这些方法都试图将创业过程描述成各种不同因素的整合，这也是本书的宗旨。

整合方法

有关创业过程的更综合的图形是由莫里斯等人提供的。如图2—2所示,这一模型是基于创业过程投入和产出的概念而建立的。图2—2的投入部分关注创业过程本身,且列出了创业过程中的五大关键要素。第一个是环境机会,比如,人口特征变化、新技术的开发或者现有规则的调整。第二个是创业个人,他们在形成创业思想并付诸实践方面承担主要责任。企业家会逐渐培养出某种类型的商业概念来抓住机遇。(比如,用一种创造性的方法满足顾客需求。)另外,实施这个商业概念通常需要一定的组织环境,可能是企业家的家族企业,或者是一些国际的连锁企业,或者是一个大企业内部的自主业务部门。最后,运营需要一系列的金融和非金融资源。这些关键要素在创业过程的不同阶段被整合。按不同的陈述,这一过程提供了组织创业投入的逻辑框架。

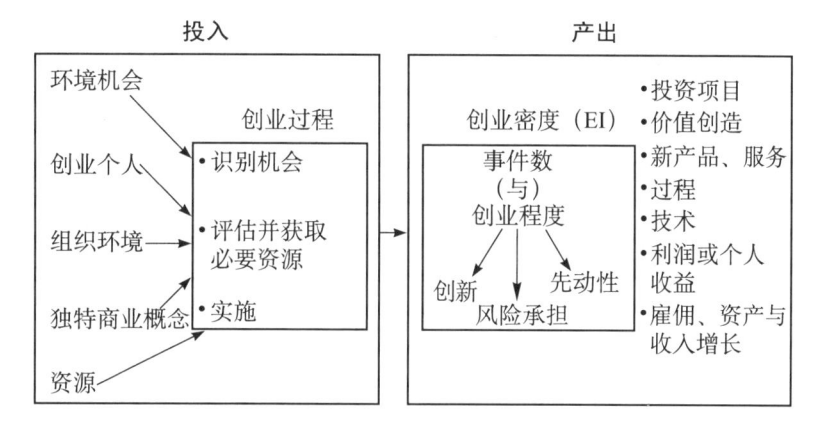

图2—2 创业学投入和产出的整合模型

资料来源:Michael H. Morris, P. Lewis and Donald L. Sexton, "Reconceptualizing entrepreneurship: An input-output perspective", *Advanced Management Journal* 59 (1) (Winter 1994): 21-31.

图2—2中,产出部分首先包括获得的创业成就水平。正如我们将在第3章更详细讲到的,创业精神是一个变量。因此,这一过程可能导致不同数量的创业事件,还可能产生与创业本身特性迥异的事件。基于这种水平的"创业密度",最后的结果可能包括一个或更多的投资项目、价值创造、新产品和过程、新技术、利润、工作和经济增长。当然,产出也可能是失败的,并带来相应的经济、精神和社会损失。

这个模型不仅给出了一个有关创业学本质的较全面的框架,也可运用到各个层次。比如,该模型同时描述了独立企业和大企业的一个部门、一个区域或一个战略业务单元的创业现象。

创业评估方法

另一个模型——**创业评估方法**(entrepreneurial assessment approach)(由龙施塔特开发)——强调对企业家、投资项目和投资环境作定量的、定性的、战略的和道德的评估。(图2—3描述了这一模型。)为了理解创业学,这些评估的结果必须与创业生涯的阶段——早期、中期或晚期作比较。龙施塔特将这个过程定义为"创业特征"。我们在第 4 章讲述企业家的个人特征时将重点介绍这个概念。

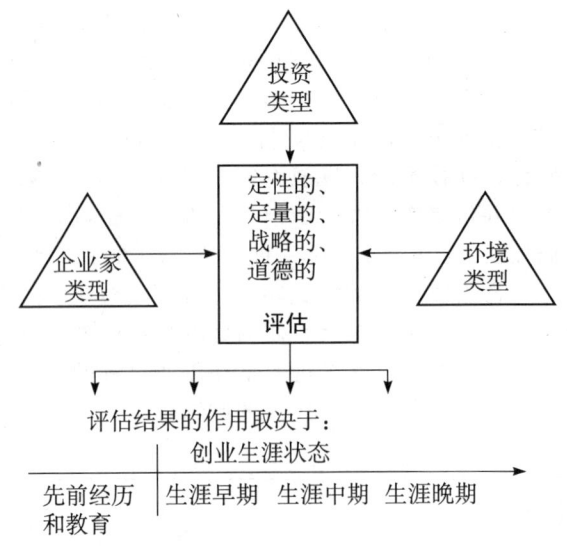

图 2—3　战略评估方法

资料来源：Robert C. Ronstadt, *Entrepreneurship* (Dover, MA: Lord Publishing Co., 1984), 39.

☐ 多维度方法

创业学更具体的过程方法是**多维度方法**（multidimensional approach）。该方法认为创业学是复杂的、多维度的，强调个人、环境、组织和过程的框架。与每个维度相关的具体因素列举如下：

个人：
- 成就需求；
- 控制点；
- 冒险倾向；
- 工作满意度；
- 先前的工作经历；
- 有创业精神的父母；
- 年龄；
- 教育背景。

环境：
- 创业资本的可得性；
- 存在有经验的企业家；
- 技术熟练的劳动力；
- 供应商的可得性；
- 顾客或新市场的可得性；
- 政府影响；
- 靠近大学；
- 土地和设备的可得性；
- 交通方便；
- 地区人口态度；
- 支持服务的可得性；
- 生活条件。

组织：
- 企业类型；
- 创业环境；
- 合作伙伴；
- 战略变量；
- 成本；
- 差异化；
- 聚焦；
- 有竞争力的进入壁垒。

过程：
- 识别一个商业机会；
- 生产产品；

- 集中资源；
- 营销产品和服务；
- 构建组织；
- 对政府和社会的回应。

图 2—4 描述了创业企业或者新企业的四个主要维度间的相互作用，并且列举了更多的变量。这种过程类型将创业学从零散的学说中解放出来，整合成为动态的、互动的过程论方法。

个人
成就需求
控制点
冒险倾向
工作满意度
先前的工作经历
有创业精神的父母
年龄
教育背景

环境
创业资本的可得性
存在有经验的企业家
技术熟练的劳动力
供应商的可得性
顾客或新市场的可得性
政府影响
靠近大学
土地和设备的可得性
交通方便
地区人口态度
支持服务的可得性
生活条件
职业和产业的高度差异化
近期移民人数的高百分比
大的产业基地
大的市区范围
金融资源的可得性
进入壁垒
当今竞争对手的竞争
替代产品的压力
购买者的议价能力
供应者的议价能力

组织
成本领先
差异化
聚焦
新产品/服务
平行竞争
特许进入
地理位置变化
供应短缺
排出不良资源
客户合同
变成第二来源
合资
许可证
市场撤退
部门抛售
政府特惠购买
政府规则改变

过程
识别一个商业机会
集中资源
营销产品和服务
生产产品
构建组织
对政府和社会的回应

图 2—4　创业企业中的变量

资料来源：William B. Gartner, "A conceptual framework for describing the phenomenon of new venture creation", *Academy of Management Review* (October 1985): 702. Reprinted with permission.

关键概念

在总结我们关于创业学本质的讨论之前，需要先了解三个关键概念：创业精神、企业家和创业企业管理。

创业精神

创业精神是一种开创新组织，尤其是开展新型商业活动的实践，是创新和新企业创造的过程，这一过程的实现基于四个主要维度——个人、组织、环境、过程，并得到了政府、教育和机构之间协作网络的辅助支持。在我们识别并抓住机遇——那些能够被转化为当今经济下切实可行的市场化概念——时，必须考虑到所有有关创业学的宏观和微观视角。

企业家

企业家是变革的催化剂——不论是社会层面，还是经济层面——他们在创业过程中有目的地寻求资源，周密地计划，公正客观地判断。企业家比别人更乐观和尽责，他们创造性地工作来创造新资源或者使已有资源具备新的能力，其目的是创造财富。哈佛大学的霍华德·史蒂文森（Howard Stevenson）曾经讽刺道：企业家就是不管手里有多少资源都抢抓机会的人。

创业企业管理

本书突出的主题是创业企业管理，我们将这个概念描述如下：

> 创业学基于相同的原则，不管创业企业是一个已经存在的大型机构，还是由一个白手起家的个人所创立。不管创业企业是商业企业还是非商业的公共服务组织，是政府组织还是非政府组织，都没有或只有很少的区别。相似的规则，类似的影响因素，这些企业创新类型及其产生背景也相差不大。在每种情况下，都有一门学科可以称作创业企业管理。

这个新兴学科的技巧和方法将在21世纪推动创业经济的发展。

小结

本章讲述了企业家和创业学概念是如何随时间发展的。我们把"雄心勃勃"的个体和"统治主义"的个体看作企业家的原型。通过探究早期的经济学定义和选取的几个当代定义，本章介绍了人们如何看待创业精神和企业家的历史过程。

我们讨论了关于创业学的几个误区，以便更好地理解围绕这一新的主要研究领域发展起来的民间说法。当代的研究拓展了创业学研究的范围，较好地关注了学科背后的内容、方法和根源。

创业学研究方法分为两大派系：理论学派和过程学派。本章介绍了六大学说，讨论了理解当代创业学的三大过程论方法，并在结尾处给出了创业精神、企业家和创业企业管理三个基本概念的定义。

思考题

1. 简单描述创业精神概念的演变。
2. 企业家在历史上被看作什么？在整个历史过程中他们遇到了什么挑战？
3. 我们为什么用法文而不是英文来表示企业家？
4. 单词"企业家"第一次在经济文献中使用是什么时候？
5. 与创业学相关的10大误区是什么？分别推翻它们。
6. 创业学宏观视角和微观视角的区别是什么？
7. 创业学的宏观视角是什么？
8. 使用创业学宏观视角的学说有哪些？
9. 创业学的微观视角是什么？
10. 使用创业学微观视角的学说有哪些？
11. 取代的三种具体类型是什么？
12. 在战略形成学说中，涉及独一无二因素的四种战略类型是什么？分别做出解释。
13. 创业学的过程论方法是什么？在答案中描述创业评估过程。
14. 图2—4中给出的创业学框架的主要维度是什么？对每个维度分别举例。

自我测试：你关于成功企业家的观点

阅读以下10句陈述，并表示赞同或不赞同。如果你完全赞同陈述，给10分。如果你完全不赞同，给1分。如果你倾向于赞同，根据你赞同的程度给6～9分；如果你倾向于不赞同，给2～5分。

1. 成功的企业家通常是讲究方法和认真分析的人，他们周密计划将要做什么，然后采取行动。
2. 最成功的企业家生来具有某些特殊品质，诸如高成就动力、获取胜利的个性特征，这些特征在他们的创业行动中起了很重要的作用。
3. 成功企业家所需的很多特征可以通过学习和经验获得。
4. 最成功的企业家是那些发明独一无二的产品或服务的人。
5. 做出卓越成就的企业家受到的正式教育很少。
6. 许多成功的企业家承认辍学是他们做过的最正确的事情。
7. 由于在创办企业过程中的唯一性和个性化，许多成功的企业家认为与别人交往很困难；他们感到与别人格格不入。
8. 研究表明，尽管在开始创业前有足够的资金很重要，但是有管理才能和合理的计划往往更重要。
9. 成功的企业家更多地是进行准备和提出愿望，而不是碰运气。
10. 许多成功的企业家在他们首次创业过程中做得很好，这鼓励他们继续做下去；但随着创业企业的成长，失败也会产生。

将你的得分按以下方式填入表2—3：

● 将1，3，8，9题的得分直接填入表中。

● 将2，4，5，6，7，10题的得分用11减去后填入表中。

因此，如果第1题你给出的答案是8，在题号1前写上8。但是，如果第2题你给出的答案是7，在题号2前写上4。最后，将两栏数字相加，将得分填入相应的空格中。

表 2—3　得分表

直接填入分数	用 11 减去分数后填入	
_____ 1	_____ 2	
_____ 3	_____ 4	
_____ 8	_____ 5	
_____ 9	_____ 6	
	_____ 7	
	_____ 10	_____ 总分

说明

这个练习测量的是你多大程度上相信创业学的误区。得分越低，说明你越相信那些误区；得分越高，说明你越不相信那些误区。题号为 1，3，8，9 的是正确的陈述；题号为 2，4，5，6，7，10 的是不正确的陈述。下面是各分数对应的答案：

80~100：很好；你知道创业学的事实。

61~79：好；但是你仍然相信一些误区。

41~60：还可以；你需要回顾本章关于创业学的误区那部分内容。

0~40：差；你需要重读本章关于创业学误区的材料，并研究这些发现。

案例分析 2—1

保罗的四个缺点

保罗·恩顿（Paul Enden）一直是一个可靠的、努力工作的人。在过去的八年里，保罗一直在一家大的汽车服务企业工作。在这段时间，他向老板提了几个关于能够给顾客提供新服务的建议。其中一个被称为"快速润滑"。在这项服务中，想要给车加润滑油，人们不必离开汽车，过些时间再来取。该企业有三个服务架提供这项服务。一般一辆车只需 10 分钟就可以完成，大多数人可以在 25 分钟内将车开走。这项服务受到客户的普遍欢迎，使得上年总的盈利水平提高了 5%。

保罗的妻子认为他有很多点子可以带来盈利。"你应该辞职，自己开一家店。"她曾经跟他说。保罗很想这样，但是他觉得要创业成功必须具备四个条件，而他一个也不具备。他向妻子解释如下：

"要成为一个成功的企业家，你必须是一个思考者，而不是一个行动者。我是一个行动者，思考让我觉得厌倦，所以我不会成为一个企业家。第二，那些企业家中做得出色的都是发明者，我不是发明者。我只是改进现有的做事方法。我更多地是一个改进者，而不是发明创造者。第三，你必须足够幸运才能成为一个企业家。我工作很努力，但我不够幸运。第四，你必须有很多钱才能成为企业家，而我没有很多钱。我怀疑 50 000 美元能不能让我走上创业之路。"

问题：

1. 保罗必须是一个发明创造者才能成为优秀的企业家吗？解释你的回答。

2. 如果保罗希望成为一个企业家，很多钱对他有多重要？解释你的回答。

3. 保罗的整个思维错在哪里？注意在你的回答里要包括关于创业学误区的讨论。

第3章

内部创业：开发企业创业精神

> 在引进事物新次序的过程中，没有什么比自己从事更困难，比执行更危险，比获得领先地位更不易。因为创新不青睐那些在旧环境下表现出色，而对在新环境下可能表现出色者持冷淡和抵制态度的人。
>
> ——马基雅维利：《君主论》

本章要点

1. 定义亚太地区的创业企业，如企业和公共机构中的内部创业
2. 阐明内部创业的必要性，以及创业企业的管理与科层企业的管理有何不同
3. 描述企业中抑制创新的障碍
4. 理解现有的企业如何才能再现活力
5. 鉴定内部创业战略下目标和组织概念的相关性
6. 描绘内部创业的特征和谬论
7. 阐明内部创业的交互过程

引 言

本章主要考察企业和其他机构内部的创业精神如何引导创新、开发新产品、创造财富和发展经济。21世纪，企业必须不断创新才能在国际市场上有效参与竞争。**企业内部创业**（corporate entrepreneurship）是一个过程，它能推动企业不断创新，有效地应对在国际市场上面临的竞争对手。创业观念和行为对那些想要在竞争环境中取胜并发展壮大的各种规模的企业都是必要的。

今天，许多文献描述了由于创新思考渗入大型官僚机构所带来的**企业革命**（corporate revolution）。虽然有人坚持认为企业创业精神和**内部创业**（intrapreneurship）有区别，但我们将这两个词交替使用。

全球经济给整个世界的机构、商务和产业带来了意义深远的持久的变化。各地的企业必须重新认真思考它们的目的和战略来满足众多的利益相关者。为了应对快速、非连续的显著变化，许多现有的企业已经在基本层面上以有意义的方式重组它们的运营。事实上，在几年的重组后，其中企业在业务范围、企业文化和竞争方式上与最初成立时大相径庭。

这不仅是一个"大企业"现象；它发生在经济的每一个层面。全世界的很多企业都在内部开创一项新业务，从表3—1亚太国家（或地区）和美国在内部创业率方面的比较中可以看出。

表3—1　　　　　　　　内部创业率比较（2005年）

国家或地区	参与的成年人口比例（%）
中国大陆	10.59
美国	8.13
中国台湾	7.76
新西兰	5.95
新加坡	3.17
澳大利亚	3.10
中国香港（2004）	1.53
日本	0.06

资料来源：*Global Entrepreneurship Monitor*，2005.

另一项能衡量内部创业活动的令人震惊的发现是：美国每年有1/4的创业企业来自企业内部创业。企业内部创业是经济创新、繁荣、节约资源的主要方式之一。它既能扩大就业市场，贡献国民总产值，又能促进创新。最重要的是，它能帮助企业在竞争中立于不败之地。

20世纪80年代中期，人们开始对大企业的内部创业产生兴趣。近年来，创业作为商业世界的主要推动力，带来了对企业内部这类活动更多的兴趣。尽管一些研究者总结说创业精神和官僚主义是相互排斥、不能共存的，但其他人已经将内部创业列入企业框架之内。内部创业技巧被应用（有成功，有失败）于全世界范围内的企业，如Hawker De Havilland、3M、Rubbermaid、索尼和通用电气。

为什么内部创业这个概念深受欢迎？一个原因就是它帮助企业和其他大型机构挖掘出企业员工和经理层的创新才能。史蒂文·布拉特（Steven Brandt）说道：

点子是人想出来的。创新是多方面的综合能力。当人们对企业的使命和生存承担责任的时候,这项能力就能被充分利用。缺乏承诺是过时的管理实践付出的代价,而不是缺少才能或者愿望。

当企业的员工参与制定企业的目标和计划时,承诺最容易实现。承诺意味着对管理层实际的赞同和支持。如果想要获得更有创造性的行为,通过满意度来管理企业是有效的方法。

对创业精神和创新的需求同样适用于政府和其他公共部门组织之类的机构。德鲁克曾经说过:"公共服务机构……必须和任何企业一样具有创业精神和创造性。"对探究创业精神在公共部门中的角色的研究仍然处于起步阶段。在全世界范围内,尤其是,自从柏林墙被推倒之后,政府和其他公共机构一直在思考如何变得更具创造性。考虑到延续了数个世纪的官僚保护主义对变化的抵制,这并不容易。

内部创业的实质

内部创业是用来描述大企业和组织内人们的创新行为的。其他的相关名词包括企业内部创业、创新或风险投资。被大众媒体称作"企业革命"的这个名词实际上用来描述怎样用创业形式重新打造企业,以做好应对新市场挑战的准备。

古思和金斯伯格(Guth & Ginsberg)强调企业内部创业既包括现有企业新项目的成立,也包括通过**战略重建**(strategic renewal)实现组织转型。扎赫拉(Zahra)说:"企业内部创业可能是旨在通过产品、流程创新和市场开发在现有企业创造新业务的过程中发生的正式或非正式的活动。这些活动可能发生在高层,也可能发生在部门层和项目层,它们有着统一的目标:提高企业的竞争地位和财务业绩。"

科文和迈尔斯(Covin & Miles)描述了企业内部创业的四种类型。每种类型似乎都能使组织恢复活力或重新定义组织,并带来新的变革。

- 持续重建是最常见的企业内部创业形式。它的目标是在现有产品中创造出一系列新产品和创新。
- 组织更新的重点在于企业的内部流程和办事程序。它的目标在于增加生产链中的价值。
- 战略重建是指企业寻求改变竞争方式。企业寻求更好地与外部环境(比如顾客)联合并定位,以使之更具竞争力,甚至垄断一部分市场。
- 范围重新定义是指通过先发优势,获得竞争者尚未认识到,或服务不深入的新市场的所有权。

创业广角

菲律宾内部企业家

鲁尔·罗索帕

鲁尔·罗索帕(Ruel Rosopa),拉科罗纳(La Corona)集团的业务经理兼人力资源经理,是内部创业本质的代表。作为一名有创业精神的乐观的高中毕业生,他在1983年加入拉科罗纳集团——一家基金控制的公司，主营业务是汽车旅馆。1986年1月，当历史性的人权革命将费迪南德·马科斯（Ferdinand Marcos）总统拉下台的时候，罗萨里奥投资基金（Rosario Investment）解体了，集团被分给汽车旅馆创始人的两个儿子。罗索帕加入了 Victoria Court 的管理层。

凭借他的打字和速记本领——在菲律宾的理工大学上夜校的时候学的，罗索帕一开始是集团的一名人事部职员。之后，罗索帕一直晋升到薪酬和福利助理的职位，然后是人事主管，后来是人事部经理。在22年里，罗索帕先生担任过很多职务，全部是在这一家企业，这说明他的生命历程和集团已经融为一体。他所担任过的这些职位使他具备了协调那些影响企业发展的反对的"声音"的独特优势。秘密何在？是一种对企业运营"事必躬亲"的管理方式。"我一直到处走走，观察环境，和员工还有客人聊天。我还每个月到员工家去拜访。"罗索帕先生说道。他将自己的成功归结为坚持不懈的态度。

弗朗西斯·戈麦斯

弗朗西斯·戈麦斯（Francis Gomez），医学博士，是 Altermed 公司——菲律宾一家生产天然产品的企业——的总裁。作为一名真正的传统医药的倡导者，戈麦斯对于开发和宣扬中草药的机会跃跃欲试。戈麦斯首先重视企业的管理和财务层面。在销售方面，他确保营销人员具备一定标准的才能，主要的营销角色是制定整个战略计划。而在业务的技术层面，戈麦斯作为博士的身份得以更好地体现。在这里，所有和中草药或天然产品相关的材料和产品都确保达到一定的科学水准。但是戈麦斯博士并不满足于这个水平。"一个内部企业家也会问生意人或者管理者可能不会问的问题。我一直在寻找和谐或不和谐的类型，"他说，"对我来说，不论是病人还是业务，我都要找到一种不和谐的类型来帮助我诊断问题。"在医药行业，戈麦斯先生寻求不常发生的事情，因为这些正是机遇所在。它们可能以滞销、企业倒闭或者企业在销售上大幅调价的形式存在。

在寻求机遇时，内部企业家注重分析事物背后的逻辑——不论是人们已经进入的行业，还是人们意欲进入的行业，或者是分析一个行业的逻辑或竞争对手的逻辑。

利奥·费雷里亚

在快节奏的自动化行业，唯有创新和不断进取才能取胜。这是利奥·费雷里亚（Leo J. Ferreria）最擅长的方面。作为24个丰田汽车经销商中4个经销商的总裁，借助技术，他不必亲自到达具体地点就可以处理事务。有些人也许认为成为一个内部企业家要容易得多，因为花的钱不是从自己口袋里掏的。正相反，费雷里亚觉得花的不是自己的钱压力才更大。"如果你把事情搞砸了，就等于你从别人口袋里骗钱一样，"他解释道，"作为一名专职企业家，你必须行动谨慎。"

最大的挑战在于超越前几年取得的成就。"如果我们停止挑战自我来超越我们以前所做到的，将是下坡路的开始。"费雷里亚说。

就像任何人一样，费雷里亚渴望有一天拥有自己的企业。他认为目前还不应该急于自己创业。他说这是一个正确的时间、一个好的商业理念的问题。如果时机还不成熟，那么成为一个内部企业家他也相当快乐和满足。

资料来源：Roulee Jane F. Calayag, "BW Entrepreneurs" *BusinessWorld* (Philippines), 14 April 2005.

总结所有的研究，可以将内部创业定义为一个过程，指个人或群体在现有组织内部进行重组或变革。组织不仅仅指一个企业，它可以是任何营利的、非营利的、公共的、非政府的机构，甚至是政府官僚机构。本章主要关注企业，但是也会提到其他存在内部创业活动的大型机构。

亚太地区企业内部创业精神及创新

时至今日，亚太地区的政府和企业才刚刚意识到企业内部创业的需要。总的来说，亚太地区的企业落后于世界上其他地区的企业。菲茨西蒙斯等人（Fitzsimmons et al.）在调查了70家企业之后，坚定地认为："澳大利亚的企业必须更重视行动，尤其是应该将新业务的投资活动提高到一个更高的水平。"

但是在全世界，20年前内部创业就已成为企业的推动力。汤姆·彼得斯（Tom Peters）著作的很大一部分都是关于企业内部创新的。随着一些严重问题的产生，需求变得迫切起来。这些问题包括：新出现的复杂竞争者数目的快速增长；对传统企业管理方法的不信任；一些最优秀、最聪明的人离开大企业成为小企业的创始人；国际竞争；主要大企业的规模萎缩；提高效率和生产率的愿望。

这些问题中的首要问题——竞争，一直是企业的大难题。但是，当今的高科技经济支持比以往更多的竞争者。互联网使企业处于同一条起跑线上。小企业能够并且确实通过网络和大企业竞争。如今，变革、创新以及改进随处可见。大企业必须创新，否则就会被淘汰。

企业的另一个问题是失去精英人才，这些人自己成为企业家。他们离开大企业是因为企业家越来越象征着身份地位的提高以及更吸引公众注意。成为企业家带来的身份地位的提高使得创业对年轻人和经验丰富的雇员更有吸引力。现在，风险投资、社会人际网络和其他资源比以往更能给新企业提供资金支持。这一进步鼓励有创新想法的人离开大企业，自己创业。他们宁愿追寻自己的梦想，而不是在麻木心灵、侵蚀灵魂的大企业生活方式下生活。

现代企业必须寻找发展内部创业的方法，否则，企业会停滞不前，流失员工，甚至倒闭。这种新的"企业革命"意味着在企业框架内对创业的欣赏和渴望。

企业内部创业的障碍

企业内部创业的障碍通常反映出传统管理技术在新的企业发展时效率低下。尽管是无意的，但某种特定的传统管理技术的负面影响可能会有如此大的破坏性，以至于企业内个人倾向于避免内部创业行为。表3—2列出了传统管理技术、它们的负面影响（当管理迂腐地执行时）以及解决方式。

表3—2　　　　　　　　　　企业内部创业的障碍及解决途径

企业内部创业的障碍	负面影响	建议的行动
强调标准程序以避免错误	创新受阻，资金误用	对每一个情境设定特别的程序
管理资源以获得效率及投资回报率	失去竞争性的领先地位，市场渗透率低	将精力集中于关键事件（比如市场份额）
对偏离计划的控制	忽略本应该取代现有假设的事实	改变计划，使用学到的新知识

续前表

企业内部创业的障碍	负面影响	建议的行动
长期计划	不可行的目标，高失败成本	设立一个目标，然后设立阶段目标，对每一个目标进行事后评估
职能管理	创新失败与/或风险投资失败	用管理和跨学科技能支持企业家
避免使基础业务冒险的举措	错失机遇	采取小步走的办法，从自己的长处出发
不惜一切代价保护基础业务	当基础业务受到威胁时，风险投资血本无归	使风险投资符合主流，承担可以承受的风险
按以前的经验评估行动	关于竞争和市场的错误决策	使用学习型战略，测试假设
平均分配	激励效果差，运营效率低	平衡风险和收益，使用有差别的薪酬制度
提拔合群者	失去创新者	容忍"不安分者"和"行动者"

资料来源：Reprinted by permission of the publisher from Hollister B. Sykes and Zenas Blok, "Corporate venturing obstacles: Sources and solutions", *Journal of Business Venturing* (Winter 1989): 161. Copyright © 1989 by Elsevier Science Publishing Co., Inc.

认识到障碍是产生企业内部创业的关键，因为它是其他努力的基石。为获得支持，培养新的投资兴趣，管理层必须排除认识到的障碍，并寻求替代管理行为。

认识到障碍之后，经理层必须采用成功的创新企业的原则。詹姆斯·布雷恩·奎因（James Brian Quinn）是创业领域的专家，他发现成功创新的大企业在以下方面有共同特征：

- **氛围和愿景**：创新企业对创业氛围有明确的愿景和支持。
- **市场导向**：创新企业将它们的愿景和市场的实际情况相结合。
- **小而扁平的组织**：大多数创新企业保持组织结构扁平，项目团队较小。
- **多路径**：创新型管理者鼓励多个项目同时发展。
- **互动式学习**（interactive learning）：在一个创业环境中，学习和获取想法将跨越传统的组织职能界限。
- **橡胶靴工厂或臭鼬工厂**（gumboot factory or skunk works）（美国洛克希德·马丁公司下属的高级技术研发部门）：每个高水平的创新型企业都有职能超过传统权力线的群体。这消除了官僚主义，创造了更高的营业额，获得了高水平的组织一致性和忠诚度。

不只是企业

彼得·德鲁克曾经说道：重新排列社会经济需要的最大的社会创新之一就是废弃"旧的社会准则和迂腐的公共服务机构"。他认为，创新精神不但对私人部门必不可少，对公共部门同样十分必要。

全世界的居民和政客时常感慨政府部门缺少创业行为。关于公共部门创新精

神的研究大部分集中于学术机构的迟钝,或者当地或地区政府组织的惰性。关于公共部门(尤其是政府部门)能否有创新行为有很多争论,涉及官员的保守官僚主义和厌恶风险的历史传统。一些研究者甚至认为公共部门的创新精神和私人部门的创新精神有根本的不同,因为它在本质上更公民化或社会化,更重视社会改良。博耶特(Boyett)说,实际上正在产生一种对"新领导力——公共部门的创新精神——的需求,它表现出企业具备的许多特征",比如,较强的说服力、承担风险的能力、创造力和成就需求。她甚至认为,成功的公共部门企业家有其他形式的利益,即别人心中的内疚感和自我满足感。

很显然,它(公共部门的创业精神)已经成为政客呼吁政府部门更具创新性的平台。

私人部门和公共部门创业精神的区别

只是在最近,注意力才开始集中于公共部门和私人部门在创业精神方面的区别。澳大利亚的罗伯特·萨德勒(Robert Sadler)描述了**私人部门**(private sector)和**公共部门**(public sector)在创业精神方面的异同。这两种类型的创业精神都存在于迫切需要创业行为的躁动环境中,都需要创业团队参与决策制定,以各自的方式与任何形式的组织权威隔离。但是,公共部门和私人部门的创业精神之间有着显著的区别:

- 公共部门组织的企业家更少。
- 公共部门采取等级制结构,这意味着相对死板的工资范围和有限的机会可以用于培养创新的激励机制。
- 公共部门的企业家在死板的环境中工作,以繁文缛节和循规蹈矩为典型。
- 公共部门组织与私人部门不同,它没有连续的和明确的目标。
- 公共部门的企业家可获得的资源更少。
- 公共部门的创新组织有更明显的**风险厌恶**(risk aversion)倾向。
- 政治干预是公共部门创业精神的显著障碍。

现有的内部创业谬论

在创业和内部创业之间存在着很大的相似性。因此,一些关于创业的谬论也成为内部创业的谬论。这些谬论有时影响普通民众甚至权威专家对内部创业的认知。我们将这些谬论列举如下,并分别进行讨论:

- **谬论1**:内部创业的主要动机是获取财富和在企业内部获得晋升。
- **谬论2**:内部企业家都是高风险承担者——高收益的赌博者。
- **谬论3**:内部企业家缺乏分析技能,做事鲁莽。这导致了"运气是你所需的一切"的误解。
- **谬论4**:内部企业家缺乏道德或伦理,因为他们有强烈的成功愿望。他们不关心如何取得成功,只要他们确实成功了。
- **谬论5**:内部企业家持一种对权力饥渴的态度,更多地对构建一个王国感兴趣。他们希望项目尽快做大,越大越快则越好。

表 3—3 比较了内部企业家在特征和技能上与传统管理者和企业家的不同。

表 3—3　　　　　　　　　　　　谁是内部企业家？

特征	传统管理者	企业家	内部企业家
初始动机	希望得到晋升和其他传统的企业奖励；权力激励	希望得到自由；目标导向，自我依赖并自我激励	希望得到自由和获得企业资源；目标导向，自我激励；也想获得企业的奖励和赏识
行动倾向	委派行为；以监督和报告为主要工作	行动型；突然的行动可能让员工感到沮丧	行动型；知道如何委派别人工作，但是，必要时会亲自做需要做的事
对勇气和命运的态度	看到别人掌管着自己的命运；可能是强势和有雄心的，但是可能畏惧别人的能力	自信、乐观并且有勇气	自信，有勇气；很多人对系统不满但对自己凌驾于系统之上的能力持乐观态度
关注的焦点	主要处理企业内部事宜	主要关注技术和市场	关注内部和外部，使员工相信投资的价值，也关注顾客
对待风险的态度	谨慎的	喜欢适度风险；巨额投资但期望成功	喜欢适度的风险；一般不害怕被解雇，不担心个人风险

重新构建大型机构的思考方式

为了形成一种内部创业的态度（不管是在商业界还是在政界），组织有必要提供内部企业家所需的自由和鼓励来形成他们的想法。这通常成为一个问题，因为许多高层管理者不相信创业想法能够在他们的环境下培养和开发，觉得执行鼓励自由和非结构活动的政策很困难。

1982年，诺曼·麦克雷（Norman Macrae）在《经济学人》杂志上发表一篇名为"即将到来的创业革命"的文章。在这篇文章中，作者预言"商业的运作方法在未来的几十年里将发生翻天覆地的变化"。他说，就业增长可能来自小型企业，或者那些能够将自己分拆成规模更小的中心的大型企业，这需要它们越来越具有创新精神。这与通常的企业智慧——加尔布雷思（Galbraith）在《新工业国家》（New Industrial State）一书中对它进行了抨击——完全相悖。加尔布雷思称，企业是角逐市场份额（而不是利润最大化）的天然垄断者。它们从企业家、股东、管理者和顾客那里，通过垂直并购和分散管理夺取权力。

当麦克雷预见企业内部创业的未来时，他实际上是在推广吉福德·平肖（Gifford Pinchot）的研究成果，平肖在1985年出版的《内部创业》（Intrapreneuring）一书已成为该领域的经典读物。他说过这样一句名言：内部企业家是"敢于行动的梦想者"。他的话听起来相当符合当代特征：

● 你所在的企业鼓励毛遂自荐式的内部企业家吗？内部企业家自我任命角色，并且在他们自我委任的任务上受到企业的支持。尽管如此，一些企业还是会愚蠢地任命外人来发起创新。

● 你所在的企业提供留住内部企业家的途径吗？当创新过程包括参与创新

项目的人员替换时——也就是说，将正进行的业务和产品从有经验的内部企业家那里转给二线的员工时——他们不可能像项目的启动者那样尽责和投入。

- 你所在企业的员工被允许按照他们自己的方式做事吗？还是他们一直需要停下来解释其行为，并请求批准？在一些组织，决策要经过多层级的审批，最后，执行者和决策者完全分开。
- 你所在的企业发展出非正式的快捷途径来获取支持新想法的资源了吗？内部企业家需要自由决定的资源来探索和形成新的想法。一些企业允许员工自由地将一部分时间用于他们自己选择的项目，当新想法出现时，设立支持基金。另一些企业将资源牢牢控制住，没有给新的和预料之外的想法留下任何空间，结果就是什么创新都没有。
- 你所在的企业发展出管理许多小型试验性产品和业务的方法了吗？当今的企业文化喜欢通过仔细研究、精密计划来运营。事实上，竞争中没有人得分会低。尝试更多的不那么细致规划和成本较低的机遇比每次都成功更有价值。
- 你所在的企业鼓励承担风险并能容忍错误吗？没有风险和错误就不可能获得创新，甚至成功的创新本身也始于失误和错误。
- 你所在的企业能够尝试一些试验并长久坚持——甚至可能花好几年，经历好几次错误——来看看它是否可行吗？创新需要时间，甚至数十年，但企业的规划是按年度来制定的。
- 你所在企业的员工是更关心新想法，还是倾向于保护已有的成就？因为新想法几乎都跨越组织现有类型的边界，对"成就"的嫉妒不利于创新。
- 在企业环境中组建功能完备、自治化的团队容易吗？对开发一个"创新想法"负责的小团队能解决很多基本的创新问题，但是，一些企业抵制这种团队的形成。
- 你所在企业的内部企业家是面临专制，还是能自由选择运用其他部门和外部供应商的资源？企业家生活在多选择的圈子中，如果一个投资商或供应者不能满足他们的需求，他们将会有更多的选择。内部企业家则不然，他们通常面临着单一选择，这可以称作内部垄断。他们的产品必须由一家特定的工厂提供，或者只能由一个特定的销售商销售。这类集团经常缺乏灵活性，或者根本不适合工作，一个好想法很容易被扼杀。

如果以上这些问题能得到正面回答，就能创造一种引导并支持潜在企业创新的环境，进而形成支持内部创业行为的理念。

企业能为重构其思维做些什么呢？组织需要重新考虑并修正其管理理念。许多企业关于企业合作文化、管理技能、管理者和员工价值的想法已经过时。遗憾的是，更有效率地完成过去的任务并不是应对新挑战的方法；企业必须形成倡导新价值观的新文化。官僚和管理者必须学会与设计者或内部企业家共处，或者对他们做出让步。

遗憾的是，说起来容易做起来难。不管怎样，组织可以采取一些步骤来重建企业思考方式，营造一种内部创业的环境：（1）对潜在内部企业家的早期识别；（2）由高层管理者发起内部创业项目；（3）在战略活动中创造多样性和次序；（4）通过试验提倡内部创业精神；（5）发展内部创业参与者和整个组织的合作。

发展内部创业的理念提供了很多优势：第一，这种氛围通常促进新产品和服务的开发，帮助组织扩大规模，获得增长。第二，培养出帮助企业维持竞争地位的人才。第三，营造一种氛围，引导高成就者的产生，帮助企业激励并留住最好的人才。

创业广角

Fisher & Paykel 公司的内部创新

位于新西兰达尼丁的 Fisher & Paykel 电器公司面临着一个很大的挑战。它是本土很成功的品牌，但在国际舞台上，它作为新西兰企业的声誉却微不足道。企业需要一个理由——一个明确的差异点——来让美国和日本家庭在样品展览会上直奔 Fisher & Paykel 的产品。为了竞争，Fisher & Paykel 电器公司需要改变竞争规则。

尽管面临这些商业上的挑战，企业还是看到了机会，这就是：改变强调的重点，将设计提到日程上来。企业的目标是使设计成为"与众不同"的关键点，但不仅仅是指表面上的差异，它们想要产品因为由内而外彻底的不同而看起来"独特"。

Fisher & Paykel 电器公司认为，洗碗机不必仅仅是一个洗碗机，它还可以是一个洗碗的抽屉。在研发洗碗抽屉时，Fisher & Paykel 电器公司不仅重新设计了洗碗机，而且重新定义了人们所见到的洗碗方式。

开发洗碗机曾经是一件"大事"——有时仅仅在你有足够多的碗要洗时才会用到那么大的空间。正因为如此，洗碗机还是一个需要人们去适应的产品，尽管它已经设计得便于人们更好地控制。

Fisher & Paykel 电器公司的设计团队认识到，电器应该更符合人的需求，更好地与人们的生活方式相协调。小家庭，每天三顿大餐的不复存在正是传统洗碗机不能适应的现状。

洗碗抽屉是将洗碗机设计成为厨房储存系统的延伸，成为使你的碗保持干净的抽屉。

洗碗抽屉给 Fisher & Paykel 电器公司带来了四个显著的变化。

它成为 Fisher & Paykel 电器公司进入英国、欧洲和中东市场的平台。此前，Fisher & Paykel 电器公司的产品只出口到澳大利亚、亚太地区和美国。它使 Fisher & Paykel 电器公司成为人们眼中生产一系列产品的创新企业，这使得其在进口产品压力相当大的本土市场上保持了一定的市场份额。

洗碗抽屉在 27 个国家有专利保护，这使得企业能很好地对抗模仿者。

企业的电器业务收入从 1997——1998 财年的 5 亿美元增加到 2003——2004 财年的 8.53 亿美元。仅仅是洗碗抽屉的研发、生产部门，增加的员工就有 150 人。

也许最显著的是，电器产品的息税前利润从 1997——1998 财年的 1 150 万美元跃升至 2003——2004 财年的 10 200 万美元。

这个保守的增长比所有产品的利润增长都大很多，它来自洗碗抽屉每一件产品所获取的边际利润。

在 27 个国家拥有 19 项专利，洗碗抽屉的独特性仍将成为其强有力的竞争优势。但这并不是 Fisher & Paykel 电器公司停止创新的借口——洗碗抽屉还在不断地接受测试，以期更好地改进产品。

资料来源：See [www.fisherandpaykel.co.nz]. This case is abridged from *Better by Design*, funded by New Zealand Trade & Enterprise. [www.betterbydesign.org.nz/stories/fisherandpaykel/step2.php].

企业内部创业战略的具体因素

开发出内部创业战略的企业发现原始企业的性质发生了根本改变。在新的流程和程序下,传统被抛到一边。一些不能适应这种工作环境的人会离开;其他人会发现有一个新的激励系统,它鼓励创造性、灵活性、风险承担、团队合作、非正式人际网,这一切设计的目的是提高生产率,使组织更具活力。一些人在内部创业的环境下崭露头角,其他人却对此深恶痛绝。

我们已经收集了足够的数据,现在可以说哪种企业投资战略是明显成功的,哪种不是。在描述五种企业投资模型之前,让我们先看一下它们有什么共同点。形成共同愿景是任何企业投资成功的关键,不管它是否具有创造性。图 3—1 是一个表明是否整个企业愿意接受共同愿景的企业模型。该模型有四种被普遍接受的文化变量:归属感、关系、结构和承诺。

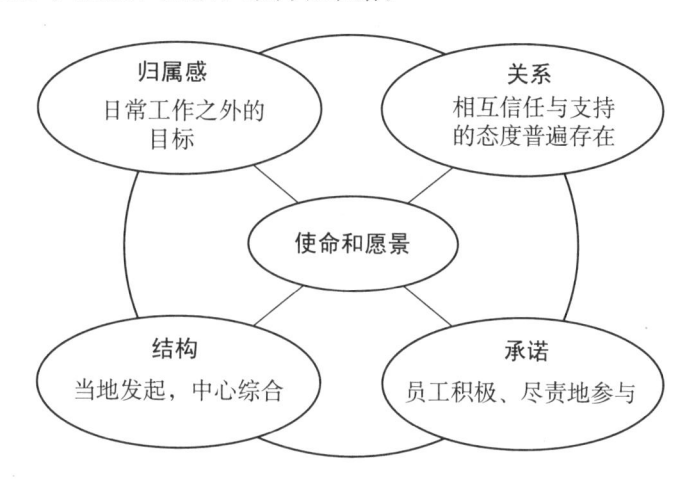

图 3—1 共享愿景

资料来源:Jon Arild Johannessen,"A systematic approach to the problem of rooting a vision in the basic components of an organization",*Entrepreneurship*,*Innovation and Change*(March 1994):47. Reprinted with permission from Plenum Publishing Corporation.

☐ 形成愿景

计划企业内部创业战略的第一步是,形成企业领导层想要实现的创新的共同愿景。既然企业内部创业来自组织内有创造才能的人,那么员工需要知道并理解这一愿景。共同愿景是寻求高成就的战略的关键要素(见图 3—1)。共同愿景需要认同企业内部创业战略的具体目标和实现这些目标所需的计划。

☐ 鼓励创新

创新是创业精神特有的工具(见第 5 章)。因此,企业必须理解并在其战略中形成创新以作为关键要素。一些学者将创新描述成无秩序的、非计划性的,但有的研究者认为它是一门系统的学科。考虑到创新的本质，这两种看法都有道理。理解这个概念的一种方式是，集中关注两种不同类型的创新：激进的和渐进的。

- **激进创新**（radical innovation）就是引起彻底改变一个行业的重大突破，比如无线网络、iPods、可视电话、记事贴、一次性尿不湿、光缆、CT 扫描仪、手机、纽特公司（甜味剂生产销售商），甚至是隔夜速递。这些都是还处于传播和适应阶段的激进创新。它们需要不断地试验和坚定不移的愿景。它们不容易管理，但是必须被识别、培养和引导。
- **渐进创新**（incremental innovation）是指现有产品或服务经过系统改造，进入更新或更大的市场。这些都是处于其产品生命周期发展阶段的产品，比如微波爆米花、泡沫塑料、冷冻酸奶等。有时一项渐进创新发生在一项激进创新引入重大突破后（见图 3—2）。想象一下微软 Windows 系统有多少个改进版！结构、市场、财务和企业的正式系统能够帮助实行渐进创新。正如理查德·布兰森（Richard Branson）所说："商机就像公共汽车，永远有下一辆正开过来。"维珍航空就是这样做的，这是一家以服务创新而闻名的航空企业。没有激进创新，只有持续不断地做得比别人更好。

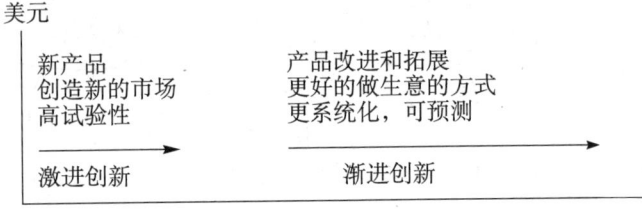

美元

新产品	产品改进和拓展
创造新的市场	更好的做生意的方式
高试验性	更系统化，可预测

激进创新　　　　　　　　渐进创新

原型　市场测试　快速增长　行业震荡　行业成熟　行业衰退

图 3—2　激进创新与渐进创新

资料来源：Harry S. Dent, Jr, "Reinventing corporate innovation", *Small Business Reports* (June 1990): 33.

令人惊奇的是，科技发展的历史长河中随处可见没有被发明者挖掘出来的好点子，就像电脑鼠标和 GUI 电脑界面一样。大企业没有成功地将这些点子商业化是因为它们不在企业的核心竞争力之内。其他组织采纳了这些点子，并且创造了财富。最近的研究表明，大企业没有成功地在其核心市场形成激进创新，是因为它们害怕新的创造品可能与现有产品和服务形成竞争。

营造内部创业环境

重新确立在当今企业中竞争的动力时，也许最关键的一步就是大量投资于能让新点子在**内部创业环境**（intrapreneurial climate）下发展起来的创新活动。这一概念与创新战略的其他元素相结合，能够提高员工成为项目开发者的潜力。为了将员工培养成企业创新的源泉，企业必须提供更多的培训和信息共享活动。除了确立创新途径和培养内部企业家，企业还需要形成能帮助有创造力的员工发挥他们全部潜力的环境。在强调管理层对组织成员和创新项目承诺的重要性时，员工对创新环境的感知至关重要。

创业广角

内部创业与愿景领导：3M 公司

两种类型的创新都要求有愿景和支持。这种支持按不同步骤寻求有效发展。除此之外，它们都需要**领头人**（champion）——拥有愿景并愿意分享的一个人。两种创新都要求企业高层就创新和内部创业开发和教育员工。

鼓励创新指不仅愿意容忍失败，并且能够从失败中学习。比如，3M 公司的创始人之一，弗朗西斯·G·奥克（Francis G. Oakie）有用砂纸代替剃须刀片的想法。他认为男人可以用砂纸刮脸，而不用剃须刀。他错了，想法没有成功。但是他的想法演变下去，直至他为自动行业开发出防水砂纸。成功一鸣惊人！就这样，3M 公司的理念诞生了。

3M 公司（2002 年前的明尼苏达采矿与制造公司）生产超过 55 000 种产品，包括黏合剂、研磨剂、碾压机、电线圈、显示器与药品。公司早期的发明包括防水砂纸（20 世纪 20 年代初）和胶带（1925 年），还有接下来的几年中发明的透明胶、汽车的降噪材料。3M 公司对现代生活的贡献包括磁带、录像带、胶印、思高洁（Scotchgard）产品，还有图像与保健产品。

今天，3M 公司有一套创新准则，鼓励雇员提出新想法。关键的准则如下：

不要扼杀项目：如果一个想法不能归属于 3M 公司的任何部门，员工可以用他 15% 的工作时间来证明该想法可行。对那些需要种子资金的人，每年对 90 个想法提供 50 000 美元拨款。

容忍失败：鼓励足够的实验与风险承担以使新产品成功的可能性更大。目标是：部门必须从过去 5 年内引入的产品中获取 25% 的销售收入。有些情况下可能会高达 30%。

保持部门精简：部门经理必须知道每一个雇员的姓氏。当部门太大时（如销售额达到 25 000 万～30 000 万美元），它会被分拆。

激励领头人：当 3M 公司的雇员有了新产品的点子时，他们会形成一个行动小组来进行开发。薪水和晋升与产品开发进程相联系。领头人有机会管理他们自己的产品小组或部门。

接近顾客：研究者、营销人员与经理拜访顾客并定期邀请他们参与产品创意的头脑风暴。

分享财富：技术，无论是在何处开发的，都属于每一个人。

企业有四种方法开发关键环境因素来形成内部创业活动，以增加成功的创新。

- 发展**内部创业培训计划**（intrapreneurship training program，ITP）以开发企业业务环境的创新潜力，增加和保留已经开发的人力资本。这一过程挑战并激励企业创新者像企业家那样思考和行动，鼓励他们观察企业文化特征，将其领导才能、计划制定过程和战略思考能力与抓住符合他们企业文化的新兴投资机会相结合。

- 鼓励——而不是命令——内部创业活动，通过物质奖励和企业认同而不是规则或严格的程序来鼓励企业内部创业行为。

- 形成人力资源制度，鼓励管理者长期留任，以使他们能够熟悉一个行业和具体的部门。

- 创造合适的环境，使管理者在足够长的时间内维持对内部创业项目的承诺，直到项目发展起来。失败难以避免，从失败中吸取教训是关键。因此，持续承诺是企业创新管理过程中的重要因素。

关于哪种形式的奖励能够真正鼓励企业创新仍然有很多讨论。有人认为让企业创新者掌管新项目是最好的奖励，有人说最好让企业创新者有更多自由支配的时间用于未来项目，还有人说应该设立特别资本——也称作**内部创业资金**（intracapital），使企业创新者在需要投资资金进一步研究点子时使用。

根据以上环境，很显然，如果存在创新活动并取得成功，改变企业结构不可避免。这个变化过程包括一系列新产生的人员结构、企业目标和存在的需求。简而言之，组织可以通过放弃控制和改变传统官僚结构来鼓励创新。

☐ 形成创业团队

所有内部创业都具备的最后的元素是**创业团队**（venture teams）。坚持创业团队方法的企业经常将它们经历的变化称作"转型"或"革命"。这一新的工作团队是自我指挥、自我管理或者高绩效的。

赖克（Reich）认为内部创业不是某个人的单独治理。内部创业可以并且应该扩散到整个企业层面。他将其称作**集体创业精神**（collective entrepreneurship）：

在集体创业精神下，个人技能融入集体；这种集体创新能力大于它各个部分的总和。经过一段时间，当群体成员经历各种各样的问题和方法之后，他们就了解到了每个人的能力。他们知道如何能帮助别人做得更好，每个人对项目的贡献是什么，怎样才能最好地利用彼此的经验。每个参与者不断地寻求能够加速整体进步的小调整并使一切顺利。许多这些小规模调整的最终结果是：通过整个组织的努力推动企业向前发展。

与赖克关于集体创业精神的关注点一致，创业团队在团队精神的指导下给予每个员工发挥才能的机会。

一个项目团队是由两个或两个以上的人组成的，他们创造并共享新组织的所有权。这个单元是半自治化的，由于它有预算，因此在宽松的指导原则下，领导有做决策的自由。有时领导被称作"产品发起人"或"内部企业家"。该单元经常和企业其他部分——尤其是与日常活动相关的部分分离，这使得该单元能够远离妨碍创新活动的程序。但是，如果项目最终取得成功，它就与组织其他生产活动获得同等对待，然后融入更大的组织。在很多方面，项目团队是在大企业中运作的小业务，它的优势集中在创新活动的设计（即结构和流程）上。

在这部分，我们观察了企业内部创业战略的具体因素，即形成愿景，鼓励创新，营造内部创业环境，以及形成创业团队。所有的企业创业模型都有这些因素。但是，最近的研究表明，有些模型比其他的模型更成功。

■ 成功和不成功的企业项目模型

我们必须说，企业创新在过去的十几年里一直很时兴。正如它们的成功率一样，具体的内部创业战略因各企业而不同。坎贝尔（Campbell）等人认为，内部创业的投资水平在察觉到一些方法的失败之后显著下降。他们观察了 OECD 国家的超过 100 个"投资项目单元",并将这些投资项目单元分为五个模型,其中四个模型相当成功,只有一个没成功(见表 3—4)。

- **生态系统投资**(ecosystem venturing):一个生态系统就是形成的一个功能完整的复杂社区和环境。内部创业的生态系统包括供应商、分销商、连锁店、外包服务等。在这个模型中,企业支持生态系统中的创业活动。一个很好的例子就是围绕英特尔公司的所有企业。
- **创新投资**(innovation venturing):这一模型复制了风险投资行业的方法。一个独立的基金单元按竞争性原则评估企业内部的研发项目,并奖励创造出价值的人员和部门。例如,施乐新兴投资部门从员工那里收集想法,给他们提供资金支持并为他们的成长提供环境。
- **收获投资**(harvest venturing):在这里企业通过交易或授权技术、品牌、技能和其他资产获得现有的智力资产。例如,朗讯新兴投资集团发现了贝尔实验室的智力成果,并将其投放市场。
- **新路径投资**(new leg venturing):它是收获投资的副产品,是一系列投资中最不成功的。它包括用收获的资产投资于其他方面,从而为企业补充"新的血液"。
- **私有资产投资**(private equity venturing):本质上是一个纯粹的风险投资模型,公司设立私有资产单元投资于新项目,无论它是否满足母公司的准则。例如,通用电气(GE)成立了 GE 金融集团以作为传统的风险投资公司。

表 3—4　　　　　　　　　　成功的企业投资业务模型

	生态系统投资	创新投资	收获投资	私有资产投资
焦点	和供应商、顾客及互补者联合改善已有业务前景;通过所投资公司之间的商业联系产生价值	通常把投资技巧作为更有效地从事现有职能活动的方法,但不是排他的,也适用于研发	从收获多余资源中产生现金	利用独一无二的交易流程和相关的非贸易资产直接参与私有资产投资
主要缺陷	没有重点——投资范围过于宽泛,自治过多	文化变革——目标是寻求对文化变革更广泛的影响,而不是致力于提高部分职能	新投资缺陷——在收获之外形成新的发展平台	任何人都会有的缺陷——因为其他人成功了就认为它很容易
例子	互联网投资于社区——好的案例是创造了 WiFi 标准	施乐新兴投资部门从企业内部收集想法并提供资金	朗讯新兴投资集团(LNVG)将互联网协议市场化;BT Brightstar 也为英国电信做了这样的事	GE 金融集团,GE 的独立部门;诺基亚投资伙伴
绩效衡量与激励	基于对现有业务和全部业务绩效影响的大量现金红利;没有相关利益	绩效以其他职能为基准;物质奖励给予企业家,而不是出主意的人	根据分配的资产获取现金;根据绩效目标支付大量红利;没有相关利益	奖金红利与风险投资行业的激励标准一致

资料来源:Adapted from Andrew Campbell, Julian Birkinshaw, Andy Morrison and Robert van Basten Batenburg, "The future of corporate venturing", *MIT Sloan Management Review* 45 (1) (2003): 30–37.

内部创业的交互过程

谁是内部企业家

内部企业家并不一定是新产品或服务的发明者，但是他们能够将想法或者原型转化为可盈利的现实。他们是产品或服务的幕后人物。他们是团队构建者，有责任心和将想法变成现实的强烈愿望。但他们不是天才，而是智商一般或者稍高一些的人。

大多数内部企业家的创业从一个想法开始。这种想法开始是一个愿景，经常被称作"白日梦阶段"——企业家在精神上将想法变成现实的过程。在这个过程中，他们会考虑到不同的途径，以及潜在的困难与障碍。例如，美国通用汽车公司庞蒂亚克部（Pontiac）的内部企业家赫尔克·阿尔迪卡克蒂（Hulki Aldikacti）就经历了这个过程。当阿尔迪卡克蒂首先想到 Fiero 的点子时，他不确定汽车会变成什么样子。因此，他建了一个用木头制成的驾驶室，然后自己坐在里面，设想驾驶最终成型的汽车会是什么感觉。这使得他能够开发并完善最终产品。

最初，内部企业家是一项虚拟业务的总经理。一开始，个人也许专长于某个领域，诸如营销或研发，但是一旦开始内部创业，他就开始迅速学习项目的方方面面，很快成为一个具有多方面技能的总管。

内部企业家有时候被描述成"敢于行动的梦想者"。他们倾向于行为导向，能够快速行动，完成任务。他们是目标导向的，乐意做任何能实现目标的事。他们也是思考者、行动者、计划者和工作者的综合体。他们兼备愿景和行动。对新想法的奉献精神极为重要。结果，内部企业家经常期望一些不可能的事情变成现实，认为没有什么困难能阻止项目成功。他们是自我决策的目标设定者，在实现目标的过程中做的远远比责任要求的多。图 3—3 列出了内部企业家的 10 大戒律。

- 构建团队；内部创业不是个人的活动。
- 广泛分享信任。
- 在你请求资源之前，听听别人的建议。
- 少许诺多陈述——宣传可以引发"企业免疫系统"。
- 做任何必要的工作来实现梦想，不管工作性质如何。
- 记住，请求原谅比请求批准更容易。
- 记住企业和顾客的最大利益，尤其是当你要屈服于规则或面对官僚主义的时候。
- 每天都工作，做好被解雇的准备。
- 忠诚于目标，但是对如何实现它们持现实的态度。
- 尊重并教育你的发起人。

图 3—3 内部企业家的 10 大戒律

资料来源：[www.intrapreneur.com/MainPages/History/TenCommandments.html]。

当面临失败或挫折的时候，内部企业家表现出乐观的态度。首先，他们不承认自己被击败了；他们将失败看做临时的挫折，可以从中学习。他们不因失败而放弃。其次，他们认为个人主宰命运。他们不将失败归咎于别人，而是集中学习如何才能做得更好。通过有目的地解决他们自身的错误和失败，内部企业家学会避免再次犯同样的错误，这在一定程度上帮助他们获得了成功。

小结

在全球范围内，越来越多的内部企业家在企业内部创立了新的业务。内部创业是在组织（有的非常大）背景下有盈利的创新过程。大多数企业正意识到对内部创业的需求。这种需求是对以下内容的反应：（1）新的、复杂的竞争者数目迅速增长；（2）对于传统企业管理方法的不信任感；（3）一些最优秀和有才华的人离开大企业，成为小企业的创始人。

内部创业能给那些想要在国际市场上有效竞争的企业带来改革、新产品开发、更多财富和经济增长。内部创业这个名词意味着在现有组织中（不管是营利的还是非营利的，政府的还是非政府部门的）创造新的投资，并且通过战略更新实现企业转型。

当营造环境培养内部创业时，企业必须形成四种特征：（1）清晰的目标；（2）能提供反馈和正向强化的系统；（3）强调个人责任感；（4）基于结果的奖励。组织通过各种途径来形成企业内部创业。首先，理解企业创业的障碍。它们通常基于传统管理方法的负面影响。然后，采用创新原则，包括氛围和愿景、多途径、互动学习和以非常规的方式实施一个项目。

内部创业不仅针对企业，它也针对政府官僚机构和其他大型机构。虽然政府和私人部门有很多共同点，但也有显著的区别。公共部门组织由于实行等级制且环境不灵活，很少出现企业家。它们通常目标不明确，应对变化时缺乏资源，极大地厌恶风险，并且经常有政府介入。

平肖指出，内部创业与当代大企业的行业政策相悖。他和其他一些人预言就业增长将越来越多地来自小企业和创业企业。

企业创业的具体战略包括形成愿景和鼓励创新。有两种创新形式：激进的和渐进的。为了促进创新的形成，企业必须关注关键因素，如高层管理的支持、时间、资源和奖励。因此，对创新活动的承诺和支持至关重要。

项目团队是半自治的单元，它们利用集体能力形成新的想法。有时它们被称作自我管理团队或高绩效团队，他们作为新的工作团队形式，强化了创新能力的开发。

内部企业家和企业家有着相似的特征。这些特征包括全局观、行动导向、乐观、自我决策、宏伟目标的制定、对新想法的奉献精神，以及乐意接受失败并从中学习。发明者有时会获得内部创业的技能，但是通常发明者必须和内部企业家组成团队，才能将发明成功地推向市场。

最近的研究表明有几个企业创新模型是成功的，而至少有一个模型不起作用。成功的模型包括生态系统投资、创新投资、收获投资和私有资产投资。新路径投资似乎不起作用。

思考题

1. 用你自己的语言描述什么是内部创业。
2. 最近几年出现了开发内部创业的强烈愿望,它的两个原因是什么?
3. 形成内部创业环境必须克服的企业障碍是什么?
4. 奎因识别出的企业必须确立的一些创新原则是什么?
5. 当代的企业正致力于重新构建企业思考方式,鼓励一种内部创业的环境。你赞同哪种步骤?至少提出三条并加以解释。
6. 有关创新的五条有用的原则是什么?
7. 形成内部创业理念的三大优势是什么?
8. 识别要形成一个内部创业战略,管理者必须关注的四大关键因素。
9. 解释激进创新和渐进创新的不同。
10. 识别组织在构建环境时必须面对的五种具体的创业环境因素。
11. 为什么说对很多企业而言,项目团队是新战略的一部分?
12. 图3—3中列出的内部企业家的关键特征,哪三种对实践型管理者最有价值?为什么?
13. 企业家和内部企业家有什么不同?
14. 为什么理解关于内部创业的一些谬论很重要?解释原因,并使用两个谬论作为例子。

案例分析 3—1

企业内部创业越来越多

C. K. 乔(C. K. Chow)居住在悉尼,是新布莱堡工业集团企业的首席执行官。企业在2001年底刚刚完成与英国工程巨头GKN 170亿澳元的合并。布莱堡工业集团是一家总部在澳大利亚的全球支持服务提供商,它在6大洲的50个国家运营,大约有28 000位员工。

乔将企业领导力的创业风格带到当地市场。正是这种风格使GKN成为英国地区的先行者,并让乔在50岁生日前赢得了骑士爵位。

乔通过猎头公司在1996年成为GKN的首席执行官。他为自己和企业设立的宏伟目标是在未来5年里将收入增长幅度提高到40%。对于汽车零部件部门,GKN的主要业务部门,这似乎是很困难的任务。GKN年报中的货币单位——英镑非常强势甚至威胁到英国其他制造品牌,诸如Rover和BTR。

乔和GKN的成功甚至超出了目标,这从公开记录上可以看到。在GKN,企业实现了乔的目标,不仅有赖于直升机和装甲车制造的战略转变,也有赖于他在"前进之路计划"中对组织内企业创业的支持。

"我们有足够的理由在GKN内部推动创业精神,"乔说,"这是一家非常结构化、有纪律的企业,大多数的管理人员是具有很高职业道德的工程师。为促进增长,我们需要支持这一优势,并将其与创业精神结合起来。"

前进之路计划的基石是形成乔所称的"真正的工作团队",从企业执行委员会到每个业务单元。"他们一起解决真正的业务问题,经常重新定义他们的战略和文化。"

除了赞成员工从母工厂到企业的其他地方长时间工作的做法,前进之路计划帮助打破了工厂间的竞争和怀疑,形成一种开放的氛围,鼓励人们形成如果不分享想法,就会处于劣势的观点。由于先前受到跨文化的同行的阻止,这一计划是GKN花了五年时间才实现的组织行为方面的重大突破。

"没有企业家能通过单纯复制别人的行为来实现自己的成功;他们做新的、不同的、更好的事情,"乔说,"他们足智多谋,利用别人的资源来获胜。他们不是盲目地承担风险。当他们认识到企业生存离不开风险时,他们很好地理解风险并采取行动来降低风险。"

"我在新布莱堡强调两件事情:第一,我们是企业对企业的外购支持服务的提供商;第二,成功的关键在于开发人力资源并提倡一种创新精神。"乔说。

"创业精神是关于创新和克服困难的,它意味着灵活应变。那正是我们鼓励员工去做的。"

对支持服务的创新最好来自和顾客的交涉,乔说,"它是一些想法,源于某人说,'嘿,让我帮你做这个吧';它可能在刚开始的时候不太显眼,但是,后来会增长得很快。"

资料来源:Adapted from Lachlan Colquhoun, "It's all about growing entrepreneurs' in-house", *AGSM Magazine* (Sydney:Australian School of Management),(30 March 2002):11-12.

问题:

1. GKN是如何实现乔制定的五年内使收入增长40%的目标的?

2. 执行委员会在创新活动中充当先锋的重要性是什么?这种方法潜在的问题是什么?

3. 你如何描述GKN的创业精神?

第 II 篇
创业视角

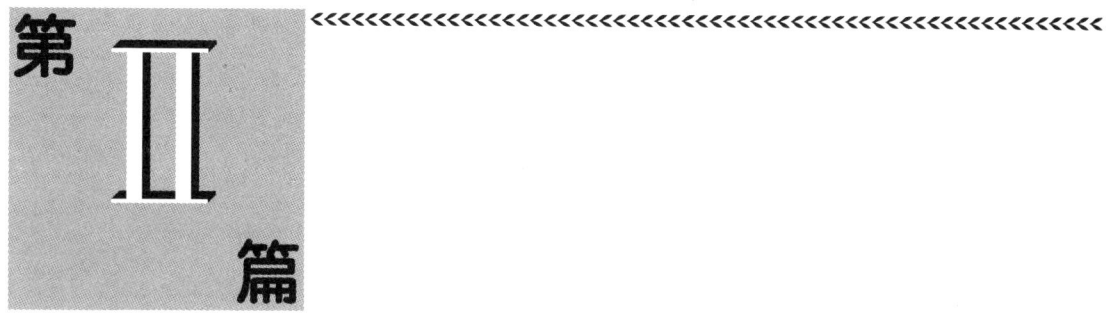

- 理解个人创业优势
- 了解创新及培养创造力
- 伦理、环境和社会企业家

第4章

理解个人创业优势

> 未来的企业家生活在梦想的海洋中。他们的目的地是"私有岛屿"——一个构建梦想、创造梦想并将其变成现实的地方。成为一个企业家意味着构想这一岛屿,更重要的是,它意味着跳上船并且划到岸上。有些人离开海岸,在海岸附近的浅水里盲目地漂流。有些人生气地划着桨却哪儿也没到达,因为他们不知道怎么划桨或者掌舵。最糟糕的是那些仍然待在岸上,害怕跳到船上去的人。但是,如果他们能聚集将梦想变成现实需要的资源——外部和内部的,所有这些梦想者都有可能在某一天成为企业家。
>
> 每个人都有梦想。企业家的梦想与众不同,他们的梦想并不仅仅局限于奇幻岛或跑车,而是关于生意的。
>
> ——劳埃德·E·谢夫斯基(Lloyd E. Shefsky):《企业家是后天培养的》

本章要点

1. 描述企业家看待世界的方式
2. 列出有效描述企业家优势的主要信息源
3. 识别并讨论成功企业家身上最常被引用的特征
4. 讨论企业家的阴暗面
5. 识别并描述企业家面临的不同风险类型
6. 识别企业家面临的主要压力来源和他们化解压力的方式
7. 观察创业动机

企业家的优势

大多数企业家有很强的独立性,这常常导致他们做出离开现有雇主的决定。他们可能看到晋升的机会太渺茫,或者对每天相同的工作感到厌倦。最终,他们想要自己当老板,我们把这类人称作自己命运的唯一所有者。成为企业家的另一个重要的原因是能挣到更多的钱。财富创造对很多人来说是本质的动力。企业家认为投资于他们自己比将收入存到低息储蓄账户更好。工作满意度、成就感、机遇与金钱——这些是人们开始创业的主要动机。

人们开始创业的决定常常来自破坏。二人家庭中的一人被调动,另一人则成了"被拖动的"伴侣。少了一份工作,需求得不到满足。在世界范围内,经济混乱甚至内战都会带来这种"创造性瓦解"。

我们经常观察到的一个特征是,企业家是家中的长子(女)或者独生子女,也许这归因于他们的自尊和自信。另一个特征是企业家经常比一般人更有可能认识其他的企业家。家庭和朋友对一个人做出创业选择的影响很大。

30~40岁是创业高峰期。但是,目前全世界有数百万的年轻人在创业。表4—1显示了某些国家或地区的创业数据。亚太国家或地区有世界最高的年轻人创业率。新西兰在发达国家中创业率最高,39%的创业者年龄在18~34岁之间。新加坡、澳大利亚和新西兰三个国家的创业人数加起来超过75万。

表4—1　　　　所选国家或地区的青年企业家(2005年)

国家或地区	18~64岁的企业家总数	18~34岁的企业家总数	18~34岁的企业家所占比例(%)
中国大陆	1 983 000	907 000	45.7
中国台湾	8 680 000	3 830 000	44.1
新加坡	232 000	94 000	40.5
新西兰	444 000	173 000	39.0
澳大利亚	1 378 000	487 000	35.3
英国	2 351 000	772 000	32.8
美国	23 071 000	7 172 000	31.1

资料来源:*Global Entrepreneurship Monitor*,2005.

将所有年龄段的人加起来,有数亿人在创业。21%的台湾人在创业,大约17.5%的新西兰人和11%的澳大利亚人在创业活动方面表现活跃。那些创业比较活跃的国家有挪威、加拿大、阿根廷、爱尔兰、冰岛、智利、巴西以及美国。

正如我们看到的,创业并不是只有发达国家才有的现象。发展中国家的穷人也能够通过创业致富,事实也说明了这一点。联合国前秘书长安南曾经说过:"企业家有能力为他们自己的国家带来最大的变化。"和全世界的同类人一起,这些年轻人是自工业革命以来最具创业精神的一代。

有些人认为,每个人都有潜力成为企业家,并可以自由决定是否自己创业。但是,真正激励个人做出创业决定的并不是一个单纯的事件、特征或者特点。研究人员仍然不断地在研究整个创业过程,以更好地理解企业家的内在动力。这里我们描述了与成功企业家相关的最常见的特征以及与企业家阴暗面有关的一些因素。在这种方式下，我们可以形成与**创业行为**（entrepreneurial behaviour）相关的全面视角。

企业家怎么看待这个世界呢？我们将此称为**企业家广角**（entrepreneurial edge）。尽管这不是一门精确的科学，但它给我们展现了看待个人创业潜力的有趣的视角。因为，我们认为每个人都能够在生命的某个时点成为自己命运的唯一掌控者。

谁是企业家

弗兰克·卡尼（Frank Carney），必胜客的创始人，曾经将企业家描述成创新系统的基石和经济环境自我更新的中介。企业家客观、自我激励、尽责，因为独立而获得极大的满足，通常被定义为创业活动中的风险承担者。开始一项业务需要的远远不止一个想法，还需要特定的人，这个人应该具有很好的决断力、完善的计划和适度的风险承受能力来保证业务的成功。

博尔顿和汤普森（Bolton & Thompson）将企业家看做"习惯性地创造和改革，围绕已经识别的机会确立公认的价值观的个人"。这里的个人可以看成一群人，因为我们也可以将团队甚至组织描述成创业性的。"个人"一词强调个性而不是整个系统。"习惯性"是将企业家和老板——做生意仅仅是为了更舒适的生活方式——区别开来的重要特征。真正的企业家时时刻刻扮演着企业家的角色。

企业家被强烈的责任感和持之以恒的毅力推动着，他们工作十分勤奋。他们是乐观者，追求诚信。他们具有强烈的行动欲望，将失败看成学习的工具。他们足够自信，相信自己能让投资的最终结果大不一样。

创业企业持续的失败率证明了创业的艰难。缺乏经验和管理不善是失败的主要原因。但成功的因素是什么？它们适用于创业学的所有部分吗？这是本章将要讨论的问题。

与企业家相关的常见的特征

回顾与企业家特征相关的文献可以发现，有大量因素可以归类到更少的特征维度中去。比如，考虑到卡奥（Kao）的研究成果，我们可以发现 11 种常见的特征：

- 绝对的责任心、决心和毅力；
- **成就动机**（drive to achieve）和成长动机；
- **机会导向**（opportunity orientation）和目标导向；
- 主动承担个人责任；
- 持续解决问题；
- 现实主义和幽默感；
- 寻求并使用反馈；
- 内在控制；
- 寻求并**承担一定的风险**（calculated risk-taking）；
- 对身份和权力的需求低；
- 诚信、可靠。

霍纳迪（Hornaday）研究了许多文献，总结了企业家常有的 42 种个性特征（见表 4—2）。

当我们研究"企业家"这一令人着迷的现象之时，很显然，这些特征将不断增加。但是基于我们现有的知识，最常被引用的企业家特征是什么？

表 4—2　　　　　　　　　　　　企业家通常具有的特征

1	自信	22	责任感
2	持之以恒，决心	23	远见
3	精力，勤奋	24	精确，深思熟虑
4	足智多谋	25	合作精神
5	承受一定风险的能力	26	利润导向
6	有活力，领导力	27	从错误中学习的能力
7	乐观主义	28	权力感
8	成就需求	29	令人愉快的性格
9	多面手，精通产品、市场、设备、技术	30	自利主义
10	创造性	31	勇气
11	影响他人的能力	32	想象力
12	与人相处的能力	33	理解力
13	主动	34	不确定性容忍
14	灵活	35	雄心勃勃
15	智力	36	享乐能力
16	倾向于清晰的目标	37	效用
17	对挑战的正面回应	38	承诺
18	独立	39	信任员工
19	对建议和批评的回应	40	对他人保持敏感
20	驾驭时间，效率	41	诚实，正直
21	迅速决策能力	42	成熟，平衡

资料来源：John A. Hornaday, "Research about living entrepreneurs", in C. Kent, D. L. Sexton and K. H. Vesper (eds), *Encyclopedia of Entrepreneurship*, Prentice-Hall, Englewood Cliffs, NJ, 1982, 26-7. © Adapted by permission.

责任心、决心和毅力

与其他因素相比，对成功的渴望和对优势的关注可以克服障碍和挫折。坚定的决心和对成功的追求经常帮助企业家克服人们认为不可战胜的困难，也可以弥补个人缺陷。通常，有高潜力的企业家或者有创业投资计划的企业家在很多方面体现出他们的责任心，以让投资者放心。比如，乐意抵押自己的房产，节约费用，牺牲家庭时间，降低生活标准。

成就动机

企业家在别人看来，似乎是被内在强烈的竞争动力所驱动，按自我加强的标准行动，追求具有挑战性的目标。这种**成就需求**（need to achieve）在创业文献中有着很好的记录，始于 20 世纪五六十年代戴维·麦克莱兰（David McClelland）在激励方面的开创性工作。麦克莱兰认为，创业行为的关键在于行动动机，以实现与一系列标准相关的目标。高成就者承担适度的风险。他们审视环境，决定如何增加成功的筹码，并付诸实施。对于一般生意人而言是高风险的决定，经常被精心准备的高成就者看成是适度的风险。

机会导向

成功的、寻求增长的企业家的一种典型特征是他们对机会的关注。他们从机会入手，集中他们的资源、结构和战略，然后通过自己的理解引导它们。他们在寻求机会的过程中是目标导向的。设定高水平但是可达到的目标让他们能够集中精力，有选择地挑选机会，知道该在什么时候拒绝。他们的目标导向帮助其识别优先性并提供衡量其绩效的标准。

主动性和责任心

企业家独立并且高度自我依赖。大多数研究者同意富有效率的企业家具有主动性。他们乐意将自己置于这样的环境下——为运作的成功或者失败负责。他们喜欢在解决问题时主动出击，或者在没有领导的情况下填补空缺。他们也希望衡量个人对问题的影响力。这是行动导向的企业家表现自我的方式。

持续解决问题

企业家不会被困难的局面所吓倒。事实上，他们的自信和乐观似乎形成了这样一个观点：不可能的事情只是多花一点时间就能解决的问题而已。但他们既不是毫无目标的，也不是在面对妨碍企业运作的问题或障碍时有勇无谋。如果任务极其简单，或者被认为是无法解决的，企业家经常比别人放弃得更快。简单的问题让他们觉得厌烦，无法解决的问题又不能保证任务完成时间。尽管企业家持之以恒的毅力非凡，但是他们对自己能做什么和不能做什么，并且如何在需要完成困难但不可回避的任务时寻求帮助等方面相当现实。

寻求反馈

有效的企业家常常被描述成快速学习者。但与很多人不同的是，他们非常想知道自己做得怎样以及如何才能提高绩效。在尝试做出决定的过程中，他们主动寻找导师，并听取反馈意见。反馈对于他们从错误和挫折中学习至关重要。

内在控制

成功的企业家相信自己。他们不相信企业成功或失败是由命运、运气或者简单因素决定的。他们相信成就和挫折在自己可控的范围内，自己能影响行动的结果。这一特征与高成就动机、承担个人责任和自信相一致。他们认为通过自己的行动能控制环境。

不确定性容忍

创业者面临着不确定性，并且不确定性因为持续变化的环境而被放大。这使得创业的每个层面都具有不确定性和压力。挫折和未知不可避免；缺乏组织、结构和顺序是生活方式的一种。但是，成功的企业家在不确定环境的刺激下快速成长，普遍具有很高的**不确定性容忍**（tolerance for ambiguity）。工作保障和退休一般对他们没有影响。

一定的风险承担能力

成功的企业家不是赌博者。当决定参与投资的时候，他们前思后想，慎重考虑。他们会做一切可能的事情来增加成功的几率，并且通常避免那些不必要的风险。这些战略包括与其他人共担潜在的财务和业务风险——比如，说服生意伙伴和投资人投资，说服信用商提供特别待遇，说服供应商促进销售。

诚信、可靠

诚实与可靠是黏合剂，能够帮助建立成功的个人和商业上的关系，并且使它们长期存在。投资者、生意伙伴、客户和信用商等给予这些特征很高的评价。诚实、可靠能帮助人们形成并维持信任和自信。尤其是小企业的创始人，觉得这两个特征对生意成功至关重要。

失败容忍

企业家将失败看做学习的过程，通常具有较高的**失败容忍**（tolerance for failure）。一名成功企业家所具有的特征使得巨大的挫折和阻碍成为学习过程中必不可少的部分。最有效率的企业家能够很现实地预料到这些困难。而且，他们不会因为挫折或者失败而气馁、挫败或者沮丧。在不顺利、艰难的时候，他们寻找机会。他们认为从早期的失败中学到的比从早期的成功中学到的更多。失败分为体面的失败和愚昧的失败。查尔斯·施瓦布（Charles Schwab）有一系列标准定义体面的失败。体面的失败发生于以下几种情形：

- 你有一个很好的计划，知道自己在做什么。你反复思考每一件事，并且按照管理原则认真贯彻执行，如果回过头去看，你知道它是三思而后行的结果。
- 你有一个合理的备用方案来应对初次失败，并且备用方案已经执行。
- 你有必要听取意见，并且询问自己从经验中学到了什么，这将使你的公司下次做得更好。

旺盛的精力

企业家面对的超额的工作负担和压力使得精力至关重要。许多企业家十分注重养成自己的饮食习惯，坚持锻炼，知道什么时候应该放松调整来恢复精力。

创造力和变革

与一般的想法相反，创造力并不一定在艺术领域盛行。它也不是少数人的内在特质。一个发展中的学说认为创造性可以习得。它是一个有着"连续性、灵活性并且能够形成非同寻常的联系的能力"的过程。新兴企业通常是集体创造力的结果，它来自创建者和员工的共同努力，并且提供独一无二的产品和服务。坏消息是，不具有创造性在新经济下处于极端的劣势。好消息是，创造性可以通过练习习得。第5章对这一关键特征进行了全面考察。

愿景

企业家知道他们将到哪里去。他们对于公司的未来有**愿景**（vision）和概念。比如，史蒂夫·乔布斯，苹果电脑的创始人之一，想让公司提供能够被每个人——从学龄儿童到生意人——使用的微型电脑。电脑将不仅仅是一台机器。它将是个人生活的一部分，可以帮助人们学习和交流。这一愿景使得苹果成为微型电脑领域主要的竞争者。不是所有的企业家都能够为公司设立愿景。在很多情况下，当个人认识到公司的性质和未来时，这一愿景会随时间而产生。

独　立

独立的愿望是当代企业家的一种内在驱动力。对于僵化的官僚系统的失望，加上"有所作为"的承诺，构成了试图用他们自己的方式解决问题的独立人格。这并不是说企业家必须做所有的决定，而是去做重要的事。

自信和乐观主义

尽管企业家经常面临重大挫折，但他们对自己能力的信念却很少动摇。在情绪低落的时候，他们保持自信，并让周围的人感受到自信。这使得其他人能维持他们自己的乐观主义，创造出有效群体所必需的自信水平。许多企业家是以自我为中心的。他们想要得到"承认"（见博尔顿和汤普森的定义）。

构建团队

渴望获得承认和对权力的欲望并不妨碍企业家构建一个有高度创业精神的团队的愿望。成功的企业家必须有高品质的、受到很好激励的团队，帮助创业企业成长和发展。事实上，尽管企业家可能有关于公司正在（或者应该）往什么方向发展的最清晰的愿景，但员工常常更擅长处理日常事务。

企业家的阴暗面

企业家会经受更多的精神紊乱吗？毕竟，需要有点疯狂才会开始创业，并且生意可能会把人逼疯。很多文献描述了对企业家获得的回报——成功或成就的赞美。但是，**企业家**也有**阴暗面**（dark side of entrepreneurship）。在考察关于企业家个性的两面性时，凯茨·德弗里斯（Kets de Vries）认为有些消极因素可能会包围企业家并且控制他们的行为。有些企业家失败了，他们被说成是毁灭了别人重要的东西，这是判断错误——我们将其称为"倒下的企业家"，但是有些企业家却实施了犯罪行为。这不是意外，许多人将"企业家"这个词和流氓、独断专行者联系起来。博尔顿和汤普森甚至用了一整章的篇幅来介绍"阴影下的企业家"。这类企业家包括：

- 机会主义的企业家，他们要么采用了有缺陷的战略，要么没有成功地传达战略。
- 投资者，他们因缺乏关键项目支持能力而失败。
- 帝国缔造者，成长太快以至于失去控制——有时包括一个创造性的掩饰战略。
- 犯错误的企业家，虽然生意失败了，但是他们仍顽固地因循守旧。
- 引起争论的企业家。
- 不诚信的企业家。

还可以参见《企业家实践：澳大利亚的企业家沉浮》，134 页。

理解企业家面临的一些潜在的有害特征很重要。

创业实践

童年决定未来的优等生

他们高度乐观、充满激情，并且对于事业极其兴奋。但他们也是顽固的、心胸狭窄的、自私的，并且非常讨厌假日。

欢迎来到企业家内心的神奇世界，在这里风险无关紧要，速度才是至关重要的——失败不在考虑范围之内。

为了搞清楚是什么让他们持续工作，一群心理学家和商业专家让一群创业者进行新BBC2系列的一组心理测试，称作"百万富翁的内心世界"。他们研究的结果令人吃惊。

阿德里安·阿特金森（Adrian Atkinson）——国际人力因素顾问协会（Human Factor International）的商业心理学家和该项目的专家之———说道："企业家与普通大众不同。他们不像其他人那样理性地行事。他们乐意承担一切风险进行创业。他们寻求机会而不考虑资源，更喜欢创造机遇然后筹资。"

"他们认为，发生的一切不管是好是坏，都是因为他们的行为。"

他说，这些结果对经济影响重大，经济因为不断地创新与变革而兴盛。

"你不会希望和企业家困在同一个电梯里，因为他们大多数不是令人愉快的同伴，"他说，"他们有令人惊异的关注点和心胸狭窄的性格，他们不需要和别人交际。他们只是一直不停地谈生意。"

阿特金森说企业家可以分为三种不同的类型：（1）社会企业家，比如保罗·哈罗德（Paul Harrod），他的公司为无家可归的人提供就业机会。这类企业家的动机是提高社会福利。（2）主题企业家，比如安妮塔·罗迪克（Anita Roddick），她在一个特定领域内创业。（3）系列企业家，比如理查德·布兰森（Richard Branson），他寻求机会在任何地方创造财富，经常在成立一个公司之后很快成立另一家公司。

但这三种类型都是由以下三种因素之———报复、地位或者权力所激励的，并且这三种激励因素很大程度上来自他们的童年经历。

阿特金森解释道："报复型企业家受到的激励是摆正对他们家庭或者其自身的社会不公平，那是他们童年时所经历的。

"地位型企业家受到的激励是创造一个环境，在其中他们深受自己认为重要的人的尊重。他们在童年时发生的一些事使其感觉受到排斥，下定决心要向世界表明他们是融入社会的。

"权力型企业家受到的激励是向人们展示他们能做任何自己想做的事情。激励他们的动力是创造财富以减少不安全感。这不是关于金钱，而是关于提供安全感，以防他们回到先前的经历中去。"

勒内·卡拉余（René Carayul），商业咨询师，是项目专家组的另一个专家，他认为，企业家最令人着迷的一个特征是：他们永远拒绝失败。

他说："他们不是不失败，只是重新定义失败。失败对他们而言是一个学习的过程，使他们能够做得更好。如果他们跌倒了，只是再爬起来。我从来没有遇见过这么乐观自信的人。每件事都是一次机会，杯子不是只有半杯水，而是水溢出了一半。"

卡拉余说，传统的生意人可以从企业家的工作方式中学到一些东西。他说："第一，

犯错误没什么大不了。它是学习必不可少的过程。第二，当你进入行业时，速度是竞争优势的关键因素——关键不是谁做得更好，而是谁首先到达终点。时间曾经是敌人，现在它成了阴险的刺客。第三，做你擅长的事。"

但对我们而言，可悲的是，卡拉余认为：归根结底，企业家是天生的，而不是后天造就的。他说："如果你没有那种动力、精力和关注点，是不可能成为企业家的，不论你怎么尝试。"

资料来源：Rachel Bridge, *Sunday Times*, nd, from [www.lesblind.is/dislexic1/index.cfm?ccs=149&cs=316].

企业家面对风险

创立或者收购一项新的业务意味着**风险**（risk）。回报越高，企业家面临的风险通常也越大。这就是为什么企业家倾向于仔细地评估风险。

为了描述企业家的风险承担活动，蒙罗伊和福尔杰（Monroy & Folger）开发了创业风格的类型量表。图4—1描述了按照创建一个企业所面临的**财务风险**（financial risk）进行的分类。在这一模型中，财务风险按照利益驱动水平（定义为获得金钱收益或者投资回报的渴望）衡量，其特征或者风险与从事的活动相关。寻求利润的活动与利益最大化的强烈欲望相关，寻求活动指其他与创业精神相关的活动，比如独立或者创业活动本身。理论认为企业家在对待风险和财务回报的态度上差别很大。这种分类突出了探究企业家偏离经济理论中理性人最常具有的特征的风格和**创业动机**（entrepreneurial motivations）的必要性。

个人财务风险水平

	低	高
低	避免风险 寻求活动	接受风险 寻求活动
高	避免风险 寻求利润	接受风险 寻求利润

（利润激励水平）

图4—1 创业风险的分类

资料来源：Thomas Monroy and Robert Folger, "A typology of entrepreneurial styles: Beyond economic rationality", *Journal of Private Enterprise IX* (2) (1993): 64-79.

不是所有的企业家都单纯地由金钱利益所驱动，财务风险水平不能完全由获利机会来解释。创业风险比简单的经济学风险—收益分析更复杂。我们应该注意到，"成功变革和创业的人们有各种类型，但是他们都具备一些其他人所不具备的特质。在深层次上，他们乐意为其所信仰的东西承担风险"。

企业家面临不同类型的风险,这些风险可以分为四种基本类型。

财务风险

在绝大多数的创业项目中,创业者将他们的大部分储蓄或其他资源用于投资。如果投资失败,将很有可能失去这笔钱或者这些资源。企业家也可能要对远超出他们个人财产的责任作出承诺,因此企业家有破产的风险。许多人不愿意拿自己的储蓄、房子、私有财产或者薪酬来冒险创业。

职业风险

将要创业的人通常问到的一个问题是:如果创业失败,我能不能找到一份工作,或者回到现有的工作岗位上?**职业风险**(career risk)是管理者主要关心的,他们有稳定的工作、丰厚的薪酬以及较高的福利水平。

家庭和社会风险

创业占用企业家大量的精力和时间。结果是,他们无法尽到其他的责任,**家庭和社会风险**(family and social risk)越来越明显。已婚企业家,尤其是那些有了孩子的,可能使他们的家庭变得不完整,可能给家庭带来永久的感情伤害。除此之外,他们也可能因为不常参与聚会而慢慢失去老朋友。

精神风险

最大的风险可能是企业家的精神状况。金钱可以被取代;房子可以再建;配偶、孩子和朋友通常可以适应。但是,一些遭受巨大财富损失的企业家很难恢复过来,至少不是立即恢复过来。**精神风险**(psychic risk)被证明是最严重的。

压力与企业家

一些最常见的创业目标是独立、财富和工作满意度。企业家的研究文献表明,那些实现了这些目标的企业家通常已付出沉重的代价。大多数我们研究的企业家有消化不良、失眠或头痛等症状。但是,为了实现他们的目标,企业家乐意承担这些后果。他们获得的回报使得这些代价是值得的。

什么是创业压力?

企业家可能是自己成功的拥有者,但是他们有很多事情要做,并不总是有安全感。总的来说,**压力**(stress)可能看作是由以下原因造成的:

- 个人期望和满足的需要之间的差距。
- 个人期望和个性之间的差距。

如果一个人不能达到角色需求,就会有压力。当企业家的工作需求和期望超过他们作为投资发起人的能力时,他们就会经受压力。

一个研究者曾经指出企业家的角色和运营环境如何导致压力。发起并管理一项业务需要承担很大的风险。正如之前提及的,这些风险可能是财务、职业生涯、家庭、社会甚至精神方面的。同样,企业家必须参与到持续的交流活动中去,与相关的外部群体(包括顾客、供应商、管理者、律师和会计师)打交道,这些都充满压力。

由于缺乏深度资源，企业家必须承担错误的代价，同时扮演多重角色，比如销售者、招聘者、代言人和谈判者。这些同时存在的需求导致角色过载。拥有并运作一项业务也许需要时间和精力上的极大承诺，经常是以牺牲家庭和社会活动为代价。最终，企业家经常单独或与少量的员工一起工作，因此他们缺少同事的支持，而这是大公司的管理者容易得到的。

除了企业家扮演的角色和环境，压力也可能来自基本的人格框架。被称作"A 型"行为的人格框架描述了不耐心、苛求、过度紧张的那些人。这些人被繁重的工作所包围，并且最终身陷业务需求。与 A 型框架相关的一些突出特征包括：

- 慢性、严重的时间紧迫感——比如，A 型人对交通拥堵极其不耐烦。
- 老是处在多个快到最后期限的项目中；不管怎样，A 型人很喜欢被淹没在工作中的感觉。
- 忽略工作以外的生活的各个方面——工作狂是活着为了工作，而不是工作为了生活。
- 倾向于承担过重的负担，感觉"只有我能处理这件事"。
- 爆炸性的演说，倾向于语速比大多数人更快——A 型人郁闷的时候倾向于咆哮和诅咒。

在压力文献中普遍认为 A 型行为与心脏病相关，而压力是心脏病的主要原因。

因此，为了更好地理解压力，企业家必须意识到他们的独特个性以及不同业务目标下的角色和运营环境。

压力的来源

博伊德和冈伯特（Boyd & Gumpert）识别出了四种创业压力来源。

- **孤独**（loneliness）：尽管企业家通常被其他人——员工、顾客、会计师和律师——包围，但他们却没有可以信任的人。长时间的工作让他们无法获得与朋友和家人在一起的舒适和安慰。他们倾向于不参与社会活动，除非有商业利益。
- **参与业务**（immersion in business）：具有讽刺意味的是：成功的企业家赚了足够的钱，可以参与各种各样的休闲活动；但是他们却不能享受出国旅游、钓鱼或者滑雪假期，因为生意离不开他们。大多数的企业家全身心投入到他们的生意中。他们长时间工作，很少有机会参与民间组织、娱乐活动或者接受继续教育。
- **人际问题**：企业家必须依赖员工、顾客、银行和专业人士，并与他们打交道。在与这些人打交道时，他们大多数会经历沮丧、失望以及恼怒。成功的企业家是一定程度的完美主义者，知道他们期望的事情应该按什么方式去做；他们经常花很多时间试图了解如何让懒惰的员工达到绩效标准。此外，很多合作伙伴经常因为不可调和的冲突而分道扬镳。
- **成就需求**：成就带来满意。但是，在博伊德和冈伯特的研究中，很明显，想要获得更多成就和不能获得那么多成就之间存在一条界线。更常见的是，企业家试图获得更多的成就。许多企业家永远不满足于已经做的工作，无论他们做得有多好。他们似乎意识到雄心膨胀的风险（比如，对他们的健康），但是很难调节其成就需求。他们似乎认为如果停下来或者慢下来，一些竞争者就会赶超上来，他们创造的一切将会成为废墟。

压力处理

认识到并不是所有的压力都是坏的很重要。当然，如果压力过大并且某人已经不能承受，就会影响他的体质。但是，如果压力被控制在建设性的弹性范围内，它就能增加某人的效用并且改善绩效。

博伊德和冈伯特在确定创业压力的来源方面做出了极大的贡献，但是，在他们的研究中特别值得关注的是减压的方法——那些能够改善企业家生意和个人生活质量的方法。尽管传统的减压技巧（比如转移疗法、双向反馈、肌肉放松和常规锻炼）能够减轻压力，但博伊德和冈伯特建议企业家采用的另一个重要的方法是阐明压力的来源。识别出它们的来源之后，企业家就可以通过以下方式对抗过多的压力：

- 承认压力存在。
- 形成对抗机制。
- 认识到没有被识别的个人需求。

下面是企业家可以用来对抗压力的七种具体方法。

- **交际**（networking）：减少孤独感的一种方式就是和其他生意人分享经验。听别人讲成功或错误本身就是一种治疗。
- **置身事外**：许多企业家说，最好的矫正沉迷于生意的方法就是休假。如果生意不允许他们离开几天或几周，短时间的休息还是可能的。留出这段时间是自我恢复的方法。
- **与员工交流**：企业家和员工亲密接触，就能够知道员工关心什么。私人接触在大公司中是难以实现的，比如，整个公司的员工一起出游、灵活的工作时间和帮助员工渡过临时困境的小额贷款，但这些在小公司都是可以的。在这种环境下，员工通常比在大公司的同行具有更高的生产率。
- **在公司外寻求满意**：放弃成就需求可能是困难的。因为企业家的个性和公司的结构密不可分，企业家必须偶然离开生意，以便对生活产生激情；他们需要一些新视角。
- **授权**（delegating）：适应机制需要一定的执行时间。为了获得时间，企业家必须委派任务。企业家可能认为授权很困难，因为觉得他们必须一直在公司，参与公司运作的每个方面。但是，如果一定要有时间来缓解压力，就必须有适当的授权并进行培训。
- **精神健康检查**：如果别人评价企业家不幸福，他们就应该考虑接受精神健康检查。了解他们的心理和精神状态处于什么阶段，与定期做体检同样重要。
- **知己知彼**：企业家应该使用心理检测来识别自身主要的才能表现、工作风格及自己所服务雇主的情况。

企业家自负

除了风险和压力的挑战，企业家还要面对自负的负面影响，尤其是在重视谦虚和行为谨慎的国家。换句话说，一些推动企业家成功的特征也可能走向反面。

我们观察了四个可能对企业家有负面影响的性格特征。

过强的控制欲

企业家受到较强的**控制欲**（need for control）的驱动，想要控制企业和命运。这种内在控制发展成为急于控制一切的欲望。对自治和控制的着迷可能导致企业家在结构性环境下工作，并且亲自创造了结构本身。这一点显然对创业团队中交际网络的形成极为不利，因为企业家将其他人的外部控制看做对他们权威的威胁或者对他们意愿的违背。因此，企业家成功创造企业应具备的特质中也包含着自我破坏的种子。

不信任感

为了保持对竞争者、顾客和政府规则的警惕，企业家一直在观察环境。他们试图预测其他人还没有认识到的状况并采取行动。不信任的状态可能导致他们对微小事件的关注，导致他们看不到现实，歪曲推理和逻辑并且采取破坏性的行动。同样，不信任也是一个具有两面性的特征。

极度的成功欲望

企业家自负还反映在成功欲望中。当今许多企业家认为他们活在生存的边缘，内心常常涌动着"即使再困难也要成功"的强烈欲望。因此，企业家是挑战者，他们创造性地用行动来拒绝任何不重要的情感。他们激励自我成功，并且对展示成功感到骄傲。这样就埋下了可能的破坏性种子。如果企业家希望通过竖立里程碑——比如，一座办公大楼、一家工厂或者一间豪华办公室——来展示成就，就会有个人重要性超过公司本身的风险。意识不到这一点可能会催生出成功欲望具有破坏性的一面。

不现实的乐观主义

企业家永远的乐观主义（即使在困难时期）是成功动力的关键因素。企业家自身具有的激情表现为**外在乐观主义**（external optimism），使得其他人在艰难时期能相信他们。但是，若走向极端，这种乐观态度可能导致生意上的幻想，可能出现一种自欺欺人的状态。企业家会忽略趋势、事实或报告，使他们自己相信任何事情都会变好。这种乐观主义行为将导致他们不能很好地处理现实的商业问题。

这些例子并不是说所有的企业家都会陷入这些阴暗面，也不是说提到的每个特征都会带来阴暗面。不管怎样，潜在的企业家需要知道，企业家的阴暗面确实存在。

创业动机

观察人们为什么创业，他们和那些没有创业的人（或那些虽创业却失败的人）有什么不同，也许能够帮助解释企业家在创业阶段展示的激励行为和以后的行为之间的联系。兰尼·赫伦和哈里·J·萨皮恩扎（Lanny Herron & Harry

J. Sapienza）说道："因为激励在新组织的创造中起着重要的作用，所以没有涉及这一概念的组织创造理论是不完整的。"

研究者布拉德利·约翰逊（Bradley Johnson）在关于成就激励和企业家的评论中说道："仔细研究个人角色是很重要的，包括他的心理层面。毕竟个人是创业过程的发起者。"

创业广角

彻底垮台：你要失败了吗？

斯科特·科利特（Scott Corlett），网络零售店 NexGift 的创始人，共进行了三次创业，首次创业时才 22 岁。尽管年轻，他还是感受到运作一个拥有 50 名员工、现金流时断时续的企业有压力。这个圣迭戈玩具生产商的创始人两次因为胸腔剧烈疼痛住进了医院。疾病来自长时间工作、缺少睡眠、管理公司而产生的压力三方面综合起来所产生的巨大焦虑。科利特说他无法解决其中的任何一个问题，于是压力慢慢积聚起来。在进入行业的前四年，他出现了六次这样的状况。有一次极其严重，以至于护理人员必须用担架将他抬出办公室。每次原因都一样：压力。"我喜欢创业初期，那时你刚开始运营公司，做着别人做不了的事情。可是我的身体应付不了巨大的压力，"他回忆道，"我现在 36 岁，有三个孩子，可以安定下来了。我还是一个企业家，仍然时刻激励着自己和公司。但是，现在我可以通过和人们交流来减缓压力。"

更常见的 A 型人格可能觉得公司高层是一个孤独、恐怖的地方——如果你忽略了人际关系的话。当企业家有很强的支持性关系网络时，他们做得最好。事实上，网络关系是将卡罗尔·弗兰克（Carol Frank）——Avian Adventures 的创始人——从情绪和生意崩溃中解救出来的关键。1999 年，一位竞争者夺走了她所经营的鸟笼的唯一供应商。这种打击是毁灭性的。她没有产品可供出售，并且直到该竞争者将她挤出行业达几个月之后才重新找到另一个供应商。弗兰克说，她承受的压力如此之大，以至于陷入孤独的恐惧中，甚至整整一年没有和任何人约会。"我只是感觉没有任何东西能给予任何人。"她回忆道。幸运的是，她没有避开自己在 Group One——年轻企业家组织（YEO）的一个秘密论坛——的伙伴。"经营企业时，你不想向你的员工——或者任何人——承认事情运作得不顺利，因此能够和经历过相同事情的其他企业家一起探讨问题显得无比珍贵，"她说，"通过 YEO 朋友的帮助，我最终找到了另一个生产商。"

资料来源：Wes Smith, "Meltdown: Are you losing it?", *Business Week*, 23 April 2001.

创业广角

创业恐惧 101

企业家经历的恐惧有它自己的独特性。只要他仍然是企业家，恐惧就不会消失。"创业恐惧 101"成了企业家的一门课程。这门课程非常独特：入学是自愿的；不需要申请；学习无期限。企业家经历的恐惧不能预期，不能逃避，也不能预防。因为大多数企业家不承认他们经历过这种恐惧，所以它仍然是一个不为人所知的谜题。而且因为它不被人们所讨论，所以大多数企业家觉得他们是唯一经历过恐惧的人。

根据威尔逊·哈勒尔（Wilson Harrell）——一位来自美国佛罗里达州杰克逊维尔地区的企业家的说法，这种创业恐惧与一般的恐惧不一样。他解释说，这种恐惧通常是偶然的，不能预期，存在的时间很短，就像几乎被汽车撞上时所产生的那种感觉。另一方面，创业恐惧又是企业家自己造成的。那是一个内心世界，那里永远没有睡眠，梦魇一刻不停地啃噬着企业家的灵魂。

是什么造成了这种恐惧？应该不是金钱，因为任何企业家都会说金钱只是成就的一种回报，失去金钱只不过是风险的一种。害怕失败在很大程度上是造成这种恐惧的主要原因。企业家不想仅仅是一个生意人，不想还没有做出成就就被世人遗忘。是什么原因造成了这种复杂的恐惧还有待进一步研究。

对哈勒尔来说，早在他开始自己的食品经纪人生意，向欧洲所有的军事基地提供产品时，这种恐惧就出现过。哈勒尔被指定为卡夫食品公司的代表，他在提高卡夫公司的销售额方面做得如此出色，以至于差点让他自己丢了这份工作。因为他让这份工作看起来极其容易，有人向卡夫管理层建议说公司内部销售人员可以将工作做得更好，成本更低。那么哈勒尔做了什么呢？因为失去卡夫这一客户将使他无法在行业上立足，他赌上了一切，提议说如果卡夫仍然选他作为经纪人，并且接替德国的经纪人，那么他将能够使卡夫在各个地方成为食品行业的垄断者。在哈勒尔经历了30天巨大的恐惧之后，卡夫决定信任哈勒尔，并继续选他作为经纪人。尽管他后来将公司卖掉，但他的公司在30年后仍然是卡夫公司的销售代表，不仅仅是在欧洲，甚至在远东，还有其他国家。最后，公司成长为该领域内最大的军事代理机构，在1985年以超过4 000万美元的高价出售。

考察这种恐惧，创业精神的秘密是什么？无论经历了何种痛苦，来自成功的喜悦使这种恐惧变得微不足道。那种兴奋，连同恐惧，是企业家特有的情绪，也是心灵鸡汤。上瘾吗？它更像是过山车。在一开始，想象着自己慢慢地爬上滑坡，每一次做出的艰难决定都伴随着越来越强烈的兴奋感和预感。然后，你到了顶峰，有那么一刹那，你感到恐惧，在你感到失控之前预感越来越强烈。当你尖叫着到达未知领域的时候，恐惧淹没了你。首先，你感觉到的只是恐惧；然后，滑过去了，你的恐惧消失了，但是兴奋紧张还在。等待企业家的是什么？当然是再去买一张票！

那么创业成功的关键因素是什么？根据威尔逊·哈勒尔的说法，是驾驭恐惧的能力。因为他相信是那些孤独的、时常处于内心恐惧中的企业家将生气和激情带给这个世界，否则，这个世界会单调、平凡很多。

资料来源：Wilson Harrell, "Entrepreneurial terror", *Inc.* (February 1987): 74-6.

因此，尽管关于企业家心理特征的研究还没有得出关于企业家特征的一致结论，但认识到心理因素对创业过程做出的贡献仍然很重要。事实上，想要创建新企业并乐意将企业持续经营下去与企业家激励直接相关。有一项研究考察了满意度对于企业家乐意持续经营企业的重要性。特定的目标、态度和背景都是企业家最终满意度的决定因素。按照这一思路，有一种研究方法考察了企业家的激励过程。图4—2列出了这种方法的关键因素。

做出创业行为的决定是数个因素相互作用的结果。此类因素包括个人特征（PC）、个人环境（PE）、商业环境（BE）、个人目标（PG），以及可行的商业理念。除此之外，创业者将他们认为可能的结果与自己心中的期望相比较；然后，创业者关注创业行为与期望结果之间的关系。

根据这一模型,企业家最终将期望与实际的公司产出相比较。未来的创业行为基于所有这些比较的结果。如果结果满足或者超过期望,创业行为就得到正强化,个人受到激励继续他们的创业行为——是在现有领域,还是开创另一项新的业务,这取决于现有的创业目标。如果结果未能满足期望,企业家受到的激励就会少很多,这会影响是否继续创业,也会影响后续战略、战略的执行和整个公司的管理。

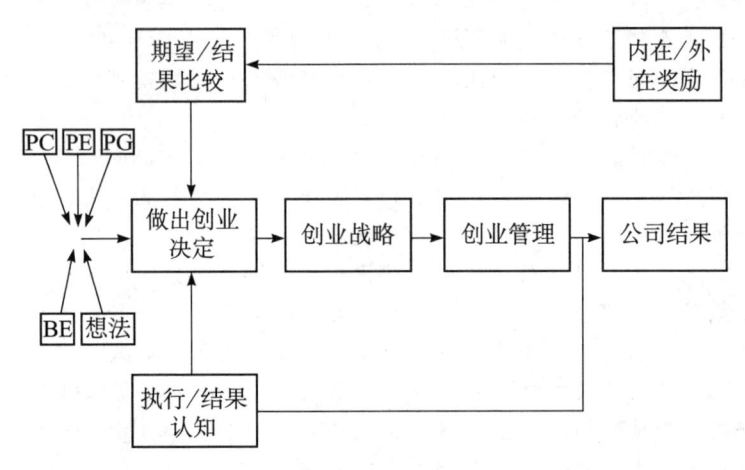

图4—2 创业激励模型

说明:PC=个人特征;PE=个人环境;PG=个人目标;BE=商业环境。

资料来源:Douglas W. Naffziger, Jeffrey S. Hornsby and Donald F. Kuratko, "A proposed research model of entrepreneurial motivation", *Entrepreneurship Theory and Practice* (Spring 1994): 33.

企业家研究资料

关于企业家特征的最好的信息来源是直接观察企业家怎么做。通过访谈、调查和案例研究,可以将企业家的特征联系起来。分析这些经历可以让我们预见企业家的特征、特点和个性,并发现能够解释这一问题的共同点。在本章最后,你会做一个有趣的自我测试:"采访企业家"。

另一个重要的信息来源是出版物,包括研究型的以及大众的读物。以下是这些重要出版物中的一部分:

- 技术或专业杂志:这些是特定的刊物,包括设计得很好并且结构严谨的研究(方法论、结果和结果的运用)方面的文章。
- 创业学教材:这些教材都讲到了小企业和非营利组织的运营。书中的各个部分或者章节经常提到企业家的研究。
- 关于企业家精神的图书:这些图书的大部分是指导实践者"如何去做"的。有些提到个人创业面临的问题;有些提到某一主题的一个具体层面。比如,《企业家精神大跨越》、《企业家蓝图:战略与成功课堂》、《小企业创业指导》、《卖柠檬水不再仅仅是为了孩子》、《虚拟时代的创业精神》。

- 成功、失败或者不诚信的企业家的自传或者传记：比如，《想到就做到》、《激进分子与空想家》。
- 杂志：许多报纸和新闻期刊定期或不定期地刊登企业家的故事。比如，《快速公司》（美国）、《澳大利亚人》（澳大利亚的"企业家"特刊）、《澳大利亚商业周刊》（BRW）、《无极》（新西兰）、《意识流》（新西兰）、《企业家》（美国）和《经济学人》（英国）。
- 时事论坛：一些时事论坛专门讲到创业学。比如，"创业学国家对话"和"考夫曼（Kauffman）论坛"。
- 会议记录：关于年度或者季度会议的出版物至少部分讲到创业学。比如，管理学会记录、小企业国际会议记录、创业学研究前沿（巴布森（Babson）大学年度企业家学会记录）、创业学研究领域前沿（澳大利亚研究生院年度创业学会议记录）。
- 政府出版物：其中最好的出版物来自小企业管理学会（Small Business Administration）（美国）和经济合作与发展组织（OECD）。

关于创业学最后的信息来源是实践型企业家的演讲和演示（包括研讨会）。这一信息来源可能不像其他的那样有深度，但是它提供了一个了解企业家特征的机会。各个大学的"在职企业家计划"说明了口头演示在创业学教育方面的额外价值。

关于创业学和小企业的知名刊物

创业和创业学领域的学术文献浩如烟海、博大精深，大约有100个专门的学术刊物（见表4—3）。假设每本刊物每年出四期，每期有八篇文章，这意味着每年有上千篇文章发表。这还不包括主流管理刊物贡献的创业学期刊（一些专刊），也没有包括每年数千个会议上的文献。研究文献如此之多，只要是有报刊的地方就有创业学的刊物。我们可以通过电子图书数据库来获取这些价值非凡的资源。

表4—3　　　　　　　　　　创业学领域知名学术期刊

创业学学会期刊	创造性行为期刊
亚洲企业与创业学期刊	发展创业学期刊
创造性与变革管理	创业文化杂志
经济分析：企业和参与期刊	创业学杂志
创业执行力	创业学教育杂志
创业学发展回顾	拓展杂志
创业学、创新与变革	国际商业与创业学杂志
创业学与区域发展	微观金融学报
创业学：理论与实践	民营企业学报
创业与变革管理研究	私人股本学报
家族企业评论	小企业与创业发展学报
创业行为与研究国际学报	小企业与创业学学报
创业学国际学报	小企业管理学报
创业学与变革国际学报	小企业战略学报
创业学与变革管理国际学报	技术转移学报

创业学与小企业国际学报	新英格兰创业学学报
技术变革与创业学国际学报	小企业经济学
国际小企业学报	小企业与创业学报
应用管理学与创业学学报	小型创业企业发展：国际学报
商业与创业学报	南非创业学与小企业学报
商业战略学报	小型企业研究：SEAANZ 学报
企业创业学报	风险投资学报

说明：要获得更详细的列表，请登录：www.thomsonlearning.com.au/frederick。

资料来源：ENTREP mailing list of the Entrepreneurship Division of the Academy of Management [http://aomlists.pace.edu]; and Robert D. Hisrich, "Entrepreneurship research and education in the world: Past, present and future", 8. Forum Gründungsforschung Interdisziplinäre Jahreskonferenz zur deutschsprachingen Entrepreneurshipforschung, 4–5 November 2004, Stuttgart.

小结

在试图解释个人的企业家优势时，本章列出了成功企业家展现出的最常见的特征。然后回顾了创业精神的阴暗面，它揭示出企业家过度表现其特征时出现的一些负面因素。最后讨论了创业激励模型。

我们通过一些研究来总结出成功企业家的个人品质和特点。本章提到了一些企业家的特征如：责任心、决心和毅力；成就动机；机会导向；主动性和责任心；持续解决问题；寻求反馈；内在控制；不确定性容忍；一定的风险承担能力；诚信、可靠；失败容忍；旺盛的精力；创造力和变革；愿景；独立；自信和乐观主义；构建团队。

本章后半部分讲到创业精神的阴暗面，包括对抗风险、压力问题和可能渗透到企业家自身的独有特征。我们也把失败作为基本人格特质进行了考察。

接着，本章介绍了创业激励模型，这一模型认识到心理因素对于创业过程的贡献。它展示了企业家感知到的期望的重要性，以及在持续经营激励作用下创业的实际结果。

最后，我们有必要知道许多与创业相关的、现有的信息来源。三大主要信息来源是直接观察，实践型企业家的演示或者案例研究和出版物。

思考题

1. 我们说社会上人们对企业家有不同的态度是什么意思？你能描述你自己的态度吗？

2. 成就欲望、机会导向、主动性与责任心，这些特点如何与企业家相关？

3. 企业家的一些特征包括不断解决问题，持续寻求反馈与内在控制。这句话是什么意思？

4. 企业家能容忍不确定性，准确地估计并承担风险，很看重诚信与可靠。这句话是什么意思？

5. 大多数成功的企业家在他们职业生涯的某一时点上失败过，这是真的吗？请做出解释。

6. 愿景在哪个方面对企业家非常重要？自信呢？独立呢？

7. 创业精神有阴暗面，这句话是什么意思？

8. 企业家面临的四种特殊的风险是什么？分别做出描述。

9. 企业家的四种压力源是什么？企业家如何才能处理好每一种压力？

10. 描述一下与企业家自负相关的因素。

11. 创业激励的概念是什么？

12. 本章描述的模型是如何解释企业家的激励的？

13. 识别并描述提供与创业相关信息的三类主要资料。

14. 尽最大可能描述你所想起的在你们公司或组织中的企业家。

15. 描述你在组织中扮演过的有利于创业过程的角色。

16. 在何种程度上，你在工作中经历"顺其自然"或压力？你如何增加"顺其自然"的影响力并减轻压力的影响力？

自我测试：创业自我评估

你属于企业家吗？登录［www.bdc.ca/en/home.htm］，点击链接进入"商业工具"下的"企业家自我评估"并且完成问卷。你的总得分描述了你和其他企业家相比所具有的特征。

自我测试：采访企业家

关于如何进行采访的一些建议

你将对一个企业家进行正式的采访，找到某个目前（在过去的三年里）正在创业的人，他至少拥有公司51%的股份，并且付酬给除了他以外的其他人。确定和这个人有45分钟的预约时间。记录日期、访谈地点、人员姓名。这个人的头衔是什么？你和他是什么关系？文章的最后一部分应该讲到访谈的发现哪些对你适用或者有什么意义。你学到或发现了什么对你自身的计划或者未来有意义的经验？

访谈必须严格控制，而不是随意的。你应该提前准备好问题，与一个朋友在虚拟访谈中排练一遍。找到做记录或者抓住企业家所说的要点的有效方法。建立一种亲切感。（请企业家出去吃饭！）不要仅仅处理肤浅的问题和回答。关键是要深究，要问为什么，努力挖掘表层以下的东西。尽量绕过宣传。确保了解创业对于这个人一生的影响。以下是对问题的一些指导。

创业前的企业家

● 你的教育背景是什么？
● 你先前的工作经验是什么（创业前）？
● 你在成长过程中有偶像吗？
● 你年轻的时候做出过创新的事情吗？
● 你是什么时候知道自己想要成为一名企业家的？
● 你的父母具有创业精神吗？

处于创业时期的企业家

● 你创建公司的原始动机是什么？是什么因素导致你创业？
● 你开始创业时的目标是什么？
● 你有什么样的信念（比如，关于员工、合作伙伴、债务等）？
● 你想要成立一个"生活方式"型的企业、"快速成长"型的企业，还是其他类型的企业？你关于企业发展的定位随时间变化了吗？
● 你创业时有什么资源（不仅仅是财务方面的）？有哪些关系网络？做过什么特别有创造性的事情来获得必需的资源吗？
● 你创业时有多关心控制？探究企业家的控制需求（对企业、员工及决策）。
● 创业时，你的风险倾向是什么？
● 你写过商业计划书吗？

- 创业时，你觉得自己充分准备好了吗？
- 创业时，你的一个典型的工作日和工作周分别是多长时间？

企业发展时的企业家
- 自创业以来，你的目标和价值观是如何改变的？
- 当企业发展时，你的风险导向改变了吗？
- 当企业发展时，你对控制的需要改变了吗？
- 当企业发展时，你典型的工作周改变了吗？（从企业需要的时间和你如何分配时间来看。）
- 当你首次创业后来被证实是失败的时候，你事先做过假设吗？你得到了什么经验教训？
- 你在整个过程中犯过什么重大的错误？你吸取的关键教训是什么？（企业家最辉煌的时刻与最落魄的时刻。）
- 在企业发展的过程中，有没有什么关键时刻企业几乎要失败？或者你发现自己处于一个关键的十字路口，必须做出重大决定或者以一定的方式处理问题，否则企业会失败。

今天和明天的企业家
- 如果能够重新再来，你会做出哪些不同的决定？
- 你认为自己的哪些个人特征对于创业获得成功至关重要？
- 你未来的投资计划是什么？
- 你的退出战略是什么？或者，你有退出战略吗？
- 根据你的经历，你对于一个有兴趣创业的学生有什么建议？

资料来源：Michael Morris, "The business model, marketing inventions, the entrepreneurial audit and the interview of an entrepreneur as learning vehicles", presentation at "Experiential classroom: Lifelong learning for entrepreneurship education professions" (Syracuse University: September 2004). For further information on this yearly program, see [sominfo. syr. edu/eee/Falcone/classroom].

自我测试：认识你自己

你属于哪种类型？《商业周刊》曾经将企业家分成各种群体。心理学研究是如何评价你的？

你知道你绝对健全，但这不意味着你不能按照态度、缺点分类。这是一门叫做心理描绘图的科学，研究小企业的人说它给一个多元化的群体带来了次序感。一个问题是：心理描绘图的定义有时候也会因为关注的焦点不同而呈现多元化。一些例子如下：

自我形象（WARRILLOW & CO.）
- 登山者（企业家中的10%）：有永不满足的成就欲望。目的是获得快速增长。赢得奖励和媒体注意力。追求卓越。
- 自由斗士（企业家中的30%）：将独立看得高于一切。以创业来定下基调。想要创立成功的企业，同时不影响到生活本身。
- 手艺人（企业家中的60%）：不把自己看成小企业的拥有者。他们按行业分类（如珠宝商、管道工、伙食承包者），看重掌握手艺。

工作习惯（PITNEY BOWES/YANKELOVICH）
- 理想者（企业家中的24%）：对他们想要实现的一个想法充满激情，但是不喜欢经营企业和财务的细节。寻求工作—生活的平衡。
- 乐观主义者（企业家中的21%）：享受他们的工作，寻求效率，了解财务和技术。关注利润，而不是规模。自信，喜欢工作—生活的平衡。
- 辛勤劳作者（企业家中的20%）：追求成长，成长，成长——不管付出什么代价。想要公司变得更大，收入增加，人员增加。对所有细节亲力亲为。
- 变戏法者（企业家中的20%）：担心并控制反复无常。有时间紧迫感。对"变戏法"的能力感到自豪。想把公司建成没有担忧的"乐土"。

● 持续经营者（企业家中的15%）：仅仅想要谋生。想要安逸、稳定，维持事情原样。维持家庭—工作平衡。不关心技术。

目标方面（WUNERMAN/CATO/JOHNSON）

● 成功（企业家中的20%）：想要获胜的乐观主义者。他们看重快速增长、金钱和物质上的拥有。他们想要控制和地位。

● 出色的想法（企业家中的16%）：承担风险的独立者，寻求社会地位和创新成就。非正式的、直觉的，看重自我满意度。

● 关注人（企业家中的23%）：想要创造出适合工作和做生意的好地方。将工作、家庭、社区整合在一起。看重情感支持、忠诚和尊重。

● 安全（企业家中的10%）：目标是减少压力，有更多的休闲时间；看重诚信；谨慎但是乐观。

● 生存（企业家中的31%）：悲观主义者；感到受骗；仅仅想要在行业内站住脚。

资料来源："Recognize Yourself? See what psychographics says about you", *Business Week*, 23 April 2001.

第5章

了解创新及培养创造力

> 一般人只看到已经发生的事情,并问为什么会这样。我却梦想从未有过的事情,并问自己为什么会这样。
>
> ——萧伯纳

本章要点

1. 介绍创新的四种主要类型:发明、外延、复制及合成
2. 定义及阐明企业家创新的来源
3. 回顾一些与创新有关的误区,详述创新的10条原则
4. 描述亚太地区政府及风险投资对创新的财政支持
5. 测试创造力所起的作用,回顾创新过程的主要步骤:知识积累,孵化过程,创意评估及实际应用
6. 提出培养个人创造力的方法:识别关系,培养实用观,善用头脑,消除模糊的思维定式

创新与企业家

创新（innovation）是创业过程中一个关键的部分。1934 年，现代创业理论的创始人约瑟夫·熊彼特这样定义经济创新：

（1）引入一种新的产品——消费者尚不熟知的产品，或提供已知产品的新品质；（2）采用一种新的生产方式，这种新方式不需要建立在科学新发现之上，它同样存在于商品处理的新方法中；（3）开辟一个新的市场——被考虑的国家的生产商尚未进入——不论该市场先前存在与否；（4）获得一种原料或半成品的新的供给来源，不考虑该供应源是早已存在还是首次开发；（5）实行一种新的企业组织形式，例如创造垄断或结束垄断。

大多数经济类图书的作者都同意德鲁克对创新这一概念的解释："创新是创业精神的特殊功能……企业家通过创新这一手段，开辟新的致富途径，或者提高利用现有资源创造财富的可能性。"

本质上，创新是企业家将机会转换成市场创意的过程。通过创新，新知识转化为新产品和新服务，创意作为该过程的催化剂而存在。

不仅仅是一个好的创意

创新过程不仅仅是一个好的创意。创意从何而来至关重要，而创造性思维在产生创意的过程中扮演了重要角色。但是通过单纯观察产生的创意与通过发散思维、研究、经验、工作产生的创意之间有很大的差别。更重要的是，未来的企业家必须在发展阶段就有一个好的创意。因此，创新融合了产生好创意的洞察力以及在实际应用过程中对该创意的坚持与奉献。

企业家把想象力、创造性思维与系统、逻辑处理能力结合在一起。该结合是成功的关键。另外，潜在企业家总在寻找特别的机会以满足需求。这些人通过不断提出类似于"要是他们……该有多好"，"如果……将会怎样"，或者"为什么不……"这样的问题来发现经济机会。他们培养了这样一种能力，即在其他人只能发现问题的地方，他们却能看见、识别并抓住机会。据说培养企业家洞察力的首要准则便是认可有问题就会有答案，就像有需求就会有供给一样。应用这一准则就意味着企业家将从各个可能的角度来分析问题：问题是什么？影响了谁？是怎么影响的？付出了什么代价？是否可以解决？市场是否会为解决方案买单？这就是结合创造性思维与系统分析的分析类型。

为了更好地理解这种创业愿景，本章将讲到**创造力**（creativity）的作用及创新过程。这两个主题旨在了解机会及企业家如何创造机会。

创业实践

顶尖的发明

- 割草机：1952 年 8 月，澳大利亚人默文·维克多·理查森（Mervyn Victor Richardson)发明了维克塔旋转式割草机。该割草机并非世界上第一部旋转式割草机，但它比以往的割草机更便宜、轻巧、易操作。

- Incat 双体船：20世纪90年代，铝制大型双体船开始穿梭于世界各地轮渡路线。这些渡船最初由塔斯马尼亚岛霍巴特市的 Incat 公司制造，航行速度可达到传统渡船的两倍，掉头时间短，允许操作者提供两倍于以前的渡船的航行次数，同时大大缩短了乘客的航行时间。

- 澳大利亚茶树油：新南威尔士北岸的土著 Bunjulung 人使用茶树油处理伤口，并能防止细菌、病毒和真菌感染。茶树行业发展迅猛，从一个完全依赖于自然生产的植物的行业发展成一个机械密集型的种植行业。澳大利亚是全球最大的高质量茶树油及相关产品的供应国。

- 可升降晾衣架：澳大利亚的旋转可升降晾衣架通过齿轮发条来实现升降操作。1945年，兰斯·希尔（Lance Hill）从第二次世界大战战场回家后开发了该产品，并将其引入市场。

- 人工耳蜗——生物耳：生物耳是澳大利亚墨尔本大学耳鼻喉学系格雷姆·克拉克（Graeme Clark）教授在20世纪60年代末进行的开创性研究的成果。该装置可以分析复杂的语音信号，用电流直接刺激听觉神经，使患者重获听觉。

- 跃障犁：澳大利亚南部的跃障犁旨在帮助农民让他们的机器跃过挡路的障碍，从而保护他们的机器和避免去除每个障碍所需的成本。

- 塑料钞票：澳大利亚是世界上第一个全部使用塑料钞票的国家，其他国家也开始跟随它的脚步使用塑料钞票。澳大利亚印钞厂为泰国、印度尼西亚、巴布亚新几内亚、科威特、西萨摩亚、新加坡、文莱、斯里兰卡及新西兰等国印制钞票。

- 标枪投掷器：全球的猎人都使用过标枪，但是一种叫做伍默拉（woomera）的标枪投掷器却是土著人的独特发明。伍默拉是一种简单的杠杆，可加快投掷长矛的速度从而增加投掷距离。

- 高空弹跳：A. J. 哈克特（A. J. Hackett）与奥克兰大学合作并花费两年时间开发了一款完全由橡胶绳制成的特殊绳索，若将该绳索系在足踝上，可从一个固定平台进行高空弹跳。这个想法最初来源于他们在巴布亚新几内亚土著部落看到的一种常常会造成悲剧性后果的仪式，即利用藤蔓从高空跳下去。

- 隔震器：在新西兰工程师比尔·罗宾逊（Bill Robinson）之前从来没有人想到这个创意。现在世界上许多著名的大楼都装有可上下、左右移动保护大楼免遭地震侵害的装置。

- 飞行：世界上第一个飞行者实际上是新西兰的理查德·皮尔斯（Richard Pearse），而非一般人熟知的怀特兄弟。他是一个典型的"疯狂科学家"式的发明家，他没有意识到该事件的历史重要性，所以，尽管有目击者声称早在怀特兄弟飞行之前八个月就看过这位发明家的飞行，但是没有任何他的机器飞行时的照片被拍下。怀特兄弟与他不同的是，他们可以持续地进行可控飞行并集中精力用此发明做起了生意。

- 无人驾驶地铁列车：新加坡令人印象深刻的交通系统增加了一位新成员，那就是世界上第一辆重型无人驾驶地铁列车。

- 金属燃料引擎：InventQjaya 开发了一款100%印度尼西亚制造的金属燃料引擎，靠锌气燃料电池提供动力。该引擎可生成并储存能量，可再充电并补给燃料，燃料补给时间短，装有可充电排气燃料，对环境没有危害。

- X射线结晶学：澳大利亚阿德莱德市一对父子威廉·亨利·布拉格（William Henry Bragg）和威廉·劳伦斯·布拉格（William Lawrence Bragg）共同研究X射线谱以分析晶体结构，并于1915年共同获得诺贝尔奖。这一研究方法为分析各种不同类型的晶体提供了方便。
- 黑匣子（飞行记录器）：1953年，澳大利亚人戴维·沃伦（David Warren）发明了黑匣子。现在黑匣子已经成为全世界飞行器的标准配备。
- 制冷：1851年，维多利亚州季隆市的詹姆斯·哈里森（James Harrison）发明了制冷技术。之所以会发明该技术，是因为需要通过冷却来解决食物在澳大利亚国内运输及运往其他国家的过程中变质的问题。
- 青霉素：青霉素最初由苏格兰人亚历山大·弗莱明（Alexander Fleming）发现，澳大利亚科学家霍华德·弗洛里（Howard Florey）通过研究将其从一个有趣的发现转化为一种救命的抗生素。
- 显微外科：外科医生厄尔·欧文（Earl Owen）毕业于悉尼大学。他借助蔡司光学仪器开发了一系列使微小规模外科手术成为可能的设备。

资料来源：For Australia：The Science and Technology Centre, Canberra, Australia; the Powerhouse Museum in Sydney; Paul Holper & Simon Torok, *Australian Inventions* (ABC Books for the Australian Broadcasting Corporation); and William D. Ferris, "Australia chooses: Venture capital and a future Australia", *Australian Journal of Management* (26) (2001): 45. For New Zealand: New Zealand Inventors Trust [www.inventors.co.nz]. For Singapore: "Riding the 'ghost train' across Singapore".

创造力的作用

过去10年，有关商业创造力的研究迅速发展。创造力不仅引发了科学研究者的兴趣，也成为大众传媒的热门话题。理查德·佛罗里达（Richard Florida）是一位区域经济发展方面的专家，他说："人类创造力是经济和社会的关键因素……人类创造力推动经济发展。创造力……现在已经成为竞争优势的决定性因素。"

他相信世界正在进行着一场影响力可与工业革命相媲美的意义深远的变革。我们生活在创造的时代，现在，工作由创造性经济的需求来定义，创造性经济的需求产生了一个创造性群体，成员包括企业家、科学家、工程师、建筑师、教育家、作家、艺术家和演艺人员。这类人对经济的贡献就在于提供新创意、新科技和新的创造性内容。佛罗里达将创造力定义为"创造有意义的新形式的能力"。

创造力中有两个重要方面：流程与人。流程属于目标导向，旨在获取问题的解决方案。人是决定解决方案的资源。也许流程相同，但人所使用的方法不同。例如，有时人们会调整解决方案，而有时却会完全改变解决方案。表5—1比较了这两种方法。

一项研究通过检测这两种方法的有效性来区分创新型企业家和适应型企业家，结果发现其应用十分有效。因此，了解个体解决问题的导向有助于培养其创造力。

表 5—1　　　　　　　　　　　解决创造性问题的两种方法

适应者	创新者
使用规范、精确、系统的方法	以不寻常的角度从事工作
关键在于解决问题而不是发现问题	发现问题及解决问题的途径
尝试对现行做法精益求精	质疑现行实践的基本假设
趋向于方法导向	不注重方法，只重视结果
胜任扩展的细节工作	无法忍受常规作业
对团队凝聚力和合作敏感	很少或不需要与人达成共识，通常对其他人不敏感

资料来源：Michael Kirton, "Adaptors and innovators: A description and measure", *Journal of Applied Psychology* (October 1976): 623. Copyright 1976 by The American Psychological Association.

☐ 创造流程的特性

人的创造潜力可以后天培养，也可以后天提高。每个人都在一定程度上具有创造性。但是，一些人拥有更多的能力和才干（如运动、艺术），因而比其他人具备更强的创造才能。除此之外，某些人从小就在鼓励培养其创造力的环境下长大并接受教育，他们一直在学习如何进行创造性思维及行动。而对于其他人来说，由于没有积极强化其创造力，该过程相对较难。如果这类人想具备创造力，就必须学习怎样实施**创造流程**（creative process）。

许多人认为只有天才才具有创造性，这种认识并不正确。大部分人认定某些人生来具有创造力，其他人则没有，或者只有天才或高智商者才有创意和洞察力。其实，通向创造性思维真正的障碍有时仅仅是我们在交流中无意使用的"扼杀性言语"。表 5—2 罗列了 15 种经常使用的"创意阻碍"。人们不会刻意扼杀一个创意，但是这些简单的否定短语阻止了更深层次的思考。

表 5—2　　　　　　　　　　　最普遍的创意阻碍

1. "不是。"
2. "不能。"（摇着头，以结论式的口吻讲话。）
3. "那是我听过的最蠢的事。"
4. "是，但如果你那么做的话……"（提出一个极端且不太可能的灾难事件。）
5. "我们在一年前已经尝试过了。"
6. "迄今为止，我们都很顺利，为什么需要那么做？"
7. "我不觉得我们现在的做事方式有问题。"
8. "听上去不太实用。"
9. "我们以前没做过类似的事情。"
10. "让我们回到现实。"
11. "我们必须如期完工——我们没有时间来考虑那件事。"
12. "那不在预算内。"
13. "你在开玩笑吗？"
14. "不要突然改变行动。"
15. "你哪来的这些奇怪的念头？"

创造力并非精选出来的少数人所拥有的神秘罕见的能力。它是观察这个时常不合乎逻辑的世界的一种独特方法。创造流程涉及看清其他人以往未看清的事物之间的关系。

一般来说，业界一致认可创造流程分为四个阶段或步骤。尽管会使用各种不同的名称，但大部分专家同意这些阶段中普遍的性质及关系。专家也同意每一个创造活动中这些阶段并非总是顺序相同。创造力需要混乱状态，但必须是结构化及聚焦的混乱状态。我们用最典型的结构式发展来检测这四步流程。

阶段1：背景或知识积累

在成功的创造之前一般需要调查研究和收集信息。通常，调查研究和收集信息包括泛读，与业界人士交流，参加专业会议和参观工作室，汲取所调查问题的相关信息等。有时也需要在相关或不相关领域进行额外的调查研究。此类调查为个人提供各种看问题的角度，对企业家尤其重要，企业家需要从各个角度对新产品、服务或商业投资的开发有一个基本的了解。

人们用不同方法进行背景知识的创造性搜索，以下是其中最有帮助的几种方法：

- 阅读多领域的图书；
- 加入专业团队和组织；
- 参加专业会议和研讨会；
- 去新的地方旅行；
- 与任何人、所有人谈论你的研究对象；
- 浏览报纸及期刊，寻找与研究对象相关的文章；
- 建立研究对象资料库以备日后参考；
- 随身携带记事本，记录有用的信息；
- 花时间来追寻对自然的好奇心。

阶段2：思维孵化过程

创造性个体允许其潜意识思考准备阶段收集的大量信息。该孵化过程常常在个体参加与研究对象或问题无关的活动时出现。即使个体处在睡眠状态，这种情况也会发生。而这也恰恰解释了为何人们常常会对受挫的某人提出看似没有意义的建议："为什么你不把问题留到第二天解决？"暂时搁置具体的问题，利用潜意识来思考，有时可激发创造力。以下是一些引发孵化的有益步骤：

- 参与日常事务和"不需动脑的"活动（割草、油漆房子）；
- 经常锻炼；
- 娱乐（体育活动、棋类游戏、拼图游戏）；
- 睡前思考方案或问题；
- 沉思或练习自我催眠；
- 正常休息，放松。

阶段3：获得创意

创造流程中的这个阶段通常最令人兴奋。该阶段即个人所追寻的创意或解决方案的发现阶段。有时这个阶段称作**"我找到了"因素**（eureka factor），一般人错误地认为它是创造力的唯一成分。

正如在思维孵化过程中，当人们忙于与企业、风险或投资无关的事情（如，淋浴，在州际高速公路上行驶，翻阅报纸）时，新创意常常闪现一样，有时创意会突然出现在脑海中。但大多数情况下，答案是慢慢积累的，人们逐步地制定解决方案。由于很难判定孵化过程的终点及获得利益阶段的起点，许多人常常不会察觉阶段2至阶段3的过渡期。

无论如何，下面介绍几种可以加速获得创意的方法：
- 做关于项目的白日梦，想象一下；
- 做喜欢做的事；
- 在悠闲的环境下工作（例如家，而不是办公室）；
- 将问题暂时搁置留待以后处理；
- 随身携带记事本记录深夜和清晨的创意；
- 工作中不时休息一下。

阶段4：评估与实践

该阶段是创造过程中最困难的步骤，对勇气、自律、毅力有较高要求。成功的企业家可以辨认出其有能力实施的可行创意。更重要的是，他们在碰到暂时的障碍时从不放弃。在他们成功发展其最佳创意前，通常都会有数次的失败经历。在某些情况下，企业家会朝着与原本完全不同的方向实践创意，或者他们会在实践原有创意时发现一个新的更具可行性的创意。这个阶段中的另一项重要工作就是修改创意并作最后加工。阶段3中涌现的创意相对比较粗糙，因此在最终定型时需要对其进行修改或测试。下面是对实施本阶段的一些有益的建议：
- 通过适当锻炼、饮食和休息提高精力；
- 在商业计划过程和商业活动各个方面训练自我；
- 通过有识之士测试创意；
- 在销售过程中训练自我；
- 学习组织的政策和惯例；
- 向别人征求建议（如朋友、专家）；
- 把实践创意时碰到的问题看成是需要克服的挑战。

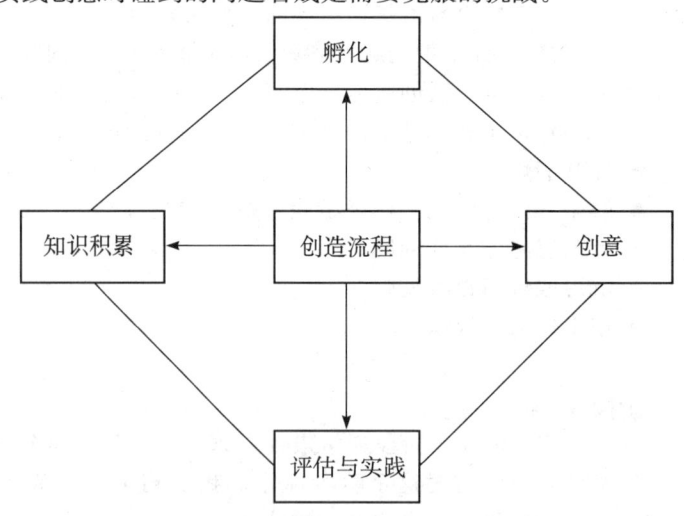

图5—1 创造性思维过程

图 5—1 说明了创造性思维过程中的四个阶段。如果过程中遇到大问题，有时回到上一阶段继续尝试相当有帮助。例如，如果某人无法获得创意或解决方案（阶段3），这时回到阶段1常常能有所帮助。当企业家埋头于数据时，其下意识思维将开始重新处理数据，建立因果关系并制定潜在的解决方案。

发展创造力

你可以通过做一些事来改善自己的创造才能。了解一些抑制创造力的坏习惯和心理障碍相当有帮助。当然，在大多数过程中，如果定期练习那些为提高创造力量身定制的训练计划，创造力的发展将会事半功倍。下面的内容旨在帮助人们了解某些限制创造力的思维习惯，同时协助开发个性化的创造力改进计划。

水平思考

创造流程中的一个难点在于克服对阶段2思维孵化过程中产生的好创意的依赖性。

近几年，创造力研究者开发出了特殊技术强制产生新的创意。其中最好的方法是由德波诺（de Bono）发明的水平思考方法。水平思考与产生新创意有关，同时又与"从旧念头的牢笼中逃脱"有关。水平思考并非垂直思考的替代物。两者均不可缺少，且互为补充。水平思考具有生成作用，垂直思考则具有选择功用。例如，在头脑风暴会议上，通常鼓励水平思考在第一轮会议上生成尽可能多的解决方案，垂直思考则在第二轮会议上选择可行的创意。

在传统垂直思考（逻辑或数学）中，人们按照顺序一步步前进，且每行一步都要接受检查。通常这种思考只选择相关材料，并且为了获得最终正确的解决方案，每一个阶段都必须正确。

在水平思考中，人们可能故意找出无关的信息，因为他们认为信息的作用在于其效用而非信息本身。为了获取创新且正确的解决方案，在某阶段出错在所难免。表5—3列举了水平思考与垂直思考的不同。

表 5—3　　　　　　　　　　　水平思考与垂直思考

垂直思考	水平思考
选择	改变
寻找正确信息	寻找差异
事情必须前后联系	故意跳过一级
聚焦关联性	欢迎偶然入侵
向最可能的方向前进	探索最不可能的方向

创造性地思考问题

创造性地思考问题向来不简单，也不仅仅是智慧的反映。离开你的心理惯性范围并探索：

外部未知世界的解决方案，需要大量的才智、勇气和创造力——并且使那些习惯用旧框框思考的领导者意识到自己的这种思考方式是不正确的，从而跳出旧的框架。人类的未来理应也必然植根于创造性的思考。

下面有一些挑战想当然行为的小贴士：
- 理解问题——认识到不光是自己，所有人都会在任何情况下有根深蒂固的想当然行为。
- 从孩子的角度思考问题——问大量类似于"为什么"、"为什么不"这样的基本问题来发现和挑战这些想当然行为。
- 从旁观者的角度思考问题——假装自己完全是局外人，提出"你究竟为何这么做"之类的问题。
- 分解问题——提取问题的关键因素，抽象出问题的实质，以使其不受环境的干扰。
- 重塑结构——从众多不同的角度考虑问题；用不同词语重述问题。
- 设想对立面——考虑专家和行家的建议，考虑从反面来实施。

创业广角

新加坡企业家"遭外星人绑架"

有证据显示，沈望傅有可能曾遭外星人绑架。这个新加坡人具有看似与保守的新加坡人格格不入的开明思想。他自学电脑编程，其个人网络价值超过4亿美元，他还玩深受落魄的街头艺人喜爱的乐器——手风琴和口琴（还有钢琴）。他经常回复不请自来的传真，这些传真通常都来自向其寻求科学项目意见的学生。他曾经为钢琴软件编写出一段程序，该软件令左手自动伴奏，右手弹奏旋律。他将其命名为"键盘吉他"。

"创造"是沈望傅的嗜好，这一嗜好使他成为冒险家，并获得了"新加坡精英企业家"这一美誉。1981年，"在那个布满星星的夜空下，站在近海的钻塔上自我反省"之后，沈望傅感觉需要确立一个目标：他要在五年之内赚到100万美元。他首先开发了一部独特的微型计算机，接下来发明了声卡，于是他开创了一个全新的产业。1981年，沈望傅启用6 000美元的创业资本建立了创新科技公司（Creative Technology）。沈望傅的愿景是发明一台除了处理数据之外，能说、能唱、能放音乐的个人电脑，而创建这个公司是其实现愿景的一个步骤。

沈望傅是新加坡严格的教育体制的一个异类。他没有遵循指定的职业路径，相反，他先在一家日本电子公司当教师及工程师，然后在南海石油钻塔上工作。他出生在马来西亚的一个小乡村，在这些地方，12个孩子中有10个注定成为卖鸡蛋的小贩。因为没有钱买玩具，他小时候只能以玩蚂蚁及简易棋盘游戏来自娱自乐。然而，据他本人说，正是这一活动助其形成了创新能力及打破常规的倾向。

领导创新科技公司——或任何企业，其实都一样——无非就是处理混乱局面。沈望傅说："你必须保持混乱状态与结构体系之间的平衡。混乱带来突变，而因为存在突变，人类才能生存，进而进化成为一个物种。如果过分结构化，人就不能行动。但过分混乱又会导致失败。因此两者之间的平衡相当重要，而且要允许多样化。"

他坚信"混乱是万事万物的本质……同时也为环境提供创造力"。因此，"混乱是创造力之母"。混乱的环境生成许多新的创意（像头脑风暴会议），但这种"混乱"应当是能够"将创意转化为行动的混乱"，沈这样解释道。在强调创造力重要性的同时，沈还提到在下一次进化和颠覆性变革到来的时候，人类要想生存下去就一定需要"创造力"。但是，人们必须将创造力控制在一定水平上,因为太混乱会造成系统瘫痪。

他还介绍了自己的"创造性矛盾修饰法"——"教授创造力"。当谈及顺从的新加坡人时,沈这样说:"我们一定要教导人们具有创造力和创业精神。"说到新加坡人缺乏创造力,他开玩笑地说:"我们花了大量精力和金钱来教导我们的孩子不要具有创造性。"

沈最近出版了《来自旧千禧的乱想》(Chaotic Thoughts from the Last Millennium)一书,其中有一章叫做"鼠尾草的用途"(用途 7:缓解真菌瘙痒)。沈沉思后说道:"如果有时间,我想集中精力成为一名发明家。"如果时间确实充裕,沈很有可能会去研究曲数引擎、时间机器或者飞天法宝。

资料来源:Adapted from: Alexandra A. Seno, "Creative's genius", *Asiaweek*, 29 September 2000; V. Bala Kiran and N. N. Rajshekar, "Sim Wong Hoo: The nimble entrepreneur" (Hyderabad: ICFAI Business School Case Development Center, 2004); Andrea Lau, Eunice Tan and Wai XiaoWen, "Forum on creativity in the arts, science and technology in Singapore 2002" [www.fineartforum.org].

识别关系

许多发明与创新的出现是由于发明家发现了物体、过程、材料、技术与人之间新颖的和不同的关系。类似的例子相当普遍,包括:

- 用淀粉制造生物可降解包装材料。
- 结合内燃机技术与车轮制造出机动车。
- 在澳大利亚的赛艇上装上带翼龙骨,以打破"现代运动最长蝉联记录",经历 132 年的等待之后,首次打败美国人夺取美洲杯冠军。

如果你想提高创造力,寻找周围事物或人之间的不同关系是有效的方法。这一活动包括在关系模式下感知,而通过将事物和人看做与其他事物和其他人之间存在互补或**同位关系**(appositional relationship)可以发展这种能力。简单地说,事物和人不是孤立存在的,而是与其他事物和人相联系的。具有创造力的人似乎能直观地察觉到这一现象,并培养识别新颖且不同关系的能力,而这些关系通常能引导人们生成新颖的创意、产品和服务。为了培养这种识别新关系的能力,人们必须练习在关系模式下感知的能力。下面的练习有助于培养这种能力。

创造性练习

分析并解释下列几组词如何通过互补的方式相关联:螺帽和螺钉,丈夫和妻子,巧克力蛋糕和香草冰淇淋,剪下的草屑和番茄藤,运动员和教练,人类和水,胜利和失败,电视机和投影仪,经理和生产工人。

发展功能视角

如果扩展开来,关系模式下的感知原则有助于发展对一些事和人的**功能视角**(functional perspective)。具有创造力的人从如何满足自身需要和促进项目完成的角度来看待事与人。例如,主妇在找不到螺丝起子时常常会用黄油刀来拧紧螺丝。或者,谷物生产商会将水果加入其产品中,从而建立一条对具有健康意识的顾客群有吸引力的新生产线。

如果希望具备更强的创新力和创造力,就需要设想自己与世界上的其他事和人之间存在互补关系。同时在试图满足需要和完成项目时,必须学会观察这些事和人如何起互补作用。从现在开始就要使用非传统手段,从不同的角度来看待事和人。下面的练习可用于发展功能视角。

创造性练习

思考并写下以下条目使你想到的所有功能：
- 自大的工作人员
- 大鹅卵石
- 落下的树枝
- 椅子
- 电脑神童
- 冗员
- 办公室的"闲言碎语"
- 旧轮毂罩
- 新秘书
- 用完的胶带
- 码尺
- 旧衣架
- 吝啬的合作者
- 本练习

随波逐流

心理学家米哈里·契克森米哈赖（Mihaly Csikszentmihalyi）因其1990年的畅销书《流：最佳体验的心理学》（Flow=The Psychology of Optimal Experience）而闻名于世。他定义并探索了"流"的概念，他提出在进入"流"的境界时，人们获得极大的满足和参与的体验。不论是在创造性艺术、体育竞技、工作还是在精神陶冶方面，流都会激发人们超越、战胜限制。在流的经历下，人们完全沉浸于所从事的工作，精神高度集中，时刻清楚下一步该做什么。（打网球的时候知道球应该往哪里打，弹奏乐器时知道应该弹哪个音符，几乎以毫秒计。）他这样描述"流"：

> 整个过程必须全神贯注、浑然忘我，忘却时间的存在。就像玩爵士乐一样，每个行动步骤及思想都紧跟前一步。整个人全身心投入，将个人技能发挥到极致。

米哈里描述了构成"流"的六个组成部分：
- 不需要思考随时知晓该做什么。
- 即使在要求颇高的工作环境下仍感觉可以胜任工作。
- 从一件事自然转入另一件事，仿佛两者之间存在某种逻辑关系。
- 全神贯注地工作，就像呼吸一样自然，毫不费劲，也不需绞尽脑汁；不必为生活琐事而烦心。
- 忘却时间，度时如分。
- 融入活动，丧失自我意识。

善用大脑

自20世纪五六十年代开展裂脑研究以来，创造力、创新和自我发展方面的专家一直强调大脑的两个半球对于发展技能的重要性。

右脑半球（right brain）具有理解类推、想象及合成信息的功能，而**左脑半球**（left brain）具有分析、言辞表达及理性解决问题的作用。尽管两个脑半球（右和左）处理不同的信息，负责不同的大脑活动及技能（见表5—4），但是两者通过一组学名为胼胝体的连接神经纤维构成整体。鉴于这种连接关系以及两个半球活动之间关系的本质，人们可以将两个半球看成是互补存在的关系。

创造流程包括知识积累、评估与实践阶段的逻辑与分析思考。另外，在孵化

及创意生成阶段要求具有想象力、直觉力、类比概念化和合成能力。因此，为了加强创造力，人们需要同时开发训练左右两个脑半球。以下练习用以说明解决问题时结合两个半球能力的效果。

表 5—4　　　　　　　　　　　　两个脑半球的作用

左半球	右半球
言语	非言语
分析	合成
抽象性	发现类比关系
理性	非理性
逻辑性	空间性
线性	直觉力
	想象力

资料来源：Betty Edwards, *Drawing on the Right Side of the Brain* (Los Angeles: Tarcher, 1979).

创造性练习

假设你有一个创意，它可以在处理消费者投诉时节约公司的财力和时间。而你的上司业务繁忙，不愿停下来听听你的创意。

（1）5分钟内写下所有左脑型的问题解决方案。

（2）5分钟内写下所有右脑型的问题解决方案。

（3）比较两张清单，并从两张单子上各取两个或两个以上方案相结合，从而得出唯一且创新的解决方案。

（4）针对当前你在工作中或家里遇到的一个问题，重复步骤1，2，3。

社会及教育体制奖励那些成功开发逻辑、分析和理性等左脑技能的个人，而忽视训练及使用右脑。表5—5介绍了一些开发左右大脑的方法。

表 5—5　　　　　　　　　　　　开发左右脑的方法

左脑技能	右脑技能
1. 逐步规划工作与人生活动	1. 在对话与写作中使用隐喻和类比描述事与人
2. 阅读古代、中世纪、哲学方面的图书，法律案例以及逻辑学方面的图书	2. 不工作时摘下手表
3. 为所有活动建立时间表	3. 不急于对创意、新朋友、电影、电视节目等下结论
4. 使用电脑程序工作	4. 记录预感、感觉、直觉并计算其精确度
	5. 详细地幻想，设想将来的事物和情况
	6. 画出脸孔、漫画及风景

创业实践

开发创造力

你梦中的天空是什么颜色？你认为自己富有创造性吗？"创造力"的定义就是拥有创造的品质或者能力。人天生都是富有创造性的。确实如此。开发你的创造力吧！简单的创造努力能够带来数百万美元的财富。如果你用这些方法来开发你的创造力，你也能够创造出数百万美元的财富。

● 群策群力！虽然这是激发创造性的想法和解决问题的老一套，但这是迄今为止最好的方法。20世纪50年代，当亚历克斯·奥斯本（Alex Osborn）引进这个概念时，企业界从沉睡中醒来。建立起来的规则非常容易遵守：
  √ 将每一个从脑袋里迸出来的解决方法大声喊出来或者写下来。
  √ 不靠谱的想法较受欢迎。
  √ 不要批评任何事情。
  √ 晚点组织。
  √ 发展每个想法——即使这个想法看起来有点傻而且不切实际。

● 将两个完全相反的想法放在一起：这里有一个有趣的概念——整合。与这个词语本身相似，整合是指将两件"荒谬"的事情放到一起，看看会出现什么样的结果。比如，"想象一下一个餐馆里没有服务员，没有桌子，没有餐具。"那就是麦当劳呗。"想象一下一个书店里没有一本书——也没有库存。"那是亚马逊网啊！优豪（出租卡车的公司）："开动的卡车却没有轮子。"不要迟疑了，赶快来探索这些奇怪的领域吧。

● THINKubate：杰拉尔德·哈曼（Gerald Haman）创造了"THINKubate"这个单词。THINKubate是一个操场，商务人员、企业家以及类似的人员到这个操场上来运动，以便逃离办公室单调无聊的氛围。操场上有舒适的座位、玩具和有趣的图画以及全套设施，这些将创造一个环境来刺激大脑产生创造性的想法。因为哈曼已经为宝洁公司开发了许多产品，所以这一定会起作用。

● 刺激产生不错的想法：触发性的事物是刺激大脑的日常事物。抽象的图片、振奋人心的引述、不完整的想法、带尖头的东西，等等，这些都是触发性的事物。将触发性的事物置于你经常看到的各个地方——冰箱门上、仪器板上、电话上。你不知道什么时候联想会产生。

● 联想："你见到的任何人、参观过的任何地方都可能是即将到来的机会。"关键是机会到来时你要做好准备。创造力开发顾问乔丹·阿安（Jordan Ayan）建议加强你的CORE（好奇心、开放性、冒险精神和精力充沛的英文首字母缩写）。了解流行趋势、参加贸易展销会和浏览尝试新事物将有助于加强这些优秀品质。发现开着的窗户并不总是件容易的事情，增加窗户的数量则容易得多。

● 总是积极地面对失败：一次又一次地尝试。没有将你置于死地的事情只会使你更强大。敢于成为伟大的人物！知道了吗？也不要被疯狂所伤害。享受疯狂的每一分钟！

● 让大家欢笑：幽默是缓解压力的好办法，用它来开发你的创造力吧！你能想象一下"淘气阿丹"（Dennis the Menace）帮你建立起原型吗？让喜剧《巨蟒》的作者和你一起合作完成你的商业计划怎么样？让乌尔克尔（Urkel）或者你的一个亲戚参与你的发明创造吧。幽默和欢笑无疑可以鼓励创造。

● 运动：是的，让自己大汗淋漓吧！运动能够使创造的源泉——内啡肽——流动起来。当你在短跑的时候，骑自行车的时候，阅读一年最后一期报道的时候，让你的思维也活跃起来吧！但要确信你随身携带了一个小笔记本，随手记下富有创造性的想法。

● 记住你最离奇的梦境：一定有人这样回答过你："在你的梦境中！"那么，让我们一起看看吧！梦是最好的释放创造力的地方。伊莱亚斯·豪（Elias Howe）曾经梦到有人正拿着长矛刺他的肉。后来缝纫机就发明了。不要忽略白日梦或者一个即刻想法的刺激。你的潜意识会告诉你一些东西。

资料来源：Adapted from Nick D. Alto, "Think big", *Business Start Ups* (January 2000): 61-5.

排除混乱的思维定式

思维习惯会阻碍创造性思维，因而排除**混乱的思维定式**（muddling mind-sets）非常重要。据估计，成人仅仅开发了其创造潜力的20%。例如，许多人倾向于快速评判新事物、人以及创意。另外，由于变化带来的心理不适，人们也会倾向于指出新创意或不同创意的负面成分。阻碍创造力与创新的思维习惯通常包括："不是……就是……"思维、安全追踪、**刻板印象**（stereotyping）和**概率思考**（probability thinking）。这些思维习惯往往打乱创造性的思维过程，必须使用不同的思维过程来增强创造性思维。

"不是……就是……"思维

现代世界变化快，个人生活中充满着大量的不确定性及两面性。生活中，人们常常陷入极力追求确定性的旋涡中。但是，具有创造力的人会学着接受工作和生活中存在合理数量的不确定性。事实上，许多非凡的创造家都能在不确定环境下不断进步，并以此为乐。

安全追踪

许多人每次都试图作出正确决策或采取正确行动。他们之所以这么做，就是想依靠平均值、刻板印象和概率论将风险降到最小。有时，这些风险会导致创新者犯错，但认识到犯错是创新游戏中不可缺少的一部分后，创新家可以从这些错误中学到很多，并继续前进，创造出更大更好的事物。众所周知，托马斯·爱迪生为了寻找能在白炽灯泡内使用的正确材料，经历过无数次失败。

刻板印象

具有讽刺意味的是，尽管平均值和刻板印象是人们虚构的抽象概念，人们却根据它们来行动以及做决策，就好像这些东西是真实存在于现实世界的。例如，有人假定持家者是这样一群人：女性，38岁，身高1.6米，体重55公斤，有两个孩子，一份兼职，并且接受过14年半的正规教育。但当他尝试寻找符合上述描述的人时，成功的几率却很小。简而言之，抽象概念或刻板印象描述得越多，其真实性也就越差。基于刻板印象和平均值的行动导致人们在畸形的现实基础上运作。更重要的是，依赖这些抽象概念会限制人们感知现实世界中实体与可能性的能力。只有新的思维模式才能引导生成新创意以及创新。

概率思考

在奋力争取安全的同时，许多人也倾向于依赖概率论来做出决策。但是，过分依赖这一决策方法也会扭曲现实，同时阻碍人们承担适当风险，做出创造性的尝试。

有人说，概率论的效果随着事件重复次数的增加而增强。如果某人掷一定次数的骰子，想预测掷出数字3的概率，概率论此时非常有用。但是，如果他只掷一次，就想推断掷出数字4的可能性，那么概率论的预测能力毫无价值。

在创造性活动中，个体常常追寻一生中仅出现一次的机会或情况。在事件只出现一次的情况下，直觉和有根据的推测正如逻辑推理和概率论一样有用。增强创造能力的方法之一就是：训练自己把人生中的某些情况看成是输赢的概率都是50%的赌博，并开始尝试冒些险。另外，为帮助排除混乱的思维定式，我们设计了下面的解题练习。

解题练习

- 在个人生活或工作中,依靠直觉和预感练习承担较小的风险。写下风险日志,绘制其准确性与结果的图表。例如,下次打牌的时候,不要出那些安全且低风险的牌(如对子),而是努力打出同花顺(同一花色的五张点数连续的牌)。
- 想尽办法同那些你认为符合公认刻板印象的人们交谈。
- 负责工作中和家里复杂的项目,这些项目应当是无保证的,不能预测结果。学会处理一定程度的模糊性,并观察自己如何应对这种情况。
- 面对一个创意,首先看所有的积极面,然后看所有的消极面,最后看所有有趣的方面。
- 倾听别人时,不要先对其人、其创意及信息做出判断,只要听就可以了。
- 试着对现状做出一些决策,也就是说,不要让过去和对未来的估计主导决策过程。

创造氛围

在适当的商业氛围下,创造力才最有可能出现。如果没有建立或培养适当的氛围,没有一家企业能留得住创造性人才和管理人员。下面介绍了这种氛围的某些重要特点:

- 令人信赖的管理,不过度控制工作人员;
- 为所有企业成员开辟交流渠道;
- 与局外人大量接触和交流;
- 多种人格类型;
- 愿意接受变化;
- 乐于将新创意进行试验;
- 不害怕犯错带来的负面影响;
- 根据业绩选拔和晋升员工;
- 使用能鼓励创意的手段,包括建议体制及头脑风暴;
- 提供足够的财务、管理、人力、时间资源来完成目标。

创新过程

创造力与创新之间有何不同?创造力即提出创意,创新则把这些创意带入生活。许多创新都源于对新机会有意识、有目的的追寻。这个过程从分析新机会的来源开始。德鲁克指出,由于创新仅仅是概念和感知,因此想要成为创新者的人必须走出去观察,提问题并倾听他人。成功的创新者同时使用左右两边的大脑。他们观察数字、图表及人,并且分析出什么样的创新能满足机会,然后走出去,观察潜在的产品使用者,研究其期望值、价值观及需求。

大多数成功的创新简单而集中,它们针对一个专门的、明确的、仔细设计的产品。在这个过程中,它们创造出新顾客群和新市场。无线网就是这样一个例证:当计算机技术无处不在时,为什么人们要被束缚在一张桌子上?

最重要的是,创新往往更需要辛勤的工作而不是天才。托马斯·爱迪生曾说过:"天才是 1% 的灵感加上 99% 的汗水。"此外,创新者很少只从事一个行业。爱迪生就曾研究过普通水泥(拥有 10 项专利)、橡胶、机械留声机和摄像机等。

创新类型

从全新创造一直到改良现有产品或服务,共存在四种创新类型。按照其新奇程度的顺序排列,这四种类型分别是:

- **发明**(invention)——创造前人未曾尝试的新产品、服务或流程,此类概念通常会引发"革命性剧变"(见表 5—6)。
- **外延**(extension)——扩展现有的产品、服务或流程,此类概念指在现有创意下形成新的应用。
- **复制**(duplication)——复制现有的产品、服务或流程,但是,努力复制并不仅仅是照抄,而是加入企业家的创意来增强或改善概念,从而打败竞争者。
- **合成**(synthesis)——将现有概念和因素融入新系统,包括采用已产生的创意或项目,找出方法,并使两者结合形成一种新的用途。

表 5—6　　　　　　　　　　　　　行动创新

类型	说明	实例
发明	全新的产品、服务或流程	怀特兄弟(美国)——飞机运输 亨利·萨顿(澳大利亚)——传真机 托马斯·爱迪生(美国)——灯泡 欧内斯特·拉瑟福德爵士(新西兰)——原子裂变 彼得·迈尔(新西兰)——Navman,个人全球定位系统
外延	现有产品、服务或流程的新用途或不同应用	默文·维克多(澳大利亚)——割草机 埃德蒙·希拉里爵士(新西兰)——用于冰探测的农用拖拉机 罗伯特·戴恩(澳大利亚)——安装太阳能电池的游艇航行 雷·克罗克(美国)——麦当劳 比尔·加拉格尔(新西兰)——电围栏
复制	现有概念的创造性复制	比尔·汉密尔顿(新西兰)——汉密尔顿喷水推进艇 迪安·卡门(美国)——赛格威思维车 必胜客——比萨店 约翰·布里滕(新西兰)——摩托车 新西兰队(新西兰)——2000 美洲杯获胜
合成	将现有概念和因素融入新系统或用途	约翰·诺伊斯特劳斯基(新西兰)——便携式袋貂拔毛机 本·莱克森(澳大利亚)——设计获得美洲杯的带翼龙骨 艾伦·吉布(新西兰)——Aquada(水路两栖车) 鲍尔·贝克特(新西兰)——Blokart(多用途沙滩车)

创新来源

创新是企业家利用变化而不是创造变化的典型工具。尽管某些发明带来了变化,但毕竟是少数,利用变化的创新则较为常见。下面介绍创新来源的内部和外部领域。

- 意外事件（例如，产品/服务的成功或失败，或者外部事件）。这些成功或失败，由于未曾预料到或者未经计划，最终被证明是该公司的一个重大创新。例如，亚历山大·弗莱明爵士惊喜地发现细菌平皿培养法中的某种污染物抑制了细菌的生长。他将这种污染物鉴定为青霉素酶。后来，澳大利亚科学家霍华德·弗洛里在弗莱明的观测基础上开创了工业规模的青霉素生产。
- 不和谐（incongruities）（例如，现有状态与理想状态之间的差距）。当期望与现实之间存在差别时，不和谐就会产生。创新就是解决不和谐的方案。解决如何在真空中飞翔这一问题，导致了火箭和卫星的出现。
- 过程需要（例如，过程缺口或瓶颈）。当企业家需要创新及应对特殊需求时，这种情况就发生了。节省时间的设备和维持生态平衡的绿色产品就是最佳例证。
- 结构变化（例如，产业结构或市场结构变化）。由于消费者心态、科技进步、产业扩大等类似状况不断发展，市场不断变动。产业和市场的结构、设计或定义总是在不断变化。从健康护理行业可以找到这样一个例子，医院护理经历了重大的改变，家庭健康护理和预防疾病的药物取代了住院治疗和外科手术的主要地位。企业家需要发现并紧紧抓住这些新兴机会。
- 人口统计特征（例如，人口、教育、收入变化、年龄、职业、地理位置及其他因素）。人口统计特征的变化非常重要，常常带来新的创业机会。例如，澳大利亚黄金海岸的人口平均年龄大幅上升（由于退休人员的大量流入），土地开发业、娱乐业及健康护理行业都将从中受益。
- 基调变化（例如，或流行或落伍，或接受或无法接受）。在人们理解事实和概念时时常发生，虽然不可捉摸，却意义重大。领悟力会造成观念的巨大改变。最近流行的健康热，就是由于人们要求身心健康而引发的一种趋势，同时也在全国范围内对健康食品及健身设备提出了需求。
- 新知识（例如，科学进步）。它们是创造或开发崭新事物的基础，与前文讨论到的发明是创新的一种类型相一致。发明以知识为基础，是新思维、新方法和新知识的产物。因为需要测试和修改，所以通常此类发明在形成阶段和市场实践阶段之间需要的时间最长。

表5—7介绍了创新的一些来源。

表 5—7　　　　　　　　　　　　　　　创新来源

来源	例子
意外事件	意外成功：万艾可、苹果电脑 意外失败：福特 Edsel 系列车
不和谐	隔夜包裹递送
过程需要	无糖产品 无咖啡因咖啡 微波炉
产业和市场变化	健康护理产业转向家庭健康护理
人口统计特征变化	养老院
认知变化	锻炼（有氧健身法），越发关注健康
以知识为基础的概念	视频行业、机器人技术

主要创新误区

下面提出了一系列公认的创新误区,同时给出了这些是误区而不是事实的原因。
- 误区1:创新是计划好的并且是可预测的。该误区基于这样一个旧观念,创新应该留给研发部门按照计划进行。实际上,创新无法预测,任何人都可以创新。
- 误区2:详尽准备技术说明。详尽准备常常花费太多时间。使用尝试/测试/修改的方法通常更重要。
- 误区3:创造力依赖于白日梦和空想。有成就的创新者都是务实的人,从现实而不是白日梦中寻找机会。
- 误区4:与小型项目相比,大型项目能更好地创新。该误区一次又一次被证实是错误的。大公司现在都鼓励员工小组工作,在小组中工作通常更容易激发创意。
- 误区5:科技是创新和成功的驱动力。科技当然是创新的来源之一,但不是唯一来源。此外,消费者或市场是任何创新背后真正的驱动力。市场驱动或基于消费者的创新的成功概率最高。有这样一个例子,宝丽来公司曾推出一款可以立刻回放的电视摄像机。而正当宝丽来带着这种先进科技冲击市场的时候,磁带录像机也进入了市场。最终的结果是:宝丽来的产品未被市场接受,公司损失了数百万美元。

创新原则

潜在企业家需要认识到创新是有原则的。人们可以学习这些原则,当机会来临的时候,两者相结合则会为个人带来创新。主要的创新原则有以下几条:
- 行动为主:创新者必须总是积极的并寻找新创意、机会或创新源泉。
- 简化产品、流程或服务,使之易于理解:人们必须容易理解创新是如何运作的。
- 产品、流程或服务以消费者为基础:创新者必须总是为消费者考虑。创新者为最终用户考虑得越多,创新被接受和使用的机会就越大。
- 从小规模做起:创新者不应从规模庞大的项目或发展起家,而应从小规模做起,奠定基础,稳步发展,继而考虑在恰当的时间,以正确的方式有计划地增长和适当地扩大。
- 胸怀大志:创新者应胸怀大志,争取成功地在市场中找到自己的领域。
- 尝试/测试/修改:创新者应遵守尝试、测试和修改原则,这一原则可协助人们发现产品、流程或服务中的瑕疵。
- 从失败中学习:创新并不保证成功。更重要的是,失败常常引发创新。
- 遵循里程碑式进度表:每个创新者都应遵循指示重大事件完成的进度表。尽管项目可能提前或落后于进度,但是为了筹划和评估项目,进度表仍然十分重要。
- 奖励英雄行为:这一原则更多地用于寻找、激励他人创新。创新行为应受到奖赏,并给予适当的尊重。这一原则同时也意味着容忍,并在一定程度上相信失败是实现创新的途径之一。企业必须将创新工作看成是实现新愿景的英雄行为。

- 工作、工作、工作：这一原则很简单，却是总结创新原则的准确的阐述。成功创新需要的是工作，而不是天才或神话。

创新的关卡—阶段流程

我们可以将创新比作一个"关卡—阶段"（stage-gate）流程。管理决策关卡将流程分成不同的时序阶段。为了着手进入下一阶段，创新者必须成功完成每个阶段的一系列相关工作。

库珀（Cooper）把创新流程描述成由许多的阶段和关卡组成。当然，创新流程并不是固定步骤的流程，很多时候创新者不得不重复以往的步骤。创新常常是一个不断反复的过程，也就是说，某个步骤有可能会不断重复，直至满足允许进入下一阶段的条件（见图5—2）。

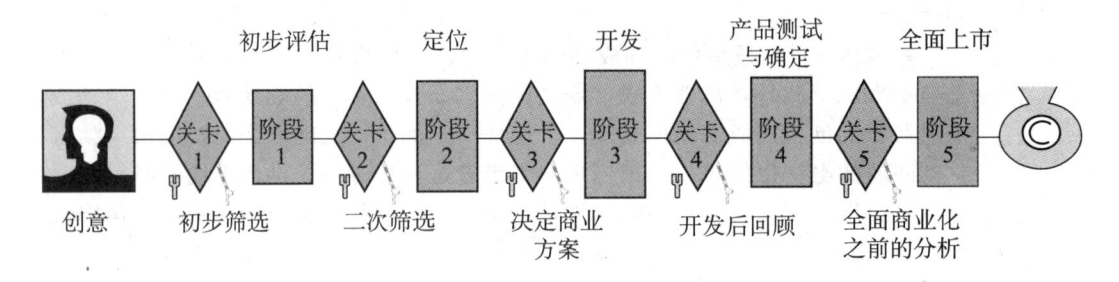

图5—2 关卡—阶段流程

- 关卡1：初步筛选。一次"温和"的审查，看看是否满足了一系列"必须满足"和"应该满足"的标准，如战略定位、项目可行性、成功机会大、特殊优势、协同公司核心业务和资源、市场吸引力。通常需要准备一张"必须满足"的标准清单，同时设计一个含有加权等级量表（用于"应该满足"的标准）的计分模型。

- 阶段1：初步评估。通过收集市场和技术信息进行快速而简单的评估。市场评估包括（资料）库搜索，与主要用户接触，聚焦消费群，并快速对潜在用户进行概念测试从而确定市场规模、市场潜力、市场可接受度。技术评估是对准产品进行的一种简单、初步的内部评估，目的在于评估开发与生产的可行性，以及实施所需的成本和时间。

- 关卡2：二次筛选。以新信息为基础，项目同样要制定与关卡1相同的"必须满足"和"应该满足"的标准，另外，还要制定"应该满足"关于销售队伍和消费者对建议产品的反应的标准。通过快速而简单的计算评估财务回报，如回收期。

- 阶段2：定位。该阶段是项目开发巨额投资前的最后阶段，项目在该阶段要明确定位。开展市场调查研究，判断消费者需求及喜好，从而定位"获胜"产品。通过产品概念测试评估消费者的接受程度。竞争分析也是评估产品吸引力及其市场的一个重要准则。技术分析侧重于分析成功完成项目的能力。消费者的需求和期望被转化为技术及经济上可行的解决方案，并且很可能减少初步设计或实验室工作。营运评估研究产品生产力、生产成本及所需投资。另外，可能需要考察涉及法律、专利或版权的问题。最后，会形成一份包括折现现金流及灵敏度分析的详细财务分析报告。

● 关卡 3：决定商业方案。该关卡是在开发之前否决项目的最后机会，从本质上来讲，批准在这里就意味着"直接开始巨额的支出"。通过一整套"必须满足"和"应该满足"的标准评估项目，回顾阶段 2 执行的活动，检测执行质量是否可靠，成果是否积极；细查财务分析。项目定义包括目标市场、产品理念、产品定位策略、产品效益描述、产品的基本和期望的特点、产品属性和产品说明。回顾计划，并核准开发活动、初步营运和市场活动。

● 阶段 3：开发。在开发产品的同时，进行细节测试，以及营销和营运计划。更新财务分析，同时解决法律、专利或版权问题。

● 关卡 4：开发后回顾。评估项目进展及后续吸引力。检测开发工作是为了保证完成质量。根据最新、最精确的数据，通过财务分析重新评估经济问题。下一阶段有关产品测试与确定的计划得到认可，评估详细的未来行销和运营计划。

创业实践

五种创新类型

创新者的类型众多，而且他们都是某方面的先驱者。在生活的各个领域都有人开辟一条研究、技术或艺术的新路径。下面是几个例子：

● 看门人：这类人收集并传递关于技术环境变动的信息。他们通过个人接触、专业会议和新闻传播得来的信息和创意来保持与时俱进。当看门人发现相关信息时，会将信息发送给适当的人群或单位做追踪调查。

● 创意生成者：该角色涉及为公司生成新创意而进行的新技术、产品或程序的信息分析。新的创意可能是对产品、商业发展或新市场机会识别中现有问题的创新解决方案。

● 倡导人：倡导人提倡、敦促新创意。该角色涉及获取并将资源和员工用于证明创意的可行性。倡导人关注结果，而不是风险，他们也不会花费时间研究失败的后果。他们的使命就是排除阻碍。

● 项目经理：他们必须草拟时间表和预算；安排定期的信息交流会议和现状报告；协调员工、设备和其他资源；监控计划进展情况。项目经理整合管理作业、人员和需要的物质资源以实践创意。

● 教练：这一职能处理创新过程中技术方面以及人际关系方面的工作。教练提供与新发展相关的技术培训，帮助人们合作将创意转化成现实的成果。

资料来源：Mark Frohman and Perry Pascarella, "Achieving purpose-driven innovation", *Industry Week* (March 19, 1990): 20-6.

● 阶段 4：产品测试与确定。测试整个项目的生存能力，其中包括产品、生产程序、潜在顾客接受度和项目的经济效果。通过内部产品测试来检测产品质量和性能。通过用户或现场试用来检验产品在实际应用中的功能，并衡量消费者的反应。试用或试制生产测试可排除生产程序中的故障，精确确定生产成本。通过上市前测试、测试和试销衡量消费者的反应，评估上市计划，并预测市场份额和收益。修改后的财务分析,通过更详细和精确的收入、成本数据,评估项目后续的经济生存能力。

- 关卡5:全面商业化之前的分析。如果项目通过了这最后一个关卡,全面商业化的大门就将敞开。该关卡主要验证活动的质量和结果。积极的财务计划对于获得最终核准至关重要。检测运营和营销计划,并获准进入阶段5。
- 阶段5:全面上市。执行阶段4制定的营销上市计划和运营计划。
- 上市后回顾。产品全面上市后,新产品项目研究小组解散,而该产品成为公司产品生产线上的正常产品。回顾项目和产品性能。项目发起后收集收入、成本、支出、利润和时机的最新数据。执行最终的事后审计来评估项目的优势和缺陷,并从该项目中得出可供未来项目学习的主要经验。

创新与破坏性技术

创新理论中有一条备受争议但行之有效的理论,那就是破坏性技术理论,该理论由克里斯坦森(Christensen)在他1997年出版的《创新的进退两难》(The Innovator's Dilemma)一书中提出。破坏性技术通常是低性能或低价位的产品流程,它们处于现存市场的低端,之后通过性能改善逐步进入高端市场,并最终取代现有市场。破坏性技术通常由新兴企业带入市场。

并不是所有的破坏性技术的性能都很低。有几个例子能证明破坏性技术胜过现有技术,但没有被主流市场所接受。这种情况通常发生在大量资金被旧技术套牢的行业(例如,垂直整合的钢铁厂、货船和码头装卸工人)。表5—8列举了几个破坏性技术的例子。

表5—8　　　　　　　　破坏性技术的例子

破坏性技术	被取代的技术
印刷机	手抄本
铁路运输	水运
汽车运输	铁路运输
数码相机	胶卷
移动电话	固定电话
小钢铁厂	垂直整合的钢铁厂
小型计算机	大型计算机
个人电脑	小型计算机
桌面出版系统	照相排版和手工拼贴
闪存驱动	软盘驱动
集装箱运货船和货柜	货船和码头装卸工人

国家创新体系

支持创新的财政和政策环境对于持续培养创造性活动至关重要。财政支持的两个主要源泉是风险投资和全面的"国家创新体系"。第14章将探讨风险投资,尤其是如何获得风险投资。

许多国家都有一套齐全的支持创新的基础设施。鉴于创新是普遍公认的现代经济成功的关键，政府开始介入，帮助创新体系中的其他参与者。国家创新体系（NIS）是技术和信息在人、企业和机构之间的流动，该流动是国家水平上的创新流程的关键。根据创新体系理论，创新和技术发展是体系中各方参与者复杂关系背景下相互作用的结果，参与者包括企业、大学和政府研究机构。亚太地区的许多发展中国家建立国家创新体系的道路十分曲折，但是澳大利亚、新西兰和韩国则与众不同。

政府是国家创新体系中基础且重要的参与者，但也只是众多参与者之一。政府对于创新的支持包括直接资金支持（如对公共研究的直接资金供应），还有关于风险投资的资金供应和税收减免（如澳大利亚风险投资的合并发展资金项目）。

人们如何描述国家创新体系的特性？新西兰科研技术部部长将自己国家的创新体系定义为"对于国家创造和发现有价值的知识并将其广泛、精确、快速配置的能力做出贡献的事件的集合"。作为其他经济的典型代表，新西兰的创新体系包括：

- 研究、科学和技术；
- 教育体系；
- 知识产权保护——将其视为一种新的资本形式；
- 移民体系；
- 形成国际战略联盟的能力；
- 有远见的政治家和公务人员组成的具有快速反应能力的政府；
- 流动的资金市场；
- 健全的互联网基础设施；
- 创造性的艺术、设计和工程；
- 科学和社会之间相关联；
- 基础研究和公共福利研究。

图 5—3 显示了日本的教育、文化、体育、科学技术部门是如何构思设计其创新体系的。

创新体系存在的价值在于促进可商业化的创新、发明和创意的出现，需要完善的基础设施和良好的对于拨款和奖励这类刺激的反应。政府能够并且应该在创新中投资，亚太国家或地区的创新体系如何与英国、美国这样的国家进行比较？

当然，GDP总额随着GDP增长率的变化而变化，中国大陆每年GDP增长率达到7.3%。日本、新加坡和中国台湾在人均受保护专利数方面处于领先地位。同时，日本和新加坡也在研发总经费方面处于领先地位。澳大利亚在人均总研发人数方面成绩不俗，仅次于日本。在大学和公司之间技术转换方面，新加坡、中国香港和中国台湾居领先地位（见表5—9）。

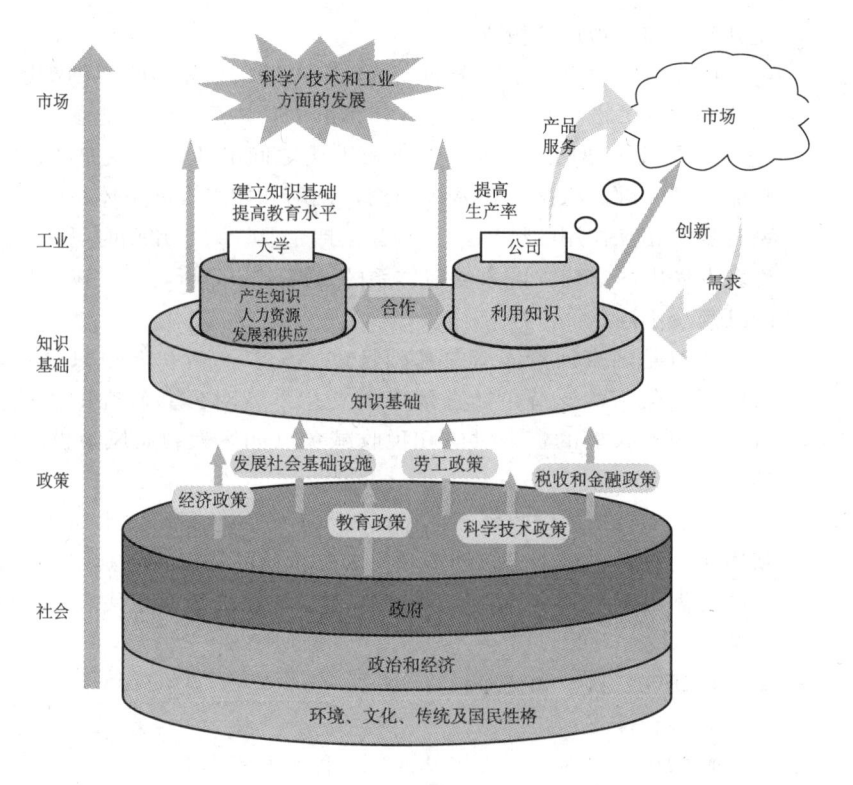

图5—3 日本的国家创新体系

资料来源：Ministry of Education, Culture, Sports, Science and Technology, "Knowledge to create society and economy for a new era" [www.mext.go.jp/hakusyo/book/hpag200201/hpag200201_2_006.html].

表5—9　　　　　　　　　　　　亚太地区创新体系比较

国家或地区	2005年GDP（百万美元）	2005年实际GDP增长率（%）	2001年每10万居民中的专利数	2003年人均研发经费（美元）	2003年每千人中研发工作人员数量	2005年大学与公司之间技术转换调查
澳大利亚	708.0	2.5	502.0	313.8+	5+	5.6
中国大陆	2 224.8	9.9	5.1+	14.4	0.8	3.6
中国香港	177.7	7.3	242.6	135.5+	1.1+	5.49*
日本	4 571.3	2.7	860.3+	1 006.2+	7.02+	4.8
韩国	793.1	4	516.4	290.7+	3.99+	4.04*
新西兰	108.5	2.2	—	156.7+	3.82+	4.8
新加坡	117.9	6.4	704.2	469.7	5.6	6.2
泰国	168.8	4.4	2.6	5.8	0.4	4.2
中国台湾	346.1	4.1	748.0	288.2+	5.07+	5.98*
英国	2 201.5	1.8	550.6+	—	—	4.2
美国	12 485.7	3.5	487.2	977.8	—	6.5

+2002年数据；

*2004年数据。

资料来源：Global Entrepreneurship Monitor dataset 2005; International Monetary Fund 2005.

创业实践

《指环王》的创新

电影《指环王》三部曲可能提升了新西兰在创新方面的声誉,但也增强了包括土著毛利人和白种人(欧洲新西兰人)在内的新西兰人自认是"血腥创新者"的意识。足智多谋、独创能力、不辞辛劳、尊敬等价值观都是新西兰人——从奶牛场主人到现代的怀卡托生物技术学家身上所具有的美德。新西兰是第一个登顶珠穆朗玛峰及分解原子的国家,这些都不是偶然现象。埃德蒙·希拉里爵士说:"我们击垮了劣质品。"欧内斯特·拉瑟福德爵士说:"我们没有钱,所以我们必须思考。"这两句话部分说明了新西兰的创新学说。

欧洲移民由于远离工具和制造品来源,发展了一种创新文化。19世纪,农民和林中居民只有少量进行贸易所必需的工具,他们必须创新,否则就得饿死。于是他们接受了改善和适应以下事实的挑战,即要想从他们遥远的内陆老家运来工具,需要在海上漂流8个月的时间,几乎横跨地球。

新西兰土著波利尼西亚居民毛利人,也有一段创业的历史。1860—1866年,毛利人土地战争的导火索不仅是因为殖民者垂涎土地,也是因为毛利人已成为成功的企业家,他们控制了该国商业的较大份额。毛利人与澳大利亚及许多其他国家进行出口贸易,从一定程度上来说,毛利人的创业能力深受新西兰白种人的嫉妒。毛利人对采用技术兴趣浓厚,其中最著名的就是毛利人使用火枪给殖民者军队造成了巨大伤亡。另一个有名的事件是毛利人掌握了欧洲农业和航运方法,他们快速吸收知识并使用印刷技术。

新西兰创新政策紧跟经济合作与发展组织(OECD)、欧盟、亚太经济合作组织(APEC)研究与政策领域发展的脚步。当前的劳工进步联盟政府和以前的自由国家的重要政策措施促成了现今的创新政策。

于1999年底选举产生的新西兰现行政府认为需要增强政府介入从而加大创新力度,并于2000年建立了科学与创新咨询委员会(Science and Innovation Advisory Council)以提高公众对科学的尊重;推行一项长期的研究科学和技术战略;建立私营部门责任制;使政府政策与商界和社区相协调。创新因此与社会、环境和经济政策一起成为四大政府目标之一。

小结

本章研究了创造力和创新对企业家的重要性,并描述了创造流程,介绍了一些培养创造力的方法。同时给出练习和建议帮助读者增强创造力,论述了创造性环境的本质。另外,本章还描述了亚太地区的众多发明和创新,研究了许多有趣的案例。

本章详细叙述了创新流程,解释了四种基本的创新类型——发明、外延、复制和合成,强调并回顾了创新的来源,提出了主要的创新原则,讨论了创新的财政支持,详细描述了创新的关卡—阶段流程以及亚太一些国家或地区创新体系的结构和功能。

思考题

1. 用你自己的话陈述什么是创新？
2. 适应者和创新者之间有何区别？
3. 创新流程有哪四个主要阶段？
4. 培养个人创造力主要有哪四个步骤？
5. 创新有哪四种主要类型？
6. 创新的主要来源有哪些？解释并各举一个例子。
7. 简要阐述创新中普遍存在的五大误区。
8. 识别并论述五条创新原则。
9. 什么是创新的关卡—阶段流程？该流程如何使产品发展系统化？
10. 国家创新体系有何功能？

自我测试：强力防水胶带所能做的 10 件事

以下有一项练习（受启发于［www.duct-tapefashion.com］和强力防水胶带网页［204.225.212.10/～jthorsse/duct.html]），可以应用本章中学到的有关创造力和创新的知识。

强力防水胶带是一种强力、胶布式、多用途黏性胶带，用途广泛。曾有人说，"强力防水胶带黏住了整个世界"。下面列出了强力防水胶带能做的首要 10 件事。你的任务是尽力想出它的其他用途。

● 修补房屋下面的管道。
● 使恼人的"检查引擎"的光线不外泄。
● 作为创可贴使用。
● 把电脑机箱上所有的洞补起来，降低风扇噪声。
● 让某个讨厌的人闭嘴。
● 修补眼镜框。
● 修补断掉的香烟。
● 照顾婴儿者有急事出门时可用胶带绑住小孩。
● 确保马桶盖不会翘起来（用胶带将其固定）。
● 把干燥的猫咪呕吐物从毛毯中黏出来。

自我测试：培养个人创造力

该练习为帮助培养个人创造力而设计。为增强个人创造力，需要在以下几个方面做出改善：

1. 个人发展——自律、自我意识、自信、体能改善等。
2. 解题技能——问题识别等。
3. 思维流畅——想法/创意的数量等。
4. 思维灵活性——变换方法等。
5. 原创性——非凡的想法和创意等。

最好从小事做起，每次只做一些事，遵循下面列出的按部就班的方法，并用附带的工作表设计个人创造力项目。

1. 从上面列出的五个需改善的方面中选中一个方面（如，思维流畅）。
2. 在这个方面建立一个特殊目标（如，提高在工作中凭借逻辑和直觉解决问题的能力）。
3. 决定将花多少时间在该项目上（如，每周三小时）。
4. 决定将在该方面花费多长时间（如，

一个月、两个月）。

5. 决定采取什么行动，做何种练习来改善该方面（如，造句练习、使用创意、沉思、停止初步判定）。

6. 列一个项目提纲（也就是，一周中的哪一天，一天中的哪个时间，在哪个地方将做什么事）。

7. 完成后检测该项目，再针对另一个需要改善的方面重复此步骤。

个人创造力工作表

改善方面	
特殊目标	
每周工作时间	
项目持续时间	
行动/练习	
项目提纲	
星期	
时间	
地点	
当天的行动	

案例分析 5—1

记事贴

开发新产品的一种方法是采用现有的一种产品，改进其某方面的性能。另一种方法是确定已开发产品如何引入市场或推广到一部分特殊消费者中。

3M公司以产品众多而闻名于世，其中包括黏合剂和研磨机。几年前，有一位3M公司的经理，他是教堂唱诗班成员，想在他的赞美诗某几页上做标记以便快速找到它们。书签起不了作用，因为纸张很容易掉出来。该经理需要能将书签黏在纸上但不用撕掉的东西。回到公司以后，他询问研发部的一位成员是否存在这样一种黏合剂可以完成这项工作。公司以前确实开发过这样的产品，但是因为公司后来发现这种黏合剂强度达不到工业使用的要求，并未投入市场。依照该经理的要求，研发部准备了一批胶水，并将其用于可取代书签的小纸片。

当要求制作该产品的经理开始考虑新产品时，他总结该产品不仅可作为书签使用，秘书还可以用它在文件上附上信息，而经理则可以用它给信件和备忘录附上便条。为了激起人们对这个产品的兴趣，该经理生产了一大批这种"可附着"便条（现在叫做记事贴），并将其分发给全公司的秘书。不久以后，越来越多的人开始索要该产品。于是，该经理下令切断产品供应，并告诉所有人如果需要该产品就必须与市场部联系。当索要记事贴的电话开始"轰炸"市场部的时候，该部门推断整个行业对这种便条纸都有很高的需求，于是开始大规模生产。现在记事贴是3M公司最大也是最成功的生产线之一。

问题：

1. 在该产品的发展中，创造性思维流程如何运作？描述四个步骤中各发生了什么？
2. 为什么经理把记事贴发给全公司的秘书使用？他的目的是什么？
3. 这属于哪一种创新类型，发明、外延、复制还是合成？请论证。
4. 本章中讨论到的哪种创新来源协助该产品获得成功？请详细解释。

第6章

伦理、环境和社会企业家

> 地球不是我们从祖先那里继承来的,而是我们从子孙那里借来的。
>
> ——俗语
>
> 什么商业活动会毁灭地球上的生命?
>
> ——雷·安德森(Ray Anderson),Interface公司总裁
>
> 社会企业家乐于接受变革,是机会导向的、不断创新的、足智多谋的价值创造者。他们能够发现资源,找到将资源调动至获得更高生产力和产量的领域的途径,也能够找到创造价值的方法。社会企业家是那些刻意追求公共利益的企业家,他们在社会中通过如下方式扮演变革的角色:接受一项使命去创造和维持社会价值;为实现自己的使命不懈寻求机会;不断创新、改变和学习;行事大胆,不受手头有限资源的限制;对于服务的对象和创造的成果表现出高度的责任感。
>
> ——J·格雷戈里·迪斯(J. Gregory Dees)
> 杜克大学社会企业家发展中心

本章要点

1. 认识到企业家是贪婪的地球掠夺者
2. 定义"伦理"一词
3. 了解犯罪的企业家的道德标准及其与其他企业家的道德标准的相似之处
4. 了解环境犯罪及其对企业家的诱惑
5. 介绍生态创业的概念
6. 了解跨文化情境下的道德标准和贪污腐败行为
7. 了解社会企业家精神的概念
8. 关注弱势企业家所面临的挑战并且欣赏世界各地多种多样的企业家精神

在过去的一个世纪中，我们经常听到的是："在商言商。"这就意味着企业利润和股东利益是远高于员工福利和环境保护的。这种听之任之的做法也许帮助一些人获得了财富，但是对于大多数人来说，却付出了巨大的社会代价，并且对地球环境造成了不可挽回的破坏。企业具有社会责任这种说法已经流行了很多年，这意味着企业在经营过程中要考虑社会价值。问题是当时的人们认为企业的社会价值只在于盈利，从事其他不能带来利益的活动会违背企业与股东之间制定的关于回报最大化的合约。但现在时代不同了。

世界上主要的生态系统都在衰退，这一点毋庸置疑。为什么呢？2005年《联合国千年生态评估报告》（United Nations Millennium Ecological Assessment）认为："人类不断给地球的自然功能施加压力，使我们不能再想当然地认为地球依然有能力养活我们的子孙后代。"联合国前秘书长安南说："地球上的物种数量正在以惊人的速度减少。"

正如托马斯·弗里德曼（Thomas Friedman）所说的那样，当今世界的问题是："它越来越热，越来越平，也越来越拥挤。新兴中产阶级出现在世界各地。人口的快速增长可能会导致出现饥荒和因抢夺生存空间而引发的战争。我们已经让地球上的大部分森林消失了。我们过度捕捞，过度狩猎，还污染空气，从而导致气候变暖。"

这也是体现社会公平的市场规模问题。正如微软的创始人比尔·盖茨所说的那样：

> 为什么人们获得的利益与他们的需要成反比呢？市场激励机制导致了这种情况的发生。在资本主义制度中，当人们的财富变多时，他们所得到的财务奖励也会变多；而当他们的财富减少时，所获得的财务奖励也会减少，直至为零。我们必须找到一个办法，让资本主义既为富人服务，也为穷人服务。

这些话对于21世纪的企业家来说是发人深省的，因为造成贫富差距拉大和地球环境被破坏的基本因素就是商业，而商业是由企业家主导的，大家都力求满足社会对于商品和服务的贪婪的欲望。企业家下一步会想到什么从而给地球带来破坏呢？或者像著名的商业领袖雷·安德森（Ray Anderson）所问的那样："下一个结束地球上生命的商业活动是什么？"如果我们坚持要毁灭我们的地球，就应该停止声称自己是高级生物。乔尼·米切尔（Joni Mitchell）在她的歌曲《黄色出租车》（Big Yellow Taxi）中这样唱道："他们把所有的树木砍掉，我们只能在树木博物馆里看到……他们兴建了天堂，里面还修了一个停车场。"

幸运的是，越来越多的研究证据显示，利润和可持续发展其实是可以两者兼得的。可持续发展的企业必须实现净收益，但一个保护环境的可持续发展的企业可以将这种净收益转化为有竞争优势的业务。一批精明的企业家已经将视线转向了气候变化方面的生意，他们被称作环保企业家或绿色企业家。他们可以"创造工具、建立制度、开发能源和制定道德标准，使我们的星球以更干净、更持久的方式生存下去"。可持续发展不仅仅是牟利的新形式——它还是以符合道德标准的方式创造财富的新形式。

本章内容丰富。首先着眼于企业经营的**伦理**（ethics）问题，从中可以了解到**社会企业家精神**（social entrepreneurship）的标志和社会企业家的特征；然后介绍环境企业家精神或**生态创业**（ecopreneurship），通过关注贪污腐败的问题研究跨文化背景下的企业家伦理行为；最后对处于弱势地位的企业家的重要性作出总结。

像其他管理学图书一样，文中全都是相对新颖的概念。是什么把它们串在一起？中国有句俗语："当风改变方向的时候，有人砌墙，有人造风车。"在 21 世纪，我们必须制造各种形状、各种大小和各种颜色的风车，使用它们，并且出售给他人。

定义企业家伦理

社会企业家是很有道德感的人，但很多商业企业家却不是这样。在整个亚太地区，社会企业家和商业企业家中定期地出现腐败现象和商业犯罪行为。伦理在商业世界显然不是个新话题。伦理学开始在哲学中占据显著地位至少是从苏格拉底、柏拉图、亚里士多德那个时代开始的。"**伦理**"（ethics）一词来源于希腊文 ethos，意思是风俗习惯和行为模式。数百年来哲学家都尝试着解释到底什么是正确的行为，什么是错误的行为。大约公元前 560 年，希腊思想家奇伦（Chilon）曾建议，商人宁可接受诚实的损失也不能赚取不诚实的利润。他的理由是，损失带来的痛苦可能是暂时的，但是由不诚实造成的伤害却是永远的——至今这仍然是一条适时的建议。

20 世纪八九十年代，一些著名的企业家卷入了由肆意掠夺和贪婪导致的臭名昭著的丑闻，这些事件很大程度上造成了今天经济和气候面临危机的局面。这种"不惜一切代价的贪婪"在 1987 年由戈登·盖柯（Gordon Gekko）执导、迈克尔·道格拉斯（Michael Douglas）主演的电影《华尔街》中得到了很好的诠释。

关键是，女士们，先生们，贪婪——没有比这更好的词了——是好的。贪婪是正确的，贪婪起了作用，贪婪就是进化精神的实质！不管是什么形式的贪婪——为了生活，为了钱，为了爱情或知识——都标志着人类的快速发展。请记住我的话，贪婪既挽救了泰尔达纸业（Teldar Paper），也挽救了美国这个千疮百孔的大公司。

总之，今天经济危机的发生很大程度上应当归咎于华尔街的老板们鼓励将不良贷款打包成更加复杂的证券，并花数十亿美元对其进行投资。早在 2002 年，美国联邦储备委员会前主席格林斯潘（Greenspan）就说："具有传染性的贪婪似乎已经控制了我们的商业社会……太多的企业高管寻求在股市获利。"21 世纪的全球经济危机就是由贪婪引起的，隐藏在**次贷危机**（sub-prime mortgage crisis）背后的实际上是掠夺性贷款和犯罪性暴利。同时，贪婪在将土地从用于种植粮食作物变为种植经济作物方面起到了很大的作用。

问题是，就像赛马一样，企业家有时会一叶障目，使自己的视野受到限制。他们知道怎么做才可以赚钱，因此并不总是遵守传统道德标准。

广义上说，伦理为社会上的一切行为提供了一个"可接受"的标准。伦理表明了在任何情况下，什么行为是对的、好的，什么行为是错的、坏的。道德观是个人或一个道德共同体所持有的价值观，定义了什么是美好的生活。我们的社会处于一个越来越充满活力的、不断变化的环境中，因此道德上的一致是不存在的。企业家要面对股东、客户、管理人员、社区、政府、雇员、私人利益团体、工会、同行等，同时，价值观、道德观念和社会规范都在不断变化。在这样一个迅速变化的环境中，对伦理的定义必然更多地是基于一个过程，而不是一个静态的代码。

图6—1说明了观察这个过程的概念框架。正如一位道德思想家所说，"在一个动态环境中，好、坏、对、错必然是由环境本身决定的。因此，与其依赖一整套死板的道德准则，还不如现在就开发一个道德过程"。

图6—1中描绘的象限显示了法律和道德长久以来的两难处境。从理想化的道德的与合法的位置（象限Ⅰ）到不道德的与不合法的位置（象限Ⅲ），你可以看到道德过程中活动的连贯性。然而，合法性给道德问题提供的是社会标准而非确定的答案。

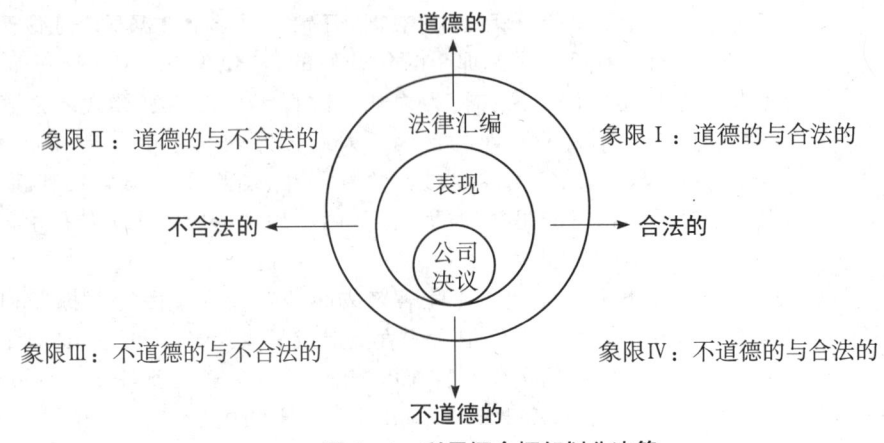

图6—1 利用概念框架划分决策

资料来源：Verne E. Henderson, "The ethical side of enterprise", *Sloan Management Review*, 23 (3), 1982: 37-48.

有道德问题的行为

在关注犯罪之余，我们也关注现实生活中商业企业家有时面临的伦理困境。在创建新企业的过程中，你又能在多大程度上符合道德的要求呢？公司的生存是企业家强有力的动力。尽管法律规定了什么行为是不合法的，却没有为伦理困境提供答案。

一项研究发现了有道德问题的行为的类型。表6—1总结了各种类型的区别。有道德问题的行为要么是"对公司不利"的，要么是"对公司有利"的。此外，企业中不同角色的人员的行为也是有区别的。**非职责行为**（non-role acts）是经理或企业家职责之外的行为，却是对公司不利的，这些行为包括做假账或挪用公款等。**失职行为**（role failure acts）也是对公司不利的，但这些行为是指员工未能履行自己的职责，包括敷衍的绩效评估和对账目作假视而不见等。**职责扭曲行为**（role distortion behaviors）和**职责声明行为**（role assertion behaviors）都被合理化为是对公司有利的。这些行为涉及那些看重公司长远利益的企业家，包括贿赂、价格垄断、控制供应商以及没能将有潜在危险的产品撤出市场等行为。

有时候道德的行为是不合法的，比如绿色和平组织（Greenpeace）对捕鲸船的干扰。法律有时可能与道德重叠，但并不是道德的完全复制。请看下面的例子：

- 导游把游客带到价格比较高的商店购物，之后与店主平分利润。
- 英美的烟草公司应对把吸烟传播到发展中国家负主要责任，万宝路香烟的广告用青春、运动和户外休闲的男女形象进行宣传，但是香烟每年会使上百万人丧命。
- 酒精饮料在广告中被描绘为会给人带来兴奋感、成就感和权力感的产品。
- 哈利·波特向小孩子出售可乐。
- 可乐和其他的苏打水饮料中含有使儿童变胖的卡路里，从而使之容易患上严重的疾病，更不用说口腔健康了。
- 雀巢广告在全球范围内宣传婴儿配方奶粉是可以替代母乳的。

这些简单的叙述证明了自由企业制度给人们带来的矛盾：一方面是利润、就业和效率；另一方面是环保、对个人和社会的尊重、诚实和正义。

当然环境犯罪是最严重的有道德问题的行为之一，不管是大型企业还是新建的小企业都有这类问题。随着政府加大管理力度，企业开始寻找新的方式来违反保护环境的法律，如非法砍伐和走私木材、走私野生动物、销售消耗臭氧层物质的黑市和排放其他有害物及化学物质已经形成了另一种形式的国际犯罪。这些企业污染了空气、水和土地，使有商业价值的野生动物濒临灭绝，并且极大地破坏了地球的生物完整性。因为正确处理废弃物需要时间和金钱，所以有些公司处心积虑地违法倾泻废料。污染环境罪不仅破坏了环境，而且为犯罪分子提供了暴利。排到河流、空气和地面的非法废弃物会大大破坏社区的生活、减少就业机会、降低物业价值。一家公司的违法行为可以产生深远的影响。

表6—1　　　　　　　　　　　有道德问题的行为的类型

类型	直接影响	例子
非职责行为	对公司不利	做假账 挪用公款 偷窃
失职行为	对公司不利	敷衍的绩效评估 对账目作假视而不见 过分表扬、原谅绩效差的员工
职责扭曲行为	对公司有利	贿赂 价格垄断 控制供应商
职责声明行为	对公司有利	在津巴布韦投资 利用核技术产生能量 首次声称产品不安全后没有将其撤下生产线

资料来源：James A. Waters and Frederick Bird, "Attending to Ethics in Management", *Journal of Business Ethics*, 5, 1989: 494.

跨文化商业领域的伦理观

最令人烦恼的事情之一是人们对如何在同一文化内部和跨国文化之间做生意存在分歧。两个极端的立场是**相对主义者伦理观**（relativist ethics）和**绝对主义者伦理观**（absolutist ethics）：相对主义者认为应"入乡随俗"；绝对主义者认为母国价值观必须被应用到任何地方，就像在母国一样。

当然，"你上一年在贿赂方面得到或付出的有多少"这一问题很难得到回答。《全球腐败报告》（Global Corruption Report）是对世界范围内**腐败**（corruption）感知的年度评估报告，由透明国际（Transparency International）提供。这一组织是国际领先的反腐败非政府组织（NGO）。腐败感知指数与商人、学者、风险分析师对腐败程度的感知相关，幅度从10（高度廉洁）到0（高度腐败）。亚太国家或地区这一指数的得分见表6—2。

表6—2　　　　　　　　2008年亚太国家或地区腐败感知指数

世界排名	国家或地区	2008年腐败感知指数
1	新西兰	9.3
4	新加坡	9.2
9	澳大利亚	8.7
12	中国香港	8.1
18	日本	7.3
40	韩国	5.6
47	马来西亚	5.1
72	中国内地	3.6
80	泰国	3.5
85	印度	3.4
121	越南	2.7
126	印度尼西亚	2.6
141	菲律宾	2.3

很明显，关注国际市场的企业家面临着亚太地区复杂的商业环境，从相对清廉的新西兰、新加坡到存在严重商业腐败的国家，如菲律宾和印度尼西亚。甚至在韩国，做生意就意味着对付难缠的官员和贿赂。

比如，收受**贿赂**（bribery）（在企业家做生意的过程中，向任何人赠送或从任何人那里接受任何礼物、贷款、费用、奖励及其他任何好处，作为允许其从事某种不诚实、非法或违反信托约定的事情的诱因）。由贿赂造成的风险意识在逐步增强，尤其是在近期出现丑闻的情况下，并且公众期望商业部门有更高的可信度。

社会企业家精神

在认识了犯罪企业家和造成生态灭绝的企业家后，企业家领域看起来好像无比阴暗。幸运的是，我们现在可以转向企业家多样化更为积极的一面，即社会企业家。伦敦商学院院长劳拉·泰森（Laura Tyson）曾经将社会企业家定义为"受到社会使命驱动，具有以创新途径解决不能由市场或者公共机构解决的社会问题的愿望的一类人"。美国社会企业家网络（Ashoka Fellows）的创始人比尔·德雷顿（Bill Drayton）用下述方法对其进行分析：

> 当专家解决客户问题时，他们就成功了。管理者使得他的组织成功时就功成名就了。社会企业家跳过最直接的问题，直至从根本上改变系统，将解决方案推广，最终说服整个社会取得进步。

考虑到社会企业家精神这一领域的重要性，很奇怪它在研究和教学方面得到的关注如此之少。一方面是因为关注的社会企业家精神没有一致的定义，另一方面是因为其透明度。虽然这个名词比较新，但是用创新战略来解决社会问题的个人却不是新近出现的。自人类有社区生活以来，社会企业家就存在。但是，很多人看待这一现象就像人们无视自己的文化一样——它是透明的。

关于社会企业家的定义有很多争论。问题在于社会企业家包含一切，可以从非营利性组织，如慈善机构和基金会，到合作互助社区，最后到有社会目标的营利性组织和信托企业——甚至可以是政府。但是可能不仅仅用企业来定义它会更好，因为社会企业家是社会变革的中介。他们根据愿望来创造并维持社会价值观。他们认为应该对他们服务的领域负责。他们利用资产和财富为社区创造福利并通过交易（至少部分是）来实现这一目标。利润和盈余是用于企业和社区的再投资而不是分配给股东的。存在两个或者三个基准范式来平衡经济、社会以及可能的环境效益。社会收入的来源也是均匀分布的，不是所有的社会企业家都有"现金交易"（即使是来自赠与）。

社会企业家，像他们的企业一样，经过四个成长阶段（见表6—3），从学徒，到成长，到腾飞，最后到成熟。

表6—3　　　　　　　　　　　　社会企业家的成长阶段

阶段1：学徒	阶段2：成长	阶段3：腾飞	阶段4：成熟
● 获得技能和经验 ● 研究该领域、问题、竞争对手和现存的方法 ● 构想、研究并实现新理念	● 投入百分之百的精力来实现新理念 ● 创造运行的激励基础 ● 测试并修正角色模范程序 ● 吸引支持	● 将理念推广到地区和国家层面 ● 巩固制度和基金 ● 重新识别理念并尊重该理念	● 创新被广泛接受为社会的新模式 ● 社会企业家被认为是该领域的改革者 ● 社会企业家可能开始其他创新或者在社会上扮演更广义的领导者
持续期：10年以上	持续期：3～5年	持续期：5～15年	持续期不限

资料来源：Ashoka Institute, "Innovations for the Public", cited in *The Jobs Newsletter: Essential Information on an Essential Issue*, 147, 27 June 2001, www.jobsletter.org.nz/jbl14700.htm.

施瓦布基金会（Schwab Foundation）定义了三种类型的社会企业：

（1）杠杆非营利企业：企业家设立非营利组织来推动采用解决市场或政府失灵问题的创意。在此过程中，他们利用社会各界，包括私有组织、公共组织以及志愿者，通过乘法效应来推动创新。组织依靠外部资金得以生存，但是其长期可持续性因为其成员对组织愿景和目标的承诺而得到加强，最后超越组织本身。随着时间的推移，企业家可能转变成这样一个形象：在有些情况下是为了更广泛的运动，因为其他人承担了责任和领导任务。

（2）混合非营利企业：企业家设立非营利企业，但是此模型包括一定程度的成本补偿，通过销售商品和服务给多个部门，包括公共的和私有的以及目标群体组织来获得。但是，为了维持转变行为并满足客户，如贫困者、社会边缘人群的需求，企业家必须启用其他渠道的资金，包括来自公共部门或者慈善机构的资金。这些资金可以采用捐赠或者贷款的形式，甚至可以采用准权益的形式。

（3）社会型企业：企业家设立企业来推动变革。当利润产生时，主要的目的不是最大化股东的财务回报，而是使企业扩大，并能有效地惠及更多需要的人。积累财富不是优先考虑的事，利润被再次投资到企业是为了增加资金。企业家寻求对投资的财务回报和社会回报都感兴趣的投资者。

看待这一问题的另一种方法是借助营利企业和非营利企业设计的价值创造流（见图6—2）。这一流程从传统非营利企业的社会价值到传统企业的经济价值，在这中间也有有趣的升级，比如社会责任型企业。其实，沿着这条价值流，除了两个极端以外，可以从任一位置找到社会企业家。当企业创造的价值同时包括社会价值和经济价值时，它就可以称作社会型企业。

每种文化都有自己的社会企业家。哈丁（Harding）总结出，当今世界3.2%的成年人可以称作社会企业家，也就是18～64岁的139 505 457人。年轻人更有可能参与社会企业家活动。教育是使人倾向于成为社会企业家的很好的预测指标。与其他成员相比，学生更有可能参与社会企业家活动。有趣的是，非白人种族组织在社会企业家上的表现相比白人组织更为活跃。收入和损失似乎不能成为社会企业家活动良好的预测指标。

传统非营利企业	获得少量收入的非营利企业	非营利企业	社会责任型企业	有社会责任感的企业	传统企业
社会价值		经济社会价值			经济价值

图6—2　价值创造流

在亚太地区，社会企业家集中在印度次大陆，尤其是印度、巴基斯坦和孟加拉国，原因包括：自20世纪40年代以来该地区遭受的政治问题、由这些国家的贫穷带来的严重的困境，以及发生在这些地区的大量的自然灾难。

社会或环境创新和大型组织兼容吗？我们在后面讨论是否存在与社会企业家对等的企业时会解释这个问题。答案当然是肯定的，社会内部企业家表明企业和社会价值观可以兼容。

创业广角

亚太地区的社会企业家

● 澳大利亚：尼克·弗朗西斯（Nic Frances）。组织：Cool nrg International；模式：社会型企业；关注：能源、环境；创新：Cool nrg国际有限公司（Cool nrg）设计、发起并宣传创新节能行动,使全世界许多顾客能够了解这一行动,在降低能源成本的同时减少二氧化碳的排放。前任股东弗朗西斯(Frances)在20世纪80年代高峰期时离开伦敦,到利物浦创建家居资源中心,将其打造成龙头社会企业。1996年他被选为英格兰牧师,1998年移居到澳大利亚,在那里他领导圣劳伦斯兄弟公司——对抗贫困的龙头企业——直至2004年。2007年他创办了Cool nrg,靠他的努力来扭转气候变化的趋势,继承了2004年他与别人合资创办的企业Easy Being Green的传统。

- 印度:阿肖克·霍斯拉(Ashok Khosla)。组织:Development Alternatives (DA);创建年份:1983年;网址:www.devalt.org;模式:非营利企业与社会型企业的结合。DA不断推出新技术、新方法已经有25年了,一直秉承两大目标:为穷人创造收入与重塑环境。它的成功之处包括为农村市场提供生产标准化的、能负担得起的产品的机器,比如屋面系统、土夯的建筑、砖头、回收纸、纺织品、烤炉、压块机,以及沼气发电。阿肖克·霍斯拉获得哈佛大学试验物理学博士学位。他放弃了很有前景的科学家职业生涯,转而关注环境及发展问题。

- 中国:吴青。组织:北京农村妇女文化发展中心;创建年份:1993年;网址:www.nongjianv.org;模式:杠杆非营利企业;创新:为了实现法治和保障妇女权利的愿景,吴青必须不断地解放思想。作为人大代表,她借助中国宪法这一工具为所有人,尤其是妇女的人权孜孜不倦地工作。她帮助开通了妇女热线,与他人合办了农村妇女杂志及其延伸项目。吴青是中国妇女和政客的榜样。她的家庭背景毫无疑问对她所展现的领导特质起了很大的作用:她的母亲是中国著名的女作家,父亲将社会学研究带到中国;两人都是中国人,但是在美国最好的大学学习过,并回到祖国服务人民。

- 泰国:米猜·威拉瓦亚(Mechai Viravaidya)。组织:人口与社区发展协会(Population and Community Development Association, PDA);创建年份:1974年;网址:www.pda.or.th;模式:非营利企业与社会型企业的结合。PDA关注把控制不可持续的人口增长作为为发展保留资源的第一步。作为第一个借助非医务人员在农村和城市分发口服避孕药的组织,PDA使用有创造性的、幽默的方式来宣传家庭规划,解决了控制人口的问题。米猜·威拉瓦亚是一个精力充沛的人,总是能想出可以提高泰国和海外人们生活质量的新点子。

资料来源:Schwab Foundation, "Profiles of Social Entrepreneurs", www.schwabfoundation.org.

社会企业家一个重要的作用和人权相关。企业家可以有力地对抗当地侵犯人权者。人权组织长期关注企业,因为它们在世界舞台上相比其他成员所起的作用并不小。朝着这个方向迈出一大步的是:2003年8月,联合国促进和保护人权小组委员会(UN Sub-Commission on the Promotion and Protection of Human Rights)批准通过了关于跨国企业和其他企业在人权方面的责任的联合国规范。

这些联合国规范规定了企业在"它们的活动和影响范围内"在人权方面应承担的责任。这些责任包括保证机会平等、不歧视;不侵犯人身安全,也不通过侵犯人身安全获利;保护工人权利,包括不强制劳动、不使用童工、提供安全健康的工作环境、支付足够的报酬、允许自由结盟;避免腐败、保持透明;尊重经济、社会和文化权利;保证在业务活动和营销活动中的消费者权益保护、公共安全、环境保护,包括遵守预警原则。联合国规范也列出了实现和强化这些责任的潜在步骤。联合国规范既不是国际条例,也不在法律上适用于国家或企业,但是，它基本上延续了已有的人权法律和原则，包括政府和企业的道德和政治承诺，代表了发展过程中的法律标准。

生态企业家

当然，世界上最严重的"犯罪"之一是全球变暖。过去，一些企业家简单地想要否定地球面临的问题。最糟的是，他们更加紧锣密鼓地开采稀缺资源，以便在资源完全耗尽之前获得他们"公平的份额"。当然，这只能使问题变得更糟。为了对付这种行为，政府出台了一系列规章来限制这种对环境的过度开发。这反而增加了企业的承诺成本，导致恶性循环，因为企业对规章的抵制导致政府施加更大的压力，进而导致企业更多的抵制。

幸运的是，在21世纪，越来越多的企业家认识到对环境友好不一定意味着会遇到更大的瓶颈。事实上，它甚至可以带来利润的增长。创新型企业可以通过以下方法获得竞争优势：

- 通过减少污染物的产生和原材料的使用来降低成本。
- 通过满足顾客对环保产品的需求培养更高的顾客忠诚度。
- 创造适合工作的怡人环境，使得招聘更容易，并能留住接受过培训的员工。

文献强调创新型个人和组织在使企业朝着可持续发展方向转变方面的作用。"生态企业家"这个名词是两个单词的融合："生态"和"企业家"。企业家有时通过不顾后果地挖掘市场机会来获得成功，这可能与保护地球、避免环境因市场力量受到破坏相悖。但是**生态企业家**（ecopreneur）将企业家不屈不挠的动力和想象力与对环境保护的管理职责结合起来。

生态企业家自20世纪90年代早期就已成为企业研究中的一个概念。埃尔金顿和伯克（Elkington & Burke）在他们的《绿色资本主义》（The Green Capitalists）一书中写道：环保主义符合企业家的长期利益，因为资源消耗和交通拥堵会减少利润。对于"绿色资本主义"这一观点，重要的是：(1) 企业可以调整其行为；(2) 顾客可以做出利于环境的购买决定。史蒂芬·班尼特（Steven Bennett）的《生态企业家》（Ecopreneuring）一书关注创新型企业家利用生态业务，如废水回收、空气污染减少、"大气生意"、地球燃料、供水系统、安全食物、环境投资、环境教育等创造增长的机会。他们与伯利和布卢（Berle & Blue）一起，开始使用"环境企业家"、"绿色企业家"、"生态企业家"等名词。20世纪90年代末期，安德森（Andersen）于1998年出版的《环境资本主义》（Enviro-Capitalists）一书调查如何在环境领域成为一名成功的企业家。最有趣的是三位著名的早期美国环保主义者的创业史，他们是：詹姆斯·约翰·奥杜邦（James John Audubon，1785—1851），约翰·缪尔（John Muir，1838—1914），埃尔多·里奥普尔多（Aldo Leopoldo，1887—1948）。（在维基百科上可以找到更多关于他们的信息。）

研究者沃利和泰勒（Walley & Taylor）将各种关于生态企业家的定义放到了"绿色企业家的分类"中（见图6—3）。其中显然有很多重叠之处，但是这四种"理想类型"是有启发意义的。纵轴是"导向"，即生态企业家是否适应"经济"利益或者非营利的"可持续性"。横轴是指两种类型结构的影响："软"影响是指人和人员网络,"硬"影响是指具体的市场激励和信号以及政府规范。这两个轴划分出四种类型。按照顺时针方向,右上方是"创新型机会主义者",比如,将回收氯氟烃(CFCs)的政府规范作为回收冰箱业务的利基市场的一类人;右下方是生态企业家中最有远见的一类人(比如安妮塔·罗迪克,天然肌肤和头发护理产品的生产商),他们通过创办企业来"改变世界";左下方是"有道德的反对者",他们受到朋友、人际网和过去经历的影响,而非受到改变世界框架的愿景的影响,与建立社会边缘性企业(如工艺交换或素咖啡)的人有完全相反的生活方式;左上方是"特定的企业家",他们偶尔会有绿色行动,比如,生产有机猪肉的企业家可能只是为了满足市场需求,而并非有一些哲学倾向。

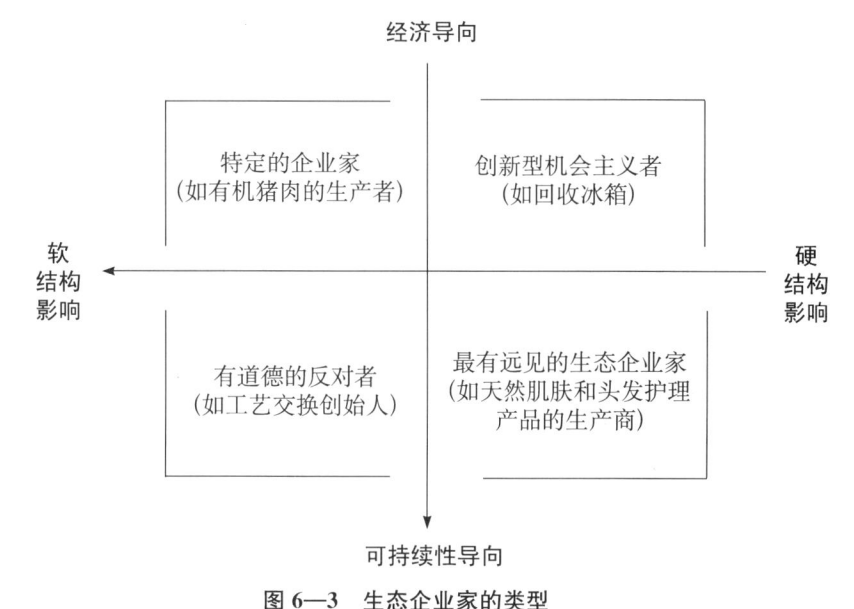

```
                    经济导向
                       │
    ┌──────────────────┼──────────────────┐
    │  特定的企业家     │  创新型机会主义者  │
    │ (如有机猪肉的     │  (如回收冰箱)     │
    │   生产者)        │                  │
    │                  │                  │
软 ←┼──────────────────┼──────────────────┼→ 硬
结构│                  │                  │  结构
影响│                  │                  │  影响
    │  有道德的反对者   │  最有远见的生态    │
    │ (如工艺交换创始人)│  企业家          │
    │                  │ (如天然肌肤和头发  │
    │                  │  护理产品的生产商) │
    └──────────────────┼──────────────────┘
                       │
                       ▼
                   可持续性导向
```

图6—3 生态企业家的类型

资料来源:E. E. (Liz) Walley and D. W. (David) Taylor, "Opportunists, Champions, Mavericks…", *Greener Management International*, Summer 2002:40.

事实上,许多有抱负的企业家只是特定的企业家,他们在受碳资源约束的世界里寻求机会。这些人依靠他们的能力找到产品和服务以应对气候风险,这样也许能降低监管成本,或者通过绿色产业改进或恢复企业声誉。有许多非理想主义的有头脑的企业家试图在供应链上应对气候风险,投资低碳活动,创造新技术,在改善地球的同时带动销售。从中我们发现从事气候变革业务的企业家,是在变暖的地球上寻求竞争优势,而非受到改变环境的理想主义的驱动。

根据拉希和韦林顿(Lash & Wellington)的观点,气候变革型企业家有两种潜在的利益驱动,即收入驱动和成本驱动。

(1)收入驱动:
- 在与气候相关的成本中有多少比例可以转嫁给顾客?
- 如何能从新的低碳产品中获得收益?
- 何种新形式的收入(如碳信用额)可以实现?
- 面临的来自低碳替代品的威胁是什么?
- 天气类型对收入的影响是什么?

（2）成本驱动：
- 监管政策如何影响我们的成本？（我们需要购买排放许可吗？）
- 排放有可能被征税吗？
- 因为减排计划我们面临什么资本支出？
- 我们的原材料成本会增加多少？我们供应商的原材料成本会增加多少？
- 我们的能源成本会增加多少？
- 我们的风险特征如何影响保费？

这个观点与约瑟夫·熊彼特（1949）的观点相似，他将创业活动看成是"创造性破坏的过程"，将企业家看成是"变革的中介"。正如肖特嘉（Schaltegger）所写，"生态企业家破坏现有的常规的生产方法、产品、市场结构和消费类型，取而代之的是更优越的环境产品和服务。他们创造了改善环境的市场动态机制"。

生态企业家受到商业利润和道德价值观的双重驱动。正如澳大利亚教育家迈克尔·沙佩尔（Michael Schaper）所说，"企业家就是能够驾驭激情、主动性和创造力的人。当这种动态机制用于形成商业解决方案以帮助企业走上可持续发展之路时，所获的结果就有可能是真正吸引人的——并且回报是丰厚的"。

根据艾萨克（Isaak）的研究，有两种类型的生态企业：一是从安于现状发展到对环境更加负责的"绿色"企业；二是从一开始就提供绿色产品和服务的"绿绿"企业。根据这一理想类型的定义，生态企业家是"创立绿色企业以从根本上改变经济领域"的人。但是在这两种极端的类型之间，艾萨克说，也可能有"生态企业家通过不断的努力，致力于通过减少资源的使用这一有效率的方法来达到节约成本的目的，进而为可持续发展做出贡献"。

创业广角

蜜蜂网络

发展中国家的业余发明家正在解决一些专家所不屑去解决的实际问题。

在颠簸的路面上快速行驶的自行车、可以手动操作汽车踏板的操纵杆和用脚踏板带动的洗衣机之间有什么共同点？

这些都是关于"异常发明"的例子，之所以这样说，是因为它们都是由业余发明家发明的，旨在解决一些影响其日常生活的问题，而不是为了挣钱。就拿用脚踏板带动的洗衣机来说，这是由印度西南部喀拉拉邦的默哈伯利布勒姆地区的一个名叫雷姆雅·乔斯（Remya Jose）的女孩在她14岁还在上学时发明的。这一发明的起因是她花费在用手来洗衣服上的时间影响了她的学习。

这些草根的发明是由逆境推动的，因此发明它们的人往往受制于语言、文化及地理因素而不能将他们的发明传播到其他有相同需要的人那里。即使没有这些限制，这些发明家也要冒着被邻居冷落的风险，因为他们没有选择与他们邻居相同的方式去面对生活中的困难，而是大胆地尝试以独特的方式去解决问题。

克服这些阻碍并推动这些异常发明进行的一个办法是蜜蜂网络。该网络是20多年前由位于艾哈迈达巴德的印度管理协会（Indian Institute of Management）中的一员安尼尔·古达（Anil Gupta）建立的。正是他创造了"异常发明"这个词。该网络运用社区组织、当地的报纸、多媒体演示以及其他渠道去寻找这些异常发明家。网络使他们相互联系并将他们引荐给科学家和学者，由这些人去测试这些发明并提供专利及商业计划上的帮助。

现在蜜蜂网络拥有 10 000 多项发明。例如，能够在颠簸的路面上快速行驶的自行车是由住在印度北部偏僻地区的卡纳克·达斯（Kanak Das）发明的。减震器所提供的能量经由一系列的发条被用来驱动脚踏板，而由卡纳克·达斯提供的最新的模型中，这些能量将用来充电，这样自行车就变成了电动自行车。

蜜蜂网络也通过每年两次的 Shodh Yatra（梵语中是"行中求知"的意思）活动去寻找发明家。长达一周时间的长途跋涉使得安尼尔·古达和其他推进者深入印度的偏远地区，在当地停留，与人们交谈，并发现何人发明了何种东西。最近在经过克什米尔的阿南特纳格地区时，他们发现了阿布杜尔·拉希德·达尔（Abdul Rashid Dar），他发明了卡在汽车离合器上的操纵杆，这种操纵杆能够帮助那些腿脚不方便的人用手来驾驶汽车。

现在安尼尔·古达想要在发达国家发掘异常发明家。有了这个想法，第 20 次的 Shodh Yatra 将首次走出印度并计划最早于下个月在英格兰北部靠近纽卡斯尔的地方开展活动。

资料来源："Deviant Research", *New Scientist*, 22 September 2007: 56.

企业家精神和弱势群体

另一种审视合乎道德的企业家精神的方法是关注那些出身艰难的企业家。我们所说的**弱势企业家**（disadvantaged entrepreneurs）是什么意思呢？这里有许多方法来解释该词。

下面列出了当弱势群体考虑自谋生路时所面临的种种障碍：

- 社会及个人：衣、食、住问题未解决；残疾；财务困难及相关压力；家庭处境困难或者家庭负担沉重；缺乏自信；读写能力不足；正式教育水平和学历低；缺乏工作所需的技能及证书；教育上的不利经历；心理问题；滥用药物或酗酒；不满或脱离民主制度；被剥夺公民选举权。
- 地理：地处偏僻的农村；城市弱势群体的代际失业；当地缺乏获得培训和教育的机会。
- 社区：缺少促进就业的有力的区域性办法；缺少雇佣所需的社会资本网络；缺少与培训及雇佣机会相关的信息。
- 文化：移民和难民所经历的语言障碍与文化差异；少数族裔所经历的种族主义；经历的由性别、种族、阶层、宗教、年龄、性取向、残疾、家庭状况引起的歧视。
- 经济：很少有或者没有工作；缺少照顾孩子的服务以至于有孩子的人不能去工作；随着福利水平的提升或者税收制度的改善而缺少工作的动力。
- 政治和结构：国家没有提供社会服务或者基础设施；限制接受培训的资格的政府政策；在公民权利和公民事务上信息不明确；限制向诉讼者服务的资格。
- 组织：利用严格的招聘方式的培训机构和雇主；具有严格的适任标准、培训方法、空间有限的场所和机构的培训组织；受训者缺乏社会帮助的培训组织；与客户群缺少接触的培训方案和雇主。

关键是弱势环境可能真的使一个人变得更加具有企业家精神。例如，斯卡思和戈菲（Scase & Goffee）指出，"企业家更可能来自那些在社会中被剥削或者边缘化的群体"，也就是"那些被歧视、被迫害、被蔑视或者遭受非正常剥削的群体"。一些研究专门关注企业家的一些被边缘化的特质。夏皮罗（Shapero）提出了"企业家是一个处于困境中的人"的论点。这与斯坦沃茨和柯伦（Stanworth & Curran）所强调的**社会边缘化理论**（social marginality）是一致的，他们认为个体所认识到的巨大的个人贡献与其社会地位的不一致性可能会促使他们发展为企业家。哈根（Hagen）认为，一旦群体的行为不被接受或者是群体被歧视，那么**心理不平衡感**（psychological disequilibrium）就会产生，这将会激发个人的创业行为，以弥补这种不平衡感。

当然，这些理论并不能概括所有的企业家，但这是一个有意思的假设，也就是认为弱势群体比其他人更可能开始创业。在发达国家，这些群体涉及妇女、青年、土著居民和移民，例如，在新奥尔良的非裔美国人，在伦敦的从印度移民来的女性或者在新加坡的华裔人士。这一弱势群体同样包括在悉尼或者圣弗朗西斯科的同性恋企业家、在海湾地区的巴基斯坦企业家，或者一些少数宗教团体，如澳大利亚的锡克教徒（Sikhs）。再多的论述也无法穷尽这些有趣的故事。但是对于这些弱势企业家来说，所面临的困难也很多：

- 尼泊尔的同性恋企业家：在尼泊尔 Baluwatar 的繁华的地区，女性同性恋企业家开办了一家杂货店，用于支持她们自己的创业，为她们自己的社区创造就业机会。Mitini 群体中的很多女性在公布其性取向并拒绝和男性结婚之后，被家庭遗弃。社会的偏见也使得她们的房东将其扫地出门，从而造成她们经常受到尼泊尔皇家军队的骚扰。
- 西伯利亚东部的驯鹿企业家：仅仅在 80 年前，西伯利亚的猎人和牧民，即众所周知的 Kalar Evenks 人，以传统的方式生活着，但是他们稳定的、有进取心的生活不断受到破坏。苏联解体使他们的驯鹿收归集体所有并且所有的人统一集中在村庄生活。重建工作岗位和持续的社会经济危机、经济混乱、失业、酗酒和传统文化的缺失接踵而至。在过去的 20 年里，Kalar Evenks 人利用其创业技能去发展新的事业以保存传统价值，寻求多样的方式以利于从更广阔的经济世界中获取更多的利益。今天，Evenks 人正在寻找新的有利可图的方式来维系他们独特的生存文化——基于游牧的资源开发方式以及像狩猎、放牧驯鹿一样古老的工作方式。
- 喀拉拉邦的旅游业企业家：印度喀拉拉邦政府认识到本地居民缺乏企业家技能，这阻碍了当地经济的发展。如果喀拉拉邦想要保护和维系其自然及文化资产，当地的企业家就要提高他们的技能水平。将本地船式民居转变成旅游产品描绘了当地变革和规划的蓝图，而该蓝图具有增进社区福利、促进经济发展的潜能。由于较低的进入壁垒及对现代的、更有责任意识的旅游方式的需求，这幅蓝图显得格外具有吸引力。此外，这使得传统行业及手工业恢复了活力，并强化了社会系统及文化传统。
- 马尔代夫的迪维希人：在马尔代夫没有财务公司、投资银行、贸易银行，也没有股市。但是，几乎没有接受过正式教育的迪维希企业家却使用简单的工具实现了重要的经济职能。他们没有觉察到基础设施的不足以及资本的缺乏这些制约因素，也不关心风险。整个岛群在市场经济上取得了繁荣，其首都就是一个聚集小企业的城镇。失业率从未超过1%，迪维希人的平均收入达到该地区的最高水平。

土著企业家

"土著居民"（indigenous people）一词没有一致的定义。但绝大多数定义包含了文化组织，该组织在被殖民化之前具有一段连续的历史，并且其生存具有较大的独立性或者较少受更大的民族及国家的影响。这些居民至少部分维系了其独特的语言、文化及社会或组织特征。许多土著组织具有共同的特征，包括对仅能维持生存的产出的依赖以及大体上为非都市化的组织。

土著组织存在于每个宜居的气候带及大陆。他们遭受长期贫困、低水平的教育及健康状况等不利因素的困扰，最初的直接经济援助收效甚微，因为这些计划经常只关注表面现象而忽视了当地社会及经济上功能失调的原因。现在有人称"第二波"援助是一个更为积极的过程，因为当地居民联合起来，努力通过企业家的企业来改进他们的社会及经济地位，换句话说，就是通过创造**土著企业家**（indigenous entrepreneurs）来实现。

所有有土著居民的国家，对土著居民的经济及社会地位的剥夺一直保持着较高的政策关注度。殖民及后殖民的种种行为剥夺了土著居民的土地、文化以及人权。自决权的缺失否定了土著居民独自处理自身事务的权利。在全球范围内，这被证明会给社会及经济带来毁灭性的打击。通过本地企业家来激起自决意识对一些组织来说具有积极的意义，但是这不能解决所有土著居民的问题。

在世界范围内，发展新的土著企业家活动可以极大地提高参与者的经济和社会地位，对这一观点的社会认同感日益增强。最佳实践案例显示穷人（不论是不是土著居民）可以通过企业实现提高生活标准的目标。其说服力之强以至于联合国前秘书长科菲·安南与之前的那些忽视个体层面的组织划清界限，并创立了一个基于个体层面与发展的委员会。这引起了更多的关注，在寻求增加机会方面是一个积极的过程，并促进了经济及社会的进步。

尽管有大量的关于少数族裔企业家（例如非洲裔美国人、西班牙人）的文献，特别是在北美地区，但对土著企业家精神这一领域的研究仍然不足。或许大多数研究局限于北美土著居民，特别是土著美洲印第安人及加拿大因纽特人，但从世界范围看仍有许多关于土著企业家的有意思的研究。在后殖民、后移民社会，世界范围内的土著居民正在接受企业家精神。

本章的网络资源

社会企业家

国际经济学商学学生联合会（AIESEC）	www.aiesec.org
社会企业家发展中心	www.fuqua.duke.edu/centers/case
Kiva	www.kiva.org
社会企业联盟	www.se-alliance.org
社会创业教学资源手册	www.universitynetwork.org/handbook
社会创新对话	http://sic.conversationsnetwork.org
社会风险投资网	www.svn.org

国际大学生创业计划大赛	www.sife.org
Sustain Ability	www.sustainability.com/
TED：值得传播的理念	www.ted.com
社会企业家协会	www.socialent.org
施瓦布基金会	www.schwabfound.org
社会创业大学网络	www.universitynetwork.org
商业道德	
实践与职业道德协会（美国）	www.indiana.edu/~appe
澳大利亚三一学院	www.trinity.wa.edu.au
企业社会责任（美国）	www.bsr.org
应用伦理学研究中心（中国香港）	www.cae.hkbu.edu.hk
商业伦理研究中心（美国）	www.bentley.edu/cbe/
商业伦理研究中心（美国）	www.stthom.edu/cbes
商业伦理研究中心（美国）	www.ethicsandbusiness.org
欧洲商业伦理网络（英国和欧洲）	www.ebenuk.org
商业道德名言	www.valuequotes.net
香港道德发展中心（中国香港）	www.icac.org.hk
廉政公署（中国香港）	www.icac.org.hk
商业伦理研究所（英国）	www.ibe.org.uk
国际经济伦理协会（美国）	www.business-ethics.org
国际企业、经济、伦理学会（美国）	www.isbee.org
商业伦理协会（美国）	www.societyforbusinessethics.org
透明国际	www.transparency.org
世界银行学院	www.worldbank.org/wbi
劳伦斯·金克林企业伦理研究中心（美国）	www.zicklincenter.org
商业与人权	
人权的宗旨	www.aimforhumanrights.org
商业与人权资源中心	www.business-humanrights.org
商业领袖人权倡议组织	www.blihr.org
全球报告倡议组织	www.globalreporting.org
赤道原则	www.equator-principles.com
沃尔夫斯堡集团	www.wolfsberg-principles.com
联合国环境规划署金融倡议	www.unepfi.org/
联合国全球契约	www.unglobalcompact.org
安全和人权自愿原则	www.voluntaryprinciples.org

小结

全球经济和气候危机使得考虑企业家的伦理方面的作用成为必要。世界各地的企业家是全球最有希望解决这些大问题的人群中的一员，也是最突出的违反者中的一员。

伦理是一套规定行为规范的原则，说明什么是对的，什么是错的，也可说明道德责任和义务。企业家面临许多伦理决策，尤其是在他们创业的早期阶段。有些人得出了"贪婪是好的"这样的结论，有些人则会考虑他们行为的道德方面的后果。

决策可能是合法却又不道德的，也可能是不合法却又道德的。因此，企业家可以做出四种类型的决策：合法的与道德的，合法的与不道德的，不合法的与道德的以及不合法的与不道德的。当做出的决策接近不道德的边界时，企业家通常会使他们的选择合理化。

企业家其实有不为人知的一面。不道德的企业家和有道德的企业家一样面临一些创业和成长的困境。

对企业家来说，重要的是认识到许多决策的制定是复杂的，并且在处理一个决策时要考虑所有道德方面的因素是很困难的，其中一些可能会被忽视，一些可能会因为经济成本太高而被回避。总之，伦理有时候是个人的主观判断，在一个企业家看来是不道德的事情在另一个企业家看来却是道德的。

今天对地球最大的伦理方面的威胁之一就是对环境的不道德行为——从非法砍伐和走私木材到走私野生动物、销售消耗臭氧层物质的黑市以及其他形式的危险废弃物和化学品的排放。

一个生态企业使企业家将其承担保护者的职责与其不懈的努力和想象力相结合。生态企业的典型例子包括美体小铺（The Body Shop，TBS）和蜜蜂网络。

社会企业家与商业企业家具有许多相同的特点，但他们的动机是不同的，前者的兴趣是创造社会资本。社会企业被用于指代以市场为基础的寻求社会目标的企业。

企业家经常要面对许多国家的贪污和贿赂。新西兰和新加坡的腐败程度几乎为零，而印度尼西亚等国家面临非常严重的腐败状况。

对企业施加伦理方面的影响的机会给所有的企业家带来了一项独特的用伦理道德来进行领导的挑战。尽管经常在伦理方面缺少明确性和方向性，但伦理将继续是 21 世纪的企业家面临的主要问题。

我们研究了弱势这一概念。是否处于弱势地位的人实际上比其他人更可能成为企业家？这些弱势包括文化、社会、地理、物理方面等。处于弱势地位的企业家面对种族、性别、文化等方面的困境。在所有有大量土著居民的国家，企业家精神和自主创业的缓慢增长引起了人们的关注。

思考题

1. 用你自己的语言和经历说明，当你使用伦理这个术语时你想要表达的意思。

2. 一个小型制药公司刚刚获准上市其新的止痛药。虽然该产品已经过五年的测试，但管理层认为使用这种药仍会带来严重的副作用，因此关于这一结果的警告应显示在标签上。从伦理和法律的角度你会如何描述这种行为？参考表 6—1。

3. 玛西娅·怀特（Marcia White）是一家小型制造商的主要销售员，一直从她佣金中拿出一部分给采购经理作回扣，以作为他们购买公司更多商品的回报。利用表 6—1，你会如何描述玛西娅·怀特的行为？你会建议公司如何处理这种行为？

4. 为什么复杂的决策往往会引起企业家对伦理方面的思考？

5. 你对于企业家犯罪和贪婪的问题有什么观点？

6. 你能讲述一些发生在自己身边的环境犯罪的例子吗？

7. 生态企业包括哪些类型？

8. 你所了解的商业企业家和社会企业家之间的区别是什么？

9. 在当今民权社会里，你相信社会型企业是有价值的选择吗？

10. 什么是社会边缘化理论？是否处于弱势地位的人实际上可能比其他人更具有企业家精神？

11. 鉴别世界各地企业家面临的弱势的多样性。说出一些文章中没有提到的有关弱势的案例。

12. 处于弱势地位的企业家面临的障碍和约束是什么？

13. 土著居民的定义的要素是什么？

自我测试：企业家伦理练习

- **做正确的事，即使没有人在看**：分组，让一个人提出一个没有明确的正确或错误答案的道德情形。学生可以为自己的立场辩护并选择该情形的最佳伦理解决方案。
- **伦理研讨会**：建立一个由教授、商界领袖和重要的社区领袖组成的讨论小组，讨论最近与伦理有关的事件。为了比较，在讨论前后分别现场提问观众，以确定他们的观点是否因听取研讨会而发生变化。
- **小企业的社会责任**：帮助小企业主了解回馈社会的重要性，即使不能获得有形的或可测量的利益，为此创建一个基于社会需要的简单的小册子，提供有关如何参与的信息。
- **是谁在撒谎？**为了有利于在压力下做出伦理决策，创建一系列的伦理情景，将事先确定的决策写在卡片上。表演伦理短剧，情景是通过现场选择卡片决定的，作出伦理决策，并且让观众投票选出最有道德的决策。
- **当前伦理事件分析**：为了帮助学生了解正确的与错误的道德决策之间细微的区别，将班级分组，组织伦理辩论。给每组一个当前的伦理事件，在事件中一名高层管理人员依法行事但是其道德标准却受到质疑。每个小组对事件进行研究，并准备在辩论中提出自己的观点——支持或者反对。
- **道德或不道德的广告策略**：为帮助消费者了解如何过滤复杂的和误导性广告，拟定一个案例展示，其中包括产品或服务的过高承诺和过低兑现的特殊例子（例如，汽车产业的过度宣传，以及信用卡公司不适当的目标市场，如高中生）。

资料来源：These exercises are adapted from "SIFE Project Ideas", http://ntusife.files.wordpress.com/2008/01/sife_project_ideas.pdf and http://www.sife.se/eng_sife.se/om_sife/pdf/SIFE_Project_Ideas.pdf.

自我测试：知道其中的差异

- 大部分的企业家行为是道德的与合法的，但有时他们的行为是不道德的与/或不合法的。这里有四种道德或法律行为，以及与每一类别相对应的实例清单：从（a）到（h）。将类别的序号填在相应的实例旁边（每一类别有两个例子）。答案见本章末尾。
  - （1）道德的与合法的
  - （2）不道德的与合法的
  - （3）道德的与不合法的
  - （4）不道德的与不合法的

a. 送给一个外交部长价值 50 000 元的礼物，以确保与其国家签订的商业合同顺利履行（这是其所在国的惯例），然后将该礼物作为税收抵扣项目来销账。

b. 尽管明知 1% 的轮胎有缺陷，但还是把它们投入市场，同时对购买的轮胎过早磨损的顾客给予公里补贴。

c. 生产了新的燃油添加剂，将增加 10% 的燃油消耗。

d. 给市议员 10 万美元，目的是使其投票同意给予企业家当地有线电视的专营权。

e. 发表新闻报道，不恰当地暗示但不公开指出，教育部部长（该报社的政治对手）故意隐瞒教育经费，因为该报社想要为其候选人赢得教师工会的提名支持。

f. 从另一个券商那里获取内幕信息，从

而使得企业净赚200万美元。

　　g. 生产的疫苗将延缓骨癌细胞的生长。

　　h. 生产和销售一种将会降低心脏病发病率的药物，但未能完成必须在出售之前提交给政府关于该产品的所有文书的工作。

案例分析 6—1

美体小铺和当地企业家

　　社区贸易是美体小铺从世界各地的弱势群体中定向采购配件和天然原材料的方案。在对澳大利亚和解委员会（Australian Reconciliation Commission）发言时，美体小铺的经理巴里·托马斯（Barrie Thomas）谈到他们是如何帮助当地企业家的：

　　我们的土著居民在不断增加的速度的号召下为所谓的现代化和社会进步作出贡献。在过去的几个世纪里，西方的经济发展夺去了许多土著居民的土地、传统以及文化。实际上，经济发展使得土著居民变成自己家乡的外来客……

　　那么我们如何用经济去改变未来呢？有什么可选择的方案？我们怎样才能参与进来？

　　多年来，世界各地的美体小铺通过一项被称为社区贸易的方案解决了包括土著居民的经济繁荣在内的很多问题。该方案的运作原则是：通过发展贸易联系，我们可以弥补一些过去造成的伤害并且创造一个对处于最弱势地位的群体来说有更多希望的未来。我们认为，主要在弱势群体中采购产品可以帮助减少他们的经济困难。与其建立慈善机构以提供帮助，我们更愿意提供可持续贸易，以协助群体维持生计。

　　该方案旨在通过重新调整参与者的力量使他们在商业发展中，最终在群体发展中成为平等的参与者，从而改变我们与土著居民交流的方式。例如，我们提供市场信息，通过使土著居民至少能够投标制造合同而使他们能够参与进来。

　　我们还制定信贷条款来实现平衡。通过预先支付一部分费用，制造商可以开始生产而无须向银行贷款，而这种贷款往往会使他们陷入贫穷和债务的周期循环中。但是我们认为，仅仅采购土著居民的原材料并不能改变目前的剥削形势。要创造一个真正意义上的经济参与局面，我们需要统一观点，需要对未来有一个共同的愿景。为了实现这一点，我们的方案按照下述的原则开始实施：

● 我们将尊重人们管理自己的资源、土地和生活的权利。

● 我们将慎重对待所有可再生原材料的环境和贸易。

● 我们将帮助主要生产商，尊重贸易伙伴。

● 我们将创建成功和可持续的贸易联系，并鼓励发展可以很容易模仿的小规模群体经济。

● 我们将特别关注那些少数族裔、妇女、弱势群体和在进入全球市场时被边缘化的企业。

　　目前，TBS电视台正联合位于澳大利亚约克角的荷伯维尔社区建立一家生产茶树油的企业。这种油首先会被TBS用于其产品中，最终将在主流市场上出售。然而这家企业的真正目的并不是生产茶树油，而是发展一个支撑这个群体的产业，这个产业不是利用环境来谋利，更重要的是，它源自土著居民的智慧。

　　在社区中建立企业不是神话。这不是不可能的事，只是需要重新安排优先考虑的事情。决定谁是我们整体业务真正的利益相关者，不只是从纯经济的角度出发，而且是从我们作为企业所承担的真正责任的角度出发，我们有义务为人类创造财富。这就是说，从我们这里购买产品的人和为我们工作的人、从我们这里获得利润的人一样重要。他们不仅仅只是产品售出的目标市场，也不只是被开发的资源或者我们经济大船上的乘客，而是与我们的组织像我们宣称的那样有着巨大利害关系的人们。

刚开始，需要制定机制来设法确保土著居民在社区所能产生的任何商业活动中，成为全面的和平等的合作伙伴。土著居民发展基本商业技能的选择是有限的，这些技能可使他们取得成功，并且可使他们参与管理自己的土地和资源。如果这种状况进一步恶化，即使是那些可提供的商业课程，也会以一种陌生的、贬低土著居民智慧的文化方式展现。这种状况必须改变。我们必须创造尊重传统智慧以及西方知识的学习环境，创造鼓励土著居民企业家精神、行动并尊重他们文化的环境。土著居民社区在经济上自给自足的基础将是教育和尊重，而不是华而不实的言语。

进一步的挑战是政府和企业与土著居民建立贸易企业，这些企业不仅仅是资源型企业，而且是为社区提供技能的发展、为年轻人提供职业路径、帮助扭转澳大利亚农村的社会分化和城市化形势的企业。

● 土著居民社区成功的企业发展意味着我们需要把目光从短期的金融平衡表转向社会平衡表……

● 通过与土著居民创造尊重文化的可持续性企业，我们将创造一个更美好的未来。土著的与非土著的澳大利亚人的命运是联系在一起的。通过发展合资企业和合作，我们将在更深层次上了解对方。在土著居民社区发展企业可以帮助改变目前的形势。我相信，通过企业，我们可以帮助土著的澳大利亚人建立主人而非游客、同胞而非乘客、兄弟而非敌人的地位。

资料来源：Australian Reconciliation Convention, Speech by Mr Barrie Thomas, Director, The Body Shop, www. austlii. edu. au/au/other/IndigLRes/car/1997/3/book3/html/06shra34.htm.

问题：

1. 在偏远地区发展企业有什么困难？

2. 为什么说参与经济是获得平等权利的基础？

3. 澳大利亚人说，没有经济上的高度独立，真正的和解就不可能实现。这句话是什么意思？

4. 在制定和实施经济参与和发展政策时，如何才能保证土著居民社会和文化的特点被识别出来？

5. 怎样才能保证土著居民参与到刺激经济发展的政策方案的制定和执行的所有方面？

6. 如何能确定影响所涉及的社区的社会成本并为之做准备？

自我测试的答案

a. 3   b. 2   c. 1   d. 4   e. 2   f. 4   g. 1   h. 3

第 III 篇
制定创业计划

- 环境评估:法规、产业、社区
- 新创企业的创业营销
- 创业企业的财务预备
- 制定有效的商业计划

第7章

环境评估：法规、产业、社区

> 法律如同蛛网，弱者被其缠住脱身不得，强者则会挣破它求得生存。
>
> ——梭伦，公元前575年

✎ 本章要点

1. 让新兴成长公司熟悉环境考察来识别当时的情境
2. 了解亚太地区新创企业面临的法规环境
3. 从竞争市场分析和战略角度考察产业环境
4. 向社区展示环境观，确保理解当地的影响
5. 了解商业孵化器的本质及其对新创企业的重要性

新创企业的环境考察

为了保持竞争力,新兴企业必须时刻保持警惕,关注商业环境的变化,并能在需求增长时灵活地改变其战略和计划。例如,澳大利亚一项重要的研究发现:**环境考察**(environmental scanning)是成功的出口公司和业绩较差的出口公司的重要区别。数年来的研究一直致力于如何使公司先发制人,抢在竞争对手之前抓住机遇,在环境威胁造成严重损失之前迅速行动,对其做出反应。

环境考察是指对一个机构外部环境中关于事件、趋势、关系的信息的获取和利用,这些知识将会辅助该机构对未来行为的规划管理。环境考察提供每一个外部子环境的全面详尽的信息,有利于新建公司的未来规划。各个子环境的详尽信息包括竞争对手、供应商、顾客、技术、经济、法规及社会人口统计学的变化趋势。

邱春伟(Chun Wei Choo)概括出了我们从调研中得出的环境考察信息:
- 处于不确定的工作环境下的企业家更需要环境考察。
- 复杂的创业战略需要复杂的环境考察。
- 对企业家来说最重要的是关于顾客、竞争对手和供应商的信息。
- 企业家极大地依赖人际关系进行环境考察。

环境考察的模式

考察对很多企业家来说是自然而然的行为,但是他们会通过技术和人际关系网培养自己的技能。环境考察有四种类型(见表7—1):
- 非定向观察——企业家走马观花,像"观光"一样浏览信息,即为了探测到早期变化的信号,企业家花最少的力气了解最大量的信息源。
- 条件观察——"跟踪"或集中分析一部分挑选出来的资料,以根据大量的信息做出有意义的理解和分析。
- 非正式检索——企业家进行粗略的适可而止的检索,以确保能提出恰当的问题。
- 正式检索——有助于企业家在大量的信息源中检索信息。这是最有技术含量的自动考察模式。

表7—1　　　　　　　　　　　环境考察模式

考察模式	需要的信息	利用的信息	投入的努力	信息源数量	策略
非定向观察	广泛的兴趣	偶然发现 "感觉"	最少	很多	广泛考察各种信息源 "观光"
条件观察	能识别感兴趣的主题	增加理解 "意义建构"	有限	很少	浏览事先选好的信息源 "跟踪"
非正式检索	能阐明问题	在狭窄领域内增加知识 "学习"	中等	很少	集中检索一个事件但适可而止 "满意"

续前表

考察模式	需要的信息	利用的信息	投入的努力	信息源数量	策略
正式检索	能详细说明目标	正式运用信息进行规划，付诸行动"决策"	最多	很多	用一些方法收集系统信息"检索"

外部环境由公司外部的机遇和威胁组成，不在企业家的控制范围之内（见图7—1），这些**环境变量**（environmental variables）形成了新创企业所处的情境。这个环境有三部分：

● **内部环境**（internal environment），即公司周围所有直接的物质因素。这里主要强调公司周围的社区。我们讨论的是新创企业的结构（例如，指挥链）、其运行的文化（包括信仰和价值观）和资源配置（资产、原材料、工厂等）。

● **任务环境**（task environment），处于中间一层，因公司的任务（或工作）都受其直接影响，故叫做任务环境。任务环境包括股东、政府、供应商、当地社区、竞争对手、顾客、债权人、工会、特殊利益团体和商会。也许对任务环境来说，还有一个更贴切的词——产业。

● **社会环境**（societal environment），位于最外层，包括较一般的影响力，它们不会直接影响到机构的短期活动，但经常会影响其长期决策。这里包括企业家所处的政治及法规环境。

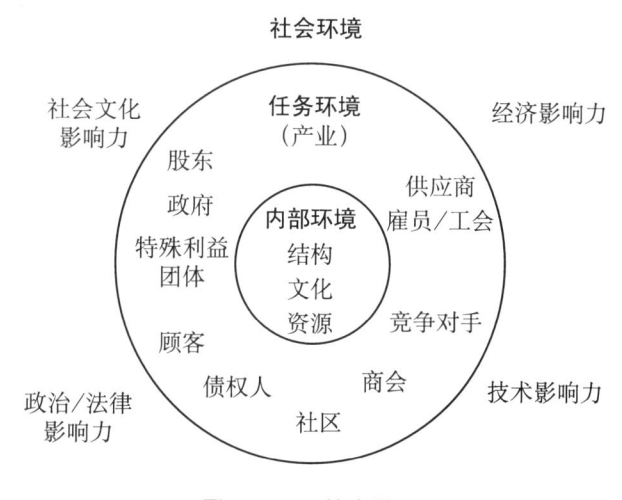

图 7—1 环境变量

资料来源：Thomas L. Wheelan and J. David Hunger, *Strategic Management and Business Policy*: *Entering the 21st Century*, 6th edn (Addison Wesley Pub. Co. 1997). © Reprinted by permission of Pearson Education, Inc., Upper Saddle River, NJ USA.

一位澳大利亚研究者向进行环境分析考察的企业家提出了一条重要警告。沃罗斯（Voros）说，技术"不仅仅是技巧和方法……它更是一种开放的思想"。幸运的是，企业家天生具有开放的思想，但必须警惕他们分析中的盲点。正如邱春伟所言，与其说环境考察是一门科学，不如说它是一种艺术。

创业实践

评估环境趋势

环境趋势形式多样，通常难以及早识别。几个世纪以来，正确地量化所有类别的趋势一直是一个挑战。归根结底，可信度是趋势评估中的主导因素。在考察调研、民意测验和趋势中的信息源时，专家推荐下列方法以洞悉趋势中的事实：

评估信息源：媒体评论家乔恩·卡茨（Jon Katz）认为，大多数社会趋势和分析是可笑的，但与主流出版社的出版物中引用的研究相比，他更尊重商业出版物中的数据，原因是其读者要求更高。

调查事实：以两条标准细读新闻：问卷调查的回答者和抽样的代表性。网站问卷调查常常达不到这两条标准，因为回答者是自选的，或许他们是出于对调查结果的兴趣。由于并不是每个人都能上网，因此这些回答者也似乎代表不了大众的看法。在考虑条件调查问卷时也要谨慎。这些要求人们为一种他们还没有享受的服务花费一笔钱。

在做问卷调查时要牢记：事件会改变人们的行为，因此民意测验更是一种即时快照，而不是一种具体的变化。价值观和信仰要经过很长时间才会发生变化。

深度挖掘：找出信息源漏掉的信息。如果你在当地报纸的调查问卷上看到一则夸张的广告，就去从信息源中找到所有的数字。用相应的时间来研究，以得到可靠的信息。

找到信息源时，如优秀的记者一样发问，通过阅读先前的记者G·埃文·威特（G. Evan Witt）写在[www.Publicagenda.org]上的"针对民意测验结果提出的20个问题"，找出自己应该问的问题。

谨防曲棍球棒效应：某一周期期末市场销量有一个突发性的增长，被称为曲棍球棒效应。在数据增长点上常常附有"据估计"这样的词语；在很大程度上，你可以根据近期的事实更好地预测未来。

不要总持怀疑态度：切忌因为一个趋势不符合你所了解的任何事物就不相信它。如果信息是准确的而你却置之不理，就可能为你的生意招来厄运。

资料来源：Chris Sandlund, "Plug in the numbers", *Entrepreneur* (June 2002): 19-21.

了解亚太地区的法规环境

环境评估通常从全面的法规环境评估开始。首先，我们从国际层面和国家层面来研究**法规环境**（regulatory environment），因为两者间的界限越来越模糊。

为什么在国际竞争中有的企业家取胜而其他的企业家却败北？或许可以换个问法：为什么一个特殊的国家或经济体成为具有全球视野的、有竞争力的企业家聚集地？什么使澳大利亚成为全球葡萄酒的主要出口国？新西兰是如何在创新产业上做到全球领先的？对企业家来说，新加坡为什么拥有最佳的商业友好型环境？为什么要关注企业所在地？其中一个重要因素是其法规环境。

亚太地区的法规因国家和地区不同而有所差异，但它们都极大地影响到企业家的创业环境。它们涉及的区域从澳大利亚、新西兰和新加坡到印度尼西亚。商业行为必须遵守其所在国家的政府法规制度，但也要考虑到其他国家的相关法规。成本和利润受到政府引导和管理决策的双重影响。基本的企业家决策——诸如涉足哪个行业,生产供应什么样的产品及服务,选择何种金融投资,以何种方式在何地生产,如何营销产品,价位定在多少——日益成为政府控制的对象。

企业家需要了解各个方面的法律框架,诸如争端解决及仲裁、进口税和关税、标准制定、研发创新体制、反托拉斯立法、人力资源、金融与税收、证券与银行、贸易与证券事务监察委员会、食品和药品法规、消费产品及保护制度、交通和通信、国防和安全、职业健康和安全、环境保护、能源法规、进出口贸易、外交关系等。

总体而言,亚太的一些国家或地区在全球范围内"轻松做生意"的竞赛中处于领先地位。据世界银行统计,在这些国家或地区中,新西兰位居榜首,新加坡、美国、澳大利亚、中国香港尾随其后。(本章以美国为参照/基准进行比较。)日本位居第 10 名,泰国位居第 20 名,印度尼西亚排至第 115 名(见表 7—2)。

当然,位居"轻松做生意"的榜首并不代表没有任何法规制约。没有人会认为在新西兰做生意是完全自由的(没有任何约束);在澳大利亚可以虐待工人;在日本没有公正的破产程序。其实,为了进入前 20 名,国家需要制定产权保护和劳动保障等方面的重要法规。但是,亚太的一些国家或地区使企业家经营活动步履维艰。在印度尼西亚,获得贷款的成本超过贷款本身。在马来西亚,注册财产要用 143 天的时间。具有讽刺意味的是,这些为企业家设定最大障碍的(发展中)国家恰恰最需要他们为本国创造工作岗位和财富。

下面我们集中看一下亚太地区对企业家设定的法规,尤其是全球性的法规。

表 7—2 轻松做生意

经济体	做生意容易度	经济体	做生意容易度
新西兰	1	马来西亚	21
新加坡	2	韩国	27
美国	3	中国台湾	35
澳大利亚	6	中国大陆	91
中国香港	7	越南	99
日本	10	菲律宾	113
泰国	20	印度尼西亚	115

资料来源:World Bank and International Monetary Fund, *Doing Business in 2005* (Oxford University Press, 2005): 2, available from [www.doingbusiness.org/EconomyRankings] accessed 5 November 2005.

☐ 公司组建

开创一个企业本应是不难的,但企业家可能要面对成本、延误、程序复杂等方面的障碍。澳大利亚和新西兰是世界上**组建公司**(business formation)最轻松的国家,建立一个公司仅需要两个必需的程序(成立声明、税务和社会保障号登记)。在澳大利亚,你的公司两天内就可以正常运转(见表 7—3),而在印度尼西亚平均要用 151 天。

在澳大利亚和新加坡,创建公司的成本(按人均收入百分比计算)非常低,但在印度尼西亚的花费比一年的平均工资还要多。在澳大利亚、新西兰、新加坡、马来西亚和中国香港组建公司(通常是一个冻结账户)对最低资本金没有要求。

执照和许可证

企业家经常要面对来自各个部门的无数许可证和督促遵守制度的检查。世界银行的指数考察了在建筑行业获得执照的具体情况（即在建筑行业中建一个标准的仓库需要的所有手续）。结果，新西兰要求的手续最少，而亚太的其他国家或地区在执照方面管理很严格（很制度化）（见表7—4）。在中国大陆需要整整一年才能拿到许可证；在印度所需的成本多于平均年收入的六倍。

表7—3　　　　　　　　　　　　亚太地区创建公司的情况

经济体	手续（数目）	时间（天）	成本（占人均GNI百分比）	最低资本金（占人均GNI百分比）
澳大利亚	2	2	1.9	0
新西兰	2	12	0.2	0
中国香港	5	11	3.4	0
美国	5	5	0.5	0
新加坡	6	6	1.1	0
中国台湾	8	48	6	216.3
泰国	8	33	6.1	0
马来西亚	9	30	20.9	0
日本	11	31	10.7	75.3
菲律宾	11	48	20.3	2
越南	11	50	50.6	0
印度	11	71	61.7	0
印度尼西亚	12	151	101.7	97.8
韩国	12	22	15.2	308.8
中国大陆	13	48	13.6	946.7

资料来源：World Bank and International Monetary Fund, *Doing Business in 2005*.

表7—4　　　　　　　　　　　　亚太地区的执照和许可证

经济体	手续（数目）	时间（天）	成本（占人均收入百分比）
新西兰	7	65	29.3
泰国	9	147	17.3
新加坡	11	129	24
日本	11	87	19.7
韩国	14	60	232.6
越南	14	143	64.1
澳大利亚	16	121	12.3
印度尼西亚	19	224	364.9
美国	19	70	16.9
印度	20	270	678.5
中国香港	22	230	38.5
菲律宾	23	197	121
马来西亚	25	226	82.7
中国大陆	30	363	126
中国台湾	32	235	250.9

资料来源：World Bank and International Monetary Fund, *Doing Business in 2005*.

劳动法规

就业或**劳动法规**（labour regulations）保护员工免遭雇主的歧视和不公正待遇。这些法规包括劳动法、劳资关系、健康、安全和社会保障。政府通过法规保护员工免遭"市场失灵"，尊重他们的权利。劳动法规涉及的范围可谓面面俱到，包括强制的最低保障工资、加班费、解雇理由和遣散费。政府和商业团体多年来经常在玩微妙的跷跷板游戏，想在劳动力市场的灵活性和职位的稳定性之间找到平衡点。鼓励创造就业机会的最好方法是制定一系列政策，诸如灵活的工作时间和合同期限、简化的合同签订过程和雇用及解雇流程（见表7—5）。

亚太的国家或地区在雇用和解雇员工的难度方面大相径庭。澳大利亚、新加坡、中国香港和马来西亚在这方面领先。新西兰现在的工党政府制定了更多的法规。印度尼西亚、中国台湾和泰国在雇用和解雇员工的程序中设置了数不清的障碍。其中最令人震惊的发现之一是，要解雇一个人得在数周内支付巨额的遣散费。而新西兰没有设立这种保护，即要求支付的遣散费实际上为零（事实上不必支付任何遣散费）。新加坡和澳大利亚要求支付四周的工资。马来西亚的遣散费为65周的工资，而在印度尼西亚，要支付144周工资的巨额遣散费才能解雇一个工人。

表7—5　　　　　　　　　　　　　亚太地区的劳动法规

经济体	雇用难度指数	时间刚性指数	解雇难度指数	就业刚性指数	雇佣成本（占薪水百分比）	解雇成本（支付工资周数）
澳大利亚	0	40	10	17	21	4
中国香港	0	0	0	0	5	12.9
马来西亚	0	20	10	10	13.3	65.2
新加坡	0	0	0	0	13	4
美国	0	0	10	3	8.5	0
中国大陆	11	40	40	30	30	90
新西兰	11	0	10	7	0	0
日本	17	40	0	19	12.7	21.2
泰国	33	20	0	18	5	47
韩国	44	60	30	45	17	90
越南	44	40	70	51	17	98
菲律宾	56	40	40	45	9.3	90
印度	56	40	90	62	12.3	79
印度尼西亚	61	40	70	57	10.2	144.8
中国台湾	78	60	30	56	9.5	90

资料来源：World Bank and International Monetary Fund, *Doing Business in 2005*.

物权法

鉴于土地和房屋在企业生产能力中占有相当大的比重，企业家纷纷涌入具有比较明确的物权法的国家。许多亚太的国家或地区都在这方面领先。拥有了可靠的产权，企业家就能获得更多的融资，因为银行对不动产更感兴趣。另外，产权也会增加土地的价值和投资水平。物权市场必须允许卓有成效地引入投资以保证其正常运转。担保法必须使银行在债务人不履行责任的时候易于处理抵押物。财产登记降低了交易成本，提高了产权安全性。这一举措尤其有益于中小型企业，因为富有的大企业在产权保护方面很少出现问题。

新西兰的财产登记最方便易行。买方与当地政府核查财产的合法性，然后付给不动产经纪人财产价值0.1%的标准费用以在网上登记转让（见表7—6）。完成登记只需两天时间。泰国拥有世界级的系统，所有登记所需的合同在国有土地管理局都已准备好。在新加坡，买方进行所有的尽职调查，然后在网上支付税款。

表7—6　　　　　　　　　　　亚太地区的物权法

经济体	手续（数目）	时间（天）	成本（占财产价值百分比）
新西兰	2	2	0.1
泰国	2	2	6.3
中国大陆	3	32	3.1
新加坡	3	9	2.8
中国台湾	3	5	6.2
马来西亚	4	143	2.3
美国	4	12	0.5
澳大利亚	5	5	7.1
中国香港	5	83	5
越南	5	67	1.2
日本	6	14	4
印度	6	67	7.9
印度尼西亚	7	42	11
韩国	7	11	6.3
菲律宾	8	33	5.7

资料来源：World Bank and International Monetary Fund，*Doing Business in 2005*。

获取银行贷款

筹措资金是企业家面临的最大障碍之一。小型企业尤其是女性掌控的公司在获得贷款的过程中会遇到高门槛。好的信用制度使债权人和债务人双方都受益。它通过允许贷款用于生产型企业来提高生产力和促进经济发展。透明的信贷登记大大简化了贷款和放款的程序。当债务人可以以任何类型的资产作为抵押（或者甚至提供一些价值会有所变化的资产，如存货或农作物），并能通过抵押品登记来抵押该资产时，贷款就容易多了。

中国香港、新加坡、澳大利亚、新西兰都拥有高效率且透明的信贷系统。在新西兰进行抵押品登记的费用、税款和印花税少得可以忽略不计，整个过程只需两天（见表7—7）。在澳大利亚，执行担保法很容易。债权人指定一个接受者并正式通知借款者。接受者查封并出售资产。只要债务人合作就不会诉诸法庭。执行过程在10天以上。中国大陆、越南和菲律宾在这方面排名靠后。

表7—7　　　　　　　　　　亚太地区的信贷法规

经济体	法定权利指数	信贷信息指数	公众登记覆盖率（占成人百分比）	私人事务所覆盖率（占成人百分比）
中国香港	10	5	0	64.5
新加坡	10	4	0	38.6
澳大利亚	9	5	0	100
新西兰	9	5	0	95.8
马来西亚	8	6	33.7	—
美国	7	6	0	100
日本	6	6	0	61.2
韩国	6	5	0	80.7
印度尼西亚	5	3	0	0.1
泰国	5	4	0	18.4
印度	5	2	0	1.7
中国台湾	4	5	0	57.1
菲律宾	3	2	0	3.7
越南	3	3	1.1	0
中国大陆	2	3	0.4	0

资料来源：World Bank and International Monetary Fund, *Doing Business in 2005*.

保护投资者

被公司内部成员打劫的事常有发生，却经常不能查个水落石出。**保护投资者**（investor protection）免受自利交易的损失对产权市场的发展来说是必要的。自利交易是指利用公司资产为个人盈利。企业家要求规章制度能鼓励投资者提供资金而无须参与管理公司日常事务。他们需要法律阻止非法侵占行为，并在侵占发生时使其曝光。这就要求保护小股东，对失职和违法乱纪行为进行强制管制。一个管理有序的公司应该公开所有权和财务收支信息。必须让当前的和潜在的投资者自由方便地了解董事会成员的信息和股东投票表决的情况。这也意味着董事应该承担监督自利交易的责任，股东应能对管理人员和董事的渎职行为提起诉讼。

中国大陆、中国香港、马来西亚、新西兰、新加坡和泰国是世界上在**披露指数**（disclosure index）方面做得最好的国家或地区（见表7—8）。但中国大陆在自利交易责任方面（董事责任指数）的分数最低，而马来西亚、新西兰和新加坡在这方面做得最好。新西兰是股东因管理人员和董事渎职提起上诉最不费力的国家，因此它的投资者保护指数最高。

表 7—8　　亚太地区对投资者的保护

经济体	公开指数	董事责任指数	股东诉讼指数	投资者保护指数
中国大陆	10	1	2	4.3
中国香港	10	8	8	8.7
马来西亚	10	9	7	8.7
新西兰	10	9	10	9.7
新加坡	10	9	9	9.3
泰国	10	2	6	6
澳大利亚	8	2	8	6
印度尼西亚	8	5	3	5.3
中国台湾	8	4	4	5.3
美国	7	9	9	8.3
印度	7	4	7	6
日本	6	7	7	6.7
科威特	5	5	5	5
越南	4	1	2	2.3
菲律宾	1	2	7	3.3

资料来源：World Bank and International Monetary Fund，*Doing Business in 2005*.

☐ 支付税款

税款在生活中是必要的。首先，税款有助于支持建设企业家赖以生存的公共服务和基础设施。在简单、合理的税收体系和高效的管理制度下，商业才能兴旺发达。世界银行比较了中型公司在运转第二年必须支付的有效税款，也比较了税收管理，如支付的数目和履行税务要求所花的时间。税款总额是指包括减除额和免税额在内的所有应付的各种税金的总数，代缴但不由公司支付的税金不包含在内。

甚至连一些先进的国家或地区如新西兰、澳大利亚在必须支付的税款总额方面都远远落后于中国香港（见表 7—9）。新加坡最早规定准备、申报和支付企业所得税、增值税和社会保险缴款的时间（以每年多少小时计算）。或许最有争议的是，如果以占总利润的百分比来计算，新西兰和澳大利亚在企业应付所有税款总额方面和印度尼西亚一样糟糕。这时新西兰人往往会对中国香港和马来西亚的企业家羡慕不已。

表 7—9　　亚太地区的税款支付

经济体	支付款项（数目）	时间（小时）	应付税款总额（占总利润百分比）
中国香港	1	80	14.3
新西兰	8	70	44.2
美国	9	325	21.5

续前表

经济体	支付款项（数目）	时间（小时）	应付税款总额（占总利润百分比）
澳大利亚	12	107	37
中国台湾	15	296	23.6
新加坡	16	30	19.5
日本	26	315	34.6
韩国	26	290	29.6
马来西亚	28	—	11.6
中国大陆	34	584	46.9
泰国	44	52	29.2
越南	44	1 050	31.5
印度尼西亚	52	560	38.8
印度	59	264	43.2

资料来源：World Bank and International Monetary Fund, *Doing Business in 2005*.

国际贸易法规

全世界的实践最好地说明了拥有最少的必需的公文和签字盖章的企业家在进出口总量方面更多，同时，他们也使出口商运营的价格更加低廉。烦琐的官方手续削减了贸易利润。低效率的海关和商业运输意味着商家必须在仓库里滞留更多的存货。而且，申请提交的文件越多，与之相应的海关腐败就越多。世界银行比较了**国际贸易法规**（international trading regulations）中从双方签订合同到货物交付各个国家官方手续的数量和完成所有手续所必需的时间（见表 7—10）。

表 7—10　　　　亚太地区的国际贸易法规

经济体	出口公文（数目）	出口盖章（数目）	出口时间（天）	进口公文（数目）	进口盖章（数目）	进口时间（天）
澳大利亚	5	2	12	11	2	16
日本	5	3	11	7	10	37
韩国	5	3	12	6	2	9
新西兰	5	2	8	14	12	42
新加坡	5	2	6	9	16	49
中国大陆	6	7	20	5	3	9
中国香港	6	4	13	18	55	79
马来西亚	6	3	20	11	14	49
美国	6	5	9	8	8	24
越南	6	12	35	11	8	24
印度尼西亚	7	3	25	16	38	57
中国台湾	8	9	14	15	18	43
泰国	9	10	23	9	10	42
印度	10	22	36	15	27	43

资料来源：World Bank and International Monetary Fund, *Doing Business in 2005*.

很明显，澳大利亚和新加坡的企业家在这方面占有优势，因为两国在几乎所有的比较范畴中都领先。从世界银行的数据来看，中国香港的平均进口时间令人吃惊，竟多达79天，新西兰也多达42天。

☐ 执行合同

企业家依赖于能够与他们的顾客履行合同。如果没有执行合同的体系，贸易和信贷就只能局限于家庭和小团体的成员之间。甚至在法庭执行合同的情况下，也可能出现缓慢、低效率甚至腐败的现象。这里我们着眼于手续的数目，花费的时间，必须支付给法庭、接受者、律师等的相关费用（见表7—11）。

显然，澳大利亚和新西兰的企业家在合同执行方面占优势。但是想象一下，倒霉的印度尼西亚企业家，当他们试图执行合同时，就得花费实际欠款127%的钱才能收回债务。

表7—11　　　　　　　　　　　亚太地区的合同执行

经济体	手续（数目）	时间（天）	成本（占债务的百分比）
澳大利亚	11	157	14.4
中国香港	16	211	12.9
日本	16	60	8.6
美国	17	250	7.5
新西兰	19	50	4.8
新加坡	23	69	9
中国大陆	25	241	25.5
泰国	26	390	13.4
中国台湾	28	210	7.7
韩国	29	75	5.4
马来西亚	31	300	20.2
印度尼西亚	34	570	126.5
越南	37	343	30.1
印度	40	425	43.1

资料来源：World Bank and International Monetary Fund, *Doing Business in 2005*.

☐ 政治不稳定和腐败

政治不稳定和腐败是企业家面临的实际障碍。频繁的政府更替会引起政策反复，削弱企业家市场的确定性，妨碍商业计划的有效运行。当然在一个政府更替频繁或政策多变的国家进行商业活动也是可能的（见表6—2）。

■ 了解产业环境

著名的战略顾问迈克尔·E·波特曾指出：归根结底，环境评估与两个关键问题有关。第一个问题是:你的产业结构是什么,它是如何随时间发展的。如果企业家所从事的产业没有吸引力,就应该考虑退出或重新定义这一产业。我们后面会讨论如何衡量产业的吸引力。

波特的第二个问题是公司在本产业中的相对位置如何。无论游戏(产业)本身多么有吸引力,如果企业家的公司在产业中的位置不好,企业家也不会成功。反之,即使企业置身于一个平均盈利能力低的产业,如果能找到正确的利基市场,也可以经营得很好。波特指出:"当然,大多数小公司并不能改变一个产业的结构,然而它们能做到的是在本行业中找到一个好的位置,一个基于持续竞争优势的位置。"

所以,评估**产业环境**(industry environment)是新兴企业总体经济评估过程中关键的第二步(继法规环境之后)。关于如何获得竞争优势,波特建议从整体战略着手。波特的**五力分析模型**(five forces model)(见图7—2)在产业分析中应用广泛。五力分析有益于公司了解产业的可盈利水平,并指导它们如何减轻负面因素的影响从而提高利润率。

根据波特的分析,五种力量决定产业的竞争环境:潜在进入者威胁、购买者议价能力、供应商议价能力、替代品威胁和行业内现有竞争者的竞争。这五种力量的合力对商业机构的成功有决定性影响。它们影响行业的价格、成本和竞争者的必要投资。企业家可用这个模型了解完整的产业结构。图7—3提出了运用五种力量中的每一个必须回答的问题。

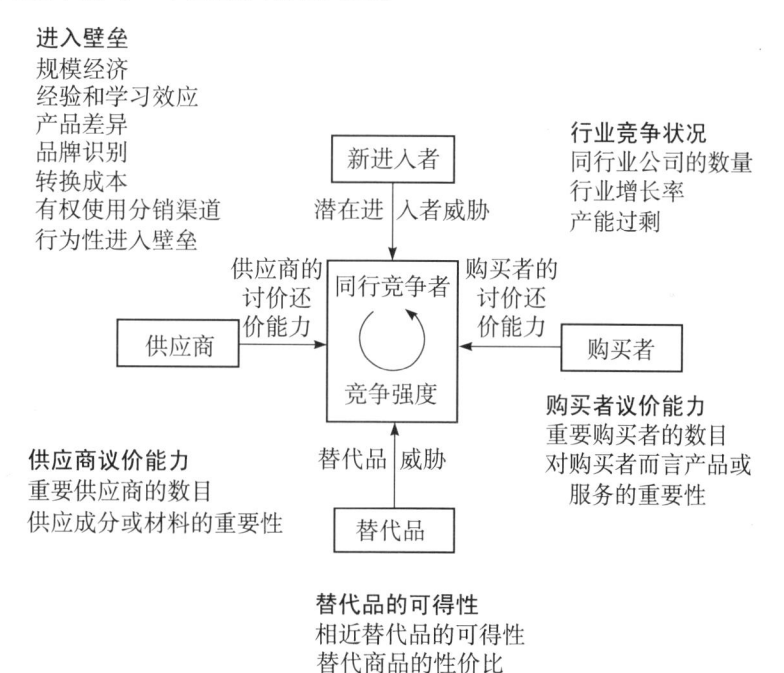

进入壁垒
规模经济
经验和学习效应
产品差异
品牌识别
转换成本
有权使用分销渠道
行为性进入壁垒

行业竞争状况
同行业公司的数量
行业增长率
产能过剩

购买者议价能力
重要购买者的数目
对购买者而言产品或服务的重要性

供应商议价能力
重要供应商的数目
供应成分或材料的重要性

替代品的可得性
相近替代品的可得性
替代商品的性价比

图7—2 波特的五力产业分析模型

资料来源:Michael E. Porter, *Competitive Advantage*: *Creating and Sustaining Superior Performance* (The Free Press, 1985; 1998): 6. Copyright © 1985, 1998 by Michael E. Porter. Adapted with permission of The Free Press, an imprint of Simon & Schuster Adult Publishing Group.

新进入者
- 进入壁垒有哪些？如何排除？哪些因素有助于降低进入壁垒？
- 哪些公司是潜在的新进入者？它们有什么特征（规模、数量、发展、顾客基础等）？
- 进入者的竞争策略可能是什么？新进入者及其策略会怎样重塑产业？
- 他们何时会进入我方市场？

供应商
- 哪些公司是供应商？它们的规模和集中程度如何？
- 与之相比，本产业（其购买者）的集中程度如何？即本产业中有多少家购买供应商产量的百分之多少？
- 本产业中的公司可以轻易更换供应商吗？
- 它们总产量的百分之多少为本产业所购买？数量有多大？
- 它们的产品或服务对我方产品的质量有多重要？
- 它们的产品或服务占我方成本的比例是多少？
- 各个供应商的前向一体化对我们有什么威胁？（反之，我方一个或多个商家的后向一体化会提供什么样的机遇？）
- 它们的相对议价能力比起我方如何？

同行竞争者
- 哪些公司是主要竞争者（目前）？它们有什么基本特征（规模、发展、生产线、顾客基础、地理覆盖等）？
- 它们在本产业中的相对位置如何？
- 各自的竞争优势是什么？各自运用什么"转换成本"或策略？
- 它们如何竞争？运用什么武器或策略？
- 竞争采取什么方式——公开战争、礼貌缓和、秘密操作还是公开信号？
- 怎样使产品与众不同？
- 本产业的竞争激烈吗？有竞争者试图模仿该产业吗？怎样做？

购买者
- 哪些公司是本产业的客户？它们的集中程度如何？
- 总体及不同部分需求的增长速度如何？找到或创造新市场和细分市场的潜力有多大？
- 转换成本是什么？有多高？
- 各个顾客对本产业各种服务的价格敏感度如何？
- 后向一体化（即购买者自己提供我们的产品或服务）的威胁有多大？
- 顾客的相对议价能力如何？

替代品
- 我方产品或服务的替代品或其他选择有哪些？
- 替代品有多大冲击力？（即它们直接取代我方产品或服务的可行性多大？）
- 它们渗透的速度如何？
- 本产业中的哪些商家会把替代品看作经营多样化的机遇？

图7—3 在产业分析中运用五力模型

资料来源：Michael E. Porter, "How competitive forces shape strategy", *Harvard Business Review* (February 1979): 137-45. Copyright © 1979 by Harvard Business School Publishing Corporation; all rights reserved. Adapted and reprinted by permission of *Harvard Business Review*.

新兴产业的普遍特征

虽然各个产业在规模和发展方面各有不同,但当今的企业家要考虑到新兴产业的某些普遍特征。其中最重要的普遍特征如下:

- **技术不稳定性**(technological uncertainty):在新兴产业中存在着大量的技术不稳定因素:哪种产品外形最终被证明是最好的?哪种生产技术会被证明是最有效率的?发展这种技术有多难?在本行业中模仿技术突破的难度有多大?
- **策略不稳定性**(strategic uncertainty):与技术不稳定性相关的是产业参与者所采取的各种策略方法。由于没有明确"理想"的策略,产业参与者采用不同的策略进行产品定位、广告宣传、定价等,还采用不同的产品外形和生产技术(工艺)。
- **首次购买者**:新兴产业产品或服务的买家是追求完美的首次购买者,因此营销的任务注定是替代或让购买者愿意初次购买新产品或服务。
- **短期视野**:许多新兴产业在发展顾客或生产出满足需要的商品的巨大压力下,用权宜之计而不以对未来条件的分析为基础解决瓶颈和其他问题,只注重短期成效而不考虑长期效果。

进入壁垒

除了新兴产业的结构性要素,还存在着**进入壁垒**(barriers to entry)。这些壁垒可能包括专利技术(使用昂贵),分销渠道的取得(对新进入者有限制或关闭),获得原料和其他供给(如技能熟练的劳动力),经验缺乏导致的成本劣势(在技术和竞争不稳定条件下劣势扩大)或风险(会提高资本的有效机会成本)。表7—12列举了其他的进入壁垒,其中有些将会随着产业的发展而削弱或消失。但对企业家来说,关注这些壁垒仍然十分重要。

表7—12   可能限制产业发展的因素

限制	说明
得不到原料和构件	新兴产业的发展要求建立新的供应商,并要求已有的供应商扩大产量或变更原料和构件来满足该产业的需要。在这个过程中,原料和构件的严重匮乏很普遍。
处于原料价格逐步上升阶段	由于需求急速增长而供应相对不足,重要原料的价格在新兴产业的起步阶段会上涨。这种情况一部分是简单的供求经济学原理所致,另一部分是供应商意识到其产品对于迫切寻求发展的产业的价值所致。
缺少基础设施	新兴产业经常面临许多困难,如引起原料供应困难的相应基础设施的缺乏——分销渠道、服务机构、经专门训练的技术和补充产品。
对产品过时的预期	如果购买者能感知到第二代或第三代技术会使当前产品过时,新兴产业的发展就会受阻。结果,购买者就会等待技术发展使产品降价。
不稳定的产品质量	许多新成立的公司缺乏标准和技术稳定性,从而导致新兴产业的产品质量不稳定。即使只是少数几个公司产品质量不稳定,也会对整个产业的形象和信用产生负面影响。

续前表

限制	说明
在金融界的形象和信用度	由于新生事物具有高度的不稳定性、消费者混乱、产品质量不稳定，新兴产业在金融界的形象和信用度可能不高。这不仅会影响公司获取低成本融资的能力，而且会影响消费者获得贷款的能力。

资料来源：Michael E. Porter, *Competitive Strategy*: *Techniques for Analyzing Industries and Competitors* (The Free Press, 1980; 1998): 221-4. Copyright © 1980, 1998 by The Free Press. Adapted with permission of The Free Press, an imprint of Simon & Schuster Adult Publishing Group.

竞争分析

没有什么比彻底分析你的竞争对手更重要。这种**竞争分析**（competitive analysis）包括考虑竞争者的数量及各个竞争者的实力。可用图7—4来分析竞争对手。

要求
用×表示你的竞争对手拥有或表现得比你好的竞争因素。

竞争因素	竞争公司			
	公司A	公司B	公司C	公司D
产品独特性				
相对产品质量				
价格				
服务				
可得性/便利				
声誉/形象				
位置				
广告推销策略/有效性				
产品设计				
员工能力				
原料成本				
融资条件				
生产能力				
研发地位				
多样性/选择				

图7—4 竞争能力分析

图7—5从两方面说明竞争分析的组成：
- 是什么驱动竞争者？
- 竞争者可以做什么？

竞争者的当前战略和未来目标将会帮助回答上面两个问题。每个竞争者对自身的期望以及自我意识到的优势和劣势也能帮助回答上面两个问题。

第 7 章 环境评估：法规、产业、社区

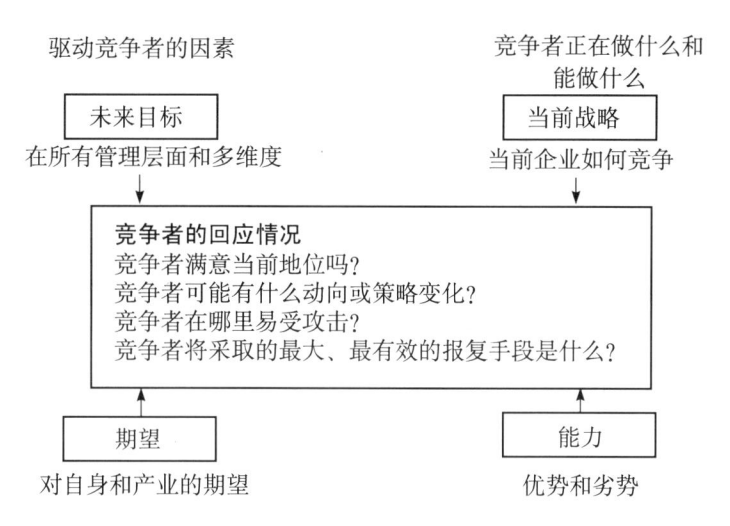

```
驱动竞争者的因素          竞争者正在做什么和
                              能做什么
    ┌─────────┐              ┌─────────┐
    │ 未来目标 │              │ 当前战略 │
    └────┬────┘              └────┬────┘
在所有管理层面和多维度        当前企业如何竞争
         │                        │
         ▼                        ▼
    ┌──────────────────────────────────┐
    │         竞争者的回应情况          │
    │  竞争者满意当前地位吗？            │
    │  竞争者可能有什么动向或策略变化？  │
    │  竞争者在哪里易受攻击？            │
    │  竞争者将采取的最大、最有效的报复手段是什么？│
    └──────────────────────────────────┘
         ▲                        ▲
    ┌────┴────┐              ┌────┴────┐
    │  期望   │              │  能力   │
    └─────────┘              └─────────┘
对自身和产业的期望          优势和劣势
```

图 7—5　竞争分析的组成

资料来源：Michael E. Porter，*Competitive Strategy*：*Technique for Analyzing Industries and Competition*（The Free Press 1980；1998）：49. Copyright © 1980，1998 by Michael E. Porter. Adapted with permission of The Free press, an imprint of Simon & Schuster Adult Publishing Group.

☐ 采取恰当的步骤

除了前面讨论过的分析过程，还有几个有效的步骤能帮助企业家观察本产业的情况。下面是最有效的几个步骤：

- 清晰定义新兴企业所在的产业：这里的重点是发展一个贴切的用以描述新兴企业经营重点的定义。当然，投资及其目标市场不同，定义就会不同。企业家为新兴企业下的产业定义越清晰，新兴企业成立之时一炮打响的机会就越大。
- 分析竞争：对本产业中的直接竞争者的数量、相对规模、传统、成本结构的分析有助于确定竞争的性质。随着竞争者的数目和特征的变化，竞争强度将会越来越大还是越来越小？也可以用详尽的分析来回答这个问题。例如，在下列几种情况下竞争程度会发生什么变化：
  - √ 市场迅速扩大。
  - √ 直接竞争者规模均衡。
  - √ 一两个直接竞争者的规模充分扩大。
  - √ 产品/服务的差异化程度下降。
- 确定供应商的实力和特征：这里的重要因素是确定新兴企业相对于供应商的地位。与其他先成立的公司相比，新公司受到的待遇如何？有许多供应商提供多种服务还是新兴企业必须准备着接受少部分公司的有限服务。
- 确立新兴企业的增值尺度：增值这个概念是贡献分析的基本形式，销售额减去原料成本就是增值。这个尺度的目的是确定企业家给产品或服务附加了多少价值。这里引入一体化的概念——后向或前向。后向一体化是购买者获得供应商服务的过程。前向一体化是指供应商吞并购买者。一体化发生的可能性主要取决于增值对最终加工和用户消费的重要程度。
- 为特殊产业规划市场规模：市场是动态的、时刻变化的。因此，调查市场的历史发展、确定其现有规模、推断数据用以规划市场发展潜力尤为重要。这些可以通过以下几个方面进行：行业生命周期、消费者（数量和趋势）、产品/服务发展和竞争分析。

这五个关键点并不足以包括一切，但它们代表了新兴企业面临的产业环境初步分析。对于为新兴企业构建一个从起步、发展到繁荣的框架，这种宏观分析尤为重要。一旦完成这种分析，就要转向从社区视角进行微观环境分析。

了解社区视角

分析了法规和产业环境后，企业家需要进行**微观环境评估**（micro-environmental assessment）。这种分析直接面向新兴企业所在的社区展开。

调研所在地

评价当地社区环境与评估法规经济和产业一样，对新创企业的成功至关重要。现在我们来讨论须考虑的几个主要方面。

社区人口统计

社区人口统计研究有助于企业家确定社区内消费者的组成。这些典型数据包括社区规模、居民购买能力（可支配收入）、平均受教育程度、职业类型、居民中专业人员和非专业人员的比例、社区内企业家活动的范围。

这里的数据分析中尤其要注意一些因素。其一是新创企业相对于社区本身和社区内的其他企业的规模大小。这一因素的分析有助于企业家估计新创企业的销售、发展、雇佣和吸引顾客的潜力。每个变量都与规模因素有直接联系，所有变量都相互联系。例如，实际上新创企业可能会增加同一社区内所有竞争企业的总销售额。位于先开业的家具店对面的另一家新店常常会为它们所处的地段招揽更多的生意，增加两家店的总销售额。来自其他社区的居民会来这里边比较边采购。当地社区的居民也可能更愿意在两家店里选一家买家具，而不愿开车去其他社区购买。主要原因是家具是一种货比三家的商品，大多数人在购买之前可能会比较至少两家店的产品。

另一个重要的人口统计特征是社区内企业家活动的数量。要了解这个因素，重在计算社区内的企业家数量，调查他们商业风险投资的类型，建立他们与供应商的跟踪记录（本地区内部和外部），了解他们与当地银行及顾客的成功合作。如果社区内有很多企业家活动，人们将会更易于接纳新创企业。例如，当地银行会更习惯于评估创业贷款申请，用成熟的专业技能评估这类申请，处理后续事宜。

经济基础

企业家成功的几率可能部分取决于社区的经济基础。这一基础包括就业情况，它影响收入多少和分配，及该地区消费者的消费趋势。除此之外，调查社区对某个受季节更替或经济周期影响的大型公司或产业的依赖程度是一个明智之举。

人口趋势

调查人口趋势是重要的，它可以用来区分人口规模正在扩大的社区，以及人口规模长期衰减或停滞的社区。社区发展通常表现为固定的、锐意进取的公民领导阶层，可为萌芽阶段的企业家提供创业机遇。发展中的社区的特征包括该地区内遍布的连锁店或百货商店、大型产业公司的分支机构、商业进步会、良好的教育体系、运输设施（航空、铁路和高速公路）、建设项目和不存在空置建筑物。

总体商业环境

从商业角度看，社区的概况包括交通运输、银行业、专业服务、经济基础、发展趋势、消费者收入基础的可靠性。在决定新创企业的区位之前，对整体商业环境进行评估极为重要。（与本主题相关的更多内容请参见自我测试：社区实例分析。）

□ 环境考察的数据来源

全球企业家用精选的环境数据资源补充他们的信息。表7—13列出了一些这方面的资料。

表7—13　　　　　　　　为创业家精选的环境数据来源

全世界的中央银行	[www.bis.org./cbanks.htm]
CIA（中央情报局）世界各国概况	[www.cia.gov/cia/publications/factbook]
国家风险和经济分析	[www.businessmonitor.co.uk/index.html]
国家风险等级	[www.efic.gov.au/static/efi/cra.htm]
经济学家国家简报	[www.economist.com/countries/index.cfm]
电子大使馆	[www.embassy.org]
出口政府市场研究	[www.export.gov/marketresearch.html]
国际贸易协会联盟	[www.fita.org]
Google＞国际商务和贸易	[directory.google.com/Top/Business/International_Business_and_Trade]
国际货币基金组织	[www.imf.org]
美国国会图书馆国别研究	[lcweb2.loc.gov/frd/cs/cshome.html]
经济合作与发展组织	[www.oecd.org]
亚洲国家的政治经济风险	[www.asiarisk.com/library.html]
美国国务院国家背景资料	[www.state.gov/r/pa/ei/bgn]
联合国	[www.un.org]
联合国人类发展报告	[hdr.undp.org]
密歇根大学全球优势	[globaledge.msu.edu]
虚拟国际商务与经济来源	[library.uncc.edu/vibes]
维基百科	[www.wikipedia.org]
世界银行	[www.worldbank.org]
世界银行年度世界发展报告	[www.worldbank.org/wdr]
世界贸易组织	[www.wto.org]
雅虎＞地区＞国家	[www.yahoo.com/Regional/Countries]
雅虎＞商业和经济＞贸易＞政府机构	[dir.yahoo.com/Business_and_Economy/Trade/Government_Agencies]

商业孵化器

当企业的经营范围超出本社区时,企业家将会受到商业孵化器的青睐。这是一个通过为企业提供大量增值资源和服务来加快创业公司成功发展的商业支持过程。在亚太的一些区域,新创企业可以通过孵化器(有时叫做电子园区)来启动业务。

- 中国大陆有一个相当全面的商业孵化系统,在全球排名第二,紧随美国之后。
- 文莱、印度尼西亚、马来西亚和菲律宾的电子园区以技术型大学和政府承诺提供基础设施、智力资本和有效管理为支撑。
- 中国台湾在各个大学和研究机构下设了100多个小型孵化器。
- 澳大利亚有80多个孵化器为大约1 200家公司提供支持。2005年澳大利亚在小企业项目中达成修订的创业建议书,持续强调企业孵化。
- 新西兰的16个商业孵化器为100多家创业企业提供支持,这些公司一共雇用了500多人。

孵化器的基本目的是增加创业企业的生存机会。目前存在四种主要的孵化器,每种孵化器的目标有所不同:

- 公共赞助孵化器:由城市经济开发部门、市区重建局或区域规划发展委员会组织成立。主要目标是创建就业岗位。
- 非营利机构孵化器:经营管理这些孵化器的是私营产业的行业促进会、商会和拥有广泛社区支持或成功的房地产开发记录的社区组织,这些非营利机构孵化器的主要目标是区域开发。
- 大学孵化器:许多这种孵化设施是学术研究项目的副产品。大部分被认为是科学技术孵化器,其主要目标是把基础研究和开发的成果转化为新型产品技术。
- 私营孵化器:由私营公司组织管理,主要目标是盈利,有时会为社区做贡献。

无论采用何种类型,大部分孵化器在灵活的条件下,都提供低于市场租赁价的工作场所,免除房屋大楼维护维修的责任,共享设备和服务,提供经济技术支持,营造合作的环境,提高社区的透明度。

小结

企业家在评价新创企业时考虑不同的环境。他们的典型做法是从宏观到微观,集中于能帮助他们创建企业的数据。总体环境分析用以评估当前的产业性质和法规环境。企业家面临的具体环境包括产业的一般特点、进入壁垒和竞争分析。

亚太地区企业家面对的法规环境多样且复杂。在澳大利亚或新西兰做生意与在新加坡或其他国家做生意差别很大。影响企业家的最重要的法规环境是破产法、公司组建、合同执行、信贷法规、国际贸易法规、投资者保护、劳动法规、执照和许可证、物权法。

迈克尔·波特在竞争和战略方面的研究为企业家对产业进行竞争分析提供了必要基础。除此之外,从社区层面看企业家所在的城市或地区是否支持他们的抱负和计划也是十分重要的。

考察企业的区位时，要考虑社区人口统计、经济基础、人口趋势与总体商业环境。

企业家寻求企业孵化器时要把注意力集中在当地是否有这些设施及其对具体企业的益处。

思考题

1. 评估新创企业的法规环境，企业家要回答一些问题，找出并讨论其中的五个。
2. 简单讨论下列各个政府法规对小型新创企业的影响：破产法、公司组建、合同执行、信贷法规、国际贸易法规、投资者保护、劳动法规、执照和许可证、物权法。
3. 图7—2在帮助企业家进行新创企业评估方面有何价值？
4. 什么是进入壁垒？它们如何影响新创企业评估？
5. 企业家如何用图7—3进行竞争分析？结果会提供什么信息？经过分析，个体会做哪种决定？
6. 找出并描述进行产业评估要采取的四个步骤。
7. 企业家如何着手研究新创企业的区位？社区人口统计和人口趋势能提供什么信息？

自我测试：你的社区是企业家友好型的吗？

做下面的"是—否"测验，看看你的社区是不是企业家友好型的。如果你确定不了答案，就作最有根据的推测。

1. 当市长、省长或地方官员会见你所在社区的企业领导时，会上中小型公司的CEO是否和银行家、大公司的CEO一样多？　　　　　　　　　　是　　否
2. 当地报纸关注社区内新建企业和中型企业的程度是否和大公司一样？　是　否
3. 新创企业是否从当地招聘其所需的大部分专业劳动力？　　　是　否
4. 社区内是否有相当规模的风险资本网络？　　　　　　　　　是　否
5. 当地大学或学院是否鼓励教职员工和学生参与企业分析的讨论？他们是否参与？　　　　　　　　　　　　　　是　否
6. 中小型发展公司的CEO和企业家在本社区最大的三家银行的董事会里是否占有至少1/4的席位？　　　　　是　否
7. 政府经济发展部门是否在扶持当地企业发展上比投资地区以外的公司花费得更多？　　　　　　　　　　　　是　否
8. 你能否想出五个自立门户的公司，即由企业家开办后又脱离母公司发展的公司？　　　　　　　　　　　　　是　否
9. 你能否说出社区中五个生意兴旺的企业家的名字？　　　　　　　　　是　否
10. 社区里的企业家是否会被邀请加入最好的健身、社交和乡间俱乐部？他们会加入吗？　　　　　　　　　　是　否

打分

答案是"是"，加10分，答案是"否"，加0分。

- 0～30：你的社区在一些方面需要改善来鼓励企业家活动。
- 40～60：你的社区采取了一些措施鼓励企业家活动，但在一些方面仍需改善。
- 70～100：你的社区为企业家发展提供了健康的环境。恭喜！

资料来源：National Policy Research Council, [www.nprcouncil.com/hotsites] accessed 8 November 2005.

自我测试：全球环境考察

从全球或当地社区中挑选（或创建）一个要在亚太另一国家或地区进行创业的公司。拟定一份有关下列因素的报告。

- 经济
  - √ 人均 GDP 或 GNP
  - √ 失业率
  - √ 通货膨胀率
  - √ 顾客和投资者信任度
  - √ 存货水平
  - √ 货币汇率
  - √ 商品贸易收支
  - √ 贸易伙伴的财务和政治状况
  - √ 收支平衡
  - √ 未来趋势
- 政府
  - √ 政治环境——政府活动量
  - √ 政治稳定性和风险
  - √ 政府债务
  - √ 预算赤字或盈余
  - √ 公司和个人税率
  - √ 工资税
  - √ 进口关税和配额
  - √ 出口限制
  - √ 国际资金流动限制
- 法律
  - √ 最低工资法
  - √ 环境保护法
  - √ 工人安全法
  - √ 工会法
  - √ 版权专利法
  - √ 反垄断法
  - √ 礼拜天/宗教纪念日不营业法
  - √ 市政许可证
  - √ 支持商业投资的法律
- 技术
  - √ 基础设施的有效性，包括道路、港口、机场、车辆、医院、教育、卫生保健、通信
  - √ 工业生产力
  - √ 新的生产过程
  - √ 竞争者的新产品和服务
  - √ 供应链合作伙伴的新产品
  - √ 影响公司的任何新技术
  - √ 电力的成本及可得性
- 生态
  - √ 影响公司生产过程的生态因素
  - √ 影响消费者购买习惯的生态因素
  - √ 影响消费者对公司或产品感知的生态因素
  - √ 社会文化生态
- 人口统计因素
  - √ 人口规模和分布
  - √ 年龄分布
  - √ 教育水平
  - √ 收入水平
  - √ 种族
  - √ 宗教关系
- 对下列问题的态度
  - √ 唯物主义、资本主义、自由企业
  - √ 个人主义、家庭的角色、政府的角色、集体主义
  - √ 教会和宗教的角色
  - √ 用户至上主义
  - √ 环境保护主义
  - √ 工作的重要性、对成就的自豪感
- 文化结构
  - √ 饮食结构和营养
  - √ 住房条件
- 潜在供应者
  - √ 劳动力供应者：可获得的劳动力数量，包括可用劳动力素质、劳动力供应稳定性、工资期望、员工流动率、罢工和劳资关系、教育设施
  - √ 原料供应商：包括原料质量、数量、价格及稳定性，交货延迟，接近大型或重型原材料的输入，供应商之间的竞争水平
  - √ 服务供应者：包括数量、质量、价

格、服务设施的稳定性、特殊要求。

自我测试：社区实例分析

假如你正在筹备开一个五金器材零售店。在你的社区里选一个地点，然后回答下列关于社区、潜在顾客、竞争和开店地段的问题。

商业区的潜力

1. 商业区有多大？
   _____平方公里
2. 五公里内的顾客潜力如何？
   _____顾客
3. 人口密度如何？
   _____人/平方公里
4. 对供应商来说，交通运输是否方便？
   _____是 _____否
5. 商业区的收入水平如何？
   人均_____
6. 当地雇佣者占被雇佣者的比例是多少？
   占被雇佣者的_____％
7. 社区的总体组成如何？
   _____居民 _____老年人
8. 人口和收入趋势如何？
   _____上升 _____下降
9. 新建筑是否在不断增加？
   _____是 _____否
10. 学校入学人数是否在增加？
    _____是 _____否
11. 零售额是否在上升？
    _____是 _____否
12. 最近，平均而言，经营业绩是否有所改善？
    _____是 _____否
13. 商业产权闲置率高吗？
    _____是 _____否
14. 近些年的购物方式变化显著吗？
    _____是 _____否
15. 顾客流向还是流出潜在的选址地点？
    从_____到_____
16. 当前有哪些区域限制？
    _____

顾客能到达所选地段吗？

1. 该地区的公共交通是否方便？
   _____是 _____否
2. 交通服务覆盖面有多广？
   _____平方公里
3. 该地区能否逐渐吸引购买者？
   _____是 _____否
4. 小汽车容易到达该地段吗？
   _____是 _____否
5. 公用停车场够用吗？是否相对比较便宜？
   _____是 _____否
6. 附近可用的停车场有多少车位被全天停车者占用？
   _____很多 _____少数
7. 如果该地段位于高速公路上，顾客方便从主干道到达那里吗？
   _____是 _____否
8. 对标识和店铺辨认有何限制？
   _____
9. 该地段是否位于有进入限制的地区？最近的立交桥有多远？
   _____公里
10. 送货卡车能到达该地段吗？
    _____是 _____否
11. 是否因为车速太快以至于小汽车不敢驶入车流？
    _____是 _____否
12. 大多数消费者路过此地是去上班还是购物？
    _____去上班 _____去购物
13. 邻近的商店愿意帮助你吗？购物中心、邻近的或高速公路上的其他商店是否具备吸引你的赞助人的性质？
    _____是 _____否 _____也许 _____可能

14. 近期交通状况会有什么变化?
_____ 轻度 _____ 可能

15. 预期的变化会改善还是破坏该地段?
_____ 改善 _____ 破坏

16. 区域划分调整的规划将会影响该地段的可达性吗?
_____ 是 _____ 否

判断竞争者

1. 预期地段和最繁华地区之间有多少同类的其他商家存在?
_____ 家店

2. 该地段是本地区内最便利的店址吗?
_____ 是 _____ 否

3. 本商业区内有多少家同类的其他店铺?
_____ 家店

4. 它们中有多少家会与你竞争吸引顾客?
_____ 家店

5. 这些店是否有更好的停车设施?
_____ 是 _____ 否

6. 这些店供应同类商品吗?
_____ 是 _____ 否

7. 你认为他们会比你的经营更积极进取,还是不如你?
_____ 更积极进取 _____ 不如

8. 最近其他与你竞争的商家对这个贸易区是如何规划的?
_____

9. 更接近大部分消费者的潜在地点在近期可能发展起来吗?
_____ 是 _____ 否

10. 你的主要竞争者是知名度高或广告宣传充分的商家吗?
_____ 是 _____ 否

11. 该地区是否确实需要再开一家这种类型的店?
_____ 是 _____ 否

12. 本地区该产品满足需求的程度如何?
_____ 很好 _____ 一般 _____ 根本满足不了

13. 如果该地段附近有一家闲置的店铺或一块空地,竞争的店铺会计划收购吗?
_____ 会 _____ 不会

该地段能吸引新的商家吗?

1. 该地段是否位于有吸引力的区域?
_____ 是 _____ 否

2. 大量的商店能为你向该地区招徕潜在顾客吗?
_____ 是 _____ 否

3. 该地段邻近知名度高或广告宣传充分的商家吗?
_____ 是 _____ 否

4. 该地段是本地区最有吸引力的吗?
_____ 是 _____ 否

5. 该地段是否位于顾客车辆来往最频繁的那一侧街道?
_____ 是 _____ 否

6. 该地段比其他竞争公司所在地段更邻近一般停车场吗?
_____ 是 _____ 否

7. 该地段位于购物区的中心还是边缘?
_____ 中心 _____ 边缘

8. 它离人们一般会面的地方近吗,譬如公共事务所?
_____ 是 _____ 否

9. 经过商店的大部分人是预期顾客吗?
_____ 是 _____ 否

10. 人们通常是匆匆走过还是从容购物?
_____ 匆匆走过 _____ 从容购物

经营地点的成本

1. 租金是多少?
_____ /月

2. 谁支付公共服务成本?
_____ 你 _____ 其他人

3. 谁支付其他的费用,如税款、公共服务和环境改善费用?
_____ 你 _____ 其他人

4. 是否有最终扩张的可能性?
_____ 可能性大 _____ 可能性小

5. 是否能雇用优秀的雇员?

　　　　　是　　　　　否

6. 你的潜在收入能证明你的成本投入是值得的吗?

　　　　　是　　　　　否

最终分析

在你分析的基础上,判断在这个社区开五金器材零售店是否合适。请说明。

自我测试:浏览任务

"360度浏览"评估社会、技术、经济、生态和政治(STEEP)环境,是未来研究的基本技能,是有远见的人的生存技能。我们将会一起努力,创造一个共享的资源浏览环境。

1. 浏览图书馆的所有期刊书架,看看所有期刊的封面,浏览其中可能对你有特别吸引力的、与你期望追求的未来相关的期刊,也要注意与你的兴趣和专业相去甚远的领域的杂志。即:如果你是个工程师,考虑读一读《女装日报》;如果你是经理,考虑读一读《新科学家》或类似的科技类杂志。一般标题和科技标题都包括在内。找出一些你觉得特别感兴趣或可能有用的网站。

2. 选出你本学期内多次浏览的七种期刊或网站,找出一些重要的能暗示"推动变革"的因素的有趣文章。《经济学家》就是其中之一。你也可以从广播、电视或谈话中捕捉信息。引用它们时尽量标注其出处和日期。

3. 你要寻找什么?变化、创新、价值变化、新观念、新计划、新政策、新商业和新消费品——所有你之前没有意识到的新事物及变化。刚开始浏览时,你会发现找出你觉得新颖的变化或创新很容易。困难的是找到每个人,甚至是该变化领域的专家都觉得新颖的变化和创新。只有通过练习和不断扩展对变化的感知能力,你才能发现细微变化。加油干吧!

4. 口头(在每堂课的非正式"浏览"讨论上)汇报你在期刊或网站上的发现。要求以下列的格式写成书面材料。

标题/日期	来源/作者	内容和重要性	STEEP范围/影响

资料来源:Wendy L. Schultz, 2001 [www.infinitefutures.com/essays/fs8.shtml#links]。

案例分析 7—1

调查产业

约翰·哈根(John Hargan)和丽塔·梅勒(Rita Maylor)决定开一个新公司,制造并销售高质量的非碳酸软饮料。他们把店址选在澳大利亚的维多利亚,部分原因是他们在那里能获得高质量的纯净水,从而为他们提供竞争优势。一个商业顾问建议他们制定一份全面的商业计划,对饮料产业进行清晰彻底的评估。这样他们就会了解面临的挑战,有助于他们定位新产品。这两个合伙人花了两个月的业余时间调查研究他们的想法(由于他们都为另一个雇主全职工作)。同时因为现在的工作不在饮料行业,所以他们颇费周折才找到信息源。约翰和丽塔认识到在制定任何可行的商业计划之前,要先评价饮料产业。然而,他们两个还不清楚这种评价的具体元素。

问题：

1. 约翰和丽塔应该调查什么产业元素？
2. 如何用五力分析模型帮助他们？
3. 描述他们可能会遇到什么进入壁垒。

案例分析 7—2

外国企业家在中国单飞

当于恒亮（Harry Yu）开始向上海的雅皮士推销高温瑜伽和焚音瑜伽时，他遵循了在中国开公司的外国人通常采用的所有传统步骤，但有一点除外：他并没有像他们那样找一个当地的商业合作伙伴。

于恒亮为了找工作室的地点亲自走遍了全城，通过迷宫似的分区法规，最终将店址定在那个历史上著名的法租界里一个风景优美、颇具异域风情的地方，在那里还能安装淋浴设备。他随后雇人把店内翻修成纽约风格的阁楼样式。

像于恒亮这样在中国做生意的企业家开始跳过找当地合伙人这个既是必需又令人大为头痛的步骤。他们不再花时间和财力去鉴别合同、与中国公司培养商业关系，而开始向市场单飞。他们放弃了寻找合资伙伴，正在建立外商独资企业（WOFEs），或用俚语中的"woofies"来称呼它。

DezanShira（北京）会计师事务所认为：外商独资企业已成为国际投资者在中国首选的投资手段……因为他们认为不需要中国合伙人。这些外商独资企业部分是在中国加入世贸组织之后出现的。

外商独资企业的兴起将是一个重要的里程碑。中国广阔的低成本市场自20世纪70年代晚期对外开放以后就预示着巨大的财富。遗憾的是，海外公司往日在那里获利的辉煌毁于许多破裂的、争论激烈的合资伙伴关系。个体企业家和大公司都曾被骗，从那些其实根本不存在或没有可靠关系和资产的有名无实的合作伙伴，到不是运用当地的规则去为公司的发展铺平道路，而是用暴力做生意和获利的真正的合伙人。

外商独资企业日益发展，但要想搞清楚如何在当地做生意还是要面临一些固有的挑战。

首先，在于恒亮看来，签订房地产所有权协议并不简单。"我想，我拥有资本和商业计划，找几个房地产经纪人开始翻新能有多难呢？可这花了我九个月时间，通过了许多正式的和非正式的渠道才办好。"

另一个问题是盲目的模仿者。当地的投资者私有资产充裕，又由于仅局限于当地股市和其他的少数选择，没有多少投资渠道。他们就喜欢在小企业上下赌注。

于恒亮认为"他们许多人都不是很有创意，只是模仿然后注入资金"。

跨国公司支付高额薪水给受过西式服务和管理培训的高技能职员，与其竞争十分艰难。于恒亮表示，"我们在不断寻找符合酒店和温泉疗养区需要的职员。"

尽管如此，这个35岁的企业家并没有泄气。他选择上海是因为上海是中国最国际化的城市，能"迅速地接受西方理念"。

7月，他的Y+瑜伽会所要在上海开第二间工作室。这件工作室将占地10 000平方英尺，是现在这间的三倍。

这座大楼将包括零售区、泰式按摩区域和健康熟食店。

资料来源：Joanne Lee-Young, "Foreign entrepreneurs flying solo in China: A local partner is no longer required for many businesses", *Vancouver Sun* (British Columbia), 18 April 2005.

问题：

1. 在中国不找当地商业伙伴是失策吗？
2. 外商独资企业在中国做生意会面临什么挑战？
3. 在中国你怎样着手寻求当地商业伙伴？

第8章

新创企业的创业营销

> 两个鞋子推销员来到非洲一个落后的乡村地区。其中一个推销员电告他的顶头上司:"我们的鞋子在这里没有任何销售前景,非洲人都不穿鞋!"另一个却报告说:"这里没有人穿鞋,我们能够主导市场。请把所有库存的鞋都送过来。"
>
> ——盛田昭夫(Akio Morita),索尼公司创始人

本章要点

1. 回顾创业营销的重要性及风险投资的相关调研
2. 区分创业营销、游击营销和一般营销
3. 概述营销调研的过程
4. 介绍制约营销功能的因素
5. 研究创业营销观念——理念、市场细分和消费者至上论
6. 确定对营销规划至关重要的方面
7. 展现成长中的新创企业各营销阶段的特点
8. 观察网络创业营销
9. 讨论定价策略的关键特征

引 言

市场营销对新创企业与成熟企业同样关键,但对新创企业尤为重要,因为企业家必须紧密联系消费者并了解其需求。有效的**创业营销规划**(entrepreneurial marketing plan)能为公司的发展打下坚实的基础。营销是文明的战争,它将产品带到可涉猎的细分市场并推动产品在该市场占据领先地位。

对企业家来说,**市场**(market)是一群有购买能力且需要未得到满足的消费者(潜在消费者)。有需要其产品或服务的市场的存在,新创企业才能生存。显而易见,每一个企业家都要为建立目标市场进行充分的市场分析与准备。然而,有许多企业家对市场知之甚少,甚至尚未确认市场就试图创业。

创业营销的定义

创业营销(entrepreneurial marketing)是指"凭借创新方法进行风险管理、资源杠杆平衡和价值创造,从而能动地识别和开拓机遇以获取并保留盈利性顾客的做法"。创业营销是对机遇的不懈追求、对顾客的热衷和对销售额的至上关注。创业营销商把注意力集中于销售额,而不是品牌公认度或市场份额。与企业家是否具备有条理的商业计划或公认的标签相比,投资者更关心其能否招徕需求、赚得现金。在资金有限的条件下,每个广告、每次商业活动的投资回报显得尤其重要。这实际上意味着企业家要学会如何处理错误判断的风险。由于资源有限,创业营销必须也必然要依靠小额样本和定性数据分析。其关键的能力是速度,即将顾客的大量需求与公司能提供的有限生产率和解决方案迅速匹配。

韦尔什和怀特(Welsh & White)提醒我们,"小企业也能做成大生意"。企业家不是法人,而是领导一个小团队,从自身利益最大化出发追逐利润的自主个体。他们需要有多面的广泛思维能力和对无秩序状态的容忍能力。对他们最不利的是"资源贫乏",也叫做**流动性约束**(liquidity constraints)。这既是难题又是机遇,它意味着企业家必须采取完全不同的营销方法。创业营销,也称**游击营销**(guerrilla marketing),能为创业企业扭转败局、守住底线,它已成为非传统、低成本、强有效营销的代名词。它要求调研并回答一些基本问题。布斯科克和拉维克(Buskirk & Lavik)整理出了一种得到创业营销机遇的新方法(见图8—1)。

下列是游击营销的基本原理和原则:

- 游击营销尤其适合小企业;
- 应建立在人类心理学而非经验、判断和推测的基础上;
- 营销的首要投资应是时间、精力、想象力而非金钱;
- 衡量业绩的原始统计是利润额而非销售额;
- 营销商也应把注意力集中在每月建立了多少新的关系上;
- 优秀的标准应是重点明确,而不是提供相关的产品和服务以追求多样性;
- 不要把注意力集中于招徕新的顾客,而是集中于获取更多的推荐顾客,并与现有顾客进行更多和更大的交易;
- 淡化竞争,更注重与其他公司的合作;

没有顾客购买商品 停	不了解顾客的购买动机 停	产品销售不盈利 停	资源耗尽 停
市场机遇显现 走	正是吸引顾客购买商品的恰当时机 走	了解出售产品的总成本 走	向顾客销售产品能产生持续的盈利 走

图 8—1　评估营销机遇的"走"、"停"标志

资料来源：Bruce D. Buskirk and Molly Lavik, *Entrepreneurial Marketing*: *Real Stories and Survival Strategies* (Mason, OH: Thomson/South-western, 2004), xxi.

- 游击营销商应结合各种营销方法进行商业活动；
- 用当前技术作为工具进行营销授权。

一切归根结底都涉及关系。关系营销强调与顾客建立较长期的关系，而不是个别交易，要了解顾客的生命周期各个阶段的需求，强调应根据现有顾客的需求提供一系列产品和服务。关系营销最适用于价值较高的消费品，因为这种情况下转换成本高，顾客的参与程度也高。

一些知名的技术和策略能帮助企业家有效分析潜在市场。企业家利用这些技术和策略能获得关于具体市场的详细知识，并将其转化为详尽完整的商业计划。有效的营销分析也可以帮助新创企业为自己找准定位，作出能增加销售额的转变。这一过程的关键是营销调研。

创业实践

游击营销战略

下列游击营销战略能帮助你为自己的咨询公司或自由创业公司开展成本低廉但高效的营销活动。

- 创建一个关于你所在行业的网络杂志，把潜在客户带到你的站点，在那里为你的服务做广告。
- 定期向现在的、过去的和潜在的顾客发送电子时讯。
- 在一些特殊的日子向客户寄送卡片或电子贺卡，如他们的生日、你们初次见面的日期，也可在你竭力推销后寄一张感谢卡。
- 定期参与在线新闻组和论坛。在每个帖子后的签名栏里加上你公司的名称和联系方式。不要刻意地做广告，要切实提供解决问题的方法，为自己赢得声誉。
- 主动提出向公司、学校及机构就你所在的专业领域做演讲。大多数情况下，你可以散发名片和宣传手册。

- 用你的名片获得推荐顾客。与和你在同一领域但并不直接竞争的商家交换名片，或将名片发给那些对你赞赏有加且交际广的客户。请他们在你名片的背面注上"介绍人××"或诸如此类的字样并拜托他们将其散发给潜在客户。如能引进一定数量的推荐顾客，可以事后给他们打折或其他方式的奖励。
- 使自己有报道价值。如果你有报道价值，就可以在当地甚至全国媒体上免费亮相。试着去做以前没有人做过的事，如免费演讲、做有环保意识的事、向需要你帮助的慈善组织提供无偿服务。
- 主动为当地媒体提供信息源。有时记者调查你所在领域的故事、就新闻热点问题采访专业人士时会需要帮助，告诉他们你随时乐意帮助他们解决难题。
- 提供免费的样品、试用和咨询等。人人都喜欢免费的东西。如果你是自由商业撰稿人，不妨免费为一家公司写首发新闻稿；如果你是法律顾问，不妨提供免费初次咨询。使你的免费赠品符合客户的需要，从而说服客户购买你的商品。
- 做你的竞争对手没有做的事。必须时刻感受市场的脉搏。如果别人的咨询收费，你不妨来个免费咨询；如果别人的信息枯燥乏味，你不妨加些幽默在里面；如果别人在大媒体上做广告，你不妨在本地区所有的小型媒体上做广告宣传；如果别人打折，你不妨提供更大的折扣。无论你的竞争对手在做什么，他们总会遗漏某个部分的顾客。你要做的就是寻找那些被漏掉的潜在顾客并使他们为己所用。

资料来源：Jennifer Mattern, "Your guide to consulting/freelance", [consulting.about.com/od/marketingtactics/a/guerillatactics_p.htm]。

营销调研

营销调研（marketing research）是指收集特定市场的信息，然后对这些信息进行分析。在进行商业活动前，企业家必须熟知收集、加工、解读市场信息的营销调研过程。

限定调研目的和任务

营销调研的第一步是明确限定制定决策的信息要求。虽然这似乎有点老生常谈，事实上未经过充分调查研究便确定需求的情况屡见不鲜。如果问题没有被清晰地界定，那么收集到的信息就毫无价值。

此外，要确定具体的任务。例如，一项为了给一般营销调研确定任务的研究提出了下列问题：

- 潜在消费者能去哪里购买该商品或服务？
- 他们为什么选择去那里？
- 市场规模有多大？本公司占据了其中的多少？
- 本公司与竞争对手相比如何？
- 本公司的促销对顾客有何影响？

- 潜在消费者期望得到何种类型的产品或服务？

收集二手资料

由其他人收集汇编的信息被称为**二手资料**（secondary data）。二手资料收集起来一般比原始的新资料要便宜一些。企业家在进行下一个调研步骤之前，应竭尽所能研究所有能找到的二手资料。营销决策常常会依据来自网络或其他企业家的二手资料来确定。

二手资料有内外之分。内部二手资料由新创企业内部存在的信息构成，例如公司的档案可能会包含一些有用信息；外部二手资料在大量的期刊、商会文献和政府出版物中都可以找到。

遗憾的是，二手资料在使用过程中存在一些问题。首先，这些资料可能因过时而无用；其次，二手资料中的度量单位很可能不适用于当前问题；最后，可靠性也是个问题，一些二手资料的来源不如其他资料可靠。

收集原始资料

如果二手资料不够，那下一步要收集新信息或**原始资料**（primary data）。有一些方法可以用来积累原始资料，这些方法分为观察法和提问法。观察法可避免与回应者接触，而提问法要在不同程度上涉及回答者。观察法可能是现存最古老的调查方法，应用起来十分经济，而且可以避免提问法中回答者的有意识参与所引起的潜在偏见。但观察法的主要缺点是只能局限于描述性研究。

调查（survey）和**试验**（experimentation）属于提问法，实施过程中要与回答者接触。调查包括通过邮件、电话和个人面谈来进行接触。如果回答者分布较广、较分散，常用邮件方式调查，但这种方法的特征是回应率低；电话访问和个人面谈要与回答者进行口头交流，因此回应率较高，然而，个人面谈比邮件和电话调查更昂贵，而且个人常常因为感觉到死缠烂打的推销会随之而来而不愿意接受面谈。表 8—1 描述了几种主要的调查研究技术。

表 8—1　　　　　　　　　　几种主要的调查方法比较

标准	直接/客观邮件	邮件调查	电话访问	入户面访	商城拦访
复杂性和多功能性	一般	一般	良好，但复杂冗长，难以操作	相当灵活	最灵活
资料数量	充足	充足	不足，一般持续 15～30 分钟	数量最大	有限，25 分钟或更少
采样控制	很少	良好，但代表性受怀疑	优良，但未登记的家庭是难题	理论上控制力最强	有问题，抽样代表性可疑

续前表

标准	直接/客观邮件	邮件调查	电话访问	入户面访	商城拦访
资料质量	更适用于敏感或尴尬的问题;但没有访问者在场阐明所问问题	积极的一面是访问能消除歧义;消极的一面是可能导致社会公认的常规回答	可能有欺骗成分	非自然的测验环境会导致偏见	
回应率	一般很低,低到10%	70~80%	60~80%	高于80%	高达80%
速度	几周;完成时间会因跟踪邮件而增加	没有跟踪邮件的话几周,有的话更长	大型研究三四周才能完成	比邮件快但比电话调查慢	大型调查要几天来完成
成本	不高,完成每次访问只需2.50美元	最低	不是很低	比较高,但可变性强	比入户访谈低,但比电话访问高。时间长度和发生率决定成本
用途	行政、产业、医疗和读者调研	各个领域的营销调研,尤其适用于低发生率的范畴	在要求全国抽样的研究中尤其有效	在产品试验和其他要求视觉线索或产品原型的研究中相当流行	普遍深入的观念测试、名称测试、包装测试、广告用语测试

资料来源:Peter R. Dickson,*Marketing Best Practices*(Fort Worth,TX:Harcourt College Publishers,2000);114. Reprinted with permission of South-Western, a division of Thomson Learning[www.thomsonrights.com]。

  测试是一种侧重调查因果关系的调研形式。一般实验者会有力地控制一个变量(独立的),试图掌握其他的所有常量来观察另一个非独立变量的变化。

  创业营销商对许多信息都感受不到,从而达不到他们的目标,不能引起期望的反响,因此测试对他们来说可能是必要的。测试事实上可能会使公司更容易、效率更高地锁定恰当的顾客。营销商可以确切、高效地得到成百上千甚至上万的营销信息,并且能适时调整自己的信息。

  下面是一些例子:

  ● 价格变化对销售量有何影响?这里,价格是实验变量,销售量是非独立变量。如果没有其他许多变量的介入,就不难找出这两个变量间的关系。

  ● 直接营销商长期使用诸如分寄邮件的简单方法比较顾客对不同价格或促销商品的反应。

  ● 向试销市场投放一种产品。将一种新产品投入选出的几个城市,这些城市必须代表全国(或世界)的人口总体,也应该相对地未受外界(如其他国家媒体方面的)影响。

设计信息收集工具

问卷是调查过程中指导调研者和回答者的基本工具，精心设计方能使用。问卷设计要考虑以下几个主要因素：

- 务必使每个问题都针对与调研目的相关的具体任务。
- 把简单的问题放在前面，难以回答的放在后面。
- 避免引导性和偏见性的问题。
- 问"这个问题会被怎样曲解"，重新措辞来减少或消除问题被误解的可能性。
- 在问卷上提供简洁但完整的说明，简洁地说明所需信息，在回答者遇到与其不相关的问题时给予指导。
- 可能的话，不要用简单的一般疑问句提问，而要用有尺度的问题来检验态度的强度或体验的频繁度——如不问"我们的销售助理是否友好"（是/否），而问"您怎样评价我们销售助理的友好程度"，让回答者从"极端不友好"（1）到"非常友好"（5）的五个尺度点中选择。

□ 解读和报告信息

收集到必要的信息后，要把它们整理成可用的信息。数量庞大的资料只是事实，必须经过组织和处理才能成为有意义、有用的信息。概括和简化信息的方法包括表格、图表和其他图解方法。诸如平均数、众数和中间值等描述性统计在这个研究步骤中最有用。

□ 营销调研问题

风险投资前进行营销调查的必要性取决于风险投资的类型。然而，典型的调研问题按主题分类有以下几种。

销售

- 你完全掌握竞争对手的各种产品在各地区的销售情况吗？
- 你了解哪些账户是盈利的，以及如何辨别潜在的盈利账户吗？
- 你的销售力量达到最优化配置了吗？能使你在销售成本上的投资有最佳回报吗？

分销

- 如果你在考虑引进一种新产品或一系列产品，你了解所有批发商和经销商对此的态度吗？
- 批发商和经销商的销售人员对你商品或服务的评价恰当吗？
- 你的分销模式会随市场的地理位置改变而变化吗？

市场

- 你了解各个地区对各种产品的购买习惯和品位的差异吗？
- 你足够了解品牌或制造商的忠诚程度和你产品分类中同类货物重复购买的

信息吗?
- 你现在能计划各个时期不同产品的市场销售份额吗?

广告
- 你的广告是否影响到了恰当的人群?
- 与竞争对手相比,你的广告效果如何?
- 从产品、区域和市场潜力来看,你的预算分配是否恰当?能否获取巨大利润?

产品
- 你有可靠的定量分析方法来检验新产品和产品变化的市场接受能力吗?
- 你有可靠的方法检验新包装或换包装对销售的影响吗?
- 更高或更低的质量水平能否为你的产品制造新的盈利市场?

营销调研的制约条件

虽然大多数企业家都能从营销调研中获益匪浅,但也有企业家未能做到。原因有许多,包括营销成本、复杂性、战略决策需要程度和不相关性。

营销成本

一些企业家认为营销调研代价昂贵,只有大型机构才能负担得起这种费用。一些高水平的市场调查确实是昂贵的,但小型企业完全可以采用一些负担得起的营销技巧。

复杂性

一些营销调研依靠抽样、调查和统计分析进行。这种复杂性(尤其是定量分析方面的复杂性)令许多企业家望而却步,因此竭力避免。但有一个重点要牢记:对资料的解读是关键,企业家可以经常拜访市场调查服务方面的专家或在这方面有专业素养的大学教授,从这些擅长统计设计的人士那里得到建议和忠告。

战略决策需要程度

一些企业家感觉只有重要的战略决策才需要营销调研的支持,这种想法与上面已提到的成本及复杂性问题相关。其论点是:鉴于营销调查的成本和复杂性,只有在作重要决策时才进行。他们的问题不仅仅在于对成本和复杂性的误解,而且在于认为营销调查的价值只局限于重要决策。营销调研的结果能够大大提高企业的销售业绩。

□ 不相关性

许多企业家认为营销调研的资料只能证实他们的已有知识，或包含不相关的信息。尽管营销调研提供各种各样的资料，其中难免有一些不相关的，但大多数信息都是有用的。况且，即使有的资料是在确认企业家的已有知识，它也是证实已有的知识，从而可以更有信心地以其为依据采取行动。

在上述制约条件中，企业家不采用营销调研的原因集中体现在对其价值的误解或对成本的担心上。然而，进行营销调研花费并不一定很高，且经证实极具价值。

■ 培养营销观念

行之有效的营销以三个因素为基础：营销理念、**市场细分**（market segmentation）和**消费者行为**（consumer behavior）。新创企业在培养其营销观念和寻找进入市场的途径时，必须综合考虑这三方面因素。这一方法可以为公司探索如何销售其产品或服务打好基础。

□ 营销理念

在新创企业中存在三种不同类型的营销理念：生产驱动理念、销售驱动理念、顾客驱动理念。

生产驱动理念（production-driven philosophy）以"高效抓生产，销售放脑后"的观念为基础，主要强调生产，销售居次位。生产高科技产品、艺术类产品的企业有时会采用生产驱动理念，也有可能遭受损失。**销售驱动理念**（sales-driven philosophy）致力于通过人员推销和广告宣传来说服顾客购买公司的产品，当市场上产品供过于求时，这种理念常会出现。如新汽车经销商十分倚重销售驱动理念。**顾客驱动理念**（consumer-driven philosophy）依靠调研发现顾客喜好、期望和需要后才开始生产。这种理念强调营销调研的必要性，能更好地了解市场面对的地区或人群，并有针对性地制定策略。

有三种主要因素影响营销理念的选择：

● 竞争压力。大多数情况下，竞争的强度能支配新创企业的理念。例如，激烈的竞争会促使许多企业家以顾客为主导，以在竞争中占据优势。另一方面，如果竞争不激烈，企业家就会保持以生产为主导的理念，因为他们有把握把生产出来的产品卖出去。

● 企业家背景。企业家的技能和能力各有不同。一些企业家有销售和营销背景，而另外一些有生产和操作经验。企业家的强项将会影响其营销理念的选择。

● 短期重心。有时如果将短期重心放在"推销商品"和创造销售业绩上，就会选择销售驱动理念。虽然这种理念也许会增加营业额（这也是许多企业家对其趋之若鹜的原因），但不久就会因为忽略消费者的喜好，成为强行推销，引起长期的不满。

这三种营销理念中的任何一个都有助于企业家的新创企业成功。但是要注意：从长远看，顾客驱动理念是最成功的，尽管很多新创企业不采用这种理念。

它重点强调顾客的需要、喜好和满意程度，为产品或服务的最终用户服务。

市场细分

市场细分是指找出将一群顾客与其他顾客区分开来的一系列具体特征（子群）的过程。整体市场通常由下列亚市场（称为细分市场）组成。下面是一些例子。

- 澳大利亚葡萄酒市场上与酒相关的生活方式细分市场有以下几类：礼节导向的摆阔型葡萄酒狂热者、低调的目的型优质酒饮用者、流行/偶像导向的饮酒者、一般饮酒者和享受导向的社交饮酒者。
- 澳大利亚内地生态旅游者被细分为：有高度环保意识和野外荒原体验的"偏硬"生态旅游者，对两方面承诺都较少的"偏软"生态旅游者。与前两者相比，"结构"生态旅游者表现出相对强的环保责任，但多少渴望得到解说、陪同旅行和一些通常与大众旅游相联系的服务/装置。
- 这里 OG 的意思是"职业群体"（occupational group）。OG1s 指经理、政治家和自由职业者，他们最喜欢的电视节目包括《绝望主妇》、《达芬奇密码》、为期一天的棒球比赛和安德鲁·登顿与丹麦王室的访谈。OG5s 指工厂工人、清洁工、劳工，他们本年的电视套餐包括《老大哥》、国内知名球队的赛事、赛车和《与星共舞》。拥有底层职业分组品位的是 OG4s（铁路、公路运输司机，车间操作员和机器操作员，警察）。OG3s（商人）也喜欢《流言终结者》关于"大白鲨"的专题节目、《欢乐时光重聚》和环境灾难片《毁灭之日：飓风袭击美国》。OG2s（技师、护士、速记员、店员、接待员、学校教师、销售代表、检票员和出纳）尤其喜欢《绝望主妇》、《迷失》、《豪斯医生》、《实习医生格蕾》、《小奥伯龙》和"Logies"电视颁奖晚会。

企业家需要通过分析一些变量来进行具体的市场细分。比如，要注意的两个主要变量是人口统计变量和利润变量。人口统计变量包括年龄、婚姻状况、性别、职业、收入、居住地等，这些特征用来决定消费者的地理和人口统计信息概况以及他们的购买潜力。利润变量有助于认清市场中未得到满足的需要，包括方便程度、成本、风格、潮流等，取决于各个新创企业的投资性质。无论是何种产品或服务，探知各细分市场追求的利益，进一步区分出目标团体是极具价值的。消费心理统计能在市场细分的精细度方面得到更大的信息轮廓，它是对影响个体购买行为的心理特征的统计分析。表 8—2 显示了消费者和企业市场的**市场细分变量**（segmentation variable）。

表 8—2　　　　　　　　　消费者市场和企业市场的细分变量

消费者市场细分变量	企业市场细分变量
人口统计变量：年龄群（如青少年、退休歇业者、年轻成人）、性别、教育水平、种族、收入、职业、社会阶层、婚姻状况 地理变量：居住地（如国家、地区、城市/郊区/乡村、国际）、气候	人口统计变量：类型（如制造商、零售商、批发商）、产业、规模（如销售量、零售渠道数量）、存在时间（新生、初步发展、稳步发展、成熟） 地理变量：所在地（如国家、地区、城市/郊区/乡村、国际）、气候 商业安排：所有权（如私营还是国有，独立还是连锁）、财务情况（信用等级、收入增长、股票价格、资金流转）

续前表

消费者市场细分变量	企业市场细分变量
当前购买情况：所用品牌、购买频数、当前供应商 购买准备：拥有必要的设备、财产、知识和技能 当地环境：文化、政治、法律环境	当前购买情况：所用品牌、购买频数、当前供应商 购买准备：拥有必要的设备、财产、知识和技能 当地环境：文化、政治、法律环境 享受企业服务的顾客：认清企业的市场 企业的认知形象：目标顾客对其认知情况
追求的利益：价格、总价值、具体特征、易于使用、服务等 产品用途：如何使用、何时使用等 购买条件：购买的时间、信贷条件、以旧换新选择 个人买主的特征：购买经验、购买方式、购买决定影响因素、购买重要性 心理变量：性格、与人口统计特征相结合的态度和生活方式	追求的利益：价格、总价值、具体特征、服务、利润率、促销资助等 产品用途：如何使用（如原料、组件产品、主要零售产品）、何时使用等 购买条件：销售周期长度、产品规格、定价、信贷条件、以旧换新选择、产品处理等 购买中心特征：购买经验、成员数量、主要硬性因素构成、愿意承担风险

资料来源：KnowThis.com, "Tutorial：The principles of marketing", ［www.knowthis.com/tutorials/marketing/targeting_markets/3.htm］.

消费者行为

消费者行为指多种类型和模式的**消费者特征**（consumer characteristics）。然而，企业家只能集中注意力考虑两方面的内容：个人特征和心理特征。表 8—3 提供的例子把这些特征和五种消费者（革新者、早期使用者、早期大多数、晚期大多数和落后者）结合在一起。

表 8—3 分析了个人特征中的社会阶层、收入、职业、教育、住宅、家庭影响和时间取向的不同，还有以需要、认知、自我认知、渴望团体和参与团体为标签的心理特征。这种细目分类为企业家提供了消费者类型的直观图形，便于他们有针对性地进行销售工作。

表 8—3　　　　　　　　　　　　　消费者特征

	革新者 (2%～3%)	早期使用者 (12%～15%)	早期大多数 (33%)	晚期大多数 (34%)	落后者 (12%～15%)
个人特征					
1. 社会阶层	上层阶级下层	中产阶级上层	中产阶级下层	下层阶级上层	下层阶级下层
2. 收入	高收入（继承）	高收入（从薪酬和投资中赚取）	超过平均水平的收入（赚得）	平均水平收入	低于平均水平的收入
3. 职业	高级专业人士、商人、金融家	中层管理人员和中型企业业主	小企业业主、非管理职员、工会管理人员	技术工人	无技术的劳工

续前表

	革新者 (2%~3%)	早期使用者 (12%~15%)	早期大多数 (33%)	晚期大多数 (34%)	落后者 (12%~15%)
4. 教育	私立学校	大学	高中、中等专业学校	初中,少数上到高中	受教育很少,少数上到初中
5. 住宅	继承的财产、豪宅	大房子——优良的市郊或最好的公寓	小房子,多家居住	城区改造工程中供给的低收入住房	贫民区住房
6. 家庭影响	非家庭主导,孩子在私立学校或已长大成人	孩子的社交进步重要,教育重要	以孩子为中心,以家庭为中心	对孩子放任自流	希望孩子自食其力
7. 时间取向	现在取向,但担心时间的冲击	未来取向	现在取向	现在(安全)取向	传统取向,活在过去
心理特征					
1. 需要	自我实现需要(对自身潜力的认识)	自尊需要(地位和别人的认可)	归属感需要(对别人和团体的归属感)	安全需要(从恐惧中解脱出来)	生存需要(基本需要)
2. 认知	世界主义者,四海为家	追求声望、地位,渴望进入上层社会	抱负和当地社会认可	以家庭和产品为中心	每天得过且过
3. 自我认知	精英	社会奋斗者,同年龄群体领袖,好冒险	来自参与团体和家庭的尊重	安全、以家庭为中心、积极进取、情感淡漠、毫无希望	宿命论者,每天得过且过
4. 渴望团体	英国上等阶层	革新阶层	在自己的社会阶层,远离上下层阶级	这个阶层处于阶层前端的其他人,脱离下层阶级	没有渴望的团体
5. 参与团体	运动、社交和旅游团体	主导产业和社区组织,大学同学会和兄弟会	本阶层的社会团体、商会、工会、家庭、教会、家庭教师协会、附属团体	家庭、工会	同种族、同文化的团体

资料来源:Roy A. Lindberg and Theodore Cohn, *The Marketing Book for Growing Companies That Want to Excel* (New York: Van Nostrand Reinhold, 1986), 80-1. Reprinted with permission.

下一步是将潜在顾客的特征组成与市场购买趋势相联系。表8—4展示了20世纪90年代**家庭生命周期**(family life cycle)中作出购物决定时优先考虑因素的变化情况,其中每个因素都与教育、经济、环境和(或)社会变化影响下顾客的态度和行为有关。将表8—3和表8—4的资料放在一起,企业家就可以开始更细致地研究消费者行为了。

表 8—4　　家庭生命周期中优先考虑的变化因素和所购物品

阶段	优先考虑	主要购买物
单身——10多岁、20岁左右	自己、交际、教育	美容产品、服装、汽车、娱乐、旅游产品
新婚——20多岁	自己和其他人、寻找配偶、事业	家具及陈设品、娱乐及应酬、储蓄
育儿——20多岁、30岁左右	孩子和事业	家居、园艺用品、自行装配商品、婴儿用品、保险
成长——30～50岁	孩子和其他人、事业、中年危机	儿童食品、服装、教育、接送服务、牙齿矫正服务、事业及生活咨询
空巢——50～75岁	自己和其他人、娱乐	家具及陈设品、娱乐、旅游、豪华汽车、小船、投资
独居——70～90岁	自己、健康、孤独	医疗保健服务、饮食、安全舒适的产品、电视节目和书籍、长途电话服务

资料来源：Peter R. Dickson, *Marketing Management* (Fort Worth, TX: The Dryden Press, 1994), 91. Reprinted with permission of Southwestern, a division of Thomson Learning [www.thomsonrights.com].

消费者对新创企业产品或服务的意见和看法分析可以提供额外的资料。企业家应知道以下五种消费分类。

● 便利商品。无论是大路货（主食），还是未经考虑而采购的商品（放在收银台附近的商品）或急用品和服务，顾客都想拥有这些商品和服务而不愿花时间采购。

● 购物商品。顾客愿意花时间去仔细调查比较质量和价格的商品。

● 专业商品。顾客费大力气寻找和购买的产品或服务。

● 非寻求商品。顾客眼下没有需要或寻求的商品，常见的例子有人寿保险、百科全书和墓地选址。这些产品都需要说明、示范和演示。

● 陌生产品。指由于缺乏广告宣传而不为人知或要花时间去了解的新产品。例如，微机在首次被引入市场时就属于这个范畴。

了解这些类型对向顾客销售产品和选择分销渠道都极为重要。图 8—2 展示了产品的消费分类与所用分销渠道的关系。

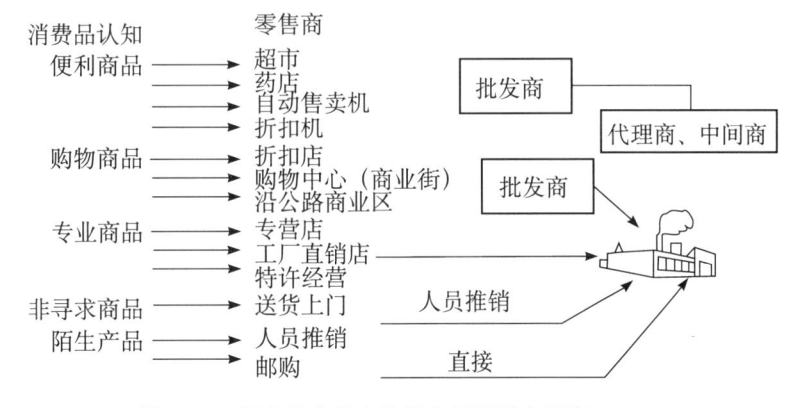

图 8—2　用产品分类来选择分销渠道中间商

资料来源：William A. Cohen and Marshall E. Reddick, *Successful Marketing for Small Business* (New York: Amacon, 1981): 128.

新创企业的营销阶段

实际上,大多数新创企业都要经历一系列的**营销阶段**(marketing stages)。各个阶段营销的功能不同,因此要求不同类型的营销策略。创业并不是一个整体的阶段,事实上可以区分出不同的阶段——创业营销(阶段 1)、机会主义营销(阶段 2)、响应营销(阶段 3)、多样化营销(阶段 4)。表 8—5 提供了与营销策略、营销机构、营销目标、关键成功因素相关的每个阶段的细分目录。注意:每个阶段的策略都与营销目标密切相关。例如,创业营销(阶段 1)的策略是建立市场利基,其目的是在市场上获得信誉。阶段 2 机会主义营销采用**市场渗透**(market penetration)策略,其目的在于达到销售量,展示了表中的逻辑推进。阶段 3 响应营销旨在发展产品市场,满足消费者的需求。阶段 4 多样化营销聚焦新企业的发展,试图控制产品生命周期。

表 8—5　　　　　　　　　　　　市场功能的演进

	阶段 1 创业营销	阶段 2 机会主义营销	阶段 3 响应营销	阶段 4 多样化营销
营销策略	市场利基	市场渗透	产品—市场发展	新企业发展
营销机构	非正式、灵活	销售管理	产品—市场管理	公司及部门层面
营销目标	市场信誉	销售量	顾客满意	产品生命周期和投资组合管理
关键成功因素	来自朋友的一些帮助	生产经济	功能协调	企业家能力和创新能力

资料来源:Thzoon T. Tyebjee, Albert V. Bruno and Shelby H. McIntyre, "Growing ventures can anticipate marketing stages", exhibit 1, *Harvard Business Review* (January/February1983), 64. Reprinted by permission. Copyright © 1983 by the Harvard Business School Publishing Corporation; all rights reserved.

重要的是,要认识到应本着发展新创企业的理念来逐步开展这几个阶段。发展的理念在第 15 章中会作为一种策略制定因素来进行具体讨论,在这里它是一种营销因素。

营销规划

营销规划(marketing planning)是指确定一种清晰、全面的方法来赢得消费者的过程。下面是制定这一规划的一些关键因素。

- 营销调研——确定顾客是谁、他们需要什么以及他们的购买方式。
- 销售调查(sales research)——根据营销调研的发现来推销和分销产品。
- 营销信息系统——收集、筛选、分析、存储、检索和传播营销信息,在此基础上进行规划、决策和行动。
- 销售预测(sales forecasting)——将个人判断与可靠的市场信息相结合。
- 营销计划——制定达到长期营销和销售目标的计划。
- 评估——辨认和评价对营销计划的偏离。

营销调研

营销调研的目的是认清顾客——目标市场,并满足他们的需要。营销调研要保证考虑以下方面。
- 公司的主要优势和劣势。这些因素可以洞悉盈利机遇和潜在问题，为有效决策提供基础。
- 市场概况。市场概况有助于公司认清当前市场和服务需要。公司现存服务的盈利程度如何？其中哪种服务是最有盈利潜力的？哪种服务是不适当的（如果存在的话）？顾客在将来会停止需要哪种服务？
- 现有和最好的顾客。认清公司的现有顾客有助于管理层决定如何分配资源，定义最好的顾客会促使管理人员更直接地细分这一市场利基。
- 潜在顾客。通过识别潜在顾客，无论是对其市场区域的地理分析还是产业范围内的分析，都能使公司提高针对特定群体，进而将潜在顾客转化为现有顾客的能力。
- 竞争对手。认清竞争对手后，公司可以确定哪些公司最愿意追求相同的市场利基。
- 外部因素。这种分析集中于人口统计、经济、技术、文化态度和政府政策的变化趋势，这些因素可能会对顾客需求及期望的服务有重大影响。
- 法律变动。营销调查最重要的任务是保持管理与政府法律、标准和税法的变化并进。

市场调研不一定极其昂贵。图 8—3 给出了有关低成本调查的一些有用的提示，这些提示对那些需要调查却缺乏复杂方法所需资金的企业家会有价值。

提示1：举办一个知识竞赛，要求参加者回答一些关于你们产品或服务的简单问题。报名表放进你们商店或服务部出口处的便利保管箱里，每月月底开箱。

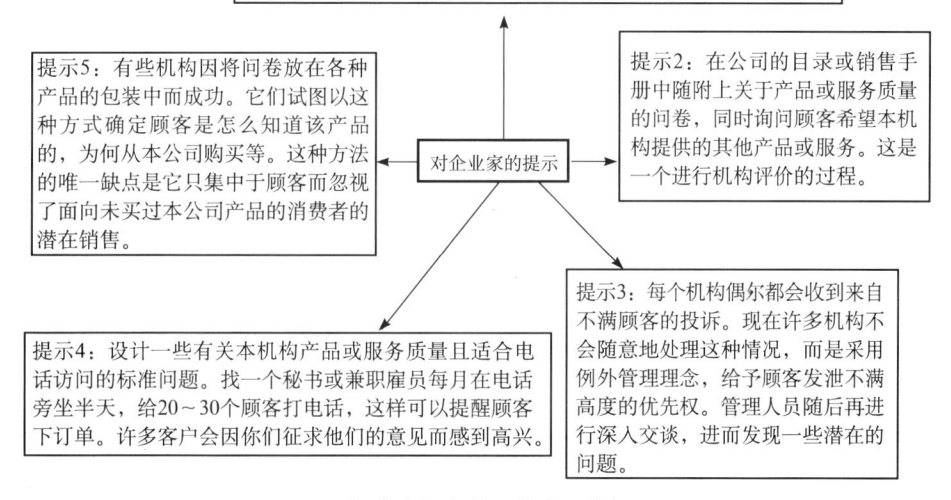

提示2：在公司的目录或销售手册中随附上关于产品或服务质量的问卷，同时询问顾客希望本机构提供的其他产品或服务。这是一个进行机构评价的过程。

提示3：每个机构偶尔都会收到来自不满顾客的投诉。现在许多机构不会随意地处理这种情况，而是采用例外管理理念，给予顾客发泄不满高度的优先权。管理人员随后再进行深入交谈，进而发现一些潜在的问题。

提示4：设计一些有关本机构产品或服务质量且适合电话访问的标准问题。找一个秘书或兼职雇员每月在电话旁坐半天，给20～30个顾客打电话，这样可以提醒顾客下订单。许多客户会因你们征求他们的意见而感到高兴。

提示5：有些机构因将问卷放在各种产品的包装中而成功。它们试图以这种方式确定顾客是怎么知道该产品的，为何从本公司购买等。这种方法的唯一缺点是它只集中于顾客而忽视了面向未买过本公司产品的消费者的潜在销售。

图 8—3　低成本调查的一些有用的提示

资料来源：Gerald B. McCready, *Marketing Tactics Master Guide for Small Business* (New Jersey: Prentice-Hall, a division of Simon & Schuster, Englewood Cliffs, 1982), 8. Reprinted by permission of the publisher.

销售调查

企业家需要不断回顾与已进行的市场调研相关的销售和分销方法。销售调查的主要目标是将正确的顾客概况和销售优先匹配起来。下面列举出此研究中可能要回答的一些问题。

- 售货员招呼大多数潜在顾客是否以适当的优先权和时间分配为基础?
- 推销人员与决策者联系吗?
- 商业区域的排列定位是根据其销售潜力和销售人员的能力进行的吗?
- 销售电话是否有其他销售工作来配合,如商业性出版物的广告、商品展销会和直接邮寄广告?
- 销售人员在销售电话中提出的问题合适吗?销售报告中包含的信息是否适当?
- 顾客或潜在顾客生意的壮大或衰退对公司的销售有何影响?

销售预测

销售预测是根据历史销售数据,应用统计技术来规划未来销售的过程。由于它依赖历史数据,很多时候可能不能反映当前市场情况,因此价值有限。然而,作为总体营销规划的一个部分,销售预测是很有价值的。(保证本机构运用会计学方法可以减少相关财务风险。)

产品调查

产品调查(product research)的焦点是竞争对手的产品。

- 你的竞争对手当前供应什么产品?
- 他们的产品范围都涉及什么?
- 他们是否给消费者提供足够的选择空间?
- 他们是否提供不同定价和质量的产品?
- 流行一时是该产业的特征吗?
- 产品是季节性的吗?
- 竞争对手的产品处于生命周期的哪个阶段?
- 你的产品是否一定要与当前出售的产品大不相同才能取胜?

创业营销计划

营销计划是风险投资总体战略的一部分,这些计划必须建立在风险投资的具体目标基础上才会有效。下面例子中设计的五个步骤可以帮助企业家遵循结构方法来制定市场计划。

- 步骤1:评估优势和劣势,强调有助于发挥公司竞争优势的因素。考虑产品设计、安全性、耐用性、性价比、生产量和局限性、资源及对专家鉴定的需要。
- 步骤2:制定营销任务及完成这些任务所必需的短期和中期销售目标,然后为当前财务期制定具体的销售计划。这些目标计划应清晰明了、可以测量并在公司的实际能力范围之内能达到。为了更加现实,这些目标应仅需适当的努力和可承担的花费就能达到。

● 步骤3：制定产品/服务策略。产品策略的制定首先要确认最终用户、批发商和零售商及他们的需要和具体要求，产品的设计、特点、性能、成本和价格应与这些需求相匹配。

● 步骤4：制定营销策略。需要制定策略来达到公司的中期、长期销售目标和完成长期营销任务，这些策略应包括广告宣传、促销活动、商品展销会、直接邮寄广告和电话推销。为了扩大促销人员的规模或推销新产品，制定策略也是有必要的，还要制定意外事故计划以应对技术进步、地理市场变化或通货膨胀。

● 步骤5：确定定价结构。公司的定价结构决定了吸引哪些顾客、所提供产品或服务的类型或质量。许多公司认为市场通常会指示"有竞争力的"定价结构，但事实并非如此——许多产品价格高的公司都非常成功。不管战略如何，一定要使顾客相信产品的价格是合理的。因此，产品或服务的价格应在营销策略制定后确定。

评　估

营销规划过程的最后一个关键因素是评估。由于许多变量能影响营销规划的成果，所以对工作的评估极为重要。最重要的是评估报告应从对顾客的分析中得出——吸引或丢掉了顾客及其原因、既定顾客的喜好和反应。这一分析要对照销售工作中的销售量、销售总额或市场份额来进行。只有经过这种评估，营销规划才会具有灵活性和调整性。

网络营销

网络可以为新创企业推行营销策略提供帮助。首先，网络可以增加公司在市场上的曝光率和品牌资产，公司和品牌网站提供了传达公司/品牌的总体使命的机会、公司/品牌的属性或排名信息、公司/品牌历史的信息。此外，公司可以轻松地传达所推出的市场营销组合的信息。在网络上拥有曝光率和知名度要求用杠杆方法开展主要的营销工作。

其次，在网络上公司可以在全世界范围内培养顾客。企业家应从一开始就准备好接待来自全球的顾客。网络还有其他用途：只要货物和服务能以时可靠的方式交付，竞争就没有国界。提供关于本公司和竞争对手产品品质方面的重要信息可以辅助决策过程。此外，网站的实际用途是展示产品，这种信息能够建立起顾客对品牌的兴趣。

此外，在网络上，访问者可以将他们的需求与公司供应的产品相匹配。有一点尤其重要，要牢记：传统的营销技能倾向于推动型（公司决定顾客看什么，在哪里看），而网络营销则倾向于拉动型（顾客更详细地选择要看的商品、时间和方式）。这就要求网站设计者从不同的角度思考什么应该在网页上出现，什么不应该。

再次，网络允许顾客自己选择服务的时间和地点，因而能改善消费服务。随着越来越多的顾客开始使用网络，公司可以迅速地为这些个体消费者服务而不必承担昂贵的分销费用。顾客数量的膨胀要求该机构能随时提供足够的服务者。

最后，网络营销为经销商提供信息传递。公司收集信息的传统途径是代表大众的**焦点小组**（focus groups）、邮件调查、电话访问和个人面访。然而，这些方法实施起来成本过于高昂。与之相反，网络为公司提供一种途径，用传统花费中的一小部分就可以收集到同样的信息。

不仅要从顾客那里收集信息，还要与他们分享信息。例如，网站可以为需要昂贵或专业材料的顾客提供相关信息。

网络对产业的影响

网络营销（internet marketing）对一些产业有巨大影响，包括音乐、银行和拍卖市场。在音乐产业，许多消费者开始从网上购买和下载 MP3，而不仅仅购买 CD。关于下载 MP3 的合法性的辩论已成为备受音乐产业人士关注的话题。

网络营销也影响到了银行业。越来越多的银行开始提供网上银行服务，因为使用在线银行比去银行分支机构更便利，所以对消费者相当有吸引力。在线银行是目前发展最快的网络活动。

以前只有在跳蚤市场才能找到的稀有商品现在出现在拍卖网站上。像 ebay.com 这样的网站也能影响产业的价格。买家和卖家经常在参考过网上的价格后才去跳蚤市场，而且 ebay 的价格也常会成为商品出售的价格。越来越多的跳蚤市场卖家开始在网上出售他们的商品，在家里运筹帷幄，经营生意。

网络营销方法

21 世纪的头十年最为营销商所知的工具通常分为两种：网络广告和**搜索引擎优化**（search engine optimisation）。将访问者吸引到网站的电子营销工具包括：

- **点击付费广告**（pay per click）；
- 搜索引擎优化；
- 企业新闻直递；
- 网页广告；
- 链接运动；
- 邮寄和业务通讯；
- **病毒式营销**（viral marketing）和口碑宣传；
- 附属营销；
- 博客；
- 维基；
- 小型企业联合（RSS）推出的标题新闻；
- 讨论版；
- 百科全书式的网站。

史密斯和查菲（Smith & Chaffey）总结了可用来制定各种网络营销策略的五种关键的网络营销活动——5S（sell, serve, speak, save, sizzle）。例如，对电子业务通讯来说，5S 指：

- 出售——增加销售额（电子业务通讯既能获取顾客，又能保留顾客——the lastminute.com 电子业务通讯就有双重角色）。
- 服务——附加价值（给予网上顾客额外利益，如提供网上独家供应或关于你方产品或所在产业部门的更深入信息）。
- 言说——制造对话拉近与顾客的关系。通过网上调研提问跟踪了解顾客的喜好——顾客对哪些内容最感兴趣？
- 节省——节省成本（节省印刷和邮寄成本，如果你有一个传统的离线电子业务通讯，就可以减少印刷操作或将其发给那些你负担不起通讯费用的顾客）。
- 热卖——在网上推广品牌。业务通讯使品牌成为顾客头脑中的首选，有助于巩固品牌价值。电子业务通讯传递的附加价值也能为顾客提供资讯和娱乐。

通过应用网络世界提供的一些新的广告方法，抓住潜在顾客的注意力可以与做广告一样简单。例如，在搜索引擎上做广告，也可以利用更显著的方法来上传到很多网站并抓住这个过程中多数人的注意力。至少有三种主要的链接和方法可用于在网上赢得关注：建立销售漏斗、蜂鸣营销（口头宣传营销）和炫酷工具。

- 建立销售漏斗要求配合搜索引擎优化、电子业务通讯分发、进入讨论版、广告和其他更多的附属活动一起使用。事实上，为了让潜在顾客与企业开始合作，任何方式的附加链接都是关于该企业的产品或服务的知识，或提供一些能最终达成销售的理念和想法。销售漏斗通常会随时间流逝而被放弃，但它是营销商不断参与网上活动的结果。
- 蜂鸣营销更快捷，营销商的活动介入也较少。它要求吸引在线网民的注意力，并通过口碑传递信息，使人感兴趣，产生好奇。赛斯·高汀（Seth Godin）的著作《紫牛》就是通过蜂鸣营销大卖的，在博客上传播得相对快些。
- 另一个在网上赢得关注的策略是开发和发布炫酷工具。炫酷工具是指能抓住在线浏览网页的大众的想象的东西，如果能与在线的朋友分享此工具的话会被认为相当酷。它可能是视频剪辑、可爱的独立软件（如显示在用户屏幕上的卡通人物）或其他有具体用途的程序（如 3M 公司的桌面壁纸软件）。

正处在新营销实践中的是 ebay 和它的资料反馈营销。事实上店主在 ebay 上建立资料，然后通过反馈的方式使其资料到达广告中心，如 Froogle（谷歌的购物搜索工具）、雅虎产品搜索和其他 20～30 个得到资料反馈的网站。所有的广告反馈服务将把潜在顾客带到 ebay 拍卖上。这也许有点像建立销售漏斗，然而它运用一种具体的技术使一切使用起来更便捷。

网络营销要求能用关键词搜索或通过一些形式的在线广告找到企业。无论如何，网络营销成功的诀窍是能在前 30 个搜索结果中被找到。一个公司要被找到有三种方法：

- 自然搜索引擎顺序（70% 的搜索者会跳过赞助的结果而从自然排序的网站开始搜索）。
- 付费收录。
- 点击付费广告。

由于极难在主要的搜索引擎上达到自然排序的高位，大多数公司的网络营销倾向于第二个和第三个选择。遗憾的是，第三个选择非常昂贵，只有最富有的公司才能负担得起通过点击付费广告的方式来进行网络营销。

当今网络营销的真谛是必须付费才能享受服务。由于几年前网络泡沫破裂，搜索引擎认识到，要生存繁荣就必须创造巨大收益。一开始它们寄希望于旗帜广告，希望其收益足以装满搜索引擎的保险箱，但很快就发现搜索者显然不对广告作回应。后来它们发现有两种主要方法明显可以为搜索引擎和在线词典创造利润，因此付费收录和点击收费广告应运而生。

最近出现了一些潜在贪婪者的挑战。一些公司制造了虚假的点击数和访问量，无论这些指控真实与否，诸如此类的行为会使人们重新考虑是否选用点击付费广告作为其网络营销总体的一部分。

定价策略

最后要谈的一个营销问题是**定价策略**（pricing strategies）。许多企业家甚至在进行市场调研后还不确定怎样为其产品或服务定价。许多因素会影响这个决定——竞争压力、充足供应的可获得性、需要的季节性或周期性变化、分销成本、产品的生命周期阶段、生产成本变化、当前经济状况、卖方提供的消费服务、现有的促销情况和市场的购买能力。最终的价格决定显然要平衡其中的许多因素，但通常不能满足所有的条件，然而了解各种因素也很重要。

其他一些考虑有时会被忽略，它们在本质上是一些心理因素。
- 有些情况下顾客根据该产品的价格水平来判断其质量。
- 一些顾客群体因某些商品上没有标价而避免购买。
- 强调购买一件昂贵物品的每月花费往往比强调总销售价格能达到更高的销售额。
- 大多数购买者希望以偶数价格购买高级商品，以奇数价格购买普通商品。
- 卖主的特定产品带给顾客的实质利益越多，一般遇到的价格抵抗就越少。

定价过程因风险投资的性质不同而有差异——零售业、制造加工业或服务业。表8—6体现了产品在生命周期中的定价，可应用于任何类型的商业。该表说明了制定定价体系的基本步骤，显示了该体系与期望的定价目标的关系。

表8—6　　　　　　　　　产品各个生命周期阶段的定价方法

产品生命周期	定价策略	原因/效果
介绍阶段		
稀有产品	快速撇脂（skimming）——故意将价格定得最高来最大限度地获得短期利润	最初的高定价可以树立高品质的产品形象，用来抵消开发成本，便于将来降价操纵竞争
非稀有产品	低价渗透（penetration）——定价相当低，以至于亏本出售产品	定价比竞争对手低，迅速占据市场份额

续前表

产品生命周期	定价策略	原因/效果
发展阶段	**消费者定价**（consumer pricing）——结合渗透定价和竞争定价来赢得市场占有份额；取决于消费者对产品价值的认知	取决于潜在竞争者的数量、市场总规模、市场份额
成熟阶段	**需求导向定价**（demand-oriented pricing）——灵活的策略，将定价决策建立在对产品的需求水平基础之上	销售的增长下降，顾客对价格非常敏感
衰退阶段	**亏本招徕定价**（loss leader pricing）——产品定价低于成本，试图吸引顾客购买其他产品	该产品对顾客吸引力很小或已无吸引力；这个理念的目的是用低价吸引顾客购买更新的产品

资料来源：Adapted from Colleen Green, "Strategic pricing", Small Business Reports (August 1989): 27-33.

随着产品的发展，顾客需求和销售量会有相应的变化。因此，产品定价需要在其生命周期的每个阶段作出调整。表8—6概括地建议了在产品生命周期的不同阶段相应的定价方法。

头脑里有了这个大概轮廓，未来的企业家就能制定最适当的定价策略。表8—7提供了对定价策略的详尽分析，概述了每个策略通常在何时使用，各个策略的过程步骤和优劣势，可以为企业家制定及评估其风险投资的定价策略提供参考。

表8—7　　　　　　　　　　　　　　定价策略一览表

策略任务	通常使用情形	过程步骤	优势	劣势
最高定价快速撇脂以获取高额短期利润（不考虑长期）	没有可供比较的竞争产品；显著改良的产品或新产品新发明；大量购买者；由于高价、专利控制、高研发成本、高推销成本和（或）原料控制，竞争对手进入市场的威胁小；不稳定的成本；生命周期短；需求缺乏弹性	确定顾客的初步反应；由于产品的独特性，短期收取高价，不考虑长期情形；有些顾客会因产品对他们有较高的当前价值而愿意支付更高的价格；然后逐渐降价来开发相继的市场层面（即对价格相对不敏感的市场实行快速撇脂策略）；最后，开发更敏感的细分市场	缓解成本超支；要求的规模投资较小；迅速提供资金以支付新产品推销和初步开发成本；限制需求，直到产品完善；在购买者头脑中留下价值较高的印象；强调以价值而非成本作为定价导向；在全面生产展开之前造成供不应求的感觉	设想高价下市场存在；降价后引起早期顾客厌恶；吸引竞争对手；可能会低估竞争对手抄袭仿制产品的能力；使许多购买者不敢尝试产品（含高额利润）；可能导致长期无效率

续前表

策略任务	通常使用情形	过程步骤	优势	劣势
使需求曲线下移,在竞争者站稳脚跟之前成为根基稳固、适量高效的制造商,不牺牲长期目标(如获取满意的市场份额)	由根基稳固的公司投放市场的发明创新;耐用的商品;竞争者进入有一些壁垒;中等寿命	以尽可能最高的价格开发持续需求;然后进一步使需求曲线下移,避免迫于未来竞争压力才采取措施;价格变化率要慢到能使销售量在每个相继的价格水平上有显著增加,快到阻止强劲的竞争对手在低成本基础上站稳脚跟	强调以价值而非成本作为定价导向;提供快速的投资回报;缓解成本超支	要求有开发竞争力强的产品的全面知识;要求具备认证的经验;降价后引起早期顾客厌恶;使一些购买者在初期高价阶段不选择购买
展开市场价格竞争,鼓励其他人生产推销该产品以刺激基本需求	有一些可供比较的产品;发展中的市场;相对于生命周期长的产品来说处于中等;了解成本	从最后价格开始,努力收回成本;利用消费者调查和竞争对手价格调研来接近最后价格;削减销售利润,调整产品、生产和销售方法,使其适合以此价格出售,但仍要保证必要的利润率	要求的分析和调研较少;现存市场对促销工作要求较少;价格不会快速降低,因此不会引起早期购买者厌恶	灵活性有限;对过失的缓解有限;投资回报较慢;须依赖其他差异化工具
通过市场渗透刺激市场发展,在获利的条件下用低廉的价格获得满意的市场占有份额;根基已相当稳固,能在长期内产生利润	产品生命周期长;大量销售;市场容易进入;需求对价格高度敏感;由于产品数量增加,生产和分销的单位成本迅速下降;较新型的产品;没有"精英"市场愿意为最新、最好的产品支付额外高价	着眼于需求曲线的较低端,降低价格来招徕大量的基础顾客;同时回顾过去和竞争对手的价格	显然极低的利润率可使已进入和将要进入的竞争对手知难而退;定价更强调价值而非成本;在最短的时间里有最高的曝光率和渗透率;如能弱化竞争,可能获得最大限度的长期利润	设想产量增加总会与价格下降相对应,但事实并非如此;在一定程度上依赖魅力和心理定价,却往往不起作用;可能创造更多业务,但生产能力跟不上;要求有效的投资,小失误往往造成巨大的损失

续前表

策略任务	通常使用情形	过程步骤	优势	劣势
强制收购式定价以将竞争对手拒于市场之外或消除现有竞争者	在消费者市场中应用更普遍；制造商可能将这种途径用于一两种商品，而其他的价格与竞争对手持平或高于竞争者	定价很低，使该市场对竞争对手没有吸引力；价格尽量接近总单位成本；随着产量增加，成本降低，通过降低价格让利给消费者；如果产量增加，成本迅速降低，可以使价格低于成本（采用接近可变成本的价格）	显然极低的利润率可使将要进入的竞争对手知难而退；限制竞争活动和应对竞争者所需的昂贵代价	须提出其他政策允许更低的价格出现（有限的赊购、送货或促销）；小失误往往造成巨大的损失；投资回收期长

资料来源：Roy A. Lindberg and Theodore Cohn, *The Marketing Book for Growing Companies That Want to Excel* (New York: Van Nostrand Reinhold, 1986), 116-17. Reprinted with permission.

☐ 创业营销的关键所在

洛迪什等人（Lodish et al.）认为，企业家必须聚焦于定位和目标细分市场。
- 将产品价格定位在能在产品生命周期内创造最大限度利润的水平。
- 声势浩大的"蜂鸣式营销"（口头宣传营销）是关键，且比付费广告更可信。
- 分销（捆绑）是一种有意识的加法，与可能的合作人的概念测验很重要。
- 明智地选择参考账目。
- 使用独特的促销活动，全面测试它们对产品定位的影响。
- 广告"试验"能增加相当多的价值和生产力。
- 在新创企业投资初期，营销对资本增加的影响比对销售额的影响要大。
- 企业家更想得到一个有魅力的、行之有效的短期营销策略。

小结

创业营销不同于根基稳固公司的营销。销售额比品牌公认度要重要得多，因为投资者更看重前者。创业营销要依赖较小的样本和更多的资料数据。企业家必须采取完全不同的营销方法，其中一种叫做游击营销。

营销调研要收集特定市场的信息，然后进行分析。营销调研有五个步骤：限定调研目的和任务、收集二手资料、收集原始资料、设计信息收集工具（如有必要）和解读报告信息。

企业家不进行营销调研有四个主要原因：高成本，操作复杂性，认为只有主要的战略决策才需营销调研来支撑，认为资料与公司运转无关。他们通常由于惧怕高成本而贬低营销调研的价值。

培养营销观念有三个主要方面。其一是形成营销理念。有的企业家采用生产驱动理念，有的是销售驱动，还有的是消费者驱动。企业家的价值观和市场条件有助于其决定营销理念。其二是市场细分，是指找出将一群顾客与其他顾客区分开来的一系列具体特征的过程。人口统计、利益和心理统计变量在这一过程中有所应用。其三是了解消费者行为。由于存在许多类型和模式的消费者行为，企业家需要集中分析其顾客的个人特征和心理特征。这样，他们就确定了量体裁衣、顾客至上的策略。消费者分析聚焦于一些重要因素，如市场上的主要购买倾向、目标消费者的具体购买倾向和所出售的产品或服务类型。

大多数新创企业要经历四个营销阶段：创业营销、机会主义营销、响应营销和多样化营销。每个阶段都要求采取不同的策略，企业家要做出相应的调整。

营销规划是指确定一种清晰、全面的方法来赢得消费者的过程。要制定营销规划，下列因素很关键：营销调研、销售调研、营销信息系统、销售预测、营销计划和评估。

互联网迅速成为企业家最重要的营销工具。它为公司的总体营销策略提供了大量的好处，包括品牌公认度、信息传递和消费服务。

定价策略是营销调研的反映，必须考虑一些因素，如营销竞争力、消费者需求、出售产品或服务的生命周期、成本和当前经济条件。

思考题

1. 创业营销和"一般"营销有什么不同？

2. 为什么说"小企业也能做成大生意"？

3. 用自己的语言表述什么是市场，营销调研如何帮助企业家确定市场。

4. 营销调研中的五个步骤是什么？简述每个步骤。

5. 二手资料和原始资料哪个对企业家更有价值？为什么？

6. 找出并描述进行营销调研的三个主要障碍。

7. 企业家的新风险投资战略在生产驱动、销售驱动和消费者驱动三种营销理念下有何不同？完整地回答。

8. 用自己的语言表述什么是市场细分。举例说明。

9. 人口统计和利益变量在市场细分过程中起什么作用？

10. 消费者对风险投资的产品或服务的看法如何影响战略？例如，为什么在消费者看来某公司是销售便利商品还是与之相反的购物商品会使企业家的战略产生差异？

11. 找出并描述21世纪形成购物决定的四种主要力量。

12. 大多数新兴的风险投资要经历一系列的营销阶段，这些阶段是什么？指出并描述每个阶段。

13. 关于销售调查和营销信息系统，新兴的风险投资企业家需了解什么？

14. 哪五个步骤对制定营销规划尤其有用？指出并描述每个步骤。

15. 描述网络营销的几种不同方法。举例说明。

16. 影响定价策略的主要环境因素有哪些？主要心理因素有哪些？指出并选择其中三种因素进行讨论。

自我测试：识别顾客

企业家最重要的活动之一是识别其顾客。下面是五种基本类型的顾客（A）到（E）以及每种顾客的描述（a）到（o）。找出人们使用新型商品的顺序并按从 1（早期使用者）到 5（晚期使用者）的顺序进行排列。然后将描述内容与顾客类型匹配，将 1 放在早期使用者的描述后，依次类推，最后将 5 放在晚期使用者的描述后（每种类型的顾客有三条描述）。答案在章末给出。

A. 早期使用者
B. 早期大多数
C. 落后者
D. 革新者
E. 晚期使用者

a. 继承财产的高收入者
b. 未来取向
c. 收入低于平均水平的工薪阶层
d. 现在（安全）取向
e. 收入来自薪酬和投资的高收入者
f. 高级专业人员，包括商人和金融家
g. 现在取向
h. 平均收入水平的工薪阶层
i. 中层管理人员和中型企业业主
j. 收入高于平均水平的工薪阶层
k. 现在取向，但担心时间的冲击
l. 无技术的劳工
m. 技术工人
n. 小型企业业主；非管理职员和工会管理人员
o. 传统取向，生活在过去的人

案例分析 8—1

应对竞争

6 个月之前楼永坚（Yung-Chien Lou）在台北开了一家小办公用品店，出售各种一般办公商品，包括复印纸和打印纸、书写板、信封、书写工具和电脑软盘，以及一些种类较少的办公桌、椅和灯。

在楼看来，本地区的几家办公用品店是竞争对手。为了更好地了解竞争对手，她扮成顾客去了其中四家店，了解它们价格、产品供应和服务方面的信息。每家店都采取了不同的策略。例如，有一家价格公道，但顾客得自己负责运走商品。另一家强调服务，对购买商品价格超过 500 美元的顾客提供 90 天的缓付计划。这家公司的价格是楼去过的四家店里最高的。其他两家店都采用价格与服务相结合的策略。

楼认为，她的风险投资要想成功，就必须制定一个有助于她有效地与其他公司展开竞争的营销策略。由于她开的是一家很小的店，楼认为一定量的营销调研会有价值。另一方面，她的资金预算很有限，而且不知道如何收集信息。楼想她需要做的是开辟一个忠于她的市场利基。这样，无论竞争多么激烈广泛，她将会一直有一群从她店里购买商品的顾客。她还认为这次调研应集中在两个主要方面：其一，她得搞清楚顾客想从办公用品店里找到什么，价格、服务、质量的重要性；其二，她得认清她每个主要竞争对手的主要策略，以便制定行动方案阻止它们抢走她的顾客。然而，眼下她最大的问题是怎样着手收集自己需要的信息。

问题：

1. 楼收集的信息对她在该市场的竞争会有价值吗？为什么？
2. 你会建议楼如何制定她的营销调研计

划?其中应包括什么?回答尽量完整。

3. 楼如果依照你的建议制定她的营销调研计划,成本高吗?请提供一些她近期可以实施且仅耗费最低成本的营销调研方法。

案例分析 8—2

烹饪书店

菲尔·哈特拉克(Phil Hartrack)年轻的时候就已经知道他想成为一名推销员。他妈妈很高兴。她对他说:"推销员能赚大钱,你胃口那么大,一定需要你赚的所有钱来填饱肚子。全家数你胃口最好了。"

大学毕业后,菲尔在一家消费品公司工作。在接下来的十年里,他每年都是公司的王牌推销员。然而过了十年,菲尔承认虽然他喜欢销售,但真正想做的是卖书。于是他告诉妻子:"我想拥有自己的书店。我知道这听起来很可笑,我没有开书店卖书的经验,但一直爱书,而且是一个很棒的推销员。"进行市场调查后,菲尔和他的妻子不得不面对严酷的事实:该行业的竞争极其激烈。大多数小书店支撑不到三年就会关门,而那些主要的大店,如安格思和罗宾森书店、边界书店,则主导着产业。

菲尔拒绝认输。他告诉他的银行家:"这个产业一定存在一个利基市场,那些大书店还没找到。我要找到这个利基市场,然后卖这方面的书。"6个月前,菲尔宣布他已经找到了这个利基市场。他解释给他妻子听:"烹饪书是未来发展的潮流。现在每个人买的烹饪书数量是十年前的两倍,是图书市场上发展最快的部分。加上你的烹饪技巧和我的胃口,咱们简直就是为这个市场而生的。而且,咱俩都喜欢美食,都有销售技能。"

菲尔和妻子用尽所有的积蓄在市郊一条流行的商业街上开了他们的书店。书店名叫烹饪书店,只卖烹饪类图书。到第一个月末,他们夫妇感觉自己做出了正确的选择。应有尽有的烹饪类图书和他们对于许多书的熟悉程度为他们建立了忠诚的常客群。他们甚至提供"推荐食谱"服务,展示应时美食的烹饪方法。这项服务吸引了许多人为观看一种烹饪方法来到书店,几周内就会回来买书。

虽然菲尔看到生意成功很高兴,但他意识到在短时间内他有限的市场利基就会枯竭。他认为阻止这种事发生的最好办法是进行营销调研,看能不能再附加一些其他的图书或服务,培养尽可能高的顾客忠诚度。他认为首先要从调查顾客的当前消费习惯着手,然后以此为基础决定下一步的行动。

问题:

1. 在消费者看来,烹饪书属于哪类商品?论证你的答案。

2. 菲尔的书店为什么会这么成功?请在回答时指出他的营销理念。

3. 在他的营销调研中,你建议他收集什么样的信息?

4. 他如何着手做这些?请完整地回答。

自我测试的答案

A.2 B.3 C.5 D.1 E.4 a.1 b.2 c.5 d.4 e.2 f.1 g.3 h.4 i.2 j.3 k.1 l.5 m.4 n.3 o.5

第9章

创业企业的财务预备

> 小型公司经理常常倾向于委托外部会计师来制作与公司相关的每一份财务报表。显然，认为会计师可以在没有管理层的建议和咨询下制作出完美的公司报表，这样的观点是有失公允的。我认为，处于发展中的小型公司总经理应当与他们的独立会计师共同协作，来准备公司的财务报表，以保证传递正确的信息。
>
> ——詹姆斯·麦克尼尔·斯坦西尔（James McNeill Stancill）：
> "Managing financial statements: Image and effect"

本章要点

1. 阐释任何企业都需要的主要财务报表——资产负债表、利润表和现金流量表
2. 概述公司营运预算的准备流程
3. 讨论现金流的本质特点并阐述如何草拟此类文件
4. 阐述预算决算表的准备流程
5. 阐释资本预算在决策过程中的用途
6. 阐明如何进行收支平衡分析
7. 阐述财务比率分析并说明一些重要的测量工具及其意义
8. 阐述决策支持系统在财务资源管理中的价值

财务信息对于企业家的重要性

当今的企业家处于一个极具竞争力的环境之中,这个环境充满了来自政府约束、竞争和资源等各方面的力量。尤其是后者,任何一个公司都无法获得永无穷尽的资源。因此,为了更有力地竞争,企业家必须有效地配置资源。对于企业家来说,有三种可以利用的资源:人力、物资和财务。本章着重关注创业环境下的财务资源。

财务信息将其他商业部分的所有信息都汇总到一起:市场、销售、生产和管理。它将所有与商业运营有关的假设或历史信息予以量化。

对于许多处于起步阶段的企业家来说,财务分析是一个速成的学习过程。有许多其他的方式来进行财务分析,也有许多顾问可以帮助企业家来完成。下面就是一些可以帮助你起步的最重要的概念。

营运资金(working capital)——当前能够利用的**资金**(capital),从**流动资产**(current assets)中减去**流动负债**(current liability)得出。基本原则是,每1美元的流动负债下,应该拥有1.5~2美元的流动资产。

收入(revenue)——以月、季度和全年(从年初至今)为基础,了解销售情况。将其与财务计划/预算比较,看是已经超前还是落后。

毛利润(gross profit)——由收入减去生产产品和服务过程中的直接支出。通过产能计算,能够估算出预期毛利润,并考察各种方法去增加利润。

支出(expenses)——了解支出数目并准备好使该数目与当今的商业环境相适应。关注损耗,并定期与供应商交流,从中了解和掌握更好的买卖。

净利润(net profit)——从毛利润中减去日常管理费用总数即得到净利润。将其视为销售额的一部分。这个数字将告诉你这笔生意是否赚钱。如果数值是负的,说明你正在亏损。要保证你的这个数字至少是好于所在行业的其他人的。如果处于平均水平以下,则说明你的竞争者比你管理得更好。

财务信息的关键组成因素和假设

财务部分的关键组成因素是**资产负债表**(balance sheet)。该表显示了某特定日期某公司的财务状况。它将公司的**资产**(assets)和**负债**(liabilities)总额等条目细化,显示了该公司的**净值**(net worth)和资金流动性。资产负债表遵循的是如下传统的会计公式:

资产=负债+股东权益

或　　资产-负债=股东权益

另一个关键因素则是**利润表**(income statement),通常又称**盈亏表**(profit and loss statement)(P&L表),该表向所有人/经理展现生意运作结果,衡量生意的收益性。

现金流量(cash flow)表则是对现金收入和支出的分析。预计现金流量是一种计划工具,使管理层能在预计未来一段时间内的现金收入和支出的基础上,制定借贷和投资决策。

由于商业的不确定因素、经验的累积、定期的支出，资本投入和其他各种交易均会产生和消耗现金，因此所有人/经理都必须掌握其生意的现金来源。一个成功的商人会投入闲置资金并适当地在现金短缺时筹措资金（为暂时的波动进行的短期融资和为增加资本而进行的长期融资）。

需要记住的是，企业家为了解释数字的来源会进行假设，并将这些假设与商业运作的其他各个部分所呈现的信息联系起来。这一系列假设基于清晰而精确的预测。没有这些假设，数字也就失去了意义。只有经过对这些假设的仔细思考，企业家才能够评估财务预测的有效性，因为其他的财务计划都由这些假设派生而来，它们是任何一个财务部分最重要的组成因素。

为了使企业家能够掌握财务部分的重要因素，应当让他们遵循一个清晰的发展过程，这一点将在下一章中讲述。

准备财务报表

对于企业家来说，计划财务运作的一个最重要的工具就是预算。**营运预算**（operating budget）表是预估在一段特定时间内收入和支出的一种**财务报表**（financial statement）。另一种常见的预算是现金预算（预计现金流量），指预估在一段特定时间内现金的收入和支出。对于一家公司来说，通常会同时准备这两种预算，首先计算出营运预算，然后在此基础上建立起现金预算。第三种常见预算是资本预算，用于计划资本支出，其收益在一年后估算。本章将介绍这三种预算：营运预算、现金流量预算和资本预算，然后讨论从这些预算中得出的预算决算表。

营运预算

营运预算由一系列的预测组成，包括**销售预测**（sales forecasts）、支出预测、生产预测和营运预测。

销售预测

通常来说，做好销售预测是制定营运预算的第一步。企业家可以借助不同的方法来进行销售预测。其中一种方法是通过数据预测技术，如简单的**线性回归**（linear regression）。这种简单的线性回归是通过其他变量或者变量 x 的价值来预计一个给定变量 y 的价值。"线性"指的是 y 与 x 之间假定的线性关系（直线）：

$$y = a + bx$$

y 不是一个独立变量（它取决于变量 a，b，x）。而 x 是一个独立变量（不受其他任何变量的影响）。a 是一个常量（在回归分析中，y 取决于变量 x 和其他常量）。b 是直线的斜率（y 的变化除以 x 的变化）。以预测销售为例，y 这个变量代表预计的销售量,而 x 代表影响销售的一些因素(比如广告支出、去往店面的交通费用等)。

当进行回归分析的时候,企业家应当总结关系,如产品销售和广告支出之间的关系。下面以玛丽·廷德尔(Mary Tindle)的服装店为例,进行回归分析。

玛丽首先进行了两个最基本的假设:(1)如果没有广告支出,则总销售额将是 20 万美元;(2)在广告上每花费 1 美元,销售额就将增加 2 美元。将这两个假设代入下列线性回归公式中:

$$S = 200\,000 + 2A$$

式中,S 为预计销售额;A 为广告支出。

(注意:将更多有意义的字母代入公式并不是一件难事。在此例中,字母 S 代替了字母 y 仅仅是因为销售额(sales)的首字母是 s。而同理,A 代替了 x。)

为了决定预期的销售水平,玛丽必须代入不同的广告支出,并为每一个不同的支出费用进行简单的线性回归公式分析。

下面的案例是 Wheatman's Market 公司董事之一约翰·维特曼(John Wheatman)运用趋势线分析预测旗下零售商店的销售额。

在仔细地分析旗下零售商店的历史销售额后,约翰决定使用趋势线分析,并估计在下一年中,受到季节变化和其他大致相同的因素影响,销售额将增加 5%。因为他的个人电脑拥有电子制表软件,约翰将上年的销售数据输入软件,并指示电脑每月增加 5%,结果如表 9—1 所示。

表 9—1　　　　　Wheatman's Market:20××年度销售预测　　　　　单位:千美元

	1月	2月	3月	4月	5月	6月
销售额	300	350	400	375	500	450
×1.05	315	368	420	394	525	473
	7月	8月	9月	10月	11月	12月
销售额	475	480	440	490	510	550
×1.05	499	504	462	515	536	578

支出预测

当一家公司在预算阶段已经完成销售预测之后,接下来就要预测支出了。预测支出的第一步就是考虑**销售成本**(cost of goods sold)。在利润表上,销售成本列于销售额之后。对于零售公司来说,这是预测支出的重要步骤,也是期初库存和期末库存管理的相应步骤。许多公司倾向于使库存中含有一定比例的下月销售额。

下面是约翰·维特曼决定其商店预计支出和库存要求的方法。

为了确定采购需求,约翰·维特曼假定其毛利率将占销售额的 20%。

这一假设是基于对过去5年的利润表的分析。因而，销售成本将占当月销售额的80%。此外，约翰还希望手头有大约一个星期的库存量。因此，最终的库存量预计为下月销售额的25%。结果如表9—2所示。

表 9—2   Wheatman's Market：20××年度采购需求预算   单位：千美元

	1月	2月	3月	4月	5月	6月	7月	8月	9月	10月	11月	12月
销售收入	315	368	420	394	525	473	499	504	462	515	536	578
销售成本计算												
期初库存	63	74	84	79	105	95	100	101	92	103	107	116
采购	263	305	331	341	410	383	400	395	380	416	437	413
可供销售成本	326	379	415	420	515	478	500	496	472	519	544	529
期末库存	74	85	79	105	95	100	101	92	102	107	116	66
销售成本	252	294	336	315	420	378	399	403	370	412	428	462
毛利润	63	74	84	79	105	95	100	101	92	103	108	116

- 期初库存＝前一个月的期末库存或当月销售额×(0.80)(0.25)
- 采购额＝可供销售商品成本－期初库存
- 可供销售商品成本＝销售成本＋期末库存
- 期末库存＝下月销售额×(0.80)(0.25)（库存也视为成本）
- 销售成本＝当月销售额×(0.80)
- 毛利润＝销售额－销售成本

生产预测

一家制造公司有着不同的要求。这类公司需要建立起自己的生产预测、基于该预测的原料采购预算以及相应的直接人力预算。生产预测是管理层为了达到销售预测而确定的预计生产数量，这一预算通过回顾销售成本部分而得到。首先，该月预计的销售数量是一定的。接着，将期望的期末库存水平加入数据中，这两个数据的总和就是库存所需要的数量。一旦制定了库存要求，企业家就必须决定这些库存中有多少是期初库存（即上个月的期末库存），有多少是需要生产的。产量要求由该阶段需要的库存减去该阶段的期初库存得出。如：

汤姆·B·古德（Tom B. Good）是General Widgets公司的主席和创始人。他决定制作预算以帮助他实现公司的发展计划。在向他的销售经理了解单位销售预测后，汤姆检查了上年的生产运作报告，决定下月销售额中将有10%用以缓冲可能出现的需求波动。同时，他还从生产经理处获得了相应报告，其本年度期末库存将预计达到12 000件，这也是下个预算周期的期初库存，如表9—3所示。

表 9—3　　　　　　　General Widgets 公司 20××年度生产预算表　　　　　单位：千美元

	1月	2月	3月	4月	5月	6月	7月	8月	9月	10月	11月	12月
预计销量（件）	125	136	123	143	154	234	212	267	236	345	367	498
期望期末库存	14	12	14	15	23	21	27	24	35	37	50	26
可供销售量	139	148	137	158	177	255	239	291	271	382	417	524
减去：期初库存	12	14	12	14	15	23	21	27	24	35	37	50
生产总需求	127	134	125	144	162	232	218	264	247	347	380	474

当生产预算表制定好后，生产所需原料的数量便可以通过分析商品制造过程中的原料用量而得出。此外，通过分析生产每单位商品所需要的直接劳动力总额，管理层可以决定在接下来的预算周期内需要的直接劳动力数量。

营运支出

准备营运预算的最后一步就是评估该周期内的营运支出。制定费用预算的三个关键概念是固定成本、可变成本和混合成本。**固定成本**（fixed cost）是指在一定时期内不受外界影响而改变的成本，如租金、**折旧**（depreciation）和固定工资等。**可变成本**（variable cost）与营运活动中的变化成正比，如直接劳动力、直接原料和销售佣金等。混合成本则将固定成本和可变成本相结合，如一些能耗费用，其中一部分根据营运过程中的变化而变化，另一部分则是固定成本，在预算期内保持相对稳定。混合成本对管理层而言可能是个问题，因为有时很难确定多少是可变成本，多少是固定成本。

当完成支出预算后，销售收入、销售成本和运营成本共同构成了营运预算。

表 9—4 显示了 Wheatman's Market 公司在一个预算年度内的所有支出以及这一阶段的营运预算，每个月都显示了预计的收入与支出。

表 9—4　　　　　　　　　Wheatman's Market：支出及营运预算　　　　　　单位：千美元

	1月	2月	3月	4月	5月	6月	7月	8月	9月	10月	11月	12月
运营成本												
租金	2	2	2	2	2	2	2	2	2	2	2	2
薪酬	32	37	42	39	53	47	50	50	46	51	54	58
能耗	5	5	5	5	5	5	5	5	5	5	5	5
税费	3	4	4	4	5	5	5	5	5	5	5	6
材料供应	16	18	21	20	26	24	25	25	23	26	27	29
维修费用	2	2	2	2	2	2	2	2	2	2	2	2
总支出	60	68	76	72	93	85	89	89	83	91	95	102
销售收入	315	368	420	394	525	473	499	504	462	515	536	578
销售成本												
期初库存	63	74	84	79	105	95	100	101	92	103	107	116
采购	263	305	331	341	410	383	400	395	380	416	437	413
可供销售成本	326	379	415	420	515	478	500	496	472	519	544	529
期末库存	74	85	79	105	95	100	101	92	102	107	116	66
销售成本	252	294	336	315	420	378	399	403	370	412	428	62
毛利润	63	74	84	79	105	95	100	101	92	103	108	116
净利润	3	6	8	7	12	10	11	12	9	12	12	14

为了明晰每一笔支出，约翰决定分析过去 5 年的利润表，得出以下结论：

- 租金支出是常量，应当在下一年中维持原价。
- 薪酬根据销量变化而变化。商店中的销售越多，就需要雇佣越多的员工来满足顾客增长的需求。
- 能耗支出在这个预算期内应当保持相对稳定，因为尽管销量是变化的，食物冰柜以同等状态运转。
- 税费主要是基于销售额和薪酬水平，因此相对来说是一个变量支出。
- 供应量的变化与销售量的变化成正比，因为大部分的材料供应（如现金收支票据纸、蔬菜盘、肉类盘以及塑料食品袋等）是用以支持销售的。
- 维修费用是一个相对稳定的固定支出。约翰的店内设备签订了维修合同，因此在这个预算期内费用不会增加。

现金流量预算

在制定营运预算后，企业家要进行的下一步预算是**现金流量预算**（cash-flow budget）。这类预算通常是在会计师的帮助下完成的。总揽这一预算期内的现金流入和流出，预先查明现金方面的问题所在，能够使管理层做好必要的融资规划。

制作现金流量预算的第一步是确定现金流入的数量和时间。对于典型的商业运作来说，现金流入主要有三个来源：

- 现金销售额；
- 收回欠款的现金；
- 借贷资金。

并不是所有的公司销售收入都是现金。为了提高销量，许多公司允许一些客户赊账购买。因此，有一部分资金将在今后的期限内到账，成为偿还欠款的现金。而借贷资金指的是不与销售收入产生直接联系的另一种形式的现金流入。公司吸纳借贷资金的理由有许多，如公司计划扩张（新建办公楼与新增设备等），或无力支付当前账单而又要满足现金流量需求。

一些企业的现金流量预算表上都有预期的最小现金平衡点，超过这一点时公司需要寻求外部融资。表 9—5 为 Wheatman's Market 公司制作的现金预算表。

约翰·维特曼已经成功地完成了他的营运预算，现在即将准备现金预算表。在分析过销售数据和现金收入后，约翰明确了其公司每个月 80% 的销售额是现金形式。在剩余的 20% 中，有 15% 将在下月收回，而最后的 5% 将在此后的一个月内收回（见表 9—5）。

表 9—5　　　　　　　Wheatman's Market：现金流量预算表

Wheatman's Market：20××年度现金收入表　　　　　　单位：千美元

	1月	2月	3月	4月	5月	6月	7月	8月	9月	10月	11月	12月
销售额	315	388	420	394	525	473	499	504	462	515	536	578
当月	252	294	336	315	420	378	399	403	370	412	428	462
上一个月	82	47	55	63	59	79	71	75	76	69	77	80
两个月前	26	28	16	18	21	19	26	24	24	25	24	26
现金收入	360	369	407	396	500	476	496	502	470	506	529	568

Wheatman's Market：20××年度现金支出表　　　　　　单位：千美元

	1月	2月	3月	4月	5月	6月	7月	8月	9月	10月	11月	12月
采购	263	305	331	341	410	383	400	395	380	416	437	413
当月	197	228	248	256	307	287	300	296	285	312	328	309
上个月	98	66	76	83	85	102	96	100	99	95	104	109
采购费用	295	294	324	339	392	396	396	396	384	407	432	419
营运支出	60	68	76	72	93	85	89	89	83	91	95	102
现金支出	355	362	400	412	485	481	485	485	467	498	527	521

Wheatman's Market：20××年度现金流量表　　　　　　单位：千美元

	1月	2月	3月	4月	5月	6月	7月	8月	9月	10月	11月	12月
初始现金	122	127	134	141	127	141	143	154	170	173	181	184
加：收入	360	369	407	396	500	476	496	502	470	506	529	568
可用现金	482	496	541	537	627	617	639	656	640	679	710	752
减：支出	355	362	400	411	485	481	485	485	467	498	527	521
最终现金	127	134	141	126	142	136	154	171	173	181	183	231

维特曼的采购费用通常是在采购后的一个星期支付，因此，约 1/4 的采购都在下个月才支付。租金预付一个月，但是由于租金在预算期内并不会上涨，每月的租金支出是固定的。其他费用都在消费的当月支付（见表 9—5 中的现金支出表）。最终，现金流量表由初始现金开始，加上当月的现金收入并减去当月的开支，得出数据。

创业实践

小型企业主需要提高数学能力

根据针对英国 1 000 家企业的调查，在经营小型企业的人群中，约有 1/2 觉得很难理解资产负债表。当遇到营销、管理、领导层问题的时候，这些业主能够处理得当；而当遇到财务问题的时候，他们却只能甘拜下风。10 个人中就有 7 个人不懂什么是折旧，几乎有一半的人甚至无法进行基本的运算，以在一份简单的资产负债表上标出负债情况。根据中小企业联盟的这份调查结果，许多企业家并不真正明白其会计师所汇报的内容，尤其是利润方面。

资料来源："Quiz leaves many managers wanting to phone a friend", *Daily Telegraph*, 21 April 2003, p. 29.

预算决算表

预算阶段的最后一步是制作**预算决算表**（pro forma statements）。预算决算表反映了在未来一段时期（预算利润表）或未来某一时刻（预算资产负债表）预计的企业财务状况。pro forma 一词源于拉丁语，意为"事先、预先"。在常规的会计周期中，首先制作利润表，接着是资产负债表。与此类似的是，在制作预算决算表的过程中，首先制作预算利润表，然后制作预算资产负债表。

在制作营运预算的时候，公司已经估算了该预算期内的各月预计收益。月度预算利润表的作用就是要反映每月特定时期内的预期收益和支出。然后，公司将全年各月的情况综合起来，制作年度预算利润表。

制作预算资产负债表的过程则更为复杂。最后一份资产负债表在预算期开始之前制作好，同时还需要营运预算表和现金流量预算表。由期初的资产负债表开始，预算上所反映出的变化也要加入该表中。

图 9—1 反映了需要加入相应账目中的变量。制作好预算资产负债表后，企业家要代入传统的会计公式，以检验准确度：

资产＝负债＋股东权益

- 现金：由最初的现金余额算起，加上（或减去）现金流量预算表上反映的现金变化。
- 应收账款：查看现金流量预算表中前两个月的数据，了解应收账款数额，同时要确定其中包含所有的最初应收账款。
- 库存：这一数据可以从产品成本预算中获得。
- 固定资产：该数据可能是保持不变的。但是，通过分析借贷资金，可以从现金流量预算表中了解到其变化。
- 应付账款：再一次查看现金流量预算表中前几个月的数据，分析采购数据，查明未付的账款。
- 应付贷款/票据：分析借贷资金。利息则通过独立的应付利息账目确定。
- 资本：此处的主要账目指的是在该预算期内的预计净利润。

图 9—1 预算资产负债表的变量因素总结

如果公式不成立，就需要重新检查表格。表 9—6 即为 Wheatman's Market 公司的预算财务决算表准备流程。

表 9—6　　　　　　　　　Wheatman's Market：预算报表
Wheatman's Market：20××年度相应预算利润表　　　　单位：千美元

	1月	2月	3月	4月	5月	6月	7月	8月	9月	10月	11月	12月
销售额	315	388	420	394	525	473	499	504	462	515	536	578
销售成本												
期初库存	63	74	84	79	105	95	100	101	92	103	107	116
采购	263	305	331	341	410	383	400	395	380	416	437	413
可供销售成本	326	379	415	420	515	478	500	496	472	519	544	529
期末库存	74	85	79	105	95	100	101	92	102	107	116	66

续前表

	1月	2月	3月	4月	5月	6月	7月	8月	9月	10月	11月	12月
销售成本	252	294	336	315	420	378	399	403	370	412	428	462
毛利润	63	74	84	79	105	95	100	101	92	103	108	116
运营成本												
租金	2	2	2	2	2	2	2	2	2	2	2	2
薪酬	32	37	42	39	53	47	50	50	46	51	54	58
能耗	5	5	5	5	5	5	5	5	5	5	5	5
税金	3	4	4	4	5	5	5	5	5	5	5	6
材料供应	16	18	21	20	26	24	25	25	23	26	27	29
维修费用	2	2	2	2	2	2	2	2	2	2	2	2
总支出	60	68	76	72	93	85	89	89	83	91	95	102
净利润	3	6	8	7	12	10	11	12	9	12	12	14

Wheatman's Market：20××年度相应预算资产负债表　　　单位：千美元

	1月	2月	3月	4月	5月	6月	7月	8月	9月	10月	11月	12月
资产												
现金	127	134	141	126	142	136	154	171	173	181	183	231
应收账款	91	89	102	100	125	121	123	126	117	126	133	142
库存	74	84	79	105	95	100	101	92	103	107	116	66
预付租金	2	2	2	2	2	2	2	2	2	2	2	2
办公楼和设备	350	350	350	350	350	350	350	350	350	350	350	350
减：累计折旧	−350	−350	−350	−350	−350	−350	−350	−350	−350	−350	−350	−350
总资产	294	309	324	333	364	359	380	391	395	416	434	441
负债												
应付账款	66	76	83	85	102	96	100	99	95	104	109	103
资本	228	234	242	249	261	270	280	292	300	312	326	339
总负债和股东权益	294	310	325	334	363	366	380	391	395	416	435	442

预算进行到这一步，约翰需要为预算财务报表进行信息准备。他要做的第一件事即制作预算利润表，为此，约翰从营运预算表中复制信息（查看相应的利润表，将之与营运预算表相比较）。第二步则是制作预算资产负债表。为此，约翰收集了以下信息，加上营运预算表和现金流量表上的信息，共同完成：

- 现金——现金流量表中每月末的现金余额。
- 应收账款——当月销售额的20%以及下月销售额的5%。
- 库存——预算利润表中的当月期末库存。
- 预付租金——在预算期内，2 000美元的月租金是不变的，并通常在前一个月预付。
- 办公楼和设备——在这一块并没有新增设施，因此数据保持不变。
- 累计折旧——因为没有新的设施增加，因此这一部分的数据保持不变,所有的办公楼和设备都处于减值的状态。
- 应付账款——当前采购款项的25%。
- 资本——上月资本余额加上当月净利润。

资本预算

在管理企业的过程中,企业家通常需要做一些投资决策(即做出本年度之外的资本获取计划),这些计划通常又被称为资本投资或资本支出。企业家规划资本支出的方式之一即制作**资本预算**(capital budgeting)。

资本预算的第一步是确定投资中可得到的现金流量。现金流入量,或通常被称为收益,等于减去融资付款前的营业净收入,也等于减去应交税费和加上折旧费用后的数据,如下列公式所示:

预期收益 = $X(1-T)$ + 折旧费用

式中,X 为营业净收入,T 为相应的税率。示例如下。

约翰·维特曼现在进退两难。他拥有两个相互独立的项目,分别需要投入1 000美元,但是他却只能承担其中一个项目。通过与会计师讨论,他认为他需要进行的第一步是确定每个项目的预期收益。为了获得这类信息,他研究了商店营运过程中可能产生的效果,并发现了如表9—7所示的数据。

表 9—7　　　　　　　　Wheatman's Market:预期收益表　　　　　　　单位:美元

方案 A $(1-T)$				
年度	X	$(T=0.40)$	$X(1-T)$	折旧费用	$X(1-T)$ + 折旧费用
1	500	0.60	300	200	500
2	333	0.60	200	200	400
3	167	0.60	100	200	300
4	−300	0.60	−180	200	20
5	−317	0.60	−190	200	10
方案 B $(1-T)$				
年度	X	$(T=0.40)$	$X(1-T)$	折旧费用	$X(1-T)$ + 折旧费用
1	−167	0.60	−100	200	100
2	0	0.60	100	200	200
3	167	0.60	100	200	300
4	333	0.60	200	200	400
5	500	0.60	300	200	500

X = 净收入的预计变化
T = 相应税率 (0.40)
折旧费用 = 贬值(以直线基准计算) = 成本/生命周期 = 1 000/5

表9—7较好地显示了约翰·维特曼在这两个项目上预计将获得的收益。但是,虽然表中显示了每年的现金流入量,却没有考虑到货币时间价值。现金流出量则指的是业务初期必须付出的现金(购买价格)。当收集相关数据评估项目生命周期内的现金流量的时候,进行可靠的项目相关资金储蓄和评估支出势在必行。

资本预算的主要目的就是要使企业的价值最大化。它主要解决两个问题:

- 几个相互独立的项目之间的取舍问题。（在做同一项工作的时候，通常会有几种相互独立的可供选择的方法。如果选择了某一种方法，则其他方法失效。）
- 总共应该选择几个项目？

在进行资本预算的过程中，通常会采用以下三种方法，即**投资回收期法**（payback method）、**净现值**（net present value，NPV）法和**内部收益率**（internal rate of return，IRR）法。这三种方法各有优缺点。在本节中，相同的方案将用这三种不同的方法进行示范。

☐ 投资回收

进行资本预算的最简单方法是投资回收法，也被称做回收期法。原始投资回收的时长是评估的决定性标准。企业家将设定投资回收期的最大值，任何需要较长回收期的项目将无法通过，落在最大回收期内的项目将被采纳。下面就是Wheatman's Market 公司运用投资回收期法的实例。

约翰·维特曼需要作出决定。他想为自己的商店购入一台新的收银机，却不确定以下两个方案哪个可行。每台收银机要花费 1 000 美元。通过分析预期的收益，显示了以下信息（见表9—8）。

表9—8　　　　　　Wheatman's Market：预期收益分析　　　　　　单位：美元

年度	方案 A	方案 B
1	500	100
2	400	200
3	300	300
4	20	400
5	10	500

经过仔细考虑，约翰决定选择截止期为 3 年的回收期。在此例中，他发现方案 A 将在 7/3 年的时候内回收投资，原始投资中的 900 美元将在前两年收回，余下的 100 美元将在第 3 年收回；而方案 B 需要 4 年的回收期。因为他进行选择的标准是比较两者的回收期哪个更短，所以他选择了 A，而放弃了 B。

投资回收期法存在的一个问题是，它忽略了回收期外的现金流量，因此，很有可能作出错误的决策。特别是当投资呈**曲棍形增长**（hockey-stick growth）的时候。然而，许多公司，尤其是创业型的公司，由于以下种种原因，选择了投资回收期法：

- 与其他方法相比，该方法十分简便。
- 具有快速投资回报期的项目往往会对盈余产生较好的短期影响。
- 当一家公司现金短缺的时候，它更倾向于使用投资回收期法，因为该方法会更快地为其提供资金回报。

☐ 净现值法

净现值法通过掌握回收期外的现金流量，有助于将投资回收期法中存在的一些问题最小化,其前提假设是今天的一美元比今后的一美元更具价值。增值多少则取决于该公司相应的资本成本。资本成本用于调节日后的现金流量,进而决定其在当前回收期内的价值,其过程其实是将未来的现金流量贴现。贴现后的现金价值取决于当前的现金流量价值。

在使用这一方法的时候,企业家必须掌握该投资预期净现金流量的现值,发现合适的资本成本,并从项目的初始支出经费中减去资本成本,结果则是该项目的净现值。许多会计和财务书籍中都有这类表格(被称为现值表),表中列出了未来现金流量下的相应贴现参数,从而决定现值。此外,通过财务计算,还可以得出资本成本、未来现金流量和当年现金流量的现值。最后,根据合适的数据,电子表格程序能求出现值。当所有的方案都计算出现值后,企业家可以选择具有最高净现值的项目。下面即以 Wheatman's Market 公司为例,演示净现值法。

约翰·维特曼对于投资回收期法所反映的结果并不是非常满意,因此他决定使用净现值法看其结果如何。咨询了他的会计师后,约翰了解到他公司的资本成本为 10%。

然后,约翰得到了如表 9—9 所示的信息。

表 9—9　　　　　　　　Wheatman's Market:净现值　　　　　　单位:美元

方案 A			
年度	现金流量	贴现参数	现值
1	500	0.909 1	454.55
2	400	0.826 4	330.56
3	300	0.751 3	225.39
4	20	0.683 0	13.66
5	10	0.620 9	6.21
			1 030.37
减:初始支出			−1 000.00
净现值			30.37
方案 B			
年度	现金流量	贴现参数	现值
1	100	0.909 1	90.91
2	200	0.826 4	165.28
3	300	0.751 3	225.39
4	400	0.683 0	273.20
5	500	0.620 9	310.45
			1 065.23
减:初始支出			−1 000.00
净现值			65.23

由于方案 B 具有更高的净现值,因此约翰选择了方案 B,而放弃了方案 A。

内部收益率法

有一个数字对于大部分企业家和投资者来说至关重要,即其货币投资实施后所能够获得的收益。如果回报不合适的话，即使一天投入 26 个小时也毫无意义。和净现值法相似的是，内部收益率法也将未来的现金流量贴现。但是，计算的方法是使项目的净现值等于零。这个比率是指项目的内部收益率。具有最高内部收益率的项目将被选中。因此，通过净现值法选中的项目，经过内部收益率法的分析也会被选中。

创业广角

印度企业家及狡猾的净现值

有一家印度小型公司经营着一个小型仓库和一辆用于向 20 千米外一家工厂运输原材料的货车。货车很新，可是为了节约开支，请了一位有视力缺陷的老司机。这位老司机的工资是正常司机的一半，一天只能驾驶 4 趟，共 80 千米。

当老板计算利润的时候，他发现自己的收入并不能满足生活需求，也不足以支付儿子上大学的费用。他甚至不能够定期保养车辆，以至于货车经常出现问题。为了改变现状，他认为自己不得不转让运输业务，开除司机，卖掉货车，用来支付儿子上大学的费用，然后变卖自己妻子的金银首饰以维持家用。

那么，这些买卖他应当要价多少呢？他决定自己首先要计算出未来几年的收益情况，减去货车运行成本，并按每年收益的 10% 计算出净现值。此外，还有其他的办法吗？

然而，这个老板想到了一个狡猾的计划。经过几番考虑，他决定解雇年老的司机，并慷慨地给了司机一个月离职期。在汽油消耗方面，他调整并修理了汽车。然后他雇佣了一位年富力强的司机，每天驾驶 8 趟，即 160 千米。两周后，他发现自己的收入增加了 2~3 倍，因为每天运输的次数增加了而货车问题减少了。服务、产品和工具都和原来一样，但是产生的效益大不相同。

他以新的收益数据和旧的折现率为基础，计算出了净现值，比旧的净现值增加了 3 倍。如果他以旧的计算结果出让，那么一些聪明的买主便会讨价还价，从其第一次的计算中获利。而现在通过有效的改进，这位老板能够在新的净现值基础上以更高的价格卖出他的运输业务和货车。他完全可以支付儿子上大学的费用，并偿还以往的一部分债务了。

资料来源：Adapted from "How to polish & sell family silver", *Financial Express* (Mumbai), 29 August 2002.

运用净现值法的时候，从现值表中找出合适的贴现参数是十分简单的。然而，当使用内部收益率法的时候，企业家必须从零净现值开始，重新分析各类表格。计算器和电子表格软件可以计算出实际的内部收益率，显示现金流量、初始现金支出和合适的现金流周期。内部收益率是与投资资金相联系的一个百分比，从中将获得现金流量。这一方法的目的在于决定其得出的数据是否比资本成本要大。决定一个合适的贴现率以及资本成本，对于不确定未来的公司是具有挑战性的。

以下是 Wheatman's Market 公司运用内部收益率法的实例。

由于通过投资回收期法和净现值法得出了截然不同的结果，约翰·维特曼对于到底选择哪个方案感到困惑。为了消除他的困惑，他决定使用内部收益率法来评估两个方案，选择具有更高内部收益率的方案（毕竟，这样是三局两胜）。因此，他在计算器的帮助下，制作了以下表格（见表9—10）。

表9—10　　　　　　　　　Wheatman's Market：内部收益率　　　　　　　单位：美元

方案 A (11.83% IRR)			
年度	现金流量	贴现参数	现值
1	500	0.894 2	447.10
2	400	0.799 6	319.84
3	300	0.715 1	214.53
4	20	0.639 4	12.80
5	10	0.571 8	5.73
			1 000.00
减：初始支出			－1 000.00
净现值			0.00
方案 B (12.01% IRR)			
年度	现金流量	贴现参数	现值
1	100	0.892 8	89.27
2	200	0.797 1	159.42
3	300	0.711 7	213.51
4	400	0.635 4	254.15
5	500	0.567 3	283.65
			1 000.00
减：初始支出			－1 000.00
净现值			0.00

约翰选择了具有更高内部收益率的方案B。这一结论证实了，具有更高净现值的项目同样会具有更高的内部收益率。

Wheatman's Market公司的实例分别展示了三种资本预算的方法。虽然方案A在第一种方法（投资回收期法）中显示出了更高的价值，但是其他两种方法（净现值法和内部收益率法）证明，方案B比方案A更好。对于企业家来说，掌握这三种方法是十分重要的，要学会从中选择适合自己需求的方法。如果投资回收期法是约翰掌握的唯一方法，那么他很有可能会选择方案A。当综合考虑回收期以外的现金流量时，净现值法和内部收益率法才是决定最佳方案的渠道。

盈亏平衡分析

在当今这个竞争激烈的市场之中，企业家需要获得及时准确的相关信息，以便为其商品和服务制定具有竞争力的价格，从而获取可观的利润。**盈亏平衡分析**（break-even analysis）便提供了此类信息。

□ 盈亏平衡点的计算

盈亏平衡分析通常用来评估商品的预期盈利能力，它决定了在某一特定价格下，卖出多少产品能够达到盈亏平衡。

贡献毛利法

贡献毛利法（contribution margin approach）是盈亏平衡分析的一种常用方法。贡献毛利是减去可变成本后每件销售商品所占的比率。企业家可以根据这一信息来决定增加还是减少生产量，商品定价或服务定价，以及销售佣金和红利。该方法的第一步是将企业的固定成本和可变成本分类。

约翰·维特曼希望知道在减去与销售直接相关的成本之后，销售的每一美元中有多少继续负担直接成本和产生盈利。

表9—11即通过利润表来计算贡献毛利。

表9—11　　　　Wheatman's Market：20××年度利润表　　　　单位：千美元

销售额	463
减：可变成本	
销售成本	231
销售佣金	59
运输费用	14
总可变成成	304
贡献毛利（34%）	159
减：固定成本	
广告	2
折旧	13
保险	5
工资税	8
租金	10
能耗	18
工资	40
总固定成本	96
净营业收入	63

盈亏平衡点指的是收支相抵的那个点，因此贡献毛利法的公式为：

$$0 = (SP - VC)S - FC$$

或

$$FC = (SP - VC)S$$

式中，SP 为单位商品销售价格；VC 为单位商品可变成本；S 为销售量；FC 为固定成本。

Wheatman's 公司该年的贡献毛利为 34%。这就意味着在每一美元的销售额中，减去与销售直接相关的成本，将有 34 美分用于继续负担直接成本和产生盈利。

这一方法同样可以运用于将预期利润包括在固定成本之内的利润规划。

处理可疑成本

尽管在运用贡献毛利法的时候，成本可以被分为固定成本和可变成本两类，但是一些公司仍有一些成本难以界定。如维修保养费用应当被看做固定支出还是可变支出？当公司面临这类问题的时候还可以使用盈亏平衡分析进行利润规划吗？答案是肯定的。有一种专为创业型公司设计的方法可以完成这些任务。这一方法在假设固定成本和可变成本能够转换的情况下计算盈亏平衡点，以发现某一商品的盈利能力是否敏感地受到成本影响。

这一方法的主要规则如下：如果预期销售量超过了较高的盈亏平衡点，那么不用考虑其他盈亏平衡点，该商品就是盈利的；如果预期销售量没有超过较低的盈亏平衡点，那么这一商品就是不盈利的。只有在预期销售额处于两个盈亏平衡点之间时，才需要考虑可疑成本。

处理可疑成本的方法是，首先把它代入固定成本，然后把它代入可变成本。因此，之前的盈亏平衡公式就需要在两种情况下计算出盈亏平衡点。假设为固定成本时，企业家可以运用以下公式：

$$0 = (SP - VC)S - FC - QC$$

而假设为可变成本时，盈亏平衡点的计算运用以下公式：

$$0 = [SP - VC - (QC/U)]S - FC$$

U 是指通常情况下的单位可疑成本数量。企业家需要确定的是当该成本被视为可变成本时，其合适的单位成本是多少。下面这个例子说明了企业家是如何使用这个方法的。

蒂姆·戈德曼（Tim Goodman）是 Goodman Industries 公司主席，Goodman Industries 公司是一家生产圆形组件的小型制造企业。蒂姆决定通过盈亏平衡分析来为公司制定利润规划，他相信此举能够帮助他的公司在市场上更具竞争力。通过分析营运成本，蒂姆发现单位商品的可变成本为9美元，固定成本为每月1 200美元。每单位商品的预计售价为15美元。同时，他还发现有一种成本无法确定到底是固定成本还是可变成本，这是一项200美元的维修保养费用分摊。这200美元可分摊至400件商品。如果成本是可变的，那么每件商品花费0.5美元（200/400）。而后，下一个预算期内的预计销售量为400件。

第一步，假设这个可疑成本是固定成本，来决定盈亏平衡点。蒂姆使用以下公式：

$$0 = (SP - VC)S - C - QC$$
$$= (15 - 9)S - 1\ 200 - 200$$
$$= 6S - 1\ 400$$
$$1\ 400 = 6S$$
$$234 = S$$

图9—2为计算结果提供了完整的图表分析。请注意，最终数量是一个完整的单位，因为任何商家都不会卖出一个单位商品的某一部分。

预计支出/盈利
（千美元）

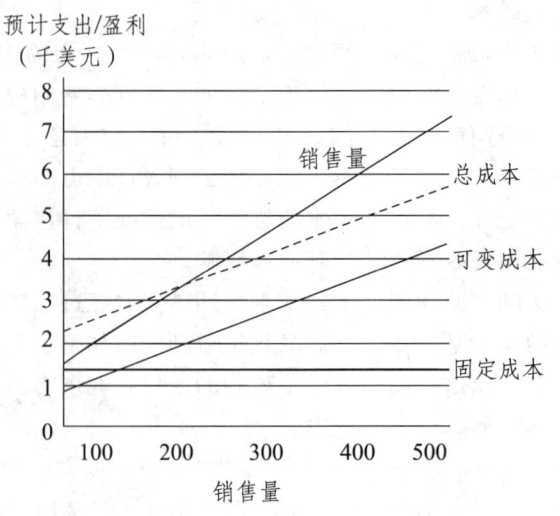

图 9—2 Goodman Industries：固定成本假设

下一步假设可疑成本为可变成本进行计算，那么蒂姆就要代入以下公式，计算出第二个盈亏平衡点。

$$0 = [SP-VC-(QC/U)]S-FC$$
$$= [15-9-(200/400)]S-1\,200$$
$$= (6-0.50)S-1\,200$$
$$1\,200 = 5.50S$$
$$219 = S$$

图 9—3 直观地说明了这一结果。

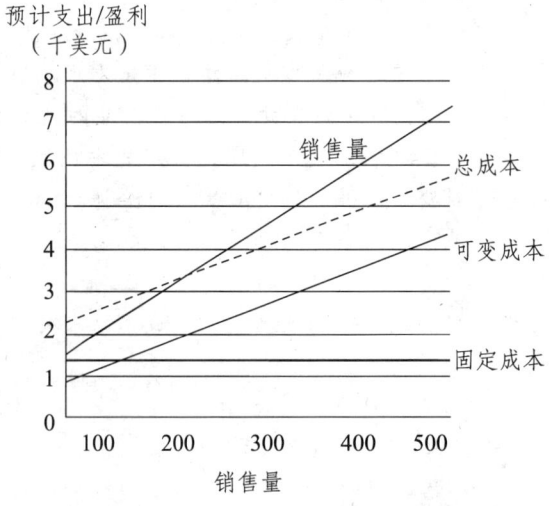

预计支出/盈利
（千美元）

图 9—3 Goodman Industries：可变成本假设

现在，两个可能的盈亏平衡点都已经确定了，蒂姆必须将其与他的预期销售量比较。400 件的销售量大于较大的盈亏平衡点 234 件，因此，不考虑维修保养费用，该商品是盈利的。不管该成本是可变成本还是固定成本，这家公司都是盈利的。

比率分析

财务报表报告的内容既包括在某段时间内某一点上该公司的状况,也能反映过去同期该公司的营运状况。但是,财务报表真正的价值是可以用来预测公司的盈利和股利。从一个投资者的立场来看,预测未来才是财务报表的意义所在;从一个企业家的立场来看,财务报表可以用来评估财务资产、盈利趋势和清偿能力等。最重要的是,财务报表是制定一系列影响事件进程规划的起点。

分析企业比率是财务分析的关键步骤,这些比率可以显示各个财务报表之间的关系。如公司 A 负有 625 万美元债务和 52 万美元利息费用,而公司 B 负有 6.28 亿美元债务和 584 万美元利息费用,哪家公司实力更强大呢?这些债务的真实负荷以及公司的偿还能力可以通过以下方式查明:

- 将每个公司的债务与其资产相比较;
- 将每个公司分别要支付的利息与其从利息支付中可获得的收入相比较。

这样的比较就是比率分析。

表 9—12 列出了**财务比率**(financial ratio)。它可以引导企业家了解不同的比率。请注意,该表体现了比率对于所有人、经营者和债权人的重要性。比简单的计算公式更重要的是,这些分类说明了比率方法所衡量的内容,以及这些比率所反映的问题。

表 9—12 财务比率

比率	公式	衡量内容	反映的问题
所有人			
投资回报率(ROI)	$\dfrac{\text{净收入}}{\text{平均所有人股权}}$	所有人的资本回报。与资本收益相比,它衡量的是所有人使用的财务杠杆。	作为一项投资,该公司的表现如何?
资产收益率(ROA)	$\dfrac{\text{净收入}}{\text{平均总资产}}$	通过管理,资产是否得到了很好的利用?	管理层如何利用公司资产?能否偿还债务?
经营者			
纯利润率	$\dfrac{\text{净收入}}{\text{销售量}}$	营运效率。为各项营运活动创造足够利润的能力。	在这样的销售水平下,利润是否足够高?
资产周转率	$\dfrac{\text{销售量}}{\text{平均总资产}}$	利用各类资源进行生产的相关效率。	为了产生销售收益,资产是如何利用的?
资产收益率	$\dfrac{\text{净收入}}{\text{销售额}} \times \dfrac{\text{销售额}}{\text{总资产}}$	全部资产的盈利能力。资产收益率的逻辑部分。周转及毛利。	管理层如何利用公司资产?
平均收款期	$\dfrac{\text{平均应收账款}}{\text{年度赊销}} \times 365$	将较大数额的应收账款平均至天数,说明应收账款的流动性。	应收账款是否回收过慢?

续前表

比率	公式	衡量内容	反映的问题
存货周转率	销售成本 / 平均库存	库存周转率。一年内的库存周转次数。	现金是否过多地附在库存上？
应付账款平均周期	平均应付账款 / 净采购额 × 365	一家公司用于支付采购项目的大致时长。	一位潜在客户的付款速度是多快？
短期债权人			
营运资本	流动资产－流动负债	短期偿债能力。	客户是否有足够现金或者其他流动资产以清偿其短期债务？
流动比率	流动资产 / 流动负债	不考虑流动资产的流动性情况下的短期偿债能力。	客户是否有足够现金或者其他流动资产以清偿其短期债务？
速动比率	现金＋有价证券＋应收账款 / 流动负债	不依赖库存销售的短期偿债能力。	客户是否有足够现金或者其他流动资产以清偿其短期债务？
长期债权人			
负债股权比率	总负债 / 总股权	资产债权人为所有人提供的每一美元资产。	公司负债是否过量？
已获得的计时利息	净收入＋利息＋税 / 利息费用	为营运利润支付固定利息的能力。	收入和现金流量是否足以满足利息支付和一些重要应付款项？
现金流负债比率	经营现金流量 / 总负债	总负债和总偿债能力。	收入和现金流量是否足以满足利息支付和一些重要应付款项？

比率分析从两方面进行。**垂直分析**（vertical analysis）适用于一套财务报表的比率分析。在此，报表的"上下"分析是为了找出优缺点。**水平分析**（horizontal analysis）从时间的历时性角度分析报表和比率。在水平分析中，发展趋势很重要：数量是增加还是减少？公司财务方面的某些特定因素是在优化还是退步？

创业实践

对于企业家来说至关重要的比率

表9—13　重要比率

比率名称	计算方法	在现金中所呈现的意义
资产负债表比率		
流动比率	流动资产 / 流动负债	衡量偿付能力——每1美元流动负债所需要的流动资产数量 例：流动比率为1.76表示对每1美元流动负债，公司需要拥有1.76美元流动资产来偿付。

续前表

比率名称	计算方法	在现金中所呈现的意义
速动比率	$\dfrac{\text{现金}+\text{应收账款}}{\text{流动负债}}$	衡量清偿能力——现金数额以及每1美元流动负债中的应收账款 例：速动比率为1.14表示，在每1美元流动负债中，公司共拥有1.14美元现金和应收账款来清偿。
现金比率	$\dfrac{\text{现金}}{\text{流动负债}}$	更严格地衡量清偿能力——每1美元流动负债中的现金数额 例：现金比率为0.17表示，在每1美元流动负债中，公司拥有0.17美元现金来清偿。
债务价值比率	$\dfrac{\text{总负债}}{\text{净值}}$	衡量财务风险——每1美元净值中负债数额 例：债务价值比率为1.05表示，所有人每投资1美元净值，公司就向其债权人负债1.05美元。
利润表比率		
毛利润比率	$\dfrac{\text{毛利润}}{\text{销售量}}$	从毛利润的角度衡量盈利能力——每1美元销售额产生的毛利润数额 例：毛利润比率为34.4%表示，每1美元销售额可产生34.4美分毛利润。
净利润比率	$\dfrac{\text{税前净利润}}{\text{销售量}}$	从净利润的角度衡量盈利能力——每1美元销售额产生的净利润数额 例：净利润比率为2.9%表示，每1美元销售额可产生2.9美分净利润。
综合效率比率		
销售额资产比率	$\dfrac{\text{销售额}}{\text{总资产}}$	衡量销售过程中总资产效率——总资产每投资1美元产生的销售额 例：销售额资产比率为2.35表示，总资产每投资1美元，公司将产生2.35美元销售额。
资产收益率	$\dfrac{\text{税前净利润}}{\text{总资产}}$	衡量产生净利润时总资产效率——总资产每投资1美元产生的净利润额 例：资产收益率为7.1%表示，总资产每投资1美元，公司将产生7.1美分税前净利润。
投资回报率	$\dfrac{\text{税前净利润}}{\text{净值}}$	衡量生成净利润过程中的净值效率——净值每投资1美元产生的净利润数额 例：投资回报率为16.1%表示，净值每投资1美元，公司将产生16.1美分税前净利润。
具体效率比率		
存货周转率	$\dfrac{\text{销售成本}}{\text{库存}}$	以年度为基础计算的库存使用率 例：存货周转率为9.81表示，在该财务年度中，平均存货数额将达到10倍。
库存周转天数	$\dfrac{360}{\text{存货周转率}}$	将存货周转率折算成存货平均天数 例：库存周转天数为37表示，公司全年的存货周转时间为37天。

续前表

比率名称	计算方法	在现金中所呈现的意义
应收账款周转率	$\dfrac{销售额}{应收账款}$	以年度为基础衡量应收账款的周转率 例：应收账款周转率为 8.00 表示，在一年当中，共分 8 次收齐应收账款。
平均收款期	$\dfrac{360}{应收账款周转率}$	将应收账款周转率折算成收齐应收账款所等待的平均天数 例：平均收款期为 45 表示，该公司平均要花 45 天来收齐其应收账款。
应付账款周转率	$\dfrac{销售成本}{应付账款}$	以年度为基础衡量支付应付账款的频率 例：应付账款周转率为 12 表示，在一年当中，共分 12 次来支付应付账款。
平均付款期	$\dfrac{360}{应付账款周转率}$	将应付账款周转率折算成支付应付账款所花费的平均天数 例：应付账款周转率为 30 表示，公司平均花费 30 天去偿付账单。

资料来源：Andrea Biancalani On-line, "Financial ratio analysis", [www.andreabiancalani.it/fin1.htm].

决策支持系统

决策支持系统（decision support system，DSS）是用于帮助企业家和管理者制定决策的电脑软件程序。这些程序最显著的特点就是进行"假设分析"，通过使用电子表格软件等帮助学生收集信息和检查企业计划的制定流程。基于电脑的决策支持系统工具将一种全新维度引入了预算财务报表和盈亏平衡点分析当中。以往企业家无法获得的管理信息现在已经综合到了一起，帮助企业家评估各种情况所带来的影响，如企业现金生命线的影响以及比较选择投资等。

决策支持系统可以通过使用一体化的预算财务报表和快速分析可供选择的方案，促进财务规划进程。这一技术使企业家可以确定预计的最低现金余额，确定能够满足整个企业计划期和预算期内所有需求的最低销售额水平。此外，企业家还能从不同方面入手，计算净利润，并将其与预计利润比较。如果预计净利润和生成的最低现金余额利润之间存在着冲突，企业家便能够很快地找到相应模式，修改一些变量，如借款、销售额和支出等。最后，企业家能够使用决策支持系统对其他销售和支出水平进行敏感度分析。拥有这些信息，作为个人，也同样能够在获取财务综合信息和企业互动的基础上，制定出系统的行动计划。

小结

尚处于起步阶段的企业家必须掌握营运资本、收入、毛利润、支出和利润率等信息。

对于企业家来说，有三种财务报表最重要：利润表、资产负债表和现金流量表。预算过程便利了财务报表的制作。一些关键的预算项目说明,企业家需要了解营运预算、现金流量预算和资本预算。营运预算通常又包含以下几点,如销售收入、生产成本和运营成本等。现金流量预算则为企业家展示了某一段特定时间内现金流入和流出的全部状况。预计财务报表反映了未来一段时间(预算收益表)或未来某一时刻(预算资产负债表)的企业财务状况。人们通常会使用营运预算表和现金流量预算表来制作预算财务报表。资本预算则用于帮助企业家制定投资决策。资本预算的三种最基本的方法是投资回收期法、净现值法和内部收益率法。

另一个常用的决策工具是盈亏平衡分析。这一方法告诉人们在某一特定价格下,卖出多少产品能够达到盈亏平衡。即使只能够估计固定成本和可变成本,也同样能够运用这一方法分析。比率分析同样也是一种使企业家受益匪浅的分析工具,比率能够反映出财务账目之间的关系。

本章的最后一节讨论了决策支持系统。基于电脑的决策支持系统工具为分析预算财务报表和盈亏平衡点提供了全新的维度,并能帮助企业家更有效地制定财务决策。

思考题

1. 对于企业家来说,财务信息的重要性有哪些?简述主要原因。
2. 预算过程能够带来什么益处?
3. 在进行销售预测的时候,简单线性回归中的数据分析技巧是如何运用的?
4. 简述营运预算制作过程。
5. 简述现金流量预算制作过程。
6. 什么是预算报表?如何制作?详细作答。
7. 简述资本预算的制作过程。
8. 投资回收期法是进行资本预算的方法之一,如何运用这一方法?举例说明。
9. 简述净现值法。什么情况下企业家会选择该方法?为什么?列举与印度企业家相似的情况。
10. 简述内部收益率法。什么情况下企业家会选择该方法?为什么?
11. 什么情况下企业家会对盈亏平衡分析感兴趣?
12. 如果一位企业家想进行盈亏平衡分析,却无法确定一部分成本是固定成本还是可变成本,该怎么办?请加以阐明。
13. 什么是比率分析?水平分析和垂直分析有何不同?
14. 什么是决策支持系统?它如何帮助企业家管理财务信息来源?其价值何在?

自我测试:项目意向书

比尔·瑟金特(Bill Sergent)刚刚收到了一份来自一家大型电脑公司的意向书。该公司正在寻找能够为国防部定制的大型计算机提供高科技构件的供应商。虽然比尔的公司只成立了8个月,但它是由一群科学家及专攻电脑和高科技领域的工程师组成的。因此,他正在考虑如何回复这一意向书。但是,他首先要做的是进行盈亏平衡分析,以确定该项目是否盈利。以下是他将在分析中用到的信息:
- 该电脑公司想要购买12个不同的构件,每个构件的采购价格为1万美元。
- 制造第1个构件的总成本为2万美元。
- 制造其余11个构件的成本分别为8 000美元、6 000美元、5 000美元、4 000美元、5 000美元、6 000美元、8 000美元、10 000美元、28 000美元、40 000美元和40 000

美元。
- 比尔的公司不会接受销售收益率小于10%的方案。

在这些信息的基础上,比尔建立了下列盈亏图表,并回答了两个问题:

收入(千美元)

```
150
140
130
120
110
100
 90
 80
 70
 60
 50
 40
 30
 20
 10
     1   2   3   4   5   6   7   8   9   10  11  12
                                                    数量
```

1. 比尔应该签订这份合约吗?为什么?
2. 如果比尔与该电脑公司还有谈判空间,你有哪些提议?为什么?

案例分析 9—1

对牛弹琴

当雷吉娜·麦克德莫特(Regina Mc-Dermott)女士的汽修店在墨尔本开张后,她觉得自己需要用到的只是那15年的汽车行业经验。从某种程度来说,她是对的。在6个月内,由于声名远扬,她的汽修店总是宾客盈门。但是,与此同时,雷吉娜发现她需要花费越来越多的时间处理财务计划。

三周前,她的会计师前来与她探讨财务问题。其中提到的一点就是现金预算。"我能够为您制定现金预算,"他说道,"但是,您应该了解我的工作,这样您就会认识到现金预算的重要性,能够将现金流入和流出形象化。我想,您也要对计划购买的新型设备作出决定。购买机械设备是第一步,但就像我们上周讨论的,您可以购买许多不同类型的机器,您需要决定哪一种才是最佳选择。"

雷吉娜告诉她的会计师,她并不在意购买机器的类型。"所有的这些机器都很棒。也许我将购买最便宜的那一款。"此时,会计师认为,雷吉娜可以运用一些方法来评估各个类型。"您可以通过投资回收期法来进行选择——每一台机器能够使您收回投资的周期是多长?您可以通过将未来的现金流量变现,使用净现值法。您还可以以一定的比率换算现金流量,使项目的净现值等于零,运用内部收益率法。"

雷吉娜安静地听着,会计师说完后,她告诉他:"让我用这些不同的方法衡量一下我的资本投资,然后再回复您。也许,我们可以共同决定这一数字。"她的会计师认为这一做法不错,便告辞了。雷吉娜则开始期望自己在大学里的时候多学一些会计课程。正如她对她的丈夫所说:"会计师一开始说话,我就好像在听天书。"

问题:

1. 现金流量预算的目的是什么?能够揭示什么?对于雷吉娜来说具有怎样的意义?

2. 投资回收期法是如何操作的?净现值法是如何操作的?你将如何向雷吉娜解释这两种方法?

3. 内部收益率法是如何操作的?你将如何向雷吉娜解释这一方法?

案例分析 9—2

合同意向书

丹尼斯·达比(Dennis Darby)先生经营一家小型制造公司,生产直升机上需要使用的电子配件。他的大部分业务得益于军事和航空业制造合同,而公司10%的收入都来源于直升机生产或租借公司。尤其是后者,多为大型租赁公司,根据合同为客户服务。

丹尼斯则想增加来自自己拥有直升机的这一类公司的收入,尤其想与一些原油公司合作。这些公司拥有直升机队,从位于达尔文的帝汶岛海域或其他海岸地区的石油钻探处进行运输。这周伊始,丹尼斯接到了来自一家原油公司的意向书,需要采购120个电子配件。他将该意向书转交给了主任估价师,并得知与生产这些配件相关的固定成本约为35 000美元,单位可变成本为400美元,而单位售价为800美元。

丹尼斯不会接受销售收益率小于20%的方案。此外,估算师还告诉他有一笔1 000美元的支出既可视为固定成本,也可视为可变成本。丹尼斯想通过这些信息来决定是否与这家原油公司签订合同,并在3天内拿定主意。

问题:

1. 该项目的盈亏平衡点是什么?如果该公司生产这些配件能够盈利吗?列出计算过程。

2. 如果该项目是盈利的,它能给丹尼斯带来20%的预期收益吗?解释原因。

3. 对于丹尼斯来说,盈亏平衡分析有何意义?详细作答。

第10章

制定有效的商业计划

> 被许多企业家设想和使用的商业计划已成过去。由于被企业家过度关注却很少实现,商业计划已经没有太多作用。然而,这并不是说企业家就不再需要制定商业计划了,也不意味着投资者不看中书面计划……商业计划就像是"智力俯卧撑",是一种漂亮的运动,却并不一定与现实世界相关。
> ——戴维·E·贡佩尔特(David E. Gumpert),商业计划的畅销书作家

✎ 本章要点

1. 阐释商业计划的重要组成因素
2. 探讨会给新创企业带来问题的计划上的错误
3. 列举商业计划的重要性及其带来的益处
4. 阐明商业计划阅读者的观点并阐释阅读过程中的六个阶段
5. 阐述商业计划各因素之间协调的重要性
6. 回顾制定计划过程中企业资本方面的专家提出的重要建议
7. 呈现一个完整有效的商业计划大纲,并讨论各组成部分
8. 列举能够帮助制定有效商业计划的提示
9. 列举在陈述商业计划中应当注意的问题

什么是商业计划

在本章末，我们将回过头来讨论戴维·贡佩尔特那一席富有挑战性的话语（如前引用）。他认为，对于一个没有销量、没有网站甚至没有其他任何可吸引投资者目光的因素的企业来说，商业计划同样无济于事。

对于任何一件事情来说，一个良好的计划都是成功的关键因素之一。计划明确了目标的分配以及企业未来的发展方向。制定计划的时候，有以下几个关键因素。

- 可实现的目标。这些目标必须是具体的和可衡量的，并处于一定时间内的。
- 承诺。企业必须得到所有参与者的支持——家庭、合伙人、雇员以及团队成员。
- 里程碑。为了持续及时地评估整个商业进程，必须设立分期目标。
- 灵活性。必须考虑可能遇到的障碍并制定可供选择的策略。

一个完整的商业计划是多次会议讨论的结果，反映一个新企业的发展方向，是决定企业运作的重要工具，同时也是管理企业的第一手文件。商业计划的优点之一就是能够帮助企业避免犯常见的错误，而正是这些错误往往使你的努力白费。在接下来的章节中，我们就要探讨这些错误。

商业计划（business plan）是具体说明投资意向的书面文件。在计划中必须探讨企业的现状，预测企业的需要以及这个新企业的结果。企业的方方面面都需要包含在其中：项目方案、市场营销、研发、生产制造、管理、主要风险、财务以及里程碑或时间表。通过完整地描述这些方面，一幅企业的画面便清晰呈现出来了，能够清楚地告诉人们企业的性质、目标以及为达到这个目标所选择的方式。商业计划是企业家建立成功企业的路线图。

在一些专业领域，商业计划指的是风险计划、借贷方案或投资招股书。不管名称是什么，商业计划都是获得任何资金来源的最基本的文件。商业计划带领企业家进入了投资阶段。尽管企业成立后，商业计划又成为工作文件，但是其主要用途仍然是将项目的战略发展通过详尽的文件表现出来，供外界的投资者阅读和理解。

商业计划向投资者和其他资金来源描述了影响企业的各种因素。对于企业的不同预期行为，都要通过列举收益和支出进行细化，清楚地说明计划成立的各种假设条件。比如，在新创企业起步阶段可能遇到市场的扩大或缩小、经济的增长或下滑等。

企业在最终实施措施的时候，也要强调商业计划的重要性。换句话说，不仅制定一个有效的商业计划很重要，如何将该计划转化成为一个成功的企业也很重要。

商业计划的益处

一个完整的商业计划过程需要企业家分析企业的方方面面，并为处理各种不

确定情况准备好有效策略。因此,一个商业计划可以帮助企业家避免一个注定失败的项目。正如一位研究员所说:

> 如果一个提案能够获得最大的利润,那么商业计划将向你展示其原因所在,并使你不用支付企业失败导致的高昂学费,不让一个先天不足的买卖成形远比日后接受教训要划得来。而只要通过几个小时的精心工作,你的商业计划便可以做到这一点。

对于企业家来说,自行准备商业计划是十分重要的。如果是一个企业家团队,那么所有的主要成员都要参与到计划的制定过程中。在这种情况下,团队领导就要充分了解每一个成员的贡献。如果有咨询人士来帮忙制定商业计划,企业家仍然应当是计划幕后的主要动力。企业家应能够广泛地接纳外界专业人士的建议和支持,但是更要对商业计划的方方面面做到心中有数,因为毕竟是企业家负责审查资金的来源。因此,商业计划是企业家对于企业的描述和预测,必须被企业家加以保护——简而言之,这是企业家的责任所在。

对于企业家和资金提供方两方面来说,要受益于商业计划就要阅读该计划并评估其风险。特别是对于企业家来说,其益处如下:

● 企业家要投入时间、精力来做研究并根据原则来制定一个正式的商业计划,以确保客观公正地评估风险。

● 商业计划中的竞争力分析、经济分析和财务分析使企业家必须仔细审查企业成功的假设条件。

● 因为商业风险的各个方面都会在计划中得以体现,所以企业家能够制定和检查运营战略及预期目标,并向外界评估者呈现。

● 商业计划将目标量化,为比较预测结果和实际结果提供了衡量标准。

● 一个完整的商业计划是企业家与外界资金来源(如银行、天使投资者、风险投资基金管理者和股权投资者等)之间沟通的桥梁。

阅读商业计划的资金提供方则将从中获得以下益处:

● 商业计划向资金提供方详细呈现了企业的市场潜力以及保证市场份额的计划。

● 通过预算财务报表,商业计划阐述了企业清偿债务的能力,并提供适当的资产回报率。

● 通过讨论一些为企业的成功提供机会的应急计划,商业计划列举了主要风险和重大事件。

● 通过全景式地展现整个商业运营过程,商业计划使资金提供方获得了一份清晰简明的文件,这份文件包含商业和财务评估所需要的信息。

● 对于事先不了解该企业家或该项目的资金提供方来说,商业计划是资金提供方的向导,使其能够评估这位企业家的计划和管理能力。

计划中需要避免的错误

在计划过程中,有一系列的错误需要避免。本节中提到的五类错误则代表了企业家易犯的最常见的错误。为了使这一危险地带更容易被识别,我们将给出一些特定指示或警告标志。每一个错误都有其补救解决方案,以帮助企业家避免这些阻碍新创企业发展机遇的错误。

错误1:缺少具体目标

尽管错误并不明显,但是以下特点反映了这一错误是如何被掩饰的:
- 没有可达到的目标;
- 没有完成目标的时间表;
- 没有优先目标;
- 没有实际行动。

要解决这一问题,就应当建立时间表,并在每一段特定的时间内完成特定的行动。

错误2:没有预料障碍和难关

许多企业家最常犯的一个错误就是沉浸在缺乏客观性的想法之中。换言之,没有认识到可能会发生的问题。没有任何指示会告诉你未来的问题所在,让你看到计划中的缺点,或者是提供可供选择的方案。要避免这一错误的最好办法就是:
- 列出可能出现的问题;
- 列出能够解决这些问题的可供选择的方案。

错误3:责任心和奉献精神不足

太多的企业家在面对企业时表现出责任感不强。即使这个企业可能源于一种爱好或是兼职,企业家也不能让他人感觉自己对企业不够重视。这类情况表现为过多的迟到、失约、不愿意投入私人资金,甚至仅为某个喜好或一时的突发奇想就去牟取一时暴利。解决这类问题最简单的办法是快速行动,并保证自己的行为符合专业要求。此外,要时刻准备并乐意为企业贡献资金。

错误4:缺少得到认可的经验(商业交易或技术)

由于许多投资者都十分看重企业家的实际工作经验,因此对于企业家来说,展现出他们自身的背景经验是十分重要的。太多的创业者试图去提出一些连他们自己都没有掌握好的理念,自然就会被认定他们对提案中的特定内容并不了解,这样的创业者注定要失败。这种情况大多表现为商业经验不足,对于企业的特定领域不够了解,对所在行业缺乏认识,无法明确告知投资者该项目的运营目的和模式,也不知道哪位投资者可能会接受这个方案。为了解决这一问题,企业家必须证明自己的个人经验和企业的背景。如果企业家缺少特定的知识或技能,他们就应当向具有这方面知识和技能的专业人士请教,获得支持。同样,也可以展示团队理念,告知投资者哪些人能够在企业运营过程中提供帮助。

错误5:没有市场利基(份额)

很多企业家在没有建立起**市场利基**(market niche)——潜在客户的情况下提出理念。企业家喜欢这个产品或这项服务,并不意味着别人也愿意购买。美国专利局(US Patent Office)里就有因为没有顾客愿意购买而从未投入市场的大量发明创造——没有建立起市场。这一错误常常表现为企业家不确定哪些人愿意购买企业产品所蕴涵的理念,无法证实产品的需求人群,仅仅是因为企业家想当然地认为有客户将购买该产品。解决这一问题的最好办法就是确定特定的市场份额,说明该产品或服务能够满足目标人群需求的原因。(第 8 章中更详细地阐述了市场调研的相关内容。)

以上五点大致反映了失败企业家经历的主要问题。这些失败者的商业计划甚至不会被浏览第二遍。因此,这些关键问题必须在制定商业计划之前得到充分考虑。如果可以避免这些问题,那么整个商业计划将得到更细心的制定和更深入的探讨。这一准备工作将为制定有效的商业计划打下坚实的基础。

制定一份构想完美的商业计划

大多数投资者认为,只有一份构想完美并且准备充分的商业计划可以获得足够的支持,进而得到融资。而一份商业计划必须振奋人心,同时完整客观地描述这个企业。

谁阅读计划

明确商业计划的读者是十分重要的。银行经理、风险投资基金管理者和天使投资者各自持有不同的标准来衡量方案。

银行经理重视方案的财务部分而并不看重市场、企业家或其他方面;股权投资者、风险投资基金管理者和天使投资者则强调市场和财务问题。天使投资者寻找企业家和合适的投资者。因此,企业家要投其所好,分别准备商业计划。尽管会有大量的专业人士阅读商业计划,如风险资本家、银行经理、投资者、潜在大客户、律师、咨询师和供应商等,但是企业家需要明确的主要有三点。

第一,企业家是企业发展的原动力,他们深入掌握技术知识和具备创新能力,这是商业计划中最常见和最主要的观点。然而,太多的商业计划过分强调了这一点,却忽略了潜在客户和投资者。

对于一个新创企业来说,比高科技和创新力更重要的是市场化。市场导向型企业用较强的说服力向使用者——商品的特定顾客群和广阔的市场证明了对使用者的益处。这正是第二点需要强调的,一个企业家必须具体实现商业计划。尽管这类信息的实际价值非常高,但是许多企业家往往低估了市场信息。对于一个商业计划来说,建立起实际市场(决定商业的购买者和服务的使用者),并书面记录能够使企业取得成功的预计市场份额,是这个商业计划中十分有价值的组成部分。

第三点要探讨的是刚刚讨论过的市场重点。投资者关注的是财务预测,良好的财务预测是投资者衡量其投资价值的必要信息。企业家并不需要用电子表格来完成商业计划。事实上,许多风险投资企业都运用"预计贴现系数",该系数指的是一个成功的新创企业通常会完成其预计财务目标任务的 50% 左右。但是,3~5 年的财务预算对于投资者来说是十分必要的,它可以帮助其判断企业的未来成功与否。

以上这三点体现的是一个构想完美的商业计划所需要重点考虑的问题。如果这些方面在商业计划中得到细致的体现，那么企业家就需要准备专家所称的"**五分钟阅读**"（five-minute reading）了。许多风险资本家都运用以下六步来阅读商业计划（每一步的阅读时间均少于一分钟）：

- 第一步：确定企业及其所在行业的特点；
- 第二步：构建计划的财务结构（包括债务总额或股权投资）；
- 第三步：浏览最新的资产负债表（以确定清偿能力、净值和债务/股权）；
- 第四步：确定该企业中企业家的能力（有时候这是最重要的一步）；
- 第五步：构建该企业独一无二的特征（找出不同之处）；
- 第六步：阅读整个计划（整个计划包装好后，简单浏览图表、例子和其他成分）。

这几步就是阅读商业计划的常规方法。企业家花费了这么多的精力来制定商业计划，而风险资本家最终只用5分钟来阅读，好像有点不公平。但是，这就是风险资本家的阅读过程。其他财务专家可能会花费多一点的时间来分析计划。请记住，风险资本家要阅读大量的商业计划，因此了解他们的阅读过程对于制定计划是很有价值的。与这一过程相关的一句引言将男性企业家与风险资本家联系起来："管理人员的人所管理的是管理事件的人，而掌管金钱的人管理的是管理人员的人。"

包装计划

当把一份商业计划呈现给潜在的投资者时，企业家必须意识到整体包装十分重要。下面将列举一些计划即将被成功阅读时，企业家需要关注的主要事项。

商业计划使投资者对这个公司及其创办原则产生第一印象。潜在投资者总是希望看到良好的计划，却又不要过于完美；篇幅要恰到好处；清晰简明地阐释公司业务的方方面面；没有语法、打印或拼写错误。

投资者在试图证实该公司会认真对待他们的财产。换言之，形式与内容同样重要。投资者知道，好形式反映了好内容，反之则相反。

在所有的形式问题中，我们认为有两点最为重要。

- 外观。粗体字和打印不能马虎；陈述部分也不能过于冗长。影印本的机械装订会显得业余，而书籍般的装订方式和排版又会让人感觉是不必要的花费。用统一颜色的封皮和塑料螺线装订则既保证了整洁的外观，又保证了这些材料在众人翻阅之后仍然不受损。
- 长度。一份商业计划不能多于50页。初稿通常会超过这个页数，但是经过修订，终稿在40页之内是最理想的。这样的长度就使得企业家可以明晰自己的理念，制定的商业计划才能够吸引投资者的注意力。

还有一些背景细节值得一提。投资者在表现出最初的兴趣之后，在审查阶段，企业家可以提供以下材料。

- 封面和扉页。封面上应当标有公司名称、地址、电话号码，以及该计划制定的年份和月份。令人惊讶的是，有很大一部分提交给潜在投资者的商业计划中，竟然没有回复地址和电话号码。一位对计划感兴趣的投资者必然希望能够方便地联系这家公司，表示兴趣，并获得该公司或该计划其他方面更多的相关信息。

在封面之后是设计精美的扉页。扉页应该重复一遍封面的信息,并在上隅角或下隅角标明副本编号。这样做不仅能够帮助企业家计算计划数量,突出副本数量——通常小于20份——还能够提供心理优越感。毕竟,没有投资者愿意认为自己看好的投资是过时的。

● 执行概要。在扉页后应该用2～3页的篇幅简明地介绍公司现状、产品或服务、客户受益度、财务预测、3～7年内企业目标、融资总额以及投资者的受益度等。

在两页的报告中完成这些内容,这样的要求是挺高的,但是这一报告能够吸引投资者阅读计划的其他方面,或说服投资者忘记这些事情。

● 目录。目录位于执行概要之后,一份精心设计的目录列举了商业计划的各个章节并标明了其所在页数。

完美的包装应囊括以上全部重要因素——富有吸引力的外观、有效的长度、目录、恰当的语法、正确的印刷和封面。如果把这些因素分开的话,往往会使一份原本成功的计划不被接受。

注意事项

以下是一些专家就风险投资和新创企业发展提出的一系列建议,为制定成功的商业计划提供了参考。企业家应当遵循这些建议,从而更好地理解商业计划中不同部分的重要性,这些重要性将在下一节讨论。

● 尽量使计划简洁。阅读商业计划的重要人士往往厌恶浪费时间,因此企业家不仅要仔细清楚地阐述计划,更要注意简明扼要(如前所述,一份商业计划最好控制在40页之内,包括附录在内也不能超过50页)。

● 适当地组织和包装计划。目录、执行概要、展示、图表、恰当的表述、各部分之间富有逻辑性的衔接和计划的统一完整都是有效呈现商业计划的重要因素。

● 企业的未来预见性。企业家应当在计划中反映和预测公司的发展轨迹,阐述公司目标,提供使用该公司产品和服务的机会,从而在这份商业计划中营造出令人兴奋的氛围。

● 避免夸张。销售潜力、收入预估和企业潜在增长力都不能过度夸张。通常,计划中应当假定最坏情况、最好情况和最可能出现的情况。相关文件和研究成果对于计划的可信度是至关重要的(详见表10—1)。

表10—1　　　　常见商业计划短语:表达方式与实际情况

表达方式	实际情况
我们保守地估计……	有杂志认为我们公司在5年内应当拥有5 000万美元的资产,我们修订了这个数字。
我们最佳猜测除以2。	我们偶然地除以0.5。
我们预计利润率为10%。	我们不修改从网络上下载的商业计划模板中的任何假设。
该项目已完成98%。	要完成剩余的2%将花费等同于最初建成98%的时间,而且要花费2倍的资金。
事实证明,我们的商业模式……	……如果你参考上周数据,从我们的50个地址中挑选出最好的,并进行推演……

续前表

表达方式	实际情况
我们领导该企业半年之久。	我们并不去查明有多少人领导了半年之久。
我们只需要10%的市场份额。	其他50位新近融资者也是一样。
顾客为我们的产品叫好。	我们尚未要求顾客付款。而且，目前所有顾客都是亲戚关系。
我们是低成本生产商。	我们尚未生产产品，但是我们相信今后会的。
我们没有竞争对手。	只有IBM、微软、网景和太阳公司宣布了进入行业的计划。
我们的管理团队经验丰富……	……消耗产品和服务。
一系列经过筛选的投资者正在考虑这个计划。	我们通过普拉特的指引（Pratt's Guide）向每个人都发送了一份计划副本。
我们寻找增值投资者。	我们寻找一位消极的、沉默寡言的投资者。
如果您投资我们的团队，您将获得68%的内部收益率。	如果一切发展顺利的话，您将收回自己的资金。

资料来源：Reprinted by permission of *Harvard Business Review*. Adapted from William A. Sahlman, How to write a great business plan, (July/August 1997): 106. Copyright © 1997 by the Harvard Business School Publishing Corporation; all rights reserved.

- 强调主要风险。商业计划中的主要风险部分十分重要，反映了企业家分析潜在问题和采取可供选择的行动的能力。
- 展现一个高效的企业团队。在商业计划的管理部分，应当清楚地展示每一个关键团队人物的技能特点，并说明这些人如何能够在一起进行高效的团队工作，共同管理企业。
- 避免过度多元化。在计划中重点关注一个企业的主要机遇。在企业发展壮大到一定程度之前，一个新创企业不应该创造多元市场或试图成为多元企业。
- 明确目标市场。通过确定特定的顾客群，将企业产品或服务的商品性具体化。这一点对于商业计划中其他部分的成功是十分重要的。市场研究能够展现市场份额的确立过程。
- 以第三方的口吻撰写计划。企业家通常使用"他们"来表述事件，而不是使用"我"、"我们"。换言之，不要使计划主体化，而要保持撰写的客观性。
- 抓住读者兴趣。因为投资者会得到相当多的商业计划而其中只有一小部分能够顺利融资，企业家需要陈述该公司的独特性以吸引投资者的兴趣。扉页和执行概要是吸引读者眼球和引发阅读兴趣的主要手段。

以上建议对于企业家制定商业计划是十分有帮助的。下一节将探讨商业计划中的十个主要部分。

商业计划的组成部分

一份详细的商业计划通常包括十个部分。计划的理想长度是40～50页，当然根据对细节的不同需求，计划总页数可能达到100多页（包括附录）。图10—1即是一份典型计划的大纲。本节的其余内容将探讨计划的各特定部分。

```
第一章  执行概要
第二章  企业描述
        A. 企业概述
        B. 行业背景
        C. 企业潜力、目标及里程碑
        D. 商品或服务的独特性
第三章  市场营销
        A. 研究与分析
            1. 确定目标市场（顾客群）
            2. 市场规模和趋势
            3. 竞争
            4. 预计市场份额
        B. 营销方案
            1. 营销策略——销售与分销
            2. 定价
            3. 广告和促销
第四章  营运
        A. 确定地点
            1. 优点
            2. 区域
            3. 税收
        B. 供应商相邻程度
        C. 交通运输通道
第五章  管理
        A. 管理团队——核心人才
        B. 法律结构——股票协议、雇佣协议、所有权
        C. 董事、顾问、咨询团队
第六章  财务
        财务预测
            1. 损益
            2. 现金流量
            3. 盈亏平衡分析
            4. 成本控制
            5. 预算编制
第七章  主要风险
        A. 潜在问题
        B. 阻碍和风险
        C. 备选行动方案
第八章  收获策略
        A. 资本转移
        B. 商业策略连续性
        C. 确定继承人
第九章  里程碑进度计划
        A. 时间与目标
        B. 期限与里程碑
        C. 事件之间的关系
第十章  附录和参考资料
```

图 10—1　商业计划目录

资料来源：Donald F. Kuratko, Ray V. Montagno and Frank J. Sabatine, *The Entrepreneurial Decision* (Muncie, IN: The Midwest Entrepreneurial Education Center, College of Business, Ball State University, 2002).

第10章 制定有效的商业计划

□ Ⅰ. 执行概要

许多商业计划的阅读者（银行经理、风险资本家、投资者）期望通过一份摘要了解企业最重要的部分和特点。这份摘要简要介绍了计划内容，将所有的信息置于不同的视角之下，总长度不能超过2~3页。摘要通常在整个商业计划完成后开始撰写，这样才能够将每一章节的特定部分包括到摘要中。由于摘要是人们阅读计划的第一步，甚至可能是阅读的唯一部分，因此它必须展现出整个计划的质量水平，必须是整个计划的完美缩影。

摘要部分的陈述内容要简单介绍企业自身、市场机会、财务需求、未来预测和与企业相关的特殊研究或技术，要符合评估者或投资者的阅读习惯。如果这些信息阐述得不够简洁、充分，或只是简单地总结该计划，读者也许会将整个计划置于一旁而并不给予资金。

□ Ⅱ. 企业描述

首先，要确定具有特殊意义的企业名称（如家族名称或技术名称等）。其次，要通过企业现状和未来发展趋势来展现行业背景。请注意，任何特殊的行业发展动向都可能影响计划。如果公司现在拥有业务或特许经营权，应当适当地探讨一下。再次，要详尽地阐述这个新创企业，预测其潜力。所有的重要方面都要加以定义并使其可理解，图表等材料也要包括在其中。最后，深入讨论这一新创企业在竞争中的潜在优势，包括专利、版权和商标，以及特殊技术和市场优势等。

□ Ⅲ. 市场营销

在计划的市场营销部分，企业家必须向投资者证明，市场是存在的，预计的销售量是能够达到的，企业最终会在竞争中取胜。

这一部分通常是商业计划中最难的部分，同时它也是最重要的，因为此后的各部分都要根据在这部分的销售计划制定。基于市场研究和分析的销售水平预测直接影响到生产运营规模、市场营销计划、债务额和股权资本等。

大多数企业家都认为进行市场研究和分析并非易事，尤其是要制定准确的可实现的预计销售量以说服投资者。当投资者确定市场的时候，应当注意以下几个市场营销方面的信息。

下面介绍当企业进行调研时相应的市场部分。

研究、设计和发展规划部分

进行任何研究、设计和发展规划工作都是根据成本、时间和该部分采用的特定测试方法，投资者需要了解项目现状，包括原型分析、实验测试和行程安排等。

为了使该部分更为全面，企业家应当得到（寻求）技术上的支持来进行更细化的讨论。蓝本、草图、绘图和模型都很重要。

同样重要的工作还有确定项目的设计和发展，深入探讨可能存在的困难，以防推迟或改变项目。在这方面，发展中的预算可以显示劳动力、原料消耗、研究、设计方面的成本，据以制定计划。

以下营销部分中的五个小方面则用于将整个营销计划细节化，阐述企业行为、方式和实施人。

市场利基和市场份额

市场利基是具有共同特点的同类组合——所有需要新型产品和服务的人群。要描述这个利基，应当了解顾客作出购买决定的基础——价格、质量、服务、个人联系或这几个因素的结合。

其次，要列出已经表示对产品或服务感兴趣的潜在顾客，并分析他们的兴趣所在。如果是一种已经存在的项目，就要确定当前的主要客户群，探讨销售趋势。阐述市场的整体潜力是十分重要的。至少要预计3年的销量，要包括其他一些影响市场扩大（行业趋势、社会经济趋势、政府政策和人口变化）的因素。此外，还应当回顾以前的市场走向，分析过去的年度增长率与预计年度增长率之间的不同。所有用于预测的数据来源和方法都应标明。如果有大客户有购买意愿，也应当将其确定下来并了解他们的购买力。基于以往的生产和服务优势、市场规模和趋势以及顾客和销售趋势，应当预估未来3年内每年的市场份额、销售量和售价。可以说，公司销售额的增长以及预计市场份额与行业和顾客的增长息息相关。

竞争力分析

企业家应该试图分析与其竞争的产品或服务的优缺点。用于评估竞争的任何资料都要标明来源。这一部分的讨论将基于竞争产品或服务的定价、市场表现、服务、保障和其他相关特点，要简要探讨目前竞争产品和服务的优缺点，分析它们为什么不能够满足客户需求。与竞争对手行动相关的任何信息都可能引导新的产品或改进原有产品，使本公司产品处于有利地位。

最后，要综述一下竞争公司，讨论各个竞争公司的市场份额、销售和分销情况以及生产能力，尤其要注意竞争对手的盈利能力和利润趋向。谁是定价主导者？谁是质量管理者？谁在竞争中获胜？而谁面临失败？近年来是否有企业进入市场或退出市场？

营销策略

营销策略部分要大致确定公司的总体营销理念和方式。营销策略指的是公司在广义上对其产品和服务进行市场营销，从而构成了制定营销计划的基础。营销研究则是系统地收集、分析、整合与公司的市场、顾客和竞争对手相关的信息，其目的是更好地制定营销决策。市场研究则是收集和评估顾客对于产品和服务的偏好的信息，同样也是营销研究的一个组成部分。营销理念和方式应当通过市场研究和评估数据得出，要讨论的内容包括：

- 初期大量的销售所面向的目标顾客群。
- 后期销售所面临的目标顾客群。
- 想方设法挖掘并联系这些顾客群中的其他潜在客户。
- 整体销售中强调的产品和服务特点（质量、价格、运输、保障等）。
- 富有创造力的新颖的销售理念会提高顾客的接纳度（如仅在事先销售过

的地方提供租赁业务）。

在这一部分，首先要注明产品和服务最初将向全国还是向某些地区推广，还应当考虑到季节因素以及反季节销售的促销手段。

定价政策

价格必须能够保证公司进入市场并获得一定市场地位，从而产生利润。在讨论定价政策的过程中，企业家会考察多种定价策略，并最终确定一种有说服力的。定价政策要与主要竞争对手的定价政策相比较，同时，还要考虑到生产和最终销售之间的毛利空间，看这个空间是否大到能够满足分销、销售、保障和服务支出，满足发展中的摊销和设备损耗，并最终产生利润。此外，还应当注意在基于创新、质量、保障和服务的基础上，根据竞争项目的不同调整价格。

广告计划

对于生产型商品来说，企业家要准备好产品样板、宣传稿件、参与贸易展的计划、贸易杂志广告、直邮宣传或使用广告代理。

而对于其他普遍的产品和服务来说，企业家要讨论介绍产品的广告和促销模式，还应当包括销售援助计划等。此外，促销和广告的日程安排及费用也应当注明。如果广告费用比较高，那么还需要标出这些费用的用途及时间。

创业实践

终极版商业计划小贴士

要为你的生意融资，你可以：
1. 放弃
2. 撰写一份商业计划

通常情况下，人们会选择方案1。这听上去有点疯狂，可潜在的企业家常常为制定一份计划和相应的财务报表感到心烦。可是，一旦某份商业计划制定得足够准确，那么它将不仅仅是获得融资的关键，更是企业在起步阶段带领业务发展的动力。一份好的商业计划能够使企业家选择正确的市场，减少风险，最终作出正确的决策。

商业计划失败的原因
- 计划制定时的策略并不准确。
- 计划没有清楚地阐述管理部分。
- 计划缺少有关工作职责和营运日程表的详细信息。
- 计划没有以专业方式清楚地制定计划和目标。
- 计划不完整。

商业计划对与错
- 执行概要：

对：直切要点；

错：内容超过一页半纸。
- 管理：

对：表现出你的成功经验；

错：隐藏团队中的差距。
● 市场营销：
对：可能的情况下发放产品小样；
错：由于没有得到较好的市场数据就降低服务水平。
● 财务：
对：在不同的增长率下运行现金流量模式；
错：高估或低估利润。
● 总体：
对：校对计划；
错：不听取反馈意见。

资料来源：C. J. Prince, "The ultimate business plan", *Success* (January 2000)；44 - 9.

Ⅳ. 营运

这一部分通常以说明新创企业所在地为开端。新创企业的选址应当参考劳动力可利用率、薪酬水平、与供应商的邻近程度以及顾客社会支持度等因素。此外，地方赋税和区划要求也应当考虑，并获得也许会与新创企业有业务往来的地区银行的支持。

其他特定的需求则包括新创企业营运所需要的设施（厂房、仓库和办公室）和设备（特殊工具、机器、电脑和运输工具）。

同时，还要考虑到原料运输过程中供应商（数量和邻近程度）和运输成本两个因素。当然，劳动力支持、薪酬水平和所需要的技术岗位也要体现出来。

最后要标出的是与所有营运因素相关的支出数据。这一部分所使用的财务信息将用于此后的财务预测。

Ⅴ. 管理

这一部分明确的是核心人才及其职责，以及使他们胜任各自角色的职业生涯经验。管理团队中的每个成员都要提供电子简历。同时，企业家在该企业中所扮演的角色也要在这一部分被清楚地界定。最后确定和探讨的是顾问、咨询团队和董事会成员。

在这一部分中，要清楚地阐述薪酬结构和所有权结构（股权协议、咨询费用等）。总之，经过探讨要呈现给投资者的主要因素有以下几点：
● 组织结构；
● 管理团队和关键人才；
● 人才的经验和技能；
● 所有权结构和补偿协议；
● 董事会和外界顾问、咨询人员；

Ⅵ. 财务

商业计划的财务部分展示了这项事业的潜在活力。在这一部分，有三种基本财务报表需要呈现：**预算资产负债表**（pro forma balance sheet）、**利润表**（income statement）和**现金流量表**（cash-flow statement）。

预算资产负债表

pro forma 意为预算，即与现实相反。预算资产负债表反映了公司在某一特定时点的财务状况。在公司的起步阶段、第一年的每个半年及第一个三年的结束时期都要制作预算资产负债表。该表详细反映了支持营运目标所需要的资产以及进行融资的方式（负债和股权）。投资者通过阅读预算资产负债表，能够确定自己能否接受该公司的负债权益比率、营运资本、流动比率、库存周转率等，从而确定企业未来的融资是否合理。

利润表

利润表说明了基于盈利和亏损的预计营运结果。在市场营销部分制定的预计销售额对于本部分是十分重要的。一旦预测了销售额（预计收入），就可以按照支持预定收益所需的活动来进行生产成本预算。原料、劳动力、服务和生产成本（固定的和可变的）也必须予以考虑。此外，还要考虑的支出包括分销、库存、广告、折扣和行政日常支出——薪酬、法律和会计支出、租金、设备和电话费用等。

现金流量表

在创立新企业的过程中，现金流量表大概是最重要的文件了，因为该表反映了现金流入和流出的数额及时间。因此在商业计划中，这一部分也要仔细制定。

首先要确定的是一段特定时期内的预计销售额和资本支出，现金流量预测则能够突出所需要的额外融资的数额和时间，还能够显示营运资本的最高要求。管理层则要决定如何获得额外融资，以何种形式，用何种付款手段。总的来说，所需要的融资总额可以通过以下几个渠道筹集——一部分为股权融资，一部分采用银行贷款，通过银行短期信贷额度达到平衡。

如果一份详细的现金流量表能够正确地被理解，该表就能够在出现严重的现金危机之前，引导企业家发现营运问题。

在财务部分，对准备阶段的预测进行说明是十分重要的，任何事情都不可以想当然。同样，商业计划中也要反映这些报表的准备过程（是由专业会计制作的还是由企业家制作的），要告诉读者谁是企业融资管理的负责人。

财务部分最终还需要包括盈亏平衡表，以反映为平衡成本而需要达到的销售量（生产量）。该表显示了随生产水平变化而变化的成本（劳动力、原料、销售）和不随生产水平变化而变化的成本（租金、利息、行政工资）。

Ⅶ．主要风险

在这一部分中探讨的是以下几种潜在风险：行业发展不顺利带来的影响；预料之外的设计或生产成本；购买部件或原料时遇到的延时困难；预料之外的新竞争。

要解决这些问题，一个有效的方法就是假设。例如，如果竞争对手降价了怎么办？行业走下坡路怎么办？市场预测错误怎么办？销售预测完不成怎么办？专利申请没有通过怎么办？管理团队解散怎么办？

最后，在这一部分列出可供选择的方案。显然，预测滞后、预测不准确、行业景气度滑坡等情况都有可能发生，阅读商业计划的人想知道的是企业家是否意识到了这些风险，以及为这些主要风险做好了哪些准备。

VIII. 收获策略

每一份商业计划都要深入探讨未来的收获策略。随着企业的发展壮大，企业家规划出有秩序的转变是十分重要的。这一部分要处理的就是有关管理层继任和投资者策略的问题。此外，还要考虑到改变管理层，即当企业所有权改变时有序地转变公司资产；在转变过程中保证商业策略的连续性；当管理团队发生改变时任命运作业务的关键人员。企业家通过这样的先见之明，可以确保实现自己的理想，保障投资者的安全性，并在这一过程中壮大企业。因此，制定一份书面的企业承接计划十分必要。

IX. 里程碑进度计划

里程碑进度计划（milestone schedule segment）部分向投资者展示了完成不同活动的时间表。企业家要制定现实可行的时间计划，明确这些时间界限中各事件的内在关系是很重要的。里程碑进度计划是一步一步实现目标的方式。这些里程碑可以根据任意适当的时间框架来确定，如季度、月份、星期等。在这份计划中，不仅要根据早期商业行为来协调时间，如产品设计和发展、销售预测、成立管理团队、生产和营运日程、市场营销计划等，还要参照其他行为，如：

- 企业内部合作；
- 完成设计和发展；
- 完成模板；
- 雇佣销售代表；
- 贸易会展上展示产品；
- 与分销商和零售商签约；
- 确定原料生产数量；
- 第一笔订单收入；
- 第一笔销售和第一次分销（利润最大化日期，因为它们直接关系到企业信誉度和资本需求）；
- 获得第一笔应收账款（现金）。

以上条目是应当被包含在里程碑计划中的典型事件。该时间表越细，企业家就越能够说服潜在的投资者，因为这说明企业家已经进行了缜密的思考，风险在可承受范围之内。

X. 附录和参考资料

商业计划的最后一部分并不是强制要求的，但这一部分可以展示一些不适合编入计划主体部分的内容，包括图表、蓝图、财务数据、管理团队成员简历，以及其他任何部分的支撑材料。具体编写哪些内容的决定权在企业家手中。但是，所有的内容都必须与材料相关或支持其他材料。

商业计划：主要章节概述

图10—2概括了一份商业计划中的重要部分，可以为企业提供有帮助的实用信息。通过查看此图，企业家将大体了解整个计划进程。表10—2是一个检测表，使企业家可以自行检验其商业计划的每一个部分。渐进式的评估基于每一个特定部分的描述及其陈述的清晰度和完整度。

第一章 执行概要	第五章 管理
● 不超过3页。这是计划中最重要的部分，必须引起读者兴趣。 ● 概括内容、总结方式和原因等。 ● 在制定好商业计划之后再完成这一部分。 **第二章 企业描述** ● 企业名称。 ● 企业所在行业的历史背景。 ● 清晰地阐述新创企业的潜力。 ● 清晰地阐述企业的独特性和特点所在。 **第三章 市场营销** ● 说服投资者企业的预计销售能够实现。 ● 使用和展现市场研究。 ● 确定目标市场、市场定位和市场份额。 ● 评估所有的竞争对手，尤其要证明本企业可战胜对手的原因与方式。 ● 确定这一部分需要运用的全部市场资源和支持。 ● 阐述定价策略，该价格必须保证能够打入市场，占有一定市场份额并产生利润。因此，并不是最低的价格就是最好的价格。 ● 确定广告方案，需要考虑到成本以使既定战略生效。 **第四章 营运** ● 阐述选址优势（区域、税收法规和薪酬水平），列出设施（厂房、仓库和办公地点）、设备（机器、办公用具和供给品）的生产需求。 ● 阐述运输通道（海运和收货）。 ● 确定与供应商的邻近程度。 ● 提及该地区可利用的劳动力水平。 ● 预估营运成本——要仔细小心；有太多企业家低估了成本。	● 提供公司管理层所有关键人才的简历。 ● 仔细阐述公司的法律性质（独资、合伙或法人）。 ● 如果有其他董事、顾问、咨询人士的话，提供相关信息。 ● 提供每一个人的付酬方式和数额。 **第六章 财务** ● 列出精确的预算报表。 ● 描述需求资金来源和使用方向。 ● 制定和呈现预算。 ● 确定不同的融资阶段，以便投资者从各个角度进行评估。 **第七章 主要风险** ● 在投资者指出问题之前讨论潜在风险，如： ——竞争者降价； ——行业发展总体的潜在趋势不佳； ——设计或生产成本超出预算； ——销售目标无法实现； ——生产发展计划无法完成； ——购买部件或原料时遇到延时困难； ——维持竞争力所必需的创新和开发成本超过预期； ● 提供可供选择的行动方案。 **第八章 收获战略** ● 列出对公司资产（所有权）进行有序转移的计划。 ● 阐述领导权的转移计划。 ● 提及与保持公司连续性相关的准备工作（保险、信托等）。 **第九章 里程碑进度计划** ● 建立时间表或图表来表示每个阶段公司需要完成的任务，体现各事件之间的关系，并为完成任务确定期限。 **第十章 附录和参考资料**

图10—2 制定商业计划小贴士

资料来源：Kuratko, Montagno and Sabatine, *The Entrepreneurial Decision*.

表 10—2　　　　　　　　　商业计划评估：对每一个部分进行评价

组成部分

每一份商业计划包括十章内容，当你评估计划的时候，就要对每一章都进行评定。评估的目的是为了改进商业计划，使成功机会增加，因此要在评估过程中保持客观诚实。例如，如果你的目标是获得外界融资，那么你就要提交一份关于公司的完整商业计划。这份计划可以帮助基金团队更好地评估你的商业理念。

评估指南：对每一个部分的简单阐述可以帮助你撰写计划中的这一部分。在完成计划后，用下面这个图来评估每一个部分。

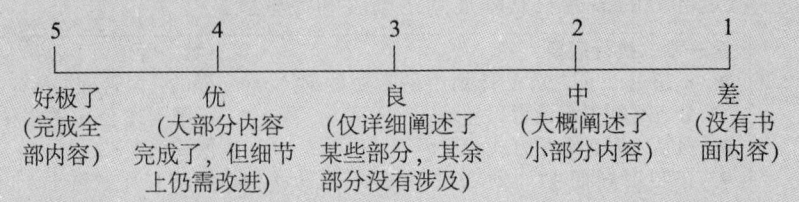

```
5              4              3              2              1
好极了          优            良             中             差
(完成全      (大部分内容    (仅详细阐述了   (大概阐述了    (没有书
部内容)      完成了，但细节  某些部分，其余  小部分内容)    面内容)
             上仍需改进)    部分没有涉及)
```

商业计划中的十个部分

Ⅰ. 执行概要

这是商业计划中最重要的部分，必须向读者说明该项计划能够取得成功。在不超过 3 页的篇幅内，你应当高度总结计划中其他部分的重要内容。这就意味着以下几点是你必须注意的关键因素。

执行概要必须言之有理。它不仅是对商业计划其他部分的简单介绍，还要阐述谁将购买你的产品和服务，什么使你的业务与众不同，以及你是如何规划企业未来成长的。由于这部分是对整个计划的总结，因此最好在最后撰写。

```
                5         4         3         2         1
给这一部分打分  好极了     优        良        中        差
```

Ⅱ. 企业描述

这一部分要展现的是行业背景信息、企业历史、对产品或服务的大致介绍以及企业所肩负的特定使命。在描述产品或服务的时候，要表现出对于顾客来说其独一无二的质量和价值，具体的短期和长期目标也要表明。你应当清楚地展现出你期望公司完成的销售额、市场份额和盈利目标。

主要因素	你是否在计划中提及？	答案是否明确？（是或否）	回答是否完整？（是或否）
a. 商业类型			
b. 出售的产品和服务是什么			
c. 为什么会获得成功			
d. 发展壮大的潜力是什么			
e. 它具有怎样的独特性			

```
                5         4         3         2         1
给这一部分打分  好极了     优        良        中        差
```

Ⅲ. 市场营销

在市场营销部分有两个重要步骤。第一步是研究和分析。在此，你必须阐明谁将购买你的产品和服务——换言之，确定你的目标市场。衡量你的市场规模和趋势，并估计你的预期市场份额。在这部分请务必包括支持你的销售预测的因素，如你的数据是以出版的市场研究数据为基础的，请注明来源。尽全力作出客观可信的预测，详细地分析你的竞争对手，明确他们的优缺点。最后，说明为什么你会做得比竞争对手更好。

第二步是制定营销计划。这部分要包括你的营销策略、销售和分销、定价、广告、促销和知名度方面的内容。说明你的定价策略会怎样带来盈利，并确定广告计划以及实现预定策略所需要的花费。

主要因素	你是否在计划中提及？	答案是否明确？（是或否）	回答是否完整？（是或否）
a. 谁将是你的顾客（目标市场）？			
b. 市场有多大（顾客数量）？			
c. 谁将是你的竞争对手？			
d. 他们的生意是如何兴旺发达的？			
e. 你将如何促销？			
f. 你期望的市场份额是多少？			
g. 你制定定价策略了吗？			
h. 你使用的广告和促销计划将是什么？			

给这一部分打分　　5 好极了　　4 优　　3 良　　2 中　　1 差

Ⅳ. 营运

在这一部分你主要描述的是实际营运过程，并列举出优点。区域、赋税、运输通道和供应商邻近程度都应当包括在其中。

主要因素	你是否在计划中提及？	答案是否明确？（是或否）	回答是否完整？（是或否）
a. 你是否已经确定了地点？			
b. 你是否列出了该地点的优势？			
c. 是否考虑到地区规则和赋税？			
d. 是否拥有运输通道？			
e. 与供应商之间的交通是否便利？			

给这一部分打分　　5 好极了　　4 优　　3 良　　2 中　　1 差

V．管理

这一部分首先要呈现的是管理团队，他们独特的能力以及你回报他们的计划（包括薪酬、雇佣合同、持有股票计划、所有权水平和其他方式）。阐述你的组织结构，包括层级负责制的图表。同时，还要探讨董事会、顾问、咨询人士的潜在贡献。最终，详细阐述公司的法律性质（独资、合伙或法人）。

主要因素	你是否在计划中提及？	答案是否明确？（是或否）	回答是否完整？（是或否）
a. 谁将管理企业？			
b. 你拥有怎样的能力？			
c. 你雇佣了多少名职员？			
d. 这些职员的工作是什么？			
e. 你将支付多少薪酬？还有其他的回馈方式吗？			
f. 你会选择什么样的顾问咨询人士？			
g. 公司的法律性质是什么？			
h. 影响公司的规划有哪些？			

给这一部分打分

5	4	3	2	1
好极了	优	良	中	差

VI．财务

在这一部分，有三种基本财务报表需要呈现：预算资产负债表、利润表和现金流量表。这些报表通常以一年为期。请确保你的假设和预测都是建立在这些数字计算的基础之上。

阐述你的企业需要额外融资的阶段，确定预期的融资渠道（债务和股权）。同时，要阐明这些投资者通过投资你的公司将获得怎样的投资回报。最后要进行的一项是盈亏平衡分析，通过这个分析就能够知道达到什么样的销售水平能够补偿所有支出。

如果这项工作得以很好地完成，财务报表就能够体现出你的商业计划所期望的实际财务成果，同时还能够衡量公司的营运成果，成为你管理和控制公司的重要工具。

主要因素	你是否在计划中提及？	答案是否明确？（是或否）	回答是否完整？（是或否）
a. 你所期望的企业第一年总收入是多少？之后两年每个季度分别是多少？（预测）			
b. 你所期望的第一年中月均现金流量是多少？			

主要因素

c. 是否有你自己的付酬方式?
d. 三年中达到盈利所需要的销售额是多少?
e. 盈亏平衡点是多少?
f. 预期资产、负债和净值是多少?
g. 你的总融资需求是多少?
h. 你的融资渠道是什么?

	你是否在计划中提及?	答案是否明确?(是或否)	回答是否完整?(是或否)

给这一部分打分 5 好极了 4 优 3 良 2 中 1 差

Ⅶ. 主要风险

在潜在风险发生之前进行讨论。例如，竞争者降价；行业发展总体潜在趋势不佳；设计或生产成本超出预算；销售目标无法实现等。这一部分主要是要认识到风险，并确定可供选择的方案，主要目的是显示出你预测和掌握（在合理范围内）风险的能力。

主要因素

a. 你认为潜在的问题是什么?
b. 你估算过这些风险吗?
c. 存在的备选方案是什么?

	你是否在计划中提及?	答案是否明确?(是或否)	回答是否完整?(是或否)

给这一部分打分 5 好极了 4 优 3 良 2 中 1 差

Ⅷ. 收获战略

保障企业的生存其实并非易事。创办者的保护主义思想使得在进行管理层继任和实行收获战略的时候有些困难。一个有远见的企业家则应当保持头脑清醒，保证企业的安全性，并在这个过程中壮大企业。因此，制定企业的继任计划是十分有必要的。

主要因素

a. 如果企业所有权将转移给其他公司，你是否计划好了企业资产的有序转移?
b. 在有序交接时能否保证企业战略的连续性?

	你是否在计划中提及?	答案是否明确?(是或否)	回答是否完整?(是或否)

给这一部分打分 5 好极了 4 优 3 良 2 中 1 差

IX. 里程碑进度计划

对于商业计划来说，这一部分十分重要，因为它要求你确定实现目标过程中所需要完成的任务。里程碑和期限规划可以不断地监督整个过程。每一个里程碑都与其他里程碑相互联系，并最终为及时地实现目标服务。

主要因素	你是否在计划中提及？	答案是否明确？（是或否）	回答是否完整？（是或否）
a. 你是否确定了目标？			
b. 每一个增长阶段是否都设定了期限？			

给这一部分打分

5	4	3	2	1
好极了	优	良	中	差

X. 附录和参考资料

这一部分阐述的内容是其他部分没有涉及的一些重要背景信息。在这部分，你可以加入管理团队的简历、参考资料和顾问名称、图表、文件、执照、合同以及其他支持计划的材料。同时，你还可以把获得信息的参考资料来源加入这一章节。

主要因素	你是否在计划中提及？	答案是否明确？（是或否）	回答是否完整？（是或否）
a. 你是否加入了用于支持计划的文件、图表、合同或其他材料？			
b. 是否有参考资料、顾问或其他技术文献的名称？			
c. 是否有相关的支持文件？			

给这一部分打分

5	4	3	2	1
好极了	优	良	中	差

总结：你的计划

说明：在你之前评估的商业计划各个部分中，圈出所得分数，然后得出总分。

组成部分	分数				
I. 执行概要	5	4	3	2	1
II. 企业描述	5	4	3	2	1
III. 市场营销	5	4	3	2	1
IV. 营运	5	4	3	2	1
V. 管理	5	4	3	2	1
VI. 财务	5	4	3	2	1
VII. 主要风险	5	4	3	2	1
VIII. 收获战略	5	4	3	2	1
IX. 里程碑进度计划	5	4	3	2	1
X. 附录和参考资料	5	4	3	2	1

总分：_____
评分
50——优秀（理想的商业计划）
45~49——优
40~44——良（计划中有些部分很好，但是还要改进）
35~39——中上（计划中有些部分良好，但是在陈述计划之前需要修改）
30~34——中（有些部分阐述详尽，但是有些部分缺点较多）
20~29——中下（大部分章节需要阐述得更加详尽，有待改进）
20以下——差（该计划需要重新研究制定）

资料来源：Donald F. Kuratko, Jeffrey S. Hornsby and Frank J. Sabatine, *The Breakthrough Experience* (Muncie, IN: The Midwest Entrepreneurial Education Center, Ball State University, 1999): 59-64.

商业计划的陈述

当一份商业计划制定好之后，下一步便是要将这份计划展示给某个融资人，或者展示给由一群投资者构成的团队。不管是在哪种情况下，口头陈述是将企业计划展示给潜在投资者的关键一步。

此时的陈述应当是经过精心组织和准备的，有趣而不失灵活。企业家必须制定一份大纲，列出将引起读者兴趣的重点。即使大纲应该根据商业计划内容，但还是能够就一些信息做一定的增减——死记硬背的口头陈述则会缺少激情、能量和趣味。

□ 准备过程建议

以下几点是有关企业家准备口头陈述部分时需要遵循的步骤：
- 深入掌握大纲。
- 使用大纲中的关键词，举例，运用生动的形象或其他细节来帮助陈述。
- 排练陈述部分以感知其长度。
- 熟悉在陈述时使用的任何设备，如投影仪或录像机。
- 在进行陈述的前一天，使用全部的实际设备进行完整的演练。
- 陈述当天，提早到达会场以准备、测试设备，组织记录以及获得其他帮助。

□ 什么值得期待

企业家应当认识到，阅读其商业计划的人是怀着敌对心理的。风险投资者会给他们施加压力，以检验他们的企业和企业家本身。因此，企业家必须做好准备面对一个怀疑挑剔的读者。例如，企业家创业管理中心主席约瑟夫·R·曼库索（Joseph R. Mancuso）的一番话就反映了企业家所面临的真实状况。

当你最终递交了你的计划，风险投资者只是简单地扫了一眼就开始他们的最初评价。无论你自认为该计划多么完美,他可不会这么认为,也不会说:"这是我所见过最棒的计划!"所以,不要期望得到赞赏。通常情况下,他们的评价都是批判性的,即使他们不这么认为,也会这样表现。不要因此感到慌张,即使看上去所有的预测都面临崩溃,也要记住,在位于波士顿的美国研发(AR&D)决定投资7万美元给电子设备公司(DEC)之前,后者的计划也屡遭拒绝。这一点的意义也许现在不大,但是等到那个时候就会显出其与众不同了。同样,在其他风险投资家拒绝了达塔·杰纳勒尔(Data General)的计划之后,弗雷德·阿德勒(Fred Adler)才决定投入2.5万美元。这两个案例可称为最棒的风险投资,但是它们都险些没有成真。因此,不要期望在最初的20分钟内就得到好的结果。

企业家必须做好准备,解决评估者提出的问题,并从批评中学习。他们不应该有失败感,但是要认清责任,进一步改进商业计划。表10—3列举了一份商业计划被否定时可能被问到的关键问题。企业家要根据这些问题的答案,修正、重做和改进商业计划。目标通常不会在第一次实现。

表10—3　　　　当一位风险资本家否定你的时候应当怎么办:十个问题

事件	问题
认可决定	"这说明您这次并不想参与进来?"
询问未来	"当我们完成第一轮后,能否把您放入第二轮融资中?"
查明被拒绝的原因	"为什么您选择不参与这份方案?"(时间问题?不适合?还是其他原因?)
寻求意见	"如果您处于我的位置,您将如何继续?"
寻求建议	"您能否告诉我们一个有兴趣投资这类方案的融资渠道?"
询问姓名	"我应该问谁可以知道我到了哪一步?"
查找原因	"为什么您不推荐这家公司?您认为谁是进行陈述的最佳人选?"
简介	"我能否告诉他,您否认我们方案是基于……"
寻找一个合理借口	"当他打电话给您时,您将怎么说?"

有关商业计划的不同观点

对于商业计划重要性的研究材料是多种多样的。德尔马和沙恩(Delmar & Shane)认为,没有和顾客交流,也没有进行营销或促销,而由企业家率先制定的商业计划有着较低的终止率。霍尼格(Honig)则认为,除了在有关企业家能力方面的商业计划教育(包括本书)认为商业计划很重要之外,鲜有证据表明计划可以带来成功。总是打破传统思维的哈佛商学院教授威廉·萨尔曼(William Sahlman)曾说,作为一个新创企业成功与否的预言,商业计划最多不过只能得到2分——在10分制的条件下。戴维·贡佩尔特在他的《烧掉你的商业计划吧!》一书中也表达了自己的观点,他认为花费时间去撰写商业计划不仅浪费时间,还可能帮倒忙。他还列举了比尔·盖茨和迈克尔·戴尔等创业家,以说明商业计划对这些创业家所起的作用微乎其微。他坚信企业家应当重视那些专业投资者所强调的实际行动——如准备一场有效的口头陈述,撰写一份清楚的概要,制作一个网站来收集企业模式以及收集一些财务预测的重点信息。

贡佩尔特建议，无须向投资者递交一份长达50页的商业计划，进行一次12页长的陈述就足够了。
- 什么是机会？
- 在解决问题时你的特殊优势是什么？
- 为什么你认为你的公司员工能够胜任工作并使公司得到发展？
- 商业模式是什么？
- 什么使你的公司具备可发展性？
- 你凭什么认为公司会拥有顾客？
- 你怎样和顾客联系？
- 你期望销售成功的秘诀是什么？
- 你从竞争中学到了什么？
- 有哪些风险因素？
- 你将如何盈利？
- 你将如何使用筹集到的资金？

也许一张餐巾纸的回收也足够发展成一家公司，在此也有一种计划方法。

小结

本章对制定一份有效的商业计划进行了深入研究，讨论了计划的关键因素和应当避免的错误，同时阐明了这些错误的表现形式以及避免错误的方法。

接着，本章对商业计划进行定义，讨论了商业计划对企业家和资金提供者双方的好处。对撰写计划的人来说，一份计划是否具有说服力应当从读者的角度来评判。读者阅读商业计划时的六步可以让企业家更好地了解如何整合商业计划。通过整理风险投资界和新创企业发展方面的专家意见，本章还提供了制定商业计划的十条指南。

下一节主要说明了面对一份完整详尽的商业计划时必须回答的主要问题，同时提出并阐述了商业计划大纲和各个主要部分。

本章接着呈现了商业计划准备过程中一些有用的小贴士，以及在计划提交给投资者之前企业家仔细检查时进行自我分析的检测表。

本章结尾部分回顾了将商业计划递交给风险投资者的方式方法，列举了一些基本的口头陈述注意事项，同时还告知大家计划评估者所期待的内容。

最后讨论了有关商业计划的一些不同观点。

思考题

1. 在准备商业计划过程中需要考虑的关键因素有哪些？
2. 确定商业计划的优点：
   a. 从企业家角度来看
   b. 从融资渠道方来看
3. 阐述企业家可能会遇到的五个主要问题。
4. 阐述在问题3中所提到问题的表现方式。你将怎样对待这些问题？
5. 撰写商业计划时所要考虑的三个主要观点是什么？
6. 阐述风险资本家阅读商业计划时的

六个步骤。

7. 撰写商业计划有哪些指南？
8. 简要阐述商业计划中涵盖的各个部分。
9. 为什么商业计划的概要部分要在最后撰写，而不是最先撰写？
10. 商业计划中市场营销部分的五个因素是什么？
11. 商业计划中的管理部分有哪些主要因素？
12. 主要风险的意思是什么？
13. 阐述商业计划中财务部分的三种主要财务报表。
14. 为什么里程碑时间表对于商业计划来说十分重要？
15. 你如何看待针对商业计划的反对观点？

自我测试：包装商业计划

商业计划中的十个主要章节列于左边。确定每个章节在商业计划中的出现顺序，用1表示第一章，依次排序，10表示最后一章。

然后根据每章中将出现的内容，将这十章与右边的条目相连接。例如，如果该条目内容会出现在第一章，则在这个条目前标明1。每个章节都对应两个条目。答案在本章末。

章节
1. 财务
2. 市场营销
3. 管理
4. 概要
5. 营运
6. 企业描述
7. 主要风险
8. 附录和参考资料
9. 收获战略
10. 里程碑进度计划

章节内容
a. 阐述新创企业的发展潜力
b. 讨论选址优势
c. 讨论竞争对手的降价行为
d. 提供参考资料信息
e. 计划中最重要的部分
f. 阐述建立的原型
g. 分析销售计划无法完成的情况
h. 呈现事件之间的关系和完成各任务的期限
i. 提供关键人才的简历
j. 提供支持材料，如蓝图、图表等
k. 讨论定价策略
l. 在商业计划完成之后撰写
m. 提供预算
n. 阐述供应商邻近程度
o. 为完成企业的主要阶段制定时间表
p. 反映行业背景
q. 阐述检测费用
r. 确定目标市场
s. 描述企业的法律结构
t. 提供资产负债表和利润表

案例分析 10—1

错误的行动　正确的结果

她没有制定商业计划，但是10年后，她成了新西兰最成功的企业家之一。布丽吉特·布莱尔（Brigit Blair）在十年前成立 Linden Leaves 公司时，打破了黄金规则，没有撰写商业计划。"五年计划？"她笑道，"我们甚至没有五周计划。"

十年后，从奥克兰到伦敦，处处可见产自新西兰 Linden Leaves 公司的护肤产品。成长于基督堂市、现年54岁的布莱尔女士正成为一位政府商业顾问，这是企业家乐于参与的政府工作部门。

"事实上我并不知道自己在没有商业计划的情况下将要面临什么？我犯了错误。4年间我只向韩国和日本出口——也许这两个国家是世界上最难打入的市场。如果真正地思考了这个问题，也许我就不敢迈出第一步了。我想激情和勤奋的工作能够走得长远。"

问题：

1. 从布莱尔的经验来看，你是仍然建议大家撰写商业计划，还是有所动摇？

2. 在没有商业计划的情况下，她的成功秘诀是什么？

案例分析 10—2

只是时间问题

佩德罗·桑蒂尼（Pedro Santini）是一位具有五年工作经验的电脑分析师。利用业余时间，他开发了一种文字处理软件，比现今市场上的任何产品功能都强大。由于他资金不足，佩德罗坚信生产和销售软件的第一步应该是获得必需的风险投资。

软件由佩德罗编写并经过了三次测试。他的一些朋友也进行了试用。其中两位全职打字员朋友告诉他，这款软件比其他市面上的打字软件更加方便快捷。佩德罗相信，仅凭这一点就能证明产品的盈利能力。但是，他还是需要资金支持。

佩德罗的一位朋友建议他与一位风险投资家会面。"这些人拥有新创企业发展所需要的一切资金。"朋友说道，"你需要做的就是向他们阐述你的理念，让他们给你投资。他们一直在寻找能够带来利润的想法，而你的想法无疑是他们长期以来所期待的。"

佩德罗赞成这位朋友的观点，但是在他全面考虑过可能被问到的问题之前，他并不打算和风险投资家探讨。尤其值得注意的是，佩德罗认为他应当向风险投资家提供最初三年的预计销售额，阐述可能发生的各种类型的支出。当他完成这些工作之后，佩德罗觉得自己已经准备好了。"现在，"他告诉那位朋友，"只是时间问题。我相信在7～10天之内，我就能够呈现自己的理念并探讨我的资金需求了。"

问题：

1. 除了财务问题之外，风险投资家还可能会问佩德罗哪些问题？

2. 对于佩德罗来说，商业计划有价值吗？为什么？

3. 你将如何建议佩德罗进行与风险投资家讨论的准备？请详细作答。

案例分析 10—3

未完成的计划

当卡特里娜·布拉翁（Katrina Bulaong）制定她的商业计划时，她确信这份计划能够说服她的叔叔——一位知名菲律宾工业巨头——给她融资。卡特里娜经营一份周刊，这份周刊主要关注菲律宾职业女性。周刊的阶段目标是为追求职业发展的女性提供信息。创刊号计划在90天内发行。其中包括的文章有"为了兴趣和收益管理你的时间"、"资金管理：像专家一样行动"等。还有一个为成功女性设置的专栏，名叫"新闻女性"。杂志还具有其他一些特点，如设置了问答版块来回复读者来信和要求。（第一部分的问题由一组女性主管提交，她们的问题可以帮助栏目创办起来）。杂志设置了一个股市版块，回顾各行业和各公司，指出投资的收益和风险。同时，也有一个专栏用于预测一年内的经济发展走势。

卡特里娜的商业计划包括六个部分：概要、企业描述、生产、管理、里程碑时间表和附录。她的叔叔在回信中委婉地拒绝了她，他写道："这份计划缺少营销、主要风险和财务这几个部分，是不完整的，我并不看好。如果你能够添加这些信息并在一个月之内给我一份新的计划，我非常乐意浏览并在10个工作日之内给你答复。"

问题：

1. 卡特里娜在营销部分应当加入哪些内容？她需要什么类型的信息？

2. 在主要风险评估部分，卡特里娜主要应关注哪些方面？讨论其中两个方面。

3. 在财务部分，你建议卡特里娜关注哪些信息？请详细阐述。

4. 你认为这其中会有家庭因素的影响吗？

自我测试的答案

1.6 2.3 3.5 4.1 5.4 6.2 7.7 8.10 9.7 10.9 a.2 b.4 c.7 d.10 e.1 f.2 g.7 h.9 i.5 j.10 k.3 l.1 m.6 n.4 o.9 p.2 q.2 r.3 s.5 t.6

第IV篇
启动创业投资

- 机遇评估、可行性分析和商业化
- 新兴企业法律结构
- 新兴企业的法律问题
- 企业家的资金来源

第11章 机遇评估、可行性分析和商业化

> 战友们,成就大事业,想避免所有错误,非人类所能,但是,一旦犯下错误,将来能利用此作为反面教材的人是勇敢而明智的。
> ——罗马指挥官马库斯·米纽修斯·鲁弗斯(Marcus Minucius Rufus,公元前217年被汉尼拔(Hannibal)打败)

本章要点

1. 解释新创企业在进行机遇评估、可行性分析以及将新产品和服务商业化时面临的挑战
2. 考察将创业理念市场化时常见的问题
3. 描述创业企业发展的关键因素
4. 考察创业企业失败的原因
5. 研究创业企业成功的因素
6. 分析评估过程特别是简要表分析和可行性分析
7. 学习商业化的基本原则和新产品开发

引言

本章讨论机遇评估、评价问题以及迅速成长的企业家的**商业化进程**（commercialisation）。企业家成功地迅速成长取决于以下三个关键因素：

- 企业家特征——创业的个人因素；
- 企业家周围的环境——风险、市场规模、资源获取情况；
- 企业本身的性质——企业的规模、发展潜力和绩效。

这些复杂性经常使新创企业的评估、预测和最终商业化很难提前进行分析。但是，这种分析是可行的，本章披露一些被新创企业试验过的方法，这些方法可以确保创业机遇最终成为市场上的商业化产品（见图11—1）。

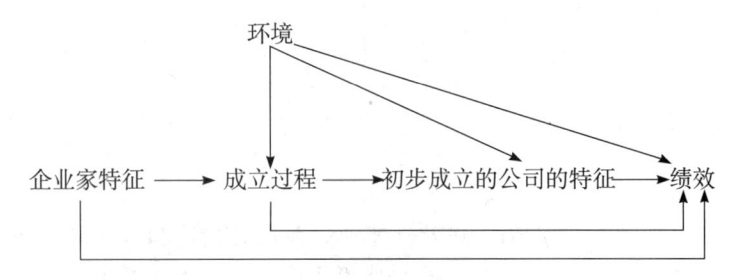

```
                    环境
                   ↓  ↓  ↘
企业家特征 → 成立过程 → 初步成立的公司的特征 → 绩效
      └──────────────────────────────────────↑
```

图11—1　影响新兴企业绩效的因素

资料来源：Arnold C. Cooper, "Challenges in predicting new firm performance", *Journal of Business Venturing* (May 1993)：243. Reprinted with permission.

企业家是会利用有利契机的人。企业家依靠广泛的思想来源和庞大的人际关系网络，来洞察未来市场、获取技术信息。他们是高度的机会主义者，并且需要迅速行动，才能在失去机遇前获得机遇带来的利益。但是，问题在于市场和技术机遇有所不同。因此，想要崭露头角的企业家必须懂得如何评估新构想和新机遇，如何评价商业的可行性，以及如何使这些由机遇带来的产品和服务商业化，并进入市场。

如何评估机遇

在美国有种说法：用10美分可以买到一打构想。意思是说构想太平常了，容易被发现，它们随处可见。或许站在公交站台上你会灵光一闪，或许在淋浴时你会有所构想。但是，可行的机遇不易被发现，高度可行的机遇更稀有。

什么是**机遇**（opportunity）？机遇往往更多地来自创新的过程和灵感，而不是来自科学分析。机遇有时被企业家认为是解决实际问题的办法或者提升价值的途径。最佳的机遇很可能就是那些解决日常生活问题的办法。如果一个构想能够解决一个问题或者提升价值，那么它便成为一次机遇。

我们通过研究来学习更多关于认知机遇的知识，我们知道，人们更容易在他们熟悉的产业中发现机遇。似乎"弱关系"（朋友和亲人以外的关系网）和企业家能够识别的构想的数目之间有某种关联。有些研究者认为,这既是一种有计划的活动,又是一种偶然现象。

仅仅是一个构想还是一个可行的机遇?要区分这两者,企业家实际上需要运用横向和纵向两种思维(见表11—1)。

表11—1　　　　　　　　　　横向思维和纵向思维方式的区别

纵向思维	横向思维
寻找正确途径	寻找尽可能多的途径
正确	充裕
有方向即前进	前进以产生方向
分析性的	有争议性的
连续性的	可以有跳跃性
每一步都必须正确	不必每一步都正确
使用排除法排除一些路径	不用排除法
排除不相关的	欢迎机会闯入
固定的类别和标记	标记可以变化
探索最可能的路径	探索可能性最小的路径
是一个有限的过程	是一个概率的过程

资料来源:"Vertical thinking vs. lateral thinking"[www.revision-notes.co.uk/revision/961.html].

- 横向思维(lateral thinking)是这样一种解决问题的方式,它从不同角度接近问题(有人说"在盒子外面"),而不是集中在一种方法上。
- 纵向思维(vertical thinking)是一种分析性的、连续性的,并且使用固定的类别和标记的思维方式。

企业家需要在跨职能企业中使用两种类型的思维方式,这样新构想才不会被浪费。广撒网,钓大鱼。真正的机遇识别者一方面通过横向思维发现机会(通过灵感和深切的感受);另一方面还利用纵向思维分析和评估该机遇(通过科学和商业化的程序)。

因此,怎样识别那些特殊的机遇(带来高利润和可行的机遇)呢?这里有一些常用的技巧。

- 选择一个合适的可开发的市场。除非你能打败微软,否则不要进入软件操作系统市场;同样,搜索引擎市场很可能被占据,企业家很难打入主流市场。
- 选择提供专业需求的空缺市场。美体小铺通过吸引有环境保护意识的化妆品顾客来创业;巴塔哥尼亚(Patagonia)在别人思考可持续性之前采用"只采用有机棉花"的政策。
- 打开新市场。聪明的企业家很早便看到发展势头,并调入资金流。戴维·霍尔(David Hall)说:"我有一个拇指规则:找到任何每年增长25%或更多的市场,然后你就能确保有许多利基市场不断被创造出来。"
- 建议远离过于饱和的市场,到别处去寻找财富,做小池塘里的一条大鱼。
- 反之亦然。大池塘里的小鱼也有机会获取市场份额。
- 提供一种独特的产品或服务。尽管它们比较罕见,但是企业家很可能会发现一些技术上的突破并受到专利保护。

彼得·德鲁克(Peter Drucker)曾得出如表11—2所示的机遇来源。

表 11—2　　　　　　　　　企业家的机遇来源

机遇的内在来源	机遇的外在来源
意外的——意外的成功、意外的失败、意外的外在事件	因战争、迁徙、医疗发展造成的人口统计的变化
不和谐——真正的现实和认为是或者应该是的现实之间的不和谐	由经济变化带来的认知和潮流的变化
基于过程需要的创新；被认为理所当然的商业计划的不足	由新知识带来的意识变化
遇上大家都不知情的产业组织变化或市场结构变化	"为什么"和"如果"问题： 为什么我们这么做？如果不这样做呢？ 为什么我们限制自己把自己的事做得更好呢？如果我们极大地改变事物呢？ 为什么我们要把风险当作问题？如果我们努力将风险转化为机遇呢？ 为什么我们不能挑战我们强劲对手的市场主导地位呢？如果我们创造一个新的细分市场呢？ 为什么我们将跨文化差异当作问题？如果我们努力增加我们的多样性呢？

资料来源：Peter F. Drucker, *Innovation and Entrepreneurship*: *Practice and Principles* (New York: Harper & Row, 1985).

信息时代的机遇特征不同。乔·克劳斯（Joe Krause），Excite 搜索引擎的创始人，谈论了如何在网上发现机遇。浏览一下每天的搜索。图中 97% 的长尾表示 97% 的搜索是通过 Excite 操作的（见图 11—2）。

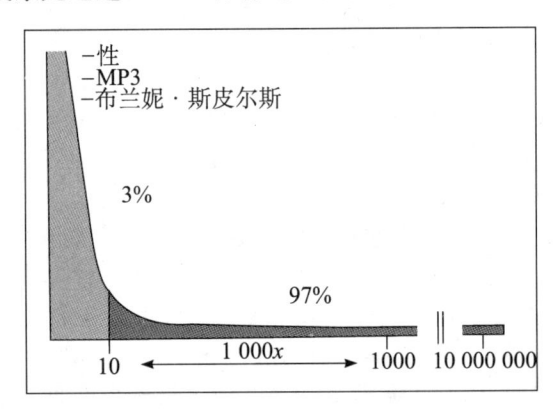

图 11—2　Excite 搜索的问题分布

资料来源："The long tail of software. Millions of markets of dozens" [bnoopy. typepad. com/bnoopy/2005/03/the_long_tail_o. html].

最热门的搜索，如性、MP3 和当天著名的裸腹女歌星远比排名第 1 000 位的热门搜索更热门。例如，性的点击率比排名第 1 000 位的搜索（不管是什么）热门 100 000 倍。换句话说，有一些非常不寻常的问题，也有成万上亿不热门的问题。

事实上，全世界每天平均搜索频率为 1.2 次。这意味着如果你在纸上写下几百万个搜索引擎的每一个问题，然后把它们放进一个鱼缸，随意抓出一张纸，你很可能会发现这个问题一天中仅被问了一次。然而，有趣的是，前十名的搜索问题比平均搜索的问题热门成千上万倍。但是，这前十个搜索问题仅代表整个数据的3%，97%来自"长尾"——一天仅问一次的问题。

这就是聪明企业家要进入的市场，大公司追逐几百万人的几十个市场，而聪明的企业家则是掉头追逐几十个人的几百万个市场。这些被称为"长尾"市场，因为它们在这个图表的右边。Google，eBay，Rhapsody，Netfix，iTunes，它们的共同之处是什么呢？它们都致力于"长尾"，并且极大地改变更传统的经济的活力。下一个大趋势会是什么呢？当本书付梓时，这个词语就是"个性化广播"。

选择新构想和新机遇时的陷阱

选择机遇时的首要任务是分析陷阱，以下是在选择机遇的过程中最重要也是最容易遇到的六个陷阱。

- 缺乏客观评价。许多企业家缺乏客观性。工程师和经过技术训练的人员尤其容易产生关于一种产品或服务的构想。在他们专业工作的一般程序中，他们似乎没有意识到对一个设计或项目仔细检查的必要性。避免这个陷阱的办法就是将所有构想交给外人来进行严密的研究和调查。

- 没有真正洞察市场。许多企业家没有意识到为企业打下基础而开发一种销售方法的重要性，从而表现出管理上的短见。另外，他们不懂得当介绍一种产品或服务时必须考虑到生命周期。没有产品能立即获利，也没有产品能一劳永逸。企业家必须预测新产品的生命周期，还必须意识到，在正确的时机推出产品对产品的成功极其重要。时机是关键，太早或太晚采取行动都容易失败。

- 对技术的要求理解不够。一种新产品的开发常常包含新技术的开发。如果企业未能预见在开发或生产新产品时技术上的困难，新创企业可能会陷入失败。在开始一项工程前，企业家对它研究得再透彻也不为过，遭遇技术上的意外的困难经常会导致时间消耗和成本浪费问题。

- 对资金的了解不足。开发新产品的一个普遍问题是过于乐观地估计完成项目所需的资金。有时候企业家忽视成本，或者成为缺乏充分调查或计划的牺牲品。更常见的情况是，他们倾向于大大低估开发成本，所估计的成本比实际需要的资金少一半也是常见现象。

- 缺乏企业独特性。新创企业必须独特，独特性是一种特性和设计理念。这种理念认为，应该把消费者吸引到企业中，并且提供比竞争对手更优质的绩效和服务。让顾客意识到公司产品和竞争对手产品的差异的最好办法便是使其差异化。当顾客发现你的产品比竞争对手的产品质量更佳时，价格便不成问题。某一产品在某个方面具有独特性，便具有差异化优异。

- 忽视法律问题。商业中有许多法律要求：一是为员工提供安全的工作环境；二是提供安全、可靠的产品和服务；三是有专利、商标、版权来保护自己的发明和产品。忽视这些法律问题将会导致严重的问题（见"创业实践"专栏）。

> **创业实践**
>
> ### 世界级的失败
>
> 下面是世界史上几次巨大的失败，你认为是什么陷阱使这些曾经有吸引力的机遇走到末日呢？
>
> - 礼兰汽车 P76。礼兰汽车 P76 是澳大利亚礼兰公司生产的一款大型汽车，由于它具备一个能容纳 44 加仑的滚桶的行李箱，因此有个绰号叫"楔形奶酪"。尽管汽车组装在新西兰进行，由于罢工、能量供应切断和钢短缺，礼兰已不能满足需求。
> - 雨果汽车。这款塞尔维亚车 1986—1990 年在美国销售，受最新的塞尔维亚克罗地亚技术打击，雨果遭遇了"你走，我留下"的结局。
> - Boo.com。一家网上服装和配件商店，在拙劣计划的商业模式上投入几百万美元的企业资金后，它成了管理失误的网络公司的典型代表。
> - eToys 公司。当网络销售真正仅是一种不同的销售渠道时，这个短期生存的零售商却认为它是一项不同的商业。
> - Pets.com。一个致力于品牌名声而非利润的网上宠物食物店。
> - 新可口可乐。可口可乐公司在 1985 年改变了它最畅销产品的配方和味道，这是一个营销和公共关系的大灾难，公司不得不往回走，回归老配方。
> - 赛格威思维车。赛格威思维车作为一种载人工具，试图变革交通方式。但它慢慢地发现，在一个不统一的世界市场中，人们可以接受不同的工具。
> - 宝丽来公司的自动显影电影设备。埃德温·兰德（Edwin Land）使用湿化学技术开发瞬时成像的影视照相机。但是，录像带技术比它先进得多。
> - R. J. 雷诺尔的"首相香烟"。这款香烟既不燃烧也不冒烟，但是味道不佳。
>
> 资料来源："Flops," *Business Week* (16 August 1993): 80; and Wikipedia, licensed under the GNU Free Documentation Licence from the Wikipedia article "List of commercial failures".

评估新创企业的机遇

"不能丈量便无法评估"，这应用在评估机遇上也不无正确。一种评估途径就是列一张清单，提供衡量价值的主张和警告会出现的问题，并提示解决问题的选择方案（见表 11—3）。然而，在大多数情况下，这种问卷调查式的方法太笼统，评估必须为具体的企业量体裁衣。

表 11—3　　　　　　　　　　新创企业思想列表

企业基本的可行性	产品或服务能行吗？合法吗？
企业的竞争优势	该产品或服务具有哪些竞争优势？ 在产业中已有公司的竞争优势有哪些？ 竞争对手会如何反应？ 起初的竞争优势能否维持？
企业的顾客决策	顾客能有哪些？ 每个顾客会花多少钱购买商品？有多少顾客？ 这些顾客住在哪里？他们如何接受服务？

续前表

企业基本的可行性	产品或服务能行吗？合法吗？
产品和服务的营销	广告和销售将花费多少钱？ 公司将占据多少市场份额？到什么时候？ 谁将执行销售职能？ 如何定价？与竞争者相比，价格如何？ 选址有多重要？怎样决定选址？ 将使用什么销售渠道？批发、零售、代理还是直邮？ 销售的目标是什么？何时实现该目标？ 在生意开始前有订单吗？有多少？总数是多少？
产品和服务的生产	公司是生产还是购买所卖商品，抑或结合使用这两种策略？ 供货价格合理吗？ 递送需要多长时间？ 经营场所的租赁是否安排妥当？ 需要的装备能否按时取得？ 厂房建设、过关手续和保险是否存在任何特殊问题？将如何解决这些问题？ 质量将如何把关？ 投资回报如何分配？技术维修如何处理？ 怎样控制失窃和处理废弃品？
企业的员工决策	怎样保证每一个商业环节的生产能力？ 将雇佣哪些人？雇佣到何时？如何"猎捕"和招聘他们？ 需要银行家、律师、会计或其他顾问吗？ 如果核心人员辞职，将怎样得到取代他的人？ 会制定额外利润计划吗？
企业控制	需要达到什么样的纪录？何时达到？ 需要任何特殊控制吗？是什么？谁对此负责？
为企业提供资金	产品和服务的开发资金需要多少？ 业务营运资金需要多少？ 流动资金需要多少？ 资金来源是什么？如果需要更多资金呢？ 资金预测方面哪些假设最不可靠？ 股权回报和销售回报有多少？和行业中其他公司相比如何？ 投资者何时收回他们的资金？怎样得到？ 需要银行做什么？银行的反应如何？

资料来源：Karl H. Vesper, *New Venture Strategies*, copyright © 1990, 172. Adapted by permission of Prentice-Hall, Inc., Englewood Cliffs, New Jersey.

一个新创企业会经历三个具体阶段：创立前、创立中、创立后。创立前是从创立一个企业的构想开始，以开门做生意结束；创业中阶段从销售活动以及产品和服务派送的开始而开始，当生意稳定下来，并能在短期的威胁中生存时，该阶段就结束；创立后阶段持续到企业倒闭或这个维持性的组织实体已不再由该企业家控制。

在创立前阶段和创立中阶段，五个关键因素是：

- 创业的相对独立性；
- 创业时相对的投资规模；
- 预期的**销售增长额**（growth of sales）和/或企业进入创立阶段的利润；
- 在创立前和创立中阶段产品的供应情况；
- 在创立前和创立中阶段的客户情况。

□ 独特性

一个新创企业的独特性的范围很大，从很常规延伸至极度非常规。区分常规企业和非常规企业取决于其创立前要求创新的数量。这个特点是基于生产产品或服务所需要的新的处理技术，也基于所服务的新的市场格局的需要。企业独特性的进一步特征是使非常规企业保持非常规的时间长度。例如，新的产品、技术和市场会要求基于一个持续的基础吗？企业能否在创业"稳定"后仍然使用现有的产品、技术和市场？

□ 投　资

开办一个企业所需要的投资资金各有不同，有些产业需要不到 50 000 美元，而另一些产业则需要几百万美元，并且有些产业只有大规模地运营才可行。例如，在印刷业中可以创立一个小企业，并且一直保持小规模或向更大规模的企业发展。相反，想要进入航空业的企业家则需要很大的前期投资。

另一个与资金相关的重要因素是企业发展过程中需要的资金的广度和资金维持的时间。要确定投资所需要的数额，企业家必须回答以下问题：

- 在创业阶段，产业能否充分发展以维持销售的收支平衡？资金能否为建筑物支付高额的固定成本？
- 主要企业家能否有大量的资金储备以保护首次大笔投资？
- 企业家能否适当联系以利用各种环境机遇？
- 企业家是否有证明大规模创业阶段的金融风险的追踪纪录？

□ 销售额的增长

创立阶段销售额的增长是另一个重要因素。关键的问题如下：

- 为新创企业的销售额和盈利而预测的发展模式是什么？
- 预期的销售额和盈利是增长缓慢，还是在企业创立后立即下降？
- 预测在某个阶段将会有巨额盈利，为何销售额增长速度却适中甚至缓慢？可能同时实现高销售额增长和高利润增长吗？或者最初利润较少，在几年时间内最终获得高利润增长？

要回答这些问题，请牢记，大多数企业属于以下三种类别中的一种，这很重要。

追求生活方式的企业（lifestyle venture）似乎以独立、自主、控制权作为主要的驱动力。巨大的销售额和利润都不如为企业家提供富足、舒适的生活。

在一个**小额盈利企业**（small profitable venture），对资金的考虑非常重要。

另外，在某种意义上，当企业家不希望企业的销售额和员工数量庞大到他们必须放弃这个企业实体或所有权，并因此放弃控制资金流和预期的巨额利润时，自主和控制权是重要的。

在一个**谋求迅速发展的企业**（high-growth venture），预期要有巨大的销售额增长和利润增长，直到可能吸引风险投资和公共或私人部门筹集的基金。

☐ 产品可得性

在企业创立时，**产品或服务的可得性**（product availability）对任何企业的成功都很关键。有些企业在这方面出现问题，因为产品或服务仍处于开发阶段，需要进一步改善或调整。其他企业则发现由于过早地把产品推向市场，产品必须收回，以进一步加工。一个典型的例子就是微软公司，它在开发产品时过于匆忙，被在程序中发现错误的用户围攻。因此，缺乏完整的成品会影响企业的形象和底线。

☐ 顾客可得性

如果企业在创立前就能获得产品，企业成功的可能性比相反情况下要大得多。同样，企业创立时的风险也受**顾客可得性**（customer availability）的影响。风险闭集的一端是顾客愿意为没有生产的产品和服务支付现金，另一端则是企业在不清楚谁将购买这款产品的情况下就贸然开张。关键要考虑的是，要花多长时间决定顾客是谁，他们的购物习惯是什么。朗斯塔特（Ronstadt）写道：

> 忽视市场的决策极其冒险。企业家成功有两个基本标准：第一，拥有愿意为产品或服务支付有利可图的价格的顾客；第二，必须生产和递送产品或服务。企业距离这两条规则越远，风险就越大，在创业前和创业阶段用来弥补风险所花的时间也更多。

为什么新创企业会失败

创业是高风险、高失败率的冒险，根据梅西大学的研究，1997年在新西兰成立的公司中，有25%在2004年前失败。澳大利亚的一项调查显示，每5年企业的失败率为39%。因此，识别企业即将走向尽头的预警信号尤为重要。根据澳大利亚会计人员的统计，高达90%的小企业犯同样的财务错误，最终导致高失败率。以下是排名前十位的错误。

● 资金不足。大多数中小型企业资金不足，没有在淡季或发生意外支出时的缓冲措施。如果它们不与银行合作，问题将更复杂。

● 没有商业计划。数据显示，排在前列的企业都可能有合适的商业计划。由于大多数中小型企业没有商业计划，它们容易失去重心，甚至很容易偏离正确的商业策略，也意味着它们没有衡量商业业绩的标准。

● 没有管理重心。许多创立小企业的人容易陷入这样一个圈套：他们相信，他们擅长做生意就能做好这一类生意。他们的时间都被他们所做的事占据，因此一直没时间来有效地管理企业。
- 记录不充分。他们经常忘记书面工作，这会给税收部门和其他政府组织带来麻烦。同时，这也使企业管理者很难判断公司的业绩。
- 缺乏利润重心。许多企业没有利润计划或取得丰厚利润的计划，仅仅是致力于生存，这使它们没有盈余资金，无法为发展筹集资金。优秀的企业家对盈利了如指掌，并能根据这个数字管理企业。
- 现金流。中小型企业的管理经常由于缺乏现金而陷入困境，它们不区分利润和现金流，也不懂得现金流的周期。现金流的管理需要强有力的规范，并能够控制债务和股票。
- 系统不足。许多中小型企业没有合适的运营系统，过度依赖所有者的个人能力。缺乏系统会导致标准不一，企业缺乏统一性。
- 计划税收失败。企业必须管理各种税收，为其筹集资金，并制定好税收计划。否则，将严重影响企业。
- 资源管理不足。企业有整个范围内的资源要管理，包括时间、人员、厂房、设备、资金等。企业有必要知道如何使之平衡并有效地整合资源。
- 收支平衡点。了解收支平衡点对任何企业都是最关键的信息之一，以有效地定价和判断成本，因为在收支平衡点以下做生意，企业会陷入困境。

创业广角

马尔科姆·布里克林不断尝试

马尔科姆·布里克林（Malcolm Bricklin）已经65岁了，作为企业家，他因为大胆的失败而出名。1968年，他开始进口斯巴鲁汽车到美国，但是，1972年，在斯巴鲁汽车的销售火起来之前，他就离开了。他大量生产自己的汽车——美观的鸥翼式的布里克林汽车，其计划在生产出3 000辆前就宣告失败。然后，20世纪90年代，他将臭名昭著的雨果牌汽车引进美国。他不屈不挠，2002年，他宣称他的公司——Zastrava发动机厂将从南斯拉夫进口一款不同的汽车。很幸运，这件事并未发生。现在布里克林告诉FSB杂志，他在曼哈顿的公司，名为"梦幻汽车"，将以低于可比汽车价格30%的价格收购中国奇瑞汽车公司的5款车型。

曼特兰采访了马尔科姆·布里克林：

曼特兰：Zastrava发动机厂发生了什么？

布里克林：当我们成立Zastrava发动机厂时，我们去参观了塞尔维亚的一个工厂，意识到更新成本太高，更新便不可能了。北大西洋公约组织在战争时期向它发射了5枚导弹。至少可以说，它已经受到挑战了。

曼特兰：为什么布里克林和雨果公司失败了，奇瑞却成功了呢？

布里克林：在布里克林的案件中，我必须建立一个工厂，因此我去了能赚钱的地方——加拿大，而不是擅长制造汽车的地方。那时，在加拿大工作3个月，然后可以带薪休假1年，因此，每3个月我们就能得到80%的营业额。我们向雨果公司要了一辆有20年历史的汽车，在14个月内做了3 528种改装，而且颜色是我们提供的唯一可供选择的。连续3年每年卖出50 000辆汽车很让人难忘。然后，这个国家解体了。

曼特兰：从中你学到了什么？

> **布里克林**：不与不如我们在美国做得好的工厂合作。南斯拉夫的工厂建立于 20 世纪 50 年代。这次不同，我们是在和一个有着"艺术之城"的工厂合作。而且，这个国家不会解散。
>
> 资料来源：Lan Mount, "Wild ride", *FSB*: *Fortune Small Business* 15 (2) (March 2005): 24.

新加坡的一项研究发现，有六个**关键**的企业内在**因素**（critical factors），而这些是企业能改变的，包括：高额营运成本，资金缺乏，对未来的短见，资金控制不足，对公司产品了解不足，营销策略不合理。最重要的外在变量是高税收。但是，外在因素远不如内在因素重要。研究者作出这样的评论：

> 来自新加坡某些地区的人们，比如官员、商会成员甚至中小型企业成员，总是倾向于指责经济环境（包括高通货膨胀率和高利率）、劳动环境（包括高劳动力成本和紧俏的劳动力市场）、竞争环境和中小型企业面临困难时受规章限制的环境。帮助中小型企业的第一步也许就是识别这些尽管相关却不可控制的因素并非最重要的因素。因此，这些企业应该停止仅仅把重心放在这些因素上。

新创企业机遇的可行性分析

一旦一个计划消除了评估障碍，它就为评估做好了准备。这里我们讨论对新产品或服务的计划的可行性分析。企业家必须让他们脑中的计划经过这种分析，以便发现这些提议是否有致命的缺陷。它给出了"开始"或"不开始"的选项让他们选择是否前进。可行性分析是企业家能获得的最重要的技巧之一，它促使企业家认真地调查和辩证地思考他们的商业理念。以下所有的技巧构成了我们所说的可行性分析。

☐ 重要问题分析

许多与可行性有关的重要问题都必须分析，以下是十组用于评估一个构想的主要问题。

- 它是一种新的产品或服务计划吗？是专卖的吗？能否取得专利权和版权？它是否足够独特？能否在竞争中取得良好的开端？它是否容易被复制？
- 样品有没有经过试图摧毁此系统或把产品撕成碎片的个别试验者试验？其弱点是什么？它能站稳脚跟吗？接下来的 5 年内它应该接受什么水平的研发？如果是一项服务，是否经过受试顾客试验？顾客会用辛苦赚来的钱购买该产品吗？
- 产品有带去贸易展吗？如果有，反响如何？有任何销售额吗？有分销商看中它吗？有任何产品预定吗？
- 产品对于顾客、银行家、企业金融家、会计、律师、保险代理人来说简单易懂吗？
- 整个市场怎样？市场格局如何？产品能渗入这些市场格局吗？能开发任何利基市场吗？
- 做市场调查了吗？谁还在这个市场中？市场有多大？市场增长速度有多

快？趋势是什么？设计的产品或服务的生命周期有多长？产品能渗入市场到什么程度？有没有任何来自顾客或购买商的表扬？将使用何种广告和促销计划？

● 将使用什么销售渠道？独立销售代表、公司销售队伍、直邮、上门推销、超市、服务站还是公司所拥有的商店？产品如何运输？例如，公司的卡车、一般运输工具、邮政服务还是空运？

● 如何生产产品？花费多少成本？是内部生产还是由别人生产？是连续加工生产还是其他方法？公司现有设备性能如何？收支平衡点是什么？

● 商业理念转化为产品后是转让给别人还是卖掉？

● 公司能够掌握还是已经掌握了营运企业的必要技巧？员工有哪些？他们可靠吗？能胜任工作吗？现在需要多少资金？未来会需要多多少呢？财务计划中的主要阶段是否已取得发展？

□ 财务失败分析

该是认真看待财务问题的时候了。的确，早期的财务数据通常能预测新创企业的成败。一项重要研究表明，财务失败的特征是过多的初期负债和过少的收益。如表11—4所示，减少初期财务中的债务并在初期获得足够的收益，就可以降低失败的风险。

表 11—4　　　　　　　　　新创企业的失败过程

1.	负债极高，规模却小
2.	资金流动速度太慢，公司发展过快，与预算相比，盈利性低，或者是其中几个的组合
3.	缺乏额外收益
4.	固定的静态流动资金少，偿债能力低下
A.	盈利性
1.	年终投资比例的收益　　净利润＋利息×100＝年终总资本
B.	流动性
	动态
2.	现金/净销售额＝净利润＋折旧率×100÷净销售额
3.	速动比率＝金融资产÷流动负债
C.	冻结
	静态
4.	股东权益/总资本＝总资本－负债×100÷总资本
	动态
5.	现金/总负债＝净利润＋折旧率×100÷总负债
D.	其他因素
	增长或动态规模
6.	净销售额的年增长率　　t 年净销售额×100＝t－1年净销售额
	规模
7.	销售额的对数＝ln（净销售额）
	资本周转率
8.	净销售额/总资本　　净销售额＝年终总资本

资料来源：Erkki K. Laitinen, "Prediction of failure of a newly founded firm", *Journal of Business Venturing* (July 1992): 326-8. Reprinted with permission.

研究进一步表明，风险与企业最初的规模有关。这种模式的具体应用包括以下六个方面。

- 盈利性和现金流的作用。企业家和管理者应该确保前几年产品能够产生积极的利润和现金流。
- 债务的作用。企业家和管理者应该确保在最初的资产负债表中有足够的权益资金，以为未来损失提供足够的缓冲。
- 两者的结合。如果股东的资金在最初的资产负债表中太少，并且可能会出现负的现金流，那么企业家和管理者就不应该创立企业。
- 初始规模的作用。企业家和管理者应该明白，负现金流出现的概率越大，资产负债表中负债份额就越大，新创企业的初始规模就应该越小。
- 资金流动速率的作用。如果负现金流发生的风险很高，那么企业家和管理者就不应该在最初几年对快速的资金流动作出预算。与资金相比，更高的销售额意味着更多的负现金流和更差的盈利性。
- 控制的作用。企业家和管理者从第一年起就应该控制财务比率，特别是现金流与总债务的比例。这些有风险的比率组合（Z-Score）——特别是负现金流、低权益组合总资本的比率和高资金流动速率的组合——应该被控制，并与产业标准相比较。企业家应尽力识别出造成低比率的原因，并注意通过控制比率使盈利性保持在计划的水平上。

简要表分析

单个战略性变量很难影响企业的最终成败。大多数情况下是多种变量的组合影响结果。因此，在将新构想付诸实践前识别并调查这些变量很重要。这样，**简要表分析**（profile）得出的结果使企业家能够判断商业的发展潜力。

在本章末的自我测试中，内部简要表分析是一种决定企业能否取得资源的方法。列清单的方法能使企业家辨别财务、营销、组织、人力资源等方面的优势与劣势，这些因素都是新创企业成功发展所必需的。这样，企业家就可以为可能存在的阻碍其企业发展的劣势做好充分准备。更重要的是，通过详细的简要表分析，本章前面提到的企业失败的原因中许多都可以避免。

可行性标准分析法

另一种途径是**可行性标准分析法**（feasibility criteria approach），它通过将重心放在市场和行业潜力上，提供了一种分析新创企业内在优势与劣势的方法。强调新创企业可行性的关键因素的标准清单已经列出。通过使用以下问题列表，企业家能洞察他们创立企业的可行性。

- 产品是独有的吗？产品不必是独有的，但必须能够保证在企业创建初期较长一段时期内产生足够的利润。
- 初步的生产成本现实吗？大多数估计过低。谨慎详细的分析就不会导致增加大量的意外支出。
- 初步的营销成本现实吗？要回答这个问题，要求企业认清目标市场、市场渠道和促销策略。

- 产品有实现高额利润的潜力吗?这个问题对初出茅庐的公司来说是必须考虑的,金融圈追逐的是高额利润,否则,融资将很困难。
- 进入市场和达到收支平衡点需要的时间现实吗?大多数情况下,越快越好。在所有情况下,企业计划都会被这个答案困住,这时犯错误会给以后带来麻烦。
- 潜在的市场大吗?要决定潜在市场的大小,企业家必须展望未来3~5年的情况,因为一些市场需要经过长时间才能出现。例如手机,1982年,每年的需求量大概是400 000部,然而,到20世纪90年代后期,这个市场预计年增长率至少达到45%。
- 这款产品是增长产品家族中的第一个吗?如果是,企业对投资者来说就更有吸引力。如果第一批产品没有实现高收益,那么,便可能在第二、第三、第四批产品上实现。
- 是否存在一个最早的顾客?如果企业能够列出前十位顾客的名字,那么这对其金融支持者来说是很受鼓舞的。被压抑的需求也意味着第一季的结果会很可喜,重心也可以转移到其他季上。
- 开发成本和时间表现实吗?理论上讲,成本最好为零。完全准备好的上市产品使企业比竞争者有更大的优势。如果存在成本,必须完整详细地记载,并与每个月的时间表挂钩。
- 这是一个发展的产业吗?如果有利润,公司也在发展,这就不是必需的,但是它意味着犯错误的空间会更小。在一个发展的产业中,好公司发展得更快。
- 金融圈能明白产品和对产品的需求吗?如果金融家能掌握公司的理念和价值观,那么提供资金的可能性就更大。例如,为冠状动脉手术后的病人开发的可移动的心脏控制系统是一种许多人都知道的产品。毫无疑问,听该讲座的人可能已经有某种冠状动脉病或心脏问题。

如果新创企业符合少于六个这些可被接纳的标准,那么很明显,它缺乏融资可行性;如果企业符合七个或七个以上这些可被接纳的标准,那么它就可能有良好的融资机遇。

综合可行性分析法

一种更综合、更系统的可行性分析法是**综合可行性分析法**(comprehensive feasibility approach),它将外在因素融入可行性标准分析法的问题中。图11—3是对新创企业综合可行性研究中各种因素的分析说明——技术、市场、财务、组织、竞争。更详细的可行性分析指南在表11—5中,它指出了在每个可行性范围内的具体措施。

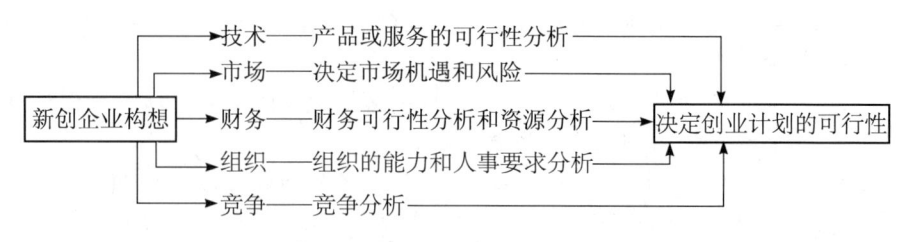

图11—3 评价新创企业可行性的重要因素

表 11—5　可行性分析的具体措施

技术可行性分析	市场可行性分析	财务可行性分析	组织能力分析	竞争分析
关键技术规格			人事要求	现有竞争者
设计	市场潜力		必需的技能水平与潜在员工的个人特征	规模、资金来源、市场壁垒
耐用性	识别潜在顾客及其主要特征（比如，年龄、收入水平、购买习惯）			
可靠性				竞争者对新进入者的可能反应，是利用降价、广告攻势、引入新产品还是其他行动
产品安全性			管理要求	
标准化			个人职责分配	
工程要求			决定必需的组织关系	
机械	潜在市场份额（受复杂环境影响）	必需的财务资源		
工具			潜在的组织发展	潜在的新进入者
仪器		固定资产	竞争优势分析	
工作流程	潜在销售额	流动资产		
产品开发	预期售价	必需的营运资本		
蓝图	市场测验	可获得的金融资源		
模型	测试选择			
原型	实际市场测试	需要的借款		
产品测试	市场分析	资金的潜在来源		
实验室测试	营销计划事宜	贷款的成本		
实地测试	偏好的分销渠道、促销的影响力、必要的分销店（仓库等）、包装考虑、价格差异	偿还条件		
工厂选址		营运成本分析		
期望的选址特征（邻近供应商、顾客）、环境法令		固定成本 可变成本 预计资金流 预计盈利		

资料来源：Hans Schollhammer and Arthur H. Kuriloff, *Entrepreneurship and Small Business Management* (New York: John Wiley & Sons, 1979), 56. Copyright © 1979 by John Wiley & Sons, Inc. Reprinted by permission of John Wiley & Sons, Inc.

尽管图11—3中的五个因素都很重要，但是有两个特别值得关注——技术可行性和市场能力。

技术可行性

评价一个企业的构想应该从识别**技术可行性**（technical feasibility）开始，这种分析包括评估生产能否满足潜在客户期望的产品和服务的技术要求，其中最重要的是：

- 产品功能的设计和外观的吸引力。
- 灵活性，允许对产品的外在特点进行修饰，以满足客户需要或应对技术和竞争的变化。
- 产品原材料的耐用性。
- 可靠性，在正常工作状态下能确保表现和所期望的一样。
- 产品的安全性，正常工作状态下不存在潜在的危险。
- 合理的实用性，一个可以接受的报废率。
- 方便且低成本的维修。
- 通过消除各种可转换零件的不必要种类来进行标准化。
- 简单的生产和制造过程。
- 简单的操作和应用。

调查的结果从技术上为判断新创企业是否可行提供了一个依据。

市场能力

收集并分析新创企业**市场能力**（marketability）的相关信息对判断企业的潜在成功非常重要，这种类型的分析的三种主要范围是：

- 调查研究整个市场的潜力，并识别需要商品或服务的顾客。
- 分析企业能开发的潜在市场的程度。
- 运用市场分析能力来判断新创企业的机遇和风险。

要讨论这些范围，必须找到并使用各种信息来源。对于市场可行性分析来说，一般的来源包括以下四个。

- 一般的经济趋势——各种经济指数，如新订单、房屋开工率、存货、消费者支出。
- 市场数据——顾客、顾客需求模式（如需求的季节性变化、影响需求的政府调控）。
- 定价数据——同样的产品、补充产品和替代品的价格范围；底价；折扣结构。
- 竞争数据——主要的竞争对手及其竞争力。

应该对第8章中的营销问题给予更高的关注，在这一点上，在对一个企业进行整体评估时，意识到市场调研的价值是很重要的。

因此，如表11—5所示，综合可行性分析法与准备一个完整的商业计划密切相关（详见第10章）。该方法清楚地阐明了在创立企业及融资前需要评估企业的每一个部分。

表11—6提供了评估新创企业时主要的可行性领域，这迫使企业家在作出"开始"还是"不开始"的决定前要考虑到每一点。

表 11—6　　　　　　　　　　　　　　　评估企业的主要可行性范围

营销和销售

- 市场调研和评估：设计和实施市场调研并分析解释调研成果的能力；对问卷设计和抽样技术的熟悉程度
- 策略性营销：开发市场策略，建立销售队伍，计划合理销售、广告和促销活动，建立一个有效的营销网络或销售代表组织
- 销售管理和广告推销：组织、监督、激励，为直销队伍提供广告支持的能力；分析区域销售潜力，管理销售队伍，获得目标市场份额的能力
- 直销：确认、结识并发掘新顾客，在交易中取得成功
- 服务：认识到特殊产品售后服务需要的能力，决定服务和零件需求方面的经验，处理顾客投诉，管理服务机构
- 分销管理：组织和管理产品从生产到销售渠道，最终到达顾客手中的整个流程的能力，包括对运输成本、排程技巧、运输工具以及其他因素的熟悉程度
- 整体营销技巧：评价反映自己在整个营销范围内的技能的综合等级

营运

- 生产管理：了解产品生产过程、机械、生产队伍和生产产品所需要的空间；有管理生产，以及在时间、成本、质量控制范围内生产产品的经验
- 库存控制：为新来的、正在处理的和已完成的材料进行有效的质量控制而建立检查系统和标准的能力
- 质量控制：对原料、在产品和完工产品建立检查体系和标准以有效控制质量
- 购买：确认合理的供应源，与供应商谈判签订合同，管理新材料入库的能力
- 整体营运技巧：评价反映自己在整个营运范围内的技能的综合等级

研究、开发和管理

- 应用型研究的指导和管理：区别能够吸引最多具创造性的个人的技术前沿的长期计划与支持现有产品开发活动的短期计划，并在两者之间保持谨慎平衡的能力
- 开发管理：计划和指导产品开发工程师工作的能力，以及编制时间和成本预算，并且能满足管理需要的能力
- 工程管理：在即将交付大批量生产的新产品的最后设计阶段计划和指导工程师的能力以及调试生产该产品的生产过程的能力
- 诀窍技巧：由于紧跟时代潮流和有深度的公司需要技术知识，因此要有将个人奉献到研究和开发管理中的能力
- 整体研究：评价反映自己在前几个范围内的技能的综合等级

财务管理

- 筹资：决定怎样才能最好地获取建立和发展所需资金的能力；预测资金需求的能力和预算的能力；对资金来源以及长期与短期提供资金的媒介的熟悉程度
- 资金管理：设计、建立、保持和运用资金控制的能力；对资金管理所需要的会计决算和控制系统的熟悉程度；建立工程成本控制系统，分析普通开支/出资/合并、准备盈亏表和资产负债表以及管理会计员工的能力
- 具体技能：资金流分析；收支平衡分析；投资分析；预算和利润计划技巧；利润表、资产负债表、投资收益现值分析；投资回报率分析
- 整体财务技能：评价反映自己在整个财务范围内的技能的综合等级

一般管理和行政

- 问题解决：预测潜在问题并计划如何避免这些问题的能力；收集问题的事实依据，分析真正原因，并计划有效行为来解决问题的能力；处理特殊问题的细节不厌其烦并坚持到底

- 沟通：与媒体、公众、顾客、同事和下属能有效并清楚地沟通
- 计划：制定现实的可达到的目标的能力；辨认目标障碍的能力；制定实现目标的详细行动计划的能力；系统地安排自己时间的能力
- 决策：在不完整数据的基础上进行最佳分析后做决策的能力
- 工程管理：面临问题和成本/质量限制时，组织工程组、制定工程目标、明确工程任务、监督工程完成的能力
- 谈判：在谈判场合有效谈判的能力；迅速权衡支付的价值和得到的价值的能力
- 整体管理技能：评价反映自己在整个管理范围内的技能的综合等级

人事管理

- 领导：了解任务以及领导和下属之间的关系的能力；在适当场合进行领导的能力；愿意通过指导、建议、鼓励和其他方式积极地管理、监督和控制别人活动的能力
- 倾听：倾听并能听明白的能力，不以牺牲倾听内容为代价来打断别人或自己在脑中准备辩驳
- 帮助：提出需求和提供帮助的能力，决定在哪种情况下能够正当援助的能力
- 批评：给出对业绩和个人有益的批评意见；接受别人的反馈意见，并且不为自己辩驳的能力
- 化解冲突：公开面对各种意见，并处理好问题直到找到问题解决方法的能力
- 团队合作：为追求共同目标与别人倾力合作的能力
- 选择和发展下属：选择下属并委派任务的能力；培养他们发展管理能力的能力
- 建立氛围：用你的管理方法创造出一种对高绩效有益的氛围和精神的能力；为更好的业绩强迫员工工作的同时奖励工作表现出色的员工的能力
- 整体人际关系技巧：评价一个反映自己在整个人事管理范围内的技能的综合等级

法律和税收方面

- 公司法：对于股票、兼并、销售协议、租赁等法律问题的熟悉程度
- 合同法：对合同程序和合同条款（政府的和商业的）的熟悉程度，包括违约、担保和动机
- 专利法：准备和修正专利申请的经验；识别好的专利的能力；对申报要求的熟悉程度
- 税务法：熟悉地方的和联邦的报告对商业的要求；熟悉与公司、避税、边缘利益等其他问题相关的特殊条例
- 整体法律和税收技巧：评价一个反映自己在整个法律和税收方面技能的综合等级

资料来源：Greg R. Smith, SciVentures Investments Pty Ltd 2001. Prepared for AIC [www.sciventures.com.au/upload/document/IIR_talk 111102.pdf].

新创企业机遇的商业化

我们已经讨论的评估过程和可行性分析基本上是被称为商业化的复杂程序的第一道障碍。评估了新创企业的机遇以后，下一步则是将其引入市场。商业化是各种活动的结果，这种结果对获得新服务、新过程、新产品的市场准入和市场竞争力是很有必要的（见图11—4）。商业化是已经被仔细研究和阐述20多年的课题。

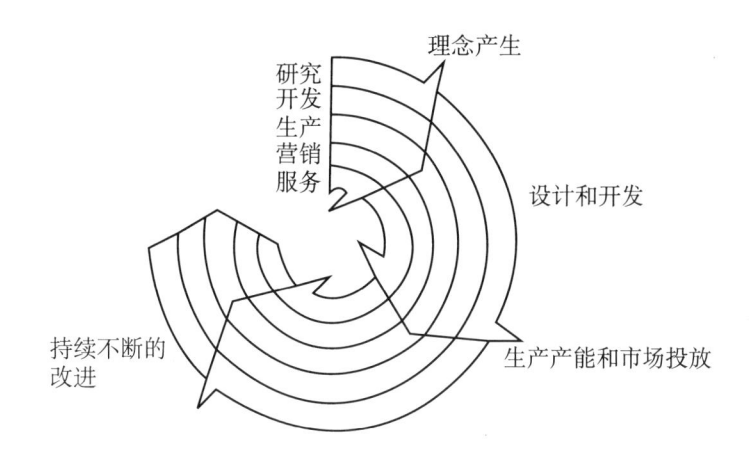

第11章 机遇评估、可行性分析和商业化

（图示：螺旋形，中心向外标注"研究 开发 生产 营销 服务"，外圈依次为"理念产生"、"设计和开发"、"生产产能和市场投放"、"持续不断的改进"）

图 11—4 商业化过程

资料来源：*Pratt's Guide to Venture Capital Sources* (Wellesley, MA：Venture Economics, 1999).

内文斯（Nevens）和他在哈佛大学的小组列出了如图11—5所示的最佳模式，认为它是一系列重叠、和谐一致的阶段，同时包含许多商业的功能。当企业评估并决定了可行的新颖产品和服务时，这个过程就开始了。该过程包括设计、开发、生产扩大、营销以及后继的为改善产品所作的努力。

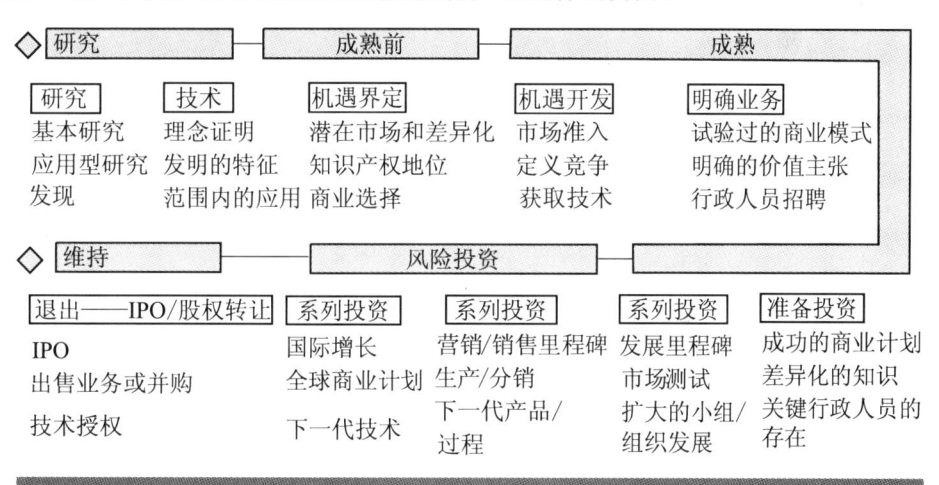

研究	成熟前		成熟	
研究 基本研究 应用型研究 发现	**技术** 理念证明 发明的特征 范围内的应用	**机遇界定** 潜在市场和差异化 知识产权地位 商业选择	**机遇开发** 市场准入 定义竞争 获取技术	**明确业务** 试验过的商业模式 明确的价值主张 行政人员招聘
维持		风险投资		
退出——IPO/股权转让 IPO 出售业务或并购 技术授权	**系列投资** 国际增长 全球商业计划 下一代技术	**系列投资** 营销/销售里程碑 生产/分销 下一代产品/过程	**系列投资** 发展里程碑 市场测试 扩大的小组/组织发展	**准备投资** 成功的商业计划 差异化的知识 关键行政人员的存在

你的企业成熟度如何

图 11—5 商业化进展模式

资料来源：T. Michael Nevens, Gregory Summe and Bro Uttal, "Commercialising technology：What the best companies do", *Harvard Business Review on Entrepreneurship* (Harvard Business School, 1990), 175-204.

在其他模式中，商业化被看作一个线性过程，新产品必须经过许多时期、克服许多障碍，才能从一个阶段进入另一个阶段。对可与商业化进程相媲美的创新的阶段性进程的描述见第5章。

以下步骤伴随着创业企业成熟前、成熟期、风险或其他投资资本融资的进程，这些步骤是：

- 研究阶段。大多数研究是在大学、研究组织和公司实验室进行的，从探索的过程中萌发的构想和理念可能产生可商业化的产品。

- 技术阶段。构想从实验室研究转到"理念证明"阶段，新的、未预料的申请可能会被排除，注意力转向通过专利或版权来保护知识产权。
- 机遇界定阶段。成熟期前活动真正开始。这里的关键在于懂得构想在市场中如何可行，必须找到致命的缺陷，竞争者分析和市场分析会对商业分析有益。
- 机遇开发阶段。对市场准入理解更深刻，详细阐述与竞争者面对面的定位战略。思考如何通过产品的知识产权地位占据市场或合法地垄断市场。理念进入成熟阶段，天使投资者可能会对其感兴趣。
- 商业明晰阶段。小组在成熟阶段取得进展，进而开发商业模式，明确价值定位，员工必须符合技能要求。
- 准备投资阶段。执行团队准备好完整的商业计划，描述资金产生的源头和市场机遇。员工招聘完成。小组将商业案例带到展会，然后进入资本市场。
- 系列投资 A。系列投资者 A 一般在商业评估、市场前景、知识产权价值的基础上获得一部分股权，在分阶段投资时他们需要有里程碑，行政小组和董事以及投资者决定"开始"或"不开始"，并在消费者身上试验产品。
- 系列投资 B。A 阶段成功后，B 系列投资者会在 A 系列中同样因素的基础上要求更多的股权比例。
- 系列投资 C。这一轮会帮助企业维持盈利性增长，在这个阶段，创立者持有的股票可能被大量稀释。本阶段，许多澳大利亚和新西兰公司将其营运和知识产权转移到美国或欧洲。
- 退出——IPO 或股权转让。投资者和创办者也会希望得到公司的价值，因此会将它出售或公开上市。一个热门公司可能被一个更强的竞争者收购。其他产业发展到极限，最后以市场价格卖出。最成功的公司以股票交易的方式卖出一些股份，以筹集额外资金，发展壮大。

小结

谋求高速发展和追求生活方式的企业家必须为新创企业的可行性和企业价值观作出决策。本章讨论的技巧更合适谋求高速发展的企业家。

在新创企业成立时，各种复杂因素使清晰地评估每一点变得很困难。另外，从失败的企业获取可靠数据也很难，这更加使企业陷入进退维谷的困境。但是，评估程序在改善，新创企业的评估正在成为一个更强大的过程。

机遇评估能决定一个构想是否有商业化的价值。要作出判断，企业家需要进行横向和纵向思维。有许多被尝试过的和试验过的方法来评估一个"构想"能否成为"可行的机遇"。在网络时代，机遇评估会有完全不同的特征，在此我们对寻找"几十个人的几百万个市场"比对寻找"几百万人的几十个市场"更感兴趣。

在选择一个新创企业时往往会遇到许多陷阱：缺乏企业评估目标，缺乏对市场的洞察，对技术要求理解不透彻，资金了解不足，缺乏独特性，没有意识到法律问题。

评估比评价更严格，当评估一家企业时，企业家需要考虑几个关键因素：产品或服务的独特性、开创企业所需要的资金投入的数额、销售额的增长和产品的供应。

新创企业失败的几个主要原因是：对市场了解不足，产品功能不完善，营销和销售努力白费，对竞争压力意识不强，产品迅速过时，对时间掌握不准确，投资不足。将这些原因和其他原因结合在一起，最新的研究揭示了失败原因的三种主要类别：产品/市场问题、财务和管理问题；另外，企业家面临内忧外患。

可行性分析在一系列关键的决策点上引导企业家。企业家对产品或服务的可行性，可以通过提出正确的问题、进行企业简要表分析和进行综合分析研究来评估。

假定一个纯粹的构想被认为是一个可行的机遇，也通过了严格的可行性分析，最后把它引入市场，这是一个商业化的过程。商业化带领新产品越过每通过一个阶段的门槛时遇到的一系列障碍（见第 5 章）。本章描述了那些障碍，从研究阶段一直到出厂阶段，每一步都要求不同的技巧。

思考题

1. 为什么我们对谋求高速发展的企业家比对追求生活方式的企业家更感兴趣？
2. 描述与企业绩效相关的几个关键因素（参考图 11—1）。
3. 企业家评估机遇需要的两种思维是什么？给出自己的例子。
4. 支持高利润的商业机遇的几种技巧是什么？
5. 德鲁克所说的机遇的内在和外在来源是什么意思？
6. 许多企业家缺乏目标，没有真正洞察市场，为什么这些特征被认为是选择新创企业时的陷阱？
7. 许多企业家不了解与其企业相关的资金或企业缺乏独特性，为什么这些特征被认为是选择新创企业时的陷阱？
8. 在新创企业构想清单上整体类别是什么？
9. 企业失败的主要原因是什么？
10. 评估新创企业机遇的途径有哪些？
11. 解释可行性标准分析。
12. 解释综合可行性分析。
13. 解释如何将评估、评价和商业化整合为一体？
14. 商业化过程的进程是什么？

自我测试：内部简要表分析

选择任意一家你所熟悉的新创企业，如果没有任何熟悉的，查看杂志，如美国杂志（《企业家》、《福布斯》、《财富》、《商业周刊》）、亚太杂志（《澳大利亚金融评论》、《商业评论周刊》、《她的商业》、《国家商业评论》、《无限》）或者国际杂志（《经济学家》、《远东经济评论》、《金融时报》、《亚洲周刊》、《亚洲华尔街日报》）。收集一家公司的信息，然后完成以下内部简要表分析，在适当的栏里划"√"。

内在资源	很弱	微弱	中等	微强	很强
财务					
整体绩效					
筹资能力					
流动资本					
定位					
营销					
市场绩效					
对市场的了解情况					

续前表

内在资源	很弱	微弱	中等	微强	很强
产品					
广告和促销					
价格					
分销					
组织和技术					
选址					
生产					
设备					
供应商					
库存控制					
组织结构					
规则、政策、程序					
公司形象					
人力					
员工人数					
相关技巧					
士气					
额外津贴					

在你的分析的基础上，你将对公司管理提出哪三点建议？

案例分析 11—1

从羊毛到治愈流感

羊毛研究如何导致治疗流感的药物 Relenza 的产生？这个不寻常的故事是阐明澳大利亚农村研究如何支持国家生物工艺学的发展的经典例子，但同时也是一个概括了商业研究中的一些陷阱的故事。

20世纪50年代，尼龙得到发展，威胁到羊毛产业。为此，科技工业研究组织共同体（CSIRO）开始研究羊毛的各个方面——从产出更好羊毛的羊群的饲养到对单个纤维的物理和化学特性的研究。

为了研究蛋白质的结构，研究者转向X-光结晶学，这项研究影响深远，它改善了印染技术，防止了羊毛在水洗后变黄和缩水，但是，20世纪70年代，羊毛产业开始下滑，使得在CSIRO研究蛋白质的化学家重心远离羊毛，转向与在做医疗研究的同事联系。

目标瞄准流感

20世纪50年代，在墨尔本的沃尔特和艾丽兹霍尔研究所的医疗研究者发现，流感病毒携带了一种叫做神经氨酸酶的霉素，帮助病毒进入细胞，因此，阻止神经氨酸酶霉素成为治疗流感的对策。

彼得·科尔曼（Peter Coleman）是CSIRO蛋白质化学分院的一名研究者，他与在堪培拉工作的同事约瑟·瓦基斯（Jose Varghese）和格雷姆·雷维尔（Graeme Laver）合作，辨认神经氨酸酶的三维结构，并且观察当流感病毒突变为一种新的品种时会发生什么变化。

该项工作引起了国际制药公司葛兰素威康公司的关注，但是，一年的谈判一无所成，因为很难说服公司投入一个小组到世界的另一端。

一家刚兴办的叫拜欧特的地方公司来救援。在政府的支持下，工作得以继续。20世纪80年代中期，科尔曼和瓦基斯作出了等待已久的突破。"在神经氨酸酶蛋白质中含有裂缝,这是药物的潜在目标。"科尔曼说。

研究人员最终设计出能塞住该裂缝和扰乱病毒生命周期的一种人造分子,这种人造分子成为药物 Relenza 的基础,拜欧特和葛兰素史克于 1999 年使该药物商业化。

但是,要通过美国食品和药品管理部门的批准花了比预期更长的时间,而且有些临床医生开始怀疑 Relenza 的效果。随着公司不能实现预期的长期专利权收入,拜欧特的股价下跌。

然而,随着产业的扩大,拜欧特存活下来并吸取了教训。如今,科尔曼正在沃尔特和艾丽兹霍尔研究所进行新的抗癌药物的开发,瓦基斯还留在 CSIRO,判断在一系列情况下蛋白质的结构,如糖尿病、发炎引起的疾病和某些癌症。

羊毛的结局

最后,羊毛怎么样了?尽管出现人造纤维,但是过去半个世纪的研究使该产业一直在发展。最新的一项发明是一种名叫"Option"的产品,它是一种新(羊毛)纤维,有着丝一般的感觉,独特而细致的光泽,是最好的羊毛产品。

资料来源:Charles Beckley,"From wool to flu remedy",*Nature* 429(6 April 2004):5-10.

问题:

1. 在商业化治疗流感的药物 Relenza 时,陷阱是什么?

2. 羊毛产业发展的方向是什么?

第12章

新兴企业法律结构

里德万（Ridwan）一直想创业，因此，去年1月，这个印度尼西亚人放弃了护士工作，卖掉了汽车，取出了银行存款。5个月之后，他在雅加达拥有了一家健康水疗馆。但是，市里没有对它做任何检查，也没有授权合法经营，他自己也没有得到经营许可证。这并非不寻常。在雅加达创业需要151天。

——世界银行

本章要点

1. 考察组织的法律形式——独资企业、合资、股份有限公司和特许经销
2. 阐述每种法律形式的优势和劣势
3. 比较股份有限公司和非股份有限公司以及其他企业形式的法律结构
4. 考察世界范围内的企业的法律结构的相对形式
5. 定义公司的分类
6. 考察特许经销的结构、优势和缺点

创业容易度

根据世界银行统计（见表 12—1），在富裕国家，创业平均需要经过 6 道程序，花费 8% 的个人年均收入和 27 天时间。在贫穷或低于中等收入水平的国家，同样的创业过程需要经过 11 道程序，花费 122% 的个人年均收入和 59 天时间。在更贫穷的国家，注册一个新公司需要花费 100 多天。美国和中国香港属于世界上最容易创业的国家和地区。因此，想想开头引言中贫穷的里德万，他住在印度尼西亚，在那里创业实际上需要花费 101% 的个人年均收入和 151 天。

表 12—1　　　　　　　　　　　创业容易度

国家或地区	成本（占年均收入的百分比）	程序数目	时间（天）
新西兰	0.2	2	12
美国	0.5	5	5
新加坡	1.1	6	6
澳大利亚	1.9	2	2
中国香港	3.4	5	11
中国台湾	6.0	8	48
泰国	6.1	8	33
日本	10.7	11	31
中国大陆	13.6	13	48
韩国	15.2	12	22
菲律宾	20.3	11	48
马来西亚	20.9	9	30
越南	50.6	11	50
印度尼西亚	101.7	12	151

本章关注影响创业的法律结构。我们将着重讨论澳大利亚和其他国家或地区的企业结构，并将其与美国的典型形式做比较。

评价法律结构

由于税务固有的结果和所有者的责任，也由于所选择的结构决定了选择何种资本结构是可行的，所以，选择一种合理合法的结构是一个复杂的问题。在决定如何组织和营运之前，未来的企业家需要确认最符合企业需求的法律结构。变更的税法、责任形式、资金供应、国外营运的需要以及企业形式的复杂性决定了这是必要的。选择企业结构时，必须考虑以下七个重要因素。

● **资产保护**（asset protection）。如果企业失败，企业结构将决定个人资产（如家庭收入）的风险有多大。

● **有限责任**（limited liability）。这是一个重要的商业特征，企业参与者个人对企业负债的责任被控制在具体的有限数量范围内。

● 分配灵活性。不同商业结构决定了不同的资金来源参与者。这些资金来源主要指：营业利润、资本收益、税务减免、股息。

● 财务管理。随着企业的发展，企业可能需要通过借贷或出售股票筹集更多的资金，因此，选择企业结构时要考虑未来是否容易筹资。

● 税收。这是一个复杂的问题，不止是选择税收最低的结构那么简单。

● 企业环境。包括受规章限制的被认可系统的苛刻性和技术风险。

● 个人关系。越来越多的夫妻共享所有权、共同管理、共担风险，有时他们被称为"合作企业家"。他们相互信任，履行承诺，对彼此忠诚，这样工作和生活才能平衡，否则就不平衡。

图 12—1 显示了公司的法律结构如何随着时间的推移而演变，从一个个体户开始，然后第二个所有者加盟，公司成为合资经营公司。后来，潜在的投资者加盟，但是他对公司没有决策权或责任，因此，公司变成有限的合资公司。随着资产和风险的增加，开始需要保护所有者的资产，因而，公司演变为有限责任公司。接下来，所有者感到有必要创造一个股份制公司结构。股份制公司不积极参与公司经营，但是拥有其他公司的股份，因此能控制公司的经营。最后，成功驱使他们不仅要开办和拥有商店，而且要建立特许经营，成功一个股份有限责任制公司。

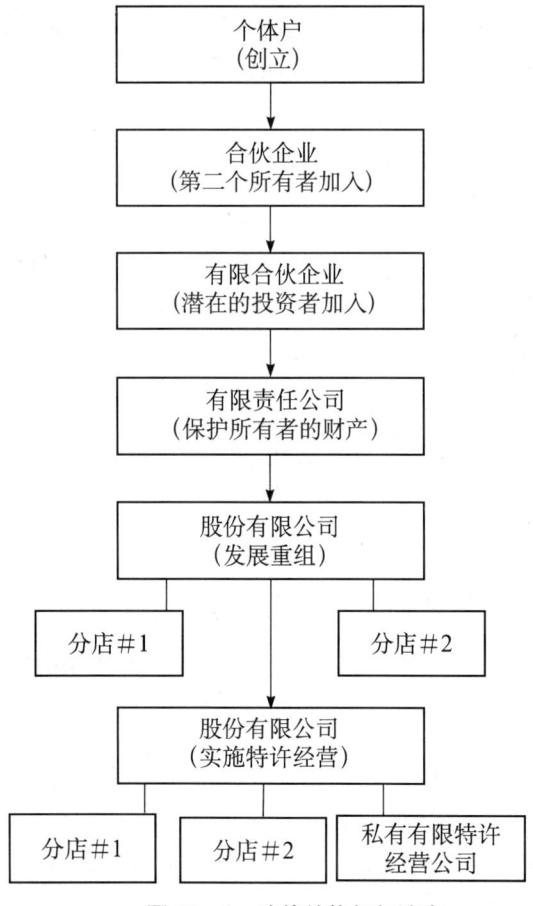

图 12—1 法律结构如何演变

资料来源：Adapted form: A. J. Sherman, "Selecting the best legal structure for growth", *Raising Capital* (Kiplinger Books, 2003).

创业广角

零距离接触企业结构

谈到企业结构，德博拉·威廉斯（Deborah Williams）已经经历过很多了。很难相信，她在纽约阿默斯特的黑猫电脑批发公司在前5年的经营中经历了三种不同的公司形式。威廉斯承认为，为她价值7 000 000美元的公司选择一种正确的形式"是一个噩梦"，主要是因为"发展得太快，以至于很难想出适合的结构。我是一个企业家，不是会计或公司结构方面的专家。"她说，"我听从会计的意见，但事实上那些意见并不适合我们这样一个发展迅速的公司。"

马塞洛·吉利奥（Marcelo Giglio）是幸运的，非常幸运。他被起诉了8次，每次吉利奥的房产、汽车和现金都危在旦夕，每次这个房地产代理商总能通过赢得诉讼或和解来保全他的资产。上次经历是在两年前，他做了个关于他的问题的噩梦，之后，他想到了将企业和个人生活分开的办法。解决办法是：成立股份有限责任制公司。出生在阿根廷的吉利奥说："以前，我将所有资产都登记在自己的名下，一旦出现问题，我就一无所有。我很担忧，担忧我的房产、收入和汽车。现在，如果出现问题，那是公司的问题。我有个非常有用的保护标准。"

对于对企业有丰富想象力的企业家来说，这个问题经常出现：有什么方法可以同时建立和管理一个以上的企业呢？然后，其他问题也随之而来：模仿大公司建立股份公司行得通吗？将几个公司分开经营有何优势？法恩·格林（Fan Greene）作为一个企业家，她建立了两家公司——美国蛋糕公司和阳光国家电子公司。对她来说，将公司分开经营的优势远超过成本。但是，作出那些判断需要时间和分析。她说："如果你只是严格看待企业问题，那么可以投掷硬币来选择一种方式。我的两家公司属于不同的产业，但是，它们也有共同点——销售预订都是通过电话。蛋糕公司的顾客是消费者，而阳光国家电子则是处理政府的一些事务，这两者有很大的不同。"但是，格林强调，除了严格看待企业问题，还有其他因素需要考虑。"作为两个发展中企业的创始人，我很在意它们的未来，也希望我的孩子参与它们未来的发展。由于我有6个孩子，他们年龄从28~35岁不等，我希望最终能让他们每个人接管我的一个公司。其他要说的就是责任保护。""如果公司分开，倘若另一家公司出现问题，我就能保护它们免受影响。"

蒂姆·麦科里（Tim McCorry）说："在1993年，为了责任保护的利益，我将公司变成了股份有限公司。"他是麦科里集团的首席执行官，也是宾夕法尼亚州拥有2 000 000美元的体育保健产品的生产者。他说："那时，我知道我想要彻底地从起始门槛跨出去以发展我的企业，并希望有一天能引进投资者。但是，我不知道公司需要有多少股票或股票的价值是多少。"对于麦科里来说，这意味着最初授权发行股票，而那100股全由他持有，股票平均价格根据他最初投资的30 000美元来定价。"当新投资环境不复存在时，公司将改变资本结构，授权发行更多股票，其中我的股份变少了——但是它们更有价值了。"

资料来源：Jill Andresky Fraser, "Perfect form", *Inc.* 19 (18) (December 1997): 155; Elizabeth Aguilera, "Minority proprietors can protect assets through incorporation", *Orange Country Register* (9 April 2001); Jill Andresky Fraser, "Keeping your businesses separate", *Inc.* 18 (5) (April 1996): 115; Jill Andresky Fraser, "Private company stock", *Inc.* 22 (6) (May 2000): 171.

管理机构

每个国家都有由立法和管理机构组成的管理监管政府，指导如何开始、营运和结束企业。这些政府机构监督公司的**投资设立**（incorporation）和商业运行。如今，大多数公司交易都是通过使用涵盖公司股份制信息的电子文件系统在网上进行的。表12—2列出了主要**管理机构**（regulatory bodies）、主要法律和良好的创业开端。

表12—2　　　　　　　　　　公司成立的管理机构

国家	主要的监管机构	管理者的网址	主要法律	立法网址	企业家的良好开端
澳大利亚*	证券投资委员会（ASIC）	www.asic.gov.au	公司法	www.com law.gov.au	www.business.gov.au
新西兰	公司注册局	www.companies.govt.nz	公司法	www.legislation.govt.nz.	www.biz.org.nz
新加坡	公司注册局（ACRA）	www.acra.gov.sg	公司法	statutes.agc.gov.sg	www.business.gov.sg
美国*	证券交易委员会（SEC）	www.sec.gov	证券法	Thomas.loc.gov	www.sba.gov

*在澳大利亚和美国，州和地区政府负责商业监管。ASIC和SEC仅负责对上市公司和部分投资行为的监管。

我们来看一下企业营运的法律结构的类型。亚太地区有各种各样普通的企业法律结构，包括非股份制企业，如**个体户**（sole tradership）和**合资企业**（partnerships）；**股份有限公司**（incorporated companies）以及其他企业形式，如商业信托，**合作社**（trading trust）和**非营利组织**（non-profit organizations）。由于每种形式各有优势和劣势，想推荐一种而不推荐另一种是不可能的，企业家所处的特殊环境、具体关注点和想要实现的目标会指导这一抉择。

股份有限公司

新创企业可以初步分为股份制和**非股份制**（unincorporated business）。事实上，从法律的角度来看，术语"公司"仅应用于股份制企业而不是非股份制企业。公司和**法人公司**（corporation）的区别在哪里呢？公众的感觉是很困惑。大多数人认为，公司是由地方拥有和经营的（如便利店），而法人公司则是一个大企业（如沃尔沃斯）。从法律概念来看，这完全是一种误导。

在美国，法人是一个法律实体（区别于自然人），在法律上通常享有同自然人一样的权利。在澳大利亚、新西兰、新加坡、英国和爱尔兰，这被称为股份有限公司。股东对公司负有限责任，并且正常情况下，股东并不为超过其股份价值的债务负责。同样，尽管概念不同，但是公司和法人公司的理念大体一致。

Inc意指一个实体是法人，称为股份制公司。股东的个人资产受保护。在美国，通过在企业名称后添加"股份制"来辨认是不是法人企业。例如，"得州仪器股份有限公司"。说来奇怪，在澳大利亚，股份制指一个股份制社团，即非营利实体，成员也对其负有限责任。

股份制源于公司，是公司的法律形式。股份制证明基本上就相当于一份出生证明。就像新生婴儿一样，股份制企业成为单个的法律实体，拥有自己的权利，也因此被认为与所有者分离。

世界范围内有各种各样的术语来代表不同的股份制小公司。表12—3详细列出了其中的一些。

表12—3　　　　　　　　　　世界范围内的企业结构

缩写	意思是什么？	在哪些地方使用？
AG	Aktiengesellschaft 等同于 PLC 或 Inc. 的股份公司	德国、澳大利亚、荷兰
GmbH	Gesellschaft mit beschrankter Haltung 有限责任公司，类似于 LLC	德国、澳大利亚、荷兰
Inc.	股份制社团：非营利实体 法人或股份制公司	澳大利亚、美国
LLC	有限责任公司 类似于一个法人与一个有限责任合资公司的合并	世界范围（除澳大利亚）
Ltd	上市公司 受股份或担保限制的有限责任公司（仅指非营利公司） 股票可以公开交易但不可以经常	澳大利亚
NV	上市有限责任公司 同受股份限制的 PLC	比利时和荷兰
S. A.	Sociedad Anónima 同 PLC	西班牙
	Société Anonyme 同 PLC	法国
SpA	Società per Azioni 同 PLC	意大利

☐ 有限责任公司

为了达到几乎所有的商业目的，私人公司和上市公司是两种最常见的法律结构。在澳大利亚，不同类型的公司分别用缩写 Pty Ltd（私人有限）和 Ltd（有限）表示。两者的主要不同点是，私人公司不能合法地向公众出售股票。

私人公司

在英国法律和其他国家相似法律中，当公司破产时，债权人得到的资产受限于公司资产。因此，如果公司破产，债权人不能剥夺董事的私有财产，如房产、汽车和存款。从理论上讲，董事个人不会破产，他们随后便可以创办新企业。然而，事实上，如果董事在知情的情况下，允许公司进行没有希望偿还贷款的贸易，那么他们个人就有责任。私人公司的股票不能出售给公众，这是私人公司与上市公司的主要区别。大多数企业是私人公司。

在澳大利亚公司法的监控下，私人公司必须是有限的（当公司有债务时，股东受保护）或无限的（股东承担无限责任）。澳大利亚的私人公司是私人有限公司（Pty Ltd）。一个私人有限公司拥有至少一个董事和一个股东，他们可以是同一个人，也可以不是。私人有限公司与上市公司相反。比如，私人有限公司不能接受公众投资或存款。然而，上市公司可以通过发行计划书向公众出售股票来筹资。

- 优势：
  - ✓ 股东的责任受他们认购的股票资金和个人担保的一切债务的限制。
  - ✓ 公司是独立的合法实体，可以订立合同，可以被起诉，亦可起诉别人。
  - ✓ 留存利润税收按照公司税收比率来征收。
  - ✓ 容易通过获得股份获取所有权。
  - ✓ 所有权变更容易。
  - ✓ 这种类型的法律结构更容易获得附加资金。
  - ✓ 股份可以转让，股东的权利可以通过发行股票的类型来控制。
  - ✓ 公司存在的连续性不依赖于所有者。
- 劣势：
  - ✓ 创办、管理和营运成本高。
  - ✓ 税收法规和公司法不断增多。
  - ✓ 税收和资金流失必须由公司承担。
  - ✓ 这些不能抵免所有者的收入。

上市公司

在澳大利亚，上市公司通过在公司名称后面添加"股份有限"的字样来表示，或者缩写为"Ltd"，例如 BHP Biliton Ltd（BHP 比利顿股份有限公司）。在其他许多国家的法律体系中，"PLC"表示该公司是一家上市公司。上市公司是有限公司，股票可以公开出售。缩写为"Ltd"或"PLC"的公司大致等同于美国的法人公司。上市公司没有"流通"的义务，然而，大多数公司的股票的确在流通，并且股票通常在股票交易所交易。因此，为了在股票交易中保持信心，交易所对上市公司的要求比对私有公司要严格得多，尤其是相关财务报告中需要公开财务信息的数量。上市公司主要得益于筹资能力，才具有某些优势。但是，这些优势也可能是劣势的源头。以下总结了股份有限公司的主要优势和劣势。

- 优势：
  - ✓ 大致同私人公司，如上。
  - ✓ 通过公开发行股票或其他金融投资者的投资增长的筹资潜力。
- 劣势：
  - ✓ 在所有考虑到的企业组织形式中创办成本最高。
  - ✓ 如果公开交易股票，也就更公开地面对恶意的接管竞标。
  - ✓ 监管更严格。
  - ✓ 持有少数股份的公共股东（作为所有者）对企业没有实际的控制权。

如何拥有股份有限公司的股份？

股份有限公司的所有者，不管是私人还是机构，均称为股东。个人可以通过购买企业股票成为其所有者。分配企业利润时，利润以红利的形式分配给股东，其数量不是由所有者决定，而是由企业的董事决定（可能就是所有者）。依靠所持有的股票的种类，持有者对他们所持的每一股都有发言权。公司出售的股票一般有以下两种。

普通股。这是一种最普通的股票，因而得名"普通股"。普通股股东对企业拥有完全所有权，包括选举权。个人或团体持有股份的百分比决定其对公司的控制程度。普通股的红利没有保障，为了公司的利益，董事可能决定在某年不分配普通股的红利。

优先股。优先股的显著特征是：不管公司业绩如何，红利都按固定的数额保证正常分配。如果企业在某一特定时期不能支付红利，那么正常情况下，它将被强制进入下一财务阶段。优先股股东比普通股股东优先分得红利，但是，为了公平，在红利分配上有优先权的优先股股东与普通股股东相比，只有有限的选举权。

除了可以向公众出售股票以外，私人公司与上市公司的另一个区别是，它的创立和随后运营的监管标准不同。有人认为，对上市公司的监管会更严格。但是，我们认为对两种公司的监管一致。

半股份制企业

有限合资（limited partnerships）适用于这样的场合：与首个投资者不同，投资者对企业管理不承担责任，对损失也不承担责任，这样的组织允许投资者有权分享利润但对企业的损失承担有限责任。有限合资的优势是允许投资者投资一个合伙企业，而不对自己金融投资以外的部分负责，除非遇到某些情况。有限合资者不可以：

- 在企业存续期间抽出或收回他们出资的任何一部分。
- 参与企业管理或约束公司。

我们已经提到，这些实体组织作为半股份制企业既拥有股份制企业的某些特征，也拥有非股份制企业的某些特征。不过，从严格意义上讲，有限责任合伙人是非股份制企业，而股份有限合作是股份制。

有限责任合伙企业

在**有限责任合伙企业**（limited liability partnership，LLP）结构中，只要合伙人不参与企业管理，其责任就受出资数额的限制。有限责任合伙企业在石油和天然气勘探、电影企业和企业资本投资中尤其常见。在有限合资关系中，一般合伙人负**无限责任**（unlimited liability），因此，个人对公司的债务负责。但是，有限责任合伙人是投资者，他们的责任受投资规模的限制，只有在某些特定的环境下才能参与公司管理。有限责任合伙企业的标准特征包括纳税流程、对被动投资合伙人负有限责任、独立的法律人格。

股份有限合伙企业

股份有限合伙企业（incorporated limited partnership，ILP）是有限合资的一种形式，最近在澳大利亚发展起来，尽管在美国相应的形式已经存在了一段时间（LLC 也叫作股份有限合伙企业，很容易混淆）。为了满足企业资金需求和使私人投资者投资方式更灵活，ILP 开始发展。股份有限合伙企业是一种合伙关系，兼有个人和公司的能力和权利，可以拥有 20 个一般合伙人和无数个有限合伙人。对于所有的有限合伙企业，有限合伙人没有权力参与企业管理，一般合伙人负无限责任。

现阶段，股份有限合伙仅被推广到维多利亚、皇后岛和新南威尔士。

- 股份有限合伙企业的优势：
  √ 有限合伙人责任有限。
  √ **纳税流程**（flow-through taxation）——股份有限合伙企业的每个合伙人按照股份有限合伙企业收入的比例纳税。
  √ 如果合伙人蒙受损失，他们有权要求公司抵免其他可能的纳税收入。
- 股份有限合伙企业的劣势：
  √ 仅限于有限的投资目的。
  √ 寿命短——5～15 年。
  √ 投资最少为 2 000 万美元——意味着采用股份有限合资结构前需要大量投资。

非股份制企业

有两种常见的企业形式，称为非股份制企业，它们并非按照法人企业来组织和运作。

个体经营者

个体经营者（也称为独资者）是指个人拥有和营运企业。离开了所有者，企业将不复存在。个人享有所有利润，承担企业所有债务的责任和义务，同时负无限责任，这意味着他们的企业和个人资产与营运息息相关。如果公司无法满足债务责任，那么，经营者可能被迫卖掉私家车、房屋和任何能凑足对债权人所欠下的债务的资产。

想要建立独资企业，个人仅需要获得开始营运所必需的许可证或营业执照，正常情况下，还必须向州或地区的相关部门申请注册公司名。由于企业成立简便，个体经营便成为最广泛使用的合法组织形式。

- 个体经营者的优势：
  √ 成立简便——是一种建立和维持成本不高的企业结构，受政府报告要求约束最少。
  √ 蒙受损失即减少个人税收——在澳大利亚和新西兰，企业损失可以由其他收入和未来收益来弥补。
  √ 与其他任何一种合法形式相比，建立独资企业更不拘泥于形式，约束也更少。
  √ 独享利润——经营者不需要和其他人分享利润。
  √ 单个所有者拥有控制权和决策权——在营运过程中，没有共同经营者或合伙人需要询问。
  √ 灵活性——以日常的决策形式，管理可以迅速回应企业的需求，这些决策由各种不同的法律和良好的直觉指导。

　　√ 相对自由，不受政府控制——尽管有时可能会出现可观的"顺从成本"，但是政府干预营运的现象很少发生。

　　√ 不纳企业税——所有者作为个人纳税人纳税，而不是纳企业税。

　　√ 关闭容易——很容易关闭公司，停止交易。

● 个体户的劣势：

　　√ 很少有税收特许权——如果企业成功，在澳大利亚和新西兰，个人税收率可能会超过公司税收率。

　　√ 无限责任——单个经营者对企业债务负责，这种责任波及所有者的所有资产。

　　√ 缺乏连续性——如果所有者生病或死亡，企业将瘫痪或倒闭。

　　√ 缺乏个人自由——休假也许不可能，因为当你不在时，企业中没有其他人帮你营运。如果生病或发生意外事故，同样的情况也会发生。

　　√ 资金来源更少——一般来说，独资企业比其他组织如合伙企业和股份有限公司资金来源更少。

　　√ 获得长期资金来源相对困难——因为企业仅由个人所有，所以很难筹集到长期资金。

　　√ 观点和经验相对有限——营运仅靠单个人，个人的能力、培训和技巧都会限制企业的发展方向和范围。

合伙企业

　　合伙以不同的形式出现。独资企业发展到某一阶段，进一步的发展可能需要接纳一个合伙人。另一种形式是：两个人或更多人可以决定整合他们的技能和资源，以合伙的方式创办企业。

　　在合伙关系中，一群人为企业贡献时间、才能和金钱，同时，他们共同承担责任，分享利润。合伙关系可以通过口头或书面协议来创立，但是，书面形式更佳。如果存在一份正式的合资协议，法律会认为每个合资者在企业中占有同等的份额。如果某个合伙人贡献的金钱或时间更多，通常情况下，合伙协议将认为他在企业中占有更多的份额。如果在约定的协议中清楚地阐明一切，冲突的可能性就会减少。

　　在合伙开始之前，记住，很多多年的密友发现他们不可能成为合伙人在一起工作。与合伙人是好朋友会使你不敢挑战他们或提供建设性的批评建议。

　　成立合伙企业的要求与决心似乎非常明了。但是，在初步决定建立合伙关系后，如何发展和巩固合伙关系的信息却很少。考虑到与失败的合伙关系相关的成本和风险，洞察影响合伙成功的因素是非常有用的。

　　一项研究试图解释这些问题，并希望更了解这种形式和合伙人之间相互交流的主旨。研究表明，信任、协调活动的意愿和表达对该关系的承诺的能力是关键。交易参与者的沟通策略也是关键（见图12—2）。

　　共同参与能使所有参与者更好地了解他们所面临的战略性选择。研究者发现，信任、承诺和沟通的质量，共同计划和共同解决问题都能更好地调整合伙人的期望和目标。挑战在于创造一种管理哲学或企业文化，在它的指导下，独立的交易参与者既能够让渡一些控制权，也能够考虑到别人所有的需要，致力于计划和组织。

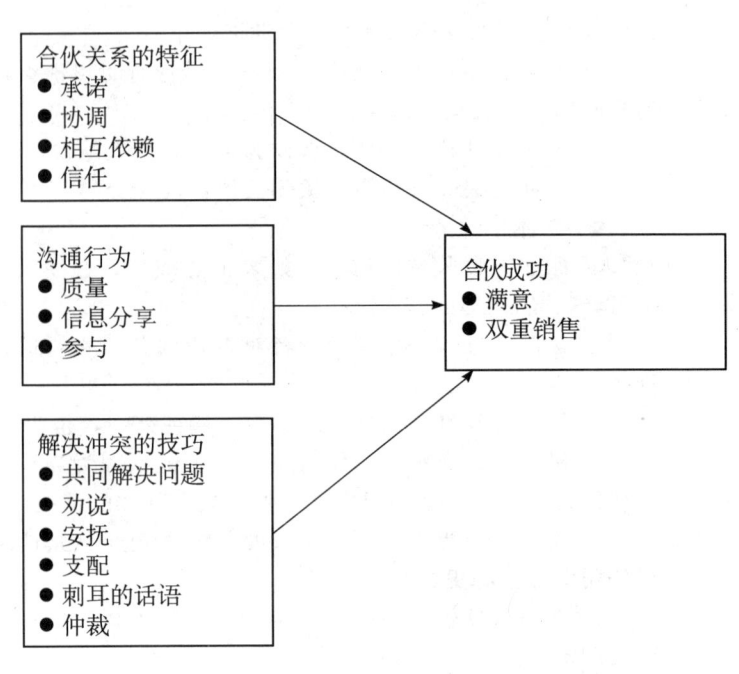

```
合伙关系的特征
● 承诺
● 协调
● 相互依赖
● 信任

沟通行为
● 质量
● 信息分享
● 参与

解决冲突的技巧
● 共同解决问题
● 劝说
● 安抚
● 支配
● 刺耳的话语
● 仲裁

                    →   合伙成功
                        ● 满意
                        ● 双重销售
```

图 12—2　合伙成功的关键

资料来源：Jakki Mohr and Robert Spekman, "Characteristics of Partnership success: Partnership attributes, communication behavior and conflict resolution techniques", *Strategic Management Journal* 15 (1994): 137.

合伙协议应该列出各人对企业的财务、管理和资产方面的贡献，并描述企业关系中合伙人的作用与角色，它将作为合伙人工作关系的指南。以下是一些通常包含在合资协议中的主题：

- 合伙企业的目的；
- 合伙条款；
- 创立时期和企业生存期间各合伙人的资金贡献；
- 利润分配和损失分摊；
- 某一合伙人取出资产或资金；
- 各合伙人的管理权力和工作职责；
- 接受新合伙人的条例；
- 驱逐某合伙人的条例；
- 某一合伙人死亡、生病、残疾或想退出时，企业将如何继续生存的条例；
- 决定即将退出的合伙人的利息价值和支付方式的条例；
- 通过仲裁解决冲突的途径；
- 协议持续时间与企业解散的条款。

除了书面条例，企业家必须考虑不同类型的合资协议。根据企业的需要，有一种或多种会被用到。记住，在通常的合伙协议中，必须至少有一个一般合伙人对企业的债务负责，并对企业承担无限责任，这很重要。

- 合伙的优势：

    √ 成立简单——与其他更复杂的企业形式如股份有限公司相比，合伙企业的法定仪式和费用更少。

√ 直接回报——直接分享利润，合伙人将被激励而全力以赴。

√ 灵活性——合伙企业比独资企业可能获得更多的资金和技能。

√ 敏感性——合伙企业通常能以日常决策迅速回应企业的需要。

√ 相对不受政府控制和管理——在营运过程中，合伙企业很少受政府干预。

√ 机密性——合伙人没有必要向公众披露利润。

- 合伙的劣势：

√ 税收特许权少——大多数合伙人作为纳税人纳税，在澳大利亚和新西兰，个人税收率可能比公司的更高。

√ 至少一个合伙人负无限责任——尽管有些合伙人可以负有限责任（如同在有限合资关系中一样），但是必须有一个一般合伙人承担无限责任。

√ 缺乏连续性——倘若某一合伙人死亡或从企业中退出，合伙协议则终止。（但是，企业的营运能够继续，因为企业有生存的权力。通过留下其他成员或加入新成员，新的合伙企业得以创立。）

√ 获取巨额资金相对困难——大多数合伙企业在筹资时都会遇到问题，尤其是长期筹资。通常，合伙人的集体财富显示了合伙企业能筹集的总资金的数额，尤其是在创立之初时。

√ 仅受一个合伙人行为的约束——一般合伙人能代表企业签订合同，履行承诺，这对整个企业尤其是其他合伙人来说可能是一种灾难。

√ 退出困难——如果合资关系解散或终止，那么其他合伙人在获得可接受的价值或在筹资购买即将退出的合伙人的股份时会产生问题。

√ 处理合伙利益困难——除非在书面协议中有特殊安排，否则买断一个合伙人的股份可能比较困难。

从一开始便正确地订立合伙协议很重要。否则，不稳定性和模糊性将影响企业。比如，爱丽丝（Alice）、贝蒂（Bette）和凯西（Cathy）三人合资，但没有清楚的协议。三人共同租赁了一家工厂，生产小物件，每人分得1/3的利润。后来，爱丽丝为得到生产马克Ⅱ的厂房和设备商签订了合同，但是，生意失败了，爱丽丝必须按照合同办事。然后，以完全不相关的理由，爱丽丝被宣告破产，供销商起诉她违约。法庭确定爱丽丝、贝蒂和凯西是事实上的合伙人。爱丽丝将合伙企业与设备合同绑在一起，由于爱丽丝破产，贝蒂和凯西必须向供应商支付所有的损失和费用。

其他企业形式

商事信托

另一种在澳大利亚和新西兰常见的企业形式是商事信托。除了它的附加优点——能够向不在公司工作的受益人支付收益（与公司不同）外，它很像家庭信托。这吸引了拥有公司和16岁以上未就业的孩子的人群，因为利润可能会分配给这些孩子。由于孩子的其他收入来源很少，因此，征收的税率更低，其目的也在于保护从业人员的个人资产。例如，当医生或牙医面临渎职或不正当医疗冒险的投诉时，商事信托可以保护其资产并将个人生活与职业生活分隔开来。信托一般按流程征税，这点与合伙企业类似，尽管澳大利亚公开交易的信托和新西兰某些交易信托有些例外情况。

☐ 合作社

合作社（cooperative society）是一种具有公司身份的企业结构。合作社与公司的主要区别在于红利分配。在公司框架下，利润是动机——红利返还给公司成员；相反，合作社以服务为动机——向成员提供服务，任何返还的资金均有限。与公司不同，合作社所有成员只有一次选举权，不考虑持股情况。在其他方面，它按照与公司类似的方式运行。董事会被选举出来，控制合作社的管理。

☐ 慈善信托

常见的非营利公司形式是宗教、慈善或教育组织，它的目的不是营利，但是如果利润能留在信托内，它就允许营利。

表 12—4　　　　　　　主要公司形式的比较

特征	私人有限公司	股份开放有限公司（LTD 或 PLC）	股份有限公司 私人有限公司（PTY LTD）	有限合伙企业（LTD）	股份有限合伙企业（ILP）
描述	责任受股份（不公开交易）限制的私人公司	责任受股份（公开交易）限制的上市公司	在澳大利亚使用，不同于PLC，私人有限公司不能邀请公众投资	为实现企业利润、订立协议创造至少有一位一般合伙人和其他有限合伙人必须注册有限合伙企业，发放注册证明	与股份有限公司和有限合伙企业类似，股份有限合伙企业必须注册发放注册证明必须有一份合适的书面协议
责任	股东的责任受其认购的股票金额和个人担保的一切债务限制	股东责任有限——股东不对公司的债务负责		一般合伙人负无限责任；有限合伙人只在他们的出资范围内负责	同有限合伙企业
持续时间	公司生存的持续性不依赖于所有者	企业生存的持续性不依赖于所有者		由协议决定，或由最后一个一般合伙人或最后有限合伙人的终止决定	由协议决定或某些情况下管理者的通知决定
股票转让能力	股份可以转让	股票公开交易，更公开面对恶意的接管竞标	股份可以转让	股份可以让渡（例如一般合伙人），但是注册内容必须修改	在一般合伙人的许可下，部分或所有有限责任合伙人的股份可以转让

续前表

特征	私人有限公司	股份开放有限公司（LTD或PLC）	私人有限公司（PTY LTD）	有限合伙企业（LTD）	股份有限合伙企业（LLP）
管理	股东选举董事，董事制定政策、任命官员	股东选举董事，董事制定政策、任命官员	股东选举董事，董事制定政策、任命官员	一般合伙人有同等发言权或按照合约 有限合伙人如果积极参与企业管理，则不能保留有限合伙人	同有限合伙企业
税收	在某些管区实行双重税收（如美国）：公司就纯利润缴纳所得税，并且股东就所发放的红利缴纳所得税 一些管区如澳大利亚，允许红利分配，允许为给公司纳税的股东增加信用	在某些管区实行双重税收（如美国）：公司就纯利润缴纳所得税，并且股东就所发放的红利缴纳所得税 一些管区如澳大利亚，允许红利分配，允许为公司纳税的股东增加信用		一般作为合伙关系征税	同一般合伙关系
费用、执照、报告	均要求	均要求		变更的注册细节的申请费用和各种费用	申请费
可能的资金来源	取决于私人有限公司的规模，供应商、银行、保理、租赁信贷公司、政府津贴和贷款、企业资本机构和发行私人股票	供应商、银行、保理、租赁信贷公司、政府津贴和贷款、企业资本机构和通过股票交易所公开发行股票		合伙人的存款、银行、供应商、政府津贴和贷款、租赁信贷公司 很难获得巨额资金	银行、批发投资者、企业资本机构和其他私人股票基金

非股份有限公司

特征	个体户	合伙企业	商事信托	慈善信托	合作社
描述	在世界范围内使用，由所有者的意愿创立，也称为独资	在世界范围内使用，由希望投入时间、才能和金钱的几方通过订立协议创立	同家庭信托 可以向不为信托工作的受益者支付 仅限在澳大利亚和新西兰	股份有限组织（非营利实体）	几乎普遍存在由其职责由组织决定的成员组成

续前表

特征	个体户	合伙企业	商事信托	慈善信托	合作社
责任	无限责任 所有者个人对所有债务负责	无限责任（除了有限合伙企业中的有限合伙人）	保护资产免于责任 对在职人员如医生有利	只要决策者在范围内行动谨慎、合法并且不为个人利益，则负有限责任	只要决策者在范围内行动谨慎、合法并且不为个人利益，则负有限责任
持续时间	由所有者决定 随所有者的死亡自动解散容易倒闭	由合伙人协议、一名或更多合伙人死亡、一名合伙人退出、破产等终止	由协议终止	由托管人终止	由股东代表大会成员的协议终止
股票转让能力	股份可以转让，但是个人的商人地位也解除	尽管合伙股份可以让渡，但是让渡人不享有合伙人的全部权力	取决于信托的形式	资产可以转让给有同样税收地位的组织	资产可以转让给有同样税收地位的组织
管理	完全由所有者决定 没有其他的共同所有者或合伙人需要商讨	一般合伙人在管理中享有同等的直接发言权，除非明确赞同合伙协议的其他方面	一般作为家庭商业管理，具有该形式的所有问题	由托管人管理，虽然信托契约允许由成员任命和调动托管人	由股东代表大会的成员或委员会管理
税收	所有者个人为企业纳个人所得税 无公司税	不管利润是否分配，每个合伙人都纳一定比例的纯利润的所得税	商事信托分配的收入以受益者的税率纳税	必须是为慈善事业的	可能有慈善事业地位，取决于目标 在一系列其他免税的情况下营运
费用、执照、报告	无	无	无	根据规则，名称和办公室的变更根据托管人的变化（土地由信托所有）	年度决算、规则、名称和办公室变更必须报告
可能的资金来源	所有者的存款、银行、供应商、政府津贴和贷款 无企业资金	合伙人的存款、银行、供应商、政府津贴和贷款、租赁信贷公司 很难获得巨额资金	家庭存款 很难获得外界资金供应	捐款、再投资的收入	捐款、再投资的收入

在外国创立企业

□ 泰 国

在泰国有三种主要的合伙形式：
- 未注册的普通合伙企业；
- 注册的普通合伙企业；
- 有限合伙企业。

每种合伙形式的合伙人负不同程度的责任，合伙人和合伙企业承担不同的税收结果。国外投资中最热门的是私人有限公司，要求至少7名创办者，必须将联盟的备忘录归档、召开法定会议、注册公司以及获得公司所得税证明卡。在泰国，为那些从事不产生税收的活动的公司建立一个代表处或地方办公室已成为可能（如市场调研、质量控制和支持性服务）。

□ 美 国

在美国成立公司不需要巨额资金，与其他大多数西方国家相比，其费用和限制非常少。许多非美国本地居民在美国成立公司，有些在美国国内营运，有些在国外营运。一般情况下，在美国成立公司没有公民或居民要求。但是，需要在公司所在州以及在公司注册进行贸易的任何一个州有一个注册代理。

在美国，严格的责任法令要求商业人员实行股份制，因而能限制他们的责任。在美国，股份制和企业创办也有签证方面的优势，但是要明白，成立公司本身并不能保证签证，这很重要。

大多数非美国本地居民没有强烈要求在任一个指定的管区创办企业，他们选择特拉华州或者内华达州，因为那里有友好的商业环境和简单的遵守规定的要求。特拉华州以作为公司的避难所而出名，许多公司在那里特许成立。50多万家企业在特拉华州拥有合法基地，包括50%以上所有美国公开交易的公司和58%的世界500强企业。不在州内营运的公司，特拉华州不征收所得税。因此，在这方面，特拉华与其他州没有区别，美国所有州均不征收州外所得税。

在美国成立的公司可以选择的法律结构有合伙企业和有限责任公司（LLC）。申请费一般低于500美元，法律费用不能超过另外的1 000美元。各州之间每年的申请费和税收不同。在加利福尼亚，最低年特许经营费约为800美元，附加的申请费大概每年20美元，注册代理服务公司每年收取大约200美元。

公司一般在自己的权限范围内才可征税，不考虑所有者的税收地。在细则S下，出于税收目的，股份制公司被当成合作企业。如果持股人不是美国公民或居民，企业就无法进入细则S。合伙企业不与所有者分开征税。相反，为了税收目的，他们是"自由通过"实体，合伙企业的利润和损失都分配给合伙人，不管资金是否按合伙关系分配。为了税收目的而成为合伙关系的利益之一是：如果合伙企业亏损了，合伙人可以用其他来源的收入弥补损失，因而减轻了他们所承担的个人所得税。

特许经营方式

本章要考察的最后一种企业法律结构是特许经营。事实上，**特许经营**（franchise）本质上不是一种法律形式，它可以是我们讨论过的任意一种结构。但是，我们现在将其当作一种企业结构，因为企业家在创办企业时会考虑到特许经营。

特许经营企业家一直受到广泛研究。特许经营在新西兰和澳大利亚已经发展得十分成熟。新西兰特许经营产业价值100亿美元，有300个体系和4 000个经营商。根据2004年澳大利亚特许经营报告，在澳大利亚，大概有850个特许经营体系，50多万人被雇佣。大部分特许经营是非食品产业的零售（30%的特许经营商和18%的特许经营点）。接下来，资产和企业服务部门占特许经营商的24%和特许经营点的21%。大多数特许经营体系在确切的商业地点营运（69%），但是，有些是在家营运或移动营运，包括其中的组合。几乎1/3的特许经营商在国内营运时，采用主要的特许经营协议。

特许经营是一种协议，商标、商标名或版权所有者特许别人使用，出售产品或服务。受许人（购买特许经营权的人）一般在法律上独立，但在经济上却依赖于特许人（出售特许经营权的人）的企业体系。换句话说，受许人既能以独立的商人身份运作，也能实现地方或国家组织的优越性。

特许经营的优势

特许经营的优势有几方面。

培训与指导

与创办新企业或购买现有企业相比，或许购买特许经营权最大的优势在于，特许人通常会向受许人提供培训和指导。因此，与一般小企业相比，接受了援助的国内受许经营商成功的几率大大增加。据报道，一般小企业失败率与特许经营失败率的比例高达4∶1甚至5∶1。

品牌吸引

如果个人购买国内著名经销权，尤其是品牌名很响亮的，成功率将很高。特许人的名字是建立特许经营有吸引力的名片。人们通常有意识地购买由国内经营的产品或服务，而较少选择名不见经传的。

已证明的业绩

购买特许经营权的另一个好处是，特许人已经证明营运能够取得成功。当然，如果是第一个购买经营权的，就另当别论。然而，如果这个经营组织已经存在5~10年，那么，不难看出营运将多成功。如果所有销售店仍在营运中，并且所有者报告他们在资金方面做得很好，那么，可以肯定特许人已经证明商店的布局和选址、定价政策、商品质量或服务以及整个管理体系都是成功的。

资金援助

特许经营是一种有利投资的另一个原因是：特许人也许能帮助新加入的所有者保证营运所需的资金援助的安全。事实上，有些特许人通过借款给受许人提供个人援助，并在营运顺利进行之前不要求还款。简而言之，购买经营权通常是保证金融组织援助的理想途径。

特许经营的劣势

未来的受许人必须衡量特许经营的优势与伴随而来的劣势。

经营费用

在商业中，没人能不劳而获。特许人生意做得越大越成功，经营费用就越高。国内连锁的特许经营面临5 000~10万美元的费用不足为奇。更小的和那些尚未成功的特许经营商，收取的费用少一些。而且，要记住，这笔费用仅仅包含上节讨论过的利益。尽管经营商可能提供援助，并保证银行贷款，但未来受许人还必须花钱建立销售点并进货打理。

另外，费用通常与总营售额挂钩。一般，特许经营购买者支付首次经营费用，自己花钱建立商店、购买设备和仓库，还要支付在营业额基础上的持续专利权税，通常为5%~12%。大多数特许人要求购买者在首次费用中支付25%~50%的现金，剩下的可以贷款，有时候向经营商借款。

特许人控制

在大公司工作时，公司控制员工的活动；如果个人拥有企业，那么他们控制自己的活动。特许经营者介于两者之间。特许人一般对营运有很大的控制权，目的是为了达到一定程度的统一性。如果企业家不遵循特许人的指导，那么当合同到期时，他们可能就无法更新特许经营商执照。

未兑现的诺言

在某些情况下，特别是在名不见经传的特许人中，受许人没有得到承诺的一切。例如，很多受许人发现他们的商标名没有任何吸引力，而且，特许人承诺的援助也没有兑现。又如，受许人本来可以从特许人那里以更低的价格购买供应品，他们却发现自己为此支付了高得离谱的价格。如果受许人抱怨，他们就会有与特许人终止合同或无法更新执照的风险。

特许经营法

新西兰没有确切的特许经营立法，经营关系受一般商业法的支配。澳大利亚则走不同的路线。澳大利亚特许经营行动法则保证受许人被告知所有事实，并且当生意开始时，他们能通过迅速且相对廉价的途径解决争端。特许人必须向受许人披露确切事实，并在与受许人进行交易时，遵循规定的程序。如果发生争端，任何一方可以要求另一方参与仲裁。潜在的经营商必须签署一份陈述，说明他们接受过独立咨询或者他们被告知需要寻求咨询但未按其行事。文件公开责任要求特许人向潜在经营商或那些寻求更新或扩大现有经营的经营商供货。对此有一个特别规定的公开文件和文件副本。不受法则约束的是在澳大利亚只有一家经营单位的外国特许人。澳大利亚竞争与消费者委员会（ACCC）管理法规并在交易过程中执行法规。争端通过由负责工作关系和小企业的共同体部长任命的仲裁顾问处理。

特许经营的法律结构

特许经营应该采取何种法律结构呢？这个问题没有正确或错误的答案，特许经营可以是本章讨论过的任意一种形式，差别在于税收和责任。特许经营企业家应谨慎保护个人资产，以免于那些与执行合同相关的企业责任，例如租赁合同与供应商合同。为此，许多新受许人因为税收上的差异，对公司形式更感兴趣，而不顾潜在的责任保护。他们看到的优势是公司所得税税率比个人所得税税率更低的潜力。由于退休账户选择的增加，某些所得税的减免额也不同，这样可能会产生与此相关的利益。

最后的思考

前面提到，为了避免误解、错误和开支增加，企业家应该寻求专业的法律意见。由于对法律、会计学、房地产、税收和政府调控没有透彻的了解，一般企业在成立时会遇到各种各样的问题以及被障碍影响。所以，对这些领域某些基本理念的理解是必需的。

本章对理解组织的合法形式是一个良好的开端，能给企业家提供指南，指导他们寻找对其情况最适用的合法形式的更深入确切的意见。以下关键问题有利于企业正确选择法律形式：

- 风险有多大？投资者对债务和税收的责任有多大？
- 如果主要人员发生意外，公司能维持多久？
- 何种法律结构能保证企业最大的管理适应性？
- 联邦、州和地方法律会对营运产生什么影响？
- 吸引额外资金的可能性有多大？
- 吸引专业技能的需要和可能性有多大？
- 与开始营运相关的成本有多少？程序是什么？
- 企业最终的目标和目的是什么？哪种法律结构最适合达到这一目的？

小结

本章以讨论创业容易度开始,在考察合法组织的主要形式之前,首先评估了法律结构,并描述了管理机构,概括并比较了各种形式的优势和劣势。另外,比较了合伙企业和股份有限公司的特征与税收因素。

本章还考察了合伙企业和股份有限公司的确切形式,特别描述了有限合伙企业、股份有限合伙企业和有限责任公司的要求和利益。

本章还讨论了附加的公司分类,并专门有一部分描述公司成本,也讨论了特许经营,强调了其优势和劣势以及法律保护。最后,提供了关键问题列表,供企业家在确定企业结构之前参考。

思考题

1. 指出确定企业结构时可供企业家选择的法律形式。
2. 定义个体经营者、合伙企业和股份有限公司。
3. 组织的各种主要法律形式的具体优势和劣势是什么?
4. 比较合伙企业和股份有限公司的主要税收关注点。
5. 给出三种具体的合伙类型,它们的不同点是什么?
6. 解释有限责任合伙企业。
7. 什么是股份有限公司的双重税收?
8. 有限合伙企业如何运作?请举一个例子。
9. 什么是有限责任公司?
10. 特许经营的优势和劣势是什么?
11. 在确定企业结构之前,企业家要考虑的四个关键问题是什么?

自我测试:弄弄清楚

下面是个体经营者、合伙企业和股份有限公司的优势和劣势列表。与个体经营者相关的就在其后写"S",与合资相关的写"P",与公司相关的写"C",如果优势和劣势适用于一种以上的组织形式,那么就都写上,答案见本章末。

优势	劣势
1. 有限责任	1. 无限责任
2. 利润独自拥有	2. 政府调控
3. 无限生命	3. 缺乏持续性
4. 创办容易	4. 双重税收
5. 灵活性	5. 难以获得大额资金

续前表

优势	劣势
6. 所有权的转让	6. 组织开支
7. 相对不受政府控制	7. 相对有限的观点和经验
8. 增加的能力和技能	8. 活动限制

案例分析 12—1

Gloria 的决策

6年前,格洛丽亚·塔拉夫拉(Gloria Talavera)在马尼拉开了一家精品店,当时她只有一名全职员工。此后,塔拉夫拉增加了两名普通合伙人,并很快扩大了营运规模。在过去的几年里,很明显,她可以开另一家精品店,也能同样成功,问题在于资金。合伙企业缺乏扩张资金。

塔拉夫拉的银行顾问建议合资公司从银行借款200 000美元,并承诺以企业资本作为担保。"这样做你就能得到你想要的,一旦精品店运行起来,你就能偿还贷款。"他告诉他们。尽管他们担心其中的风险,如果第二家精品店经营得不好,就要通过抽取资金偿还贷款,从而影响第一家的成功,但是这个想法对合伙人来说听起来不错。

塔拉夫拉在构思使企业股份制,卖出股份,利用这些资金来扩张。她没有将想法告诉银行顾问,因为她想再考虑考虑,但是,她打算本周内与合伙人仔细商讨。

问题:

1. 通过发行股票使企业股份制来营运企业和筹资的利益是什么?这个主意比银行顾问建议的借款200 000美元更好吗?为什么?

2. 你给塔拉夫拉的建议是什么?请详细解释。

案例分析 12—2

股份制的问题

1982年,哈罗家族开了第一家汽车旅馆。起初,生意惨淡,花了11个月才达到收支平衡。3年后,哈罗家族才感觉到营运将成功。他们与旅馆共进退,1987年,他们将汽车旅馆的规模从28个房间扩大到50个房间。1989年,他们再次扩张,这一次是到100个房间。每年11月至次年4月,汽车旅馆的入住率都很高,以至于哈洛家族不得不打发走一些人,其他月份的居住率也达到85%。根据企业标准,他们是国内最成功的汽车旅馆之一。

进入20世纪90年代,哈罗德(Harold)和贝奇(Becky)决定不再扩张,而是购买另一家汽车旅馆,可能就在附近的位置。他们选择雇佣别人营运现在的旅馆,而花大量时间在新址上,直到它运行正常。1992年,他们买下了另一家汽车旅馆。与第一家汽车旅馆一样,第二家在几年内就非常成功。从那时开始,哈罗家族收购了许多新旅馆,直到1999年,平均每家汽车旅馆都有 100 间房。

一直以来，贝奇和哈罗德都自己管理账目。每年仅雇用一名有执照的会计结账并准备收入税。上星期，新来的会计问他们还打算将这七家汽车旅馆运行多长时间。哈罗德家族告诉他，他们乐在其中，并希望能再保持十年，届时，他们计划出售旅馆，然后退休。

哈罗德承认，努力保持所有的旅馆运行状况相同很困难，但是他说他有几个非常优秀的经理为他工作。会计问他是否考虑采取股份制。"如果采取股份制，你就可以卖出股份，用那笔钱去收购更多的旅馆。另外，你先留点股份给自己，那样你就能保持对营运的控制。卖掉一些进行扩张，卖掉剩下的将钱存入银行账户或做些保守的投资，那样的话，即使情况不妙，你依然能积累应变用的储蓄。"会计还向哈罗德解释道："作为合伙关系，他们必须为企业所有债务负责。如果是股份有限公司，那么他们就负有限责任，也就是说，如果公司失败，债权人不能就他们的私人财产提出起诉，这样，他们的资产就受到保护。因此，哈罗德家族出售股票的所得能安全地保留。"

哈罗德家族承认，他们从未考虑过另一种组织形式，他们认为合伙企业是最适合他们的形式。现在，他们愿意考察股份有限公司的利益，并且继续向前，如果这种方法优势更大，那么，他们将对公司实行股份制。

问题：

1. 合伙企业的优势和劣势是什么？
2. 对比合伙企业和股份有限公司的优势和劣势。
3. 就哈罗德家族是否应该股份制发表你的见解。
4. 有限责任公司对他们来说是不是有价值的选择？请解释。

自我测试的答案

优势
1. C   2. S   3. C   4. S, P   5. S, P   6. C   7. S, P   8. C

劣势
1. S, P   2. C   3. S, P   4. C   5. S, P   6. C   7. S   8. C

第13章 新兴企业的法律问题

> 对于经验不足的企业家来说，最大的难题就是分散在大多数法律文件中的各种各样的陌生词汇和短语。这样的新手在阅读法律文件时，不仅需要了解文件中包含哪些条例，还要明白为什么会包含这些条例。如果一个企业家不能花点时间或没有兴趣去阅读并理解公司即将签署的主要合同，那么他根本就不是一个企业家。
>
> ——帕特里克·R·莱尔斯（Patrick R. Liles），哈佛商学院

本章要点

1. 理解商业化和新产品发展过程中的知识财产保护
2. 考察专利保护，包括其定义以及申请专利所需的准备工作
3. 回顾版权以及版权与企业家的关联性
4. 学习商标法以及商标对新创企业的影响
5. 了解新的媒体（如网络）与知识财产保护的关联性
6. 回顾亚太地区破产法的范围
7. 理解在新经济环境下盗版和离岸知识财产避难所的影响

知识财产的国际保护

在这一章中,好消息与坏消息并存。我们将仔细研究企业家经常遇到的两个法律体系。首先,我们应该了解如何从商业收益的角度来保护和开发利用新的产品、服务和创新,这就叫做**知识产权**(intellectual property rights)。但同时,我们也需要知道当一个企业无法支付或负债超过其资产时应采取怎样的措施,这种情况也就是**破产**(bankruptcy)。

考虑以下事实:

- 5%~7%的世界贸易交易的是假冒伪劣产品。
- 全世界私人电脑所安装的软件有35%是盗版的。
- 仅在美国,由于知识财产的盗窃,每年有75 000人失业。
- 仅中国市场上的盗版物品,美国一年的损失就高达38亿美元。
- 假冒药品占据全球药品市场的10%以上的份额。

思想和知识是全球贸易的一个重要组成部分。有些人认为,在当今时代,知识财产是推动经济的引擎。很多商业化的产品的价值在于其发明、创新、研发、设计以及新产品的商业化,特别是海外商业化。因此,关键是企业家要有创新的动机,并且由于经济产出中越来越多的比例是属于概念上的而非物质上的,因此知识产权对一个企业来说是非常重要的。

知识财产的保护实际上就像一个双向的行车道。企业家可以合法地从海外获得并利用知识财产。抑或他们可以保护该知识财产不流出国外,禁止他人使用该知识财产,并且利用这些权利去商谈他人使用该知识财产的应付报酬。亚太地区的国家实际上是知识财产的净进口国。这就意味着许多在亚太地区消费的知识财产的发明者和创造者是海外人士,同时也意味着亚太地区的企业家利用海外知识财产的频率正如他们保护知识财产的频率一样高。

当然,大多数企业家都不是律师,所以他们需要对知识财产的保护有一定的了解。知识财产这个名词是用来描述特定的知识资产的,该知识资产已经被赋予了某种形式的法律保护,其目的是防止他人非权威性的使用。这些权利属于知识产权的范畴,其中包括**专利**(patents)、**贸易秘密**(trade secrets)、**版权**(copyright),以及**商标**(trademarks)或服务标识。知识产权为特定种类的知识财产提供了特定的保护。例如:

- 专利权保护那些实用的事物,如机器,以及科学方面的、生物工艺方面的、网络以及电子商务方面的创新。
- 贸易机密可以包含任何一种运用在生意上的程式、模式、方法和信息,并能够使运用者有机会优胜于其他不知道使用这些机密的竞争对手。
- 版权保护多种形式的印刷版的和艺术性的表达(包括软件)。
- 商标保护鉴别商品或服务来源的名称或标志。

在全球经济中,成功越来越多地取决于知识财产型资产。事实上,在美国,知识财产型的企业和企业家比其他任何一个部门都更能推动经济的增长。遗憾的是,知识财产也吸引了盗版商和犯罪组织。这些对正在进行的发明和创新构成的威胁使考虑加强知识财产的保护变得尤为重要,无论是一个重要的跨国公司还是一个本地私营企业。由于小企业和刚起步的公司缺少大公司所拥有的资源和专家,它们可能会有一定的风险。通常情况下,小企业也可能缺乏对知识财产保护流程的了解。那些在海外做生意的美国小企业中仅有 50% 知道某项专利或商标仅在美国受到保护。对于小企业来说,至关重要的是考虑使一个商业点子专利化或注册其名称为商标。

在过去的十年里,知识财产的保护已经有了很大程度的改进。目前,在美国以外的其他国家,此类变化正在大量发生。全球的企业家有必要了解这些变化(见表 13—1 和表 13—2)。

表 13—1　　　　　　　亚太地区参与的主要国际保护体制

澳大利亚	WTO 和 TRIPS,伯尔尼公约,专利合作条约,世界知识产权组织——请查看 www.ipmenu.com/country/austrilia.htm IP Australia 是联邦政府代理,专门负责批准专利、商标和设计等权利——请查看 www.ipaustralia.gov.au
中国大陆	WTO 和 TRIPS,伯尔尼公约,专利合作条约,世界知识产权组织——请查看 www.ipmenu.com/country/china.htm 中华人民共和国国家知识财产局——请查看 www.sipo.gov.cn 国家工商行政管理总局商标管理局——请查看 www.sbj.saic.gov.cn
中国香港	WTO 和 TRIPS,伯尔尼公约,专利合作条约,世界知识产权组织——请查看 www.ipmenu.com/country/hongkong.htm 香港知识产权局——请查看 www.ipd.gov.hk/eng/home.htm
印度尼西亚	WTO 和 TRIPS,伯尔尼公约,专利合作条约,世界知识产权组织——请查看 www.ipmenu.com/country/indonesia.htm 知识产权总董事会——请查看 www.dgip.go.id
日本	WTO 和 TRIPS,伯尔尼公约,专利合作条约,世界知识产权组织——请查看 www.ipmenu.com/country/japan.htm 日本专利局——请查看 www.jpo.go.jp
韩国	WTO 和 TRIPS,伯尔尼公约,专利合作条约,世界知识产权组织——请查看 www.ipmenu.com/country/Korea-south.htm 韩国知识产权局——请查看 www.kipo.go.kr
马来西亚	WTO,世界知识产权组织——请查看 www.ipmennu.com/country/malaysia.htm 国内贸易和消费事项知识财产部——请查看 www.kpdnhep.gov.my
新西兰	WTO,世界知识产权组织——请查看 www.ipmenu.com/country/newzealand.htm 新西兰知识产权局——请查看 www.iponz.govt.nz
新加坡	WTO,世界知识产权组织——请查看 www.ipmenu.com/country/singapore.htm 新加坡知识产权局——请查看 www.ipos.gov.sg
泰国	WTO 和 TRIPS,伯尔尼公约,世界知识产权组织——请查看 www.ipmenu.com/country/thailand.htm 泰国知识产权局——请查看 www.ipthailand.org/English
中国台湾	WTO 和 TRIPS,伯尔尼公约——请查看 www.ipmenu.com/country/taiwan.htm 中国台北知识产权办事处——请查看 www.tipo.gov.tw/eng

● 世界贸易组织(WTO)是一个由成员国解决贸易问题并谈判使其与世界上绝大多数贸易国所签署的世界贸易合约相一致的组织。《与贸易有关的知识产权协议》(TRIPS)尤其重要。它是一个国际性的合约,包括版

权、专利权、商标、贸易机密、工业设计以及完整的周期布局。TRIPS 是当今现行的最重要的关于版权、专利和其他知识财产规则方面的国际性条约。

● 《伯尔尼公约》保护文学艺术作品并保证版权是跨越国界受到尊重的。与《巴黎公约》一样，它是世界上最古老的条约之一并被世界上大多数国家认同。

● 世界知识产权组织（WIPO）是一个监管 23 个处理知识产权保护不同方面的国际条约的国际组织。该组织有 182 个成员。

● 《专利合作条约》（PCT）可使专利在多个国家的应用即时实现。

表 13—2　　　　　　　　　　　　知识财产信息资源

IP MENU 是专为知识财产领域的使用者与研究者设计的一个网络目录系统	www.ipmenu.com
新西兰知识财产组织在新西兰经济发展部已经制定有关多种形式的知识财产信息表	www.med.govt.nz/buslt/int_prop/info-sheets/framework.html
IP Australia 是联邦政府代理，专门负责批准专利、商标和设计等权利	www.ipaustralia.gov.au
美国专利和商标局网站为企业家提供了大量的有价值的信息 使用者可查询相关专利和商标信息，比如登记表、国际专利、法律问题以及常被问到的问题；使用者也可以在线查询商标或专利申请的情况	www.uspto.gov
在该网站，你可以直接获取注册商标的数据	www.uspto.gov/tmdb/index.html
由 Oppedahl 和 Larson 律师事务所设立的网址提供结构清晰的基本的专利信息，并且该网站更新很频繁	www.patents.com
由资源翻译和最优化赞助（Source Translation and Optimisation）的网站，在网络、生物科技和电子商务专利方面提供帮助 使用者也可以注册并可免费获取一封当日的信息邮件"网络专利新闻服务"	www.bustpatents.com
美国版权办公室在美国国会图书馆的网站上提供相关受到版权保护的作品、许可证和法律条款方面的信息 使用者也可在该网址找到版权记录	www.loc.gov/copyright
使用者可在该网站查询相关的书面法律、法院判例以及现有案例和解释 该网址也提供专题搜索以帮助使用者创业，帮助企业部门将这些法律付诸实践	www.findlaw.com
西方商法教材网站，提供相关的图书、案例和更新的概述，这使上网者能够在购买前查看内容	wbl.westbuslaw.com

专 利

有人可能会说，专利是社会作为一个整体与一个独立的发明者之间的合约。一项专利的目的是提供给持有者对其发明的暂时垄断权，以鼓励新思想和革新在市场上创造与公开。专利赋予其拥有者独一无二的权利去持有、传递和特许生产销售产品或流程。TRIPS 为专利独家经营权的持续时间提供了一个国际标准，即自归档之日起 20 年之内有效。根据所有的专利体系，一旦超过这个期限，人们就可以自由使用这项发明。尽管所有的 WTO 成员都受限于 TRIPS 中的专利条例，但专利权实际上是由国家法律批准的，所以这种权利也是有国界范围的。例如，澳大利亚的专利权仅在澳大利亚受到保护。然而，PCT 却允许企业家同时在其他多个国家为发明申请专利。

创业广角

全球专利

《专利合作条约》（PCT）是专为给发明家提供一个有效的国际专利申请体系而设立的。自 1978 年成立以来，现已有成员国 124 个。一个单独的国际 PCT 申请能使发明家同时在 124 个国家受到保护。美国、日本和德国是目前使用 PCT 专利最多的国家，其主要的跨国公司傲居前 20 名。但是，在发展中国家 PCT 的使用正快速增加。韩国是世界第七大 PCT 使用国，中国也位列第 13。下面是发明家通过 PCT 来保护其发明创新的实例。

- 苹果公司使用 PCT 来保护它的 iTunes 软件，并运用法律手段来打击数字下载音乐的版权侵犯。
- 阿肖克·加吉尔（Ashok Gadgil）的 UV Waterworks 是一个简单的使用紫外线来消毒的饮用水消毒装置。在印度、墨西哥和菲律宾，它将安全的饮用水输送到农村地区，每人每年仅需 1.5 美元。1997 年，他提出了 PCT 专利申请。
- 美国发明家迪安·卡门（Dean Kamen）有 56 项 PCT 专利申请，大多数是卫生保健和个人交通工具领域的，他的爬楼梯轮椅 iBOT™ 和个人交通工具 Seyway® 最为出名。
- 日本索尼公司使用 PCT 来保护其开发的先进技术，该技术是用来控制人型机器人的运动的。索尼仍然是全球 PCT 申请人的前五名之一。
- 中国清华大学的科学家在 2003 年为他们发明的环境友好型的双成分湿水泥申请了 PCT 专利。
- 在秘鲁的工作室里，发明家乔斯·维达尔·马丁那（Jose Vidal Martina）设计了一种低成本的钻头作为高成本超声波机器的代替品。在他申请 PCT 专利之后，他的装置风靡全球。

专利是针对那些新的有创新的并能应用于工业的产品或程序，是专为独一无二的发明而设计的。专利持有人的权利受到保护不被他人侵权。一般而言，机器、产品、植物、物质构成（化学合成）和现有商品的任何改进都有资格受到专利保护。

□ 如何增强专利的安全性

由于申请专利的程序通常是相当复杂的，所以有必要精心准备一个详细周密的计划。专家建议参照以下几项基本原则。

- 准则1：要追求一项广泛的、商业意义重大的并能占据市场主体地位的专利。这就意味着，我们必须研究相关专利法以获取尽可能广的思想或概念覆盖面。此外，这项创新还必须有其显著的新颖或独特之处。把所有的步骤或程序记录在笔记本上。
- 准则2：准备一个详细的专利申请计划。这份计划应该列出这项创新的开发成本以及投放市场所需的成本，同时分析这项创新的竞争力以及与其他同类发明的技术相似性。尝试详细列出这项发明的准确价值。
- 准则3：你的行动应与你的计划保持一致。这并不是说计划不能改变，而是在设立专利的早期阶段，明智的做法是保持行动与计划相一致。之后再改变事先准备好的路径也未尝不可。例如，我们可以特许他人使用该专利，而不是一直垄断该专利。
- 准则4：设立一个侵权预算。专利权仅在潜在的侵权者惧怕法律损失时才是有效的。因此，为专利侵权的起诉准备一个实际的预算是尤为重要的。
- 准则5：评估专利申请计划的策略性。典型的专利申请程序需要3年的时间，这应该可以比作所提议的创新或技术的实际生命周期。这项专利在3年之后是否还值得保护？会不会实施成本比总的损失还要多呢？

专利申请必须包含该项发明的详细说明书，以便每一个特定领域的技术人员都能理解。专利申请包含两部分：

- 说明书是有关专利的一篇文章并有可能包含伴随性的例证。它的目的是使技术领域的人熟悉并明白所有他们需要明白的问题，并教他们如何去复制和使用该项发明。说明书可能会很长，它一般包括以下几部分：
  - √ 介绍部分：解释为什么此发明有用。
  - √ 描述部分：对你所知道的所有前人的作品和任何与此发明有相似之处的发明作出描述。说明书通常会以数字的形式列出其他专利并附有简要描述，但是也可以引用或描述非专利技术。
  - √ 总结部分：描述此项新技术的本质并强调其与以前技术的不同点，同时还要包含其必要的特征，不管是新颖的还是陈旧的。
  - √ 详细描述此项发明，包括任何相关性甚小的方面并涉及其所有合理的变量。这部分应该足够的详细以便真正教会一个专业的开业者。
  - √ 详细列出例子或实验结果。

在本质上，说明书是广泛的，因为作为一种实践性的事物，其目的是教会他人使用该项发明并允许以此为基础的所有权有一定的灵活性。

- 所有权是一系列的短小段落，每一段鉴别一个受到专利保护的特别的特征或综合特征。整个所有权部分一般是一页左右。

所有权定义并限制已申请专利的发明。这项发明可以是广泛的（例如，一种要求无机的非金属固体的程序可能包含很多可能性），但绝对不可以包含任何前人的发明（其他已有的用有机物和金属的程序）中存在的东西。

一旦申请受理，审查官将会确定此项发明是否符合专利申请的条件。审查官将通过研究期刊上的技术数据和已经颁发的专利来确定。根据这些发现，申请将会被拒绝或通过。

只有一小部分的已颁发专利有商业价值。因此，企业家必须权衡创新的价值与得到专利所需的时间和金钱。同时，重要的是要记住这一点——许多专利在经过法庭上的挑战之后会被宣布无效。这种情况的发生有几个原因：第一，专利持有人未能在合理的时间内声明他们的专利。第二，那些控告专利持有者的人可以证明专利持有者滥用专利权——例如，专利持有者要求他人购买一定数量的其他商品或服务并将它作为专利使用合约的一部分。第三，其他团体能够证明专利本身并不能满足专利申请的条件，因此此项专利是无效的。

老实讲，虽然知识财产可以为市场营销和产品开发打下基础，但企业家或许会在保护知识财产方面浪费大量的金钱。一位专家建议，企业家与其高价雇请律师，倒不如在吸引投资者的目光上下点血本。有人认为，过分保护知识财产会增加诉讼，减慢创新。更好的做法是更快地推出新产品，始终站在竞争的前列，让人们来不及模仿。

如果经过仔细的审视之后，一个企业家总结出一项创新能够经受任何法律考验并且具有很大的商业价值，他就应该申请专利。如果考验开始了，那么法律费用是相当大的，但是成功的辩护足以弥补侵权所造成的损失以及出庭费用与利息。事实上，法庭可能会判给专利持有者高达实际损失的 3 倍之多的补偿。此外，专利侵权者有责任偿付所有由侵权得来的利润以及法律费用。

大多数人并没有意识到，仅有 2% 的专利曾经创造利润。考虑到专利申请过程中所需的费用和时间以及保护专利所需的资源，也许获取专利保护实际上并不是最好的选择。因此，许多专家建议发明者特许他人生产他们的产品，而非自己将产品投放市场。另外，许多专家还建议企业家应在财务上抓牢生意伙伴，或许咨询才是确保成功的最好途径（见第 17 章）。

版　权

版权赋予有创意的个体特有的权利以保护其文学或艺术作品。思想不可能有版权，但思想的特定表达通常是可以有版权的。这种表达可以有多种形式，包括图书、期刊、戏剧或音乐剧、艺术、电影、讲座、录像以及计算机程序。根据 TRIPS：
- 版权有效期直至作者去世后 50 年（照片除外，其版权仅至作者死后 25 年内有效）。
- 版权必须被自动承认。
- 计算机程序被视作文学作品并受到同等保护。
- 版权的国界例外——比如美国的**合理使用条例**（fair use doctrine）——应该严格控制。
- 在各州，知识财产法可能不会给当地居民提供任何利益，当然其他签约国的公民也得不到任何利益（称为国家待遇）；TRIPS 也有最惠国条款。

版权的拥有者享有以下权利：

- 复制作品。
- 在原作品的基础上准备派生出来的作品（例如，一部小说的缩写本或电影版）。
- 通过销售或其他途径来分配作品的复制品。
- 公开执行作品。
- 公开展示作品。

以上任何一项或其中的一部分均可被转让。

了解版权保护

对于要获取版权保护的创意作品的作者来说，作品必须是有形的，以便交流或再生产。它也必须是作者自己的作品，并且是作者自身技能或判断的产物。概念、原理、工序、体系和发现都不会得到版权保护，直到它们以有形的形式（书面的或录音的）出现。

在作者对侵权提起诉讼之前，他应该到国家版权局正式注册版权。此外，如果没有得到适当的通知，作者会发现他们的版权是无效的。

任何侵犯作者拥有的独有版权的人都对其侵权行为负有责任。然而，由于合理使用原则的存在，有时候很难确定侵权行为。合理使用是指在某些可指名的情况下未经他人特许而合法引用有版权的东西或将其编入自己的作品中。美国是唯一有合理使用条例的国家。根据美国的法律，合理使用被描述为：

> 目的为批评、评价、新闻报道、教学（包括用于课堂的大量复印）、奖学金或调研的版权作品再生产都不被视作版权侵犯。在任何特别情况下，判断一件作品的使用是不是合理使用，需要考虑以下四个因素：（1）使用的目的与特点，包括这项运用是出于商业营利目的还是非营利性的教育目的；（2）版权作品的本质；（3）相对于整个版权而言，引用部分的数量和实质性比例；（4）引用对版权作品的潜在市场或价值的影响。

在美国以外的国家，许多国家的版权条例中都可以找到可比较的版权限制。很多有共同法律的国家（尤其是那些曾经是英国领土或殖民地的国家）都有一个相关的条例叫做公平交易。例如，在澳大利亚，公平交易有以下根据和理由：

- 调研与学习；
- 评论与批评；
- 新闻报道；
- 法律建议（尽管根据联邦法律，王室拥有自己的版权；根据各州法，各州拥有版权）。

然而，如果作者证实其版权受到侵犯，通常的补救措施是收回实际损失以及侵权者获取的所有利益。事实上，任何文章都应该附上版权标识（©）以表明其版权所有。除非你想要控告某人侵权，你才有必要到版权局注册版权。谨记，思想是不能注册版权的。因此，如果某个人写了篇文章并为之注册了版权，你完全可以自由地阅读那篇文章，得到其中的思想和其他资源，然后把它们编进自己的文章中，而不受任何版权问题的困扰。另一方面，如果某人拥有一篇文章的版权，你就不可以简单地重组一下或改动几个微小的词，并声称是自己的文章。确切的分界线也不是很清楚。但是，在大多数这种情况下，一点常识就可以给予你合适的答案。

创业实践

说话要当心

如果员工愿意分享有价值的信息，那么政府也无法保护你的企业免于竞争。每天商务旅客公布大量敏感而机密的信息，他们没有意识到"人们是有耳朵的"这一事实。在飞机上、公交车上或者饭店里，与同事进行一场看似无害的谈话，却能对不止一家公司造成严重损害。福尔德公司是一家管理咨询公司，它的一名员工在乘坐往返的公共汽车时，听到他前面的人正在讨论公司的销售策略，他抓住了每一条信息。这两位谈论者很幸运，因为他不是竞争对手。但是，他确实将所发生的一切公布于众了。

保护商业机密已不是新理念，但是，随着每天到处旅行的商人数量的增加和技术的发展，最小的疏忽都是危险的。伦纳德·福尔德（Leonard Fuld）是一位竞争力很强的信息专家，他说当信息泄露时，公司通常会忽略人为因素。他以"古板鸟"为例强调了这一点。"古板鸟"是从得克萨斯奥斯丁到加利福尼亚圣何塞的往返航班，乘客大多数是半导体和软件产业的工程师和行政人员。"我还知道一件关于一名行政官的逸闻趣事，他总是等所有的乘客都离开后迅速逛一遍走道，看看是否有任何文件留下。"一名硅谷商人说道："我知道一些公司的人是根据信息的特性预订头等舱，因为这样可以搜寻信息。"

口头交流不是旅客伤害自己的唯一途径。出租汽车里的皮箱、被盗的公文包和放错地方的备忘录也都是金矿。

商务旅客应该记住以下这些，以保护政府不能保护的知识财产：

● 避免在可能有竞争者在场的公共场合说行话，当坐在你旁边的行政官是你的同行时，商务行话便不再是暗号。

● 在处理机密事实和数据时，不要在飞机、公共汽车或其他运输工具上打开手提电脑。如果工作不可避免，那么应请求坐在靠窗的位置，并使用尽量小的窗口。

● 在贸易展时要特别警觉。专有技术、新产品以及类似的话题都应该在关上门以后再详细讨论。公用电话和手机会给别人提供惊人的参与谈话的机会。当打重要电话时，要警惕你的周围。

● 购买一个电缆锁或安全软件，保护电脑里的文件。给箱子和电脑都贴上标签，不让其离开自己的视线，能帮助防止电脑被偷窃。

● 将非必需的文件留在办公室时，也要检查你的工作区域。处理重要文件时，要对所有的书面工作负责，并看看是否有任何东西"神秘"地掉在地上。

资料来源：David Barber, "Loose lips sink you", *Inc.* [www.inc.com] (June 1999).

商　标

TRIPS第15条第1款规定：标识，特别是文字，包括名称、字母、数字、图形和颜色组合，以及这些标识的组合，都是合格的注册商标。商标是一个与公司产品相一致的有特色的名称、标记、符号或座右铭，并在国家商标局注册。有了商标法，就不会出现因一个企业使用另一个企业的符号或名称而造成的混乱。

特定的法律术语区分了商标的具体类别。例如，通过商标辨认和区别产品，通过服务标志辨认和区别服务。证书的标志表明产品和服务的质量、材料或其他方面的信息，并且由商标所有者以外的人使用。集体标志是团体或组织成员使用的商标或服务标志，以示他们是产品或服务的来源。商标可以是一种设计，如耐克的"勾"；可以是一种颜色，如 UPS 的褐色；也可以是一种声音，如米高梅（MGM）的狮子的吼叫。

- 奇异商标：这些在成为商标前没有任何意义，例如星巴克（咖啡）、Vero（保险）。
- 任意商标：这些是普通单词，它们与产品的联系是任意的，例如苹果（电脑）、亚马逊（电子商务）。
- 暗示商标：暗示商标间接反映产品的某种特性，例如《花花公子》（男性杂志）。
- 描述性商标：描述其销售的商品或服务，例如电脑世界（电脑销售店）。
- 通用商标：通用商标描述了整个产品，例如个人电脑（个人用的电脑）、牛奶（牛奶）（见图 13—1）。

奇异的/任意的　　　描述性的　　　通用的
非常受保护 ←——————————————→ 不受保护

图 13—1　商标独特性范围

资料来源：Kenneth DeLeon，'Trademark law basics'［www.registeringatrademark.com/trademark-law-basics.shtml］.

商标一旦注册就被列在商标局的登记簿上，该列表有几个优点：
- 在全国范围内通知所有者有权使用商标（因而消除了证明被起诉侵权的人注意到商标的必要）。
- 保护商标所有者，以免进口者使用该商标。
- 5 年后商标的不可争议性。

注册一个商标，可持续使用十年，此后，注册可以更新，继续使用十年或不确定的年限。为了取得国外商标保护，你需要向感兴趣的外国知识产权局提出申请。了解商标在以下四种具体情况下可能无效是很重要的：
- 注销程序是指第三方在商标注册 5 年以内对其独特性提出挑战。
- 清理程序是指商标所有者没有申请宣誓书以确定在使用商标，或者没有合理理由解释注册 6 年内没有使用商标。
- 放弃是指连续两年未使用商标并且没有被证明或确定放弃商标。
- 意义通用是指允许商标代表一组大众化的产品或服务。例如，胶膜代表塑料包裹膜；透明胶带代表胶带。然而，施乐公司正在通过在全国投放广告使其避免被当作复印机的代表。

只要正确地注册、使用和保护商标，所有者就能防止其他人使用该商标并避免一切混乱。并且，如果在法庭上能证明商标被侵权和损坏，商标持有者可能会得到一笔赔偿。

创业广角

企业家必须谨慎措辞

《企业家》(*Entrepreneur*) 杂志正在强行地制止企业家使用"企业家"一词。

企业家媒体股份有限公司是该杂志的所有者,它成功地与加利福尼亚的一位时事评论家开展了一场持续 6 年的法律战争,禁止他称自己的公司为"企业家",不许他在出版的季刊《企业家名录》(*Entrepreneur Illustrated*) 中使用"企业家"这个词。它赢得了 140 万美元的判决,尽管他的企业在风雨中飘摇,但他依然在被要求支付那 140 万美元。

在《企业家》杂志看来,还有另一种出版物涉嫌侵权,它是密歇根州特拉佛斯城的《出版企业家》。被控告后,所有者将其合并入姊妹出版物《独立出版物》中。

7 年前企业家媒体公司试图阻止安永咨询公司发行与年度颁奖活动相关的《安永年度企业家杂志》,最终,这家公司坚持,企业家媒体公司退让了。卡内基-梅隆大学的唐纳德·琼斯企业家中心 (Donald H. Jones Center Entrepreneur) 另辟蹊径。2001 年,企业家媒体公司写信说明季度校友通讯录《企业家》是"公然侵犯商标权",收到信后,该中心将其命名为 DLC 通讯。

1999 年,企业家媒体公司起诉了互联网网址 entrepreneurs.com 和 entrepreneur.net 的所有者。尽管后来它放弃了诉讼,但是它却提醒人们它有权重新提起诉讼。"因为受过诉讼威胁,我不能建立一个商业网站。"吉夫·布吉 (Jeff Busche) 说。他是加利福尼亚的一名网站开发员,是 entrepreneur.net 的所有者。麦克里摩尔·格雷戈里 (McLemore Gregory) 的公司创建了网站 entrepreneurs.com,他说:"感觉像遭到了抢劫,他们试图霸占这个词语并让其从语言中消失。"

这样的例子数不胜数。企业家媒体公司说,在过去的 10 年里,它解决和处理了约 40 件真正的或潜在的商标侵权案件。它拒绝说明具体发起过多少起诉讼,发送了多少结束和停止信件,称只是处理一件又一件侵权案。

所有的例子最终归结为一个问题:出版社能称一个普通词语是它的财产吗?许多出版物包含如商业、金钱、时间之类的词语,那么为什么"企业家"就如此特殊呢?

1985 年,企业家媒体公司申请注册这个词语,在与商业机遇和电脑程序相关的杂志、书籍和其他出版物上使用。当时,企业家媒体公司成立刚满七周年。如今,它的发行量达到 560 000 册。

法律认为商标无争议使用 5 年才有效。企业家媒体公司相信如果其他出版物包含"企业家",则会在公众脑子造成混乱,并从名声中获利,因而成为法律行为攻击对象。

但是,一些法律专家在想,是不是企业家媒体公司没有理解商标局的可质疑的决策,才会失去控制。"行政机构也会犯错误,会保护不该保护的商标。"乔治·华盛顿大学的法学教授罗杰·E·斯凯吉特 (Roger E. Schecter) 说,"当这些发生时,小企业处于劣势,因为诉讼费昂贵,有风险,所有者容易分心。"

资料来源:Amy Zipkin, "Entrepreneurs must choose their words with care", *New York Times*, 7 October 2004:C2.

☐ **避免商标陷阱**

注册和调查商标可能会花费昂贵,有时需要成千上万美元,商标侵权则更昂贵。为了避免这些陷阱，一名作者指出，当为新创企业选择商标时，企业家应遵循以下五个基本规则。

- 规则1：不要在没有做商标调查之前选择公司名或标志。
- 规则2：如果律师说你的商标可能有问题，请相信这样的判断。
- 规则3：在勉强接受描述性或高度暗示性的商标之前，寻找一个创新的或名称奇异的商标。
- 规则4：当营销或其他因素指出名称或商标高度暗示产品时，选择一个描述性或高度暗示性的独特符号。
- 规则5：尽可能避免使用缩写和首字母缩略词，如果别无选择，就选择一个独特的缩写或首字母缩略词或符号。

显然，没有具体的行动准则。正如一位法律学者所说：

> 根据很多不同的法院判决，讽刺性模仿者也制定不出具体的准则来判断什么将构成或者不构成模仿。直到太晚的时候，他们才会知道自己是否对一个目标作品运用得太多。

创业广角

耐克和麦克：商标模仿侵权

麦克·斯坦纳德（Mike Stanlard）有一个伟大的构想想让他女儿在暑假尝试：建立一个名叫"Just Did It"的企业（模仿耐克的"Just Do It"的口号），并且销售有著名"勾"（同耐克一样）设计的T恤，但名称是"麦克"而非"耐克"。短袖T恤每件售价19.95美元，长袖T恤每件售价24.95美元。他们将散发1 400本小册子给大学运动员和名人迈克尔。多好的主意啊！

耐克可不这样认为。1971—1994年，耐克已经投资了3亿多美元为该商标做广告。带有该商标的衣服的总计销售额已经超过100亿美元，仅仅是"Just Do It"的口号在1989—1994年产生的效益就超过1 500万美元。耐克起诉称斯坦纳德侵犯了商标权。

斯坦纳德辩称他只是模仿，模仿必须传达两种即时的却相矛盾的信息。既是原创，又不是原来的，而是模仿品，消费者一定会被逗乐而不是混淆。

要判断这是否造成商标侵权，法庭考虑了以下七个因素：(1)两个商标之间相似的程度；(2)产品使用商标的相似性；(3)同时使用的地域和方式；(4)消费者关注的程度；(5)诉讼人商标的实力；(6)是否在购买者中间实际上造成混乱；(7)有嫌疑的侵权者是否有以欺骗的手段出售与别人相同的产品的意图。

由于斯坦纳德是通过邮件出售T恤（顾客必须写支票给"Just Did It"），没有明显的模仿耐克产品的意图，因此法庭判决没有混乱存在。于是，模仿辩护成功。但是，模仿辩护并非总能成功。市场营销者必须判断在模仿营销中包含的法律风险与未知的销售结果相比是否值得。

一些法院裁判的例子包括：

- Miami Mice 是 Miami Vice 的有效模仿。
- Starballz 是 Star Wars 的有效模仿。
- O. J. Simpson 双重谋杀审判的模仿命名为"不在帽子里的猫"。Dr. Juice 仿效 Dr.

Seuss 的模仿被批准。
- Hard Rain Café 很可能使消费者混淆 Hard Rock Café。
- Enjoy Cocaine 不是 Enjoy Cocacola 的有效模仿，它们两个都使用同样的红白相间的标志。
- People Eating Tasty Animals 被 People for the Ethnical Treatment of Animals (PETA) 关闭。
- Bagzilla 是 Godzilla 允许使用的双关语，不会让消费者混淆。
- 丹麦乐队获许使用美泰的芭比玩具，讽刺她代表的价值观。

资料来源：Maxine S. Lans, "Parody as a marketing strategy", *Marketing News* (3 January 1994)：20.

域 名

域名是互联网地址的人性化的形式，常用来寻找网址，设计的目的是以简单的方式找到电脑（和人）的位置。但是，域名又有更深层的含义，如业务标识符，这样就与在互联网出现之前即存在的业务标识符体系（受知识产权的保护）相冲突。域名可以通过仲裁或诉讼授予商标持有者。这意味着，注册商标名与域名的一致可以确保你保留名称的所有权。

问题是"域名抢注者"（一般是大量购买域名的人）向在商标法规定下有权拥有该域名的个人或公司提供和出售域名。不用说，商标持有者会反对第三方注册他们认为属于他们的域名。许多域名注册者不是政府组织，他们必须自己找到解决办法，因而需要同时使用解决争端的体系与国家法律。大多数普通的高标准域名（.com，.net 等）现在都采用统一的争议解决政策（UDRP）。但是，有些批评家认为统一争议解决政策对大公司有利。一直都有公司、个人或政府部门试图通过制造假的侵权商标从现在的所有者手里夺取域名的例子。有时他们能成功，这种做法被称为"反域名抢注"。

创业实践

世界知识产权组织的有趣判决

FMA 成功地防御了欧洲 BV 对 KIWI 网站的所有权和使用权的挑战，BV 是 Sara Lee 公司的子公司，拥有与鞋子相关的 KIWT 的商标权。WIPO 认为，FMA 并未打算，也没有制造任何与 KIWI 商标相关的令消费者混淆或破坏的行为。评委小组把欧洲 KIWI 的行为引用为"反域名抢注的例子"。

摇滚明星布鲁斯（Bruce）收回歌迷俱乐部以他名字命名的网站域名的尝试以失败告终，星期三，一个三人的仲裁小组在日内瓦进行了裁决，认为加拿大布鲁斯俱乐部的成员杰夫（Jeff）没有侵犯布鲁斯的权利。其他很多影视明星和体育明星也有过类似的经历。

经营官方网站 www.americascup.org 的美洲杯商标的持牌人，对经营 www.americascup.com 网站的新西兰人提出诉讼。世界知识产权组织裁决，这两个域名应不经过金钱交易而转到美洲杯的所有财产下。

香奈尔在韩国成功注册 chanel.co.kr 的行动被取消。该域名连接有卖避孕套、费洛蒙香水和女用贴身内衣裤的站点。这一行为被裁定为违反了韩国的公平竞争立法。

商业机密

商业机密指的是非专利的，或有专利但是不能实施的，或有专利但由于某种原因而不能透露的商业进程及信息。商业机密也许包括顾客名单、计划、研发、定价信息、营销技巧及生产技巧。大体上讲，任何可使公司鹤立鸡群或对竞争对手有价值的信息都可以成为商业机密。保护商业机密只能靠雇主和雇员的勤奋。对商业机密知情的员工必须被清楚地告知其义务，特别是他们离开该公司的时候，应该通过雇佣合同约束他们的职责。

商业机密的保护可延伸到构想及其表达形式。介于这个原因，并且商业机密不需注册，也不需备案，所以商业秘密保护对于软件而言是最优的。毋庸置疑，机密配方、方法或其他重要信息只限于重要的雇员了解。一般来讲，公司试图要求所有了解机密信息的雇员签订协议承诺不泄露信息来保护商业机密。通过商业间谍来窃取机密商业资料，例如剽窃竞争对手的文件，虽然没有违反任何合约，但可以因盗窃商业机密而被起诉。

大多数例子表明，商业机密是基于可获得专利的发现和发明，但是拥有者选择了对这些发明或发现保密。例如可口可乐公司的配方多年来发挥了很好的效应，并且只要这个机密没有被泄露，它将持续发挥效应。如果这个机密获得了专利，这个配方就会被长期公开。

法律明确规定了商业机密的范围，符合以下三个条件的信息属于商业机密：
- 竞争对手不知道的信息；
- 如果竞争对手获得该信息，公司就会失去优势；
- 拥有者已经采取合理的措施保护这个机密。

请牢记：在许多案例中，起诉仍然很困难。

破　产

一个花2 000多万美元想创办一个网上公司的企业家说："回顾我的经历，我的判断通常是极其错误的，但不幸的是，我对错误的判断深信不疑。"

我们如何定义企业倒闭呢？根据谢菲尔德（Shepherd）的说法，当收入剧烈下滑和（或）费用急剧上升，导致公司无力偿还，也无法吸引新的贷款或股本资金，继而无法在现行的业主和经营制度下运行时，公司就破产了。

换句话说，当一个公司负债超过其资产时，公司就会破产了。谢菲尔德等人指出，企业破产有三个原因：
- 新的责任。新公司接受新任务时所需的成本更高，碰到的组织内部的冲突也更多，进入市场遇到的障碍也更多，竞争对手有时用有违常理的手段对付新公司。
- 过于自信。企业家认为成功的几率超过70%，也许存在"企业家傲慢"

的理论。

- 缺乏经验。总的来说,经验丰富的企业家能更有效地承担和处理迈向成功必不可少的职责和任务。

没有一个企业故意寻求破产。尽管偶尔问题会突然出现,但有几个方法可以预见公司是否将失败:

- 新的竞争者打入市场;
- 其他公司似乎要销售新一代的产品;
- 研发预算的比例少于竞争对手;
- 零售商似乎总是库存过多。

表 13—3　　　　亚洲及太平洋地区的破产率,所有公司的比例(%)

新西兰	3.7
美国	3.7
新加坡	3.1
澳大利亚	2.1
英国	1.9
香港	0.6
日本	0.2
韩国	0.2
泰国	0.1

说明:这些数据是 1990—1999 年的。
资料来源:Stijn Claessens and Leora Klapper, "Bankruptcy around the world: Explanations of its relative" [econ. worldbank, org/files/16064 _ Wps2865. pdf] 2002.

各个国家的破产率都是不同的。相对来说,新西兰和美国的公司变动或失败率比较高,这就导致了破产。泰国、韩国、日本等国家的破产率就特别低。

在各国,破产意味着社会的耻辱,社会将破产视为财务上的不负责任。失败的企业家经常觉得公司破产后很难获得信用,也许会深受失去自尊及其他社会消极态度的煎熬。

创业广角

破产——我的亲身经历

霍华德·弗雷德里克(Howard Frederick)写道:当安格斯(Angus)在 2002 年召开"新西兰革新会议"时,我就知道不寻常的事即将发生。当 1999 年因为对电子学杰出的贡献而享有盛名的时候,安格斯·泰特的名字就成了电子学杰出人物以及新西兰人民不朽的企业家精神的代名词。

如果你知道他的事迹,你就觉得"泰特电子"在 13 个国家拥有办事处,有 1 000 多个职工,在海外有超过 90%的销售量很平常了。真正让人佩服的是安格斯改变了公司的结构,将公司从一个私有公司变成了慈善信托组织,目的是将所有的利益再投资于基督教堂的电子产业。基督教堂里的听众深深被他的演讲打动了,并且很敬重他,甚至专题讨论小组主席、副总理吉姆·安德顿(Jim Anderdon)也不能收到这样热烈的回响。掌声很热烈,但还没达到大喝彩的程度,对谦虚的安格斯来说,场面已经很壮观了。

下面就是安格斯的演讲：

失败是人类基本的特质，是成长和生存的一部分。孩提时经历的失败大多不是重大的，偶尔当这些失败是重大的时候，你社会圈子里的朋友就会勇敢地站在你周围，你的保姆会给你一个拥抱，每个人会竭尽全力帮助你改正错误。在商业领域里，这就完全不一样了。当你失败的时候，没人想认识你，他们都排斥你，好像你得了传染病一样。

1967年，也就是我从商15年之后，我破产了。这是个奇怪的社会现象：没人打电话和我说抱歉，也没人询问我是否一切安好，在以后的社交场合中，也没有人理我，似乎我家闹瘟疫了。

我该如何解释这一切呢？我认为是因为我们不成熟。我们对从商遇到困难的人津津乐道。"比尔陷入困境了——不会看好比尔了"这是我们民族不成熟的标志。为什么会如此呢？为什么我们存在这么可怕的问题？我个人认为这已经是罂粟综合征了，这也是文化综合征，我们的文化规定我们做同样的人，规定我们选择平庸而不是成就。如果我们离开常轨，爬得比普通人高一些，继而摔下来了，你就会听到窃笑声。他们会幸灾乐祸地说："哈哈，他摔了！他回到他应该待的地方了。"我们如此注重平等主义，以致代价惨重。

当我进入破产管理程序的时候，银行派人来了，那人有礼地赶我走，好让他做将我一生心血拍卖的准备。我的第一反应就是想冲他鼻子挥一拳，但那样关系就会弄僵，所以我压抑我的愤怒，也意识到了我想继续奋斗的渴望。到底什么地方出错了？在战争中我学到了许多有关无线电通信技术的知识，我想把自己学到的应用到移动通信领域中，在那个领域，技术是关键。我觉得只要技术是好的，其他一切都会到位的。我把我的信念告诉银行，它们也不明智地认同，直到不得已才阻止我快速地进展。当接待员一件一件处理我的资产时，我就坐在他旁边。事实上，我恢复了理智，也喜欢那个小伙子。他是个财务顾问，当然会以合理价格处理我的资产，我们的关系很融洽，但最终我被解雇了。

我看到我一路走来犯的错误，但是我还有些计划没有实施。我还有技术，我还有智慧，还有一些人力资源——12个和我同舟共济的真朋友，所以我想再拼搏一次。在我即将50岁的时候，我再次将房子抵押贷款，我去了同一家银行融资，我对那个银行家，一个真正的官僚说："我不会再犯同样的错误了。"他听到我说的话高兴地笑了，我又说："不，这次我会犯不同的错误了。"他笑着走了。我从这件事中得到了三个教训：（1）需要管理钱。（2）集思广益。我不能骄傲，只能信服我所了解的事。（3）保持冷静。对人要有耐心。所以我在失败的地方重新起航，能够有能力再奋斗一次是我的幸运。

原来的公司有一群未偿付的债权人，我全身心地投入到公司中，事实上公司欠我钱，而我欠供应商和多年好友的钱。我没有法律义务去还钱给他们，是公司欺骗了他们，不是我个人的破产，但这是个道德问题。那个有学识的接待员又来了，我也慢慢开始喜欢他，他告诉我："在税法中有一个条款是用新公司的收益来补助偿还以前的债权人，也包括我在内。"所以最后我还清了欠款，这是我最满意的一件事了。

改革是潮流，产品是吸引人的，我们的公司是有潜力的。我意识到技术也许是切入口，但如果你不知道财务是商业的核心就可能失败。我讨厌财务，所以雇人来做这一部分。那是30年前的事了，今天我们设计并大规模地生产移动通信的设备，我们努力突破2亿美元的销售障碍。我们把所有的收益投入到业务中，去年我们把3 500万美元投入到基督教堂。在基督教堂里，我们有一个大的电子产业，我很自豪地说大部分的成绩得归功于1969年的12个人的努力。林肯大学估计，我们产业的一个职位相当于支持产业的三个职位。也就是说，现在这个领域总共有10 000个职位。迈克尔·波特（Michael Porter）认为，这是个一流的群体。

我们生于革新的潮流中。我的祖父带着所有家当从利特莱特徒步翻越了这座山。他们得改革才能生存成长，而我们拥有他们的基因，我们的体内流淌着他们的血液，我们有一样的基础能力。他们创建了选择平庸的平等社会，像他们一样，我们也喜欢平庸，但我们国家最渴求的是杰出人才。让我来告诉你们，我们从哪里来、将成为什么，难道不是过分简单了吗？是的，阻止我们发挥潜力的文化是有一点点道理的，但是我们必须摆脱这种罂粟综合征，但要改变文化不是简单的事，最困难的是说服象牙塔里的教育家，让他们认识到他们做错了；要说服孩子也不简单，虽然那只是经济拼图中的一小块，但我认为是关键的一块，我可以这么说，如果通过最后18个月的努力还不能明白的话，我们再也不会明白了，现在的改革氛围是近来最鼓舞人心的。

对我个人来说，我觉得在我们国家的发展时期生活、工作是我的幸运，能够带着我的理智和一点点资产迎接这个时代是我的幸运。未来的历史学家也许会回顾并且注意到新千年的前十年见证了从私有生产到知识经济的转变，从侮辱破产企业家到颂扬破产企业家的转变。

资料来源：Transcribed by the author. See also abbreviated summary at [www.taitworld.com/main/index.cfm/4, 497, 18, 47, html]．

高效率的破产法会周期性地清算无法独立生存的公司，也就是那些阻碍资产和人力资源有效配置的公司。世界各国的破产法都是不尽相同的：
- 促使公司提出破产的条件；
- 可以提出重组公司或清算公司的人；
- 在准备重组提议时，债务人、债权人（银行贷款、商业资金周转）、公司管理部门或其他股东的分量；
- 管理部门在重组期间渡过困境的能力；
- 是否可以自动留住资产。

世界银行列举了一些不同点（见表13—4）。

表13—4　　　　　亚洲及太平洋地区的破产法

国家或地区	所需时间（年）	花费（资产的百分比）	挽回率（美分）
日本	0.6	4	92.7
中国台湾	0.8	4	89.5
中国香港	1.1	9	81.2
韩国	1.5	4	81.7
美国	2	7	76.3
马来西亚	2.2	14	38.8
中国大陆	2.4	22	31.5
泰国	2.7	36	44
印度尼西亚	5.5	18	13.1

资料来源：World Bank and International Monetary Fund, *Doing Business in 2005* (Oxford University Press, 2005): 2, available from [www.doingbusiness.org/EconomyRankings] accessed 5 November 2005.

日本、新加坡、中国台湾和澳大利亚有着最完善的破产体系，耗时耗资最少，但是挽回率最高；新西兰和美国需要改进才能赶超一流国家；印度尼西亚的破产系统最不完善，估计需要 5 年半才能完成破产的程序。

企业家最好在居住或经营的国家寻求法律顾问，然而，无论在哪里，他们都应该知道破产的早期预兆：

- 松散的财务管理：没有人知道公司的花费情况。
- 公司主管没有时间记录，无法向会计提供信息或公司业务的文件。
- 主管和家人不断向公司提供紧急贷款（这通常意味着银行不给公司提供信贷了）。
- 立即付款的顾客可以有更大折扣，廉价销售产品获得现金——这些都使摇摇欲坠的公司陷入更大的危险中。
- 接受低于标准价格的合同来获得现金——这只是对现金流问题暂时的（最终是自我毁灭的）解决方法。
- 银行需要贷款约束——假如一个企业主借钱给公司的话，银行要公司保证付清银行后才能偿还企业主（换句话说，银行怀疑公司陷入了困境）。
- 所订购的存货清单没有减少，但是销售量下滑了——纵容这样的危险情况发生的企业主必然会遭遇严重的现金流问题。
- 重要的主管突然辞职。
- 原料供应不足延迟或中断了公司产品的运送——这也许表明供应商还没有拿到货款，也不允许赊欠了。
- 不缴纳所得税——这么做是认为拖欠债务的时间有利于公司恢复经济，但会带来麻烦。

另外，有一些特定的财务比率可以帮助察觉迫近的破产，表 13—5 列出了这些比率，得到这些比率的方法，以及应该留意什么变化。

表 13—5　　　　　　　　　　　　破产——关注财务比率

	来源	应留意的变化
流动比率		
网络资本（有时叫风险）	流动资产少于流动负债	美元减少
现金流相对于流动负债	净收入加上包括贬值在内的所有非现金支付的费用除以流动负债	比率降低
负债比率		
现金流的覆盖范围	现金流除以包括利息和股息的固定支出	比率降低
盈利对利息的倍数	息税前收入除以利息	比率降低
资产的短期债务	流动债务除以总资产	比率提高
业务活动比率		
库存周转	销售额除以库存量	比率降低
平均收款期	应收账款除以平均日销售额	比率提高
获利能力比率		
边际利润	净收入除以销售额	比率降低

资料来源：Adapted from Harlan D. Piatt, *Why Companies Fail* (Lexington, MA: Lexington Books, 1985): 86.

知识产权

美国加大了对专利权和版权保护的力度,世界其他国家趋于另一种潮流。一些国家受到了启发,但大部分国家充斥着会盗版和耍无赖的企业家。"积极"的一方面,澳大利亚、印度等国家正在绕开由美国大型跨国公司拥有的农业专利来开发有竞争力的技术(例如高蛋白土豆),将知识产权公开。印度正在绕开专利权研制治疗艾滋病的药物,这种药物远比跨国药物公司生产的药物便宜。整个国家在其电脑上安装了开源实时操作系统致使微软公司陷入了一片混乱。

当大部分知识产权持有者热切地保护他们应得的权利,力争实施更严格的法律时,世界上的大部分国家却在逃脱知识产权的束缚,为知识产权侵略者进行掠夺性活动建立了海外的避风港。知识产权犯罪不亚于灵活地大规模地非法走私毒品。(大公司也使用其中的一些诡计,但它们的律师想方设法将知识产权转移至国外来掩盖海外销售所得的收入。譬如,一个跨国公司可以将专利权转移到百慕大新建立的子公司,这样在美国以外销售产品的技术使用费就可以汇入子公司,而且不需要纳税。)

盗版:亚太地区

亚太地区的盗版特别猖狂,以下就是例子。

中国大陆

中国所有产业中大约90%的产品是盗版的。中国没有符合世界贸易组织TRIPS条例对盗版行为实施有效的措施和特殊的刑事措施。2004年,仅美国公司就在世界范围内遭受了250亿~300亿美元的损失,这些损失都是由盗版影片、盗版软件、盗版视频游戏以及其他盗版物引起的。2005年,40亿美元的损失应该归咎于中国和俄罗斯。受产权侵犯的大部分产品是软件,其余的就是电影、书籍、从吉列刀片到克莱斯勒吉普车的各种各样的仿制品。中国将大部分的盗版产品出口到东亚,美国和日本授权产品在东亚出现了价格劣势,必须消除次品维护其信誉。

中国香港

香港事实上进一步侵犯了知识产权。出版业只报道了良好的协作,消费者协会也大力打击影印店复印国外文章的不法行为。政府也采取了积极的措施来打击盗版电子游戏的零售商、出口商以及当地刻录光盘的经营商。香港仍然被盗版商和伪造者作为中国内地以外的经营基地,这些盗版商在只接受采购订单的地方建立办事处,促使假冒伪劣产品顺利交付。

印度尼西亚

印度尼西亚是盗版最严重的国家之一,所有产业中85%~95%的产品是盗版的。印度尼西亚这个大市场被包括盗版光盘(光盘、视频高密光盘、只读存储

光盘、越来越多的数字化视频光盘）和盗版书在内的盗版商品占领了。侵犯版权法的盗版商很少会被有效控诉，盗版商从未被定罪或处以严厉惩罚。法院制度仍然很不完善，盗版书特别是盗版的英文教材、参考书以及计算机书泛滥。大学里或大学周围的影印店越来越猖狂，增加了盗版物的数量。当地的唱片工业协会估计，市场上 7/8 的录音录像制品是盗版的。印度尼西亚有各种形式的盗版软件（商业软件及娱乐软件）。视听部门报道有 90% 的有线电视是盗用的——是世界上以这种形式非法传输信号最高的国家之一。

马来西亚

马来西亚仍然是盗版光盘（光盘、数字化视频光盘、视频高密光盘、只读存储光盘）等的最大的生产商和出口商，盗版的数字式光盘比世界其他各国出口的盗版数字式光盘总数的两倍还多。马来西亚还是世界上最重要的盗版光盘以及娱乐软件的生产商/出口商，一直深受非法影印的掠夺。出版商报道说，作为对校外打击盗版活动的回应，影印已转入地下或校内，例如图书馆、学生中心、教学楼。由于讲师们积极的参与，这些问题更难解决了，他们经常把他们从出版代理商那里获得的样本作为影印的母本，应该严格监管高校来杜绝这种行为。

菲律宾

菲律宾的盗版书是很常见的，还会非法影印整本书。非法翻印弥补了印刷业的损失，而且越来越多的书被刻录成光盘。最初，盗版的书只是大学教材、技术类书以及专业的医学书，现在盗版商将成千上万本专业和技术领域内的教材、参考文献刻录在一张光盘上，而一张光盘只卖 1 美元，受欢迎的小说及非小说也被刻录成光盘。由于全国有成千上万的光缆系统在非法传输动画，动画产业蒙受损失，危害也波及了合法的戏剧和电视市场。菲律宾大约有 1 500 个网上咖啡店，事实上它们都靠非法使用最受欢迎的娱乐软件获利。

中国台湾

台湾除了商业软件外，其他产品的盗版率很高，控制台湾大部分盗版业的组织犯罪团体越来越多地刻录只读光盘、只读数字式光盘并入侵互联网领域。台湾肆无忌惮地进行刻录，最近的刻录物品遭到了大扣押，然而，台湾仍然是世界上最大的给盗版商提供空白记录媒介的供应商。

泰 国

生产盗版光盘的工厂和生产线的数量持续增多，盗版书也日益增多。盗版现象越来越严重，出现了盗版的直筒式电脑游戏（包括参与来自中国的有组织性的不法集团，组装盗版的直筒式电脑游戏以便出口）、盗版商业软件的终端用户（2003 年，泰国可能是世界上盗版物最多的 20 个国家之一，大约 80% 的商品是盗版的）、盗用的有线电视和互联网，有 150 万名互联网使用者显然点对点下载了受版权保护的产品。

越 南

越南也深受四处泛滥的盗版书的戕害，这些盗版书都是非法翻版或影印的。

从国有书店到路边小摊都摆放着盗版书。在英语教材的市场上,90%多的书是非法翻版或改编的。出版商利用诸如青少年部、胡志明市的大众出版社等国有出版社的出版许可证出版盗版书,并且在主要的国有书店销售。2003年,越南盗版的软件占92%,致使越南处在盗版国家的首位。

小结

专利是因一个独特发明而获得的知识产权,应保护专利不受他人侵犯,设计类专利的有效期是14年,其他专利的有效期是20年。

取得专利是很复杂的过程,也需要周密的计划,本章提出了几条可以申请专利的实用规则。

由于下列原因,专利可以被宣布失效:时间过长放弃了专利权;误用专利;专利没有通过申请专利的测试。另一方面,如果专利有效的话,专利持有者可以防止他人侵犯此专利。若他人侵犯此专利,专利持有者可以采用法律手段防止侵权,在某些情况下可以获得经济赔偿。

版权是作者独有的权利,用来保护其创作的文学作品和艺术作品。版权保护一直延伸到作者死后50年。如果有人侵犯版权,作者(或持有版权的任何人)都可以因版权受侵犯而提出控诉,这样既可以解决侵犯版权的问题,在某些情况下也可以获得经济赔偿。

商标是体现公司产品的特有名称、标志、符号、标语。当一个组织注册商标时,只有该组织可以使用这一标志。1989年之前注册的商标有20年的有效期,而1989年之后注册的商标只有10年的有效期,所以每10年可以更新商标。一旦商标遭遇侵权,商标持有者可以寻求法律手段解决并获得赔偿。

新的业务形式需要新的方法来保护知识产权。在互联网上,保护域名和商标很重要。世界知识产权组织大大加快了国际条款的执行。

商业机密是一些不受专利保护的业务进程和信息,只能通过雇员和雇员的合作才能保护商业机密。在大多数情况下,很难起诉商业机密盗窃犯。

没有公司故意寻求破产,但仍有很多公司破产了,世界各国的破产率和社会对破产的态度是不尽相同的,一些警告标志和财务预测有助于判断是否可能破产。

保护知识产权时碰到无数的海外避风港,明智的企业家应该保护知识产权,以免利润被剥夺。

思考题

1. 用你自己的话解释什么是专利。专利对于企业有什么价值?专利能提供什么利益?

2. 企业应该牢记哪四个基本法则来保护专利?

3. 什么情况下,专利会被宣布失效?请举两个例子。

4. 请详细解释如果竞争对手侵犯了专利,专利持有者可以采取什么行动。

5. 用自己的话解释什么是版权,版权能提供什么利益。

6. 版权如何保护版权持有者?请详细解释可以免费拷贝他人的作品吗。如果有人侵犯版权,版权持有者可以采取怎样的法律手段?

7. 用你自己的话解释什么是商标。为什

么商标不用一般的或描述性的词呢？

8. 解释什么时候商标会失效。

9. 当确定商标时，我们应该跳出哪三个陷阱呢？

10. 什么是域名？请举一些有趣的侵犯域名的例子。

11. 什么是商业机密？为什么可口可乐公司通过商业机密来保护它的生产配方，而不通过给生产配方注册专利来保护呢？

12. 列举一些保护知识产权时碰到的海外避风港。

自我测试：何种商标？

对于下列商标，请标出你觉得有暗示意思的、想法独特的、意思武断的或者是意思一般的商标，在旁边用 S，F，A，G 表示，答案在本章末。

1. COPPERTONE 防晒油
2. 锐步鞋
3. 罗奇汽车旅馆昆虫陷阱
4. 促进交流的水银软件
5. 投资并振兴摇摇欲坠公司的凤凰投资公司
6. 阿热特人生指导（阿热特在希腊语是各方面都出色的意思）
7. QANTAS
8. 新西兰航空公司

自我测试：保护你的合法利益

企业家应知道如何通过法律保护自己财产和作品的利益，获得法律保护的最有效方法就是获得版权或者商标。这里给出了两个定义，请在版权的定义前面写"C"，在商标的定义前面写"S"，然后从 a 到 j 的一列中找出可以通过版权保护的项目，在前面写"C"，找出可以通过商标保护的项目，在前面写"T"，答案在本章末。

1. 公司产品的名称、标识、符号
2. 对文学或艺术作品的排他性保护

a. 最畅销的小说
b. 商标
c. 公司的首字母（例如国际商业机器、国际电讯联盟）
d. 动画
e. 单词（例如可口可乐、百事可乐）
f. 电脑程序
g. 音乐剧
h. 口号
i. 舞台剧
j. 符号

案例分析 13—1

新西兰与猕猴桃

英文中的"kiwi"有三个意思。第一指的是新西兰森林中的濒危的不能飞的栖息于地上的鸟——鹬鸵；第二指的是和中国醋栗同一系的水果——猕猴桃；第三指的是新西兰人。

2004 年距离中国醋栗第一次到达新西兰海岸已有 100 年了。多年来，新西兰一直是最大的水果产地，但是在 20 世纪早期，新西兰被国外生产商打败，继而失去了相关的知识产权。

虽然新西兰是最早出口猕猴桃的国家之一，但猕猴桃起源于中国。1904年，女子学校的校长伊莎贝尔·弗雷泽（Isbel Fraser）将猕猴桃从扬子江流域带到新西兰，并取名为"中国醋栗"。20世纪20年代中期，园艺学家改变了它的形状、颜色、柔毛表面以及凉性酸橙口味。在第二次世界大战中登陆的美国海员被这种异国水果吸引，并将它的盛名带回国内。20世纪50年代，新西兰一直向英国市场供应猕猴桃，并通过旧金山占领美国市场。品牌顾问建议将这种水果命名为猕猴桃，因为该国的鹬鸵的羽毛也是棕色的。有关这种水果的来源，一位中国外交家慷慨地将其誉为"两国人民深厚友谊的结晶"。令人吃惊的是，这种水果的世界第二大生产商是意大利，其次是法国、日本、美国，水果产量的增加导致了1982—1988年价格的下跌。

水果栽培者佳沛（Zespri）得到新西兰猕猴桃市场委员会的支持后开始改良，将水果的表皮变成了金黄色，口味改成了温性，且和蜂蜜一样甜，这一切促使21世纪早期Zespri金色猕猴桃产量迅速增加。更重要的是，它保护一切包括它的品牌（让它标新立异的一切标志，即整体形象）来做好营销：ZESPRI品牌、视觉识别及外包装相关的一切知识产权，这些外包装包括ZESPRI的商标、ZESPRI的标识、D'LISH的商标、D'LISH的标识、ZESPRI青猕猴桃的商标、ZESPRI金色猕猴桃的商标、ZESPRI鲜绿色猕猴桃的商标、ZESPRI鲜绿色商标和ZESPRI深绿色视觉识别商标的混合物、ZESPRI的红色商标、ZESPRI的金色商标、ZESPRI红色商标和ZESPRI金色视觉识别商标的混合物、ZESPRI委员会和猕猴桃以及相关产品相关的域名。

资料来源：Shinyoung Yun, "New Zealand & Kiwifruit", *TED Case Studies Number 758*, [www.american.edu/TED/kiwi.htm] 2004.

问题：

1. 新西兰猕猴桃栽培者从其经历中吸取了什么教训？

2. 在开发水果的新品种时，新西兰猕猴桃栽培者寻求了什么补救方案？

案例分析 13—2

专利问题

机械工业中的技术突破是很平常的，所以当一个公司宣布有了新的发展时，竞争对手会购买机器，从而成了该公司的第一批顾客，然后拆开机器来研究这种新技术，继而寻求改善技术的方法。最先突破技术的公司就会拥有此技术的专利，即使很快就有对手赶超此技术。

几周前，汤姆·法林顿（Tom Farrington）开发了一种专业车床，这种车床比市场上正流行的车床速度快了25%，效率也提高了9%，这是在仔细分析竞争对手的产品后取得的技术突破。汤姆对他的妻子说："直到我看到该领域内取得的最新进步，我才意识到要提高机器的速度和效率是很简单的事。我一看到竞争对手的产品，就很快知道如何改进机器。"

汤姆将该机器展示给该行业的五个主要公司，这五个公司都向他下了订单。汤姆几乎确信，他可以靠这项发明赚很多钱。他试图在投入生产之前，获得此项发明的专利。他相信自己发明的机器比市场上其他任何一个机器都精细复杂得多，竞争对手至少需要4年的时间才能开发出更好的产品，汤姆说："那时，我希望能继续改进自己的发明，能够远远领先于其他竞争对手。"

汤姆和律师谈了有关申请专利的事，律师建议汤姆在行动之前先回答两个问题：一是竞争对手需要多长时间来改进你的专利；

二是你愿意出多少力来保护自己的专利权。律师做了如下的评论："我们需要三年时间才能得到专利，如果在这三年内，竞争对手开发了比你更好的产品，我们就会浪费许多时间和努力。我们的专利就只有一点点价值了，因为没有人会有兴趣使用我们的技术。你必须认真考虑的是，竞争对手会买你的第一批产品去研究；第二，即使竞争对手需要4年才能赶超你的技术，例如两年之后，你还能饶有兴趣地和剽窃你发明的人斗争吗？简单地说，我可以让你得到专利，可是我不确定它能保护你想保护的一切。"

问题：

1. 从产业的本质出发，请解释专利对汤姆有什么价值？
2. 如果汤姆获得了专利，他可以针对侵权行为采取什么行动？值得花费时间和金钱去申请专利保护吗？解释原因。
3. 你认为汤姆应该怎么做？为什么？

案例分析 13—3

她需要的只是一点喘息的空间

当陈碧玲一年前开始在香港创业时，她预计8个月内可以获利，但是事与愿违，在最初的6个月内，她损失了18 000港元，在接下来的6个月内又损失了14 000港元，她相信在接下来的6个月内，公司会慢慢好转，可以在第二年末达到收支平衡，但是她的债权人表示怀疑。碧玲的公司欠两个最大的债权人48 000港元，欠其他债权人38 000港元。

碧玲相信，如果可以推迟一年还清债权人的欠款的话，她的公司就有能力偿付所有的债务。另一方面，如果她必须现在偿还债务的话，她将没有足够的资金继续经营公司，只能宣布破产。她对她的丈夫说："我真的认为任何允许我推迟一年还钱的人都可以获得最大的利益，每个人都可以渡过难关，否则我们都将面临财务危机。"

碧玲考虑向两个主要的债权人提出这个想法，但是她不确定他们是否会接受她的提议，是否可以阻止他们采取法律手段对付她。她对一个密友说："如果他们认为我试图拖延偿付欠款，他们也许只会让我马上还款，迫使我破产。当然，如果他们认同我的想法，这就大不相同了。无论如何，我得先和我的律师商讨才能这么做。"

碧玲希望她和她的律师能想出一套阻止公司宣布破产或清算的行动计划。她打电话给她的律师约定会面，并在电话中说："如果每个人都能保持冷静，缜密审视现在的形势的话，我想他们会认可我的建议，毕竟我不是请他们投入更多的资金，他们最多失去我现在欠他们的钱；另一方面，如果他们幸运，也许会得到40%的利息，如果他们愿意等的话，他们可以得到所有的钱，我所需要的只是一点点让我喘息的空间。"麦克建议他们本周晚些时候见了面再探讨，麦克说："我确信我们会有拯救公司的思路。"

问题：

1. 你会推荐哪种破产协议？请解释原因。
2. 请完整陈述为什么不选择其他破产协议。
3. 你会如何说服你的债权人接受你的建议？

自我测试的答案

1. S　2. F　3. S　4. S　5. S　6. F　7. A　8. G
1. T　2. C　a. C　b. T　c. T　d. C　e. T　f. C　g. C　h. T　i. C　j. T

第14章

企业家的资金来源

> 金钱就像第六感，没有了它，你就不能完全发挥其他五种感官的功能。
> ——威廉·萨默塞特·莫姆（William Somerset Maugham）：
> 《人性的枷锁》

✏️ 本章要点

1. 区分两种融资方法：债务融资和股权融资
2. 考察资金来源：商业贷款和公开募股
3. 了解自助筹款最简单的方法并使用该方法获取启动资金
4. 讨论作为一个获取股本机会的私募
5. 研究风险资本市场并检查风险资本家对新的创业项目的评估标准
6. 讨论为了作出"最好的选择"而评估风险资本家的重要性
7. 考察现有的非正式风险资本市场（包括"天使资本"）

引 言

人们常说,如果企业家是驱动一个公司的引擎,那么资金就是推动它的燃料。对于那些新创企业来说,最好的资金来源有以下三种:
- 自助筹款——创业的创造性方法。
- 非正式投资——来自家人、朋友和同事的财政资助。
- 政府资金计划。

正式或非正式的风险资本融资(包括"**天使投资**"(business angels))通常针对那些已步入快速增长轨道的公司。在此类企业的范围之外,那些企业尚处于发展阶段的企业家不得不将资金来源锁定在银行贷款和其他更为传统的方式上。

这些资金的来源到底是什么?一个企业家想得到它们又该符合哪些条件?

作为一个企业家,重要的是不仅要知道存在多种资金来源,而且要明白这些资金的期望以及如何获得它们。倘若不明白这一点,企业家就无法找到合适的启动资金。

相关调查已总结出了较受企业家青睐的资金来源(见表14—1)。根据资金种类的不同,这些资金从债务到股本也有所不同。正如图14—1所阐明的,对应企业的不同发展阶段,企业家有几种相应的资金来源。不同资金的风险和公司所处的发展阶段将决定最适合企业的资金来源。

在本章中,我们将仔细研究企业最初融资时可获得的多种资金来源以及企业家在资金来源中如何进行选择。与已步入增长轨道的企业相比,刚启动的企业在融资方面存在不同的需要,所以我们从创业融资来源开始讨论,然后研究开始进入增长阶段的公司的融资方法。

表14—1　　　　　　　　　　　创业的资金来源

银行贷款	社区银行 资产担保借贷 微型贷款 第三方担保贷款 风险租赁 信用卡 在线信贷搜索引擎
家人和朋友	利用人际关系 资产变卖
私募股本	绩效导向,灵活期限 可赎回优先股 互联网的广泛网络
公开募股	投资银行或商业银行
公司援助	战略合作
国际融资	国际应收账款融资 国际战略合作
适宜联络人	资金中介 创业项目

资料来源:Jill Andresky Fraser,"How to finance anything",*Inc.* (March 1999):32-48.

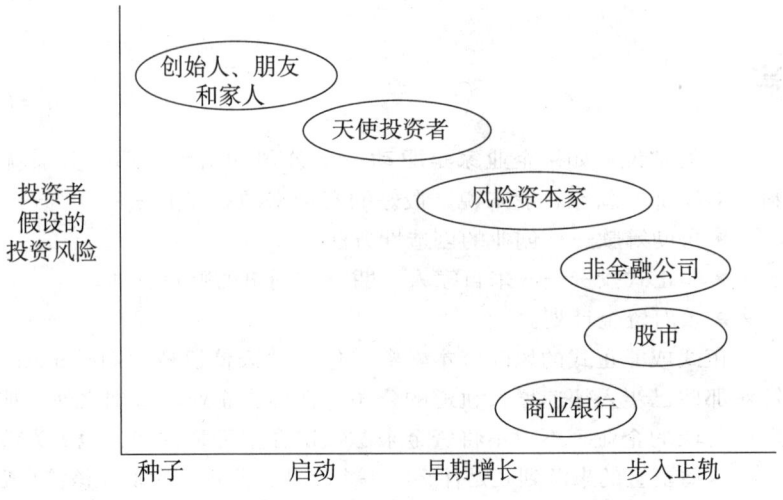

```
           创始人、朋友
            和家人
                    天使投资者
 投资者
 假设的                    风险资本家
 投资风险
                              非金融公司
                                股市
                              商业银行

       种子      启动     早期增长    步入正轨
```

图 14—1 整个企业发展过程中的资金来源

资料来源：Mark Van Osnabrugge and Robert J. Robinson，*Angel Investing*（San Francisco：Jossey-Bass：2000）：37. This material is used by permission of John Wiley & Sons Inc.

为你的公司自助筹款

自助筹款（bootstrapping）是小公司用来融资的一种手段，无须通过传统资源筹集股本或向银行借贷，而是以一种高度创新的方式来获取并使用资源。自助筹款意味着在没有启动资金的情况下开创一个新的企业。除了可以从朋友和亲人那里获取资金外，自助筹款还有很多优势，并且有可能是使一个企业得以运行并站稳脚跟以便日后从银行寻求**债务融资**（debt financing）或获得外界投资者股本融资的最好办法。

自助筹款在很大程度上依赖于关系网、信任、合作以及对企业现有资源的利用，而不仅仅是负债或出让股票。要想进行自助筹款，首先必须认真研究公司的财务状况。有时候融资并不是必要的。

在这里，我们给出以下重要的建议：寻找"容易实现的目标"。不妨从模仿开始。找到快速达到收支平衡的盈利产品，因为往往那些已经盈利的公司能够得到投资者的信任。同时，要注意避开那些阻碍增长的因素。许多刚启动的公司之所以失败是由于它们的融资手段已经无法满足企业发展的需要。它们把目光锁定在现金上（而不是利润、市场占有率或者其他方面）。由于融资手段的限制，自助型企业没有能力同时追求多种战略目标。例如，自助型企业不能采取亏损策略来占据一定的市场份额或打下顾客基础。"健康的"现金流对一个企业生存是至关重要的，因此，从一开始销售策略就必须确保有"健康的"回报率。

是否想过**以物易物**（barter）？Bartercard 网络采用了古老的以物易物这个概念，同时增加了灵活性，允许一个企业用它自己的产品来偿付部分商业费用。改变了惯有的做生意的方法，这就是 Bartercard 确保生意兴隆的秘诀。美国商业部估计目前约 20%~25% 的世界贸易是以物易物。最基本的以物易物交易是双方之间商品或服务的直接交换。以物易物公司已开发的更为复杂的交易包括不良资产的贸易信贷的交换、商品的市场再投放以及商品和服务的贸易信贷的终止。

当然，在你的公司获得可靠资信之前，你也有必要与银行建立联系。一般来说，刚启动的企业很难获得银行融资，特别是在无抵押品或抵押品很少的情况下。然而，对于小型企业来说，一旦公司建立并已有少许盈利，银行融资就是非常重要的。因此，一旦你的公司在运转数年之后获得了好的声誉，良好的账目、无不良记录和可靠的资产负债表将令你在与银行接洽时满怀信心。

创业实践

如何为你的企业自助筹款

产品开发的自助筹款选项
- 事先准备好产品的生产许可证、支付相关费用并从顾客处收取一定的预付款；
- 通过特殊交易获得产品硬件；
- 产品在夜间和周末开发；
- 围绕顾客需求展开研发工作；
- 将咨询项目转变为商业产品；
- 最不起作用的方法是科研补助金和以大学为基地的企业孵化器。

企业发展的自助筹款选项
- 过期的、延期的或少支付的薪酬；
- 使用个人储蓄；
- 与竞争力较弱的专业服务供应商打交道；
- 以低于市场价或较低的租金来租用公司场地；
- 个人信用卡和家庭股本融资；
- 最不起作用的方法是遣散费、以物易物和为顾客提供特殊的服务。

所需资金最小化的自助筹款选项
- 购买二手设备而非新设备；
- 向其他公司借用短期项目所需的设备；
- 使用顾客逾期付款的利息；
- 短期雇用职员而非永久性雇用；
- 与其他公司协调购买；
- 租赁设备而非购买设备；
- 减少与经常延迟付款的客户的业务来往；
- 对所有的客户一视同仁（不给予特惠待遇）；
- 与供应商协商进行**寄售**（consignment）或贸易信贷；
- 有意识地选择付款较快的客户；
- 与其他公司共享办公场所或在你的住所之外运作企业；
- 以非市场价的工资雇用亲戚或朋友；
- 最不起作用的方法是分享其他本地企业已使用的设备或已雇用的员工。

满足资金需要的自助筹款选项
- 短期或长期不支付企业家的薪酬；
- 用公司**股票**（stock）支付员工薪水（给员工一些所有权）；
- 与供应商寻求最佳购买条件；

- 有意识地推迟付款给供应商；
- 用企业家的私人信用卡来偿付企业的开销；
- 从亲戚朋友那里获得贷款；
- 将使用并不充分的产品或服务与其他公司交换；
- 特许他人生产公司的产品或使用公司的商业创意以获取**专利**（royalty）使用费；
- 最不起作用的方法包括通过出售公司**应收账款**（accounts receivable）的方式从**代理融通**（factoring）公司筹集资金和获取国家补助或州补助。

资料来源：Vadim Kotelnikov, "Bootstrapping: The most common source of initial equity for entrepreneurial firms" [www.1000ventures.com/venture_financing/bootstrapping_methods_fsw.html]。

借助非正式投资来创办新企业

非正式投资经常会被误称为"天使投资行为"（在本书中，天使投资行为涉及更专业化、更商业化的投资者）。事实上，绝大多数新企业的启动资金并不是来自银行或**风险资本家**（venture capitalists），而是来自那些我们称之为**非正式投资者**（informal investors）的人，又或者是4F——朋友、家人、创始人和其他"莽撞的"投资者（邻居、同事甚至陌生人都可以罗列在内）。

这些人通过对企业发展状况的**尽职调查**（due diligence）（有时是偶然、无计划的）来决定自己手中资金的流向，即投资于哪些企业。2004年，全球创业观察（Global Entrepreneurship Monitor, GEM）的调查报告显示，全世界有3.3%的成年人是非正式投资者（见表14—2）。中国的这一比例高达6.2%，为全球最高；其次是泰国，比例为5.7%。在这两个国家，你会发现每17个人当中就有1个非正式投资者。新西兰的比例为4.7%，高于平均水平，澳大利亚则低于平均水平，为2.9%。在新西兰，你会发现每21个人当中就有1个非正式投资者。而在年龄为35~54岁的人当中，每9个人中就可能有1位是你公司的投资者。在日本，少于1%的成年人会投资刚启动的企业。

表14—2　亚太地区18~99岁的成年人中非正式投资者的比例

国家/地区	总人口中天使投资（18~64岁）的比例（2002—2005年）（%）	每位投资者的年平均非正式投资额（2002—2005年）（美元）
中国大陆	6.2	1 474
泰国	5.7	1 204
新西兰	4.7	13 642
美国	4.5	9 238
新加坡	3.1	12 568
中国香港[+]	2.8	6 635
澳大利亚	2.6	13 061
英国	1.5	16 360
中国台湾[+]	1.0	25 740
韩国[+]	1.0	15 164
日本	0.56	16 729

+表示中国香港、中国台湾和韩国2003年的数据。

GEM 中所有的国家平均起来，启动一个企业所需的平均资金是 53 673 美元，并且正如预料中的那样，机会型企业所需的启动资金（58 179 美元）比生存型企业所需的资金（24 467 美元）多。企业服务部门所需的启动资金（76 263 美元）最多，而以顾客为导向的部门所需的启动资金（39 594 美元）则最少。与非企业家相比，企业家自身成为其他企业的非正式投资者的可能性是前者的 4 倍。

那些非正式投资者是谁呢？正如表 14—3 所显示的，首先是创办人的亲近亲人（49.4%），其次是朋友和邻居（26.4%），最后是其他亲戚（9.4%）、同事（7.9%）和陌生人（6.9%）。这些非正式投资者到底期望得到怎样的收益呢？平均来说，他们期望的偿付期为两年，收益是原投资的 1 倍。也就是说，他们期望零回报。有趣的是，除了陌生人，其他所有投资者的预计偿付期和收益率都是相同的。另外，陌生人投资的资金是最多的，最可能的原因是陌生人的投资相对于亲人和朋友的投资更理性，更像是做生意。

表 14—3　　　　　　　　　非正式投资者和他们的预期收益

投资者与企业家的关系	总百分比（%）	平均投资资金（美元）	平均预计偿付期（年）	平均预计收益倍数
亲近亲人	49.4	23 190	2	1×
其他亲戚	9.4	12 345	2	1×
同事	7.9	39 032	2	1×
朋友、邻居	26.4	15 548	2	1×
陌生人	6.9	67 672	2～5	1.5×
平均		24 202	2	1+×

这是企业家的底线——目前，初创企业最稀少的资金来源是**传统的风险资本**（classic venture capital）。新创企业中得到传统的风险资本援助的公司比例低于 37/100 000。可以说，对风险资本融资的关注度与其在初创企业发展过程中的重要程度是成反比的，风险资本并不像大家想象的那样发挥出巨大作用来推动企业前进。

另一方面，非正式投资者将他们的资金散布于整个企业界。总的来说，传统的风险资本都流向那些有超级明星潜质的公司，非正式投资则流向所有公司，当然也包括那些具有超级明星潜质的公司，而且，鉴于实质上每个公司都是靠 4F 的非正式投资创办起来的，所以很少有公司从一开始就有正式的风险投资资金支持。有这样一种说法：如果没有非正式投资，就不会有新企业；但即使没有风险资本，数百万的新企业还是会成立。

□ 如何向你的家人融资

你也许听说过用来向风险资本家融资的"电梯营销"，但是你听说过餐桌营销吗？如果你想过向自己身边的人融资的话，请看以下提示：

● 了解投资者的动机。有些亲戚和朋友确实是因为无私才投资的，但正如所有的人一样，你的亲人和朋友也可以为了利益而投资。当你将生意搬上餐桌时，确保你已经列出"利他因素"。

● 对亲人和朋友来说，债务比股权更好。股权对绝大多数人来说只是"一种不稳定的货币",除非你打算尽快出售你的公司。比如,你的妹妹在你的餐厅投资了1万美元。如果餐厅增值的话,她的股票也增值。但如果你离婚了并且必须和你的前夫分摊股权,又或者餐厅倒闭而不是出售,你妹妹投资的资金就会贬值甚至蒸发。

- 亲自谈谈这桩生意,但要准备一份书面的备忘录。你的亲人不一定会关心一份正式的商业计划,但要给他们一些文件以避免误解。
- 试着像对待陌生人那样对待他们。不要大谈交易。让朋友陪伴出席或请律师准备好期票。
- 避免列出债务偿还计划。将你的现金流与债务偿还联系在一起。给你的家人一定比例的营运现金流直到你偿还了所有的债务。除此之外,它还可以持续提醒你的责任并极少可能会破坏你的人际关系。
- 不要出让有表决权的股票。通常,一个家庭成员和朋友愿意为你的新创企业融资,但也会坚持争取一个董事席位。你不希望发生的事情之一就是你的亲人和朋友时刻监督着你,并事后批评你的每一个决定。

创业实践

获得企业资金的创新方法

- **扩建津贴**(build-out allowances):通常情况下,银行会允许你将扩建津贴作为你的资金来源并加以使用。当资金有进有出时,总体的现金流和交易规模确实会增加。
- **垂直整合**(vertical integration):可向有既定利益的外部公司筹集资本,表现为开发分销渠道或从现金缺乏的公司获得足够的产品供应。例如,为了确保自己有充足的存货,经销商也会投资它的供应商。
- **企业方面的专家**:只要向投资者阐述这样一个概念——通过所建议的投资,就能为他们的公司赢得更多的利润。律师事务所、广告公司、高级猎头公司以及专业顾问一般都接受以股票、担保或期权的形式来偿付部分服务费用。这是一个通过给予既得权益而建立强大的专业队伍的绝好方法,并会增加融资成功率。这些专家当中也有许多是天使投资者,相对于其他私人投资者来说,他们往往最能支持你们的动机。
- **"白马王子"**(white knights):如果你是一个信用度不高的零售商并且被要求提前付款,否则供应商不予发货的话,最好让信誉较好的人代你购买产品,然后再转卖给你。每个月你应付给"白马王子"一定比例的费用。高的周转率将有助于你重建现金流和信誉,仅有少数专家会进行这类操作,但你可以通过代理公司找到他们。
- **技术专家或专业专家**:许多专家都愿意降低费用来交换股票。虽然服务并不是完全免费的,但费用通常会减少50%,你甚至可以通过保留期权或担保来避免股权在初期被稀释。此外,如果另一个大的投资者进入你的市场,你可以为专家提供一个优先于首次公开募股的**退出战略**(exit strategy)。
- **出售许可证或将专利投入市场**:将专利卖给国外市场或地区市场对没有经验的新公司是最好的办法。你可以同时使用独占或非独占的协议。所有方法都应该有一定的限额和非竞争条款。负面影响是之后的投资者可能会觉得太多的潜能已被卖出,所以他们不会即刻投资。

资料来源:Adapted from Venture Planning Associates,"28 ways to finance your venture"[www.ventureplan.com/how.to.finance.your.venture.html]。

债务融资还是股权融资

企业家在特定的时期既需要债务融资又需要**股权融资**（equity financing）。股权融资在早期启动阶段是最好的选择，尤其是在研发以及产品开发阶段。它也适合后阶段的融资。例如，为了市场营销和加速发展而引进高资历的员工并使销售加速增长。债务融资则较适用于营运资本以及基础建设。

大多数企业家一开始都采取股权融资来刺激增长，一旦企业自身的价值提高了，他们便转而寻求债务融资。一般情况下，在投资的早期阶段，负债比出让股权更便宜，但股本投资者（被动的和主动的）都愿意承担更大的风险。因此，要想得到股权融资，你的股票应该具备较大的回报潜力。

债务融资和股权融资到底如何影响着企业的盈利能力和现金流？债务融资包括资金以及使用资金所需费用（叫做利息）的偿还。股权融资包括所有权的转移以及使用资金的**红利**（dividends）的偿付。债务融资使企业家承担起偿还本金和利息的责任，而股权融资迫使企业家放弃部分所有权和控制权。极端地说，企业家有两种选择：一是不放弃企业的所有权而背负债务；二是放弃部分所有权以避免借贷。在绝大多数情况下，债务融资和股权融资两者结合起来才是最适合的。表 14—4 展示了债务融资和股权融资的不同之处。

表 14—4　　　不同的融资选择如何影响盈利能力或现金流

股权融资		债务融资	
优点	缺点	优点	缺点
能提供大量的资金注入	通常仅可获得较大金额的资金	可根据你的需求借贷不同的金额	构成还债义务
无须支付利息	这意味着"卖掉"公司的一部分	只要偿付了，就不会影响你对公司的所有权	收取利息——影响获利能力
无偿付资金的义务	风险资本家期望他们的投资会有高回报（至少增长25%）		一般要求有抵押品，而且银行会保守地看待你的资产的价值
	投资者可能会要求你买下他们的股票		如果你是向朋友和亲人借钱的话，你的人际关系就会随着公司破产而被破坏

资料来源：Multimedia Development Corporation（Malaysia），"Raising capital"［www.technopreneurs.net.my/cms/General.asp?whichfile=&ProducTLD=20816&CaTLd=86］.

许多新企业发现债务融资是必要的。短期借贷（1 年或者更短）通常是营运资金所要求的，并由销售收入或其他收入来偿还。**长期借贷**（long-term debt）（1~5 年的贷款期限或 5 年以上的长期贷款）主要用于购买产权或设备，并以购买的资产作为抵押品。商业银行是小企业获得债务融资的主要来源。

商业银行

虽然有些银行会提供无担保的短期贷款，但绝大多数银行贷款都需要提供固定资产、应收款项、存货或其他资产作为担保。在约90%的这类案例中，银行会要求有抵押品，一般包括股票、机器、设备和房地产，并要求贯穿整个贷款期限的系统的偿还。无论是在澳大利亚还是在美国，银行对企业家的前景通常都不感兴趣，也不会认真去看那些显示企业强大的生命力和企业家有能力用企业的现金流来偿还债务的商业计划。

然而，事实上如今企业家期望从银行得到的远不止是贷款。在美国，银行会向新创企业提供多种服务，包括电脑工资单、信用证、国际性服务、融资租赁和货币市场账户。我们完全有理由期待这种趋势会在全球范围内扩张。除新加坡以外的亚洲银行在扩大它们的收费服务领域（除了信贷）方面发展比较缓慢，这些收费服务有现金管理、贸易融资、库存管理和风险管理。越来越多的银行意识到收费服务能使资金使用的费用最小化甚至降为零，从而使得收益更具吸引力。但是，相对于美国，收费服务在亚洲市场还没有得到很好的发展。

在获得银行贷款前，企业家必须回答以下五个问题：

● 你打算如何使用这些钱？不要计划将资金投在高风险的项目上。银行一般偏好发展稳定的企业。

● 你需要多少资金？一些企业家在不清楚自己到底需要多少资金的情况下就去银行申请贷款，他们所知道的就是自己需要资金。你越具体地回答这个问题，获得贷款的可能性就越大。

● 你何时需要这笔资金？不要一需要钱就毫无计划地奔向银行，这种行为说明你不是一个好的计划者。大多数借款者是不愿意借钱给这类人的。

● 你的贷款期限是多久？贷款期限越短，你就越可能得到贷款。贷款偿还的时间应该与商业计划中一些重要的里程碑相对应。

● 你将如何偿还贷款？这是最重要的问题。如果你的商业计划失败怎么办？你有其他收入可以用来偿还贷款吗？有抵押品吗？即使有一定数量的固定资产作为抵押品，银行或许也不为所动，因为它凭经验知道通过清算拍卖的资产只能得到原价值的一小部分，通常只有原价值的5%～10%。

记住，银行也是企业。它们也有**股东**（stockholders），它们也要向这些股东报告，并且它们是由联邦机构和州机构高度监管的。有时候，根据公司政策，它们可能不会为某些产业提供贷款。

债务融资利弊并存。从正面来讲，你不需要放弃公司的所有权。更多的贷款就会产生更多的股票潜在收益。在低利率时期，由于借贷的成本比较低，**机会成本**（opportunity cost）是合适的。从反面来讲，你将定期（每月）偿付利息。由于要承担偿付义务，持续的现金流问题可能会加剧。此外，过多的借贷会抑制企业的发展。

☐ 其他债务融资来源

其他债务融资来源包括贸易信贷、应收账款融资、融资公司、租赁公司、互助储蓄银行、储蓄和贷款协会以及保险公司。表14—5总结了这些来源，包括融资企业的类型以及融资期限。

表 14—5　　　　　　　　　　　　　普通债务融资来源

来源	融资企业的类型		融资期限		
	新创公司	现有公司	短期	中期	长期
贸易信贷	是	是	是	否	
商业银行	有时，但仅在资金实力雄厚或有抵押品时	是	经常	有时	很少
融资公司	很少	是	很频繁	是	很少
代理公司	很少	是	很频繁	很少	否
放贷公司	很少	是	否	很频繁	偶尔
互助储蓄银行和储蓄与放款机构	很少	仅房地产公司	否	否	仅房地产公司
保险公司	极少	是	否	否	是

贸易信贷（trade credit）是由供应商赊账卖出商品而提供的信贷。这种信贷反映在企业家的资产负债表上为应付账款。通常情况下，买方必须在 30～90 天内偿付。许多小公司在无法以其他形式融资的时候便寻求这种信贷。供应商通常以提供这种信贷来吸引新的客户。

应收账款融资是一种短期的融资方法，它或者以应收账款作为贷款的抵押品，或者以卖出应收账款来融资。应收账款贷款是由商业银行提供的，而融通主要是由商业融资公司和代理融通中心提供。

应收账款银行贷款是按抵押的应收账款的贴现价值来计算的。银行可以以通知方案和不通知方案来提供应收账款贷款。根据通知方案，商品的购买者（买方）将会被通知他们的账款已经被转让给银行。他们便直接付款给银行，银行将把账款记入贷方（卖方）的账户。根据不通知方案，贷方（卖方）照常收账，而买方对此并不知情，然后付清银行贷款。

代理融通是指企业将其应收账款卖出。根据这种协议，应收账款是以贴现价值卖给代理公司的。一些商业投资公司也有代理融通业务。根据标准协议，一旦卖方将货物运送给顾客，代理公司将立刻获得卖方的应收账款，并且无追索权。对于某些企业来说，代理融通比其他融资方法更为适合，并且已经成为某些行业（如纺织业、家具制造业、服装制造业、玩具业、鞋业以及塑料制造业）最传统的融资方法。

分期付款（hire purchase）是由企业家/租借者与债权人（设备制造商或金融机构）双方签订的一项长期付款协议。根据分期付款购买法，租借者仅需一开始时支付一小部分的押金，然后有规律地分期付款，直到付完最后一次分期付款，租借者才拥有设备的所有权。

融资公司是以资产（如应收账款、库存和设备）为抵押的放款人。与商业**融资公司**（finance company）打交道的优势在于它一般会提供银行不愿提供的贷款，利息从 2%到 6%不等，比银行收取的利息高。那些无法从银行和代理公司获得贷款的新创企业经常会转向融资公司。

其他筹集现金的方法有股权工具（将在下一部分讨论），它给予投资者部分所有权。举例如下：

- 有认股权证的贷款给予投资者在将来的某一天以特定的价格买入股票的权利。认股权证的条款是可以协商的。认股权证通常是为购买额外股票而提供的，比如在要约日 5 年内以原要约价的 130% 买入占总股本 10% 的股权。
- **可转债**（convertible debentures）是可折兑成股票的无担保贷款。折兑价、利息以及贷款协议书上的条款都属于协商的范围。
- **优先股**（preferred stock）是在企业破产时能给予投资者相对于其他债权人优先待遇的股票。这种股票也分红利，也可增值，因此能给予投资者更高的投资效益。有些发行的优先股可以转换成普通股，这一特点使得它们更具吸引力。
- **普通股**（common stock）是一种最基本的股权形式。这种股票通常具有选举董事会的权利。如果新的风险投资运作良好，普通股的投资者通常能获得更大的回报。这种股票通常是以公开募股或私募的方式出售的。

如今，国际性的企业家很容易遭受各种各样的潜在损失。通常情况下，明智的做法是对政治风险进行投保以补偿一切由跨国（特别是在发展中国家）交易风险所造成的损失，包括没收、征用、国有化、契约无效、许可证撤销以及未履行担保。它保护资产免受政治动乱（包括战争和暴动）所导致的物质损失。它能够保护资产、工厂和机器、库存和合约。政治风险投保同时也能保护企业免受本国政府的行为（如禁运和强制撤销）所导致的损失。

股权融资

股权融资是指他人投资于某企业并且企业家没有义务去偿付**本金**（principal）或利息的融资方法。因此，使用股权融资并不需要偿付债务。然而，它要求根据资金来源分享所有权及收益。由于无须偿付，**股权资本**（equity capital）对于新创企业来说比债务融资更安全。但是，企业家必须自己决定并放弃部分所有权以作为资金的回报。筹集股权资本有两个主要途径：公开募股和**私募**（private placements）。无论使用哪种途径，企业家都必须遵守当地关于筹集此类资金的法律。整个筹集资金的过程是有难度的，而且费时费钱。另一方面，成功的股票供给能帮助无经验的企业筹集大笔的资金。聪明的企业家会留意使公司**双轨或三轨化**（dual or triple tracking）。这就意味着公司要根据利益的均衡，同时准备借助首次公开募股、**商业销售**（trade sale）和风险投资三种方法来融资。

公开募股

股权融资的一种类型是**首次公开募股**（initial public offering，IPO）。这是公司首次向公众出售股权，也是公司以外的人首次获得购买该公司股权的机会。这就是当一个公司进行首次公开募股时会被叫做"公开化"或"流动化"的原因。以下列出一些公开募股的好处：

- 资金规模——出售证券是能在短期内筹集大笔资金的最快速方法之一。
- 流通性——由于可以随时出售股票，因此具有较高的流通性。
- 价值——市场赋予公司股票一定的价值，而这又相应地赋予公司一定的价值。

● 形象——在供应商、融资者和顾客的眼中，公开交易的公司形象往往更可靠。

从20世纪90年代后期开始，全球的首次公开募股市场呈现出过山车似的发展变化。它仍然没有完全恢复到1998—2000年市场崩溃前的水准。2004年，首次公开募股市场确实曾迅猛增长并达到1997年的水准。该年，日本和中国大陆通过首次公开募股市场筹集130亿美元，占整个市场活动的绝大部分，而印度以首次公开募股筹集资金的规模高速增长。首次公开募股在中国香港、韩国、泰国、马来西亚以及新加坡也很活跃，所筹集的资金金额分别为36亿美元、31亿美元、17亿美元、11亿美元和9亿美元。另一方面，中国台湾是少数几个处于低迷状态的亚洲经济体之一。2004年，澳大利亚和新西兰在首次公开募股活动中均有增长，筹集资金金额分别占全球总资本交易的12%和5%。澳大利亚筹集资金78亿美元，投资在166个项目上，位列世界第四，新西兰则在19项交易中筹集了6亿美元，其交易次数分别增长了105%和138%（见表14—6）。确实，2004年的澳大利亚私人股权市场已经成熟并且投资者都信心十足。

表14—6　　　　　　　　　2004年亚太国家或地区的首次公开募股活动

国家或地区	筹集的总资金额（亿美元）	首次公开募股次数
日本	129.46	171
中国大陆	125.48	142
澳大利亚	78.08	166
中国香港	35.60	40
韩国	30.77	71
印度	28.57	21
泰国	17.42	45
马来西亚	11.46	80
新加坡	9.03	45
新西兰	6.20	19
中国台湾	5.61	93
巴基斯坦	1.44	2
印度尼西亚	1.01	8
斯里兰卡	0.26	1
菲律宾	0.18	1
中国澳门	0.04	1

上市机制

首次公开募股是艰辛、成本高昂且复杂的。一般的企业家通常都不是会计报告、财务报告和证券法等领域的专家。当进入首次公开募股市场时，企业家必须对他们所要面对的各种利害关系有所了解。许多新创企业意识到了上市的弊端。以下列出几点：

● 成本：公开募股所需的费用要比其他资金来源高得多。会计师事务所费用、律师费、招股说明书的印刷与分发以及承销股票的费用，所有这些都将导致公开募股的高成本。

- **资料披露**（disclosure）：公司的事务必须公开，而新创企业一般希望保持这些信息的私密性。
- **必要条件**：政府法规中所要求的文书工作以及连续几年的业绩信息将耗费管理层大量的时间、精力和金钱。许多新创企业认为不如将这些时间、精力和金钱投在公司发展上。
- **股东压力**：有些时候，管理层的决策在本质上是短期的，以保持股东收益和红利方面的良好业绩。这种压力通常致使管理层无法充分考虑公司的长期发展与改进。

企业家必须仔细权衡上市的利弊。如果决定进行公开募股，了解所有的程序对企业家来说是非常重要的。

上市机制由各国的证券法规定，但也有一些共同因素。悉尼科技大学的理查德·帕特威（Richard Pettway）认为有以下共同因素：

- **投资者的信息**：在首次公开募股前，公司必须向投资者公开公司信息，比如招股说明书。此外，上市或交易新股份的地点也要求有具体资料，比如前几年的财务数据等。
- **投资银行**（investment bank）或**承销商**（underwriter）：大多数公司选择一个占据领先地位的投资银行来承销新证券。发行公司倾向于向投资银行收取一定的统一费用（在美国为发行价格的7%；日本是6%）。如果采取询价机制，选中的投资银行会进行路演或其他形式的资料收集活动来测试不同价位的证券需求量。承销商的信誉也会对初始收益水平有一定的影响。
- **股权结构**：首次公开募股将会使股权结构有所改变，并且在首次公开募股中卖出的股份被指定为两类：原始股（指新股份）和次级股份。次级股份是指现有股东以前所持有的股份，包括公司的创始人和管理层。相对于现有股份，新发行股份的数量以及分配将会改变股权结构。首次公开募股通常是将股权从创始人移交给公司专业管理层的一种方法。首次公开募股一般发生在创始人的"企业活动"之后，但也会对公司的前景有一定的影响。
- **锁定条文**：上市时，首次公开募股通常会承诺一个锁定期限，内幕人士在一定期限内未经承销商的书面允许不得卖出股份。一般而言，期限为180天或6个月。显然，这些锁定条文是内幕人士或现有股东试图用来控制首次公开募股之后的一段期限内的股票供给的手段。
- **风险资本家的出现**：许多公司是从风险资本家那里获得融资的。这些风险资本家有一定的所有权地位并且对企业家有部分控制权。随着风险资本家在首次公开募股中将股份分配给他们的有限责任股东，这种控制将会改变。首次公开募股融资或许比风险融资更省钱，同时还将为现有的首次公开募股之前的股东提供一定的变现能力。
- **发行规模**：为了创造一个流通的市场，首次公开募股需要固定的成本，所以首次公开募股中新股份的数量必须足够多以创造充足的流通性。新股份的数量同时也要足够少以便发行公司不至于筹集多余的资金。
- **首次公开募股的定价机制**：全世界有三种首次公开募股定价机制：拍卖、固定价格要约和询价机制。市场结算价是在投标提交之后决定的。固定价格要约时，价格在分配之前已经定好。如果需求超额，将会按比例或运气分配股票。使用询价机制时，投资银行招徕潜在购买者，然后制定价格。询价机制已成为世界首次公开募股市场上的主导体制。

招股说明书是一份正式的书面文件，给潜在投资者提供必要的公司信息以便其作出正式的决定。如果一个公司首次向公众提供股份或其他证券融资（通常叫做"上市"或"首次公开募股"），它将会发行一份叫做"招股说明书"的披露文件。例如，在澳大利亚，一份招股说明书必须存放在澳大利亚证券和投资委员会。存放之后，招股说明书将以电子形式出现在互联网上，叫做电子招股说明书。

招股说明书必须完全披露公司的所有相关信息，公允地表达公司的真实前景，突出并解释所有的负面信息。一些必须陈述的具体详细信息包括：

- 公司的历史与性质；
- **资本结构**（capital structure）；
- 所有购料合同的描述；
- 已注册证券的描述；
- 公司主要管理人员和董事的薪酬和证券持有情况以及这部分股权的价值；
- 包销协议；
- 净收益的估算和使用；
- 经过审计的财务报表；
- 有关竞争力的信息，包括对公司生存机会的估算。

□ 私　募

私募通常是指私人投资者以股票或债券的形式投资于某公司。有时候，私募可以避免发行招股说明书，但不同国家的规定不同。绝大多数情况下，私募代理（通常是指股票经纪公司或投资银行）会针对这个程序收取一定的费用。

一个典型的小企业进行私募，其目的是为公司寻求增长资金或发展资金。当你需要注入资金以实现更高水平的增长，并且你的公司有可靠的盈利记录时，私募是一种不错的方法。

私募备忘录是一份书面文件，它披露了所有投资者有必要了解的事项，以便他们在直接公开募股方面做出明智的投资决定。所需披露事项包括：

- 招股结构；
- 公司的股权结构；
- 对购买的证券的披露；
- 公司信息；
- 公司经营信息；
- 投资的风险；
- 管理信息；
- 收益的使用；
- 某些会影响投资者以及投资者做出适当决策的信息。

私募备忘录非常重要，因为它能提供给投资者所有规定的数据以便其作出投资决定，并且还包含影响投资交易的实际文件。

- **私募的优点**：私募的一个关键优势在于公司对条款（参与者、发行股票的数量和价格）有一定程度的控制权。同时，参与私募的投资者不太可能对公司的运作进行日常控制（不像风险投资家或天使投资者那样）。

● 私募的缺点：私募是相当费时的，因为你必须准备一份详细的信息备忘录，列出你的业务、以往经营业绩、未来计划及其可行性。由于不仅需要寻求私募代理，还需要聘请对这种程序富有经验的会计师和律师，私募的成本往往高得令人不敢问津。私募的另一个负面影响就是信息所需披露的程度。这样一来你的愿景和企业的详细计划很可能会被投资者和竞争对手知道。

私募正在实现重大改进，新西兰就是一个很好的例子。之前，私募人员仅在未违反披露要求的情况下具备有限的宣传能力。根据近来的变化，发行人寻求不具约束力的表达来测试公众的兴趣（这是一种在准备招股说明书之前测试市场的有用机制）。过去，仅可以向私密的人配售股票（如亲戚或亲近的业务合伙人）。而今，你可以向任何人配售股票而非仅限于几个选好的人。根据澳大利亚证券法，配售股票最多不能超过50万美元。最具戏剧性的转折点是，如果股票配售的预订者仅限于"符合资格的人士"（"富有者"或"富有经验者"），那么这个配售就可以免除法律上所有的披露义务。

对于各国的企业家来说，了解有关私募的局限性的信息是很重要的。

管理层收购

管理层收购（management buyout，MBO）是指经营该企业的现有管理团队从所有者那里收购企业。管理层收购为经验丰富的管理者提供了一个绝好的机会来满足他们潜在的创业需求，同时也为卖方的特定要求找到了一个独特的解决方案。管理团队的创业技能的重要性再怎么强调也不为过。大量案例显示，许多来自那些获得好评的大企业的经验丰富的管理者被调去经营那些要求有一定创业技能的小企业，然而，这些习惯于高度条理的组织的管理者却缺乏相应的创业技能，无法解救小公司。

风险资本市场

对新创企业来说，风险资本家是宝贵而强大的股权融资来源。这些经验丰富的专家为新创企业或日益增长的企业提供了多种金融服务，包括以下几点：
● 创业资金和发展资金。
● 为那些没有市场部的企业提供市场调查和策略。
● 管理咨询功能、管理审计和评估。
● 联系潜在客户、供应商和其他重要商人。
● 协助其谈判技术协议。
● 在建立管理监督和会计监督方面提供帮助。
● 在雇员招聘以及员工协议建立方面提供帮助。
● 在风险管理以及设立一个有效的保险计划上提供帮助。
● 在遵守各种政府规章制度方面给予提议和指导。
以下是不同阶段的企业风险投资。
● **种子融资**（seed financing）为企业概念的发展提供了创始资金。它包括额外调查、产品开发和接触早期采用新技术的客户的初始营销。在这一阶段接受融资的公司可能刚成立,也可能已经运作了一段时间。

- **早期融资**(early stage financing)是为那些已完成产品开发和试销,但需要额外资金来扩大商业制造和销售的公司提供的。
- **发展融资**(expansion financing)是提供给那些准备快速发展的新创公司的。这些企业的计划可行并且已达到收支平衡点。资金可能用来提高生产能力,进行市场或产品开发,或者作为额外的营运资金。
- **后期融资**(late-stage funding)是指公司在首次公开募股前的投资,其目的是增强公司地位并获得顶尖风险资本公司的认可,以便为公司上市做好准备。

创业实践

上市:酸性测试

上市还是私营这是一个重大的决定,你不可以掉以轻心或草率决定。首次公开募股是一项既复杂又费时的交易,而且并不是所有上市公司都会有好的结果。以下六个问题将会为你决定你的公司是否上市提供一些帮助:

- 你的公司少了你是否可以照旧运转?公开募股所需的准备工作是如此精密详细,以至于企业家无暇顾及日常运作,最后损害了企业。除非你有一支强大的管理团队,否则就该考虑聘请一个富有经验的首席财务官来打理这个公司,以便克服上市的艰辛与困难。
- 你预期上市3年后公司的**市场总值**(market capitalisation)将达到多少?你的会计师可以为你回答这个问题。一个上市公司的价值在于其收益的多样性。取你所在行业的平均利润率,将其用于预计上市3年的收入。如果数据并未接近1亿美元,最好还是不上市。这个数据是一个很好的指标,因为一个公司只有达到这个水平,才能吸引股票经纪人和投资者。
- 你的公司是否具有高收入和高利润?一个公司只有在得到足够的资金来促进销售并为销售融资时,才可以达到较高的销售额。上市公司承担不起低销售额带来的损失。高利润率可以补偿意外的损失。
- 你的公司是否每年都可以实现两位数的销售和收益增长?上市公司、互助资金以及其他投资网络之间的竞争是很激烈的。如果一个公司的增长不足以弥补投资者花费的时间与金钱的话,投资者是绝对不会再多看一眼的。
- 你的公司是家族企业吗?如果企业将毋庸置疑地传给你的子女,那么请不要上市。家族企业是一代代地测评企业成功与否,而投资者只对季度性进展有兴趣。一旦上市,任何继承策略都会结束。
- 你的企业成本高吗?公司上市的原因在于它想为公司的快速发展筹集资金。因此,销售与增长应当反映出第一轮融资的使用效果。如果投资者意识到你的公司还需要第二轮的融资,他们将会寻求其他投资之处。

资料来源:David Evanson and Art Beroff,"Burnt offerings?" *Entrepreneur* (July 1999):56-9.

退出机制

在大多数风险投资中,退出条件在投资时已在条款书上达成一致。以下是五项主要的退出机制:

- 商业销售——如果风险资本家觉得有进一步增长的可能性,他们或许不会完全退出,而选择保留一定的股份。
- 接受投资的公司管理层回购风险资本家的股份——股份回购是指公司从投资者那里买回股份。
- 由更为长期的投资机构(如投资信托公司)购买或再融资风险资本家的股权——当风险资本家打算退出但被投资的公司不愿意上市或进行商业销售时,这种方法较为合适。
- 上市——上市可使持有者将手中股份兑换成现金,获得用于发展的资金;对公司来说,则可实现股票的流通,提高公司地位并增加知名度,通过股份的奖励机制来激励员工。
- 通过破产管理或清算来实现非自愿退出。

亚太地区的风险投资环境

亚太地区的风险投资环境与通常作为基准的美国是完全不同的。当然,美国的风险投资市场令世界其他各地的投资市场相形见绌。与美国209亿美元市场相比,澳大利亚和日本都仅只跨过门槛而已,它们的市场金额仅为10亿美元。除了澳大利亚,亚太地区的风险资本家相对于美国的风险资本家来说,更倾向于投资那些刚成立和处于早期阶段的公司。澳大利亚的风险投资增长主要集中在较为保守的收购部门。在美国,典型的公司最可能获得的平均投资为870万美元,而新西兰仅为170万美元(见表14—7)。

表14—7   2004年相较于美国的亚太地区的风险投资环境

国家	2004年国内和国外风险投资公司投资的风险资本(亿美元)	接受风险投资的国内公司数量	国内和国外公司数量	处于创立阶段公司的比例(%)	处于早期阶段公司的比例(%)	处于发展/后期阶段公司的比例(%)	收购或其他	每个国内企业投资金额(千美元)
澳大利亚	15.362 02	122	156	2	2	27	68	3 980.78
中国	2.738 31	232	232	5	13.5	82.5		1 180.30
日本	13.753 62	1 816	2 245	1	53	16	29	536.99
新西兰	0.999 58	54	59	10	61	25	5	1 757.33
新加坡	1.431 60	51	53	13	35	49	3	2 701.13
美国	209.934	2 399	2 399	2	19	80	0	8 751.77

企业家投资的最佳地点

中国香港、新加坡、澳大利亚和新西兰在最佳投资国家或地区排行榜上均名列前茅。全球资本获得指数是一个有关资本市场广度、深度以及生命力的全面分析，它反映了使得企业家获取资金的金融市场的有效程度。自1998年有了排行榜之后，英国在2005年终于第一次位居榜首，而2004年的冠军中国香港则位居第二，接下来是新加坡和美国。同年，巴布亚新几内亚的名次上升了15位（见表14—8）。

表14—8　　　　　　　　　　2005年企业家融资的最佳的亚太市场

排名	国家或地区	上一次的排名
1	英国	3
2	中国香港	1
3	新加坡	2
4	美国	6
7	澳大利亚	7
14	新西兰	18
16	马来西亚	14
19	日本	21
23	韩国	28
25	中国台湾	23
30	泰国	24
38	中国大陆	43
57	印度尼西亚	53
58	菲律宾	49
62	巴布亚新几内亚	77
98	越南	87

创业实践

消除风险投资误区

由于许多人对风险资本家的角色与作用存在误解，所以社会上出现了许多有关风险资本家的误区。以下是其中一些误区以及对应的反驳意见。

- 误区1：风险投资公司想要控制公司并对你如何经营公司指手画脚。

没有一个风险投资公司会有意识地控制一个小企业。风险资本家绝不会有经营企业的想法。他们不会告诉企业家如何作出每一个日常决定，也不会要求企业家向他们作日常报告。他们要的是企业家和管理层能盈利，在做重大决定前需要咨询他们，但他们不会插手公司的日常运作。

- 误区2：风险资本家会满足于合理的投资回报。

风险资本家期望不切实际的高回报。他们可以从数百个上市公司那里获得合理的回报。他们可以通过多种形式的投资来获取合理的回报而不用承担投资小企业的高风险。因为每个风险投资都是高风险的，所以也必须获得高收益。

- 误区3：风险资本家会很快作出投资决定。

筹集风险资本需要很长的一段时间，在澳大利亚的风险投资业中，从最初的接触算起，筹集风险资本平均要花费2～6个月。如果企业家有一份完善的商业计划，投资者可能在那段时间内做出投资。风险资本家每个月会看50～100份申请书，然后挑出10份感兴趣的。接着，他将对其中的2～3个公司作适量的分析、调查并与之谈判。最后，仅有一个公司可能获得融资。这种百里挑一的漏斗式筛选需要大量的时间。一旦风险资本家找到一个适合的公司,在投资之前,他们将花大量的时间进行调查分析。

● 误区4:风险资本家对新想法或高技术含量的创新有兴趣——管理仅是次要考虑因素。

风险资本家仅支持好的管理。如果一个企业家有一个好的主意但管理背景逊色并且没有相关经验的话,他应当试着找一个经验丰富的人来带领团队。风险资本家很难相信在特定产业毫无经验并无管理能力的人能够将一个商业计划坚持到底。好的商业创意很重要,但优秀的管理团队更加重要。

● 误区5:在作出投资决定之前,风险资本家仅需要知道基本的信息概要。

要想吸引风险资本家的注意并获得资金,唯一的办法就是准备一份详细的、条理清晰的商业计划书。在投资前,每个风险资本家都希望企业家仔细考虑整个商业计划并详细记录下来。

资料来源:Ian C. MacMillan, David M. Kulow and Roubina Khoylian, "Venture capitalists' involvement in their investments:Extent and performance", *Journal of Business Venturing*(January 1989):27-47; Sharon Gifford, "Limited attention and the role of the venture capitalist", *Journal of Business Venturing* 6 (1997):459-82; Gregory F. Chiampou and Joel J. Kallet, "Risk/return profile of venture capital", *Journal of Business Venturing* (January 1989):1-10; Howard E. Van Auken, "Financing small technology-based companies:The relationship between familiarity with capital and ability to price and negotiate investment", *Journal of Small Business Management* 39 (3)(2001):240-58; David J. Gladstone, *Venture Capital Handbook* (Reston VA:Reston, 1983), 21-4.

创业实践

与风险投资家接洽的注意事项

你想从风险资本家那里分得一杯羹吗?风险资本家通常都是大忙人,整天被各种各样的企业计划所淹没,从渠道商到软件巨人。如果你想吸引他们的注意力,铭记以下几点:

要做的事
● 要在向风险投资公司提出申请前,准备好所有的材料。
● 要事先寄给对方一份商业计划和说明书。
● 要向多个风险投资公司提出申请。
● 要保持简短的电话会谈——1~3分钟的会谈。
● 要对你的公司、产品和服务保持积极和热情的态度。
● 要了解自己的瓶颈并在必要时避而不谈。
● 要与对方商谈适合你的条件的交易。
● 要调查风险资本家以前的交易以及现有的投资组合结构。

不要做的事
● 不要期望对方回复。
● 不要回避问题。
● 不要提供模棱两可的答案——在开口之前,弄清楚自己知道的和不知道的,以便回答问题时能较为流畅。
● 不要隐瞒重大问题。

- 不要转移话题——做一个积极的听众，你会学到东西。
- 不要期望对方立即决定。
- 不要固定价格。
- 不要美化事实或计划。
- 不要带律师。

资料来源：Adapted from Paul DeCeglie, "The truth about venture capital", *Business Start-Ups* (February 2000): 40-7.

风险资本家如何评估提案

考虑到风险资本家会收到许多提案，所以一定程度的筛选是有必要的。研究者发现风险资本家在初次筛选时平均仅需要 6 分钟便可做出是否投资的决定，总体的提案评估用时少于 21 分钟。他们发现风险投资公司的需求以及递交提案的公司的长期增长和盈利能力是初次筛选的关键因素。在更为详细的评估中，深入考虑企业家的背景以及提案本身的特点也很重要。表 14—9 描述了主要的筛选标准。

表 14—9　　风险资本家的筛选标准

风险投资公司的要求	• 必须符合风险投资公司关于投资阶段和规模方面的贷款要求 • 递交提案的企业必须在公司感兴趣的范围内 • 优先考虑风险企业家认识的人递交的提案 • 申请风险投资的企业必须属于风险投资公司投资的行业范围
递交提案的公司的性质	• 投资 5 年内，预期有较大幅度的增长 • 产业必须能实现长期增长和盈利 • 其经济环境应当有利于新成员
递交提案的公司的策略	• 必须选择可行的分销渠道 • 产品必须显示其在竞争中的防御地位 • 公司的财务信息必须及时 • 财务计划应当实际可行
提案的特征	• 合理的篇幅长度，易于浏览，有执行概要，并要求专业地陈述出来 • 提案必须包含平衡的风险以及机会阐述 • 运用图表和大写字体来强调某些关键因素
企业家/团队特征	• 必须有相关经验 • 应该有一个平衡的管理队伍准备就绪 • 管理层必须愿意与风险投资伙伴合作 • 对于之前曾有所成就的企业家给予特别考虑

资料来源：John Hall and Charles W. Hofer, "Venture capitalists' decision criteria in new venture evaluation", *Journal of Business Venturing* (January 1993): 37.

除了初次筛选，风险资本家也会评估产品理念和企业的管理优势。研究者认为风险资本家用来评估一个新的风险投资方案的标准是很多的。在表 14—10 中，我们列出了风险资本家用来决定投资与否的 8 个关键属性，并提供了属性的应用程度及其定义。

在审视风险投资需求的调查中，我们走访了 318 位寻求 10 万美元或更多风

险投资的私营企业家。调查结果表明,企业家融资成功与否与以下四个普遍的、可变的特征存在密切的关系:

- 企业家的特征,包括教育背景、经验和年龄。
- 企业的特征,包括阶段、产业类型和地理位置(比如在农村还是城市)。
- 请求的特征,包括金额、商业计划和预期资金来源。
- 意见来源,包括技术、商业计划的准备和寻求融资的地方。

表14—10　　　　　　　　　风险资本家评估过程中的属性

属性	程度	定义
入行时间	先驱者	第一个进入某行业的人
	跟随者	在某行业处于发展阶段时进入该行业的人
关键成功因素的稳定性	高	成功所必需的条件在企业发展过程中不会彻底改变
	低	成功所必需的条件在企业发展过程中会彻底改变
教育能力	高	通过教育可获得相当的资源和技能来克服对于市场的无知
	低	没有通过教育获得相当的资源和技能来克服对于市场的无知
主导时期	长	在竞争者进入该行业之前,先驱者有一段很长的垄断期
	短	在竞争者进入该行业之前,先驱者的垄断期较为短暂
竞争力	强	在产业发展过程中,相对于同行,有较强的竞争力
	弱	在产业发展过程中,相对于同行,竞争力较弱
模仿	高	在一定程度上模仿了该行业其他公司的机制,比如特许经销代理
	低	几乎没有任何模仿该行业其他公司的机制,比如引入一个新产品
范围	宽	公司资源在市场上的分布范围较广,比如,针对不同的市场
	窄	公司集中开发市场的一小部分,比如,针对利基市场
相关行业方面的能力	高	风险资本家对将要进入的或相关联的行业有一定程度的了解和经验
	低	风险资本家对将要进入的或相关联的行业没有任何了解和经验

资料来源:Dean A. Shepherd,"Venture capitalists' introspection:A comparison of 'in use' and 'espoused' decision policies",*Journal of Small Business Management*(April 1999):76-87;"Venture capitalists' assessment of new venture survival",*Management Science*(May 1999):621-32.

商业计划对新创企业的风险融资提案来说是至关重要的因素,因此应该完整、清晰地陈述出来。一般来说,风险资本家将从计划的五个主要方面来进行分析:

- 提案的规模;
- 财务预测;
- 投资回收期;
- 竞争优势;
- 公司管理。

评估过程的阶段性

评估过程可分为几个阶段。四个最普遍的阶段是：
- 阶段一：初次筛选——快速地评审一下看其是否符合风险资本家的特定兴趣。
- 阶段二：商业计划的评估——仔细阅读规划以评估前面提到的因素。
- 阶段三：口头陈述——企业家口头向风险资本家陈述商业计划。
- 阶段四：最终评估——在分析过规划并且拜访了供应商、客户、顾问和其他人之后，风险资本家将作出最后决定。

这四个步骤大约能排除98%的提案，其余的将受到一定程度的财务支持。

评估风险资本家

风险资本家会仔细地评估企业家的提案，因此企业家也应该仔细评估风险资本家。这个风险资本家能明白这份提案吗？他熟悉该业务吗？他是不是一个可以与企业家合作的人？如果得出的答案不尽如人意，企业家最好还是另找一个风险资本家。

一位研究者发现，除了提供资金，风险资本家的确还会给企业增加很大的价值，特别是在创新程度较高的企业。出于这个原因，企业家应该一开始就选择一个合适的风险资本家，并且最重要的是，要在企业发展过程中保持交流渠道畅通。

另一方面，认识到风险资本家的选择是有限的也很重要。尽管手头拥有资金，但他们倾向于将资金投在少数有前途的企业。此外，这种由少数企业集中控制风险资本的趋势仍在加剧。

在公司的早期阶段，企业家最大的挑战之一就是找到一个合适的风险资本投资者。并不是所有的资金都一样。风险资本家说："你可以和你的妻子/丈夫离婚，但你不可以与你的投资者脱离关系。"因此，在选择投资者时要精挑细选，选择那些不仅会为你的公司提供资金，还会为你的公司带来巨大价值的风险资本家。企业家也应该评估潜在的风险资本家。下面的"创业实践"专栏列出了一些重要的问题。这些问题都是潜在的风险资本家在投资你的公司之前应该回答的问题。评估风险资本家甚至与其谈判是进行最好的股权融资的关键：

> 你也许会担心如果要求太多而破坏了良好的现状，风险资本家就不会再感兴趣。这种看法是可以理解的，因为风险资本很难获得，并且如果已经进入谈判阶段，你就是少数几个幸运儿当中的一个。
>
> 但这并不意味着你必须不惜一切代价。风险投资是一项须为之长期努力的交易。尽管在谈判时你将不得不在很多问题上放弃立场，但最终会有一条底线。若突破这个底线，这个交易对你就不再有意义。你必须设定一条底线并为之奋斗。

创业实践

向风险资本家提出正确的问题

企业家应该向风险资本家提出的重要问题有很多，下面列出七个最重要的问题并附有基本原则。

- 这个风险投资公司真的在你的行业有所投资吗?它在这个领域内做了多少交易?
- 要是与这个风险投资公司合作,未来将会怎样?

找到参考对象(一份未经筛选的参考对象名单,包括曾与该公司合作的其他公司的CEO,无论其成功与否将会很有帮助)。

- 与你打交道的伙伴有什么经历以及他在公司的影响力如何?

查出其他企业家的经历。

- 如果你的公司碰到麻烦,这个生意伙伴将花多长时间在你的公司上?

一个处于种子阶段的公司会问:"你们是一个重要的资金来源,打算在这个公司投资25万美元,那么你多久会来公司一次?"答案应该是至少一周一次。

- 风险资本是否健康?已经投资了多少?

一个有很多复杂项目的风险投资公司没有太多的时间分给你的公司。如果大部分资金已用于投资,可能不会有太多的资金为你公司的后续阶段投资。

- 风险资本家的投资目标与你的是否一致?
- 这个风险投资公司和生意伙伴在任何经济衰退期都能支持你的业务吗?

一个好的风险资本家在事情变糟时是不会恐慌的。

资料来源:Reprinted from Marie-Jeanne Juilland, "What do you want from a venture capitalist?" *Venture* (August 1987), for Entrepreneurial Business Owners & Investors, by special permission. Copyright © 1987 Venture Magazine, Inc., 521 Fifth Ave., New York, Ny 10175-0028.

天使融资

并不是所有的风险资本都是通过传统正式的渠道,如公开募股和私募筹得的。许多富有的人都在寻求投资机会,他们被称作"商业天使"。在这里,我们将"商业天使"与之前讨论过的4F非正式投资者——朋友、家人、创始人和其他"莽撞的"投资者区分开来。

那么天使资本市场有多大呢?针对美国和北欧的调查显示,天使资本市场的规模大概是风险资本市场的10倍。梅森和哈里森(Mason & Harrison)估计,英国的天使资本大体上相当于提供给新成立和处于早期发展阶段的企业的机构风险资本的数量。他们还指出了这样一个事实:通过商业天使筹集发展资金的企业数量是通过非机构风险资本市场筹集资金的企业的八倍,反映出非正式风险资本市场平均投资规模更小。

不管怎样,天使资本在世界各国都是很活跃的。举例来说,美体小铺早期是由天使资本投资的,当时4 000英镑的投资到20世纪90年代早期已经价值1.4亿英镑。天使投资者通常情况下与企业家互不相识,因此在决定是否投资时也会采取更为客观的态度。天使投资者有很多种,从那些处于被动地位的(支持别人的判断)到那些亲身实践的投资家。后者为了帮助企业成立而提供建议或直接的管理投入。在绝大多数情况下,后一种天使投资者会像某些风险资本家一样对他们的投资采取更为严格的方法。天使投资者和风险资本家的不同关键在于前者倾向于作为个人(通常是团体的一部分)来投资并用部分时间营运公司,而后者一般是通过一个公司或以全职经理人和董事会的身份来投资,并采用正式的分析和投资程序（见图14—2）。

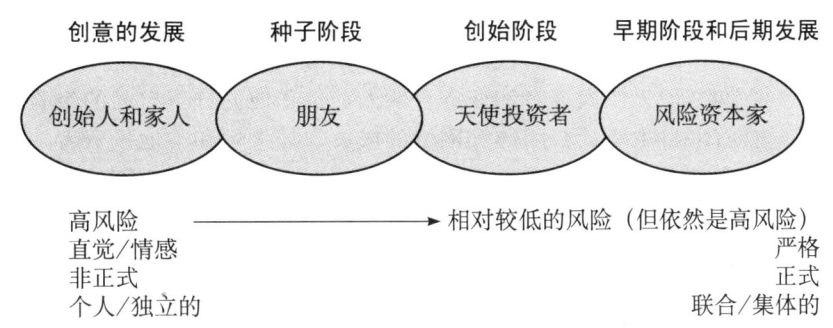

```
创意的发展        种子阶段        创始阶段         早期阶段和后期发展
创始人和家人      朋友          天使投资者        风险资本家
```

高风险 ──────────────→ 相对较低的风险（但依然是高风险）
直觉/情感   严格
非正式   正式
个人/独立的   联合/集体的

图14—2 天使投资者的位置

这种类型的投资者是指那些已经获得财富并寻求在财务上支持有前途的新企业的人。"天使投资者一般都是年净收入超过10万美元的企业家、退休的公司总裁或专业人士。他们都是富有主动精神的人。他们试图让使得他们成功的体系一直沿用下去。"如果企业家正在寻求这样一位天使投资者，韦策尔（Wetzel）建议他们："不要往太远的地方寻找——在50英里以内或者至多是一天的车程，因为这对天使投资者来说不是一份全职工作。"

为什么这些人会有兴趣投资一个专业风险资本家认为不会有多大收益的新企业？当然，有可能是因为减少了的资金额降低了投资所包含的总风险。然而，这些非正式投资者还寻求其他的非金融收益，其中包括在失业率较高的领域创造岗位，开发技术以满足社会需要（如医药或能源），本土复兴，帮助本地居民，从帮助企业家中获得个人满足感。表14—11描述了天使投资者和风险资本家的不同点。

表14—11 天使投资者与风险资本家的不同点

主要不同点	天使投资者	风险资本家
个人	企业家	投资家
投资的公司	小型，早期阶段	大型，成熟
尽职调查	很少	大量
投资位置	重要	不重要
所用的合同	简单	复杂
投资后的监控	积极，亲自进行	战略上的
退出机制	次要	非常重要
收益率	次要	非常重要

资料来源：Osnabrugge and Robinson, *Angel Investing*, 111. This material is used by permission of John Wiley & Sons, Inc.

非正式投资者是如何找到投资项目的呢？调查研究表明他们是利用关系网来寻找项目的。此外，许多地方正在形成风险投资网，试图将非正式投资者与企业家和他们的新企业或发展企业联系起来。

在新西兰，商业天使方案就是专为将有意向直接投资小型新兴企业的投资者与寻求投资的小型或中型企业联系起来而设计的。商业天使方案的作用发挥不受证券法的管制。这种豁免使得那些注册在案的企业可以被介绍给注册的投资者，而不用像证券法所要求的那样，当一个企业要公开发行股票时，要准备一份详细的招股说明书并将其置备于公司办事处。只有少于500万新西兰元的投资才可以获得这种豁免权。

一个澳大利亚的实例是创业家论坛。它是一个非营利性的天使投资者网,致力于帮助天使投资者找到早期阶段的投资机会。成员们坐在一起,做自我介绍,咨询其他天使投资者和业务合伙人,也和他们分享自己的经验。一个自发的董事会有来自主要社会团体和网络的成员,如大学和本地投资者。一般来说,在众多的申请人中,将有四个公司被选中并向与会者陈述它们的提案。

虽然天使投资既有优点又有缺点,但大家普遍认为其优点多于缺点,这使得活跃的非正式风险资本市场成为强大的创业经济的首要条件。

天使投资者的种类

天使投资者可以分为以下五个基本团体:

- **法人天使**(corporate angels):一般情况下,法人天使是指那些已经不再工作但享有大量的离职金或提前退休的高层主管。除了接受现金资助,企业家还会说服法人天使在公司担任某个高层管理职位,比如在业务发展部门。
- **企业家天使**(entrepreneurial angels):这一类型的投资者是最普遍的。他们绝大多数都是自己经营着非常成功的企业。因为这些投资者有其他收入来源并且有可能通过首次公开募股或部分收购获得巨大财富,所以他们会承担更大的风险去投放更多的资金。因此,向这些天使推销你的提案的最好方法就是提供一个协作机会。为了反映这个定位,企业家天使很少会考虑他们自己专长领域以外的公司,也不会同时投资多家公司。这些投资者通常都是董事会成员但很少承担管理职责。他们会做出一定规模的投资,并且随着公司的进步会投入更多的资金。
- **爱好型天使**:企业家天使是有一些算计的,但爱好型天使仅仅是喜欢参与投资。大多数爱好型天使年龄为65岁或更大,他们独自从自己成功创立的公司获得财富并且缩短了工作时间表。对他们来说,投资是一种爱好。因此,他们在管理上一般不发挥作用,也很少寻求董事会的位子。因为他们将资金分布于多个公司,所以投资的规模会小一些。
- **微观管理天使**:微观管理天使是非常严肃的投资者。他们中的一些人是一出生就很富有,但大部分是通过自身努力获得财富的。然而,这种出身使得他们很危险,因为他们大多数都已经成功地建立一个公司,所以试图将他们自己所用的策略强加给投资的公司。虽然他们不主动寻求管理地位,但通常要求在董事会上有一席之地。如果企业运行得不好,他们将试着再聘请一个新的管理团队。
- **专业天使**:"专业"这个词是指投资者的职业,如医生、律师和会计师(非常罕见的情况)。专业天使喜欢为那些他们对其产品或服务有些许经验的公司提供资金。他们很少要求在董事会上留有一席,但一旦事情变糟或他们认为公司将要陷入困境,他们就会变得强硬。专业天使会同时投资几个公司。

显然,非正式投资网对企业家来说是一个主要的潜在资金来源。然而,每个企业家在与天使投资者接洽时都应该小心并一以贯之。天使融资有其优势也有其劣势。图14—3说明了与天使投资者打交道的一些主要的优缺点。企业家只有认识到这些,才能与天使投资者建立最好的关系。

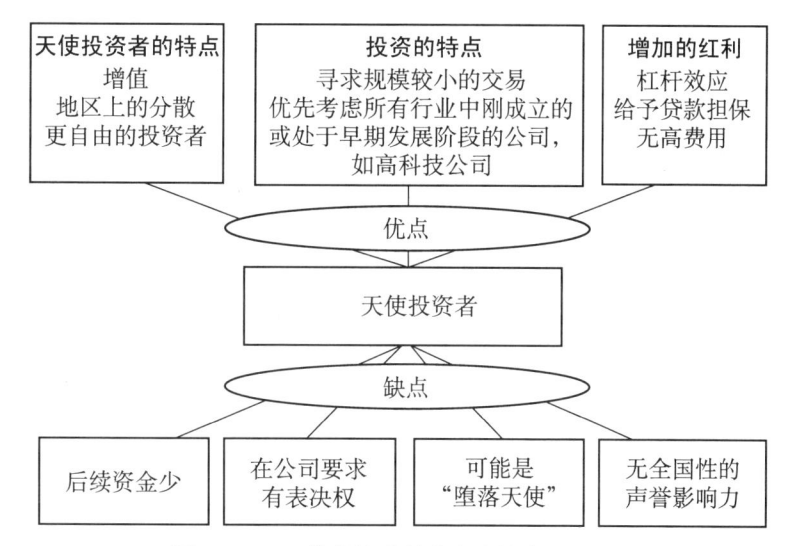

```
┌─────────────────┐    ┌─────────────────────┐    ┌─────────────────┐
│ 天使投资者的特点 │    │    投资的特点       │    │   增加的红利    │
│     增值        │    │ 寻求规模较小的交易  │    │    杠杆效应     │
│   地区上的分散  │    │优先考虑所有行业中刚 │    │   给予贷款担保  │
│  更自由的投资者 │    │成立的或处于早期发展 │    │     无高费用    │
│                 │    │阶段的公司，如高科技 │    │                 │
│                 │    │       公司          │    │                 │
└─────────────────┘    └─────────────────────┘    └─────────────────┘
```

图 14—3　天使投资者的优点和缺点

资料来源：Osnabrugge and Robinson，*Angel Investing*，64. This material is used by permission of John Wiley & Sons, Inc.

总结信息

☐ 为你的企业确定融资的底线

● 外面是有大笔资金，但绝大多数新创企业却没有做好融资准备。

● 商业计划是很重要，但最好先把资金用在市场开拓、销售以及建立网站上。无论如何，风险资本家和顾问会帮助你制定商业计划。他们最想看到的是总收益。

● 在 10 000 家企业里，仅有一家曾经有幸看到过风险资本家的办公室是什么样子的。注意其他的资金来源。

● 你可以得到政府资金的支持，但有时候这是一个艰辛的过程，充斥着各种形式的表格和没完没了的报告。

● 当你算出你的资产最大值时，向朋友、家人或其他"莽撞的"投资者求助。

● 要诚实地列出正确的数据，不要夸大。

● 不要变成一只摇尾乞怜的狗。当你在无意中变得依赖于一两个大的投资者时，他们就会对你发号施令。

● 相对低风险的融资要优先于高风险的融资。

● 投资者是对公司感兴趣。不要卖产品，而是卖公司。

● 投资者看待商业创意的视角比你小。

● 当你打算进行首次公开募股时，考虑使用分散的方法。它能提供更大的灵活性，使市场风险最小化，因此能改善每次交易的结果。

小结

值得注意的是，不同的企业会向投资者呈现出不同的风险，因此产生不同的资金需求，如拨款、债务融资、风险资本和天使融资。不符合某种筹资制度的企业家有可能符合另一种筹资制度。例如，一个根基稳固但增长缓慢的公司可能不适合风险资本融资，但更适合以营运资本贷款来为公司运作融资。同样，一个着重研发的公司应该锁定那些可获得的研发专用拨款而不是进行债务融资。表14—12总结了其不同之处。

本章仔细研究了企业家融资的多种形式。首先讨论了自助筹款和非正式投资者，这是萌芽企业家获取资本的最好渠道。其次分析了债务融资和股权融资，前者有多种形式，如商业银行、贸易信贷、应收账款融资、代理公司和融资公司；后者也有多种形式的股权工具。

作为股权资金的一个来源，公开募股利弊并存。虽然能在短期内筹集大量的资金，但企业家不得不牺牲一定的控制权和所有权。此外，不同的经济体制还要遵守多变复杂的规章制度。

对于新企业来说，私募是一种可供选择的筹集资金的方法。对企业家来说，私募最大的优势在于有限的公司信息披露以及仅有少数几个股东。

近年来，风险资本市场急剧增长。每年，有数十亿人投资新企业或帮助无经验的公司成长。这些投资者被称为风险资本家。本章也讨论了很多关于他们的误区并加以反驳。

在评估新企业的提案时，风险资本家会使用很多不同的评判标准。这些评判标准主要集中在两方面：企业的投资潜能和企业家的投资潜能。评估过程一般有四个阶段：初次筛选、商业计划评估、口头陈述和最终评估。

表14—12　资金来源的不同点

	自助筹款	非正式投资	债务融资	股权融资	风险投资	天使融资
目标	启动资本	启动资本	利息和本金	所有权分享	资本收益（capital gains）	资本收益
持有期限	短期	短期到中期	短期到中期	中期到长期	中期到长期	短期到中期
抵押	无（有时是信用卡）	一般没有，有时是商誉/家族关系	有	无	无	无
标准	对企业家的信心	信心与信任	利率差和证券	投资的潜在回报	投资的潜在回报	投资的潜在回报
对资产负债表的影响	增加杠杆作用	增加杠杆作用	增加杠杆作用	减少杠杆作用	减少杠杆作用	减少杠杆作用
对现金流的影响	资源的创新获取	利息/本金偿还有时没有	利息/本金偿还	支付股利	支付股利	支付股利

续前表

	自助筹款	非正式投资	债务融资	股权融资	风险投资	天使融资
监控	月度财务报告	家人、朋友的监督	贷款服务（loan servicing）	雇佣关系、董事会席位、经营报告	董事会席位、经营报告	日常运作及决策上的管理控制
附加值（value add）	排在其他融资方法之前	有时是专家，接触	无	专家员工、公信力	管理协助、战略联盟	管理协助、战略联盟
退出机制	偿还或再投资	偿还或再投资	本金偿还	首次公开募股、商业销售、回购	首次公开募股、商业销售、回购	商业销售、回购

网络资源

新加坡风险投资协会	www.svca.org.sg
香港创业投资协会有限公司	www.hkvca.com.hk
泰国风险投资协会	www.venturecapital.or.th
马来西亚风险投资协会	www.mvca.org.my
MSC Technopreneur Development Flagship（TDP）	www.technopreneurs.net.my/cms
台湾风险投资协会	www.tvca.org.tw
澳大利亚风险投资协会	www.avcal.com.au
新西兰风险投资协会	www.nzvca.co.nz
全球创业观察的财务报告	www.gemconsortium.org

思考题

1. 表14—1列出了一些企业家较青睐的资金来源。请说出其中四个。

2. 为什么刚成立的公司要延迟债务融资和股权融资？

3. 4F指什么？你能识别出身边的4F投资者吗？

4. 股权融资和债务融资的优缺点是什么？简要讨论一下。

5. 识别并描述债务融资的四种类型。

6. 如果一个新创企业要在长期的债务融资和股权融资中做一个选择，你会推荐哪一个？为什么？

7. 为什么风险资本家宁愿用50 000美元购买可转债也不愿意以10%的利率借50 000美元给一个新企业？

8. 上市的优点和缺点是什么？

9. 为什么企业家都很期待上市？

10. 如今的风险资本市场有多大？是扩大了还是萎缩了？

11. 如今要获得风险投资是更容易还是更困难？为什么？

12. 一些企业家不愿意寻求风险投资是因为他们认为风险资本家太贪婪。依据你的观点，这是真的吗？

13. 识别并描述风险资本家的三个特征。

14. 风险资本家如何运用表14—10去评估一项投资？请举例说明。

15. 识别并描述风险资本家用来评估提案的四个最普遍的标准。

16. 在风险投资评估中，一个提案一般要经过哪四个阶段？请详细描述每个阶段。

17. 一个企业家正在联系三位不同的风险资本家并请他们评估她的商业提案。请问她应该回答哪些问题？

18. 一个新企业的企业家从来不曾从正式风险资本家那里获得融资,现在他打算转向非正式风险资本市场,请问哪些人属于这个市场?你将如何建议该企业家与这些人联系?

19. 在未来的五年内,非正式风险资本市场有可能增长吗?请说明原因。

20. 在所有的融资来源中,哪一个最理想?为什么?

自我测试

记录下这篇文章所谈论的各种融资渠道对小公司的价值,然后去寻找并采访每种融资渠道的代表,并了解他们对小公司的不同看法。

渠道	文章对此的阐述	融资渠道代表的观点
银行		
长期贷款		
短期贷款		
中期贷款		
私募		
非正式投资		
公开募股		
融资公司		
代理公司		
贸易信贷		
商业天使投资家		
风险资本家		

案例分析 14—1

在马来西亚寻求资本

当阿纳达·库马尔(Ananda Kumar)和苏达·库马尔(Suda Kumar)一年前在马来西亚开书店的时候,他们估计书店需要6个月才能实现收支平衡。因为有足够的资金维持书店9个月的经营,所以他们确信不需要向外融资。然而,销售额比预期增长得慢,大部分的资金都用于购买商品以及每月的日常支出;但另一方面,书店的效益在逐月提高,库马尔夫妇确信未来6个月内书店会实现盈利。

现在,阿纳达·库马尔和苏达·库马尔想要获得额外资金,具体的做法是筹集10万美元扩大产品线。现在的书店几乎将所有的精力放在自助类的图书上,也有了一些固定的客户,但是这个市场看起来还不够大。库马尔夫妇觉得如果他们开拓另一个市场比如食谱图书的话,就可以获得更多利润。苏达·库马尔确信食谱图书是一个重要的市场,她收集了报纸上关于这类图书的信息,也了解到与一般的图书相比,购买食谱的人每个月会在这方面花费更多,而且,这个团体的消费者忠诚度似乎很高。

库马尔还有价值28万美元的存货,这批存货的成本为14万美元。他们在当地银行的信用额度达到1万美元,但已经使用了4 000美元。他们创办企业时的启动资金总共是 18 万美元,但大部分用于日常开支。如果无法得到额外融资,他们的资金 3 个月内就会用尽。

业主调查了许多融资渠道,最主要的两个渠道是从银行贷款或者出售自己的股份给投资商。他们对如何融资一窍不通,这些只是他们相互讨论的大致想法。他们和一个会计——他们的朋友开会商讨,期望他能够提出更多筹措资金的方法。此时,库马尔一家在集中精力起草一份商业计划,这个商业计划介绍了公司短暂的经营历史、经营目标,并解释需要筹措多少资金及将如何使用这些资金。他们打算在这周完成这份商业计划,然后交给会计师。他们在书写商业计划时碰到的最大问题是不知道如何起草这份商业计划,他们是以银行家还是以风险投资家作为融资对象?他们和会计师会面后就会修改这份商业计划,以确定合理的融资渠道。

问题:

1. 商业银行家会借钱给库马尔夫妇吗?会借多少呢?你是根据什么得出答案的?

2. 这个企业还能吸引风险资本家吗?解释原因。

3. 如果你要给库马尔夫妇提建议,你会推荐他们如何获得额外资金?

案例分析 14—2

1.2 亿泰铢的投资

"友谊市场"(The Friendly Market)是泰国的一个大超市。众所周知,它的任何产品的销量都超过其竞争者,这是因为它的经营理念和它的名字所强调的一样——员工友好且乐于助人。如果有人没找到他想买的某一品牌的产品,这家超市就会订购这种产品。如果需要某种产品的消费者足够多的话,超市就会定期购买这种产品。另外,超市为年长的顾客提供免费运送的服务,也为填了申请表加入"友谊信用团"的顾客提供赊账服务。

超市的所有人帕卡波(Pacapol Anurit)相信他的以市场为导向的方案可以在国内其他任何地方成功推广,所以他想开办两个新超市来拓宽市场,一个开在同一个城市的北部,另一个开在位于这个城市以东 50 公里的城市。帕卡波已经物色好地址并起草了一份周密的商业计划。但是帕卡波没有联系任何可以提供必要资金的人,他预计需要 1.2 亿泰铢来开办、经营这两家店。目前经营这个超市每月有 400 万泰铢的现金流,可以从超市的本期营业中获得额外资金。

帕卡波先考虑了两种有用的途径:债务融资和股权融资。当地的银行家告诉他,银行愿意仔细阅读他所提交的商业计划,并会在 5 个工作日内给他答复。帕卡波确信他可以从银行那里得到 1.2 亿泰铢的贷款,但是他不喜欢欠那么多钱,他觉得出售股权获得所需资金是一个更好的选择,虽然这会让他放弃一些股权,但是相对来说容易接受。

现在的问题是:公司怎么做才能通过募股筹集 1.2 亿泰铢的资金?帕卡波打算在接下来的 4 周内深入调查,然后在 8 周内作出决定。在过去的一年内,有许多顾客问他是否可以私人入股投资,帕卡波确信会有许多顾客对超市私募感兴趣,但不知能否筹到 1.2 亿泰铢。另一种他认为可行的方法就是通过与 ICC 相关的非官方投资网进行筹资,这也许是获得这么一大笔资金的最好方法了,但是帕卡波不知道与 ICC 长期合作将自己超市的食品销售限定在 ICC 的范围内会有多困难。无论如何,就像他昨天对自己妻子说的:"如果要拓展业务,我们就得仔细观察,找到可以筹到更多资金的方法,我认为第一步是确定最好的融资渠道,然后才能注重细节。"

问题：

1. 通过私募筹得1.2亿泰铢有什么好处？通过ICC筹到1.2亿泰铢有什么好处？通过银行筹资有什么风险和好处？

2. 对帕卡波来说，你认为这三种方法中哪种最好？为什么？

3. 你现在建议帕卡波做什么？简要概括帕卡波开始融资可利用的渠道。

第 V 篇
创业企业的成长和发展

- 新兴企业的战略性创业
- 企业成长管理
- 全球创业机遇

第15章 新兴企业的战略性创业

> 我经常听到人们这样说：只有那些大的公司或企业巨头才需要考虑企业运营战略；相反，更多的小公司并不需要战略，它们寻求其他途径来实现成功。在我看来却恰恰相反。与那些大公司不同，小公司不能依赖市场的惯性以求得生存，也不能通过使用强力安置资源而获得成功；相反，它们应清晰地看到外界存在的竞争，圈出自己的领地并竭力防守。这就是战略。
>
> ——迈克尔·E·波特，哈佛商学院

本章要点

1. 介绍计划在新兴企业中的重要性
2. 讨论战略规划的性质
3. 审视影响企业规划过程的主要因素
4. 探讨企业家不采取战略规划的一些原因
5. 列举战略规划的优点
6. 研究企业家最常用的四种执行战略规划的手段
7. 评述运营规划的性质

新兴企业中规划的性质

战略管理和创业精神这两个领域有着截然不同的起源。战略管理是大公司所特有的,属于首席执行官和管理者团队的领域。创业者则通常单独工作或在小的团队中行使权力,相对于给管理人员支付薪水,创业者更关注的是企业的生存。但是眼下这两个概念已经不可分割、相互依存。它们关注的都是企业如何适应变化、在面对风险与不确定因素时如何运作。二者在强调财富的创造方面也已达成共识。这是一条双行道:战略决策者必须充分利用企业家思维,创业者则须通过战略手段来认知机遇、整合资源并发掘机会。

文卡塔拉曼和萨拉斯瓦蒂(Venkataram & Sarasvathy)把二者的关系比作莎士比亚戏剧中罗密欧家的阳台。空有战略而缺乏创业思维,就好像空有阳台而没有罗密欧;空有创业思维而不讲战略则如同有了罗密欧,却没有了他可以立足的阳台。因此,战略性创业精神就是"创业行为与战略眼光相结合"。这就意味着我们将善于寻找机遇的创业思维与善于发现优势的战略眼光有机地结合起来。

当企业发展缓慢或增长迅速的时候,当它在市场上唱独角戏或面临激烈竞争的时候,当它取得成功或者形势并不乐观的时候……在种种情况下,企业家都应求助于战略规划来保持现有优势并寻求新的增长。尽管大多数企业家也在为公司进行这样或那样的计划,但这些计划往往很不正式且缺乏体系。由于公司性质、规模与结构各不相同,因此对于系统的计划的实际需求也不同。换言之,对于一个只需两个人的操作,因为几乎没有复杂性可言,所以一个非正式的计划绰绰有余;但是对于快速扩张的新兴企业,人员队伍不断壮大,市场运作纷繁复杂,这种高度的复杂性迫使企业制定正式的计划。

战略规划的工具有很多,其精密程度和对时间的需求都不尽相同。有很多的因素迫使企业家将非正式的计划转变为正式的、系统的规划。在这些因素中,首先是企业想要建立并实现增长所面对的不确定因素。这种不确定因素越多,企业家就越需要应对外界的挑战,而较正式的规划可以助他们一臂之力。其次,考虑到竞争的强度(竞争对手的数量和质量),为了更加严密地监管运作与目标的实现,一个更加系统的规划变得尤为重要。最后,企业家是否有经验、有何种经验都可能影响到正式规划的程度。缺少足够的技术或商业经验可能会限制企业家的理解力,因此需要正式的规划来协助决定机构未来的道路。

正式的规划通常分为两种:战略规划和运营规划。我们先分析**战略规划**(strategic planning)的性质,然后讨论**运营规划**(operational planning)。

战略规划

为了实现对机遇与挑战的有效管理,企业常常根据自身的优势与劣势制定长期计划,这种计划即战略规划。它包含定义企业的使命、确定可实现的目标、开发战略以及设定一些原则方针。因此,战略规划是决定企业未来走向的首要步骤。好的战略规划受到多种因素的影响,如领导者才能、企业复杂性以及产业性

质。尽管具体的情况有所不同,五个基本步骤在战略规划中仍是必须遵循的(见图15—1):

- 环境考察——调查企业的内部和外部环境(优势、劣势、机遇和威胁)。
- 战略制定——制定企业的长期和短期战略(使命、目标、战略和政策)。
- 战略执行——执行战略规划(计划、预算和程序)。
- 评估与控制——评估战略规划的执行情况。
- 反馈/学习——通过持续的反馈采取后续行动。

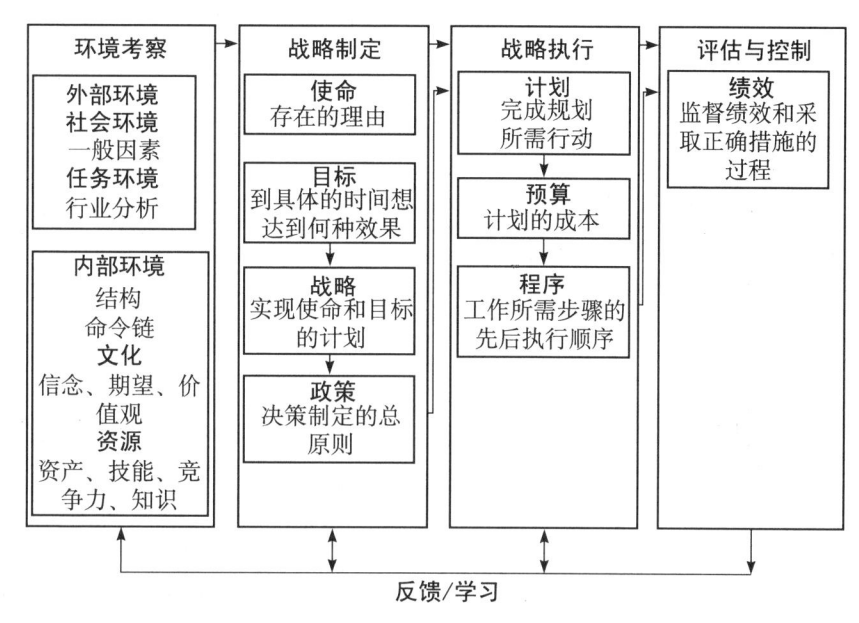

图15—1 战略管理模型

资料来源:Thomas L. Wheelen and J. David Hunger, *Strategic Management and Business Policy*, 7th edn, 2000. Reprinted by permission of Pearson Education Inc., Upper Saddle River, NJ.

第一步——环境考察对于新兴企业来说是最重要的步骤之一。我们在本书第7章中已略有提及,在此将从它如何适应战略眼光的角度进行探讨。企业家需清晰地审视企业的内部和外部因素,在进行环境分析时要同时对二者进行分析。这个分析叫做 **SWOT 分析**(SWOT analysis),SWOT 是企业内部优势(strength)、劣势(weakness)、机遇(opportunity)和威胁(threat)四个单词的首字母缩写。图15—2展示了 SWOT 分析的关键组成部分,并提供了一份模板。

分析不仅要包含可能发生并极有可能对公司产生影响的外部因素,而且要涵盖可能会严重影响当前或今后的战略决策执行情况的内部因素。通过关注此项分析,新兴企业可以继续展开其他步骤的制定、执行、评估及反馈。表15—1展示了 SWOT 分析是如何帮助企业家决定进驻中国的。

值得注意的是,战略规划过程最大的价值在于它在企业所有者当中推行的"战略性思维"。尽管战略性思维并不总是清晰正式的,但是它将企业家的直觉和创造力与企业愿景融合在一起。

这一章将从不同方面探讨新兴企业的战略规划。

SWOT 分析	帮助 实现目标	阻碍 实现目标
内部 (组织属性)	优势（S）	劣势（W）
外部 (环境属性)	机遇（O）	威胁（T）

图 15—2　SWOT 分析的定义

资料来源：CNU Licence "SWOT analysis" [en. wikipedia. org/wiki/ SWOT _ analysis].

表 15—1　　　　　　　如何在中国市场取胜：SWOT 分析

优势（S）	劣势（W）
1978 年改革开放以来国家实力增强	难以控制产品的分销
综合国力增长	高通货膨胀
日益成熟的市场经济	员工缺乏培训
低端产品的广阔市场	不重视质量控制
国家政策支持经济增长	缺乏现代的污染控制
飞速发展的经济	能源和运输问题缓慢增多
吸引直接外资的能力	设备和基础设施过时
丰富的自然资源	大量文盲
廉价的劳动力	能源短缺（燃料和电力）
劳动密集型制造业的最佳转移地	外汇交易须缴纳额外费用
机遇（O）	威胁（T）
提供先进的科技	在中国缺少现代的财务报告
增加能源生产的机遇	文化差异会引起经济纠纷
港口建设吸引外国投资	非西方的工作习惯和拖沓的官僚主义
已经加入世贸组织	社会动荡加剧
大量的基础设施工程	缺少融资渠道
瓶颈产业易于定位	缺乏现代法律结构
对外国基础设施贷款的需求	推崇和谐，不喜欢竞争
自行车经济向汽车经济转型	严格的广告法规
APEC 争取对中国的自由贸易	缺少知识产权保护
中国合作伙伴的加入能有效地避开官僚制的不利影响	税收和劳动法规缺乏透明度

资料来源：Adapted from Marilyn M. Helms, "How to be successful in China: A SWOT analysis", *Competitiveness Review* 9（2）(1999)：1-10.

□ 什么影响了企业的战略规划行为

下面将对构成公司战略管理行为的五个因素进行讨论。

对战略管理者时间的需求

在企业发展过程中，随之增加的复杂性要求企业主要管理者投入更多的时间，因此也就需要实施更加严格的战略管理。这个逻辑上很吸引人的命题过去为很多研究者所推崇。在他们看来，增加的战略规划活动为企业家提供了途径，以此来适应管理者控制和引导企业的需要，同时放弃一些时间上要求太苛刻的举措。

制定决策的速度

随着企业的扩张，要制定的决策在数量和频率上都会有所增加。这些压力称为成长型公司管理上的"分权需求"，企业家要实施更为系统的战略规划来引导与控制公司内部正在增加的决策。

内部政策问题

战略规划的实施可视为减少机构决策制定过程中由于内部政策的功能失调而引发的困难的一条途径。它为组织的拥护者提供了一条优先考虑的渠道，从而有助于将企业成长过程中出现的政策问题置于可控范围内。

环境的不确定性

研究表明，环境不确定因素越多，对战略规划的需求就越大。因此，环境的不确定性通过增加产品生命周期多样性和市场基础成为影响创业公司战略规划的主要因素。

企业家的愿景

创业企业的计划在很大程度上是企业家自身的扩展。计划就是把企业家的愿景和理念转化为实际行动的过程。这一过程包含三个基本步骤：

步骤一：约定开放的计划过程。很多企业家对计划抱有疑虑，他们担心失去控制和灵活性。很多时候这种担忧是通往未来成功的最大阻碍，因为它使企业家对其他有学识的人的意见视而不见，新的理念也就无从谈起，这大大限制了一个开放的计划过程所能带来的好处。

步骤二：对公司良心负有责任。这种责任的高效表现形式通常是顾问委员会。该委员会显著放大企业家的自我功能，但又区别于董事会，因为它缺乏法定地位，且它的主要目标在于增强业主对于重大事务的灵敏度以及责任感，尽管这种责任感是出于自愿。

步骤三：建立下级参与战略规划的模式。计划的过程能够创造组织活力，尤其是当主要机构成员群策群力时。对一些主要下属的访谈显示，筹划和监管成功的行政措施所必需的组织和个人向导一旦缺失，整个计划就会缺少支撑。

这三个步骤可能对每个试图将个人愿景转化为规划过程的企业家来说都是显而易见的，然而在很多新型小企业中缺少这样的计划却是不争的事实。

战略规划的价值

研究表明，很多新兴企业没有经历过战略规划阶段，主要有以下五个原因：

● 时间紧张：管理者反映时间不足，很难在忙于应付每天的业务之余抽出时间来作计划。

- 知识不足：小企业的企业主/管理者很少接触且不熟知计划的过程。他们不清楚这一过程的组成要件和这些要件的先后顺序。企业家同样不熟悉计划的信息资源以及如何使用这些资源。
- 缺乏专业技能：小企业的管理者往往都是多面手，缺少计划过程所需的专业技能。
- 缺少信任和开放性：小企业的企业主/管理者都很敏感，对企业以及影响企业的决策防范意识很强。因此他们对于形成一个需要员工或外界顾问参与进来的战略规划犹豫不决。
- 对高成本的担忧：小企业主察觉到计划的相关成本会非常高，很多企业主出于这种担心有意避免或忽略了计划这一可行之路。

小公司的企业家能从战略规划中受益吗？当然，受益与否取决于计划的"强度"，然而很多研究结果表明企业家确实受益了。

在一项澳大利亚小规模企业的研究中，格里格斯（Griggs）发现战略规划的强度确实对机构的表现有影响，与塔斯马尼亚公司相比，同等规模的维多利亚公司更广泛地应用计划。在对732家美国企业的研究中，阿克尔斯伯格和阿洛（Ackelsburg & Arlow）发现大部分小企业都实施计划，与没有进行计划的公司相比，这些企业更具目的性、更高瞻远瞩，也更积极参与到其他计划当中。舒曼、肖和萨斯曼（Shuman, Shaw and Sussman）调查了500强公司的计划情况，发现很多企业家在创业初期没有商业计划，但是随着企业的发展，计划也越来越普遍和正式。另一项针对70 000家失败公司的研究指出，缺少计划是失败的主要原因之一。另一项调查表明，进行战略规划的公司绩效优于没有计划的公司。

布拉克和皮尔逊（Bracker & Pearson）经过研究，将小公司的计划层级分为四种：结构化战略规划（SSP）、结构化运营规划（SOP）、直观性计划（IP）以及非结构化计划（UP）。表15—2解释了这几种计划。就财务状况而言，结构化战略规划的表现优于其他几种。

表15—2　　　　　　　　　战略规划层次

结构化战略规划（SSP）	正式的、书面的长期计划，包括企业中基于组织的重大外部利益的识别过程 对主要内部利益的预期 涵盖企业过去、现在和将来绩效的信息 环境分析 评估企业的优势和劣势以及获得的反馈（通常3～15年）
结构化运营规划（SOP）	书面的短期业务预算，计划当前财务时期的举措 包括基本产量控制的典型行为计划，如生产配额、成本约束和人员需求
直观性计划（IP）	这一计划的开发和实施基于企业主的直觉和经验 非书面形式，仅存在于企业主的记忆中 属于短期计划，不超过1年 依赖于企业主的目标和企业当前面临的环境
非结构化计划（UP）	公司没有可衡量的结构化的计划

资料来源：Jeffrey S. Bracker and John N. Pearson, "Planning and financial performance in small, mature firms", *Strategic Management Journal* 7 (1986): 507.

战略规划为何失败？

尽管存在诸多价值，但战略规划并非屡试不爽。失败的战略规划在历史上并不少见，主要的原因包括：

- 缺乏沟通：计划并未得到很好的交流。一线的员工通常对自己负责实施的计划一无所知。领导者应反复强调企业的使命和愿景，直到人们知道自己该做什么。
- 领导才能：战略规划需要一个有远见、富有激励性的领导者，在他的身上，实施计划的权威与长远的责任感并重。如果领导者不愿承担作出艰难决策的责任，那么计划将无法执行。
- 空有想法而无计划：在这里，想法是不成熟的，不能执行。人们脑袋中的妙计未必可行。大多数战略规划的问题在于它们精于"该做什么"，而在"如何去做"方面却并不擅长。如果你桌上的计划没有明确"如何去做"，这种计划就没有多少价值，应发回去重做。
- 目光短浅：听起来似乎自相矛盾，但很多战略规划失败就是因为缺乏战略思维，只关心近期需求与眼下的流程。要从实际操作的角度去审视机遇与威胁，而非战略角度。
- 过度发展：计划过于成熟或太过详细，已经成了细目清单。对于文字处理的过分苛求是在浪费时间。

创业实践

掌握竞争情报

概括地说，任何能够提供竞争优势的信息都可以定义为竞争情报（CI）。公司在获取竞争对手信息（有时甚至是机密）的同时保护自己的信息是很重要的。在专家看来，很多小公司忽视了CI的价值，或者是因为企业家不愿付出时间，或者是因为企业家误认为对环境已了如指掌。好在积极的CI努力并不需要员工付出整块的时间。抽出部分时间或利用顾客提供的反馈对于作出英明的决策足矣。竞争情报有很多益处，如帮助公司预测对手的下一步行动、从对手的成功或失败中获取经验并识别新的机会。

获取竞争情报的计划很重要，这里需要三种战略手段：

- 通过数据库、行业杂志、商业展览和公开文件收集现有信息。
- 研究二手资源中的信息，包括从政府那里获得的设备和区域规划方面的信息。
- 从中间信息源如专家、贸易组织、供应商处的推销人员处搜集情报。

除此之外，企业家脑中必须有三个理念：进攻、防守和胜利。在识别竞争对手的脆弱性、揭露潜在机会和预测战略措施可能给对手产生的影响时，企业家必须强势且主动。在识别对手的技术发展、分销渠道、市场策略和财务资料时则应采取防守措施。最后，企业家要利用已有的竞争情报，在竞争中争取主动并采取攻击策略，为胜利而战。

企业家杰伊·布卢姆（Jay Bloom）总是有自己的办法知道他的竞争对手在做什么或者没有做什么。布卢姆曾经在风险管理领域工作。当他的宠物生病，而诊断出来的病情却不在狗类健康投保的范围内时，他发现了商机（宠物保险）。过去丰富的工作经验使他能够比其他人更多地掌握竞争情报，因此战胜了其他对手。布卢姆订阅了大量的宠物和兽医行业的期刊，还大量阅读 Cat Fancy，Dog Fancy，Veterinary Economics 来搜集对手的信息和广告。他还特别聘请了一些人来把各种出版物中有助于提前预测对手行动的关键词剪下来。想要知道竞争对手在做什么，了解客户的反馈也是一种很受欢迎的方法。布卢姆从客户服务代表那里收集反馈信息，把这些信息分发给销售部和市场营销部。他的员工也积极搜寻竞争情报。最后，布卢姆的公司——PetAssure 的出资者时刻密切关注着，还有2 000名兽医会员也随时通报竞争对手的动向。

专家建议对竞争情报要铭记两点：第一，如果A能获取B的情报，B同样也能得到A的有用的信息——不要忘记对个人计划、战略与政策的保护；第二，对收集的信息或数据进行核实很重要。只有准确的知识才能转化为力量。

资料来源：Edward Parker, "The spy fighters", *Success* (April 1994): 33 - 9; Mark Henricks, "Spy away", *Entrepreneur* (March 2000): 98 - 104.

战略规划的关键视角

战略的实际执行情况几乎和战略本身一样重要。很多企业家在自己的公司应用具体策略时会犯下无心之过。策略的具体应用必须随具体的竞争形势变化而进行调整。

研究者迈克尔·E·波特注意到，企业家在执行战略的努力中经常会犯以下五个致命性错误：

● 错误一：误解行业吸引力。很多企业家误认为最有吸引力的产业是那些增长最快、最有吸引力或处于高科技领域的企业。这是错误的，因为实际上具有吸引力的产业有很高的门槛和最少的替代品。企业看上去越像高科技企业，就会吸引越多的竞争对手加入进来分一杯羹，而利润也会越来越少。

● 错误二：缺少实际的竞争优势。有些企业家盲目抄袭或模仿对手的战略。这可以少费力气也不那么冒险，但同时意味着没有竞争优势。新兴企业为在竞争中取胜必须开发独有的竞争方式。

● 错误三：追求不实际的竞争定位。很多干劲十足的企业家想要统领快速发展的产业，但是一切才刚刚进入正轨，他们就忙于寻找买家，以至于忽略了企业成功后可能产生的问题，如一个成功的软件程序很快就会被复制，所以它的优势并不长久。软件行业真正的竞争优势在于对使用者的服务与维护，定期升级，让公司与客户建立网上链接，以使客户的计算机部门依赖于该公司，这样就会给其他公司进入市场设置壁垒。然而很多时候，小公司都不能维持优势。

● 错误四：为实现增长而牺牲策略。企业想要成功，增长和竞争策略之间必须保持平衡。如果企业为实现快速增长而牺牲策略，它将走向破产。尽管在很多企业中快速增长看起来很诱人，但是维持并发展战略优势同样很有必要。

● 错误五：未能向员工清晰地传达企业战略。每个企业家都应向所有员工清晰地传达企业战略。不要以为员工对此已经很了解，一定要清晰地表达出来。

正如波特所说：

> 战略的一个最基本的好处就在于它能创造统一，或者说整个公司的行动一致性，即机构的每个部门都朝着同一个目标努力。但如果人们不知道目标是什么，那怎么要求他们为之努力呢？比如，终极目标是低成本，但

人们对此并不了解，那他们每天的活动就不是为这个目标而努力。在企业中，员工每时每刻都要作出重大决策。只有清楚地掌握战略，才能作出正确的决策。

创业行为和战略活动

企业家精神和战略管理是两个与企业绩效有关的动态进程。战略管理要求企业在特定的环境下建立并发掘竞争优势。企业家精神主张在产品、加工和市场革新中寻求竞争优势。一个新兴企业是为从革新中追求市场份额而产生的。

研究员爱尔兰、希特、坎普和塞克斯顿（Ireland, Hitt, Camp and Sexton）主张，创业行为和战略活动是为了寻找新的市场和竞争空间以创造财富。公司寻找新的经营模式会打乱原有的竞争规则，从而引发新的竞争模式。从创新、风险承担和积极主动这几个方面来讲，企业有多少创业行为取决于战略管理的规模。下面从创业行为和战略活动的共性来论述具体的领域。这些领域是：创新、网络、国际化、组织学习、高层管理团队与监管以及增长（见图15—3）。清楚掌握这些领域间交集的企业家增长了知识，这种知识又会带来高质量的创业行为和战略活动。

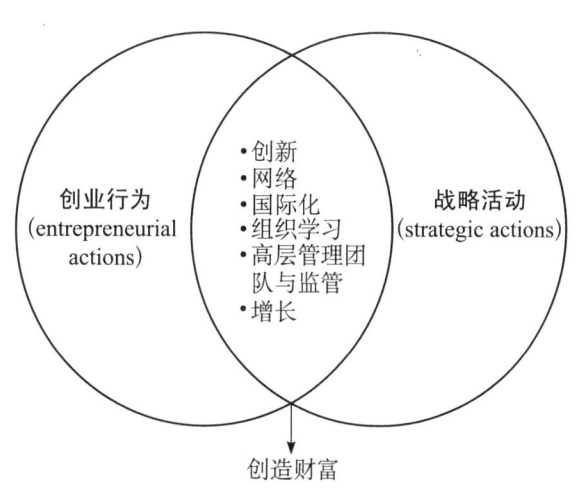

图15—3 创业行为和战略活动的融合

资料来源：R. Duane Ireland, Michael A. Hitt, S. Michael Camp and Donald L. Sexton, "Integrating entrepreneurship and strategic management actions to create firm wealth", *Academy of Management Executive* 15（1）（February 2001）：49-63.

战略定位：企业优势

战略竞争可以说是在现有的位置寻找新的吸引顾客的定位，或者吸引新的顾客进入原有市场。原则上讲，在职者和企业家在寻找新的战略定位的过程中面临同样的挑战。然而实际上，后者比前者更占优势。

战略定位（strategic positioning）通常并不明显，因此发现它们需要创造力和洞察力。企业家往往能够发现已有的但被现有竞争对手忽视的独特定位。此外，经过多年的模仿与观望，接管竞争对手放弃的领域也能使创业企业走向繁荣（见表15—3）。

表 15—3　　战略的另一种见解

过去 10 年隐性的战略模式	可持续的竞争优势
一个理想的行业竞争地位	公司具有独特的竞争地位
衡量所有措施并实现最佳做法	为战略量身制定的举措
通过积极的外包与合作来获得效益	面对竞争对手有明确的权衡和选择
优势基于少量重要的成功要素、关键资源和核心竞争力	从合适的举措中获得竞争优势
对竞争和市场变化保持灵活性并作出快速反应	可持续性来源于整个体系,而非部分举措
	给出了实际操作效能

资料来源:Reprinted by permission of *Harvard Business Review* from Michael E. Porter, "What is strategy?" (November/December 1996): 74. Copyright © 1996 by the Harvard Business School Publishing Corporation; all rights reserved.

战略定位的基本方法有几种,包括确立地位并采取防守姿态,发挥资源杠杆作用来占领市场和寻找机会建立新市场(见表 15—4)。企业家要明白,抓住机会能为充分利用变化提供最佳选择。

表 15—4　　战略方法:确立地位,杠杆作用,寻找机会

战略方法	确立地位	发挥资源杠杆作用	寻找机会
战略步骤	识别一个有吸引力的市场 确立防御性定位 巩固并防御	建立愿景 构建资源 调节市场	踏入浑水 永不止步 抓住机遇 全身而退
战略问题	应定位在哪里?	想做什么?	如何进行?
优势来源	独特的、有价值的定位,高度集中的执行体系	独特的、有价值的、他人难以效仿的资源	关键过程和独特的简单规则
最佳适用情况	变化缓慢、结构良好的市场	变化适中、结构良好的市场	快速变化、不确定的市场
优势持续时间	可持续	可持续	难以预测
风险	难以随环境的变化而转换地位	难以随环境的变化而及时构建资源	管理者在大好机会面前执行起来会过于小心翼翼
绩效目标	盈利	长期控制权	成长

资料来源:Reprinted by permission of *Harvard Business Review* from Kathleen M. Eisenhardt and Donald N. Sull, "Strategy as simple rules" (January 2001): 109. Copyright © 2001 by the Harvard Business School Publishing Corporation; all rights reserved.

通常,变化带来新的机遇。比如新的客户群体或购买时机的产生,社会发展带来的新需求,出现新的分销渠道,新技术的发展,新工具或信息体系的使用……当这些变化发生的时候,创业企业不受悠久历史的影响,常常能更容易地挖掘新竞争模式的潜力。区别于传统企业,创业企业因为没有长期发展历史的压力,所以更灵活。

战略规划的执行

新兴企业可以通过很多办法来实施战略规划。具体的决策要视企业家的个性

和企业环境而定。本章将介绍四种基本方法：**机会管理方法**（opportunity management approach）、**里程碑目标计划方法**（milestone planning approach）、**企业家战略矩阵**（entrepreneurial strategy matrix）和**多级权变方法**（multistaged contingency approach）。尽管每种方法都为战略规划提供了一种综合性方案，但在实践中，企业家应用的实际上是这几种综合方案的最优配置，而不是某个单一的方法。

机会管理方法

机会管理方法主要以环境分析为基础。构建一个战略态势表需考虑以下几点：

- 评估内部资源。
- 预测外部市场条件。
- 企业优势、劣势分析。
- 制定企业目标（见图15—4）。

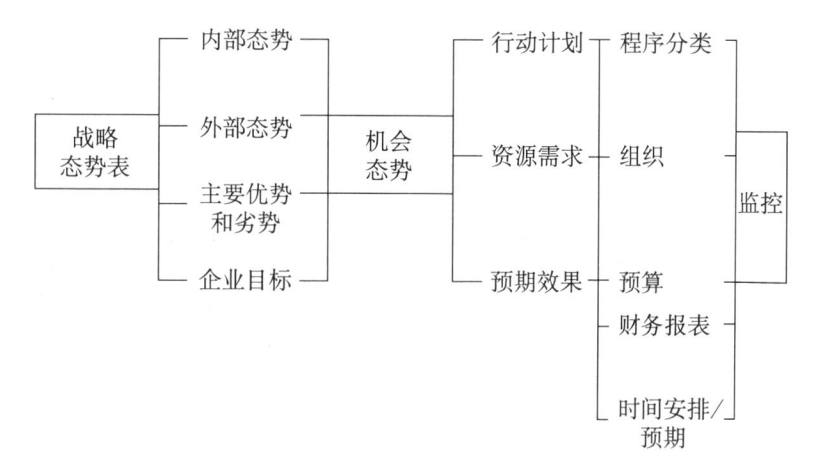

图15—4 机会管理方法

资料来源：Adapted from Dean F. Olson and Omar L. Carey, *Opportunity Management: Strategic Planning for Smaller Businesses* (Reston, VA: Reston, 1985): 59.

通常，企业家构建一个正式的工作表来进行详尽的分析。图15—5给出了评估企业优势与劣势的示例图。组织将这些工作表储存起来并逐年进行比对，可以对机会管理进行运行分析，并且注意到影响企业方向的战略调整。图15—5的模板将主要商业因素按照在主要市场或行业中的贡献和企业兼容性进行排列。

在此战略态势表的基础上建立一张机会态势表。图15—5可以帮助企业从原料中获取最大利润。这张表中制定了行动计划，分配了资源，明确了预期效果。紧随其后的是实施与控制步骤，主要包括组织人员、明确预算、制定计划和分析财务状况。在得出结果后产生新的战略态势表和/或机会态势表，开始新的周期。

机会管理方法易于理解，具体实施情况可以随环境变化而调整，所以很受欢迎。这一方法很大程度上基于战略的第一定律——利用优势来占据主动，即做你最擅长的。

```
成功的要件                           年份_____
                                主要市场/
主要因素                        行业的成功要件         按企业兼容性排序（1～10）
                            （按重要性排序1～10）

营销_____
产品_____
创新_____
财务_____
管理_____
选址_____
员工技能_____

企业优势                                企业劣势
_____        _____
_____        _____
_____        _____
_____        _____
```

图 15—5　主要优势和劣势对比图

里程碑目标计划方法

里程碑目标计划方法基于对目标达成的逐步使用，使新兴企业从创立时期走向战略再生。在进入下一步骤之前前一步骤必须完成，所有步骤结合起来成为战略规划的有机整体。里程碑目标计划方法有三大优势：

- 使用合理、实用的里程碑目标。
- 避免因忽视部分重要计划而造成损失。
- 以周围持续的反馈为基础进行再计划。

表 15—5 提供了一个里程碑目标计划方法中可能用到的程序范例。

表 15—5　　　　　　　　里程碑目标计划方法

里程碑目标	描述	关键问题
1	新兴创业企业基本理念的形成	有创立新企业的必要吗？
2	完成一个样品（这里指新产品）	初步设想开发的时间和成本是多少？有什么变化？ 对于所需劳动力、原料和设备都有哪些信息？这些因素将如何影响定价计划？ 产品的性能与原始理念、计划一致吗？
3	筹集种子（原始）资本	企业会吸引投资者吗？ 企业在市场上如何被认知？
4	执行引导性操作	企业的基本设想在初期操作中就受到挑战了吗？ 具体检查一下： ● 原料的适用性和成本； ● 加工费用和技术要求； ● 生产人员培训的需要； ● 不合格品的比例、成本和质量控制需求。

续前表

里程碑目标	描述	关键问题
5	市场检验	顾客为什么购买本产品？ 顾客为什么不购买本产品？ 此产品是否区别于或优于竞争对手的产品？ 如何进一步完善对可占有市场份额和规模的预测？
6	开始运作	销售和分销承诺都准确吗？ 市场需求和资金需求都行得通吗？
7	销售至上	产品和竞争对手的产品相比如何？ 初期的销售方法应继续还是进行调整？
8	应对竞争	对竞争应作出何种应对策略？ 对广告、促销、销售、存货或其他运作应作何调整？
9	战略调整及重新定向	市场存在什么区别？企业当前提供什么？ 战略的价格、资金、设计、营销或其他方面需要什么变化？

里程碑目标计划方法在新兴的高科技企业中很受欢迎，这些企业抑或具有多个阶段，抑或涉及大量的资金。当里程碑或主要目标之间需要紧密连接的时候，这种方法也很适用。与机会管理不同，里程碑目标计划更全面，需要投入更多的时间和财力。

企业家战略矩阵

传统的战略矩阵（如 BCG 矩阵）被用作投资组合分析，在此结构基础上，研究员索恩菲尔德和卢西尔（Sonfield & Lussier）开发了权衡风险与创新的企业家战略矩阵。

就这一矩阵的目的而言，创新就是指创造一些新的独特的东西。在测度方面，产品或服务越新、越独特，它的创新程度就越高。

风险是指重大经济损失发生的可能性。创业公司失败的几率有多少？经济损失的后果有多严重？尽管增加创新的方法有很多，但降低风险主要是出于经济因素的考虑，以及企业家的自我形象。

在图表的帮助下，即使是最没有经验的企业家也能识别新兴企业或现有企业的形势并选择相应的战略。如图 15—6 所示，纵轴代表创新，横轴为风险。高水平的创新和风险分别用 I 和 R 表示，低水平的创新和风险则分别用 i 和 r 表示。

企业家战略矩阵的价值在于它为不同企业家提供了合适的途径。一旦确定了新兴企业或现有企业在矩阵中所处的单元，就能采取适当有效的战略（见图 15—7）。

很明显，部分单元优于其他单元。一个高创新、低风险的企业无疑比低创新、高风险的企业更优化，但是后者在数量上多于前者。在商业领域，风险比创新更普遍。

这一矩阵包含两层战略含义：第一，企业家找出最优单元格，并运用适当的战略向其转变；第二，有时这种单元之间的转化很难实现，所以适当的战略也可能指在一个单元格内降低风险、增加创新。

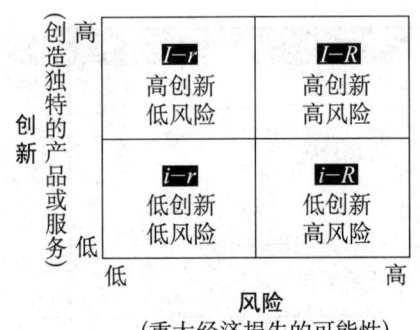

	I–r	I–R
高	高创新 低风险	高创新 高风险
低	i–r 低创新 低风险	i–R 低创新 高风险

创新（创造独特的产品或服务）——纵轴；风险（重大经济损失的可能性）——横轴

图15—6 企业家战略矩阵：独立变量

资料来源：Matthew C. Sonfield and Robert N. Lussier，"The entrepreneurial strategic matrix: A model for new and ongoing ventures"，Reprinted with permission from *Business Horizons* (May/June 1997)，by the trustees at Indian University，Kelley School of Business.

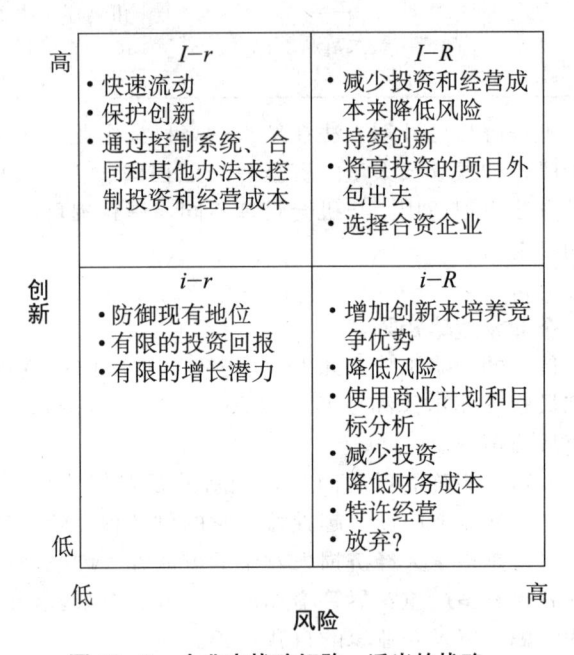

	I–r	I–R
高	• 快速流动 • 保护创新 • 通过控制系统、合同和其他办法来控制投资和经营成本	• 减少投资和经营成本来降低风险 • 持续创新 • 将高投资的项目外包出去 • 选择合资企业
低	i–r • 防御现有地位 • 有限的投资回报 • 有限的增长潜力	i–R • 增加创新来培养竞争优势 • 降低风险 • 使用商业计划和目标分析 • 减少投资 • 降低财务成本 • 特许经营 • 放弃？

图15—7 企业家战略矩阵：适当的战略

资料来源：Sonfield and Lussier，"The entrepreneurial strategic matrix"，Reprinted with permission from *Business Horizons*，by the trustees at Indian University，Kelley School of Business.

多级权变方法

最后一种方法是多级权变方法，这个过程是由对多个创业方法的回顾发展而来的。任何战略分析的三个显著变量分别是：个人、企业和环境。然而企业的发展阶段（理念、筹备、创立、初期成长和成熟）对于战略分析同样很重要。此外，职业前景的因素也要考虑进来，也就是企业家的职业生涯阶段（早期、中期或晚期），它是区分企业发展阶段变量的决定性因素。因此，将创业战略具体化为权变因素是十分必要的。也就是说，企业家在追求过程中面临的形势提供了持续的推动力。如果新的创业问题（如全球扩张、女性企业家数量的增加和公司创业等）出现，创业战略的模式就会变成多维的、多级的、权变的。表15—6尝试用一个三维模式涵盖所有的因素，并在对多种因素评价与考核的基础上强调权变战略的重要性。

尽管这些变量必须从战略的角度加以审视，但传统的战略管理过程也能提供帮助。正如前面讨论的那样，这一角度被总结为SWOT（优势、劣势、机遇和威胁）。因此，表15—6提供了以企业发展并最终实现企业延续为目标的创业权变因素。

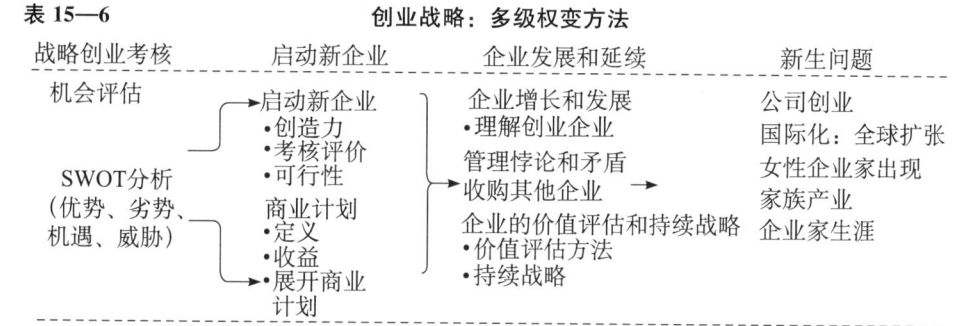

表15—6　　　　　　　　　　　创业战略：多级权变方法

战略创业考核	启动新企业	企业发展和延续	新生问题
机会评估 SWOT分析 （优势、劣势、 机遇、威胁）	启动新企业 • 创造力 • 考核评价 • 可行性 商业计划 • 定义 • 收益 • 展开商业 　计划	企业增长和发展 • 理解创业企业 管理悖论和矛盾 • 收购其他企业 企业的价值评估和持续战略 • 价值评估方法 • 持续战略	公司创业 国际化：全球扩张 女性企业家出现 家族产业 企业家生涯

资料来源：Donald F. Kuratko and Harold P. Welsch, *Entrepreneurial Strategy* (Fort Worth, TX: The Dryden Press, 1994): 10.

运营规划的性质

讨论了战略规划的多种要素和理论，我们现在开始审视与运营规划有关的基本概念。

运营规划，也叫做短期计划或职能计划，由执行战略规划既定目标的具体行为组成。因此，运营规划是战略规划过程的扩展。在财务、市场、产品和管理领域，需要设定功能性政策以实现既定战略目标。

调查显示，小企业管理者相对于战略规划更多地使用运营规划。此外，运营规划也成为小企业整体规划过程的关键组成部分。

运营规划过程

总体的规划过程包括战略规划的所有因素和运营规划的执行工具（见图15—8）。具体地说，这些应用到商业功能区的工具是执行规划的关键。这些工具中最广为人知和广泛使用的有预算、政策和流程。

预算是远期的财务计划。从操作的角度来讲，预算是一种很有价值的工具，它提供了一套评估计划施行情况的标准。有效的预算以实事求是的估算和资源的合理配置为基础。

政策（policies）是企业的基本指导方针。每个部门和功能区都应制定政策来指导每天的运营，如销售政策、财务政策、信用政策和生产政策等决定着企业的每日进程。有了明确的政策，企业家就不用在具体的操作问题上费脑筋，而可以更自如地运用战略。政策是决策制定和实施的方针，它确定决策制定的范畴并确保该决策与目标一致。

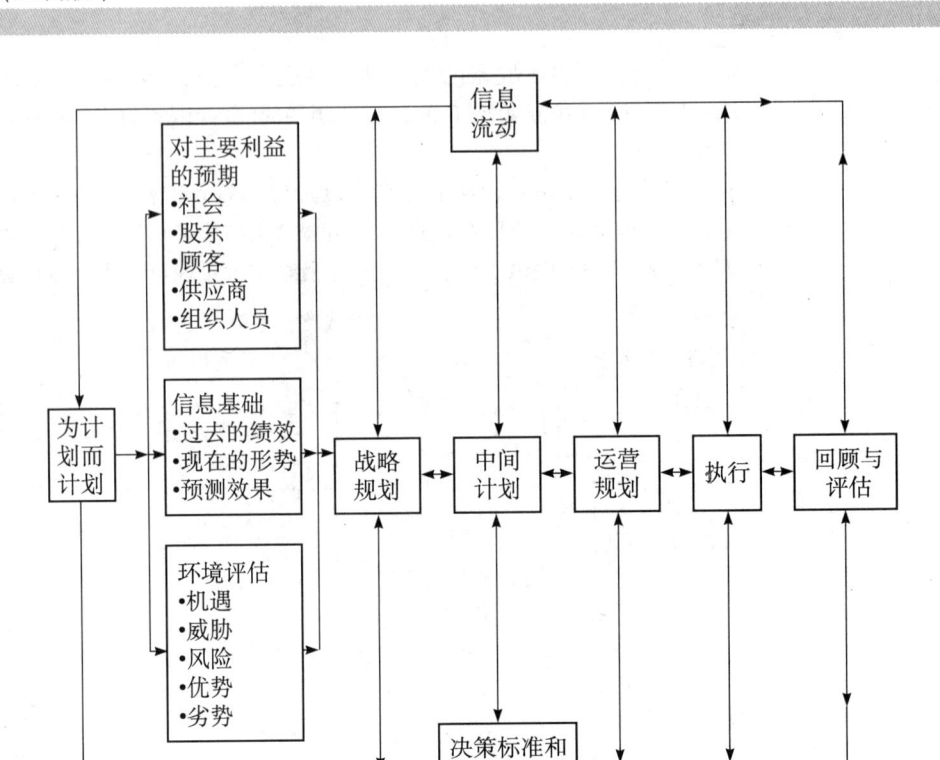

图 15—8 企业规划总过程

资料来源:Richard M. Hodgetts and Donald F. Kuratko, *Management*, 3rd edn (San Diego: Harcourt Brace Jovanovich, 1991), 171.

流程与政策相似,是标准化的政策。比如,信用卡审批要遵循具体的信用政策,但是随后的步骤须统一标准。因此流程也称为规范化操作流程。

以上工具都是实施和评估战略规划的方法,因此运营规划就是将企业战略规划转化为行动的阶段。

创业广角

好的规划等于好的绩效

公司管理人员每年都有一段时间会闭门谢客,目的是拿出一个运营规划来满足股东和投资商的要求。他们把公司的趋势形成文字,但是在接下来的一年往往不能遵照这些基准来指导发展。事实上,合理地运用战略规划来支撑运营规划,二者相辅相成,企业就拥有了克服障碍并实现年度计划的武器。

在春田再制公司(Springfield Remanufacturing Corporation),完整的战略规划前后要经历一年的时间。4月左右,销售和营销部门收到指令要在夏初之前向公司领导者和董事会成员呈递计划书。下面是保持公司正常发展、保证员工全程参与的各项要求:

● 市场分析。列出当前的产业形势,特别强调会影响企业运作和绩效的新的政府规定和技术进步。

● 绩效评估。回顾前半年的绩效,比较原始的计划和实际的数字,探讨是否有必要进行调整。
- 5～12月的计划。计划下半年的销售量,并与原始的后半部分计划进行比较。基于内部环境和外部环境的变化重新讨论调整的必要性。
- 价格调整。调整计划价格并加以解释。
- 促销/广告。展示执行程序和远期计划成功的可能性。同时回顾支出预算。
- 预算审查。将实际的销售费用与计划的销售费用进行比较,根据现在的数据对年底数据进行调整。
- 竞争数据。获取竞争对手产品线与营销计划的详细信息。进行SWOT分析。
- 应急计划。为应对突发事件制定应急计划。

资料来源:Karen Carney, "Mid-year planning made easy", Open-Book Management:Bulletin (May 1999)。

小结

战略管理和企业家精神这两个领域有着截然不同的起源。但是当前战略决策者必须充分利用创业思维,企业家则须通过战略手段来认知机遇、整合资源并发掘机会。

虽然存在着多种战略规划的方法,但是它们都有一个共同点:企业家愿景的延伸——把管理者的理念转化为行动。

企业家不进行战略规划的原因有很多,如时间紧张、知识不足、缺乏专业技能和缺少信任。

战略规划的优点有很多。具体来说,有研究表明有计划的小公司比没有计划的公司经济效益要好。

实施战略规划的方法有四种。机会管理方法依赖于环境分析。在使用这种方法的时候,企业家对企业内部资源进行评估,对外部市场环境进行预测并分析企业的优势与劣势,在此基础上确立目标并为之努力。里程碑目标计划方法基于对目标达成的逐步使用,在进入下一步骤之前前一步骤必须完成,所有步骤结合成为战略规划的有机整体。通过企业家战略矩阵衡量创新和风险两个变量,企业家能够识别企业的形势并选择相应的战略。最后,多级权变方法将企业的不同发展阶段与合理方案所需的独特变量相结合。

运营规划也叫职能计划,属于执行阶段,想要达到相应的效果应使用适当的工具。这一阶段利用预算、政策和流程来实现既定战略目标。

思考题

1. 战略规划与创业思维有着怎样的联系?
2. 企业家的愿景是如何影响企业的战略规划的?
3. 科学家企业家或工程师企业家的战略规划与制造业企业家的战略规划有何区别?
4. 把企业家的愿景与理念转化为行动有哪三个基本步骤?
5. 给出许多企业家不愿制定战略规划的三个原因。
6. 论述在远期规划中可能遇到的五个困难。
7. 小企业真的能从战略规划中受益吗?为什么?
8. 一个新兴企业的业主正在考虑制定战略规划,但是她怀疑这个规划并没有价值,她的想法对吗?

9. 在制定和执行战略规划的过程中,企业家如何运用机会管理方法?

10. 战略规划中机会管理方法的优点是什么?

11. 什么样的企业最能从机会管理方法中受益?

12. 里程碑目标计划方法是如何运作的?

13. 何种企业能从里程碑目标计划方法中受益?阐述你的理由。

14. 描述企业家战略矩阵并解释它为何有效。

15. 新兴企业可以通过多级权变方法得到何种益处?

16. 何为运营规划?需要何种工具?

17. 运营规划怎样适应战略规划?

自我测试:战略规划行为

去图书馆查找杂志上企业家的事迹。挑选出两个新兴企业或成长企业制定战略规划的案例。尽量多地收集相关信息,针对每个案例回答下列问题:

1. 它们的战略规划包含什么?
2. 规划成功与否?
3. 就战略规划对于该公司的价值,你可以得出什么结论?

自我测试:SWOT 分析

以你的公司或你熟悉的公司为例进行 SWOT 分析。下面简单的 2×2 矩阵图可以用来进行分析。

优势(S): 潜在的内部有利因素 ● ● ● ● ● ● ●	机遇(O): 潜在的外部有利因素 ● ● ● ● ● ● ●
劣势(W): 潜在的内部消极因素 ● ● ● ● ● ● ●	威胁(T): 潜在的外部消极因素 ● ● ● ● ● ● ●

自我测试：里程碑目标计划

使用下面这种表格可以将你的公司分解成若干可度量的阶段，每一阶段以一个里程碑作为终结。从"里程碑 3"开始，描述你的现状；接着回到前面两行，描述已经实现的两个里程碑；最后将表格完成。

里程碑目标计划矩阵

里程碑	可能会发生什么事件？	这一里程碑的意义是什么？	达到这一目标需要什么资源或投入？	年　月
里程碑 1				
里程碑 2				
里程碑 3（当前现状）				
里程碑 4				
里程碑 5				
里程碑 6				
里程碑 7				

案例分析 15—1

银行家的要求

三年前伊丽莎白·爱德华兹（Elizabeth Edwards）开了她的第一家餐馆，之后又开了两家。伊丽莎白的餐馆面向家庭聚餐，已经发展了一批忠诚的追随者。很多家庭每周都要光顾她的餐馆。星期五、星期六、星期日三天晚上几乎天天爆满,以至于这三天都不接受预订。

去年,伊丽莎白的三家门店总盈利120万美元,她的会计师估算今年的总收入将达到145万美元。

开第一家店的资金是她祖父提供的,从那时起,内部收益就足以满足大部分营运需要。但是第二家和第三家店是向银行贷款开的。

伊丽莎白现在考虑开第四家分店。银行家很乐意借钱给她,同时觉得现在是制定战略规划的好时机。"以现在的规模,你需要对整体运作进行长期规划而不是终日为具体操作费神。你应该更加注重你的五年计划以及如何实现这个计划。"银行家希望伊丽莎白能把这份计划和贷款申请一起交上来,并向她保证,以她过去优秀的业绩和这份计划,贷款委员会将全票通过。

伊丽莎白并不喜欢这个建议。首先,她不清楚如何起草一份战略规划。对她来说,这既耗时费力又没有实际价值。其次,她把这个建议当成银行家在她贷款失败时为自己开脱的借口。"我认为当他们借给你钱的时候得提出正当理由,我要借的可是一大笔钱,他们向董事会证明不仅有足够的抵押品,还给出了一份详尽的企业运营规划,以此来证实他们的行为。我也不是责怪他们,但是我实在不认为那个计划对我有什么意义。很大程度上是为了获得贷款,我想要贷款,所以就得写计划。"

伊丽莎白预期新餐馆在90天内开工,她得在30天内完成所有申请的相关文件。"我不觉得写战略规划有什么难的,只要给出当下的财务决算,写一份企业描述和长远目标,把它们和贷款申请在下个月初交上去就行了。"

问题:

1. 你建议伊丽莎白用何种方法进行战略规划?理由是什么?
2. 伊丽莎白应遵循什么具体步骤?她脑子里现有的内容有价值吗?
3. 战略规划对伊丽莎白的企业有什么好处?

案例分析 15—2

两阶段法

开张6个月以来,阿布杜尔·雷扎尔(Abdul Reezal)在吉隆坡的电器维修店发展迅猛。阿布杜尔·雷扎尔修理一些家用电器如便携式电话、VCR、电视机、收音机和音响设备。通常,这些修理的活都不太费时。比如,很多便携式电话只是电池出了问题,需要做的就是换块电池再重新安装。一块电池大约15林吉特,整个服务要收135林吉特,所以尽管租金很高,手头存货很多,利润还是超过了40%。

效益如此之好,阿布杜尔开始考虑再开一家店。但是他意识到如果新店赚不到钱的话他可能面临经济危机,所以行动之前他坐下来开始计划下面的步骤。计划主要分为两个阶段。第一阶段关注企业的发展方向,预测未来两年的销售量、竞争对手的反击以及自己的还击和公司的财务业绩。阿布杜尔认为竞争对手很快就会进驻这一利基市场,他对他的妻子说:"你得到巨大的收益,就会吸引激烈的竞争。如果想要维持成果,就必须想办法阻止别人入侵我们的市场,我得有个游戏计划。"第二阶段是合并新商店并观察这一整体经营扩张的影响。

阿布杜尔相信,这个两阶段法能帮助他对现在的运营和未来的扩张进行规划。他还认为,在基本的战略规划基础上,扩张计划也会变得简单。阿布杜尔现在最大的问题是不了解新兴企业的战略规划。他想走访当地的大学，向教授创业学或商业战略的学者取经。

问题：

1. 如果你要给阿布杜尔提建议的话，会建议阿布杜尔用什么方法来实施他的战略规划？理由是什么？

2. 你推荐的方法相比其他方法有什么优势？至少比较三种方法的异同。

3. 你的方法怎样使阿布杜尔的扩张计划融入整体规划？

第16章 企业成长管理

在未来的创业型经济中，管理者和他们的企业面对的将是重大的、激动人心的挑战。到那时，创新比现在更重要。在企业的体系、运营、企业文化和组织的每一领域，创新都将占据重要位置。流程创新同样很重要。管理和培育创新意识仍将是管理方面的主要挑战。

——谢克尔·A·扎哈拉（Shaker A. Zahra）：
《21世纪全球竞争的变化规则》

本章要点

1. 讨论企业典型生命周期的五个阶段：开发、创立、成长、稳定发展、创新或衰退
2. 挖掘与创业企业有关的要素
3. 调查企业家如何建立适应型企业
4. 审视由创业模式向管理方式过渡中发生的转变
5. 审视成长企业面临的五种风险：成长风险、技术和生产风险、市场和竞争风险、财务风险、团队和管理风险
6. 识别影响企业成长阶段的重要因素
7. 探讨悖论和矛盾的复杂管理
8. 介绍突破成长壁垒的有用的步骤

引 言

创业企业的一个突出特征是它的成长动机,因此,企业成长管理可以说是企业日后成功至关重要的战术。企业创立以后,创业者须转变管理意识。这是一个巨大的挑战,因为这一过程是一门权衡动态要素和机动要素的艺术。

所以,新兴企业的生存和成长要求企业家同时具备战略和战术的技巧及能力。企业当前的发展在很大程度上决定着具体应用何种技能。图16—1展示了典型的企业生命周期。

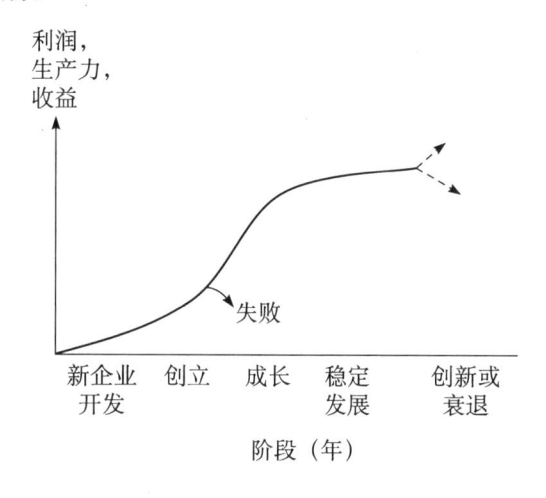

图16—1 典型的企业生命周期

本章的目的在于审视企业特征、管理能力、企业需求和企业发展阶段的驱动力,重点讨论企业的**成长阶段**(growth stage),因为这一阶段是影响企业未来发展的关键十字路口。对于任何企业来说,成长管理都是摆在顺利发展面前的极大挑战。

企业发展阶段

图16—1向我们展示了传统的企业**生命周期**(life cycle stages),包括新企业开发、创立、成长、稳定发展、创新或衰退。也有人用其他方法对企业生命周期进行划分,例如,艾尔弗雷德·钱德勒(Alfred Chandler)就曾将企业发展划分为以下阶段:

- 初期扩张和资源积累阶段。
- 资源利用合理化阶段。
- 向新市场扩张以实现资源持续利用阶段。
- 开发新机构以确保资源继续流通阶段。

除了稳定发展阶段,这四个阶段的划分在效果上与图16—1所示基本相同。简言之,研究人员对于企业生命周期的观点现在已达成共识。接下来将逐一进行解释。

☐ 新企业开发

第一阶段，**新企业开发**（new-venture development），包含企业的初步形成活动。这个初期阶段是整个创业过程的基础，需要进行创新和评估。除了资源的积累和扩张，这也是初始企业战略的创造、评估和网络构建阶段。企业的总体理念、使命、范围和发展方向都在这一阶段确定下来。

☐ 创 立

第二阶段，**创立**（start-up activities），为制定正式的商业计划、融资、实施市场营销活动和组建高效企业团队打下基础。在这些活动中，积极的战略和最大限度的努力相结合使企业步入正轨。这一阶段最突出的是在战略和运营层面为识别竞争优势和寻找资金所进行的规划。在这个时期，营销和财务方面的考虑是很重要的。

☐ 成 长

成长阶段往往伴随着企业战略的重大转折。激烈的竞争和其他市场力量迫使企业进行战略调整。例如，很多小公司由于在企业成长阶段不能有效适应市场环境而被迫出局。有些时候，富有创造力的企业家不能或不愿接受成长阶段的管理挑战，因此会选择离开现有职位去其他企业发展。苹果公司的史蒂文·乔布斯就是在这一时期离职的，那时他的创造性理念对于公司成长有害无益。企业需要的是由管理型企业家来监管业务运作。乔布斯既不是专家，也不想行使这一职能。

这一时期产生的问题较之前面的创立阶段更新、更实际。这些更新的挑战迫使企业家在维持现状的同时开发新技能。成长阶段是从企业家个人至上的领导模式向团队至上的领导模式转化的过渡时期。

☐ 稳定发展

稳定发展（stabilization stage）是市场条件和企业家个人努力相结合的产物。在这一时期通常会有许多变化，包括竞争加剧、消费者对产品或服务不再感兴趣、市场上充斥着一模一样的产品而使市场达到饱和。销量稳定下来，企业家必须开始思考未来3~5年内企业的走向。这是一个摇摆不定的时期，继续发展下去可能会走向高利润，也可能走向衰退甚至失败。在这一阶段，创新对日后的发展至关重要。

☐ 创新或衰退

没有创新的公司将走向灭亡。效益好的公司通常试图通过吞并其他创新型的公司来实现增长，也有许多企业致力于新产品或服务的开发，以此作为下一步发展的驱动力。

企业生命周期的每一个阶段都是重要的战略要点，需要采取不同的战略。本章特别关注的是成长阶段，因为它是企业家最需要的阶段。现在我们将探讨影响此阶段管理能力的关键要素。

21世纪的创业公司

2017年5月15日，凌晨，悉尼。你打着哈欠，大口吞咽着手中的咖啡，看着你的合作伙伴在世界各地（从巴西到土耳其）奔忙着。4个小时前，你才从一堆视频邮件中逃出来，满身疲惫地爬上床。要与来自不同文化背景的人共事，并试图与他们达成共识，真是不容易。

你向辅助决策机器人（DSR）核实是否所有操作运行正常，然后惊讶地发现，一个加州代理传达过来的来自中国的指令，命令照昨天的产量翻番。你心存疑虑，并凭直觉反而缩减了产量。宁求稳妥，以免遗憾。在一个凡事都要"刚刚好"的时代，即使是一天面对满满的存货，人们都会受不了。

你坐下来写一篇今天下午（伦敦时间）要交给银行家的文章，不指派给别人写是因为是你酝酿出企业的使命和愿景的。

突然间情况变得一团糟。你的合伙人，应该说是一个高薪间谍，在香港发出警告：你的一个竞争对手正准备创立公司仿制你的基础产品。你要求DSR尽快组织一个管理层电视会议。接着屏幕上自动弹出信息，显示人民币继续升值。你能否从巴西调拨足够的产品来利用这次汇率浮动挣得更多利润？

觉得喘不过气来？21世纪变化的速度之快和程度之大持续加剧，创业公司能否成功转变以适应这一速度是至关重要的。

成长公司想要适应这种变化，必须培养区别于其他新生竞争对手的动态能力，并凭借这种能力来迎接新的挑战。

仅仅有两种方法可以培养动态能力：

- 一种是内部途径，充分利用公司内部的创造力和知识。但是这种增长往往具有局限性，因为没有公司能够在内部驱动力下无限扩张。
- 另一种是外部途径，即通过合资企业或战略联盟的方式寻求外部竞争力以弥补企业现有能力的不足。

21世纪的全球化发展趋势、新科技信息时代的到来等力量迫使企业重新审视内部文化、结构和体系以调整灵活性和适应性。创新和创业思维是成长企业战略中最重要的因素。

企业家感知和追求机会，对成功怀有坚定的信念。这种信念基于他们独特的理念、具有优势的产品或企业家所特有的知识或技能。这些因素在企业成长过程中必须传达给组织自身。

创业心态

对成长导向的企业家来说，保持创业心态，警惕变成扼杀创新的管理者或官僚主义者是很重要的（见图16—2）。表16—1从决策设想、价值观、信念和解决问题的途径等方面区分了管理和创业心态。

远期目标

	变革	现状
开放式	企业家	自满的管理者
闭塞式	挫败的管理者	传统的官僚主义者

（感知能力）

图16—2　创业心态

表16—1　　　　　　　　　　管理心态与创业心态

	管理心态	创业心态
决策设想	过去能最好地预示未来 大部分企业决策都可量化	独特的经历所带来的新观点或视角可能使人对新的趋势作出最好的判断
价值观	建立在定量分析基础上的决策才是最佳决策 制定关键决策时精密分析很受重视	与单纯由历史数据得出的结果相比，新的见解或真实的经历更受重视
信念	大数定理：通过系统地分析正确的数据可以消除混乱和不确定性	小数定理：一件事情或几件独立的事情就能变成未来决策的关键
解决问题的途径	问题是威胁到财务预测的一系列不幸事件 必须通过实证分析来解决问题	问题能帮助发现新的变革或商业机遇

资料来源：Mike Wright, Robert E. Hoskisson and Lowell W. Busenitz, "Firm rebirth: Buyouts as facilitators of strategic growth and entrepreneurship", *Academy of Management Executive* 15（1）(2001): 114.

在某些情况下，成功也会影响企业家进行变革与创新的意志，尤其是当企业环境充斥着自满情绪或生活方式，企业家本人对此也很满意且不想改变时。实际上，这样的企业家是在培育一种官僚主义的工作环境，指令上传下达，而在最基层，连一点微小的变革都不能容忍。造成的结果就是，没有人愿意也没有人鼓励他人进行创新，因为这样的行为会遭到上级的无情扼杀。

解决的办法是一种傲慢的成长态度。如何去定义这种态度呢？它是技术、经验与判断力的结合，另外还需要一点勇气和桀骜不驯。这种态度对于克服企业发展所带来的生产停滞和自满情绪是很必要的。企业的不断增长保证了新理念的涌现，有助于振兴企业的活力。以下是领导者实现不断增长的五条指导原则：

● 创造并传播一种对于发展与变革的积极执著的态度。
● 关注外界要素——每个人都应关注他人的成绩而不是自鸣得意、故步自封。
● 扁平化组织层级，模糊界限，实现信息开放和高速流通。
● 提拔有工作热情的员工；让每个人都感到自己很重要，以此来激励员工。
● 从成功或失败中获取经验，设定弹性目标，做出决策并付诸实施。

要想维持企业刚刚成立时的创造性氛围，企业家必须有具体的步骤或方法。

创业广角

易趣的成长管理

商务 2.0：易趣是一台快速成长的机器，你们在创立公司的时候作出什么样的决定促进了这样的成长？

梅格·怀特曼（易趣 CEO）：关键的决定就是重点、重点、还是重点。1998 年 3 月，我们面临重点发展哪一领域的决策问题。当时决定做一个真正的收藏品公司，我们最大的客户是收藏家，最大的卖主也是收藏家。这在当时是十分明确的战略决策，有一部分人想要发展电子消费品和其他任何一种现在的产品，但是我们当时这样回答："我们的资源有限，什么才是对我们最有利的重点呢？"

商务 2.0：你们是如何从"只卖收藏品"转变成"什么都卖"的呢？

梅格·怀特曼：用户引导我们进行这样的转变。你要知道我们并不卖东西，只是提供一个贸易平台。庞大的用户群就是我们的研发部门，我们使这种贸易成为可能，但是并不进行引导。我们帮助用户以他们最便利的途径成功使用这个平台。

商务 2.0：作为网络公司的 CEO，你激励员工的方式与传统的 500 强公司激励员工的方式有什么不同？

梅格·怀特曼：我想，所有优秀的公司中的员工都受到一个共同使命的激励。在易趣，这个共同的使命就是创造一个全球在线的市场，在这个市场里，个人与企业的成功机会是相同的。我们寻找能被这一使命所激励的员工。一旦员工进入公司，我们就要确定他们能深刻理解公司的使命。战略负责人刚来的时候，我对他说："3 个月之内不要做任何事，就是去了解公司，得出超越直觉的认识。"我们给人们机会进入公司，然后确认他们是否易于管理，是否关注高影响力的项目，是否明确应对结果负责。

商务 2.0：假定企业有了较大的发展，是不是很难保证员工继续关注他们所负责的领域或职能？

梅格·怀特曼：在过去的 7 年里，为了适应增长的速度，我们曾多次进行重组。这保证了人员的流动，同时也带来了解决问题的新视角，保持了员工的积极性，因为他们总是能面对新的机会。这就是公司创办以来我们一直在做的。在过去的 7 年里，我们进行了 10~12 次机构重组。有几次做了很大的调整，其中几次甚至是革命性的。

商务 2.0：如果有人利用你们的软件平台并在它的基础上进行创新怎么办？这对于你们的未来增长有什么重要意义？

梅格·怀特曼：这对我们的战略至关重要。我们会提出很多好的想法，但我们并不是所有好想法的唯一来源。用户如果有使这个平台更有效率的好想法，可以通过 API（应用接口）来实现。我们现在有 10 000 名外部开发人员，在 18 个月之前这个数字还是 400。我们认为开放这个平台很重要，因为当其他人也能对它进行开发应用时，我们才能把易趣做大做强。

而且这不仅仅是软件的问题，还涉及其他易趣的支撑产业，比如 AuctionDrop。这是我们不太可能实现的另一种支撑和扩展这个平台的途径，最起码在可预见的未来不会实现。

商务 2.0：那是一个新的管理挑战，你们是如何激励这些非正式员工的呢？

梅格·怀特曼：再次重申一下，我们只是使这种交易成为可能，而不是进行引导。一旦我们开通了这个平台，买方和卖方能成功交易，企业家能顺利发展，我们的公司自然也就成功了。

我认为我们是一个新产业模式的先驱，而且网络的存在使自我管理和不同群组的自主发展比互联网出现之前更容易了。但是我们仍然处于初级阶段，所以必须时刻保持警觉。我们也知道引领客户和合作伙伴走向成功是至关重要的，是企业的重心。

资料来源：Erick Schonfeld with Meg Whitman,"How to manage growth", *Business 2.0*, 5（11）（2004）：98.

建立适应型企业

有时，创业企业在成长过程中可能同时埋下了自我毁灭的种子，这粒种子就是使这种成长成为可能的创业的冲动。从创业企业向管理完善的企业的转变往往伴随着认知和寻找机会的能力的降低。保持企业创立初期的灵活性对于企业家来说是很重要的。一个**适应型企业**（adaptive firm）为员工增加机会、引领变革并为企业注入创新的动力。建立适应型企业的方法有很多。本章介绍的六种方法并不是一成不变的，但它们确实能增加企业在成长阶段及其他各时期保持适应性和创新性的可能性。

□ 分享企业家的愿景

企业家的愿景必须渗透到整个组织当中，目的是使所有员工都能清楚企业的发展方向并以其发展为己任。企业家可以通过会议、谈话或讲座将自己的愿景直接传达给员工，也可以通过一些标志性事件或活动进行传达，比如社交集会、表彰大会等。不管是以何种方式，员工参与分享愿景可以使公司的整体拥有同一个梦想，每个人都成为创造未来必不可少的一部分。

□ 增加机会认知

增加机会认知可以通过详细的职位设计来实现。在这个设计中要确定人们负责实现的目标。每个人，不管职位高低，都应明确自己在生产最终产品或服务中的角色。这叫做"近距离接触顾客"。另一种增加机会认知的方法是通过各功能区的整体协作与一体化，这样，不同功能区的员工就能成为一个有凝聚力的整体。

□ 连续过渡

超级竞争是新经济的一个重要特征。在超级竞争环境中，传统的竞争优势应用起来有其局限性。"**过渡**"（morphing）是一个广泛进行的转型期，在此时期，企业试图再度获得短暂的竞争优势，特别是那些网络公司。这就意味着公司可以频繁转变职能，甚至改变组织形式，如一家搜索引擎公司可以转变为传媒公司。"变化的竞争形势和资源状况决定了组织必须不断改变其形式和职能。"

☐ 将变革制定为企业的目标

这需要企业推崇创新和变革,而不是简单地维持现状。如果想要认知机会,企业不仅要鼓励创新,还要将创新定为企业的目标。在这样的前提下,如果资源是可利用的,且部门间的壁垒得以消除,就会产生对机会的渴望。

☐ 扩张战略领地

处于**战略前沿**(strategic frontier)的创新型产业机会可以给企业带来所需的增长和扩张。例如,苹果公司就曾凭借 iPod 技术发掘了便携式音乐的新业务领域。贝特和约翰斯顿(Bate & Johnston)建议将此过程分为五步:

- 筹划。在这一阶段要选定发现团队,挑选核心角色,确立创办目标,队伍整装待发。
- 调整。发现团队和高层管理者根据项目的重点和范围进行调整,并就探索战略前沿达成共识。
- 探索。这一阶段的目标是收集战略前沿的新视角,为日后发现有创造价值的新产业机会打下基础。根据战略前沿和项目范围,团队将挖掘不同的"矢量":顾客价值、市场动态和/或商业模式领域的创新。
- 创造。凭借获得的新视角,发现团队为日后发掘新产业机会创造投资组合,并对其进行进一步的完善和发展。
- 规划制图。在最后这个环节,发现团队绘制出一份战略图,并标示出重大事件、发展趋势、市场不连续性和公司向新战略阶段发展的各个重大转折点。

☐ 注入创新欲望

应悉心培育员工寻找机会的欲望,空有口号是无法营造出创新氛围的。下面列出的是具体的执行步骤:

- 奖励制度。对于追求创新机会的个人应给予明确的奖励或表彰,如红利、奖金、加薪或晋升应与员工对创新的尝试直接联系起来。
- 容忍失败的环境。通过承认在获得成功之前,大量经常性的尝试是必要的,来尽量减少对失败的恐惧。这并不意味着寻求或渴望失败,然而,相对于因为失败而受惩罚,应鼓励从中吸取教训。当处于这种环境中时,员工愿意接受变革与创新的挑战。
- 灵活性操作。灵活性产生了变革的可能性,有着积极的效果。如果企业严格地遵守计划和战略一成不变,它将无法对新技术、客户变化或环境变迁快速作出反应。这种情况下创新也就无法实现,因为企业会觉得不适应。
- 开发小组。为了培育创新氛围,应建立开发小组并确定团队绩效的目标。这个小组不仅是一个工作组,还应是一个有远见又敬业的团队,他们有权确立新的发展方向,设定新的标准并挑战现状。

创业实践

成长失控的迹象

你的公司有着创新型的产品、优秀的员工和一流的服务。最值得一提的是，你们正在以前所未有的速度增长。但这真的就是件好事吗？在快速成长阶段，很容易失去对成功要素的控制。如果你注意到以下任何一种预警迹象，那就是放慢脚步的时候了。

- 与竞争对手相比，营销手段过时。

下次你再想要推迟更新营销手段的时候，想想这句话：无效率的营销就是一种浪费。德勤会计师事务所多伦多分部的马尼什·梅赫塔（Maneesh Mehta）曾经说过："随着公司的不断成长，营销活动的效果不可避免地会有所降低，其原因或者是市场已经厌倦，或者是所传递的信息过于陈旧。"如果不更新营销手段，将来就要付出销售量减少的代价。

- 咖啡时间被"哭泣时间"所取代。

"失控的成长会给员工带来很大的压力，这种压力可以通过多种方式表现出来，"加拿大国家开发银行亚特兰大区咨询副总裁伊恩·麦克法登（Ian MacFadden）提醒说，"如果你的加班费开支很大，你就给员工造成了很大的压力。"放松一下，否则他们会崩溃。崩溃也就意味着他们可能犯下代价惨重的错误、生病或者干脆走人。

- 谈起你的生意就像摆弄坏了的电话。

"如果对于企业正在进行的活动有好几种不同的声音，"梅赫塔说，"你就有麻烦了。"每个人都应该明确企业的走向。

"在企业快速增长的时候，组织里的每个人都应相互交流以感知变化，"达西·阿门特（Darcy Ament），Bluefalls制造有限公司的总裁兼CEO这样说，"交流是很大的挑战。"这就是阿门特每两周举行一次管理会议并经常通过公司网站提醒员工感知变化的原因。

- 你为客户设计网站——即使你开的是一家园林公司。

德勤会计师事务所埃德蒙顿分部的戴维·齐默尔（David Zimmel）说："如果同时开展太多的项目，主要管理者就会过于分散注意力，核心问题也就无法得到足够的重视。"除非有充分的理由，否则不要随便抓住机会。

机会在握的时候，要给自己留一条后路。齐默尔说："通往成功的道路有很多，但是往往一步走错就会让你掉队并产生毁灭性的影响。"为了自我保护，应"明确盈亏平衡的界限"，他说，"这样通过简单的几个标准，每个人都知道自己该达到什么目标。"

- 缺少与客户的沟通。

"失去与客户的联系是一件危险的事情，"加拿大2001年增长最快的公司——Cygnal科技的CEO道格·杨（Doug Young）如是说，"这说明你在关注错误的事情。毕竟和客户打交道是企业家成功的途径。"一旦客户感到被忽略或不耐烦，他们就可能转向别处。正如麦克法登所说，"如果你做错了，客户会很快提醒你"。

- 你是新型CFO——首席消防员。

"如果你忙于产品生产的具体操作，你就忽略了你的核心工作。"位于渥太华的加拿大出口发展公司的首席经济学家格伦·霍奇森（Glen Hodgson）这样说，"你的工作是要完善企业模式和供应链管理，也就是说，要把权力下放，让别人来做具体实施者。"

- 为自己买单——如果你找到账单的话。

忽略企业内部体系会引起灾难。杨说："这些体系都是有弹性的，但是你必须定期赶上，一旦忽略了它们，你就真的麻烦了。"随着企业的成长，你必须投入新的库存控制体系、薪酬体系和财务报告体系。当你采取新的战略时,杨的提示是,缓慢推进,并提供适当的培训。
- 利润就像你读的那本杂志。

麦克法登说过,"一旦你尝到了快速增长的甜头,就很难放慢脚步。对于长期增长来说,利润是很重要的。"

尽管许多成功的企业牺牲短期利润来引进新的系统和投资新产品开发,但这种情况不能长久持续下去。就像梅赫塔说的那样,"最终你将无法实现成功。"

- 打开钱包你见到的只是你的家人。

之前的种种迹象大多难以识别,下面这个却很容易——如果你的增长速度太快,你的家人会告诉你。2002年PROFIT 100排名第4位的Intrinsyc软件公司创始人尼尔·麦克唐奈(Neil McDonnell)曾说:"我儿子两周前有一场曲棍球锦标赛,他上演了一个精彩的帽子戏法,但是我没有看到,因为我在工作。我儿子对我很不满意。第二天早上我在楼下工作时,他走进来但没有向我问好,而是说:'今天的股票怎么样,老爸?'这让我一下子意识到我一直以来都是在为自己不能控制的东西殚精竭虑,反而牺牲了很多去做真正重要的事情的时间。"现在你知道我们说的是什么了,去陪你的孩子们玩吧!

资料来源:Kali Pearson, "Too big, too fast: 9 signs your company is growing out of control", *Profit* (Toronto), 1 June 2002, 79.

从创业者向管理者的过渡

企业家转变经营方式的能力会对企业向下一阶段的进展产生推动力或阻力。下面介绍的是这种影响在销售型创业公司中运作的情形:随着企业进入成长阶段,加大了在销售方面的投入。这时出现了危机,销售量突然开始下滑或停滞。为了重新提高销售量,扭转下滑趋势,企业家必须聘请更多的销售人员。但是几个月之后新的危机又出现了,扩大的销售人员队伍意味着更高的成本和更庞大的人力资源管理团队,这一切都需要更多的行政监督。创业精神开始消退。

在企业的成长阶段,企业家会发生一个重大的转型——从创业者转变为管理者。这是一个艰难的过程,正如霍弗和查兰(Hofer & Charan)提到的那样:

在各种各样可能发生的转型中,最难实现的也是组织发展最重要的就是,从企业家个人管理模式向组织功能完善的专业的团队管理模式的转变。

在这一转型期可能出现很多问题,尤其当企业具有如下特征时:
- 高度集中的决策制定体系。
- 过分依赖一个或几个核心人物。
- 缺乏管理技能和培训。
- 家长式的氛围。

虽然这些特征在企业创立初期和生存期都是非常有效的,但在成长阶段它们却威胁了企业的发展。通常,这些因素会削弱企业家成功管理企业成长阶段的能力,抑制企业的发展。

为了实现必要的转型,企业家必须进行详细的规划并谨慎地执行。霍弗和查兰设计了七个执行步骤（见图16—3）。

变革必要性认知和意识														
	企业家渴望变革													
			企业家试图改变日常的作业行为											
			对现有的决策程序进行分析											
				将决策程序固定化、形式化										
						扩大决策的参与范围，实行协商程序								
				识别主要任务	将主要任务制度化									
					培育中层管理队伍									
				评估现有战略的充分性	执行新战略									
					评估传统结构	与他人对照	实行新结构							
							人员大换血							
							形成董事会							
			通过观察主要指标对变革全程监控											
0	3	6	9	12	15	18	21	24	27	30	33	36	39	42

时间（月）

图16—3 转型过程及其时间范围

资料来源：Charles W. Hofer and Ram Charan, "The transition to professional management: Mission impossible?" *American Journal of Small Business* (Summer 1984): 11. Reprinted with permission.

● 步骤一：企业家必须强烈渴望变革，强烈到愿意承担个人作业行为中重大的变动。

● 步骤二：要改变企业日常的决策过程。具体地说，必须让更多的人参与到决策过程中来。同时，要更加重视正式的决策技术的投入使用。

● 步骤三：对企业成功起到决定性作用的两三项重大操作任务必须制度化。这可能会涉及由新人来补充或替换掉那些曾经"不可或缺"的项目负责人。

● 步骤四：必须发展中层管理人员。专家必须学习以成为职能经理，职能经理则必须努力成为总经理。

● 步骤五：如果需要的话，要对企业的战略进行评估和改进来实现增长。

● 步骤六：必须对组织结构、管理体系和程序进行缓慢的改进以适应公司新的战略和高层管理团队。

- 步骤七：企业必须培养专业化的董事会。

这一系列过程中的关键因素在于步骤一中的企业家本人。企业家的自我管理是关注的重点。

平衡创业者和管理者的角色

在管理成长阶段的过程中，企业家必须时刻牢记两件事：第一，一个适应型企业要保留某些创业时的特性来鼓励创新和创造力；第二，企业家需要把这种创新和创造力的精神传递给员工，同时自己向管理者的角色过渡。这种创业者和管理者之间的严格平衡是很难实现的，正如史蒂文森和冈伯特所说的那样：

> 每个人都想变得勇于创新、能屈能伸、富有创意，但是像苹果、达美乐比萨（Domino's）、Lotus这样的餐馆、服装店和咨询公司有很多，它们都曾尝试着变得创新、实现增长和展示其他创业的动态特征，但是，它们都失败了。

企业要想顺利地实现增长，在维持创业初期的特点的同时，向行政管理方面的特征进行转变是至关重要的。表16—2提供了一个框架来比较创业和管理视角下的特征与压力，涉及五个要素——战略定位、捕捉机会的承诺、资源承诺、资源控制和管理结构。这五个领域对于创业者和管理者之间的平衡都是很重要的。这两个焦点（创业管理和行政管理）有着独特的视角，史蒂文森和冈伯特用问题的形式将这些视角表现出来。

- 创业管理视角：
  √ 机会在哪里？
  √ 如何对其进行投资？
  √ 我需要何种资源？
  √ 我应该怎样控制它们？
  √ 最优结构是什么？
- 行政管理视角：
  √ 我掌控着何种资源？
  √ 什么结构决定企业与市场的关系？
  √ 在发挥个人能力的时候，如何将他人的影响降至最低限度？
  √ 何种机会是适宜的？

这些问题背后的逻辑可以通过多种方式诠释出来。比如，资源承诺在创业思维的框架中对应着变化的环境需求，而在管理视角下则侧重降低风险；在资源控制中，创业者会回避对资源的所有权，因为他担心资源的老化，并且想掌握更多的灵活性，而管理者将资源的所有权视为实现效率和稳定的途径；在结构的问题上，创业管理强调灵活性和独立性，而行政管理强调的是在复杂的任务中保持一致，对秩序以及受控的奖励制度的渴望。

这些差异的例子有助于确立两种视角下的重大问题。企业要想实现有效的增长，必须让创业视角和管理视角下的各种考虑达到平衡。

表 16—2　　　　　　　　　　　创业文化与行政文化

	创业视角		管理视角	
	特征	压力	特征	压力
战略定位	受机会认知驱动	减少机遇 不断更新的科技、消费者经济、社会价值观和相关政策规定	受可控资源驱动	社会契约 绩效评估标准 规划体系和周期
捕捉机会的承诺	革命性的，历时短 狭窄的决策通道 乐于接受合理的风险 很少的决策体系	行为取向	发展性的，历时长	承认多个决策体系 战略过程的协商 风险降低 与现存的资源库进行协调
资源承诺	多个阶段，相互之间保密	缺少可预测的资源需求 缺乏对环境的控制 合理配置资源的社会需求 国外竞争 更有效使用的需求	一个阶段，对决策负全部责任	降低风险的需要 激励性报酬 管理人员调整 资本预算体系 正式规划体系
资源控制	间断性的使用或租用资源	高度的资源专业化 与需求相比资源的生命周期更长 过时的风险 识别机会的固有风险 长久的资源承诺导致控制不灵活	对所需资源拥有所有权	权力、身份和收益 具体实施的协调 有效措施 变革的惯性及成本 产业结构
管理结构	扁平结构，多个非正式网络	主要非受控资源的协调 挑战层级 员工渴望独立	等级制度	需要明确权利与义务 机构文化 奖励体系 管理理论

资料来源：Reprinted by permission of the *Harvard Business Review*. An exhibit from Howard H. Stevenson and David E. Gumpert, "The Heart of Entrepreneurship", (March/April 1985): 89. Copyright © 1985 by the President and Fellows of Harvard College; all rights reserved.

创业广角

从创业者到管理者

嘉信理财的 CEO 兼主席查尔斯·施瓦布探讨了如何由创业者向管理者转变。

一开始，我们四五个人在一间小办公室一起工作。在早期我就认识到了有些事情我能做好，有些事情我根本做不好，虽然这种意识有的时候让人不太愉快，因为人们都愿意把自己想象成全能的，但是我很幸运地认识到在运营方面我需要别人的帮助。我很清楚我们想要做什么，要做到何种程度，于是我找到了很多精于运作和擅长系统的人来帮助我们达到目标。我认为自己擅长营销和研究客户的需求，于是我就专门研究这两个领域，其他的事情让别人去做。我一直努力聚拢人才，让他们将理念转化为成果。

这种明确的权力下放是很重要的。太多的创业者没能在企业成长的同时转变成管理者，毫无疑问，这大大地限制了企业的发展。我从一开始就认识到了自己的不足，我并没有太注重战略的执行，而是关注企业的使命和发展方向。但是，即使努力，那些日常的操作对我来说还是太难了，所以我宁愿让其他有才能的人来做。

资料来源：Charles Schwab, "What's best for your customers?", *Executive Excellence* (Provo) 17 (2) (2000): 20.

理解成长阶段

成长阶段通常标志着从个人创业向集体结构运作转变的开始。以往的个人领导模式让位给基于协作性和灵活性的团队协作方式。

成长阶段的关键要素

企业家必须明确成长阶段必要的具体管理活动的四大要素：控制、责任、容忍失败和变革。

控 制

成长会带来很多指挥和控制方面的问题。在处理这些问题的时候，企业家要回答这样三个至关重要的问题：控制系统是否意味着信任？资源配置体系是否意味着信任？事先征得同意是否比到时候企求原谅更容易？这些问题揭示了对企业的控制情况。如果这些问题的答案都是肯定的，那么企业正朝着控制和参与的优化组合方向发展。如果答案是否定的，企业家须仔细审视每个消极回答的理由。

责 任

随着企业的成长，权力与责任之间的界限越发清晰。这是因为权力可以下放，但责任感的培养还是十分重要的。这一举措构建了灵活性、创新性和友好的环境。在责任的感召下，人们不再只看到工作本身的利益问题，而是积极参与创新活动，分担企业责任，这样企业在成长阶段就能实现更好的发展。

容忍失败

尽管企业经历了创立初期的考验,发展到成长阶段,但保持对失败的容忍仍然是很必要的。在创业初期经历过什么样的失败,在成长阶段同样可能遇到。尽管没有一家企业追求失败,但若想获得持续性的创新和发展,就必须容忍一定程度的失败并吸取教训。

要懂得区分三种类型的失败:

- 道德失败:这种类型的失败是对企业内部信任机制的侵犯。由于企业建立在相互的期望和信任基础之上,因此这样的侵犯是很严重的,可能引发消极的后果。
- 个人失败:这种失败是由缺乏技能或实际应用能力而引起的。通常,这一失败的责任由企业和个人共同承担,因此补救的尝试在双赢的情况下进行。
- 不可控失败:这种失败是由外界因素变化引起的,最难防范,也最难处理。资源的限制、战略方向和市场变革是员工不可控因素的典型例子。高层管理人员要谨慎分析这种失败产生的原因并尽量避免再发生类似的事情。

变 革

企业进入成长阶段和随后的各阶段,规划、运作和执行都要受到外界持续变化的影响。成长过程中若要保持一个创新型机会主义的立场,则需要具有变革和不守常规的意识。然而有一点要搞清楚,变革从不同的角度(资源、人员和结构)对于企业有着不同的含义。因此在成长阶段保持变革的灵活性是很重要的,这样才能对环境的变化作出快速反应。

☐ 管理悖论和矛盾

当一个企业的成长出现不稳定时,大量的结构因素开始提出多重挑战,包括文化因素、人员调配和人才开发以及考核与奖励。在组织这些因素方面,企业家通常徘徊于一种严格的官僚主义的设计和一种灵活、有机的设计之间。表16—3展示了各个因素的两种对立的设计。

表16—3　　　　　　　　　　结构因素的对立设计

	灵活设计	官僚设计
文化因素	自主的 承担风险 创业性质	正式的 规避风险 官僚性质
人员调配和人才开发	技术性能 专家 外部招聘	行政技能 多面手 内部招聘
考核与奖励	广泛参与 主观 公平基础	正式的 客观 激励基础

资料来源:Charles J. Fombrun and Stefan Wally, "Structuring small firms for rapid growth", *Journal of Business Venturing* (March 1989):109.

调查显示,正在经历成长的创业企业的管理者,尤其是新兴产业中的管理者，需要采用灵活、有机的结构，而严格的官僚主义结构只适用于成熟稳定型企业，因此对文化因素的处理须遵循自主、承担风险和创业性质的原则。这种文化是企业家创立企业的初始动力的复兴。尽管像我们之前提到的那样，企业家的注意力已向行政管理模式过渡，但企业文化必须得到很好的渗透，创新能力和创业精神也必须不断更新。

在设计高增长、灵活结构的时候，企业家必须考虑到在某些其他结构因素中有很多相互矛盾的因素在起作用，如：

官僚化与分权化

扩大员工队伍刺激了官僚化的发展。在人员成倍增长的时候，企业要制定正式的流程。这样员工的参与权和自主权会有所降低，企业的内部劳动力市场得以发展起来。但是，成长也能带来产品供应多样性的增长。这有利于在非正式的决策体系、加剧的分权化和承认现有人力资源缺少必要技能的情况下，处理扩大的投资组合。

环境与策略

高度的环境动荡和竞争形势有利于建立一个承担风险、高度自主和员工参与决策制定的企业文化。相反，那些结构过于正式的公司在面对竞争的时候拒绝承担风险，并会抑制自主权的实现。

战略重点：质量、成本与创新

快速成长的企业试图兼顾成本控制、提高产品质量和增加产品供应。然而，降低成本，以削价来打击竞争对手这种方法只有在传统的决策与评估的等级体系中才能发挥作用。虽然这种战略与自主过程存在冲突，但是能鼓励对产品质量和创新的追求。

这些因素强调了管理悖论和矛盾的重要性。企业的成长涉及多方面的挑战，如：

- 试图兼顾成本控制、提高质量和创造新产品以应对竞争形势带来的压力。
- 一方面，集中权力以维持控制；另一方面，分散权力来鼓励自主的、自我管理的专家对不成熟的企业文化作出贡献。

快速发展的企业在制定管理体制时需要在这些多重力量中寻求平衡。

☐ 对抗成长壁垒

瓦季姆·科捷利尼科夫（Vadim Kotelnikov）提出，在企业对抗**成长壁垒**（growth wall）时，企业家要面对五种风险（见表16—4）：

- 成长风险（growth risk）；
- 技术和生产风险（technology and production risk）；
- 市场和竞争风险（marketability and competing risk）；
- 财务风险（financial risk）；
- 团队和管理风险（team and management risk）。

表 16—4　　　　　　　　成长阶段企业面临的风险

问题：成长风险	对策	措施
你能否保持观点（现实的或宏大的），能否均衡当前和日后的需求，能否协调资源，这些能力都面临考验 过去使你走向成功的办法如今不再奏效，收益日益减少，新企业运行3~5年后很难再保持原有的增长速度；如果延续创立时期的做法而不进行改进，你十有八九会失败	未雨绸缪，在第一个成长时期完成之前策划好下一个阶段的发展 重塑产业模式，进行广泛的试验来寻找新的产业模式并进入第二个成长时期 除了建立一个可行模式外，公司形成一个整体的效果和速度也是成功的关键要素 形成灵活、反应迅速的公司体制以适应内部形势和外部形势的变化 建立灵活有效的生产体系以适应变化 建立战略联盟和业务关系	开发可持续的成长战略 重塑竞争战略和差异化战略 掌握企业整合建立行之有效的新结构 继续有目的、有计划地寻找机会 将不懈的成长态度注入整个公司 建立一个培训机构 保持灵活性——发现错误，将其转化为优势 识别需要的人员（价值观、技能、专门知识）和资源 为成长阶段制定商业计划 建立战略联盟和业务关系 引导团队，绘制地图——市场机会，定位，销售、分销、运营，不断创新，人员开发创新价值链管理体系 实行有效的奖励制度——重复前人的经验
问题：技术和生产风险	对策	措施
竞争对手财大气粗，拥有稳固的客户关系，企业早期的单一应用和产品线的成功并不意味着长期活力 新的科技和产品从快速增长的产业运作中汲取重要资源	识别战略性的市场干预范围 开发经营战略和技术战略来实现这一目标 高层管理参与 开发战略性科技合作关系	重塑知识产权管理体系，建立知识产权战略 开发授权策略，保护商业机密 识别竞争要素和重要技术，制定技术战略 确定战略重点和多样化行动，开发经营战略 开发多元化战略和多样化生产 利用创新的力量——不断寻找新机遇 开发灵活的精益生产系统以快速响应变化 建立科技情报体系 寻找合资机会或兼并一个战略同盟来挖掘短期的技术优势并最大限度发挥企业的创业潜力；将技术投入使用，建立战略联盟以保持技术优势；不与人合作或没有人辅助是不可能成功的
问题：市场和竞争风险	对策	措施
市场反馈严重不足 营销策划缺少战略性 成长缓慢 竞争对手的"翻版" 顾客投诉；产品被退回或冲销	在管理变得日益复杂的同时，关注企业如何为顾客提供价值也很重要 与对手作战 调查市场及其发展趋势 改造市场开发战略	开发竞争战略——维护自己的市场以防止对手入侵；或者开辟新市场 频繁回顾企业销售法则，调整营销战略 认真修订营销计划 采用现实的营销概念 改变竞争战略 改变营销、广告、销售战略 开发战略性营销计划 争取回头客，保留顾客——发挥服务—利润链的作用来获取更高的顾客忠诚度 与客户合作来为双方创造未来，效果比任何一方单独努力要好

续前表

问题：市场和竞争风险	对策	措施
		开发创新性产品销售和客户关系链 建立营销合作关系

问题：财务风险	对策	措施
高负债比率 短期融资 库存缺货或不均衡 财务战略和税收战略不能生成现金 管理和人事费用过快增长	优化生产系统来降低经营成本 筹集第二轮营运资本来支撑战略成长计划	选择多种资金使用手段而不是单一的途径 将成本降到顾客愿意接受的程度 选择可以用来执行成长战略和开发融资战略的资金类型 研究不同类型投资商的投资机会选择标准 采用最先进的报告模式来提高股东价值

问题：团队和管理风险	对策	措施
创业激情开始消退 组织边界上升；员工渐渐无法意识到工作的真正价值 人们不再从大处着眼——他们不再注意各种任务、行动和功能是如何相互作用来实现总体目标的 员工开始站在个人或工作组的角度思考问题，而不是从公司整体的角度出发 界限变得更加严格，公司失去了弹性———种对外部环境变化快速反应的能力（或预见变化的能力） 缺少战略规划或应急计划 为适应并抓住机遇不断转变重点 拒绝接受结构、流程和控制在不断发展变化的事实 只雇用不如你聪明的员工 关键人员流失 其他人不分担你的紧迫感 不良的决策支持体系 不适宜的内部体系，不能对客户和员工迅速作出反应 正式与非正式之间的冲突	与日益复杂的企业环境保持同步需要适当的授权、良好的沟通和从外界的顾问、同行那里获得不同的观念 作为团队来管理 对于不能胜任的"好员工"应指出其问题所在 建立管理系统来更好地实现控制，保障管理的透明度和客户关系 建立员工授权机制 开创正式的专业管理机构	少做事、多管理，践行有效的领导力、管理和培训 实行有效的自我管理 目标管理从我做起——清楚自己的价值观、优势、劣势并有效地利用它们 做一个成功的管理者，学会创新 创立一个鼓励创新的机构 如果请不起高层管理人员，就从企业内部组建自己的管理团队，并培养他们的管理技能 从事后反应型转变成积极主动型 做反馈分析以增强个人实力 通过综合业务审计来实现真正的有效控制 制定长期计划 不要对机会过度反应，以避免员工崩溃或倦怠 微观负激励管理——关注能为组织创造最大价值的行动并分配更多的责任和任务 确保与同事、上级或下级都做到及时、明确的交流 少说多听，积极地聆听同事、顾问、客户、供应商等的心声；从各个渠道获取对策和理念 不要认为公司里每个人都和你想的一样；你掌握着一切答案；事情没有你就办不成，或者你的一份报告书会起到一个团队的作用 既是团队建设者和教练，又是战略规划者和传播者；传播重要的、可供参考的信息 要求高管作为团队来运转 通过小组讨论来管理规划过程，用重要的参数来衡量结果，对过程和结果进行交流讨论，根据市场变化调整计划 管理企业内部的不称职者、不满者和不作为者

续前表

问题：团队和管理风险	对策	措施
"彼得原理"的出现（在一个等级制度中，每个员工趋向于上升到他所不能胜任的地位）		
关于角色、权利和义务的艰难决策		

资料来源：Vadim Kotelnikov, "High-growth business development" [www.1000ventures.com/business_guide/psa_bcoach_growth.html].

□ 成长和决策

除了企业家面对的不同风险，决策过程对于成长阶段的新兴企业也是非常重要的。企业家根据决策和管理模式的不同可以分为以下四种：

● 天才企业家。企业刚刚起步，企业家充满激情，产品和服务全部到位，对日后的成功充满期待。企业家用简单的、一元化的视角来审视未来——制造商品，再把它们卖掉，这也是很正常的。在这个初期阶段，企业家大部分的耐心、时间和精力都投入到创造更多的销量上，无暇顾及其他方面。

● 仁慈的独裁者。在这一阶段，企业家会像父母一样告诉他们的孩子——员工和经销商，该做些什么，什么时候做以及如何去做。由于每个人都被迫保持高度一致，因此员工和经销商常常会抵制这一做法。

● 孤立的领导者。这一企业发展阶段对于每个人来说都很混乱，令人泄气。企业家意识到企业并不是每个决策都要依赖他们，他们的自尊受到伤害，感到被疏离，经常会声明放弃对日常运作的指导权，而是交给职业经理人负责。但他们总是忍不住要进行干涉，最后有很多人又很快重新以"他们的方式"来治理公司。

● 有远见的领导人。为了实现可持续的长期增长，领导过程和管理过程被用来为企业进行定位。有远见的领导人遵循普遍认同的价值观，凡事三思而后行，言行一致且公开公正，直接与他人交流。他们富有耐心，在管理模式和决策过程中鼓励参与。

这一阶段决策的重点和模式与之前或之后的企业发展阶段都有所不同。表16—5展示了成长阶段决策的重点与其他阶段主要的区别。同样，如表16—5所示，成功的初期阶段企业和成功的成熟企业，二者的组织特征大不相同，就像它们面对不同问题所体现的那样。初期阶段企业面对的通常是不明确的任务，如技术发展和市场开发，这些任务都有着高度的不确定性。这样一来，企业通常缺乏职务专业化、章程和形式。很多时候决策的制定就是业主非正式的、面对面的交流，而整合人员、职能和任务也常常是通过企业家个人的直接接触来完成的。

相比之下，成熟企业拥有几百名员工，不能以这种方式来管理。成熟企业需要诸多元素如固定形式、结构和专业化来有效地控制和引导。从初期阶段企业的

表 16—5　　　　　　　　　　　决策的特点和成长阶段

	初期阶段	成长阶段	后期阶段
重点	产品经营 定义 资源采购 市场定位	批量生产 市场份额 存活	成本控制 盈利性 未来成长机会
决策的特点	非正式的 集中 非专业化 时间短	转折性的	正式的 分散 专业化 时间可长可短

资料来源：Thomas N. Gilmore and Robert K. Kazanjian, "Clarifying decision making in high growth ventures: The use of responsibility charting", *Journal of Business Venturing* (January 1989): 71.

决策模式向后期的决策模式过渡必须在成长阶段落实。时机很重要。过早地强调结构、拘泥形式会压抑企业的创业氛围。一旦错过时机，整个机构就会随规模的扩大而失去控制，从而导致企业错位甚至失败。

因此，企业家应意识到成长阶段决策模式转型的重要性，并学会将必要的决策授权给他人，目的是应对快速成长所带来的挑战。在处理这一阶段的决策时，企业家可以考虑多种方法。

一种方法侧重于通过网络利用**外部资源**（external resources），即企业家通过外部的人际关系构建网络，从而获得专业的帮助。这种理念是通过扩大决策范围及增加企业主导和可控资产之外的资源来获得竞争优势。下面是一个利用外部资源的例子：一家公司使用一位名人的名字来为本来默默无名的产品做宣传，并对此人承诺按日后的销量提成。这很明显是在利用企业本身不具备的资源来打造一个品牌。外部资源是指一个企业在追求成长过程中利用的物质或其他资源，当然这种资源不是企业所有的。另一种形式的利用是在管理问题和操作问题上外部提供的咨询援助。战略规划、安全融资、市场营销和日常操作援助都是外部援助发挥作用的领域。

另一种处理成长阶段决策问题的方法是**职责表**（responsibility charting）。这一过程设想在决策过程的不同阶段有不同的角色以多种方式介入。因此，它的三个要件分别是决策、角色和参与方式。这三个要件结合起来构成一个矩阵，被调查者可以为具体决策的每一个角色指定一种参与方式。结果可以在所有参与者都出席的群组里进行分析，或者当群组的规模太大且数据难以处理的时候，由特定的人来完成这一分析。职责表的步骤如表 16—6 所示。

表 16—6　　　　　　　　　　　职责表的步骤

1	建立初始参数： 　　决策准则 　　通用语言 　　制作重大决策和人员的矩阵
2	投票、制定模式
3	讨论、解释并协商
4	对责任分配达成共识
5	监控实施情况，根据需要进行再协商

资料来源：Gilmore and Kazanjian, "Clarifying decision making in high growth ventures", 73.

当被问及这一过程的价值时,吉尔摩和卡赞日安(Gilmore & Kazanjian)是这样说的:

> 职责表提供了大量的潜在解决方案,而不是拘泥于一个新结构里的输赢动态,所以对于权力和权威能够更好地进行讨论。
>
> 处于成长阶段的企业,新的管理人员的流入通常会导致团队建设失败。一旦职责表用来明确重大决策,其结果就可以帮助新的管理人员适应核心角色。与工作描述只针对单个人的职责不同,职责表展示的是员工在一些关键的业务流程中是如何适应的。

不管是构建网络还是制作职责表,企业家必须开发方法来应对成长阶段不断增加的复杂性。每个体系的关键都在于企业家将权力下放的能力。

有效授权

为了实现创业企业在成长阶段从所有者的绝对控制向多样性运作的转型,**有效授权**(effective delegation)是一个关键的要素,分为三个步骤:

- 分配具体的职责。
- 授予员工执行具体职责的权力。
- 赋予员工采取必要措施的义务。

为什么授权对于处于成长阶段的企业如此关键?因为如果想持续增长和创新,企业家必须留给自己一些时间,而依靠企业中的其他人来实施日常的活动。一个小的增长型企业的管理者蒂莫西·W·菲恩斯塔尔(Timothy W. Firnstahl)提出:

> 在公司的创立阶段,企业的愿景通常就是企业家的愿景——他们明确地知道要供应何种产品或服务。他们甚至要学会分身术,每时每刻都要事无巨细、面面俱到。遗憾的是,这种事必躬亲的管理模式并不能使员工走向成熟。如果老板掌握着所有问题的答案,员工也就没有思考的必要了。企业家也就会在无意间攫取员工的责任,更糟糕的是,人们只有在老板在的时候才会好好表现。

在 21 世纪实现创业型领导

创业型领导(entrepreneurial leadership)可以说是高速增长的企业管理中最关键的因素。人们在形容不同类型领导者的时候通常会用到"有远见的"或者"战略性的"之类的词语。表 16—7 广泛地概括了战略性领导、有远见的领导和管理型领导。调查显示,战略领导能力的概念在成长企业当中是最有效的。研究者爱尔兰和希特(Ireland & Hitt)指出了有效的战略领导中的几个重要概念。这种领导能力也可以归为创业型领导能力,当企业家试图管理高节奏的增长型企业时最常使用。

表 16—7　　战略性领导、有远见的领导和管理型领导

战略性领导	有远见的领导	管理型领导
管理型领导和有远见的领导的协同作用	积极主动,造就新理念,改变常规思维模式	把工作视为人和理念相互作用从而确立战略的过程
强调道德行为和价值导向的决策	受欢迎的、必要的、必需的	被动的;对目标态度消极;迫不得已才确立目标,而非出自主观意愿;目标基于过去的成就
监管日常经营责任和长期战略责任	致力于开发新的方法和选择来解决长期问题;乐于承担高风险	
制定并执行有即时影响并能维持长远目标的战略,以此巩固组织生存、成长和长期活力	关注新理念;用直觉和感官去处理人际关系	视人们在决策过程中身份的不同而区别对待
	超脱于环境;服务于但不从属于所服务的机构,对自己的认知不受制于工作	将自己视为旧秩序的守护者和调整者;对自己的认知取决于在组织中的角色
对上级、同级、下级和自己的表现有着非常积极的期待	致力于保证企业的未来,尤其是通过人员开发和管理的手段	影响共事者的行为和决策
战略控制和财务控制兼用,并侧重于前者	乐于处理复杂、模糊的事务,掌握大量的信息;喜欢从事多功能、一体化的任务	参与日常活动
在个体和组织层面使用显性知识和隐性知识,并在二者间进行转换	比职能专家懂得要少	在责任功能区里感觉最自在是所在职能领域的专家
	更倾向于用价值观来作出决策	不大可能用价值观作出决策
兼用线性思维模式和非线性思维模式	更乐意对创新、人力资本和创造并维持有效的企业文化进行投资,来保证长期活力	支持短期的、低成本的提高财务绩效的措施
坚信战略性的选择,即根据组织和环境作出不同选择	重点使用隐性知识,将战略作为隐性知识的另一种形式来促进愿景的实现	关注显性知识的变化和结合,保证按照标准的操作步骤执行
	运用非线性思维模式	运用线性思维模式
	坚信战略性的选择,即根据组织和环境作出不同选择	坚信决定论,即制定的决策由外部环境和内部环境决定

资料来源：W. Glenn Rowe, "Creating wealth in organizations. The role of strategic leadership", *Academy of Management Executive* 15（1）(2001): 82.

　　创业型领导能力可以定义为企业家预见、构建愿景、维持灵活性、战略性思维和通过与他人合作推动变革来促进企业未来发展的能力。如果这些领导能力足以迷惑对手，且他人难以仿效，企业就可以获得竞争优势。

　　今天高速发展的经济创造了新的竞争环境，在这种环境中，变化是频繁的、难以预料的。这些变化在本质上是革命性的，即它们发生得很迅速且很频繁，同时对整个机构的所有部门产生影响。这些革命性变化的模糊性对企业本身和企业的战略能力提出了挑战，迫使企业加快决策的速度，从而更快地确立和执行战略。

　　成长型企业须采取新的竞争心态，在这种心态的指导下，灵活性、速度、创新和战略领导力得到了高度的重视，企业能够识别并充分挖掘新的竞争环境带来的机会。这些机会能够浮出水面主要是由持续的变化，尤其是技术变化带来的不均衡所造成的。具体地说，虽然不确定性和不均衡性往往会带来表面上的不利和竞争形势，但这种形势也会带来重大的产品导向型增长机会。通过有效的创业型领导，成长阶段的企业能够调整自己的行动并挖掘这种机会。

小结

　　一个典型的企业生命周期分为五个阶段：开发、创立、成长、稳定发展、创新或衰退。本章重点关注如何在维持创业思维的同时作出适当的调整来应对成长阶段。

　　企业家需要构建区别于竞争对手的内部能力和外部能力，也要保持创业头脑，警惕变成扼杀创新的管理者或官僚主义者。为了克服停滞不前和故步自封，他们还需要维持或培养一种成长态度。创业者的心态和管理者的心态是很不一样的。

　　在创立理想的适应型企业的过程中，企业家须经历不同的阶段：增加机会认知、连续过渡、将变革制定为企业的目标、扩张战略领地和注入创新欲望。

　　实现从创业者模式向管理者模式的过渡需要七个步骤。随后讨论的是创业者和管理者的角色平衡问题。在这一寻求平衡的过程中需要考虑五个因素：战略定位、捕捉机会的承诺、资源承诺、资源控制和管理结构。这些主要因素的区分对于分析判断企业是需要创业管理还是行政管理很重要。

　　接下来本章审视了企业成长阶段的重要性。控制、责任、容忍失败和变革是企业经历的转变中的四个要素。

　　年轻企业面对五种风险：成长风险、技术和生产风险、市场和竞争风险、财务风险、团队和管理风险。每种风险都得到了进一步的论述，并附带了解决方案和应对措施。

　　成长企业的管理者最重要的技能之一是有效地制定决策。企业家的类型不同，决策方式也不同。企业家可以分为四种：天才企业家、仁慈的独裁者、孤立的领导者和有远见的领导人。这里也介绍了帮助企业发展的技巧。

　　最后讨论的是创业型领导能力。作为企业家进行预见、构建愿景、维持灵活性、战略性思维和与他人合作的方法，这种能力使企业家能够通过推动变革来促进成长型企业的未来发展。

思考题

1. 指出新兴企业的各个发展阶段并进行简要论述。
2. "企业不创新就会灭亡"，这句话对于新兴企业意味着什么？
3. 一旦企业家发展成为官僚主义者，企业将会面临什么危机？
4. 如何建立适应型企业？
5. 如何理解"成功的企业在创业模式和管理模式中寻求平衡"？
6. 通过哪五个领域对创业管理和行政管理进行区分？
7. 阐述成长阶段须考虑的四个因素。
8. 天才企业家、仁慈的独裁者、孤立的领导者和有远见的领导人，你会是哪一种？
9. 阐述网络构建和职责表的概念并解释二者对于完善企业家决策能力的作用。
10. 企业经历生命周期的时候要面对哪些创业风险？
11. 为什么分权对于那些从创业企业向多样化经营转型的企业家如此重要？
12. 解释创业型领导能力并列出几个关键组成部分。

自我测试：企业生命周期

下面列出的（A～E）是典型的企业生命周期的五个基本阶段，将它们按先后顺序1～5排列起来。然后仔细观察下面的活动（a～j），按照发生的不同阶段将它们归类，用数字1～5标示出来。答案见本章末。

A. 成长阶段
B. 创新或衰退阶段
C. 创立阶段
D. 稳定阶段
E. 新企业开发阶段
a. 由个人领导向团队领导转型
b. 新产品开发
c. 融资
d. 竞争加剧
e. 风险评价
f. 尝试吞并其他企业
g. 消费者对企业的产品或服务不再感兴趣
h. 资源积累
i. 创业战略的重大变革
j. 开发高效的创业团队

案例分析 16—1

亨德里克的方法

当亨德里克·哈丁（Hendrick Harding）开办他的消费品公司时，他确信自己拥有一个必胜法宝。他的小型工业钻头比其他厂家的更方便使用，价格还便宜30%。订单开始像雪片一样飞来，仅仅是前6个月的销售量就已经超过了预期的年销量。一年下来，公司的平均月盈利已超过50 000美元，手头还积压了6个星期的订单。

公司的快速增长仅仅持续了两年，4个月以前，亨德里克发现销售开始下滑，他认为主要原因是一个更具优势的产品出现，在提供相同性能的情况下价格比亨德里克的钻头还低10%。亨德里克相信仅仅需要一些小调整就可以改进自己的产品，以重新夺回市场的控制权。

另一方面，亨德里克也为他的销售人员乔治·西蒙兹（George Simonds）的话感到烦恼。乔治大部分时间都在公司外面，所以与客户接触很广，他是这样对亨德里克说的："你的工业钻头搅乱了市场，我们也有能力对现有的产品进行改进，再卖三年不成问题，但是你得从现在开始考虑生产其他的产品。我们得承认，公司的产品太单一。这可不好。想增长的话，就必须扩大生产线，否则就没什么前途。"

问题在于亨德里克并不想扩大规模。他很满足于只销售工业钻头。他认为只要继续改进他的钻头就可以维护较大的市场份额，这样公司就能继续盈利。正如他向乔治解释的那样："我觉得前途是非常光明的。我并不认为在这个产品市场上会发生什么大的变化，我当然会不断改进现有产品，但是也只是不断改进，仅此而已。我想至少在未来的25年里公司都可以靠钻头来生存了。我们已经开创了一项宏伟的事业，没有理由来改变它。而且我也非常不愿意开发其他产品，没那个必要。"

问题：
1. 亨德里克的想法危险在哪里？
2. 以表16—2作为参照，你如何解释亨德里克的观点？
3. 基于你的评估，你将给亨德里克什么建议？

案例分析 16—2

坚持下去

得益于来自美国的外包合同的大量涌入，印度海德拉巴的瓦万尼公司（Wadhwani Company of Hyderbad）去年增长了115%，在过去的3年里共增长715%。这一成绩大部分应归功于夏尔马·苏布拉穆尼亚（Sharma Subramonia）的理念：聘请最好的计算机系统人员，并给他们足够的自由来开展工作。

夏尔马的大部分员工以工作组的形式为客户分析、设计并运行计算机程序。运作的过程是这样的：首先，公司接到一个潜在客户的电话，说要安装一个计算机系统或需要一个特定的软件。夏尔马派一个人过去跟客户面谈，为他分析形势。如果瓦万尼公司有这方面的专家或人员可以处理这样的问题，客户就会给出一个报价。如果这个报价可以接受，瓦万尼工作组就会被指派负责这一项目。

一个典型的事例就是3周前一个制造业的客户打来电话，说要为公司的工程技术人员购买5台电脑。他们希望这几台电脑与公司的主机连接起来并与得州休斯敦办公室建立专用连接。另外，公司想升级计算机辅助设计软件，以便技术人员可以使用彩色的计算机生产图纸，而不是单色的。瓦万尼工作组在10天内安装了整个系统并升级了软件。

夏尔马意识到，他的公司的成长取决于两个因素：一是员工的创造力和独创性；二是吸纳人才的能力。"这个产业是典型的劳动力密集型产业，"他解释道，"如果有人想要安装计算机系统，那需要100个工作小时。如果没有人员来负责这一项目，我就得拒绝这项业务。我们的扩张在很大程度上取决于人才的聘用和培养。另外，我需要的不只是努力的员工，我需要的是有创造力的、能开发新办法来解决复杂问题的员工。如果能做到这两点，公司就能在竞争中独占鳌头，否则将很难生存。"

夏尔马启动了三项变革来处理这些成功的关键因素。首先，他设立了与销量挂钩的奖金制度。这些奖金由所有员工分享；其次，他按季度提高薪水，那些踊跃为解决客户的问题而开发新程序的员工将会得到最大幅度的加薪；最后，每隔半年他就会带领所有员工到山区过一个长长的周末，在那里，花三天时间来讨论眼下的工作问题并探讨如何解决。他也用很多的时间来参加社交活动和培养员工内部的团队精神。

问题：

1. 夏尔马的公司现在处于企业生命周期的哪一阶段？
2. 夏尔马的举措是怎样帮助建立一个适应型企业的？给出三个具体例证。
3. 如果夏尔马的公司继续增长，对于今后的举措你有什么建议？夏尔马若想让事态顺利发展，还需考虑采取什么措施？
4. 对于夏尔马如何获得更多美国的外包合同，你有什么想法？

自我测试的答案

A. 3　B. 5　C. 2　D. 4　E. 1
a. 3　b. 5　c. 2　d. 4　e. 1　f. 5　g. 4　h. 1　i. 3　j. 2

第17章

全球创业机遇

> 如今，由于世界经济的繁荣、全球通信技术的发展和旅行范围的扩大，欧洲、北美和太平洋海岸的交易正以空前的速度发展着。在发展中国家的城市中心，国际新生文化的标志无处不在……对销售这些国际新产品，将世界理解成一个单一大市场的公司而言，这是一座经济金矿。
>
> ——约翰·奈斯比特（John Naisbitt）与帕特里夏·阿伯迪恩（Patricia Aburdene）：《2000年大趋势》

本章要点

1. 介绍扩大全球市场机遇的国际新发展
2. 考察企业如何利用进口机会
3. 探讨企业出口的利益
4. 讨论合资企业的优势与不足
5. 探讨企业对外直接投资的利益
6. 阐释许可经营的形成，评论其优势与不足
7. 提出进入国际市场的五个关键步骤

亚太创业经济

在过去 200 年里,世界经历着接连不断的革命:先是工业革命,继而是技术革命,现在又迎来了知识革命。面对层出不穷的挑战,国际企业并没有坐以待毙。相反,它们把科学技术的进步视作变革的动力并探索这些进步的因素。企业纷纷采取新的经济措施,不断使新观念商业化、产品商业化、服务商业化。航空旅游业、现代通信、互联网和先进的软件使得企业在世界范围内轻而易举、游刃有余地运作与经营。整个世界都成为企业家的战场。

这种现象在亚太地区表现得尤其明显。伴随国际经济复苏加速,该地区的企业和投资者开始从中获益。亚太地区呈现出良好的发展前景。美国、日本、中国大陆所创造的良好经济业绩为大部分亚太地区的国内生产总值的增长奠定了基础。所有这些因素恰恰促进了周边地区企业的繁荣发展。预计从 2005 年到 2006 年,该地区的总增长率将从 4.5% 上升到 4.7%(见表 17—1)。日本正处在经济复兴时期,出现了 14 年以来最好的发展状况。然而日本的经济增长势头仍然很弱,拉低了亚太地区整体的经济平均增长水平。如果不把日本统计在内,那么该地区经济增长的数据将会是十分明显的。按这个统计标准,国际货币基金组织(IMF)预测 2006 年亚太地区的经济增长率为 4.9%。如果排除增长率较低的美国、澳大利亚和新西兰,那么 2006 年其他亚太国家/地区将会出现非常可观的 5.5% 的增长率。挑战依然存在:美元贬值、利率上升、油价上涨、失业率持续居高不下、老龄化日趋严重,以及寻求经济友好型增长策略的压力。尽管如此,该地区仍然有着良好的发展前景。

有两个因素促成了这种良好的发展机遇:其一是贸易壁垒的减少;其二是自由贸易协议以及主要贸易组织的形成。另外,在过去的 10 年里,亚太地区不断地为全球提供贸易机会。

300 多个国际区域贸易协议涵盖了国际贸易总额的一半以上,**自由贸易协议**(free trade agreements,FTAs)增加了企业进入国际市场的机会,同时使得贸易日趋自由化,从而使企业受益。发展国际贸易最简单的方法是签订国家/地区

表 17—1　　　　亚太地区增长率(2004—2006 年)

国家/地区	2004 年	2005 年	2006 年
中国大陆	9.5	9.0	8.2
越南	7.7	7.5	7.0
马来西亚	7.1	5.5	6.0
印度尼西亚	5.1	5.8	5.8
韩国	4.6	3.8	5.0
泰国	6.1	3.5	5.0
菲律宾	6.0	4.7	4.8
中国香港	8.1	6.3	4.5
新加坡	8.4	3.9	4.5
中国台湾	5.7	3.4	4.3
美国	4.2	3.5	3.3
澳大利亚	3.2	2.2	3.2
新西兰	4.8	2.5	2.5

续前表

国家/地区	2004 年	2005 年	2006 年
日本	2.7	2.0	2.0
平均值	5.9	4.5	4.7

资料来源："International Monetary Fund", World Economic Outlook Database. [www.imf.org/external/pubs/ft/weo/2005/02/data/index.htm] accessed July 2005.

之间的自由贸易协议（见表17—2）。这些国家/地区就彼此之间交易的大多数产品达成协议，减免关税、给予配额和优惠。新加坡已经成为最活跃的"自由贸易商"。中国也迅速参与到协议中，在2007年同新西兰签订了第一份自由贸易协议。

表 17—2　　　　　　　　　　亚太地区自由贸易协议

	执行中	谈判中
澳大利亚	新西兰、新加坡、泰国、美国	澳大利亚-东盟-新西兰、中国大陆、印度尼西亚、日本、马来西亚
中国大陆	智利、中国香港、日本、中国澳门、韩国、泰国	澳大利亚、日本、韩国、新西兰
印度尼西亚		澳大利亚、中国大陆、日本、新西兰
日本	韩国、墨西哥、菲律宾、新加坡	东盟、澳大利亚、中国大陆、印度尼西亚、马来西亚、澳大利亚、菲律宾、泰国
韩国	智利、新加坡	东盟、加拿大、中国大陆、印度、日本、菲律宾
马来西亚		澳大利亚、日本、韩国、新西兰、巴基斯坦
新西兰	澳大利亚、文莱、智利、新加坡、泰国	东盟-澳大利亚、中国大陆、中国香港、马来西亚
新加坡	东盟、澳大利亚、日本、韩国、新西兰、跨太平洋组织（文莱、新西兰、智利、新加坡）、美国	中国大陆
泰国	澳大利亚、中国大陆、新西兰	中国大陆、印度、日本、秘鲁、美国
美国	澳大利亚、智利、新加坡	韩国、中国台湾、泰国

资料来源：Most of these data come from ministry sources and [www.bilaterals.org].

今天的消费者从不同的国家选择具有不同文化背景的商品、价值理念和服务，因此拥有"全球思维"是相当重要的。拓展进入国外市场的企业必须是一个全球思维者，可以针对不同国家制定并采用不同策略。2004年，国际出口和国际进口均达到8.8万亿美元左右。表17—3描述了亚太的国家/地区的世界排名和贸易总量。该地区出口贸易相当于世界出口贸易总额的36.6%，进口贸易相当于世界进口贸易总额的41.6%。

通过观察亚太地区位居前列的进出口贸易伙伴，我们可以清晰地看到其影响。观察图17—1中进出口贸易的走向，就可以发现美国和日本在该地区扮演了重要的角色。美国是澳大利亚和菲律宾的最大出口商。日本是中国大陆、韩国、中国台湾、马来西亚和泰国的最大出口商。就进口而言，美国是马来西亚、泰国、中国大陆和日本的最大进口商，对于澳大利亚、印度尼西亚和菲律宾来说，日本则充当了最大的进口商（见表17—4）。

对于亚太地区的企业而言,这就意味着潜在市场在不断地向海外延伸。在竞争者中,那些以更低的价格提供更高质量,同时拥有最广阔的国际市场的企业将成为最大的受益者。

在本章中,我们将探讨国际市场新的发展形势及其给企业带来的机会,讨论国际参与的各种不同方法。最后,总结走向国际化应该采取的步骤——必要性研究、可行性分析和计划的执行。

表 17—3　　　　　　　　　世界出口与进口(2004 年)

排名	国家/地区	出口额(美元)	排名	国家/地区	进口额(美元)
1	世界	8 819 000 000 000	1	世界	8 754 000 000 000
4	美国	795 000 000 000	2	美国	1 476 000 000 000
5	中国大陆	583 100 000 000	5	中国大陆	552 400 000 000
6	日本	538 800 000 000	8	日本	401 800 000 000
12	中国香港	268 100 000 000	10	中国香港	275 900 000 000
14	韩国	250 600 000 000	15	韩国	214 200 000 000
16	新加坡	174 000 000 000	17	中国台湾	165 400 000 000
18	中国台湾	170 500 000 000	18	新加坡	155 200 000 000
21	马来西亚	123 500 000 000	21	马来西亚	99 300 000 000
27	泰国	87 910 000 000	22	澳大利亚	98 100 000 000
28	澳大利亚	86 890 000 000	28	泰国	80 840 000 000
32	印度尼西亚	69 860 000 000	39	印度尼西亚	45 070 000 000
42	菲律宾	38 630 000 000	41	菲律宾	37 500 000 000
53	越南	23 720 000 000	49	越南	26 310 000 000
55	新西兰	19 850 000 000	52	新西兰	19 770 000 000
	亚太地区	3 230 460 000 000		亚太地区	3 647 790 000 000
	占世界出口贸易	36.6%		占世界进口贸易	41.6%

资料来源:"CIA World Factbook 2005",Washington [www.cia.gov] 2005.

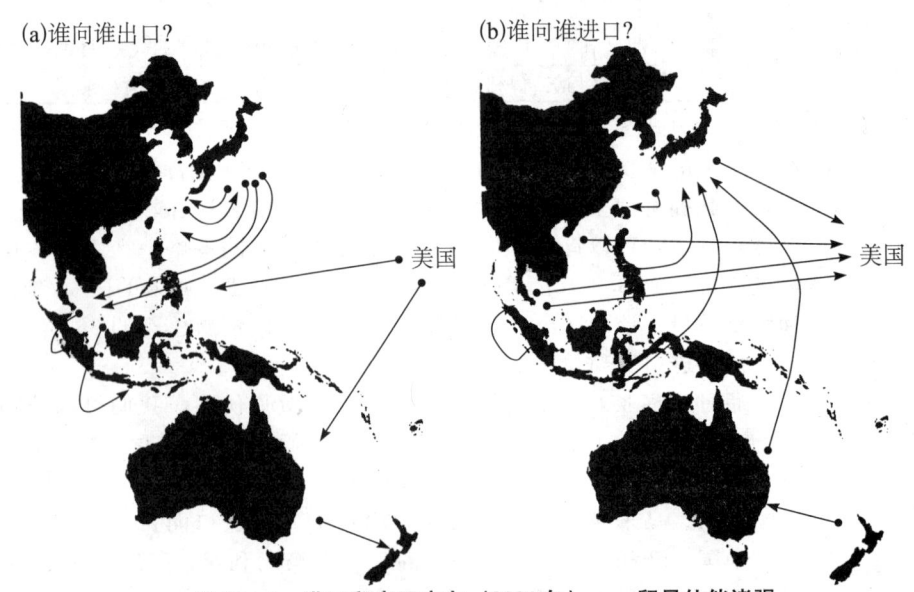

(a)谁向谁出口?　　　　　　　　　　(b)谁向谁进口?

美国　　　　　　　　　　　　　　　美国

图 17—1　进口和出口方向(2004 年)——贸易伙伴诸强

表 17—4　　亚太地区的经济成员及其主要贸易伙伴（2004 年）

国家/地区	出口	占总额的百分比 (%)	进口	占总额的百分比 (%)
澳大利亚	日本	18.60	美国	14.80
	中国大陆	9.20	中国大陆	12.70
	美国	8.10	日本	11.80
	韩国	7.70	德国	5.80
	新西兰	7.40	新加坡	4.40
	印度	4.60	英国	4.10
	英国	4.20		
文莱	日本	38.10	新加坡	32.70
	韩国	14.00	马来西亚	21.20
	澳大利亚	11.20	英国	8.30
	美国	8.60	日本	7.20
	泰国	7.90		
	印度尼西亚	5.90		
	中国大陆	4.50		
中国大陆	美国	21.10	日本	16.80
	中国香港	17.00	中国台湾	11.40
	日本	12.40	韩国	11.10
	韩国	4.70	美国	8.00
	德国	4.00	德国	5.40
中国香港	中国大陆	44.00	中国大陆	43.50
	美国	17.00	日本	12.10
	日本	5.30	中国台湾	7.30
			美国	5.30
			新加坡	5.30
			韩国	4.80
印度尼西亚	日本	22.30	新加坡	13.10
	美国	12.30	日本	13.10
	新加坡	8.40	中国大陆	8.80
	韩国	6.80	美国	7.00
	中国大陆	6.40	泰国	6.00
	马来西亚	4.20	澳大利亚	4.80
			沙特阿拉伯	4.20
			韩国	4.20
日本	美国	22.70	中国大陆	20.70
	中国大陆	13.10	美国	14.00
	韩国	7.80	韩国	4.90
	中国台湾	7.40	澳大利亚	4.30
	中国香港	6.30	印度尼西亚	4.10
			沙特阿拉伯	4.10
			阿联酋	4.00

续前表

国家/地区	出口	占总额的百分比(%)	进口	占总额的百分比(%)
韩国	中国大陆	19.70	日本	20.60
	美国	17.00	中国大陆	13.20
	日本	8.60	美国	12.90
	中国香港	7.20	沙特阿拉伯	5.30
马来西亚†	美国	18.80	日本	16.10
	新加坡	15.00	美国	14.60
	日本	10.10	新加坡	11.20
	中国大陆	6.70	中国大陆	9.90
	中国香港	6.00	泰国	5.60
	泰国	4.80	中国台湾	5.50
			韩国	5.00
			德国	4.50
			印度尼西亚	4
新西兰	澳大利亚	21.00	澳大利亚	22.40
	美国	14.40	美国	11.30
	日本	11.30	日本	11.20
	中国大陆	5.70	中国大陆	9.70
	英国	4.70	德国	5.20
菲律宾	日本	20.10	美国	18.80
	美国	18.20	日本	17.40
	荷兰	9.00	新加坡	7.80
	中国香港	7.90	中国台湾	7.30
	中国大陆	6.70	韩国	6.20
	新加坡	6.60	中国大陆	6.00
			马来西亚	4.50
新加坡	马来西亚	15.20	马来西亚	15.30
	美国	13.00	美国	12.70
	中国香港	9.80	日本	11.70
	中国大陆	8.60	中国大陆	9.90
	日本	6.40	中国台湾	5.70
	中国台湾	4.60	韩国	4.30
	泰国	4.30	泰国	4.10
	韩国	4.10		
中国台湾	中国大陆*	37.00	日本	26.00
	美国	16.00	美国	13.00
	日本	7.70	中国大陆*	11.00
			韩国	6.90
泰国	美国	15.90	日本	23.60
	日本	13.90	中国大陆	8.60
	中国大陆	7.30	美国	7.60
	新加坡	7.20	马来西亚	5.80
	马来西亚	5.40	新加坡	4.40
	中国香港	5.10	中国台湾	4.10

续前表

国家/地区	出口	占总额的百分比(%)	进口	占总额的百分比(%)
越南[†]	美国	20.20	中国大陆	13.70
	日本	13.60	中国台湾	11.30
	中国大陆	9.00	韩国	10.80
	澳大利亚	7.00	日本	10.50
	德国	5.90	新加坡	10.50
	新加坡	4.80	泰国	6.20
	英国	4.60	中国香港	4.00

[†] 表示2003年数据。
* 表示包括中国香港。

多边机构

什么机构在影响亚太地区的创业经济，推动越来越多的小企业参与到全球市场中来？这里有一些**多边机构**（multilateral institutions）值得我们关注。下面简要考察一下它们的目标以及它们对企业家的看法。

亚太经济合作组织

亚太经济合作组织（Asia-Pacific Economic Cooperation，APEC）有21个成员。称这21个成员为亚太经合组织的"经济成员体"是基于以下原因：亚太经合组织的活动主要是关于经济贸易问题，同时涉及成员方作为独立的经济实体之间的关系。亚太经合组织成立于1989年，以促进成员之间的经济贸易合作为宗旨。该组织成员的出口贸易占世界出口贸易总额的一半。成员方之间通力合作，通过贸易开放、投资和经济改革保障了该地区经济的增长。

2004年，在圣地亚哥召开的企业会议上，亚太经合组织的领导人作出承诺，他们将采取企业增长策略来促进经济的增长，创造更多的就业机会，鼓励中小企业改革。他们呼吁政府通过干预来带动新的企业发展，加快创新步伐。政府的干预应该有利于扭转市场运作失效、收入分配不公平、经济发展不稳定的状况，同时要利于解决由狭隘的民族主义、城乡发展不平衡、男女不平等带来的种种问题。"首先解决哪个问题，实现哪个目标，因国家而异。"

经济合作与发展组织

经济合作与发展组织（Organization for Economic Cooperation and Development，OECD）是一个多边组织。它为具有代表性的工业化国家提供了平台，借此来制定与协调相互间的经济与社会政策。该组织成立于1961年，主要由世界上经济发达国家组成。经济合作与发展组织是世界新经济的主要倡导者之一。它的有关创业、中心企业和地方发展的中心于2004年成立，致力于传播良好的经营策略，促进企业的进一步发展。经济合作与发展组织深信，企业将会成为市场发挥作用的骨干力量。

欧 盟

创业是**欧盟**（European Union，EU）主要的发展策略。小型企业与企业家在当前欧盟的经济发展过程中起着举足轻重的作用。欧盟致力于将促进企业发展作为其策略的一部分，促进经济转型，增强未来经济的竞争实力。为推进创业进程，欧盟委员会出台了一份执行计划——《改善企业战略框架》。

北美自由贸易协定

《**北美自由贸易协定**》（North American Free Trade Agreement，NAFTA）是加拿大和墨西哥、美国三国之间签署的一份国际性的协定。根据协定，三国之间不再存在贸易壁垒。除了这三个国家，其他的国家也可以加入该协定，例如，智利就将加入该协定。北美自由贸易协定是继欧盟之后的世界第二大贸易组织。现在北美自由贸易区拥有4亿消费者，3个成员国的国内生产总值之和将近1万亿美元。因此，3个成员国的企业面临良好的发展机遇。加拿大前总理布赖恩·马尔罗尼（Brian Mulroney）提议新西兰和澳大利亚加入该组织。不管怎样，亚太地区的企业都可以利用某一个成员国，例如墨西哥作为进入整个北美自由贸易区市场的基地。

联合国开发计划署

联合国开发计划署在很多地区发挥着作用，清除了那些阻碍新企业创办和小型企业发展的因素。联合国前秘书长安南创办了一个与联合国开发计划署具有一致性的私有部门与发展委员会（Commission on the private sector and development），他指出，"企业绝对有能力为这些国家带来剧变"。委员会报告提出"鼓励创业：为穷人服务"，可充分利用私有经营、鼓励创业政策、人的创造性潜能来推动经济贸易的发展。

世界银行

世界银行（World Bank）由一系列机构组成，其业务主要是向发展中国家提供贷款，或者鼓励在世界各个区域内的投资。世界银行致力于促进发展中国家的经济增长。该组织不仅仅为河流改造、石油发电等工程项目提供资金，而且不断地提供资金以满足地方企业发展所需。世界银行通过一系列的项目，鼓励当地政府营造一个良好的投资环境，以使得私有企业能够正常运作。国际金融公司（IFC）是世界银行的一个机构，它深信，基于企业发展和成功的私人投资所带来的良好的经济发展是缓解贫困的关键。

世界贸易组织

作为全球企业最重要机构之一的**世界贸易组织**（World Trade Organization，

WTO），在 2006 年已经拥有 149 个成员，成员贸易总额占世界贸易总额的 90% 以上，其投资规模几乎相当于世界投资总额。WTO 的前身是 1995 年成立的关贸总协定。WTO 是处理国家之间贸易规则的唯一国际机构，其宗旨是帮助实现最大限度的自由贸易，改善国家之间的自由贸易规则，解决贸易争端。关贸总协定主要处理产品交易问题，而 WTO 同时涉及服务性贸易、创造性贸易和设计性贸易。WTO 是现代化的关贸总协定，是新的服务贸易和与知识产权有关的贸易的总协定。WTO 能帮助企业实现发展，因为它的成员不向个别国家提供特殊待遇（除自由贸易区外）。WTO 致力于消除贸易壁垒（例如海关关税），同时致力于促进竞争。2004 年，WTO 面临关键的时刻。世界贸易飞速发展，尽管越来越多的国家意识到了贸易的重要性，然而贸易争端仍然不断。WTO 的建立就是为了努力友好地解决这些贸易争端，为实现贸易的繁荣创造一个良好的发展环境。

亚太地区创业概况

澳大利亚

创业活动水平

澳大利亚的早期创业率已经从 2004 年的 13.4% 下降到 10.9%。创业率的下降是伴随着商业信心的丧失而出现的，尽管在此评估中澳大利亚仍然居于全球创业观察（GEM）国家的前 10 名。

与过去两年的趋势相反，早期创业活动中女性的参与率已经明显地从 11% 降到 7.6%。

今年，天使投资者的投资增长了 0.8%。受机会和必要性的刺激，投资活动的比率得以提高。这表明 2005 年创业的质量比 2004 年有更好的发展态势。

特定的国家因素

早期商业参与率下降主要是女性参与率下降导致的。这表明女性所从事的商业种类更容易对商业信心产生影响。

在澳大利亚，就企业业主而言，他们全职出勤与兼职出勤的相对比例恰恰反映了当年 GEM 国家的平均值。一个国家舒适的生活方式经常被认为是抵制经济高度增长的因素。有人可能认为兼职的业主身份在澳大利亚会起更大的作用，然而事实并非如此。

就创新的评估来看，澳大利亚再一次呈现出明显的竞争者分化的倾向，40% 的企业业主下跌至中等水平，14% 拥有较高值。就满足客户新需求、采用新科技的评估来看，70% 多的澳大利亚企业业主呈现出较低值。

主要问题

政府关于企业的政策大多数强调的是通过科学技术改革来进行创新。然而这些泛泛的策略的普及并未带来明显的成功，没有证据表明那些刚刚创办的企业、处于幼年时期的正在成长的企业，或知名的企业乐意寻找并采用新技术，或者为顾客和市场研发新产品、提供新服务。

就创业学教育的评估来看，澳大利亚处于GEM国家的平均水平（来自关键信息披露报告）之下，从基础教育直至高等教育，各个阶段新企业的创办与增长都处于平均水平以下。

保持较高的创业参与水平需要一系列有利的政策措施，这些措施不仅涉及鼓励企业部门创新，而且需要一定的动机和目标，此动机和目标要超越国内范围的局限，甚至超越仅为出口的局限，要寻求一个更广阔的经济环境，在世界舞台上扮演一个能思考、能有所作为的全球性角色。

日　本

创业活动水平

在GEM国家中，日本的创业活动率倒数第二，仅为3.5％。日本有1/3的企业家从事生存型创业（与南非和阿根廷属同一层级）。

与相对较低的创业活动率一致，日本的商业投资者很少。与2004年GEM国家的平均水平3.9％相比，日本成人中投资创办新企业的不足1％。日本女性参与创业活动的同样很少。参加经济活动的女性和男性比率为1∶3，这同样低于世界平均值。

特定的国家因素

日本文化大体上是不支持自主创业的。然而近几年来，日本的年轻人非常积极地创办新企业，而不是选择进入已经成立的公司，也不是谋求进入公共部门。市场环境不景气，股票价格大幅波动，销售额日益下降，竞争日趋激烈，都给年轻企业的发展增加了风险。

主要问题

因为日本金融业经历了大刀阔斧的结构调整，所以很多银行不乐意贷款给创业者。另外，银行很难核定新的经营项目的风险。日本的税收体系和监管机制阻碍了创业。资本收益和股票期权的高税率不利于成功创业。政府机构对多个行业（如邮政服务业）持续不断的干预，限制了这些领域新企业的发展机会。

韩　国

创业活动水平

15％的创业活动率使韩国位居新西兰之前，仅落后于智利。创业活动率中相对较高的比例（40％）是由需求带动的。创业活动在男性中尤为常见。只有1/10的创业者是女性。

特定的国家因素

1997年的亚洲金融危机使韩国政府的注意力转向解决外汇问题和重组国家

经济。韩国进行了改革，开始在国家经济中培育市场机制，减少对为数不多的大企业集团的依赖。其中包括采取具体措施推动创办新企业，从研发到直接扶持新企业，再到为投资者提供税收优惠政策。

主要问题

利率下调并没有解决新创办的企业所面临的融资问题。在新的经营项目中，资本的投资风险急剧下降。在当前的经济环境下，银行更倾向于将资金借给低风险的客户。那些信用度低的公司很难获得银行贷款。

牢固的大学教育体系使得学生自主创业的可能性降低。学生积极创业的状况开始发生变化。由于市场中依然有很多不确定性因素，劳动力市场就业环境每况愈下，很多学生更倾向受雇于大的公司和金融机构，而不是自主创业。

□ 新西兰/新西兰毛利人

创业活动水平

就早期创业活动率而言，新西兰毛利人是 17.7%，新西兰总体是 17.6%，它们仅被两个国家赶超：泰国和委内瑞拉。但是，它们也迅速地超过了美国和英国。大约 25% 的毛利人（相对于总人口的 13.1%）表示他们希望在未来 3 年中创办企业。

毛利人面临一些不利的因素：新西兰有 10.8% 的人口拥有并经营着著名的公司，然而毛利只有 6.5%；新西兰有 62% 的创业者可以坚持自主创业达 42 个月之久，而毛利自主创业者能持续如此时间的只有 37%。GEM 调查的记录显示，35~44 岁的毛利创业者都有很高的创业活动率。这一年龄段的毛利人大约 1/3 是创业者。

特定的国家因素

将近 83% 的毛利创业者是机会创业者，该数值与加拿大、澳大利亚和美国较为相似。毛利人中生存型创业者的比例比新西兰整体生存型创业者的比例要高，然而据此推定毛利人绝大多数是生存型创业者是不正确的。

对于新西兰人而言，无论是毛利人还是非毛利人，追求独立都比追求财富更重要。毛利创业者中追求独立的创业者的数量是追求财富的创业者的两倍。典型的创业者是寻找机会进行创业，把创业当做一种生活方式，寻找工作与生活的平衡点，而不是为了创造更多的物质财富。

世界上有一部分创业者认为，他们并没有面对直接的竞争压力。而新西兰人，无论是不是毛利人，持同样观点的创业者在新西兰创业人口中所占比例，是世界上持有此观点的创业者在世界创业人口中所占比例的两倍。这些新西兰创业者保持着一种乐观的创业心态，这种乐观的创业心态同样居于世界前列。毛利人并不畏惧科技。就技术革新而言，18% 的毛利人声称他们正在使用最新的技术，而新西兰创业者整体上使用新技术的只有 10%。毛利人有着很高的增长预期——12.3% 的毛利企业家坚信在未来的 5 年内他们将新创 20 个职业，相比较而言，新西兰创业者中只有 8.1% 有这种想法。

在机会创业者的榜单上，毛利女性创业者居世界第三，但是在生存型创业者的榜单上仅处于世界中等水平。在生存型创业者中，毛利男性所占比例较高，是整体男性创业者比例的5倍左右。在OECD国家中，毛利人有着最高的非正式投资率，是其他GEM国家非正式投资的两倍。与新西兰人（60.5%）相比，毛利人中有更多人（71.3%）认为创办公司是一个很好的职业选择。

主要问题

2001年以来，新西兰已经成为世界上最具创业精神的国家之一。令一些人惊讶的是，土生土长的波利尼西亚人、新西兰毛利人和欧裔新西兰人一样热衷创业。虽然如此，新西兰政府在强调创新策略的同时却忽视创业政策。创业的理念与联合政府的观念不一致。总体而言，大的企业和商会对创业不感兴趣，它们更多地关注于小企业政策和创新的资金问题。尽管商业化的观点层出不穷，但对迅速发展的创业者的扶持并没有增加。新西兰的创业者主要是在寻找一种生活方式，这些创业者眼界较为狭窄，而且缺乏雄心壮志。他们宁愿利用现有的均等机会，运用现有的供求市场，也不乐于利用创新的商业机会来在国内外开拓新的市场。

新加坡

创业活动水平

新加坡的早期创业活动率从2000年较低的4.2%上升到2005年7.2%，新加坡的创业活动率现在居于OECD成员平均值（6.8%）以上，同时在2004年5.7%的基础上继续增长。

在男性仍然从事比女性多的创业活动的同时，男女之间的差距逐渐缩小。女性创业人数增长了50%，从2004年3.4%上升到2005年5.1%。然而男性创业人数只增长了17%，从2004年8.2%上升到2005年9.6%。与前几年保持一致，机会创业仍占据了2005年（83.8%）创业活动的大部分。然而，生存型创业率从2004年0.6%上升到2005年1.2%，翻了一番。

就创业公司的发展潜力而言，新加坡位居世界前列。大约1/5新成立的企业预计将创造较高的就业率，新加坡因其快速增长的有潜力的创业活动而位居世界前列。

特定的国家因素

2003年以来，非正式投资日益盛行并呈现出上升趋势，2004年为2.7%，2005年达到3.5%。在过去的两年里，新加坡投资者普及率在GEM世界平均值之上。良好的经济发展前景、研发部门的新发展，使得非正式投资继续为新成立公司的发展提供资金支持。决策者面临的最大挑战就是，提高投资群体的专业化水平，从而使他们能够投资高风险、高增长的项目。

主要问题

专家估计，2005年社会对创业者的态度比前几年有所好转。该现象反映了教育调整、培养创业者思维模式的成功。决策者对初级、中等、高等教育的课程都做了重大的调整，使得年青一代不再畏惧风险，相反，更具有进取心和创业精神。然而，力图通过这些策略来显著改变社会对创业的态度还需要一定的时间。正如 2005 年调查显示的，在新加坡，创业的声望相对低于 GEM 国家的平均水平。

有效的科研转化在新加坡创业条件中居于倒数第三。最近一些新的政策方案对此表示担忧与关切。新政策方案强调科研是头等大事。最近政府宣布，公共部门的科研预算从 2001—2005 财年的不足 50 亿美元上调到 2006—2010 财年的 120 亿美元，其中 50 亿美元用于新成立的国家研究基金。高水平的研究、创新及创业理事会（RIEC）将不断致力于培养创新以促进发展和创造更多的就业机会。这些发展都为创办高科技、知识型企业提供了良好的机遇。保证将这些资源有效地在合格的接受者中进行配置，以此来提高他们的科技水平和国际化能力是非常重要的。

全球化

企业家第一个要问的问题是：为什么要首先实现全球化？一个创业公司对如下的许多问题应该作出肯定的回答。

- **利益最大化**：公司受利益最大化需要的驱使吗？股东或投资者是否期望实现快速的收益？这可能就意味着采取"机会"策略，公司需要从一个市场转向另一个市场来寻求可能的最大收益，而不是在一个固定的市场来慢慢确立自己的地位。
- **市场份额**：公司是否想在一个未充分发育的市场中拥有较强的定位？是否乐意在初期以低价格的方式来使消费者接受其产品（渗透定价法）？这就意味着在广告宣传和市场营销中要有较大的投入，同时较少关注短期的利润。这种策略在需求性强（或通过恰当的市场营销可刺激需求）、竞争性弱（尤其是来自地方供应商的竞争）的市场中作用尤为显著。
- **现金流最大化**：另一种策略是现金流最大化。缺乏资金的公司可以从国外引进财源。这在现实中是存在的，例如一些有大量未销售的存货，或库存中断，或有闲置的生产能力的公司。
- **重新定位公司**：进入国际市场，发展新的生产线，提高生产能力，可以帮助企业在市场上获得新的定位。在公司尚未出名的市场上展示其独特的商品，比在原来的市场上提高公司形象更有意义，在原来的市场上继续活动可能会削弱公司现有的经营能力。
- **国内影响**：有进取心的公司为了获得新知识、新技术、新科技来推动其国内的生产，往往会开拓海外市场。知识密集型产业和正在经历重大调整的部门往往采取这种策略。

企业可以通过以下途径活跃在国际市场上：

- **进口**（importing）；
- **出口**（exporting）；
- **合资企业**（joint ventures）；

- 对外直接投资（direct foreign investment）；
- 版权和许可经营（royalties and licensing）；
- 特许经营（franchising）；
- 兼并和收购（mergers and acquisitions）；
- 绿地投资（greenfield investments）。

这些都是扩大企业的策略的组成部分。这些方法都带有一定的风险，最终的选择依赖于组织的需求和乐意承担的风险程度。

进口和全球采购

进口就是从国外购买商品并运输到国内。企业通过进口贸易可以获得自己无法生产的产品。今天，进口被称为**全球采购**（global sourcing）。企业寻找市场空白并填补该空白。全球采购使得满足不断增加的需求成为可能。还有就是质量问题。一些国家拥有生产高质量产品的良好信誉，有着很高的可信度。另一个原因是市场渗透，一个企业通过购买他国的产品来获得在该国的立足之地。同样重要的还有成本问题，购买国外的产品有时比购买国内的产品价格还低。当然这也存在着不利的因素，涉及额外的成本和时间，例如运输和沟通成本。还需要支付国外经纪人和代理人的费用。分销的成本同时增加了单位成本。

企业该如何认识进口贸易的机会呢？进口贸易最困难的就是知道该着眼于何地。这将受到企业家对自己的产业在世界范围内总体发展趋势的了解，对现有市场走势的了解以及对新市场的预感等因素的影响。接下来就是实施并验证其看法。一些企业利用正式的市场选择程序，考虑到一系列的政治、地理、经济和其他因素。另一些企业利用的程序就不那么正式，例如与商界人士和其他进口商进行对话。另外一种方法就是参加世界交易会和世界展览会，在会上很多公司集中起来展示它们的产品和服务。一些展览会非常有国际性的气氛，来自不同国家的公司展示它们的产品和服务。事实上，展览会为潜在的买主提供了浏览产品的机会。还有一种方法就是查看贸易出版物。公司经常会在贸易出版物上做广告，把产品介绍给潜在的消费者。

出　口

出口是进口的反面，就是将国内的产品和服务运输并销售到国外。世界上，每一个活跃的销售商都是出口商。出口对亚太地区的国家尤其重要。

出口物可以是商品例如木材、肉制品，可以是制造品例如电子产品、汽车，可以是知识产品例如软件、录像机，可以是对外服务，甚至可以是对国际学生的教育。出口对企业而言是十分重要的，因为出口就意味着增加市场潜力。不再局限于小的市场，现在的公司有着更广阔的销售区域。

出口销售的增长会降低单位产品的生产成本，这就会给企业带来更多的利润。随着越来越多的产品的出口，公司生产该产品的效率不断提高，单位生产成本将因此而降低。较低的生产成本使得企业能更有效地参与市场竞争。

作为企业发展、获得利润的方法，企业出口日益增加。一项研究指出，小公司可利用四种主要的出口竞争策略来获取市场竞争优势：

- 市场差异化，主要通过价格竞争、创造自己的商标、市场技术革新来实现。
- 集中战略，为特定的消费者提供特殊的产品或开发新产品。
- 特定产品的科技优势。
- 以生产为导向，利用消费者服务和高质量因素。

为了实现以上战略，企业要了解一些参与出口的途径。进入国外市场是一个复杂而长期的过程。一个企业即使能有效地生产很多产品，也需要利用一定的时间来了解复杂的国际贸易关系。准备开展出口贸易时，有很多因素需要考虑——从广告中的文化问题，现金交易和对冲问题，到关税与税收问题。小的公司通过与国外的公司开展贸易可以解决这些问题。这就意味着将风险转移到海外的公司，同时意味着在如何交易、获取利润上争得一些主动权。最基本的问题是：以控制权和利润为代价来换取国际市场销量的增加是否值得？

交易频繁的大型出口商可以自行应对国际贸易中面临的挑战。对于亚太地区的小企业而言，它们可以通过各种形式的战略联盟、战略伙伴等方法使得交易双方都获益。通过战略联盟和战略伙伴，它们可以：

- 处理复杂的销售和交付问题。
- 分享利益的同时分担风险和成本。
- 克服文化和距离障碍。
- 使得出口产品或服务与顾客需求之间建立更为紧密的联系。

一些出口商事实上自己并不真正出口产品。间接出口商只是为那些从事出口的公司提供服务。通过这种方式，小企业可以了解对外出口的流程，并且避免很多问题。例如，汽车制造商从很多小的企业获得部件。很多车被组装并出口。这些提供商——间接出口商——不需要考虑市场进入壁垒，也不需要考虑物流或国际销售问题。然而考虑到最终的国外消费者，它们必须继续生产它们的产品。

战略联盟

以下的所有方法都包含了不同形式的战略联盟。该术语包括了所有事项，从非正式协议到信息共享一直到合资经营。总之，**战略联盟**（strategic alliance）可以是除了并购之外的任何形式，是两个不同的公司为了实现增效的目的而建立起来的关系。在新经济环境下，战略联盟使得企业通过利用伙伴的资源包括市场、科技、资金和人力等，来获得竞争优势。

与他方合作可以带来互补性资源并增强能力，使得参与方可以实现快速有效的发展和扩张。尤其是那些正在快速发展的，很大程度上依赖联盟来扩展它们的科技和营运资源的公司。在此过程中，它们节约了时间，提高了生产力，而不需要一切从头开始，因此它们可以自由地关注创新和核心项目。

战略联盟有助于企业利用额外的资源和能力，分担企业的高成本和高风险，参与劳动力合理配置以利用各自的经济优势和资金资源。

不同的产业领域，其战略模式是不同的。生物工艺部门寻找科研合作，信息技术部门倾向于营销协议，材料业则是以生产为导向。通过不同形式的战略联盟，小型企业可以有效地参与国际经济。这种连接主要受到一个公司处理关系的能力的制约。

在加入战略联盟之前，要充分正确地考虑联盟内部的关系结构以及处理关系的细节问题。在你的计划中应该考虑到以下内容：

- 确定战略联盟所有参与者因联盟关系可以获得的预期收益。
- 明确并记录参与方所能提供的要素，以及一个成功的联盟能给参与方带来的利益。
- 确定联盟能给你的公司带来最大收益的结果，明确为实现该结果所应处理的结构和运作问题。
- 当转移专有信息时，通过法律协议和法规来保护自己的知识产权。
- 确定经营的基本要素。
- 确保公司文化协调一致，在可接受的信任范围内，参与方参加经营。

出口管理公司

参与出口贸易的另一种方式就是通过**出口管理公司**（export management company），也称为贸易公司。出口管理公司是私营公司，作为一个出口部门，为制造商提供服务。出口管理公司代表客户寻求出口贸易，并处理出口贸易相关问题，作为回报，它们可以获得佣金、工资或聘金加佣金。另外，一些出口管理公司购买产品并亲自销售给国外的消费者。出口管理公司通过处理一系列的细节问题——从安排运输到寻找消费者，来为出口贸易提供方便，推动出口贸易的发展。

然而，当联系一个出口管理公司时，企业应当格外谨慎。所关注的问题应涉及：

- 公司的信誉如何？
- 就特定的生产线，该公司有何专业知识和技能？
- 其跟踪记录如何？
- 是否有足够的员工？
- 是否能接受非排他性合同？
- 能否处理相关文件和运输要求？
- 是否熟悉你想要进入的市场的销售情况？
- 是否乐意接受合同中的执行条款？

就积极的方面而言，小公司不需要寻找外商买家并交付货物，同样可以带来增效，为产品拓展市场，这是因为，很多贸易公司在特定的产品上具有专长，它们能提供大量的商品，例如电子产品部件、服装、食物。生产者将会看到高销售量或高价格所带来的收益。就负面而言，生产商丧失了对产品定价、市场定位、市场营销、运输的控制权。对于那些想在国外创造自己品牌信誉的公司而言，不宜采用这种策略。

出口管理的形式之一是货运代理。货运代理是一个独立的公司，它解决出口运输问题，收取报酬。支付给货运代理的费用要低于支付给出口管理公司的费用。这是因为出口管理公司解决了所有与出口相关的问题，而货运代理解决的仅仅是产品的运输问题。

海外分销商

海外分销商（foreign distributors）和贸易公司有很多相似之处。分销商享有商品所有权，沿着分销链再将商品出售。它们之间最大的不同之处在于交易（所有权转移）是否发生在分销商本国。这就意味着生产者必须对产品加以包装并交付。生产者承担更多的风险,但可从交易中获得更多的利润。在产品到达分销商之前,生产商必须解决市场进入壁垒问题,当然,也可以采取其他的措施。担忧的出口商可以提前交付它们的产品,实际上就是在它们的工厂门口销售产品。这就意味着所有的手续问题都落在了分销商的身上。从负面来说,这种经销关系就意味着生产公司失去了对营销、销售和运输的控制权。产品甚至可能被彻底重新包装、重打商标、重新定位来适应分销商的需要而不再是生产者的需要(除非协议中规定了特殊条款)。由此看来,一个成熟的、良性的国外经销关系具有很多战略联盟甚至是战略伙伴的特征。

国外代理商

与**国外代理商**(foreign agent)签订代理协议是进入市场的下一步。此时,产品生产者保留了产品在交付给买方或消费者之前的所有权。代理商只是"代表"生产者,对产品并没有所有权。积极主动的代理商喜欢以获得佣金的方式从事代理,因为它们可以按照协商好的比例从每笔交易中获得收益——经常有相关条款规定,多销售多得佣金。这就给代理商很大的激励来实现销量最大化。通常,一个新的代理商开始只能得到较低的工资和佣金。随着销售量的增加,佣金也会增加。通常情况下,出口商有责任对产品进行包装和运输,获得海关批准,交付货物给代理商。这说明生产商/出口商对经销链的很多步骤承担直接的责任。一个好的代理商在处理所涉及的一些程序方面将会起到很大的作用。它们更了解相关的关税、税收和运输的"小费"等问题。个别情况下,出口商可能直接与国外的海关经纪人进行交涉——经常情况是,未来销售的产品是否必须持有库存。

建立地方办事处

除了代理商外,进入世界市场的另一条途径就是在当地建立小型办事处。通常情况下,公司会派出一两个精通特殊语言或当地文化的专家建立小型办事处,收集当地的信息,建立关系网,考察新的商机,进行市场营销,处理公共关系。如果一切运转良好,他们就从收集信息转向寻找贸易订单、加工订单,这将引导在新市场建立完整的子公司。和自己同胞中的贸易代表(他们拥有国外办事处)一起工作是非常重要的,因为他们有经验,有专业技术知识,最重要的是有关系网可以帮助企业向前发展。

合同制造

合同制造(contract manufacturing)就是签订合同的加工者按照合同的约定组装产品,按件或按套收取劳务费,其加工要利用企业提供的部件、材料、模型,或按照企业的详细说明进行生产。成品的出售和试销的责任归承包商而不是加工者。合同制造在海外市场最大的潜力不在于代替当地的加工和出口,而是体现出合同制造是在目标市场取得战略优势的一个办法。

联合生产

在**联合生产**(co-production)的协议下,公司彼此同意生产对方的产品。联合制造可能与联合促销或**合作营销**(co-marketing)协议相结合。大多数此种协议不涉及许可经营和特许权,但是相关产品的一些权利会写入协议。

合作生产

在**合作生产**（joint production）中，公司相互合作生产产品。这些协议使得公司充分利用它们自己的资源，分享互补的资源，并且利用规模经济的优势。公司可能合作生产零部件，甚至整个产品。许多国外公司和国内有生产专业技术的公司缔结合作生产协议。在汽车和电信产业领域，具有竞争力的公司往往形成联盟生产它们共同需要和使用的零部件。

零售店

随着销量的增加，**零售店**（retail outlets）已经形成网络。一些零售店由母公司所有、经营或由和母公司有特殊关系的经销店所有、经营。母公司直接控制从最初生产到最终销售的整条分销链。在诸多的额外好处中，有一条是：母公司可以考察顾客的行为。然而，从负面来看，这意味着零售店要雇用、培训、解雇销售员工，管理库存，遵循地方法规，经营店面。

合作营销

合作营销也称为合作促销，意味着两个或更多的公司合作，营销或促销对方的产品，这种联盟方式涉及相互许可开展一个共同的促销活动，或形成合资企业销售产品。对于一个想要进入新市场的企业而言，合作营销协议是一种有效的方式，可以利用现存的分销网和同盟者对当地市场的了解。如果一个公司的产品对另一国而言具有补充性，该公司就可以扩大生产线，同时避免了昂贵和耗时的开发活动。

出口联盟

出口联盟（export consortium）最一般的方式可能是，几个小型公司就一个国外投资项目联合投标。面对一个大项目，这是小公司形成一定规模，具备一定可信度，借此来完成一项任务的唯一方式。更小的公司可能要求更多的技术。财团可以采取非正式的形式，但是如果有某个协议来确定其集体目标，它们会运作得更好。

☐ 合资企业

合资企业是一种国际商业合作，由双方或多方建立一个新的企业，每一方都为企业的发展出力，同时分享该企业的所有权和控制权。建立合资企业是出于一些有利的商业因素，例如分销、科技、融资。好处之一是：企业可以获得设备所在地的环境和政府信息，为企业获得新的生产力和专业技术知识提供机会。好处之二是：每个参与方都可以利用合资企业中其他成员的资源，这将使得参与的企业有机会取长补短。

建立合资企业之前，考虑一些相关因素是十分必要的：
- 审查将要合作的伙伴。
- 合作制定详细的商业计划，在考虑合作方对该计划执行的贡献的基础上，列举出最有希望的合作伙伴。
- 尽职调查——核定他方的资格（"信任与鉴定"——相信合作伙伴提供的

信息，但是最好通过第三方进行交流验证）。
- 制定合资企业的退出策略和解散条款。
- 最合理的结构（例如，大部分合资企业，包括正在快速发展的企业，都采取战略伙伴的方式）。
- 投入企业生产的增值资产和折旧资产的利用率（如果错误地衡量增值资产的价值，公司会从根本上降低自己和伙伴的经济待遇）。
- 合作伙伴中特定的工资分配、收益分配、损失和扣除额分担。
- 提供给劳务人员的报酬。

合资企业最重要的特点是它建立在平等关系的基础上。在合资企业中，两个或多个母公司分享控制权，组成新的实体，共享资本、技术、人力资源，分担风险，共享收益。每个合作方都是企业的一部分，由其董事会或其他管理机构代表。

如果合资企业所有权被参与方平分，通常情况下是由于合作方规模不相上下，并且都想拥有最高发言权。不同的所有权分配通常反映出合作方提供不同的资源。以下是合资企业可能采用的三种管理形式：

- 完全平等——合作方一起制定、执行计划。
- 政策平等——合作方必须就企业政策协商一致。运作方面主要由一方执行。
- 单方决定方式——一方无论在政策上还是执行上都享有决定权。

合资企业也存在一些弊端，其中之一就是权力分散。例如，一份精心策划的物流计划可能因为一方不同意购进新设备而受阻。这种问题可以通过以下方法避免和消除：

- 一方控制一半以上的投票权，这常使得一方享有形式上的控制权。然而持相反观点的、拥有少数投票权的一方也会有相当大的影响。当不同的观点恰巧反映了不同国家的文化差异时，这种情况表现得尤为明显。
- 只有一方负责企业实际的管理工作，这可能附加股权收购的条款。当合作方不能达成一致时，一方可以购买他方的股权。
- 一方除了拥有投票权和所有权，还控制着输入和输出，对企业决策起重要的控制作用。

☐ 对外直接投资

对外直接投资是在国内控制国外的生产设备。这并不意味着本公司一定要在国外公司中拥有大部分的经营权。在某些情况中，拥有公司不足一半的所有权，就能有效控制该公司，这是因为股权十分分散。另一种情况是，本公司拥有国外公司的全部股份，但是对该公司没有控制权。在某些情况中，政府可能指明公司需要雇用什么人，规定必须用何种定价法以及利润如何进行分配。这就引起了人们的关注：确切而言，到底是谁控制着该公司？因为很难给直接投资下一个定义，所以政府不得不对该术语给出权威定义。对外直接投资通常要求在国外企业中拥有10%～25%的投票权。

一个公司可以通过以下几种方法直接进行对外投资。第一种，从一个正在发展的国外公司获得利益。该利益起初可能很小，但是足以对该国外公司的经营管理产生一定的影响。第二种，从国外公司获得大部分收益，这种情况下，国外公司成了收购公司的子公司。第三种，收购公司可能仅仅购买国外公司的部分资产，其目的是进行对外直接投资。另一种可选择的方法是在国外投入生产设备。

　　一个公司开展对外直接投资可能基于很多原因。其一，可能是由于贸易限制。很多国家就一些特定产品的进口设定贸易壁垒。这些壁垒使得出口成本很高甚至无法出口。另外，国外的政府可能提供税收优惠政策，以刺激那些试图在国外进行直接投资的公司。如果在国外直接投资的预期收益率经估算高于国内生产，这些刺激性措施对企业就是很有吸引力的。

　　直接投资对那些正努力增加市场销量、力图提高市场竞争地位的小公司而言，是一种令人振奋的经营活动。然而，对于一个公司而言，直接投资于国外有时候是不现实的。如果一个公司有独特的或专营的产品或制造方法，可能就要考虑许可经营。

创业实践

合资经营协议内容一览表

- 新企业的法律结构。
- 经营范围。
- 管理结构：所有权分配；就决策和运营展开合作。
- 投资：投资方式（专业技术、科技、商标权、设备、土地、资金等）；总投资和/或资本贡献。
- 产品：生产和提供的商品和/或服务；生产设备所在地；所需生产力；所需办公空间；科研预算；管理质量和标准。
- 管理和人员配备：首席执行官（应来自企业参与方中的一方并能够获得双方的信任）；董事会（总人数、各方任命人数、开会频率）；管理政策（遵照规章政策、董事会政策）；其他重要职位（任命管理团队人员的人、每一个为自己所在职位负责的人）；派驻国外的人（合法、生活与工作安排）；权威代表；报告机构。
- 科技和知识产权转移：科技转移（专利、版权、技能、商业秘密）；科技转移的细节；培训和技术指导。
- 营销：营销策略；所需办公场所、销售点、分支机构；在当地和国际市场所占份额或产品/服务销量；营销预算。
- 国际商业程序：对地方或进口原材料和零部件的需求；外汇需求；税收和进口关税；规章许可（成本、时间需求）。
- 合同服务：生产产品、提供服务；营销支持。
- 分享收益：红利政策、版权或转移费用。
- 记账和控制方法：成本计算所需要的详细说明；企业控制所需要的信息；会计报告的频率和详细程度；审计员选择。

资料来源：Ten3 East-West, "Joint venture agreement: Checklist" [www.1000ventures.com/doc/legal/agr_jv_checklist_byten3ew.html].

版权和许可经营

版权费是版权使用人支付给版权所有人的费用，以此作为使用版权的回报。通常通过与出版商、录音制作者、图书作者、音乐表演者联系以支付报酬。它同样适用于此种情况：因使用他人已获专利的方法进行生产而支付给他人费用。当产品或零件的研发者没有足够的资金、时间和相关投入来从事生产和销售或进口中面临较高的关税壁垒时，这种方法就产生了。你可以有效地将你的智力成果卖给他人，让他代表你进行生产，或附加到他们已经生产的产品中去，然后，他们每次销售，你都可以按协议的约定收取版权费。当小的零件进一步用于其他加工生产时，这种方法同样适用——例如，将芯片用于电脑。

许可经营是进入国际市场的一种方式，公司与国际市场接受许可的一方签订协议，允许受许可方使用其提供的制造方法、商标、专利、商业秘密和其他价值资源，收取报酬或版权费。许可经营的标的物可以是发明、技术、软件、生产体系和方法、产品、艺术品和文字材料等。企业无须扩大资本开支即可进入国际市场。许可方无须关注每日的生产、营销、技术和管理要求，受许可方可以处理所有的问题。由于生产加工成本很高，相对而言，许可经营项目所需的投资很少，通过许可经营，公司可以利用智力成果，将自己生产面临的很多风险转移给受许可方。许可的程度不同，许可方和受许可方面临的风险就不同。然而，一个有效的许可经营方略会减小双方的风险。

开展国际许可经营项目，有三个基本的项目形式可以利用。

- 专利：如果一个企业打算使用专利的方法，该专利必须首先得到美国的认可。一年之内，企业家应在业务所在国申请专利。虽然付出的成本较高，但这是必要的，因为可以使企业在洽谈中处于有利的地位。要注意，美国正在调整它的"发明在先"的专利制度来适应国际上"申请在先"的专利制度。通过"专利一致"与国际市场相协调。新的专利制度同时保护小的发明者，其目的是使得专利能够更有效地利用，并为发明者提供更好的国外保护。

目前，如果将律师费计算在内的话，仅仅一项专利的申请费用就达到数十万美元。企业家为应对竞争对手必须提交多份申请，尤其是在全球经济中。为一项专利在全球获得保护将花费 10 万美元左右。提交 10 份相关申请，为该专利提供保护会花费企业 100 万美元。自我保护增加了国际专利保护的成本。

- 商标：由于直接翻译可能存在困难，企业的明智之举是允许在同一产品上使用多个商标。然而，企业应该注意，如果产品的国际认可度不高，在议价中就不宜将商标作为激励的因素。有时候，受许可方想取得专利权但倾向于使用他们自己的商标。这种情况对于一个经营良好的公司来说是非常典型的。

- 专业技术知识：这种许可经营通常是最难执行的，因为它依赖于秘密协议的安全性（许可方应该签订协议，防止受许可方泄露商业秘密）。在一些地方，政府有严格的规定来管理专业技术知识许可经营。通常，在受许可方不支付版权费免费使用一项专业技术知识之前，该技术的保护期限为 5 年。然而要注意，这是因国家而异的，取决于特殊的规定。这是一个复杂的过程，企业家需要继续提高他们的专业技术知识来不断满足国际上对该公司服务的需求。

- 许可经营的优势：
  √ 这是参与国际竞争的一种十分有吸引力的方法。它只需要少量的资本投入，并能节省关税和运输成本。
  √ 与出口相比，是扩大经营更现实的方法，尤其对于高科技公司而言。
  √ 与股权投资相比，更容易进入市场，并且更容易得到政府的批准，因为技术被引入该国。
  √ 受许可方可能成为合作伙伴，改善该项技术的"学习曲线"。
- 许可经营的弊端：
  √ 合同期满后，受许可方可能成为竞争对手。
  √ 许可方确保受许可方履行约定的义务；调整产品和服务以适应受许可方的市场需求。
  √ 许可方必须合理地处理双方关系，消除冲突和误会。
  √ 必须保持许可方和受许可方的统一和独立。

与大公司相比，小公司在引进新技术方面必须保持领先。另外，想要通过出口、合资经营或直接投资的方式进入国际市场，小公司可能缺乏足够的资金。对于大量这样的公司而言，许可经营是扩大经营的可行方法。

在公司许可他方使用该技术时，应该考虑到，利用它自己的资产通过其他的方法，例如合资经营和其他战略联盟，能否更好地巩固它的经济地位。一旦决定了许可经营，在确定具体的许可经营方式之前，要考虑公司的性质及其他想要利用的资产。

特许经营

特许经营是许可经营的一种特殊形式。特许经营是将商标、制造方法、技术、设计、版权一揽子出售给所需要的特定公司。可能最著名的特许经营就是以麦当劳为龙头的快餐业。无论是在北美还是在俄罗斯，麦当劳都为顾客提供同样的食物，保证同样的质量和服务水平。另外，它的经营模式包含服务标准（服务快速、标准菜单），雇佣方法（雇用年轻人），技术（高科技的烤箱、简便的收银机），营销（麦当劳大叔、频繁的促销），通过标识和其他符号来强化其公众形象。通过出售特许经营权，麦当劳提供整套的制作工序、员工培训、监督工作、质量控制以及营销支持。

一般来说，尽管特许经营具体的条款不同，但购买者都要支付部分资金来取得特许经营权，然后按比例提交以后的既得利益。经营出售标志着特许方和受许方之间关系的开始，同时分摊责任。合作关系可能包括一份协议，该协议规定受许方从特许方处购买商品或其他供给，这是具有排他性的。特许方理所当然地向受许方提供员工培训和市场支持。

即使特许经营发展得非常迅速，国际市场上也会经常遇到一些问题：
- 大量的政府规章和官僚作风。
- 国外高进口关税和税收。
- 资金不稳定和支付给特许方的费用。
- 国际特许经营体系中运营的物流问题。
- 对受许方的操控。

- 厂址和房地产的成本。
- 专利、商标和版权的保护。
- 受许方的招募。
- 国外受许方的人员培训。
- 语言和文化障碍。
- 公司产品所需原材料的可获得性。
- 国外所有权人的限制。
- 国外市场的竞争。
- 调整经营策略以适应当地的市场。

兼并与收购

兼并与收购是公司在新市场定位的另一种方法。对于那些试图扩大经济规模或获得新生产能力的公司而言，这种方法也很重要。当两个公司合并为一个公司时，原来的两个公司一个留存下来，而另一个消失，这就是兼并。收购是指一个公司控制另一个公司，经常是一种"不友好"或"敌意"的收购。一个对收购国外公司有兴趣的潜在出口商，首先要能很好地处理合作关系。这为双方建立有效的合作关系、相互信任、评估兼并与收购的真正优势和劣势提供了一个机会。

收购的四个主要原因包括：
- 获得互补产品，扩大产品线路。
- 获得新市场和分销渠道。
- 扩大经济规模，并从中收益。
- 获得新科技，补充或代替现有的科技。

绿地投资

从一开始就建造所有的设备可能是进入国际市场的最终选择。绿地投资意味着建造国外子公司需要的一切设备。在过去，这是解决地方保护问题或获得廉价闲置的产品生产设备的好方法。当前，这种方法基于两个原因而变得不再受欢迎：开支和风险。现在，外购需要的服务同样非常便宜。而且绿地投资意味着占用很多的资金，因此经营不灵活，策略不灵敏。

进入国际市场的五个步骤

图17—2描述出当一个企业决定进行全球扩张时应该遵循的过程。下面将此过程分为五个不同的步骤。这五个步骤从调查开始，到可行性研究。如此一来，资金的安排便有了保证，必要文件准备就绪，最后便是执行计划。

开展调查

进入国际市场最困难的步骤就是对所有要进入的市场展开调查，而调查面临的一个问题往往是企业距市场千里之遥。因此，企业需要从市场调查转向其他的方法和技术来确定最有利可图的市场。

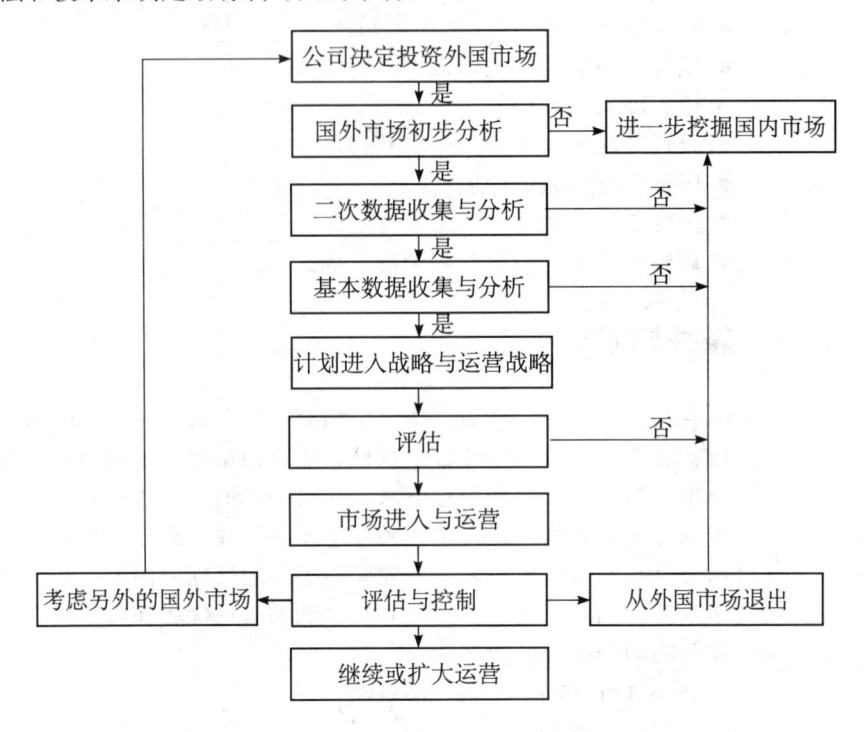

```
                  ┌─────────────────────┐
                  │ 公司决定投资外国市场 │
                  └──────────┬──────────┘
                             │是
                  ┌──────────▼──────────┐  否   ┌──────────────────┐
                  │   国外市场初步分析   │─────▶│ 进一步挖掘国内市场 │
                  └──────────┬──────────┘      └──────────────────┘
                             │是
                  ┌──────────▼──────────┐  否
                  │   二次数据收集与分析 │─────▶
                  └──────────┬──────────┘
                             │是
                  ┌──────────▼──────────┐  否
                  │   基本数据收集与分析 │─────▶
                  └──────────┬──────────┘
                             │是
                  ┌──────────▼──────────┐
                  │ 计划进入战略与运营战略│
                  └──────────┬──────────┘
                             │
                  ┌──────────▼──────────┐  否
                  │         评估         │─────▶
                  └──────────┬──────────┘
                             │
                  ┌──────────▼──────────┐
                  │     市场进入与运营    │
                  └──────────┬──────────┘
                             │
  ┌──────────────────┐   ┌──▼──────────┐   ┌──────────────┐
  │ 考虑另外的国外市场│◀──│ 评估与控制  │──▶│ 从外国市场退出│
  └──────────────────┘   └──────┬──────┘   └──────────────┘
                                │
                     ┌──────────▼──────────┐
                     │   继续或扩大运营    │
                     └─────────────────────┘
```

图 17—2　全球扩张策略分析

资料来源：Roger D. Blackwell and Kristina Stephan, "Growing profits for small business through global expansion", *Small Business Forum* (Winter 1990): 55.

创业广角

硬件与"人心"——在新加坡

20世纪90年代初，一个著名的美国上市公司收购了一个亚洲的上市公司，该公司在亚洲主要市场有着相当成功的电子产品销售交易系统。收购后不久，美国公司进行了大规模的调整，包括严格的内部控制程序和系统的财务报告制度。尽管这些措施都是好的，但并没能与当地的管理很好地融合。结果管理体制出现了冲突，当地的主要管理者离开了公司。

当地管理者离开后不久，便加入到对手一方，并且破坏了美方认为他们拥有的非常成功的经销网络。教训是惨痛的。由于很多经销商违约，美国公司被迫注销了数百万美元的坏账。它们被迫从头建造销售渠道，代价当然是高昂的。教训就是：购买并拥有了硬件并不代表就拥有了"人心"，例如当地团队的忠诚。

相反，一个为当地主要电信公司提供服务的合同公司成功地获得了硬件和"人心"。该公司并未在每个国家收购地方合同公司，而是创建了新的公司，并让新加坡方成员拥有70%的股份。在股东协议中，当地的合作伙伴享有50%的利润份额，并允许参加公司管理。

由于当地的合作伙伴被当作合作者而不是单纯的员工，他们的思维和态度与前面提到的当地管理者截然不同。他们工作勤恳，帮助解决初期遇到的问题，保证了当地的营运资本，为合资企业带来了巨大的利润。经验就是：全球化和跨国界并购不仅是获得硬件和设备，获得当地"人心"同样重要。不认识到这一点，收购将付出惨痛的代价，并注定失败。

资料来源：Stone Forest, "Financing mergers and acquisitions: Growth strategies of successful Singapore companies", *International Enterprise Singapore*, *Financing Internationalisation: Growth Strategies for Successful Companies* (Singapore: Singapore Information Services, 2004), 129.

任何一个公司想要进入国际市场都需要首先评估机会。这就意味着公司首先要对国际市场的特征、压力、趋势和需求有一个初步的、大体的了解。减少和取消那些在业绩潜力或运作要求方面都不能实现公司目标的决定是很重要的。除此之外，调查者要帮助公司确定贸易机会的优势和风险。互联网为贸易调查提供了丰富的信息资源。公司可以在目标市场开展市场调查。在任何一个进入国际市场的计划方案中，以下因素是必须强调的：

- 宏观层面上的吸引力：
  √ 应该重点关注哪个市场？
  √ 是否存在对该公司产品/服务的基本需求？
  √ 商业环境与该公司的风险承受力和生产能力是否适应？
- 基本匹配：
  √ 该国能否接受该公司提供的产品或服务？
  √ 为什么该产品不适合市场（例如气候——向热带地区出售滑雪服）、基础设施（生产电子产品所需要的电力）及相关产品（例如，计算机软件需要以安装的硬件作为基础）。
- 经济环境（市场指示器）：
  √ 相关的整体市场规模如何（国民生产总值、人口数量）？
  √ 消费能力和行业购买力的强度/集中度如何（收入分配、资本支出）？
  √ 市场总体增长速度如何（国民生产总值增长率、人均收入增长水平）？
- 政治/法律环境（风险、要求、规章）：
  √ 政治环境的稳定性如何？平民动乱的风险性如何？它们是如何影响贸易的？
  √ 政府规定是否限制了某类贸易的机会，或为公司进入增加了计划之外的负担（例如，它们是否要求一定的当地生产）？
  √ 是否存在关税、市场进入壁垒，或者阻碍或帮助本土产品进入国际市场的非关税壁垒（例如，一个特定的贸易协定（如自由贸易协议）有利于拓展美国市场）？
  √ 是否存在法律规定，要求产品做进一步改进（例如，商标或品牌名称的保护和使用规定、商标要求）？
- 金融环境：
  √ 经济整体的稳定性和变化性如何（例如，通货膨胀、利率）？
  √ 外汇兑换是否存在限制（公司是否可以获得合适的货币）？

√ 整体信用度和支付水平如何？
- 社会文化环境：
  √ 在国外市场，语言在多大程度上影响公司的发展？
  √ 在多大程度上，社会结构会影响/改变公司的贸易形式？
- 市场潜力/行业的吸引力：
  √ 后者对公司产品或服务是否有足够的需求？
  √ 该如何进行调整？
  √ 需求量是否超过贸易成本？
- 经济/市场因素：
  √ 经济因素如何影响产品的标准化或营销组合（例如，为适应较低的购买力，生产规模是否应该缩小，产品选择范围是否应该缩小）？
  √ 产品当前和潜在的需求多大（例如，市场规模有多大，发展趋势如何）？
  √ 可以提供机会的市场细分状况如何？
  √ 公司出口产品想要进入的是产品生命周期的哪一个阶段？
- 社会文化因素：
  √ 文化因素是否要求公司改变它们营销组合的特色？
  √ 语言是否会影响到公司在目标市场的营销结果？是否要求一种以上的语言？
- 竞争因素：
  √ 当前竞争力有多强（规模、市场份额、产品质量水平、售后服务水平、无形的优势——国家优惠）？
  √ 竞争对手产品的来源（例如，进口还是本土生产）？
- 政治和法律因素：
  √ 是否存在与公司产品有关的特殊关税、税收或许可证？
  √ 如果获得批准是必要的，那么取得是否困难，成本多高？
- 设备因素：
  √ 运输、交通、仓储、销售设备和一般进入市场的特点是什么？
- 自然/地理因素：
  √ 是否存在影响营销组合和要求调整的特定因素？
  √ 内部稳定性如何？如何影响公司的其他运作？
  √ 公司应该采用何种经营方式（国内出口/国外出口、直接或间接出口、许可经营或特许经营、技术转让）？
  √ 如果公司采用国外出口的方式（例如，通过代理商、分销商、贸易公司），该如何选择最优代表？
  √ 如何管理这些代表？与他们之间是什么关系？法律上有何关系？
  √ 如果是许可经营、特许经营或技术转让，如何寻找并选择合适的合作伙伴？
  √ 什么样的偿付/信贷协定最合适？
  √ 是否有较大的把握产品会被接受，从而弥补进入成本和后续支持？

创业实践

到哪里可以找到国际市场研究资料？

Acton 学院，国际贸易：研究资料	[www.acton.org/ppolicy/trade/resources.html]
澳大利亚统计局	[www.abs.gov.au]
加利福尼亚当地经济发展协会，国际贸易链接	[www.caled.org]
eMarketer	[www.idcresearch.com]
出口指导	[exportsource.ca/gol/exportsource/interface.nsf/engdocBasic/0.html]
国际贸易协会联盟，国际贸易网络资源	[www.fita.org/webindex/index.html]
政府贸易机构	[dir.yahoo.com/Business_and_Economy/Trade/Government_Agencies]
国际数据公司	[www.idcresearch.com]
国际经济学	[netec.wustl.edu/WebEc/webecf.html]
国际贸易机构	[dir.yahoo.com/Business_and_Economy/Trade/International_Trade_Organizations]
国际贸易数据网	[www.itdn.net]
Jupiter Research	[www.jup.com]
Lex Mercatoria	[www.lexmercatoria.org]
世界中央银行名单	[www.bis.org/cbanks.htm]
密歇根州立大学，全球优势	[globaledge.msu.edu/ibrd/ibrd.asp]
美国贸易数据库	[www.stat—usa.gov/tradtest.nsf] [iserve.wtca.org/intro_ntdb.html]
费城大学，国际化	[faculty.philau.edu/russowl/russow.html]
商业网站促销艺术	[www.deadlock.com/promote]
联合国本国及世界数据资料	[unstats.un.org/unsd/methods/inter-natlinks/sd_natstat.htm]
美国市场研究商业调查	[www.export.gov/marketresearch.html]
田纳西大学，国际贸易链接	[www.lib.utk.edu/refs/business/international.html]
美国人口统计局	[www.census.gov]
虚拟国际商业 & 经济资料	[library.uncc.edu/display/?dept=reference&format=open&page=68]
世界银行，进展中的主要研究活动	[www.worldbank.org/research/trade/majoract.html]
雅虎网络数据及人口统计调查	[dir.yahoo.com/Computers_and_Internet/internet/statistics_and_demographics/surveys]

□ 准备可行性研究

进行可行性研究来决定提出的项目能否执行。表 17—5 描述了研究可利用的模式。可行性研究是对进入过程的重要记录，因为它指出了项目执行的可行性。由于在进入国际市场的前几年是没有盈利的，这就要求企业家必须有足够的远见来审视该项目长期和短期的发展状况。

表 17—5　　　　　　　　全球市场进入的可行性研究纲要

- Ⅰ. 国际项目识别
- Ⅱ. 可行性说明
- Ⅲ. 总结或结论
- Ⅳ. 进入选择（选择一种方式并制定完整的计划）
  - A. 进入方式
    1. 出口
       - a. 赞成
       - b. 反对
    2. 建立合资企业
       - a. 赞成
       - b. 反对
    3. 直接投资
       - a. 赞成
       - b. 反对
    4. 许可经营
       - a. 赞成
       - b. 反对
  - B. 其他考虑因素
    1. 财务因素
       - a. 原料
       - b. 劳动力
       - c. 税收奖励和补贴
    2. 政府因素
       - a. 稳定
       - b. 规制
    3. 配送
       - a. 运输模式
       - b. 渠道
- Ⅴ. 市场概况
  - A. 概述：目标市场
    1. 人口
    2. 主要城市
    3. 语言
    4. 气候
    5. 地理环境
    6. 进口
    7. 出口
    8. 汇率
    9. 交通
    10. 通信
    11. 商业实践
    12. 营业时间
  - B. 社会/文化：社会背景
  - C. 主要人口因素
    1. 收入
    2. 职业
    3. 受教育情况
    4. 宗教信仰
  - D. 政治环境：背景
  - E. 经济环境
  - F. 贸易前景
  - G. 机会与制约因素
- Ⅵ. 目标消费者分析
- Ⅶ. 法律因素
  - A. 贸易政策
  - B. 公司注册
  - C. 企业实体的所有权
  - D. 政府关于外商投资的政策
  - E. 工业产权保护
- Ⅷ. 风险识别与分析
  - A. 金融风险及财产扣押或商业性扣押
  - B. 资金外逃
  - C. 政治风险
    1. 与美国的外交关系
    2. 政府的稳定
- Ⅸ. 财务因素
  - A. 拟提议项目的融资类型
  - B. 融资来源
    1. 内部
    2. 世界银行
    3. 其他
  - C. 盈亏平衡分析
    1. 投资回报率
    2. 总动用资产回报率
    3. 销售预测
  - D. 税收因素
  - E. 利润汇出政策
- Ⅹ. 劳动和管理因素

```
        A. 有组织的劳动力              1. 当地
           1. 说明                    2. 外籍
           2. 谈判工具                 3. 薪酬
        B. 工作特点                XI. 控制策略
           1. 工作时间               A. 国际控制的困难
           2. 工资水平                  1. 距离
        C. 招聘                        2. 多样性
           1. 当地                     3. 确定性的程度
           2. 外籍                  B. 集中与分散
           3. 第三国                C. 政策
        D. 管理                   XII. 实施时间表
```

☐ 保证足够的资金

出口商自然想要尽快地收到货款，然而进口商通常喜欢拖延支付直到它们收到货物或出售货物。由于出口市场竞争激烈，在贸易中提供具有吸引力的支付条款是十分必要的。

以下因素在考虑资金问题时十分重要：

● 销售所需要的资金——在一些情况下，有利的支付条款增强了产品的竞争力。

● 产品获得资金的时间——决定了出口商要等多久才能收到货款，影响了交易融资的选择。

● 不同融资方式的成本——利率和费用的变化；当出口商需要承担部分或全部融资成本时，在形式发票到达买方前，要正确理解价格和利润的成本效益。

● 与融资交易相关的风险——交易风险越大，融资越困难，成本越高；买方国家的政治和经济稳定性也是影响因素。

一旦决定该项目是可行的，就应该安排合适的融资。通常，来自海外顾客的货款要特别关注。当然，如果顾客有很好的信用记录，公司可能乐意为其开户。如果事实并非如此，卖方就要依赖不可撤销的信用证。信用证由银行按照买方的指示签发，保证卖方按照特定的条款获得特定的价款。信用证是收取货款的一种相当有效的证件，因为在条款和条件满足时，信用证可以保证偿付。

另一种支付方式是通过当地的银行。大多数大型国际银行都有国际分支机构，帮助企业走向国际化。借助完成必需的书面材料和有关潜在国际顾客的信用参考，它们提供了货运代理的名单。实际上，国际银行是企业参与国际竞争最有效的渠道之一。

☐ 申请专门的证件

对于出口商而言，最受挫的经历莫过于获得出口产品的相关证件。这项工作可通过几种途径解决。一种方法就是使用邓白氏（Dun & Bradstreet）《出口百科全书》（Exporter's Encyclopedia），这在本地很多图书馆的资料区可以找到。这本书列举出了向一个国家出口所需要的所有证件以及其他重要信息。商务部和商会也提供一些帮助，确定所要求的模板并提供填写表格方面的帮助。另外，一些货运代理也有项目帮助客户准备必要的证件。最后，银行也提供类似的帮助。

□ 拟定并执行计划

执行国际战略的第一步就是明确公司的政策。该政策应当包括实现公司目标的指导方针。公司应该与其总体目标保持一致，明确它的国际政策。当公司确定目标之后，应该确保它们具有现实的可操作性。

下一步就是保证公司进行有效的组织，以实施国际经营。正常情况下，对于一个出口公司而言，责任主要在于两个部门——销售部和财务部。销售部负责出口销售，财务部对满足证件要求、保证公司获得货款承担责任。为了向有影响力的部门提供出口方面的培训，大多数公司派遣员工参与研讨会，该研讨会往往涉及出口的基本问题。例如，在美国很多州，商务部每年都要召开一系列研讨会，向国内的企业报告国际市场的机会。

最后，计划拟订后，必须执行。该活动的核心是要有一个时间表或日程表，显示主要任务的执行状况和主要负责人。许多小型公司采用甘特图来表示，该图显示了与项目有关的活动的进度——即进入国际市场的时间。

小结

在全球范围内经营对于许多企业而言是一个有利可图的普遍的策略。首先，我们从相对增长率的角度审视亚太地区。当今全球范围内，多边和双边自由贸易协议为企业进入国际市场提供了强大的经济驱动力，为企业在国际市场上发展提供机会。我们比较了亚太地区企业的情况。

进入国际市场有多种原因，每种都涉及风险和挑战。本章讨论了企业积极参与国际市场竞争的几种方法。一种是进口，要从国外买进商品。一种是出口，出口有多种形式。所有的全球战略都涉及战略联盟的一些形式，如出口商、出口管理公司、海外分销商、国外代理商、建立地方办事处等都是进入国际市场的主要策略。全球企业可以从事合同制造、联合生产、合作生产、零售店、绿地投资或合作营销。

另一种方法是通过合资企业。除了对外直接投资，这些国际经营方式也为那些想要参与国际市场的企业提供了很多好处。然而，在一个企业采取措施之前，仔细评估相关的风险是非常重要的。版权和许可经营既有优势也有不足。特许经营是取得海外市场立足点日益受欢迎的方法。当谈到想要扩大经济规模或获得新的生产能力的公司时，我们提到了收购。

本章最后一部分介绍了进入国际市场的步骤：开展调查、准备可行性研究、保证足够的资金、申请专门的证件、拟定并执行计划。

思考题

1. 描述为企业提供全球机会的经济驱动力。
2. 企业如何意识到进口机会？
3. 出口管理公司和货运代理对试图从事出口的出口商有何作用？
4. 在寻求与出口管理公司合作时，企业应询问什么问题？
5. 什么是国外销售公司？在出口管理中对企业有何作用？
6. 潜在出口商常犯的五个错误是什么？
7. 合资企业如何运转？其优势和劣势是什么？
8. 企业如何开展对外直接投资？
9. 许可经营协议如何形成？其优势和不足是什么？
10. 进入国际市场应该遵循哪五个步骤？

自我测试：走向国际化

当企业决定走向国际时，它们必须雇用员工来协助它们与国外伙伴签订协议，制定共同的经营计划。下面（A～I）是企业应该熟悉的几个词组和术语，将其与1～9中的正确定义和描述连接，答案在本章末。

A. 出口管理公司
B. 货运代理
C. 国外销售公司
D. 合资企业
E. 许可经营
F. 对外直接投资
G. 专利
H. 技术知识
I. 开展调查

1. 进入国际市场的第一步
2. 经营协议，产品生产者允许某组织或个人生产该产品，收取版权费或其他报酬
3. 能解决海外运输的所有细节问题，然而花费极高
4. 某些收益免税
5. 国外政府有时提供税收优惠作为激励措施
6. 国际许可经营的形式之一
7. 一个公司为两个或多个实体所共有
8. 国际许可经营的另一种基本形式
9. 为进入国外市场的产品安排运输

案例分析 17—1

重归故里

对于台灯公司 LightWedge 的首席执行官雅梅·贝内特（Jamey Bennett）来说，决定来中国进行生产的原因很简单——一切都是为了节约成本：中国工厂的生产成本比美国工厂低30%。但是低成本也带来了其他一些问题。经历了一年建立两个工厂、两个贸易公司以及之后无尽的烦恼，36岁的贝内特决定将公司的生产线迁回美国。

坐在位于楠塔基特岛的办公室里，贝内特回想2002年，他刚建好位于中国台湾的贸易公司和位于广东省的工厂，问题便接踵而来。台灯是构造非常简单的产品，但是中国产的台灯总是不对劲，聚丙烯的材质和颜色都有问题。每一盏灯都要求发光二极管发

出相同颜色的光,但是由于在工厂工人只是用肉眼检测,一些台灯发出的光的颜色很奇怪。

作为一个多产企业家,BookWire.com和LendingTree.com两家公司的创始人,贝内特认为那些问题是探索道路上不可避免会遇到的挫折。虽说不至于很兴奋,但是能把单价为34.95美元的LightWedge产品运到消费者手中他就很欣慰了(消费者大多数不会注意到小的缺陷)。但是几个月后,工厂送货又迟了,导致LightWedge公司差点错过第一个假期销售旺季,贝内特认为这是让人难以原谅的。"我们圣诞节的销售额本来可以提高40%,"他说,"我们被彻底击败了。"

公司的第二个产品是针对平装书本设计的,贝内特尝试了另一个在上海的工厂。遗憾的是,他说:"这次比广东那次还糟糕。"工厂老板几乎不会说英语,尽管已经投入了80万美元的投资和几个月的机器调试,他们就是生产不出符合要求的产品。运来的镜面上有刮痕和"奇怪的东西",贝内特说。更糟糕的是,货物不能及时到达的次数也越来越多。有公司把LightWedge的产品放在2003年5月的产品目录上,但是产品一直到9月才到达客户手中。

阿纳德·夏尔马(Anand Sharma)是位于德罕的TBM咨询公司的首席执行官,他说:"如果你的生产周期很长而且需要非常标准的产品,选择中国绝对是有益的。"贝内特拒绝透露在中国的尝试让他亏损了多少,单就2003年那次货物延迟而言,LightWedge公司在销售上就损失了150万美元。当然还有很多无形成本:文案工作和费用给他的3人公司带来了不小的负担,试行的每周例会定在晚上11点,但是在全世界奔波的贝内特却没空去参加会议。"你无法让所有事情尽在掌握中,因为你有那么多事情要做,"他说,"这样做没有任何成效。"最终他决定把生产线迁回美国。

现在每一盏LightWedge的台灯都产自位于弗吉尼亚州纽波特纽斯的1 500人的生产基地,由佳能(弗吉尼亚)公司负责管理(是的,这是日本佳能在美国的分支机构)。在美国,贝内特的生产费用比中国高30%,建一个工厂也要花费3倍的资金,但是他说就目前来看,一切都是值得的。"我们会考虑重新回到中国市场,但是目前我认为自己做出了正确的决定。"他说。

资料来源:"Home again",*Fortune Small Business* (New York) 14 (2) (March 2004):60.

问题:

1. 当贝内特考虑在中国开办工厂时他准备为此放弃什么?

2. 贝内特原本可以如何避免这些问题?

3. 当他想重新回到中国时,必须考虑哪些因素?

案例分析 17—2

"我做了是因为我不知道我做不到"

这听起来像是一句很拗口的话,但是在新西兰蔬菜出口商兰斯(Lance)和凯·彼得森(Kay Peterson)的案例中,正是本着这种态度,他们把堆在仓库里的芦笋罐头搬到了澳大利亚每一个连锁超市的货架上。

兰斯解释说:"在把产品打入澳大利亚市场时,我们遇到了一些麻烦,所以我直接去跟产品采购员商谈。6个月后,每一个采购员都开始储存我的产品。当人们问我是怎么做到的,我告诉他们是因为我不知道我做不到。"

听起来好像是只要你有勇往直前的态度就能打开出口市场,兰斯可以向你保证没有什么比这个事实更深刻。从中你能学到的是，做好课后工作很重要，联系正确的人，搞清楚哪一条是进入特定市场的正确道路。

兰斯讲述的另一个在日本做生意的故事证明了这里所要求的不同的方法。彼得森的公司叫 Circle Pacific，是一家在霍克斯湾很有名、很成功的芦笋和冰冻碎南瓜（一道日本的主菜）的出口商。但是在日本建立生意伙伴关系花费了很多年的时间。"如果你认为你能挤入日本市场然后一夜成功，那你是在浪费时间。我和我在日本的代理花了四年的时间才说服一个日本客户和我们做生意。"

"如果要我给新的有潜力的出口商一点意见的话，那就是花时间、金钱和精力在目标市场找到合适的代理并维护好你们的关系。那也许要花费好几年，但是一旦关系确立，他们就会对你十分忠诚。有一点是重中之重，你一定要让他们觉得你将在那块市场付出长期的努力。"

花了30年发展家族产业并把生意扩展到全世界之后，凯和兰斯最近把管理权交给了首席执行官珍妮特·萨蒙德森（Jeanette Samundsen）。珍妮特和来自普华永道的贾尔·皮尔逊（Gile Pearson）紧密合作，开发了一套新的极其精确的财务和计算系统，这套系统能为他们在国内外更有效率、更有利润地做生意提供高质量的信息。

"贾尔的优点在于他永不满足，"珍妮特说，"能有这样一个不断提出难题和不断提高标准的人是很可贵的。每两三个月贾尔都会回顾公司业绩，特别是利润那一块，以保证利润完全来自我们投入的初衷。在这一行有很多的变数和价格起伏，尤其是受汇率的影响，我们必须要有稳健的政策和程序来处理风险或者提供我们所需要的高质量的信息。过去的一年我和贾尔做了充足的准备工作，下一年就能开始看到成效了。"

资料来源：PriceWaterhouseCoopers, "I did it because I didn't know what I couldn't" [www.pwcgloba.com].

问题：

1. 对于一个创业者来说"我不知道我做不到"意味着什么？

2. 如果没有普华永道的帮助，Circle Pacific 能成功吗？

3. 你认为在日本 Circle Pacific 遇到了什么文化问题？

案例分析 17—3

一份来自国外的提议

澳大利亚的埃德加·布鲁宁（Edgar Bruning）辞去了他在一家大型电脑制造公司的工作，创办了自己的 Bruning 电脑公司。自那以来，埃德加已经申请了5项电脑相关设备的专利。他的最新发明是能够提升大多数个人电脑35%处理速度的一种芯片。一块这样的芯片成本是8美元，而批发价却高达135美元。由此 Bruning 公司的获利飞速飙升。

埃德加意识到他开发的每一件产品都可能被国外竞争者盗版，因此他在澳大利亚、新加坡和迪拜各签约了一家公司来营销他的产品。Bruning 公司把50%的产品运到上述的3家公司，剩下的卖给澳大利亚和新西兰。埃德加最近在考虑增加生产设备。他确信如果多生产40%的芯片，也一定能卖掉。

上周有一位中国公司的首席执行官来访。那家公司提议和 Bruning 公司合作创办一个合资公司。合资公司的工作模式如下：Bruning 公司供给他们公司和其他3家公司相同数量的芯片。货款会在90天内结清。在协议期间，中国的这家公司将作为 Bruning 公司的亚洲销售代表。然后在90天内中国公司会购入生产设备，而 Bruning 公司要授权他们在中国生产。"这样能节省双方的劳动力支出和运输费用，"中国公司的执行官指出，"而且所有的利润会和Bruning公司对半分。贵公司唯一的支出就是生产设备的共享，这方面我方可以在利润分配中给予补偿，所以说贵公司没有任何对外支出。"

这听起来是个有着高利润回报的建议，但是埃德加不确定是否会授权别人生产他的产品。"在这一行里，技术机密是十分重要的，是成功的关键。"他对一个同事说道。另一方面，埃德加也意识到如果不在亚洲找其他人销售他的产品，就意味着要失去一大块潜在的市场。在之后的10天，埃德加要决定到底怎么做。

问题：

1. 在与澳大利亚、新加坡和迪拜的公司打交道的时候，埃德加做了什么种类的安排？回答要完整。

2. 中方公司的提议是一个合资企业吗？为什么？你建议埃德加接受这个提议吗？为什么？

3. 根据第13章中的相关内容，埃德加要考虑什么？

4. 如果埃德加要与中方以另一种方式展开合作，你建议用哪种方式？说出你的理由。

自我测试的答案

1. I 2. E 3. A 4. C 5. F 6. G或H 7. D 8. G或H 9. B

第VI篇
创业面临的挑战

■ 公司的买入和卖出
■ 家族企业：继承和延续

第18章

公司的买入和卖出

> 我太喜欢那把剃须刀了,于是我就把那家公司买了下来。
>
> ——维克托·基亚姆(Victor Kiam)
> Remington Shavers公司的传奇CEO

本章要点

1. 解释价值评估的重要性
2. 描述尽职调查的基本要素
3. 列出买入公司时要关注的关键问题
4. 审查在收购过程中涉及的基本问题
5. 列出分析一个企业的不同角度
6. 列出建立公司价值时要考虑的要点
7. 回顾当今进行企业价值评估的主流方法
8. 考虑影响企业价值评估的附加因素

企业价值评估的重要性

每个企业家都要有评估自己的和竞争者的企业价值的能力。在以下情况下对企业进行**商业评估**（business valuation）是必要的：

- 买入或者卖出企业、部门或者主要资产。
- 为员工建立员工持股计划或者利润分享计划。
- 通过发行认股权证或者可转换债券筹集资本。
- 计算遗产税额（潜在资产税额）。
- 给家庭成员送股。
- 与股东签订买卖协议。
- 试图买入合伙人的股份。
- 公司上市或者私下发行股票。

同样重要的是，企业家有知道企业真正价值的欲望。在企业家看来，当对企业的商业评估有了一个很好的时间安排时，与一个更大的公司合并或者被收购才是有意义的。价值评估可以暂时性地为跟踪企业价值的升降提供一张计分卡。

买入或卖出公司

与建立一个新公司相比，有远见的企业家更倾向于买入一个公司。这是成功进入一个产业的一种方法，但是有很多因素需要分析。购买一个公司是一项非常复杂的交易，所以必须听取专家的意见。下面列出了一些很容易理解的基本步骤，包括企业家的个人喜好、审查机遇、对已选择企业的评估，以及要关注的关键问题。

□ 个人喜好

企业家必须认识到一些个人因素并相应地缩小目标公司的选择范围。在选择要购买的公司种类时，企业家的背景、技能、兴趣和经验都要详加考虑。此外，企业家对于选址和规模大小的个人喜好，会引导整个选择过程。如果一个企业家一直想在南方或者西部拥有一家企业，就要从那里开始寻找目标公司。

□ 审查机遇

想买入公司的企业家需要从不同的渠道寻找机会，比如：

- 商业经纪人：商业机遇方面的专家能在寻找目标公司时发挥主导或者辅助作用。但是买方也要考虑经纪人的名声、服务和社会关系等因素。企业家也要记得一点，经纪人往往受雇于卖方，并在交易中从卖方处获得佣金。
- 报纸广告：分类广告是另一个信息来源。因为一则广告常常只在某一份报纸上出现，所以有必要收集相关领域所有报纸的分类信息。
- 商业信息来源：供货商、分销商、生产商、贸易性出版物、同业公会和职业学校都可能有可收购公司的信息。
- **专家信息来源**：像管理顾问、律师和会计师这样的专家经常会有可收购公司的信息。
- **企业经纪人**：企业经纪人就像房地产经纪人。尽管他们代表卖方，但是好的经纪人有神奇的关系网来挖掘出你意想不到的机遇。问题是好的企业经纪人总是忙不过来。大多数买家都在浪费经纪人的时间。一些经纪人是独立的，有的是多点执业的。一些地区有企业经纪人协会。

□ 对已选择企业的评估

在企业家考虑完个人喜好并用尽各种信息来源后，下一步就要对待售企业的特定方面进行评估：
- **商业环境**（business environment）：必须分析公司当地的商业环境，看看是否具有发展潜力。
- **利润、销售额和营业比率**（profits，sales，and operating ratios）：公司的盈利潜力是评估一个公司吸引力，而后给出合理价格的关键因素。要估计一个公司的潜在盈利能力，买家必须参考公司过去的利润、销售额和营业比率，以及之后一两年的项目销售额和利润（价值评估将在本章的后面部分深入讨论）。
- **商业资产**（business assets）：要评估公司的有形资产（实体资产）和无形资产（如声誉），包括：
  √ 库存（时间、质量、可销售性、状态）。
  √ 家具、设备和房屋附属设施（价值、状态、租的还是买的）。
  √ 应收账款（账龄、以前的收款时期、客户的信誉度）。
  √ 商标、专利、版权、公司名称（价值、在公司成功中扮演的角色、竞争优势的大小）。
  √ 商誉（名声、已建立的客户关系、品牌信任）。

□ 尽职调查

罗纳德·里根曾经就戈尔巴乔夫的武器提案说过："信任，但要核查。"这句话值得铭记。卖掉你亲手创立的公司或者买入别人的公司都是带有一些感情因素的。但是企业家要透过现象看本质。这有点像一份婚前协定。

尽职调查不该被看作一项开销，而应该被看成降低收购或兼并失败可能性的一种投资，或者增加兼并后实体价值的一种手段。以下10个问题指明了需要注意的关键方面。
- **问题1**：这个公司为什么要出售？搞清楚公司所有者出售公司的动机很重要。虽然，也许出售的原因没什么特别，比如公司的所有者面临退休或者身体健康有问题，但企业家还是要进行调查核实。如果在任何时间公司所有者卖出公司的原因与开始的动机不符，就必须对其进行进一步的调查。
- **问题2**：公司的物质条件怎么样？必须对设施的总体状况做仔细的评估，以避免收购后的巨额支出。有时，公司所有者就是为了避免重建费用而卖掉公司的。
- **问题3**：要保留多少关键员工？为了使交易顺利进行，买方要确定收购后留下哪些员工。一些关键员工对企业的延续发展极其有价值。

● 问题4：竞争强度怎么样？回答这个问题要包括两个不同的方面——竞争者的质量和数量。换句话说就是：有多少竞争者？他们的实力如何？

● 问题5：租赁状况怎么样？当公司的出售不包括房屋和设备时，就有必要了解当前的租赁状况。此外，出租方的未来租赁计划不应与租赁条款相冲突。

● 问题6：是否存在企业留置权问题？也就是债权人的定位和企业的负债情况。企业家要核实企业的一切非法支出和未偿还债务。

● 问题7：企业所有人是否承诺不竞争？这里的真实目的是对商业行为进行法律限制，因为购买方不希望出售方重开一家公司与之竞争。因此，法律允许双方签订一份契约，以规定出售方在一定时间和距离之内不能与购买方竞争。

● 问题8：是否需要一些特殊文件？购买方要查清联邦政府、州政府和当地政府对购买企业有关的要求。

● 问题9：公司的未来趋势怎么样？对特定行业的发展趋势和公司怎样融入这种趋势要有一个总体观察。此外，还要规划公司的财务状况。

● 问题10：购买需要多少资本？最终的购入价格不是唯一要考虑的因素。一些额外花费也要考虑，比如维修费用、购入新的存货、开业花费和运营资本等。

尽职调查是一种确保现实与承诺一致的研究（见表8—1）。它是一种通过各种方式来验证事实的商业实践。尽职调查强调对交易风险的理解和评估，而不只是交易的积极方面。尽职调查意味着在付款之前对投资机遇进行详细的调查和评估。这个过程包括评估管理队伍、业务情况、预测结果、公司理念以及投资条款和状况。

尽职调查对做出正确的购入决定是绝对必要的，它能够使人安心，因为任何可以通过初期筛选的商业机会都是有价值的。核实包括检查商业计划、审计账目和管理账目；回复保单和其他标准的问卷；专利开发和技术研究。未公布的账目信息和主观信息都很重要，这些数据可以通过对客户、供货商、律师、银行家进行电话访问或者审查交易记录得到。

创业广角

摆脱尽职调查的限制

作为一名记者，詹姆斯·马尔瓦尼（James Mulvaney）调查过爱尔兰的恐怖分子O. J. 辛普森（O. J Simpson）和弗迪南德·马科斯（Ferdinand Marcos）。他带领一个小组揭露了一间诊所的欺骗行径，并发表文章，最终导致该诊所被起诉，继而成为加利福尼亚历史上最大的一起医疗事故。为此，这个小组获得了1996年的普利策奖。

现在他是KPMG公司尽职调查工作的主管，专门挖掘即将被收购公司的丑闻。马尔瓦尼和他的工作小组从法院调出文件，从数据库中筛选并核实摘要上的每一个条款，为此公司支付给他们4 000～1万美元。如果支付5万美元，他们会从以前的配偶和同事那里获取信息并且采访竞争者。目前即使大部分被收购方很有能力，也无法阻止对目标企业的调查。

大多数调查的结果是令人满意的，但是也查出了一些使交易流产的信息。最近一个案子中，一家电脑公司雇用马尔瓦尼去调查一个被收购方公司的董事会成员的背景。他发现其中一名董事会成员正在打离婚官司,这一点那个人从未提及。为什么这很重要?因为他的妻子很可能获得他的大部分股份然后利用这些股份得到股东的位置。那个客户不想卷入那些纷争,就放弃了交易。

还有一次,KPMG 公司调查一个目标公司,一切都似乎没有问题,直到他们核查法庭犯罪记录,才知道董事会中有一半人卷入了一起有组织的犯罪。接下来则是一个要被接管的公司,一切都很正常,直到通过媒体搜索发现这个公司被禁止在佛罗里达经营业务,而佛罗里达恰好是购买方的一个关键市场。

最有名的 M&A 调查公司恐怕要数纽约的 Strang Hayes 咨询公司了。它的员工来自中情局、特工部门、美国联邦调查局和美国缉毒局工作人员的校友。自 1989 年成立,公司已经进行了超过 3 000 起尽职调查。在过去的三四年里,超过一半的事务是处理有关公司合并的交易。若支付 1 万美元,Strang Hayes 会做少许的监视工作,在两个星期内进行一次全面的背景调查。对海外公司的相同服务要花费 1.5 万美元和 3 个星期的时间。

"丑闻太多了。"主席罗伯特·斯特朗(Robert Strang)说。一位首席执行官竟然隐瞒了关于他的五起性骚扰诉讼。另一个执行官没有提及他在一家竞争公司中有可观股份的事实,不得不让购买方认为他没有考虑自己公司的最大利益。还有一次,调查员发现一家公司大概一半的高级主管曾被起诉共谋一项违规交易。他们能透露的是,那个公司为了隐藏这个事实而改了名称。

要提醒你的是:一切都是合法的,但都是在目标公司不知情的情况下秘密进行的。调查人员悄悄调查是为了不吓跑有意向的合并伙伴,不打乱磋商和避免被起诉诽谤的风险。事实上,潜在收购方经常让律师雇用调查人员来确保所有信息在律师与当事人的保护之下。当丑闻被曝光后,潜在买家经常是不做任何解释就退出交易。让其他倒霉的买家——可能是竞争者——很难得知那些丑闻。

资料来源:Luisa Kroll, "Gotcha: Pushing the limits of due diligence", *Forbes*(30 October 2000):184。

表 18—1　　　　　　　　　　尽职调查的研究领域

管理	首席执行官 管理的二把手和三把手 管理团队 组织结构和决策 管理特点 公司所有权 文档工作 管理报告 优势和弱点
员工	公司结构 员工薪酬 利润分配计划 奖金计划 工资记录 培训项目 态度和精神面貌 记录维护 报告

员工	激励 雇佣程序 顾问 比率分析
契约	一般商务过程：客户契约；供货商契约；代理/分销契约等 非一般商务过程：合伙人协议；合资公司协议；保密/商业机密协议等
产权	知识产权 知识产权协定 对盗版或者侵权的警告声明 可疑的或者传闻的第三方侵权 机密信息的披露安排 与员工和顾问的协议 有关员工知识产权的协定
营销	营销人员 产品 客户描述 客户服务 竞争分析 产业分析 营销策略 产品分销
生产	生产管理 员工和组织 生产过程 购买、供货商、运输和收货 效率分析 研发
财务领域	管理、员工和组织 现金和投资的管理 文档工作 财务运作分析 财务报表分析 其他资产和负债 税负 预测分析
代理领域	公司的总体信息 代理列表：银行、其他借贷机构 会计师事务所 律师事务所 供货商 客户 竞争者 代理、顾问、股东、同业协会、经纪人

资料来源：Ten3 East-West,"Due diligence study areas"［it4b. icsti. su/1000ventures _ e/venture _ financing/due _ diligence. html］.

表18—2是尽职调查审核表，在你把潜在收购目标范围缩小到最后三个时可以用到。

表 18—2　　　　　　　　　　　尽职调查审核表

给下面每一条打分（1分最低，10分最高）

	管理团队	得分
1	以往经验	
2	管理团队的实力	
3	职能部门的优势和弱点（营销、发展、财务、销售等）	
4	已知的需要立即增加或者修改的关键职能区域	
	总分	
	目标产业	得分
1	市场的大小	
2	现存竞争者以及各自的定位	
3	潜在市场新进入者	
4	显著的竞争优势或者差异化	
5	营销和有关风险	
	总分	
	科技和产品	得分
1	专利未决	
2	风格	
3	支持的标准	
4	性能/可测量性	
5	当前技术使用程度	
6	开发方法和已选工具的审核	
7	12个月的产品策略、优先特征和路线图	
8	技术风险（技术/程序、工具、雇佣/人员等）	
	总分	
	营销计划	得分
1	市场的大小	
2	市场占有率	
	总分	
	财务	得分
1	收入报表（三年的）	
2	信息来源和使用的文件	
3	产业比较	
4	价值评估	
5	资本化表	
6	退出策略	
	总分	

资料来源：Ten3 East-West,"Due diligence worksheet：Evaluating a start-up company for venture investing"［www.1000ventures.com/ venture-financing/due_diligence_worksheet_byindiaco.html］.

潜在问题

买方和卖方经常有不同的预期。双方有不同的理论基础,而这个理论基础可能是基于情感的。公司可能会以**公允市价**(fair market value)卖出。在公允市价下,资产从自愿的卖方手里转到自愿的买方手里,双方都是十分理性的,而且了解交易的有关事宜。以下六个因素决定了公允市价:

- 最近收益历史。
- 公司的整体状况(比如设备的状况,文件和记录的完整性和准确性,员工士气等)。
- 特定种类业务的市场需求状况。
- 经济状况(特别是成本和资本的可获得性,以及任何直接影响业务的经济因素)。
- 向新的所有者传承商誉或者其他无形资产的能力。
- 未来盈利潜力。

可是大多数公司不会以公允市价转手,原因是当决定价格时,还有其他三个干扰因素:

- 特定买方或者卖方的特殊事件。
- 现金和条款之间的权衡取舍。
- 买方或者卖方的相关税收责任,由交易的方式决定。

公允市价就是在买方和卖方双方自愿并且对所有事实完全清楚,没有任何非自愿买卖的条件下的资产转手价格。在交易市场上,买方和卖方或多或少有点冲动。让我们进一步来讨论。

买方和卖方的目标

记住对企业进行价值评估的原因很重要。交易的双方,买方和卖方,根据自己的基本目标对企业有不同的评估价值。卖方要把企业的价格抬得尽可能高,却忽略了对市场、环境和经济的现实考虑。对卖方来说,企业也许代表着他一生的投资,或者至少是花费了大量的精力。另一方面,买方要把交易价格压得尽可能低。对买方来说,企业是一项投资,他们必须评估其盈利潜力。结果,他们通常对企业持消极态度。在价值评估阶段懂得换位思考是很重要的。

情感基础

企业价值评估的第二个问题是卖方的**情感性偏见**(emotional bias)。不管什么时候,开办一个企业,从早期培育企业直到其变成一个盈利公司,创业者总会认为自己的企业比外人想象的更有价值。所以,企业家在给企业评估时,应尽量客观地决定合理价格(同时,认识到合理的价格也是可以商量的)。

收购的原因

企业价值评估的第三个问题是企业家收购企业的原因。下面是收购最常出现的原因：

- 收购所在行业中已开发出新产品的公司来发展更有成长空间的产品。
- 把被收购公司的客户加入公司客户库来增加客户的数量。
- 收购同行业公司来增加市场份额。
- 收购拥有公认良好的分销渠道的公司来优化或者改进自己的分销渠道。
- 收购拥有完整生产线的公司来扩大和完善本公司的生产线。
- 收购拥有健全的服务机制和包括产品在内的客户服务网络的公司以发展和提高本公司的客户服务机制。
- 收购经营杠杆较低并能够消化固定成本的公司来减少经营杠杆并增加消化固定成本的能力。
- 收购能够使用本公司现有生产设备进行生产的公司来使用本公司多余或者过剩的生产力。
- 收购供货商或者分销商来实现纵向兼并，不管是向前还是向后兼并。
- 收购客户企业（非终端用户）来减少库存量，并对照被收购公司的订货量来调整本公司的库存量。
- 收购能消除重复的运营成本（比如库存、分销）的公司来减少直接运营成本。
- 收购能消除重复的固定成本的公司来降低固定成本（比如企业和员工职能团体）。

总的来说，企业家和收购交易的各方客观地审视企业的运营和潜力很重要。在这个过程中，评估以下几点会有所帮助：

- 企业能在一段合理的时间内自给自足的潜力。
- 交易过程中企业新主人面对的困难。
- 交易的安全性或风险性，利率的波动。
- 发生重大变化时对企业价值的影响。
- 潜在购买方的数量。
- 当前管理者留在企业里的意向。
- 与购买或出售企业有关的税负。

分析企业

在分析小的封闭型控股公司时，企业家不应当将它与大企业作比较。许多因素决定企业的种类，对大企业没有任何影响的价值评估因素也许对小一点的企业来说十分重要。比如，许多封闭型控股公司有如下缺点：

- 缺少管理深度——技能、多功能性和能力都很有限。
- 缺少资本——股权投资经常很少（常常暗示了负债很多）。
- 控制不足——由于缺乏好的管理和多余资本，能用来监控和管理运营的方法十分有限。

- 目标不统一——企业家对企业的展望与投资者的目标或股东的需求不同，因此会引发企业内部冲突。

这些缺点表明了对小企业进行谨慎分析的必要性。

表 18—3 的核对表是针对有效的商务计划（见第 10 章）所需信息而制定的，它为考察一个公司不同于另一公司的各种因素提供了一个简明的方法。

表 18—3　　　　　　　　　　　　企业分析核对表

企业历史	
公司的原名和后续名称的变动	
公司成立时间	
所有分公司和分部门成立时的名称、功能	
公司的注册地	
以外国公司身份经营的公司的注册地	
审查公司章程、内部章程和备忘录	
公司的初始业务和随后的变动	
营销和竞争	
公司的主营业务和市场	
主要项目的描述	
产品的销售资料	
公司运营的主要市场的增长潜力	
主要竞争对手的名称、规模和市场定位	
怎样使本公司产品不同于竞争对手产品	
公司的利基市场	
商标、贸易、产品名的有关信息	
生产线的销售模式，即销售是季节性的还是全年的	
考察可获得的市场数据信息，比如同业公会、政府报告和证券市场报告	
竞争产品定价	
每条生产线的总毛利（分析三年的销售额增长和利润变化）	
对政府事业的关注	
研发支出：历史的和预期的	
销售和分销	
公司怎样进行销售：通过自己的销售团队还是生产商代表？	
销售队伍的薪酬	
广告的方式和花费的具体情况	
销售分公司的具体事宜（如果有的话）	
关于标准销售条款、折扣、退货和补贴政策的具体细节	
是否存在寄售的方式？	
公司是否自己储存存货？	
如果公司有分销商，它们的待遇如何，它们的责任又如何（比如，它们是否提供保障服务）？	
公司的产品是在全国销售还是只在特定区域销售？	
公司主要客户的名称和地址	
过去几年产品线上主要客户的销售量	

客户从公司购货多久了？	
主要客户的信誉分级	
公司的坏账历史	
公司自有品牌的详细信息（如果有的话）	
销售条款是否包括维修协议？	
销售条款是否提供明确或者隐含的质保？	
公司是否有过任何产品责任问题？	
公司是否出租和销售自己的产品？	
海外业务的比例有多大？产品是怎样销售、筹资和运送的？	
是否有能使公司产品竞争力削弱或者过时的新产品进入市场？	
是否失去了一些大客户？如果有的话，原因是什么？	
市场的规模和性质：是如何细分或被大公司控制的？	
生产	
所有生产设备的列表	
确定所有设备是买入的还是租赁的。	
公司是从原材料开始生产的，还是只是装配性生产？	
产品生产所需原料的种类和可获得性	
生产周期的长度	
公司生产的是标准产品还是按特定要求生产，或者两者皆有？	
工厂怎样进行质量控制？	
工作过程中的会计系统是什么？	
产品生产是否需要一些许可？	
现有生产设备所具有的销售能力	
公司是否有优先的生产过程？	
公司工厂运营的安全记录	
是否存在违反联邦或者州政府的环保条例的问题？	
公司供货商关系的稳定性	
员工	
员工总人数	
是否有工会？如果没有，成立工会的可能性多大？如果有，与公司的历史关系如何？	
是否存在罢工或者停工？	
当地劳务市场的详细信息	
公司工资和人员政策的详细信息	
员工数量是固定的，还是能够根据业务量进行调整？	
公司历史上的劳动力流动情况，特别是关键管理层	
工作环境分析	
员工整体士气分析	
公司有没有违反过政府政策，比如职业健康与安全、劳动法等	
福利、假期、病假等相关事宜	
物理设备	
公司的全部设施列表，说明位置、大小和花费	
哪些设施是买入的？哪些是租赁的？	
所有设施（包括机器和设备）的现状怎样？	
如果有租赁的设施，设施期满条款、花费、重建方案等的详细信息	

现有的设施能否满足现在或者预期的需求?	
如果有扩张需求,是否会出现大问题?	
是否有足够的保险?	
是否有必要的设备以避免日常会出现的一些损失,如需要消防系统、防盗铃或其他设施来降低火灾造成的损失	
设施对工作程序和员工来说是不是有作用的、现代化的?	
是否有空调,是否有足够的电、热、气、水和保洁服务?	
设施容易运输吗?	
公司建筑和设备的成本、净账面价值、重置价值是怎样的?	
所有权	
列出所有公司当前普通股和优先股的持有人,如果可行的话,分一下类别	
列出所有个人以及他们所拥有的在股票期权及标明价格和到期日的认股权证下可使用的股份	
按股份和比率对所有权进行统计分析——实际的和形式上的(假设行使了认股权和股票期权)	
普通股在公司清算时是否有优先权和优先分红权?	
股票是否带有投资函?	
是否存在对股票的转让或者以股票做担保使用方面的限制?	
是否存在购买/出售协定?	
是否存在员工持股计划或者股票分红计划?	
股票是否被全额支付?	
是否有未决的持股人协定?	
是否有以低于票面价值或者法定价格出售的股票?	
是否存在选民所领票数与候选人数相同的制度?	
对于主要所有人股份,是否有赠送的或者放在信托公司的股份?	
主要股东直接拥有并有收益权的股份有多少(包家族)?	
如果执行了所有的认股权和股票期权,主要股东是否还持有公司51%的股份?	
如果公司被买入或者卖出,总流通股要达到多少比例才能通过?	
财务	
三年的财务报表	
当前比率和净速动比率	
净营运资本和流动资产净额	
持股人股权中总债务比率	
资金计划的来源和应用	
对公司基本流动资产和周转率的分析	
当前负债中现金所占比率	
应收账款和库存周转	
应付账款的账龄	
净营运资本所得的销售额	
如果公司有分公司(或者分部门),合并的损益表	
明确现金余额以及整年现金余额的最大和最小额度	
如果公司拥有可转换债券,它的流动性(可出售性)和当前市场价值怎样?	
所有应收账款和票据的账龄、顾客集中度和足够的坏账准备金	

记录库存的成本基础和库存准备金，库存的时间长短和与销售成本（周转）的关系	
所有固定资产的详细信息，包括购买日期、原价、累计折旧和重置价值	
对所有固定资产、房地产和机械设备的当前市场评估	
所有预付开销或延迟收费的分析，实际价值和账面价值的比较，财务报告	
主要股东的个人财务报表	
如果公司拥有商誉或者像专利和商标那样的无形资产，它们的真正价值是多少（在什么程度上可行）？公司是否有没有记录在案的无形资产（比如宣传过程中的邮寄产品目录）？	
分析所有现有负债，包括应付账款的账龄，所有银行债务和最高贷款限额的信息，包括利率、条款和抵押品；贷款协议	
从私人借得的长期债务信息，包括可能会影响将来运营的贷款协议	
是否有其他或有负债和预算超支，比如长期供货协议？	
特许经营、租赁和版权协定的信息	
至少三年的损益表，重要的变动百分比分析，即销售成本在销售额中所占的比例	
公司的纳税申报是否与财务报表不符？哪年进行过审计？	
为将来的销售和收益的合理性以及建立资金需求进行三年的收入和现金流预测	
退休金、利润分配、协议规定的股票分红计划，以及未支付的历史服务奖金	
管理	
领导和董事的相关信息——服务时间、年龄、商业背景、薪酬和额外补贴	
所有权定位——股票的数量、员工优先认股权和认股权证	
关键管理层的其他非领导和非董事的相关信息	
组织结构图	
给关键管理人员提供怎样的津贴福利：奖金、退休股票红利计划、公司支付的保费和递延酬劳	
在行业中管理层的声誉怎样？	
管理层中是否有人对其他公司感兴趣？有没有其他一些利益冲突？	
关键管理人员是否全心全意投入到公司工作	
雇佣协议：工资、雇佣期限和其他条款	
关键管理人员是否签订了非竞争条款，并且同意不泄露在雇佣期间得到的机密信息？	

创业广角

尽职调查

亨德里克斯·F·C·尼曼（Hendrix F. C. Niemann）37岁，有着良好的教育背景和丰富的经商经验，现在离职了。他计划用遣散费和积蓄购买一家属于自己的公司。几个月来尼曼分析了很多待售的目标公司：一个医院转递公司、一个出售机器的三明治生产商，一个帆船特许经销商和一个快餐公司。没有一家是尼曼想要的那种公司。他已婚并且有三个孩子，这次一定要选对商业机会。

终于他找到了一个合适的机会。Automatic Door Specialists，一家制造安全系统的公司，有着200万美元的销售额，良好的现金流，只比账面价值高一点的购买价格和即将退休的65岁的公司所有者。在拜访了17位商业经纪人，看了几十份广告和失业4个月后，尼曼相信就是这家了。他签订了一份以他将要完成的尽职调查程序为前提的协议（尽职调查就是对一个公司的财务记录、法定负债和公司问题的详细调查）。

看看尽职调查查到了什么。在财务年度的上半年就有36 000美元的亏损。一半的应收账款超过90天，大多数超过1年。夸大的库存到目前已经造成接近80 000美元的亏损。销售额下降了50%。公司的一半净资产已经没有了，一旦在账目上加上收购产生的债务，那么尼曼连发工资的钱都没有了。在尼曼会见了Automatic Door Specialists的关键员工并了解了内幕信息后，事情变得更糟糕。关键人员已经跳槽到竞争对手公司，零件和工具紧缺，对客户许下的承诺也忘记了，建筑没有热水而且有火灾隐患。

所有这些坏消息给尼曼压低50%的购买价格或者取消交易提供了依据。出售方接受了新价格，尼曼成为Automatic Door Specialists的新主人。对于尼曼来说，尽职调查过程太有价值了。

资料来源：Hendrix F. C. Niemann, "Buying a business", *Inc.* (February 1990)：28-38.

建立公司价值

用过表18—3中的核对表后，企业家可以开始考察给企业定价的各种方法。要注意的是，真正价值的确立与其说是科学，不如说是一门艺术。估算、假设、预测都是这个过程的组成部分。量化的数值部分是在隐藏价值和成本的基础上计算出来的，比如商誉、个人花费、计划损失等。

这里介绍几种常用的定价方法，每一种都有特定的途径来计算那些隐藏的价值和花费。运用这些方法能让企业家了解怎样进行企业财务分析。同时也要记住，这些方法中的大多数都是同时运用的，而且最终的价值也由买卖双方达成的实际价格决定。

价值评估方法

表18—4列出了用于公司价值评估的各种方法。每种方法都进行了详细描述并且列出其要点。用于当今企业价值评估最主要的三种方法是：
- 经调整的有形资产。
- 市盈率。
- 折现未来收益。

这里我们描述所有普遍应用的方法。

表18—4　　企业价值评估的方法

方法	描述/解释	标注/要点
固定价格	两个或两个以上所有者定一个初始价格 建立在所有者心中企业价值的基础上 使用一个方法或多个方法组合得出的数据 对购买/出售交易来说很常用	由个人估算产生的不精确性 应该定期更新

续前表

方法	描述/解释	标注/要点
账面价值（也叫做资产负债表方法）	(1) 有形的账面价值： 根据公司的资产负债表制定 反映公司的净值 总资产减去总负债（对无形资产做调整） (2) 经调整的有形账面价值： 用账面价值的方法 体现特定资产的公允市价 对工厂设备、库存和坏账准备进行调整	有些资产会升值或者贬值，所以，并不是精确的价值评估 对资产的调整消除了一些不精确的地方，反映了每一件资产的公允市价
收益倍数	用市盈率使净收入资本化（净收入乘以市盈率） 通常使用15%的资本化率（相当于市盈率6.7，即1除以0.15的结果） 高增长公司使用低资本化率（比如5%，即1除以20的结果） 稳定公司使用高资本化率（比如10%，即1除以10的结果） 通过派生价值除以流通股的数量得到每股价值	企业的增长不同，资本化率也就不同；因此必须从相似的上市公司那里获得估计数据或者市盈率
市盈率	与投资回报率的方法相似 由普通股每股价格除以税后收益得到 封闭型控股公司要在净收益基础上乘以一个倍数，这个倍数常常从相似的上市公司那里获得 对市场条件（股价）敏感	上市公司更常用 市场条件（股价）会影响这个比率
折现未来收益（折现现金流）	试图以美元确定未来收益能力 预测未来收益（5年），然后用一个折现率计算现值 基于预期的未来收入时机	前提是现金流是最重要的因素 当出现下列情况时有效： · 被评估公司需要得到比投资更多的回报 · 只有现金收入能用于增长再投资
投资回报率（ROI）	净利润除以投资额 提供一个收益率 需要计算未来收益的可能性 回报率、现值表和加权概率的综合	不能为公司确定一个价值 不提供预期收益
重置价值	基于当前的成本，每一件资产被重置时的价值 公司的价值以重新开始的价格计算 通过在报告账面价值基础上提高价值来把通货膨胀和资产的年度折旧纳入考虑范围 没有反映收益能力或无形资产	对想要开展新业务而卖出本公司的公司有用 没有考虑收益潜力 不包括无形资产（商誉、专利等）

续前表

方法	描述/解释	标注/要点
清算价值	假设公司停止运营 卖掉资产以偿还债务 偿还债务后的净值分配给股东 反映一个公司的底价 反映了有担保贷款的数目 对出售方有利,因为所有资产都已折算成现金以数额定价	假设资产的每一部分分别拍卖售出 能很快地得出最低价,若低于这个价格,公司宁可破产清算
盈余收益	由美国财政部开发来确定一个公司的无形资产(为了收取所得税) 只在没有更好的方法时使用 美国国内收入署把这个方法当作最后的招数 这个方法不包括具有使用年限的无形资产(像专利、版权)	最后的方法(如果其他方法不适用) 很少使用
市场价值	需要知道一个相似公司的出售价格 很难找到最近的参照对象 出售方法也许不同——分期付款与现金付款 应只作为参考	只有参考价值 很难找到最近出售的相似公司

经调整的有形账面价值

评估企业价值的一个常用方法就是计算净值,即总资产减去总负债。然而在评估真正经济价值时,对特定资产做出调整是很重要的,因为通货膨胀和折旧会影响特定资产的价值。

在计算**经调整的有形账面价值**(adjusted tangible book value)时,要从净资产中加上或者减去商誉、知识产权、专利、延期财务费用、资产或者债务(商誉就是公司实体的价值,并不直接构成公司的有形资产和负债。它可以是公司名称、顾客忠诚度、员工士气和其他类似的能转变成更高收益能力的因素)。这种向上或者向下的调整反映了每一件资产超过或者低于资产负债表所报告价值的公允市价的部分。下面是一个例子:

	账面价值(美元)	公允市价(美元)
库存	100 000	125 000
工厂设备	400 000	600 000
其他无形资产		(50 000)
	500 000	675 000

盈余部分=175 000 美元

记住,当对调整价值进行行业对比时,只包括公司实际运营中用到的资产。其他重要的资产负债表和损益表调整包括:

- 坏账准备。
- 长期低息债券。

- 对联营公司的投资。
- 给管理人员、员工或者其他公司的贷款和预付款。

此外,收益也要调整。只有从公司运营中取得的真正收益才纳入考虑范围。一次性商品(比如来自公司分部或资产的出售)要排除在外。此外,如果公司采用经营净损额,没有充分纳税的税前收益也要给予考虑。

对收益和资产负债表做向上(或向下)的调整常常是因为存在大笔坏账、库存折旧和特定的做账行为,比如加速折旧相对于直线折旧。

清算价值

如果你需要现金,把公司拆开卖掉能得多少钱呢?应收账款也许会以总额80%的标准收取。短期库存也许只值零售价的60%。另一个方法是考虑重置这些资产要花费多少。但是清算价值和账面价值一样遵循:一个已过时的观念,那就是:一个公司的全部价值就是它的硬资产。

盈余收益方法

这种方法从账面价值或者清算价值开始,接着会提出资本的标准回报是什么的问题。高于这个数值的收益就是盈余收益。比如,客户忠诚度明显给预期收入增加了价值。最主要的问题是计算资本收益率的标杆值,也有可以借鉴产业平均值。

创业广角

正确地购买公司

企业家需要了解怎样评估一个公司的价值的原因之一就是,也许他们有一天会购买公司。当购买公司时,他们应记住一些要点,以下是五个最重要的方面:

- 从一开始就聘请一名律师。资产的购买常常涉及税务问题、未知风险,有时候还会涉及负债问题。律师能帮助企业家在这些问题方面未雨绸缪。
- 意识到一些12~18个月以后才会浮出水面的潜在风险。比如,一个顾客被在公司卖出之前所生产的产品弄伤,最终他很可能起诉企业的新老板。
- 让公司原所有人签订一个非竞争协议,规定其在特定年限里不得重新进入这个产业(至少不在当地)。确保许诺的条款合情合理,不然的话法庭不会承认。
- 请一位注册会计师或者外部财务专家来核实所有的收入和开销,以及资产账目。这样一来,企业家就知道他买的是什么了。
- 在结束交易前核实一下出售方。为什么他要出售?此外,这个人在商务交易中是否诚信?如果不是,这个人有可能在交易结束之前退出交易。

资料来源:"Buying a business: What to watch out for", *Financial Enterprise* (Summer 1987): 13-14.

市盈率(收益倍数)方法

市盈率(price/earnings(P/E)ratio)是用来评估上市公司价值的常用方法,价值由普通股市值除以每股收益决定。一个普通股数量为10万股,净收入是10万美元的公司意味着每股收益是1美元,如果每股股价涨到5美元,那么市盈率就是5倍（5美元除以1美元）。此外，因为公司有10万股普通股，所以企业的市值就是50万美元（10万股乘以每股5美元）。市盈率方法的主要优点就是简单，但这种优势只针对上市公司而言。

封闭型控股公司股票在公开市场上没有定价，所以要靠通过对比相似的上市公司得到一个倍数。这个方法有四个主要缺点：

● 私有公司的股票并不公开交易。它不具有流通性，即不容易被转换成现金，可能实际上被限制销售。因此任何根据定义得到的收益倍数通常是主观的而且低于上市公司股票得到的倍数。

● 报告中的私有公司净收入也许并不能真实反映公司的实际收益能力。为了逃税或者推迟纳税，大多数公司持有人倾向于压低税前收入。此外，封闭型控股公司也许为了所有者的利益而在福利津贴上过度支出。

● 在公开市场上买卖的普通股通常只是公司总所有权的一小部分。能起到操控公司作用的大笔股票的销售（封闭型控股公司的特点）需要额外的费用。

● 即使在相同的产业也很难找到真正能起对照作用的上市公司，因为它们的增长率、竞争、分红支付和利润（流通性和杠杆）几乎不可能相同。

尽管如此，在考虑封闭型控股公司时，下面给出了一个使用收益倍数方法的例子：

普通股的数量＝100 000（股）
2006年净收入＝100 000（美元）
假设15％的资本化率＝6.7倍市盈率（由1除以15得到）
每股价格＝6.70（美元）
公司价值＝100 000×6.70美元＝670 000（美元）

收益倍数

把你的收益（或者销售额）乘以参照公司的市盈率倍数。然而找到一个标准有时非常困难。多变性也是个问题：最近的利润和销售额也许不能反映长期预期。但是当收益和销售额都相对稳定时，这就是一种可靠的方法。

比较价值

卖过房子的人都知道这个概念。商业经纪人用最近在相似地区出售的房屋来体现待售房屋的市场价值。当然，公司交易信息很难收集。然而通过不懈努力这种信息仍然能够得到，像收益倍数方法一样，如果参照公司是公开的，就可以作为一个可靠的标准。

折现收益方法

大多数分析家认为，任何公司的真正价值在于它的潜在盈利能力。**折现收益方法**（discounted earnings method）比其他方法更能展示企业的真正价值。表18—5列出了一个使用盈利能力和经调整的有形账面价值来定价的方案。

支持将公司现金流折现的观点认为，未来（基于预期）赚的钱不如现在赚的钱值钱（由于购买力的降低）。基于这一点，收益和现金流预测的时间就成了关键因素。

在本章最后的自我测试"这个公司值多少?"中提供了折现现金流方法的每一个步骤。基本上这个方法用以下四步完成:

- 估计预期现金流。对成立时间长的公司来说,历史数据是很有效的参考,虽然当可得数据指示未来现金流会改变时要做一定的调整。
- 决定适合的折现率。计算此比率时要考虑买方的观点。买方和卖方经常不能达成一致,因为各自要求的特定回报率不同,对风险的看法也不同。卖方经常忽略的一点是买方还有其他的投资机会可供考虑。因此要基于这些因素制定一个合适的比率。
- 要决定一个合理的企业生命预期。每个公司都有一个生命周期,由公司是单产品/单市场还是多产品/多市场这类因素决定。
- 然后公司的价值就是在预计公司生命周期的条件下用适当的折现率折现预计的现金流。

表 18—5　　　　使用盈利能力和经调整的有形账面价值的定价方案

第1步	确定公司经调整的有形净资产(所有现有和长期资产的市场价值减去负债)。
第2步	估计买家用相当于有形资产的资金投资其他地方的年收入。
第3步	公司所有者兼经营者的工资标准。 这个加总的数字就是对买方用在这个公司的投资和精力在其他地方赚得的大概收益的估计。
第4步	确定公司过去几年的平均年净收益(减去所有者工资前的净利润)。 这是缴纳所得税之前的数据,使来源于其他渠道或者处于不同税率(要仔细考虑可替换投资的税负内容)的个人收益具有可比性。 收益的变化趋势是一个关键因素:是一直稳定增长、持续下跌、持续不变还是大幅震荡? 要调整数据以反映这些趋势。
第5步	从这个平均净收入数值(第4步)中减去总收益能力(第2步)和合理工资(第3步)得到公司的盈余收益能力。
第6步	用这个盈余收益数据来估算无形资产的价值——用盈余收益乘以"历年利润"的数值。 这个"历年利润"倍数以下列要点为中心:公司提供的无形资产的唯一性如何?需要多久来建立一个相似的公司并发展到这个程度?涉及多少资金和风险?相似公司的商誉价格是多少?卖方是否签订非竞争协定? 如果公司建设得很好,就用5年或5年以上的数据,特别是当公司拥有有价值的品牌名称、专利或地理位置时。 对中等规模的有经验的公司用3年的数据是合理的。 更年轻但盈利的公司也许只有1年的利润数据。
第7步	最终价格等于经调整的有形净资产加上无形资产(盈余收益乘以"历年利润")。

例子:

		公司 A (美元)	公司 B (美元)
第1步	经调整的有形净资产(资产减去负债)	100 000	100 000
第2步	如果投资于同等风险的企业,调整后的有形净资产有10%*的盈利能力	10 000	10 000
第3步	公司所有者兼经营者的合理工资	18 000	18 000

续前表

		公司 A（美元）	公司 B（美元）
第4步	近几年公司的净收益（扣除所有者工资之前的净利润）	30 000	23 350
第5步	公司的盈余收益能力（第4步减去第2步和第3步的和）	2 000	(4 650)
第6步	无形资产的价值——对中等规模公司使用3年的利润数据（第5步乘以3）	6 000	无
第7步	最终价格（第1步加第6步）	106 000	100 000（或更少）

说明：公司 A 中，卖家获得了商誉价值因为公司已经完成一定的建设，使得买家在相同的精力、相同的风险下，在这个公司赚得比其他地方多。

公司 B 中，卖家没有获得商誉价值，因为虽然公司已经成立较长的时间，但是不比卖家通过外部投资和努力赚得多。事实上，买家会觉得连 100 000 美元的投资——当前净资产的评估价值——都太多了，因为公司无法获得足够的回报。

*10%是用于举例的一个假设数字。一个合理的数字由公司的稳定性和相关风险以及总体投资规划决定。回报率应当与承担相同预估风险的其他地方的收益相当。

资料来源：Reprinted with permission from Bank of America NT&SA, "How to buy and sell a business or franchise", *Small Business Reporter*, 1987, 17.

要考虑的其他因素

在考察了这些价值评估方法后，企业家要记住把其他影响价值评估的因素纳入考虑范围。下面是三个可能影响公司最终价值评估的因素。

□ 避免创业成本

有些购买方愿意支付高于价值评估法得出的价值的价格。这是因为购买方经常想避免与创业有关的成本，所以愿意以稍高一点的价格买下现存公司。他们所支付的高一点的价格还是比实际的创业成本要低，而且避免了建立客户群的有关工作。因此，对一些购买者来说，名牌产品自然价格会高一些。

□ 预测的准确性

对公司销售额和收益的预测总是基于过去的财务和经济数据。较短的历史、动荡的市场和不稳定的环境都是让购买方理性预测的原因。考察与预期销售收入（更高的价格还是吸引更多的顾客）、市场潜力（乐观的还是现实的假设）和盈利潜力（精确的成本/收益/市场数据）有关的趋势、波动和模式很关键，因为每个领域在判断预测的准确性时都存在一些需要理解或者量化的特定因素。

□ 控制因素

所有者对公司的合法控制程度会影响公司的价值。如果所有者的股份为

100%或者公司的所有运营都在他的影响之下，那么这个价值就等于公司价值。如果所有者没有那么大的控制力，这个价值就会减少。比如，买入49%的股份的股东就不能有效地控制持有51%的股份的股东。同样两个持有49%的股份的股东是平等的，直到持有2%的股份的那个股东做出选择。很明显，缺少流动性的少数股份也要折现——私人控股公司的少数股份很难卖掉。总的来说，在购买一个公司的股份时，把控制因素看成另一个影响要素很重要。

创业广角

让你的钱获得价值

决定卖掉他们的公司两年后，道格·罗伯逊（Doug Roberson）和他的合伙人反而把他们价值1 800万美元的数据通信公司与一个更大的公司合并了，并因此得到了570万美元的股票和两份5年的管理合同。公司价值评估描绘出总体蓝图，使他们能够做出最符合其利益要求的决定。"价值评估给我们提供的内幕信息绝对是物有所值的。"就像准备购买一个公司一样，罗伯逊和他的合伙人早就明白在涉足他们不懂的领域之前要尽可能地做好准备。

企业价值评估也叫公司评估，经常在最需要的时候被忽略：申请贷款、出售公司甚至宣布破产，以上只是需要价值评估的少数几个原因。公司所有者认为他们最了解自己的公司价值，所以忽略了价值评估能带来的好处。罗伯逊并没有鼠目寸光。"它能让我们为更好地打消购买方的疑虑做准备。它让我们成为更强大的谈判专家。"

罗伯逊付出15 000美元得到了那份能使他和他的合伙人从不同的角度来审视自己公司的报告。即使他们参与公司的日常运营，他们也并不知道公司的成功有多少依赖于关键员工和主要客户。投资商比较担心这种容易流失的利润来源。

价值评估是在各种事件中会用到的商业工具。总的来说，它旨在定出一个公允市价，仅仅在特定条件下产生的结果也是特定的：

- 出于房产税和赠与税的目的，理想的价值就是最低价，以使税负最小化。期望评估人员能找出降低公司价值的档案文件。
- 出于出售的目的，充分准备的出售方总是提出有可能的最高价。
- 出于筹资的目的，银行家着重评估公司的清算价值，而不是公司作为一个盈利企业的价值。
- 出于诉讼的目的，价值评估就是一件狗咬狗的事情。根据你的身份确定价值目标，但要记住，你能做的最好的投资就是找一个最可靠的评估人员写一份详尽的、有理有据的文件。

资料来源：Adapted from Jill Andresky Fraser, "What's your company worth?" *Inc.* (November 1997): 111-12.

其他收获价值的创新方法

企业价值的创造、收购和撤销投资的过程都涉及成功的退出策略。许多企业家喜欢创业后收获，然后再创业再收获。有人把这叫做e型热情曲线（见图

18—1)。e型曲线遵循一套陈旧的步骤——创业，发展，成熟，然后退出。我们之前谈到过这些步骤，但这里着重介绍**生活方式拐点**（lifestyle inflection point），就是人生中改变我们思考和行动方式的一个点。很多企业家具有多样性而且乐于创办新公司；他们准备好了接受新挑战。其他人到达了特定的点就想寻找生活方式而不是增长了。

在这个点会发生很多事情。一些企业家把公司传给下一代。其他人把公司卖给出价最高的人或者与更大的公司兼并。还有一些人想要通过找一个战略买家和**实施先行退出策略**（proactive exit strategy）来使他们的工作效益最大化、杠杆化。最后从做得好转变成做好事的企业家人数也在增加；这类人就是将企业转变为谋求公共利益的企业慈善家。

超过60%的澳大利亚的成功企业家暗示他们想在3年之内将自己的资产变现，也就是把资产变成现金。商业销售是最有可能使用的资产变现方法（42%），但是还有很多方法能实现这个目的。

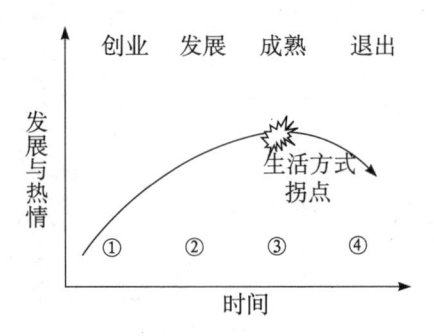

图18—1 e型热情曲线

资料来源：Adapted from "What's your exit strategy?", *Restaurant Hospitality* 89（1）（2005）：46.

商业销售

商业销售就是把公司卖给行业内的某个人。卖给另一家公司在消除竞争和增强双方贸易地位方面都很有用。

通常这涉及把股份和资产给予某个行业购买者。买家出于战术和资金原因投资。商业销售一般实行售出不退换的原则，就是出售方可以选择不提供任何保障。进行商业销售有三种典型的方法：

- 按顺序和备选买家磋商。
- 同时和所有备选买家磋商。
- 向所有对公司有兴趣的人开放的竞标。

先行退出

澳大利亚教授汤姆·麦克卡斯基尔（Tom McKaskill）认为，有可能得到一个远远高于资产负债表价值的售价，关键是找到能真正把收益提到一个新高度的战略买家，技巧就是找一个能清楚识别机遇大小然后调整销售溢价的人。麦克卡斯基尔的方法以一个假设开始，即传统的价值评估手段都是基于一个以得到分红为目的的投资者（用市价折现），而这个价值可以评估。这种没有风险的模式没有认识到能把资产和资本提到一新高度的买家带来的额外收益。怎样寻找战略买家？麦克卡斯基尔列出了五个问题：

- 哪些买家已经有会购买我的产品的客户基础？
- 谁有能够卖给我的客户群的特定产品？
- 我的产品或技术能为拥有资源以开发更大市场的买家打开新市场吗？
- 我的产品能通过调整或者扩展卖给买家的客户群吗？
- 我的公司能把买家送入一个增长的新市场吗？

大多数时候，卖家已经有一份同行业或同市场战略买家的名单。当然卖家的准备工作十分重要，这意味着开发一个买家能随时使用的"合并准备"计划，意思就是投资内部尽职调查以保证不会出现潜在的问题或风险。比如，关键员工已经有留任的动机。其他管理要与一个完备的继任战略融为一体。这些都要花费时间，在麦克卡斯基尔看来要四年。

企业慈善事业

企业慈善事业（entrepreneurial philanthropy）是指一个富有的人把现存公司转变成一个慈善企业。传统意义上，企业家精神只是一个底线行为。最近的研究开始涉及企业家社会精神，即把以盈利为主的公司转变成以社区、地区、国家乃至世界利益为主的公司。研究人员艾克斯和达纳（Acs & Dana）阐述了美国在这方面的悠久历史和独特性。

> 使美国资本主义区别于其他形式的工业资本主义的就是，美国资本主义向来侧重于财富的创造（企业家精神）和财富的分配（慈善事业）两个方面……慈善事业提供了未来经济增长的一个积极的回馈机制和带来更高水平经济发展的理由。

这种做法已经扩展到其他国家。

小结

许多企业家通过购买一个现成的公司开始创业。本章概述了购买公司的几个关键步骤。此外，为评估已选择要购买的特定公司的价值，提出了10个关键问题。

无论是购买还是出售公司，企业家都要明白怎样评估一个公司的价值，很多人想要知道公司的价值，有时只是为了收集信息，有时则是为了出售公司。无论是哪种目的，都有很多价值评估的方法。

第一步分析公司的整体运营，以详细了解公司的优势和弱点。表18—2为此提供了一个审核表。第二步就是为公司确立一个价值。表18—4列出了企业价值评估的10种方法。三个最常用的方法是经调整的有形资产、市盈率和折现未来收益。

经调整的有形账面价值的方法通过重新估算资产价值然后减去负债来得到公司的价值。这是一种简单直接的方法。

市盈率方法用普通股的市价除以每股收益，然后乘以发行股票数。比如，一个收益倍数为10、有100 000股的公司价值100万美元。

折现收益方法采用事先确定的年数来预测现金流，然后用一个适当的折现率把这个总数折现为现值。这是评估企业价值最流行的方法之一。评估企业价值要考虑的其他因素包括创业成本、预测的准确性和控制因素。

最后我们介绍了生活方式拐点和从创业型公司收获价值的各种方法。

思考题

1. 购买公司的基本步骤是什么？
2. 尽职调查的定义是什么？在收购现存公司时怎么运用它？
3. 列出尽职调查要调查的各个方面。
4. 分析一个公司时，在公司历史、市场和竞争、销售和分销及生产等方面，企业家要提出什么样的问题和疑虑？
5. 分析一个公司时，在员工、设施、所有权以及贸易和专业核实等方面，企业家要提出什么样的问题和疑虑？
6. 分析一个公司时，在财务管理方面，企业家要提出什么样的问题和疑虑？
7. 经调整的有形账面价值方法是评估企业价值最流行的方法之一。说说这种方法的原理。
8. 清算价值是什么意思？
9. 解释市盈率方法的工作原理。举一个例子。
10. 使用折现收益方法的步骤是什么？举一个例子。
11. 说出以下评估企业价值方法的原理——固定价格、收益倍数、投资回报率、重置价值、清算价值、盈余收益和市场价值。每种方法各举一个例子。
12. 解释为什么以下是评估企业价值时要考虑的重要因素——创业成本、预测的准确性和控制程度。
13. 收获企业价值的其他创新方法有哪些？

自我测试：这个公司值多少？

已计算实例：

让我们来看看你想要收购的公司，你要做以下几步：

1. 预测公司5年（2007—2011年）的净现金流。
2. 改变数据的呈现格式（可以让使用更方便）。
3. 使用24%的现值率。

假设你有机会购买一个大公司的一个小部门。你能准确预测公司的增长是因为你很了解那个公司。现在它不盈利，但是有了你的专业知识和规划，你预计它能在5年时间里创造380 000美元的净现金流，并在第5年末有400 000美元的价值（净资产）（380 000美元的净现金流是扣除所有现金支出后的数字）。

问题：

如果想要你的年投资（即购买价格）回报率不低于24%，你要花多少钱买下这个部门？

以下是一些事实依据：

假设收购将在2006年12月31日发生，预测的每年净现金流（所有现金流入减去现金流出的盈余）如下：

第 18 章　公司的买入和卖出

	2007 年	2008 年	2009 年	2010 年	2011 年
净现金流（千美元）	0	40	80	110	150

答案：

既然你想要 24% 的年投资回报率，那就直接计算预期净现金流的现值。你还必须计算第 5 年末的 40 万美元的净资产（预期资产减去债务）的现值。

参考金融手册的现值表（或使用计算器），你能得到如下数据：

年度	24% 的回报率的现值因子
当前	1.000
1	0.806
2	0.650
3	0.524
4	0.423
5	0.341

现在唯一要做的就是准备一张显示 5 年净现金流的表格。然后用现值因子（可以是 24% 的回报率）乘以每年的净现金流。

年度	净现金流（美元）	现值因子	现值（美元）
2007	0	0.806	0
2008	40 000	0.650	26 000
2009	80 000	0.524	41 920
2010	110 000	0.423	46 530
2011	550 000*	0.341	187 550*
总计	780 000		302 000

*数值包括该部门第 5 年末 150 000 美元的净现金流和 400 000 美元的净资产。

经计算，预期净现金流的总现值为 302 000 美元——而且这个数字包括第 5 年末的预期净资产价值 400 000 美元。

也就是说，如果现在以 302 000 美元买下这个部门，而且能产生预期的 5 年现金流（包括 400 000 美元的预期净资产价值），你就能在这 5 年里实现你所投资的 302 000 美元资金的 24% 的年回报率。

资料来源：Thomas J. Martin, *Valuation Reference Manual*（Hicksville, NY：Thomar Publications, 1987），68. Figures updated, 2002.

自我测试：你推荐什么？

简·温菲尔德（Jane Winfield）想要购买特德·加纳（Ted Garner）的公司。她对特德的公司做了详尽的财务分析，得到如下信息：

1. 库存的账面价值：250 000 美元
2. 未来收益折现率：24%
3. 工厂和设备的账面价值：150 000 美元
4. 库存的公允市价：400 000 美元
5. 其他无形资产的公允市价：60 000 美元
6. 普通股的数量：100 000 股
7. 工厂和设备的公允市价：400 000 美元

8. 市盈率：9倍
9. 其他无形资产的账面市场价值：30 000美元
10. 接下来5年的预期收益：

第1年	200 000美元
第2年	300 000美元
第3年	400 000美元
第4年	500 000美元
第5年	600 000美元

根据这些信息，用以下方法，简分别应该给公司定价多少？

a. 经调整的有形资产
b. 市盈率
c. 折现未来收益

根据你学到的知识，推荐她该使用的价值评估方法。最后根据你所有的计算结果，估算最终价格。给出你的理由。把答案写在下面：

a. 经调整的有形资产价值评估：
b. 市盈率价值评估：
c. 折现未来收益价值评估：
d. 最终售价：

案例分析 18—1

一次价值评估

查尔斯·杰克逊（Charles Jackson）一直对评估企业价值感兴趣。5年前，他用1 500美元的积蓄开始创业，到现在他的公司已经发展到15名员工和188万美元年销售额的规模。

查尔斯和他的会计谈过有关评估公司价值的方法。会计给他简单介绍了其中的两种方法——经调整的有形账面价值和折现收益。查尔斯决定分别用这两种方法来评估公司价值。以下是他为了使用这两种方法收集的信息：

经调整的总资产和总负债		后5年的估算收益	
总负债	700 000美元	第1年	100 000美元
重新评估后：		第2年	125 000美元
库存	600 000美元	第3年	150 000美元
工厂和设备	400 000美元	第4年	200 000美元
其他资产	100 000美元	第5年	250 000美元

查尔斯觉得最好使用保守一点的折现率，他定为24%。

问题：

1. 使用经调整的有形账面价值方法，查尔斯的公司值多少？写出你的计算过程。
2. 使用折现收益方法，查尔斯的公司值多少？写出你的计算过程。
3. 哪一种方法更精确？为什么？

案例分析 18—2

选择哪一个？

乔治亚·艾萨克森（Georgia Isaacson）和她的儿子鲁宾（Rubin）考虑要购买一个公司。在和七位有出售企业意向的企业家商谈后，艾萨克森母子俩决定选择一个服装零售店。这个店的地理位置很好，而且过去5年的收益不菲。店铺所有者告诉艾萨克森母子售价是50万美元。所有者是通过预估以后7年的运营收益再乘以15%的折现率得出这个价格的。

艾萨克森母子不确定这个零售店是不是值50万美元,但是他们了解所有者得到这个价格所用的方法。乔治亚觉得既然店铺所有者干这行才7年,那么折现7年的未来收益是不现实的。她个人认为5年的预期更现实。鲁宾觉得15%的折现率太低,20%～22%的折现率更为现实。

除了这些疑虑,艾萨克森母子想用其他的方法进行公司的价值评估。他们特别想知道用经调整的有形账面价值方法估算的公司价值是多少。他们还想看看重置价值和清算价值方法得出的结果。

"我们知道公司所有者觉得他的公司值多少,"乔治亚对她儿子说,"可是我们要自己决定公司值多少,只有这样才能商量出一个最终价格。现在我认为我们必须从几个不同的角度看待这个价值评估过程。"

问题:

1. 如果公司所有者把收益预期的年数从7年减到5年,会对最终价格产生什么影响?如果他把折现率从15%提升到20%～22%,会对最终价格产生什么影响?

2. 重置价值方法和清算价值方法的工作原理分别是什么?为什么艾萨克森母子要使用这两种方法?

3. 如果艾萨克森母子得出公司价值为41万美元,假设交易已完成,最终的出售价格是多少?说出你的理由。

第19章

家族企业：继承和延续

一般观点认为，在美国的家族或个人控股的企业之所以会失败，是因为税负沉重、竞争残酷、劳动力效率低下、技术更新快、管制过于严格等。但是事实却与此相反。这些企业之所以会消亡，是因为管理者听之任之，企业在所有者/管理者的无所作为中日渐衰退，最终灭亡。企业失败的真正原因是这些管理者从不做出及时的决定以使企业在瞬息万变、越来越复杂的现代世界中保持活力。尤其是，家族企业的所有者在考虑企业未来的经营管理方面总会出现一些失误。

——利昂·A·丹科（Leon A. Danco）
家族企业中心，俄亥俄州克利夫兰

本章要点

1. 描述家族企业的重要性及其存在的问题
2. 考察影响企业管理权继承的主要因素
3. 确定并描述一些最重要的继承人选
4. 介绍制定继承战略的方法
5. 解释实施继承计划的步骤
6. 介绍以"卖出"作为最后选择时的"收获战略"

亚太地区的家族企业

在所有的行业中，家族成员拥有的企业占较大的比例，在新兴企业中更是如此（见表19—1）。家族企业所占比例在不同国家差别很大。雷诺兹等人（Reynolds et al.）发现，在新兴企业中，家族企业所占的比例从巴西的86%到瑞典的52%不等。家族企业在新加坡所占比例低于平均水平，为65%。

表 19—1　　　　　　　　　新兴企业中家族企业所占比例

国家	家族控股超过50%的新兴企业所占比例（%）
英国	77.5
澳大利亚	76.6
新西兰	74.6
美国	74.5
新加坡	64.7

澳大利亚和新西兰的家族企业比例与英国和美国的家族企业比例旗鼓相当：大约3/4的新兴企业由家族控股。在澳大利亚证券交易所上市的所有公司中，27%的企业是家族控股的。1996—2002年间，澳大利亚家族企业的财富是原来的3倍。

由于家族企业构成了国内企业的大部分，所以家族企业的整体发展状况对国民经济增长有着巨大的影响。从某种程度上说，在世界最著名的上市公司中，绝大多数都是家族控股的。即使在今天，有些"公共"企业仍然由家族控股，至少要受家族影响。在可口可乐公司，伍德拉夫（Woodruff）家族的观点仍然很有分量，阿理利（Agnelli）家族仍在影响着菲亚特公司。

很多家族企业建立于1945—1960年间。这些家族企业的所有者现在都老了，管理权也传给了下一代。比如，在澳大利亚，1/5的家族企业所有者年龄超过65岁。超过1/10的所有者年过七旬，1/3的所有者年过半百。大约50万个家族企业的所有者年过半百；他们的身价以每年10%的速度增长。因此，继承策略就变得很有必要。遗憾的是，只有17%的家族企业拥有一份继承计划书。

当然，亚太地区的家族企业比**英国或西方模式**（anglo or western model）下的家族企业有更多的内涵。以下是亚太地区家族企业复杂的情况：

- 中国香港、印度尼西亚和菲律宾的家族企业所面临的继承问题与其他国家相似。
- 在印度尼西亚，只占总人口3%～4%的华人控制着这个国家3/4的财富。
- 在整个亚太地区，华人的家族企业可谓遍地开花。但这个网络的中心在中国香港、新加坡、中国台湾以及中国大陆沿海地区。少数华人还是泰国、马来西亚、印度尼西亚、中国香港、菲律宾、越南和中国大陆等国家和地区的主要资金来源。
- 在中国大陆的所有投资中，海外华人占80%。在企业关系网中，他们拥有共同的文化背景和吃苦耐劳的精神。家族成员组成企业的高层管理者，家族的首领则掌控全局。
- 新加坡的华人家族企业是推动该国经济发展的动力。但是这些家族企业的层级和家长式的性质使得它们与这个国家的西方模式产生分歧。在向国家妥协以及面对来自西方的越来越激烈的竞争过程中，这些家族企业正逐步从**家族统治和管理**（family-ruled and managed）的模式向**家族统治和专业管理**（professionally managed family-ruled）的模式转变。

- 在泰国，家族企业推动了国家工业化进程。1997年亚洲金融危机以前，220个家族企业集团包揽了国内生产总值的2/3。但是，经济全球化、社会和政治变革以及金融危机等诸多因素大大削弱了家族企业在泰国的影响。

家族企业面临的挑战

本书的焦点主要放在以个人为单位的分析上，但如果我们把眼界打开，就会发现家族实际上是一群相互关联的个人企业家的集合。像所有的企业一样，家族企业面临着相同的经济问题，包括市场营销、技术革新、消费倾向的转变、日益激烈的竞争以及动荡不安的政局等。但是这些家族企业家也有他们特殊的方面：

- 他们可能缺乏更大、更多元化的公司的融资能力。
- 他们可能缺乏专业的管理手段以缓解压力。
- 像所有的家庭成员一样，他们也有各自心理上的压力和挫折。

从定义上说，家族企业是家族和企业两个系统的重叠。家族成员通常具有内在倾向，其决策的制定与其说是基于明智的商业判断，不如说是基于多变的情绪。另一方面，企业系统则需要准确的分析和精确的结果。企业系统要生存和发展，就必须有冲突和变化，但家庭系统总是设法维持和谐并使变化最小化。所以，两个系统重叠的地方，就是人际关系问题与管理要求产生冲突的地方（见图19—1）。而这种情况使开发、采用一种解决冲突的方式变得必要。

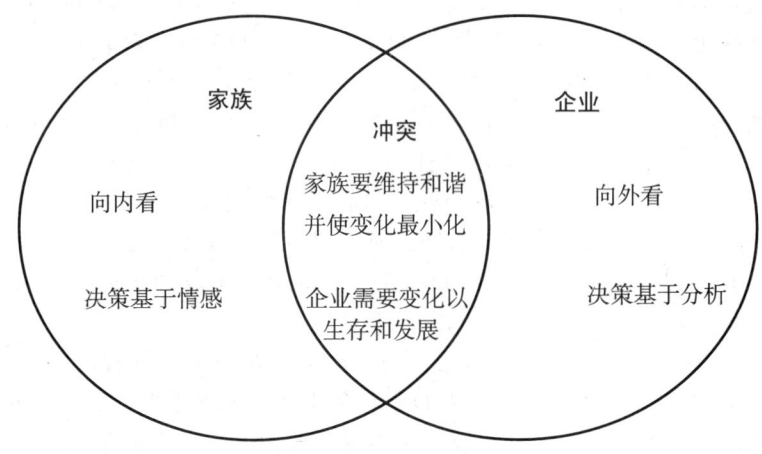

图19—1 家族—冲突—企业

家族和企业冲突的例子有：

- 给家族成员的薪水多少为宜？家族成员的报酬通常是根据他们的个人需要而定的，而在企业里，人们的薪水是由他们的市场价值决定的。
- 家族成员应该拥有多少股权？家族企业的股权到底应不应该分给外人？在现实世界里，雇主为了激励重要的员工，会向他们出售企业的股权。

事实是，全球所有的家族企业中只有1/3成功延续到了下一代，大部分企业都在创始人离世后被卖出或被收购。因此就有一种说法，第一代创建，第二代发展，第三代毁灭。研究表明，只有5%的家族企业在三代后还能继续产生股东价值。

虽然挑战如此复杂，但是家族企业仍然可以壮大。有很多原因可以解释这种状况：其一，家族企业不受苛刻的股东影响，那些股东总想干预公司的运行决策。其二，家族成员愿意牺牲短期利益以获取长远利益。调查表明，家族员工的效率比其他员工的工作效率高。其三，家族企业灵活，这种特点使家族企业在面对挑战和机遇时可以更自由地做出反应。此外，家族企业的所有者会给人一种稳定的感觉——本公司将长期生存下去，向顾客提供长久的服务，给员工提供稳定的工作岗位。

家族的价值观和影响能够帮助企业运行。调查显示，企业建立后，家族企业有三个主要优势：

- 人性化的工作场所——家族企业比一般企业容易表现出更多的对个人的考虑和关怀。
- 从长远着眼——普通公司经理的工作成绩以年为单位进行评估，对于他们而言，年度绩效是最重要的，而家族企业更希望从长远着眼。
- 强调质量——一直以来，家族企业都有着确保顾客需要的产品/服务质量和价值的传统。

心理学家曼弗雷德·凯斯·德弗里斯（Manfred Kets de Vries）调查了家族企业的优势和劣势。表19—2汇总了他的一些主要观点。其中一些主要的优势前面已经提及，如行动更加自由、眼光更长远、稳定性强、有弹性、官僚作风少等。劣势则包括：家族内部纠纷、家长式统治、组织混乱（缺少明确的分工）、**裙带关系**（nepotism）（提拔无能的家族成员）和继承问题等。本章的主题是继承。

表19—2　　家族企业的优势和劣势

优势	劣势
眼光更长远	进入资本市场的途径少，可能会因此制约发展
行动更独立	组织混乱
很少或没有来自股市的压力	结构繁杂
很少或没有被收购的危险	分工不明确
家族文化带来自豪感	裙带关系
稳定	无能的家族成员可能成为管理者
较强的自尊，奉献精神，动力	不平等的薪酬制度
领导班子的延续性	很难吸引专业的管理团队
在艰难时期更显弹性优势	溺爱孩子综合征
愿意将利润再投资	内部冲突
官僚作风少，客观	家族成员的不和会影响企业管理
更灵活	家长式/机械式统治
可以更快做出决定	抵制变化
获得经济利益	秘密
获得巨大成功的可能性大	依赖型人格更受欢迎

续前表

优势	劣势
谙熟所做的生意	财务紧张
为家族成员提供早期培训	付出和回报不平等
	继承问题

资料来源：Manfred F. R. Kets de Vries, "The dynamics of family-controlled firms: The good news and the bad news", *Organizational Dynamics* (Winter 1993): 61.

创业广角

新加坡家族企业：不要洋葱，谢谢

Wangi 工业公司更想成为一只橙子而不愿做一头洋葱。哦，不，这家公司并不是在谈论是否要进入食品市场，这里说的是公司内部等级制度。

"交流在我们的企业中相当重要，"企业发展副总裁丘（Chew Ker Yee）说，"我们更愿意是一只橙子，而不愿做洋葱。洋葱层级太多，而橙子只有两层，剥掉皮就可以吃了。在 Wangi，我们的层级很少，只有队长和队员。"

考虑到 Wangi 是个家族企业，这种管理风格实属罕见。Wangi 成立于 1968 年，由丘的父亲创立，是一家为光学薄胶片包膜并进行表面加工的公司。现在，丘的父亲任这家公司的总经理，他的两个儿子则在新加坡带领数个团队管理着这家公司。

"我们正尝试脱离传统的家族企业管理风格，不再一味强调忠诚和服从，"30 岁的丘说，"我们想创办一家以绩效为动力的公司。我们需要这种文化，只有这样才能在经济全球化的环境下生存。"

"我们相信，只有当 Wangi 团队是赢家时，我们个人才是赢家，"丘说，"在那里这种想法很新鲜。他们所追求的只有个人利益。这是一种全新的思维。"当然，这种思维并不会阻止这家公司在中国进一步扩展。本月底，一家新的工厂将在深圳建成，起初有 50 名员工，来年第一季度就会增加到 200 人。

资料来源："No onions, please", *Business Times* (Singapore) (6 September 2005).

管理权继承问题

调查发现，很多家族企业运行 10 年就会倒闭；只有 30% 的家族企业可以传到第二代。更值得注意的是，只有 16% 的家族企业可以传到第三代。这些事实是通过调查 200 家比较成功的家族企业的寿命得到的。一个家族企业的平均寿命是 24 年，即一个创业者的平均任期是 24 年。

大多数家族企业面临的主要问题之一是对把企业管理权传给下一代准备不足。虽然从生物学的角度讲，下一代继承上一代是必然的，但是大多数的家族企业从未制定过继承计划。这又是一个很残酷的事实。

管理权继承（management succession）包括企业内部管理决策权的转变，是企业家在家族企业管理方面面临的最大挑战之一。乍一看，继承似乎并不是什么大问题。企业所有者只要在子孙中挑选一个继承人，或者一种更好的做法是，趁在世时培养一个或几个子孙接管企业就行了。遗憾的是，说起来容易做起来难。其中有几个问题。

一个很大的问题是企业所有者。很大程度上，企业所有者就是企业家。企业家的个人性格和才干决定了企业效益。如果企业所有者不复存在，公司可能就无法运营下去。此外，企业所有者也不愿意自己离开。即使所有者有了健康问题，不能有效地管理企业，他们仍要继续留在管理岗位上。此外，企业所有者总是把那些想让他下台的家族成员看成贪婪的人，认为他们是想努力夺取管理权以满足私人利益。另外，所有者和家族成员都对"死"这个话题很敏感。

继承中还存在其他一些障碍，比如兄妹间相互敌对，家族成员害怕自己在家族中的地位丧失，或者因为害怕被遗弃而恐惧得要命。表19—3列出了家族企业继承中存在的障碍，这些障碍有的来自企业所有者，有的来自家族成员。

表 19—3　　　　　　　　　　　　家族企业继承中的障碍

企业创始人/所有者	家族成员
对死亡的焦虑 公司作为一种象征 ● 身份的丧失 ● 对遗产的关注 选择的两难 ● 如何实现平等 两代人之间的嫉妒 ● 权力的丧失	死是一种忌讳 ● 讨论死总会带来敌意 ● 害怕迷失或被遗弃 害怕手足竞争 配偶在家族企业中的位置变化

资料来源：Kets de Vries, "The dynamics of family-controlled firms", 68.

家族企业有一条基本原则：继承计划应该由企业所有者制定。人人都想掌管企业，所以必须决定谁是继承人。但从内心来说这很难选择。选一个继承人就像买一块墓地一样，是企业家为自己的离世做的决定。企业所有者若不愿面对继承问题，就会给他的后人留下一些不必要的负担。虽然如此，家族企业的继承问题并不是不可解决的。要解决这些问题，我们认为最好先确定影响继承的主要因素。

创业实践

鲁珀特·默多克的悲哀

又一个孩子退出了家族企业，默多克家族企业真的完了吗？创业者把新闻集团的管理权交给下一代的计划很不顺利。2005年7月29日，鲁珀特·默多克（Rupert Murdoch）的大儿子拉克伦（Lachlan）突然辞职，离开了公司执行副总裁的位置。他的离开有个人原因：他和他妻子不喜欢纽约，更喜欢悉尼，打算搬回去。但是也有公司的原因，据说他虽然身为企业执行副总裁，听起来很重要，但在他所分管的企业运营方面（集团的美国电视台、报纸、哈珀·柯林斯公司和它的澳大利亚分支）却很少有发言权，这让他大受打击。基本上他在公司中主要就是作为《纽约邮报》（*New York Post*）的出版人。公司的权力都掌握在他的爸爸和彼得·彻宁（Peter Chernin）手里，后者是公司的董事长和首席执行官。

新闻集团的执行官说，拉克伦对于管理企业不像他父亲想象的那样投入。据与公司关系密切的人说，公司的一些前辈会向老板打报告，说他不合作。而拉克伦与彻宁的关系也不融洽。据说老默多克曾当着其他执行官的面，指责拉克伦的工作表现差。

拉克伦并不是默多克家族第一个匆匆离职的人。2000年，默多克的四个成年孩子中的老二，伊丽莎白·默多克（Elisabeth Murdoch）也突然离开了BSkyB，这是一家由她的爸爸控制的英国卫星电视上市公司。这件事让默多克很惊讶，也给他带来不少痛苦。因为默多克小姐当时被认为是公司的未来继承人。

现在默多克只有一个孩子还留在新闻集团，就是最近从亚洲电视转来任BSkyB首席执行官的詹姆斯·默多克（James Murdoch）。现在他已给那些投资者留下了很深的印象，其中有一些投资者起初对他的能力持怀疑态度。

现在，默多克的计划是先由彻宁暂时继任，直到有孩子可以接任。但是彻宁可能最近几年就要离开公司。更复杂的是，默多克先生的第三次婚姻，与邓文迪（Wendi Deng）（也许是另一个未来继承人？）的结合还给他带来了两个年幼的女儿。据说他要改变家族的经济安排，给他最小的两个女儿相同份额的资产，这些资产将暂时托管。家族内部的纷争据说是拉克伦离开公司的又一原因。在上周末的进一步声明中，老默多克说，他期待着儿子返回公司的那一天。

资料来源："The sadness of Rupert Murdoch", *Economist* (6 August 2005)。

影响继承的主要因素

有人说家族企业的"平稳继承"是一个自相矛盾的说法。因为继承本身就是一件依赖感情决定的事，继承不仅需要结构上的变化，而且要求文化相应地变化。在传承企业本身的同时，道德、价值观以及传统等也要相应传承。家族企业若要顺利地传承下去，就必须明确地区分"企业"和"家族"这两个不同的概念。

影响继承的因素很多。考察这些因素的一种方法是，把压力和利益分为来自企业内部和来自企业外部；另一种方法是考察**强制事件**（forcing events）；第三种方法是考察继承者。

企业内部的压力和利益

家族企业内部会产生两种压力影响继承（见图19—2）：一种来自家族成员；另一种来自家族外部的员工。

家族成员

如果家族成员也是企业员工，他们就会带来一系列继承问题。其一，家族成员会努力让企业生存下去，这样他和他的家族才能管理企业。有时，这导致家族成员希望获得或增大对企业的控制权。其二，企业所有者在挑选继承人时有压力。其三，家族内部互相敌对。比如，每一个在企业里有分量的人都希望所有者把位置让给他或者他的儿子。想想看，只有一条血脉可以得到这个位置，这必然导致家族内部相互敌对，最终导致企业被出售或倒闭。

家族外部的员工

为了保护自己的利益，家族外部的员工也会向所有者兼管理者施加压力。比如，企业的元老总是希望老板能给个机会，购买公司的股票，成为股东，或者希望老板在遗嘱里会提到他，把企业的一部分留给他。这种愿望一旦传到老板那里，或多或少会影响老板制定继承计划。而且，企业所有者不能忽略这些家族外部员工的要求，他们对企业越关键，老板越应该考虑他们的要求，至少部分地满足他们的要求，因为只有这样，企业才能够生存下去。

	家族内部	家族外部
企业内部	**家族企业管理者** 迟迟不肯下台，不肯放弃企业控制权 选择家族成员作为管理者 家族投资和家族关系的延续 建立统治集团 敌对	**员工** 忠诚应该得到回报 成为股东，获得发展和成功 职业主义 为家族传承提供过渡 拥有公司股份
企业外部	**亲戚** 收入和继承权 家族内部的冲突和利益联盟 参与企业的程度不同	**外人** 竞争 营销、产品、供求状况和技术等带来的影响 税法 管理机构

图 19—2　家族企业的压力和利益

资料来源：Adapted and reprinted by permission of *Harvard Business Review*. An exhibit from Louise B. Barnes and Simon A. Hershon, "Transferring power in the family business" (July/August 1976)：106. Copyright © 1976 by the President and Fellows of Harvard College；all rights reserved.

企业外部的压力和利益

在企业外部，家族成员和家族外部员工都会对继承施加压力，并保持在公司的持续利益。

家族成员

即使家族成员在企业中扮演的角色不活跃，他们也会对继承产生压力。这些人都很关心他们能否继承企业的一部分，为了确保继承权，他们会向企业所有者施加各种各样的压力。他们希望可以参与企业的经营，要老板雇用他们。这些请求十有八九会被拒绝，所有者常常找的借口是企业不需要额外人员，或者是只需要专业人才（销售人才或技术人才）。

非家族成分

外部环境因素是压力的另一主要来源。首先，竞争者可能会不断变换战略，家族企业的所有者必须做出应对，以适应新的市场要求。另外，消费者、技术和新产品开发等因素都在不停变化，企业家必须对这些变化做出反应。税法、管理机构以及新的管理方法等也会对所有者造成必须应对的压力。

在这些情况下，这些带来压力的因素都可能导致麻烦。

图19—3是一个区分家族和企业的系统模型。在家族系统和企业系统重叠的地方，两者都会对正常交易模式的中断做出反应，这些中断可能来自企业和家族的内部或外部。外部的中断可能来自公共政策的变化、经济变革或者技术革新。内部的中断可能来自家庭成员的结婚生子、丧事或者离婚。不管这些中断是好是坏，家族和企业都必须做出反应。

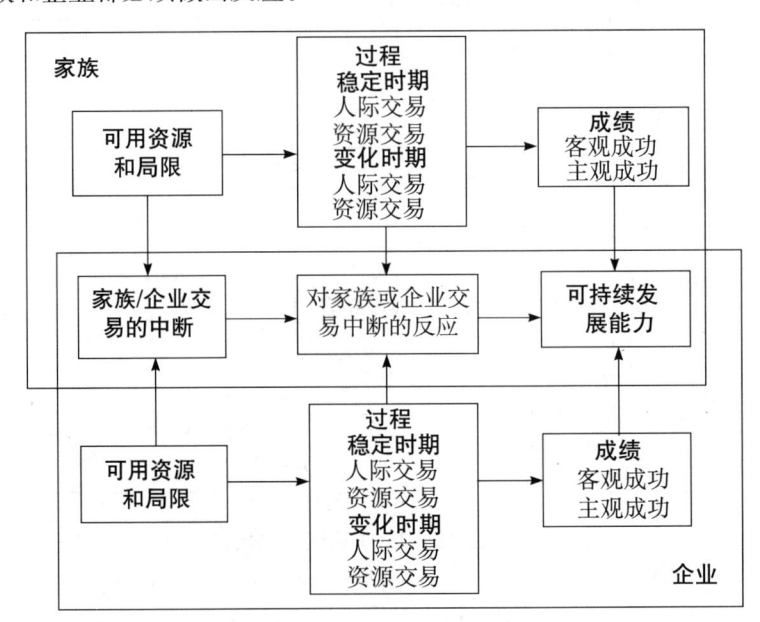

图19—3 可持续发展的家族企业模型

资料来源：Kathryn Stafford, Karen A. Duncan, Sharon Dane and Mary Winter, "A research model of sustainable family business", *Family Business Review* (September 1999)：197-208.

不同的家族和企业，家族系统和企业系统的重叠程度也不尽相同。当一个家族企业在大方向上把家族和企业分开对待时，重叠就很少，在图上用一个小区

域表示。相反，如果家族和企业有很大程度的相互干预，那么家族系统和企业系统的重叠面积就很大。

公司的可持续发展是家族和谐、企业成功以及对中断的合理处理综合作用的结果。同时，可持续发展还要求家族和企业在面对中断时互相合作，以使中断既不影响家族和谐，又不影响企业成功。

☐ 强制事件

强制事件是那些需要企业更换领导的意外事件。在这种情况下，所有者要让位给其他人直接管理公司。典型的强制事件有：
- 死亡，继承者需要立刻找到一个可以管理公司的人。
- 疾病或其他非致命的身体不适。
- 精神压抑或心理崩溃，导致所有者不得不离开企业。
- 突然离职，企业家可能突然决定退休，不给家族准备的时间。
- 违法，比如企业家因违法行为被拘留（如果拘留的时间多达几个星期，继承问题就必须提出来，即使只是口头上提出来）。
- 企业亏损严重，企业家被迫下台。
- 融资困难，借款者要求现在的老板下台才肯借给企业所需的资金。

这些事件通常是不可预见的，也很少有家族有一个处理这些事件的应急预案。除非继承者与当时的环境相融合，否则他的治理就不会足够有效。

☐ 继承者

一个**创业型继承者**（entrepreneurial successor）必须有天赋、创造力和魄力。他总会提出一些关键的观点，不论是在新产品开发问题上还是在其他一些未来事件上。一个**管理型继承者**（managerial successor）必须注重效率，善于自我管理，具有充分利用资源的能力。他通常会保证稳定的环境，并做出必要的日常指示，以保持企业平稳运行。

如果要在家族内部选定继承人，目标常是企业所有者自己的子女。所有者先把企业日常运行管理权交给继承人，再慢慢把决策权和企业所有权交给他。影响企业成败的一个重要因素是企业所有者和继承者要合得来。所有者这时候要完成从领导到教练、从决策者到建议者的转型，而继承者要尊重和照顾所有者对企业的感情。同时，继承者还要发挥自己的企业家才能，对企业做出必要的改变。

在考虑从企业内部选择继承人时，创业者通常会培训一个行政管理团队，这支队伍包括家族成员和外部员工。通过这种办法，创业者构建了一个训练有素的管理团队，从中可以挑选继承者。创业者认为，一个天才领导者会自然而然地从这个团队中脱颖而出。

而家族的年青一代何时接管企业，权力何时转移？对此有两种方法可选择。表19—4说明了**早进入策略**（early entry strategy）和**晚进入策略**（delayed entry strategy）的利弊。面临的主要问题是新的继承者能否赢得公司员工的信任。权力的真正转移是继承计划中的关键环节。

表 19—4　　　　　年青一代继承家族企业早晚策略比较

早进入策略的优势	晚进入策略的劣势
可以熟悉企业性质和员工	企业所有者无法教会继承者如何掌控公司或不想退位时会和继承者产生冲突
管理企业所需要的特殊技能得到发展	
与员工接触，可促进员工的认同感和对自己的信赖感	即使一般的错误也会被看成是继承者的无能
	对环境的认识有限，由此会有发生内讧的风险
为与客户建立稳定的关系做好准备	
继承者的能力得到更客观的评价	缺少专业知识，对公司成功的主要因素和公司文化了解不足
自信得到培养，摆脱家族的影响而变得独立	
外部的成功使继承者赢得别人的信任，是继承者成为执行官的基础	在企业外部采用的行为方式可能和公司内部盛行的方式产生冲突
扩大对商业环境的认知	继承者的职位超过公司元老，会招致他们的憎恨

资料来源：Jeffrey A. Barach, Joseph Ganitsky, James A. Carson and Benjamin A. Doochin, "Entry of the next generation: Strategic challenge for family firms", *Journal of Small Business Management*（April 1988）：53.

如果创业者想从企业外部的家族成员中选择继承人，他们会让选中的继承人先为别的公司工作。这样，年轻人在接管家族企业之前，简单的错误都犯过了。

有时创业者想要找一个家族外部的人作为继承人，也许这只是暂时的。在公司内部企业家若找不到一个可以立刻接手的继承者，就会雇一个专业的管理者作为权宜之计，等待家族成员成熟起来再接管企业。

家族外部成员继承者还可能是一个有经验的财务专家，可以解决公司的财务问题。创业者常常把整个公司交给这个专家管理，待企业恢复活力后，再转给另一个人领导。

如果创业者没有子孙或者子孙对企业不感兴趣，创业者会找一个有才能的人，让他先做自己的助手，最终成为公司的管理者和所有者。

制定继承战略

制定继承战略有几个重要的步骤，分别是：了解周围整体环境的各个方面；识别继承者的素质；考虑各种影响因素；实施继承计划。

☐ 了解周围整体环境的各个方面

以下是有效继承必须考虑的五个问题。

时　间

企业家越早开始挑选继承人，越有可能找到合适的人选。对一个企业家来说，最头疼的问题是一些强制和突发事件让他没有足够的时间寻找一个合适的替代者。

企业类型

有些企业家可以很容易由下一代取代，有些则不能。这在很大程度上取决于企业类型。在高科技领域，智囊型企业家就很难取代，同样，如果企业家的人际关系网遍布整个企业，并且是企业成功的主要因素，他也很难被取代。另一方面，如果公司的运行不需要太多的专业知识和技能，那么企业家的继承就不会这么困难。

管理者的能力

继承者的技巧、愿望和能力决定了企业未来的发展潜力和发展方向。随着企业日渐成熟，其对企业家的要求也会发生改变。对于高科技领域的企业，市场营销会变得越来越重要。如果两个技术型企业家，一个了解营销或者有能力开发新的市场，一个对营销一无所知也不感兴趣，那么对于企业前者比后者有价值得多。

企业家愿景

多数企业家都对他们的企业有着各种要求、希望和目标，并且希望继承者也能够继承这些想法。当然，如果企业家的计划给企业造成了麻烦，继承者应该构建新的愿景。苹果公司就是很好的一例。当年，作为创始人之一的史蒂文·乔布斯被约翰·斯卡利（John Sculley）取代，因为公司董事会觉得前者的管理风格是观念型、分析型的，而公司需要的是一个能进行日常管理的领导者。

环境因素

有时，企业的环境改变了，企业的领导层也需要相应地改变，这样就需要一个继承者。斯卡利/乔布斯的例子很好地说明了这一点。还有一个例子是宝丽来公司的埃德温·兰德（Edwin Land）。虽然他的技术创造力给公司带来了很大的成功，但他还是把位置让给了一个对营销更内行的人。有些情况下，融资类型也会左右企业运作，因为企业家明白，对短期发展来说，企业内部的效率比营销的成功重要得多。

识别继承者的素质

一个继承者应该有多种素质或品质。有些情况下，一些素质比其他素质更重要，但是大多数情况下，每一项素质都有其重要性。继承者通常应该具备的最基本的素质包括：对企业有足够的了解，或者处于一个能较好地了解企业的位置（尤其是在营销和财务方面），以便在较短时间内熟悉业务；拥有基本的诚信和能力；健康；精力充沛、警觉、有洞察力；对企业充满热情；个人性格和企业可以融合；坚持不懈的精神；成熟稳重；合理的进取心；分析问题透彻并且适度注意细节；拥有解决问题的能力；总能想出好办法；拥有计划和组织能力；有培养别人的能力；做事有始有终；对于企业信奉的理念，继承者与企业所有者的观点应适度相同。

考虑各种影响因素

找到一个拥有所需品质的人不是一件容易的事。如果找不到，企业家可以重点寻找一个有潜力的继承人，并在一定时间内培养上述各种品质。做出这一选择时，企业家必须考虑家族及企业的文化问题、企业所有者和家族成员关注的问

题。以下是各个影响因素的具体方面:
- **家族和企业的文化问题:**
  - ✓ 企业环境
  - ✓ 企业发展阶段
  - ✓ 企业传统和准则
  - ✓ 家族文化、优势和影响力
  - ✓ 所有者的个人动机和价值观
- **企业所有者关注的问题:**
  - ✓ 权力和领导权转移
  - ✓ 保持家族功能的和谐统一
  - ✓ 确定家族成员在未来企业中的位置
  - ✓ 确保公司未来的领导层可以胜任企业管理
  - ✓ 对在公司重要位置上的家族成员和非家族成员进行训练
  - ✓ 保持企业中非家族成员员工的数量
- **家族成员关注的问题:**
  - ✓ 获得或失去家族资产的控制权
  - ✓ 控制企业领导层制定的公司决策
  - ✓ 在企业所有权分散给家族成员时,保护自身利益
  - ✓ 如果需要的话,怎样在企业外赚钱
  - ✓ 确保企业生存下去

这些影响因素和问题可以帮助企业家制定管理权继承计划。书面计划可以采取以下形式之一:

- 所有者完全控制管理继承。这种情况很常见,但法律咨询仍然是需要的。
- 所有者与特定的家族成员商定。在制定继承计划时,法律顾问可以帮助家族和企业所有者建立联系。
- 所有者向专业顾问咨询。这实际上是一个由来自不同职业背景和不同产业部门的顾问组成的会议(有时称作"准董事会"),所有者向他们咨询,确定继承计划。
- 所有者与家族协商。这种情况下,家族核心成员(直系亲属及配偶)都可以广泛参与和影响继承计划的制定。

如果所有者身体仍然健康,但企业状况明显不佳,可以考虑以下其他方案:

- 在公司行将倒闭或发生重大变化时,所有者可以制定**买卖协议**(buy/sell agreements)。同时,为那些能为公司收回股权提供资金的重要人员制定一个合适的保护策略。
- 所有者可考虑**员工持股计划**(employee stock ownership plans,ESOPs)。如果所有者没有中意的继承人选,同时考虑到员工对公司的忠诚和他们的能力,ESOP是传承企业控制权的最佳方案。至于管理层的分级,可以在所有者去世后由员工自己决定。
- 如果企业家对企业已失去热情但是身体仍然健康,那么他可以把现在的公司卖掉或清算,利用所得资金重新创业。不管计划是什么,所有者必须确保在因没有兴趣而使企业倒闭前把企业卖掉。
- 如果企业家得了不治之症,但仍有时间安排管理权或所有权的交接,他

仍然可以把企业卖掉或清算。

对于所有这些策略，法律咨询都是有益的。但是找到对继承问题有相当的了解，并可以提出一套行动方案的顾问（法律顾问或其他）将更为有效。

家族企业的创立者通常回避继承这个想法，但不可避免必然会发生的事不是有意忽略或否定就能改变的。所以企业家必须制定一份翔实的继承计划，以防止现在繁荣的家族企业成为日渐衰落的家族王朝。

☐ 实施继承计划

历史告诉我们，虽然继承是个棘手的问题，但是解决该问题的有效方法依然存在。以下是应该记住的四个重要步骤：

确定继承者

虽然很困难，但是每个企业所有者兼管理者都应该找到一个继承人，至少是一个具备这些必需的品质和经验的人。这需要回答以下基本问题：谁能让公司最好地运转？企业生存和壮大是应该考虑的主要问题。其中最大的障碍是主要的管理者不会主动挑选继承人。如果这是一个只有一个管理者的上市企业，那么这个管理者不用考虑继承问题。私有企业却需考虑更多。如果一个亲属被明确提名为继承人，其他的亲属会怎么想？有些创业者为了不伤害任何人，从不做决定。如果没有选好继承人，接下来的两个步骤也会被忽略。

继承人培养

在有些公司，企业家会选定继承人并且公之于众。但是，许多高层管理者到了宣布继承人的时候都会闪烁其词。有些人可以内定，或者有些人确定为继承者的候选人，但没有人确定谁会被选中。为了让这个猜测游戏继续进行，企业家往往不进行正式的培养。这样不管谁最后成为公司的领导，他都失去了宝贵的学习如何做好领导工作的时间。在一些小企业，这个问题可能更突出。即使已选中了继承者，企业所有者也很不情愿把权力让出（即使是部分让出），而所有者全部或部分让出权力对培养继承人很关键。经证实，这种情况的主要障碍在于自我因素。

制定计划

继承若要有效进行，就需要有一个完整的计划。大企业通常通过召开一系列会议从而把权力有序地转移，保证企业顺利运行。规模较小的公司则是通过面对面的交谈，讨论把责任转移给继承人过程的各个细节。因为大公司的各个层级都在不断地发生着由继承导致的变动，所以权力转移机制并不耗时。基本的程序大体上只是一些例行公事。而小公司对这种权力的转移不太熟悉，它们需要一份翔实的计划书。不论是大公司还是小公司，企业未来的发展方向都是应该考虑的主要问题。

没有哪个企业所有者愿意把位置让给一个乱折腾的人；没有哪个企业家愿意看见自己一生的心血化为乌有。如果将要退位的创业者还有影响企业决策的力量，那么现在就是应用这种力量的时候，即使仅限于陈述公司的价值观和行动的大体路线。当然，如果企业运行得不太理想，退位的人对继承者的影响就有限；

倘若回顾公司的运营管理，发现需要做出改变，那么承诺就无法兑现（至少要进行修改）。

尤其是在小规模的企业里，企业的日常运行应该得到特别关注。这种考虑可以帮助消除（至少减少）企业里的敌对情绪。对于家族企业来说，责任、义务、操作都有必要仔细讨论。在这一点上，把受计划影响最大的人纳入计划很有益处。这种大家参与的方法可以综合一些批评，消除大家对彼此的恐惧心理。在任何情况下，帮助新任经理与家族建立密切的联系，都不失为一种有用的管理技巧。

寻找外界帮助

在公司内部提拔人员是一个提升士气的好想法，但有时这会是个错误。如果企业高层工作差劲，提拔上来一个新人就可以解决问题吗？后者可能只是前者的克隆。或者设想一下，一个家族企业发展壮大，超出了创业者的管理能力范围，真的有哪个家族成员能够拥有管理这个企业所需要的技能吗？有两个问题必须回答，即："如何使企业有效运行"以及"谁能使企业有效运行"。有时要想解决这两个问题就需要寻找一个外人。家族企业同样面临着那些永远存在的自我因素。企业所有者兼管理者会不会明智地让位？有没有足够的勇气让其他人来做战略性的决定？或者他控制企业的欲望如此强烈以致他甘愿冒风险一个人管理企业？在一个冷静的观察者看来，其中的教训是显而易见的；但遗憾的是，许多企业家在这上面都吃了很多苦头。

表19—5提供了一份清单概述了本章的主要内容，列出了在处理继承问题上应该采取的主要步骤。

表19—5　　　　　　　　　继承问题一览表：继承的重要步骤

对于家族企业的所有者
学会下放权力，分散管理
制定企业章程
选用多个继承人而非一个——增加可能性
建立人员开发计划
鼓励可能的继承人到企业外锻炼，以获取经验
切勿忽略女儿
计划要不断更新——时刻关注企业进程和可能的继承人选
为公司的未来做出长远的战略性计划——切勿整天只解燃眉之急
建立家庭会议制度，为讨论各种问题建立平台
对于企业家族的孩子们
大胆说出你对接管家族企业的兴趣
承担起自我发展的责任
找一个导师（一个你尊重的"外人"）
在家族企业外锻炼自己，以获取经验
培养自己的责任感——找一个要求责任感并能提供决策机会的职位
学会融合家族传统和企业未来目标
避免家族仇恨——与家族其他成员合作，而不是和他们对着干
消除"家长阴影"——制定一个清晰的接管计划，慢慢地把企业中老的家族领导者淘汰出管理层，使变化可以在企业内发生

创业实践

继承中的买卖协议

许多企业家把他们企业的持续成功归功于两个或多个企业所有者的综合技能。当其中一个所有者去世、残疾或退休时,必须把他的所有权利益转移,这种转移必须能够同时保障企业的未来,保障其余股东的所有权利益以及该所有者的家庭经济安全。买卖协议正好可以提供这种保障,它可以保证封闭型控股公司的利益转移以一种对各方都有利的方式进行。设计这种协议可以确保以下几点:

1. 其余的股东有权优先满足他们的所有者利益。
2. 离开的那个所有者(受益人)可以得到数量可观的一笔钱以补偿他的所有者利益。
3. 避免那些可能威胁企业生存的诉讼和分歧。
4. 可以获得资金以购买所有者利益。

为了确保买卖协议考虑到一个企业里所有的特殊因素,有必要进行法律咨询。

买卖协议有两种基本形式:一是"联合购买协议",该协议中其余所有者必须购买离开的所有者的股票;二是"补偿购买协议",此协议要求企业必须购买其离开的所有者的股票。每一种形式都既有优点又有缺点,并且两种形式的税负不同,这也是需要考虑的问题,所以既应该咨询律师,也应该咨询税务会计师。

资料来源:Thomas Owens, "Buy-sell agreements", *Small Business Reports* (January 1991): 57-61.

收获战略:出售

在考虑过本章列出的各种企业继承方法后,许多家族企业家会选择**收获战略**(harvest strategy),即把企业卖掉。如果企业家觉得这种方法合适(记住,如果企业家没有理想的家族成员或员工继承人的话,这可能是最好的做法),所有者就需要反复考虑一些重要问题。"出售"这个想法应该用积极的眼光来看,因为实际上这是自己投资的收获。

企业家要出售他们的企业有许多理由。基于一项对1 000个企业所有者的调查,其中一些理由是:

- 厌烦,缺乏热情。
- 企业资金匮乏,无法运行或发展。
- 没有继承人。
- 追求流动性。
- 年龄和健康问题。
- 追求新利益。

不管是因为事业变动,健康状况不佳,想要重新创业,还是退休,许多企业家在他们的职业生涯中都要面临是否出售企业的抉择。收获战略需要认真仔细的准备,从而得到理想的经济回报。

☐ 出售企业的步骤

企业金融顾问查尔斯·奥康纳尔（Charles O'Conor）推荐了八个出售企业的步骤，分别用于企业出售的准备阶段、实施阶段和最终实现阶段。

- 第一步：进行金融分析。

这种分析的目的是确定优先关系以及预测未来几年内企业的发展。以下是必须回答的一些基本问题：

√ 企业管理者和其他员工会提出怎样的要求？应该如何回应？
√ 如果市场潜力有限，目标无法达到，是否应该收购或开发新产品以实现销售和利润目标？
√ 企业必须借债才能发展吗？要借多少？什么时候借？

- 第二步：分割企业资产。

税务会计师和律师可能会建议采取以下措施，以降低税负：

√ 把不动产放在另一个独立的公司，归个人或几个家族成员所有。
√ 创建一个用来出租的子公司，该公司拥有机器设备。然后可以把该项财产租给正在运行的公司。
√ 股票价值很低时可以把部分或全部所有者的股票赠给继承人，但所有者保留投票权。这样，在出售企业时，部分或所有的收益直接转移给下一代，避免了双重税收。
√ 把管理层的薪酬和附加福利限制在合理水平上，以使利润最大化。

- 第三步：对企业估价。

对一个企业进行估价有很多种方法，这在第18章已讨论过。很明显，对企业进行估价是企业出售过程中最重要的步骤之一。

- 第四步：找准时机。

知道什么时候出售企业是关键的因素。时机意味着一切。以下是几点建议：

√ 在企业利润有很明显的上升趋势时出售。
√ 在管理团队队员完整、经验丰富时出售。
√ 在企业的上升阶段出售，这时企业可能正处于最佳时期，这符合一些潜在购买者的需求。
√ 在你确信公司前途光明时出售。

- 第五步：公布出售计划。

准备一份简单的计划书，为潜在的投资者提供足够的企业信息。计划书应该通过合适的职业渠道发行——银行家、会计师、律师、咨询师和企业经纪人等。

- 第六步：确定准收购者。

对交易中的准收购者进行调查，评估他们的性格、管理声誉，以选出最理想的收购者。

- 第七步：参与收盘。

与最终的潜在收购者见面可以消除误会，更有效地协商重大事件。另外，一些专业人士（如律师、会计师）的参与常常能防止收盘时出现重大问题。

- 第八步：出售后交流。

解决新的企业所有者和老的企业管理团队间的各种问题，目的是使企业稳步过渡。卖者和买者之间、买者和企业现有的管理团队之间，应该相互交流，这是关键步骤。

除了以上八个步骤，企业家还要注意企业出售可能涉及的税收问题。为了获得专业化建议，应该咨询精通企业估价和销售的税务会计师。

以上八个步骤和第 18 章介绍的企业估价知识，可以帮助企业家收获他们的企业。这八个步骤提供了一个明晰的框架，凭借这个框架企业家可以组织有效的协商，将企业出售。如果对企业估价是为了出售企业，那么企业家应提前做好全盘计划，并按计划执行。

小结

本章重点讨论了家族企业以及家族管理继承问题。家族企业继承是企业家面临的最大挑战之一。

我们了解了亚太地区家族企业的现状。它们范围广泛，形式多样，更重要的是经济影响巨大。

家族企业面临着一系列特殊问题，其中家族成员所受的心理压力和挫折是很重要的一个问题。

家族系统与企业系统相接触时，引发冲突的潜在因素相当多。遗憾的是，只有 1/3 的家族企业传到了下一代。但是家族企业仍然有它生存和壮大的因素。家族企业的优势和劣势对企业的发展起着不同程度的作用。

影响继承的因素有很多。家族成员和非家族成员，不管在企业内部还是外部，都会给创业者带来压力。有些想要控制企业，有些只是想成为股东。

继承者有两种：创业型继承者可以提出开发新产品的创意；管理型继承者则可以使公司平稳运行。企业家可以在家族内部或外部、企业内部或外部寻找继承人。权力的实际转移是关键的问题。继承者何时接管企业应该放在战略的高度加以考虑。

制定继承计划需要考虑大环境的各个方面：时间、企业类型、管理者的能力、企业家愿景及环境因素。此外，强制事件可能要求企业立即实施继承计划，不管企业是否做好准备。因此，确定继承人应有的素质，认真实施继承计划就变得很重要。

章末讨论了企业家对企业的出售决定，将企业出售在此被看成企业家收获其投资的一种方法。同时列出了企业出售的八个步骤，供企业家参考。

思考题

1. 描述亚太地区家族企业的规模及影响。
2. 家族企业的优势和劣势分别是什么？
3. 家族企业继承中存在很多障碍，利用表 19—2 确定其中的主要障碍。
4. 企业家有时会面临哪些来自家族内部的压力？参考图 19—1。
5. 企业家有时会面临哪些来自家族外部的压力？参考图 19—1。
6. 关于选定继承人问题，企业家可以做出多种选择。参考表 19—4，逐条讨论这些选择。

7. 一份有效的继承计划应该考虑大环境的哪些方面？列出其中的三个方面。

8. 强制事件如何导致企业所有者兼管理者的更换？试举三例。

9. 一个继承人应该具备哪些素质或品质？列出其中的五个。

10. 实施继承计划应该包括哪四步？

11. 收获企业时有哪八个步骤？分别讨论这些步骤。

自我测试：传承下去

企业管理的继承和延续是多数企业家关心的两个关键问题。在图书馆里浏览一下历年的商业杂志，留意关于某些特定公司的管理继承和延续的文章。选择两个你认为最有趣和最有意义的公司，然后针对每个公司回答下列问题：

1. 该公司是一家什么类型的企业？
2. 企业所有者在企业继承问题上面临哪些困难？
3. 企业所有者最终做出怎样的决定来解决继承问题？
4. 从这个企业所有者的经历中可以学到什么？

根据从这两个案例中学到的经验，你会对一个正在制定继承计划的企业家提出哪些建议？尽量帮助他。

案例分析 19—1

和从前一样

当人们在储藏室发现贾森·琼斯（Jason Jones）时，没人知道他已经昏迷了多久。半小时后，人们把他送到医院的急救中心，傍晚时医生断定，他是因为心脏病突发而昏倒的。

贾森最初住院的几天，他的家人心无旁骛，只希望他早日康复。可是当他还有一个星期就可以出院，再过两个星期就可以返回工作岗位时，家族成员却商量着让他从公司总经理的位置上退下来，把公司交给别人掌管。

贾森是一家汽车部件生产公司的总经理，公司很成功，去年的销售额是370万美元。公司里和他一同工作的有他的儿子、女儿和两个侄子。22年前，贾森在他33岁时创立了这家公司。之前他曾为一家大型石油公司工作10年，作为销售代表与汽车部件生产商打交道。后来他辞职了，创立了自己的公司。开始时他靠外人的帮助，但是在过去的5年里，他慢慢把家族成员带进了董事会。贾森希望有一天他的儿子可以接替他掌管公司，但这在他看来至少是10～15年后的事。

贾森的妻子丽贝卡（Rebecca）觉得虽然贾森应该继续工作，但是他也应该开始训练他的儿子掌管企业。在他出院的前一天，妻子把这个想法告诉他，并希望他能考虑一下。贾森回答说："有什么可考虑的呢？我还没老到需要退休，而赫伯特（Herbert）对企业了解得太少，还不能接管。他至少还需要5年的时间准备。另外，我只要慢一点就行了，没必要退休。为什么这么急急忙忙把我赶出公司？我和从前一样。"

丽贝卡和赫伯特认为在未来的几个月内，他们必须继续给贾森做工作，并开始训练赫伯特接管企业。

问题：

1. 贾森为什么不愿把企业交给赫伯特？结合图19—2回答问题。

2. 给出两条贾森需要考虑继承计划的理由并加以讨论。

3. 你会怎样建议丽贝卡和赫伯特来说服贾森接受他们的建议？至少给出三条可行的建议。

案例分析 19—2

在这方面需要帮助

10年前杰克·舒尔茨（Jack Schultz）创业伊始，每天能修理两辆车就算是幸运的了。而现在他有15名员工，经常一星期连续工作5天。他们的工作是修理车辆，这些汽车的问题有时是交通事故所致，但大部分都是车主保养不当造成的。

杰克今年64岁，打算工作6年再退休。这个生意很赚钱，他和妻子都不用担心退休后的收入问题，他们的储蓄足够了。杰克担心的是：生意怎么办？他有两个儿子跟他一起干，31岁的鲍勃（Bob）和29岁的蒂姆（Tim）。杰克从没问过他们愿不愿意接管这个生意，他知道他们愿意。杰克还有一个侄子，35岁的理查德（Richard），跟他一起工作。这三个人中的都跟了他9年。

杰克知道他们三个人中的每一个都是好领导，都能给公司带来成功。他担心的是，如果他偏袒某一个人，会引起内讧。另一方面，如果他把公司让他们三个人共同管理，他们能和睦相处吗？杰克并不是不相信他们可以愉快地合作，只是不确定。

杰克决定不能再等了，必须培养一个继承人。最大的障碍是决定到底谁成为继承人。另外，杰克对怎样选择继承人一无所知。他应该具有什么样的品质？应该给他什么样的训练？接下来要做什么，有哪些步骤？杰克觉得他得尽快解决这些问题。"我知道怎么安排企业运作，"他上星期跟妻子说，"但是我不知道怎样让企业继承下去，这真是件让人头疼的事。在这方面得有人帮帮我。"

问题：

1. 找出并简单描述，在这种企业中，你认为一个成功的管理者应该具备的四种品质。

2. 要想成功选定和培养继承人，杰克应该遵循哪几个步骤？答案要全面。

3. 如果让你做杰克的顾问，你首先会推荐他做什么？他该怎样开始制定继承计划？接下来怎么办？给他一些大体方向上的指导，帮他解决继承问题。

案例分析 19—3

科尔班家族归来

在科尔班（Corban）的表兄弟阿尔文（Alwyn）和布赖恩（Brian）看来，他们的家族又回来了，至少还能再维持100年。这多少有点靠运气，但也归功于周密的继承计划。这当然是他们企业的远景，这个企业就是坐落在霍克斯湾的酒厂Ngatarawa。

Ngatarawa是一个家族企业，故事充满曲折。这对表兄弟是阿西迪·亚伯拉罕·科尔班（Assid Abraham Corban）的后代，老科尔班在1891年，带着有300年历史的酿酒工艺离开了黎巴嫩。1898年，他的妻子纳吉比耶（Najibie）和两个年纪最大的儿子也随他来到新西兰，在那里他又有了7个孩子。20世纪，这个家庭创立的科尔班家族葡萄种植和葡萄酒酿造厂，大大促进了新西兰的酿酒产业。大约70年后，科尔班家族被赶出了家族酿酒产业。1975年由于日益激烈的竞争和酿酒产业的突然膨胀，科尔班和他的儿子没有足够的资金更进一步发展企业，所以他把78%的股份卖给了Rothmans工业公司，家族酿酒产业的核心业务就此让给了别人。

Ngatarawa的故事始于23年前。阿尔文在霍克斯湾遇见了当地的一个农民加里·格莱兹布鲁克（Garry Glazebrook）。他们在加里的土地上合伙开了一个葡萄园和酒厂，每人拥有50%的所有权。这些地原先是养种马的，养的都是良种马，但现在情况越来越糟。

1988年，科尔班家族和格莱兹布鲁克家族把合伙企业变成了股份公司，每家拥有50%的股份。这一变动把布赖恩·科尔班（Brian Corban）带进了公司。他是个律师，也是一个职业经理人。他的商业和管理技能为公司作出很大贡献，这使他成了新公司的创始人之一。一个重新嫁接的家族企业生根了。1999年，科尔班家族收购了格莱兹布鲁克家族的股票，科尔班家族又回到了酿酒产业。

然而，公司由股份公司转型为家族企业并没有终止布赖恩引进的严格的监督和管理方法。布赖恩比他的表兄弟大一辈，在原来的家族企业早期，他就曾担任执行经理，获得了不少经验。他坐上了Ngatarawa主席的位置，给他的年轻的表弟带来了生意经验和商业监督技能，给只关注产品生产的他们减轻了不少负担。阿尔文可以建立一个出色的酿酒厂，并能有效地管理。他把大部分融资计划和发展策略都交给他的表兄来做。董事会扩大了，布赖恩的妻子林赛（Lindsay）也加入其中，她是人力资源管理专家；加入的还有他们的儿子本（Ben），一个天才图形设计师，有自己的设计室而且很成功。Ngatarawa的新丝质商标就是他的创作。

"一旦公司成为纯粹的家族控股公司，家族这个特征就会很明显，因为这是建立在300年的经营基础之上的。"布赖恩说，"我们把家族传统作为市场区分的强力因素，同时我们的产品质量和整个市场形势都对企业有很大帮助。"阿尔文表示同意。

接管企业之后，科尔班家族的这对表兄弟知道，在企业管理和发展方向方面他们存在一些分歧。这两人的管理和领导风格截然不同。这一点可以从他们对企业关键动力的不同看法上表现出来。对阿尔文来说，关键的动力是战略目标要实现，酿酒过程中的利润控制，扩大市场，降低风险。早在1998年，Ngatarawa的产品就开始出口了，主要出口美国，一方面是为了降低风险，一方面是为了实现阿尔文的远大目标。阿尔文还指出，在过去的10年里，新西兰的酒市场没有大的增长。对于Ngatarawa公司，要想发展壮大，必须从别的竞争者那里抢占市场份额。

布赖恩的动力则是获取金融上的成功，这意味着要着眼于企业的长远，以产品质量和价值建立强大的品牌，另外还要保证一流的市场资源和销售渠道。"在消费品行业，品牌是企业成功的关键。"他说。

阿尔文说，现在是这个新家族企业以及整个酿酒产业的关键时刻。"对于我们来说，这一阶段将巩固我们所拥有的，使企业变得更加与众不同，并且为未来打下基础。尤其要在建立品牌和巩固销售上下工夫。"布赖恩说，"纵观这个企业的发展史，开始的7~10年是在土地上下赌注，开发新耕地（在霍克斯湾的Bridge Pa地区），并成功地酿出酒来。第二个10年主要用于有意义的发展，实现关键目标，确保企业发展。第三个10年将用于建立品牌、发展市场营销以及销售（国内、国际）等事宜。第四个10年我想应该增加投资，扩大酒厂规模，在这个气候复杂的国家建立多种多样的酒厂。"

虽然对于未来心存顾虑,科尔班家族的这对表兄弟对他们的新企业和新西兰的酒市场仍然充满热情,并持乐观态度。他们甚至已经在考虑企业未来的继承计划,打算把其他科尔班家族的成员带进董事会。但是,他们对接受外人的投资一点都不感兴趣。"有人提出过,"布赖恩说,"但我们一点都不感兴趣。"

毫无疑问,"科尔班家族又回来啦!"布赖恩热情地欢呼道。

问题:

1. 科尔班和格莱兹布鲁克家族各持50%的股份是否会产生问题?

2. 根据此案例,对于一个规模较小、正在发展的企业来说,董事会组成的重要性体现在哪里?

3. 这对表兄弟为什么不接受外人的投资?

Howard H. Frederick; Donald F. Kuratko; Richard M. Hodgetts
Entrepreneurship: Theory, Process and Practice, Asia-Pacific Edition.
ISBN: 9780170128803

Copyright © 2007 by Nelson Australia Pty Limited, a part of Cengage Learning.
Original edition published by Cengage Learning. All Rights reserved. 本书原版由圣智学习出版公司出版。版权所有，盗印必究。

China Renmin University Press is authorized by Cengage Learning to publish and distribute exclusively this simplified Chinese edition. This edition is authorized for sale in the People's Republic of China only (excluding Hong Kong, Macao SAR and Taiwan). Unauthorized export of this edition is a violation of the Copyright Act. No part of this publication may be reproduced or distributed by any means, or stored in a database or retrieval system, without the prior written permission of the publisher.

本书中文简体字翻译版由圣智学习出版公司授权中国人民大学出版社独家出版发行。此版本仅限在中华人民共和国境内（不包括中国香港、澳门特别行政区及中国台湾）销售。未经授权的本书出口将被视为违反版权法的行为。未经出版者预先书面许可，不得以任何方式复制或发行本书的任何部分。

Cengage Learning Asia Pte. Ltd.
5 Shenton Way, #01-01 UIC Building, Singapore 068808

本书封面贴有 Cengage Learning 防伪标签，无标签者不得销售。

北京市版权局著作权合同登记号 图字：01-2008-5144

Supplements Request Form（教辅材料申请表）

Lecturer's Details（教师信息）

Name：(姓名)		Title：(职务)	
Department：(系科)		School/University：(学院/大学)	
Official E-mail：(学校邮箱)		Lecturer's Address / Post Code：(教师通讯地址/邮编)	
Tel：(电话)			
Mobile：(手机)			

Adoption Details（教材信息） 原版☐ 翻译版☐ 影印版☐

Title：（英文书名） Edition：（版次） Author：（作者）	
Local Publisher：(中国出版社)	
Enrolment：(学生人数)		Semester：(学期起止时间)	

Contact Person & Phone/E-Mail/Subject：
(系科/学院教学负责人电话/邮件/研究方向)
(我公司要求在此处标明系科/学院教学负责人电话/传真及电话和传真号码并在此加盖公章。)

教材购买由　我☐　我作为委员会的一部分☐　其他人☐[姓名：　　　]决定。

Please fax or post the complete form to(请将此表格传真至)：

CENGAGE LEARNING BEIJING
ATTN：Higher Education Division
TEL：(86) 10-82862096/ 95 / 97
FAX：(86) 10 82862089
ADD：北京市海淀区科学院南路2号
融科资讯中心C座南楼12层1201室　100080

Note：Thomson Learning has changed its name to CENGAGE Learning

VERIFICATION FORM / CENGAGE LEARNING

教师教学服务说明

中国人民大学出版社工商管理分社以出版经典、高品质的工商管理、财务会计、统计、市场营销、人力资源管理、运营管理、物流管理、旅游管理等领域的各层次教材为宗旨。同时,为了更好地服务于一线教师教学,工商管理分社近年来着力建设数字化、立体化的网络教学资源。老师们可以通过以下方式获得免费下载教学资源的权限:

(1) 在"人大经管图书在线"(www.rdjg.com.cn)注册并下载"教师服务登记表",或者直接填写下面的"教师服务登记表"后,加盖院系公章,然后邮寄或者传真给我们。我们收到表格后将在一个工作日内为您开通相关资源的下载权限。

(2) 如果您有"人大出版社教研服务网络"(http://www.ttrnet.com)会员卡,可以将卡号发到我们的公共邮箱,无须重复注册,我们将直接为您开通相关专业领域教学资源的下载权限。

如果您需要帮助,请随时联系我们:
联系人:钟馨(010-62515732)　　　　李文重(010-82501704)
传真:010-62514775　　　　　　　　邮箱:rdcbsjg@crup.com.cn
通讯地址:北京市海淀区中关村大街甲 59 号文化大厦 15 层
中国人民大学出版社工商管理分社　　邮编:100872

教师服务登记表

姓 名		□先生 □女士	职 称		
座机/手机			电子邮箱		
通信地址			邮 编		
任教学校			所在院系		
所授课程	课程名称	现用教材名称	出版社	对象(本科生/研究生/MBA/其他)	学生人数
需要哪本教材的配套资源					
人大经管图书在线用户名					
院/系领导(签字): 院/系办公室盖章					